인터넷법학
Internet Law

건지학술총서

03

Internet Law

인터넷법학

김민중

전북대학교출판문화원

서문

인터넷을 통하면 지구상에 흩어져 있는 무수한 정보가 마우스의 스크롤과 클릭만으로 언제, 어디서나, 누구에게든 전달될 수 있다. 또한 인터넷을 통하여 원하는 물건을 구입할 수 있고, 세계 어느 곳에 있는 사람이든 서로 소통할 수 있을 뿐만 아니라, 금융, 교육, 언론, 의료, 심지어 정치까지도 모두 인터넷 속에 있다. 일하는 방식, 커뮤니케이션의 방법, 거래생활, 학습방식 등 모두가 인터넷을 통하여 통째로 변하고 있다. 열거하자면 이루 헤아릴 수 없을 정도이나, 몇 가지 예를 들면 가정에서 혹은 직장에서 친구나 동료와의 소통을 위해, 새로 나온 물품을 구입하기 위해, 필요한 생활 · 학문의 정보나 자료를 구하기 위해, 증권거래를 하기 위해 혹은 여행지의 날씨를 미리 살펴보기 위하여 인터넷이 광범하게 이용되고 있다. 인터넷이 – 좋은 의미에서든 나쁜 의미에서든 – 생활을 근본적으로 변혁시키고 있는 것이다. 정보의 습득이나 뉴스의 전달은 물론, 사회의 구조까지도 인터넷을 통하여 변화되고 있고, 장차 통신 · 방송 · 컴퓨팅 · 센서망이 모두 융합되는 이른바 미래인터넷(future internet)의 시대가 전개되면 인터넷이 사회생활 전반을 지배할 것이다. 하지만 인터넷은 어쩌면 열어서는 안 될 「판도라의 상자」인지도 모른다. 구하고 찾고 두드리기만 하면 무엇이든 얻을 수 있는 신비의 요술램프와 같은 인터넷이 인간의 사회생활을 풍부하게 하는 만큼 인터넷이 가져온 부작용이나 폐해도 적지 않다. 인터넷으로 인하여 사회적으로, 개인적으로 분쟁과 갈등이 끊이지 않는다.

불과 몇 년 전까지만 해도 사이버공간에 관한 법적 논의나 규범적 장치가 별로 마련되지 아니하여 사이버공간이 「무법지대」(lawless place)로 일컬어졌다. 그러나 현재는 인터넷의 폭발적인 증가에 따른 사이버공간의 형성에 의하여 법학(혹은 법률)에 대하여 새로운 도전과 응전을 예고하고 있고, 현재 인터넷을 둘러싼 법률문제가 복잡하게 제기되고 있다. 인터넷사회를 규범적으로 규율하기 위한 인터넷법률도 다수 제정되어 있다. 또한 인터넷에서 생기는 법률문제는 법학적 논의의 어느 특정한 분야에 국한되지 아니하고, 흔히 학문적으로 분류되는 법학의 거의 전분야에 미치고 있다. 인터넷을 둘러싸고 전개되는 법적 논의는 매우 넓고 다양하다. 어쩌면 지금까지 법학이 전통적으로 관심을 가져온 분야가 모두 인터넷과 관련이 되어, 인터넷법학으로 성립할 수 있다고 해도 과언이 아니다.

이 책은 현재 인터넷을 둘러싸고 복잡하게 제기되고 있는 법률문제를 주로 인터넷의사표시, 인터넷서비스이용계약, 전자거래, 원격의료, 인터넷책임, 인터넷소비자보호, 인터넷저작권, 이메일, 링크, 컴퓨터바이러스, 해킹, 쿠키, 소셜미디어, 인터넷매체언론피해, 미래인터넷 등과 관련하여 저술한 것이다. 다만 인터넷의 법적 문제는 지금까지 이른바 오프라인을 둘러싸고 전개된 모든 법적 논의가 인터넷으로 옮겨질 수 있을 정도로 인터넷을 중심으로 아주 다양한 법률문제가 제기되므로, 인터넷과 관련하여 제기되거나 장차 야기될 수 있는 모든 법적 논의를 모두 검토하지는 못한 사실을 솔직히 고백하지 않을 수 없다. 미처 검토하지 못한 법률문제나 장차 인터넷과 관련하여 전개되는 과제에 관하여는 지속적으로 연구하여 보완할 예정이다.

이 책이 인터넷과 관련하여 발생하는 법적 문제의 해결을 찾는 사람에게 유용한 자료로서 활용되기를 희망한다. 다만 저자가 바라는 희망이 이루어질지 여부는 최종적으로 독자의 판단에 맡겨진 문제이며, 부족한 부분은 독자의 질정을 받아 다듬고 고칠 계획이다.

이 책이 출간되기까지 격려와 조언을 준 모든 분에게 진심으로 고맙다는 인사를 전하고 싶다. 특히 연구비를 지원해준 전북대학교에 감사를 드린다. 또한 이 책의 출간을 흔쾌히 허락하고, 편집은 물론 목차와 색인, 표지 등에 이르기까지 세심히 신경을 써준 전북대학교출판문화원 여러분에게도 심심한 사의를 표한다.

2015년 8월

전북대학교 법학전문대학원 연구실에서

김 민 중

목차

1장 서론

세계 최초의 컴퓨터인 에니악(Electronic Numerical Integrator And Claculator, ENIAC)[1]이 등장한 때는 1946년이었다. 그리고 인터넷은 미국 국방성이 계획한 아르파넷(Advanced Reserch Project Agency Network, ARPANET)으로부터 시작된다고 할 수 있다. 아르파넷은 1960년대에 미국 국방성의 지원으로 구축한 데이터 네트워크로서 1972년부터 본격적으로 시작되어 1990년까지 가동됨으로써 현재 인터넷의 기반이 되었다. 그 후 1986년 NSFNET(미국국립과학재단이 자금을 제공하여 미국 5개소의 슈퍼컴퓨터를 접속한 네트워크)를 통하여 완전한 형태의 인터넷이 탄생하게 되고, 1991년 상용인터넷의 상호접속기관인 CIX가 설립되었으며, 1995년 NSFNET가 민간네트워크프로바이더에게 이관되는 과정을 거쳐 인터넷이 발전하게 된다. 그리고 웹브라우저로서 1993년에 모자이크(Mosaic), 1994년에 넷스

1 에니악은 미국 펜실베니아대학의 모클리교수와 에커트교수가 1946년에 개발한 세계 최초의 전산기이다.

케이프(Netscape)가 출현하였고, 그 후 1995년에 마이크로소프트에 의하여 인터넷 익스플로러가 출시되어 1999년 이후로는 세계에서 가장 널리 쓰이는 웹 브라우저로 자리 잡아 현재에 이르고 있다.

인류역사상 인터넷만큼 성공스토리(sucess story)를 엮어내고 있는 '사건'도 드물다. 최근 통계에 의하면 전 세계적으로 인터넷에 접속하는 인구는 30억명을 넘어서고 있는데, 현재 전 세계인구를 71억명으로 보면 전체 인구의 42% 가량이 인터넷에 접속하는 셈이다(2014년 초를 기준으로 국내 인터넷 이용자의 수는 총 3천500만 명으로 총인구 대비 인터넷 이용자의 비율은 81.1%, 인터넷 미경험자는 12.4%라 한다). 인터넷은 연령의 고하를 묻지 않고 누구나, 대규모 혹은 소규모의 회사나 기업이 모두 사용하는 현대사회의 거대한 도구(a vast tool in today's society)이다.

인터넷을 통하면 지구상에 흩어져 있는 무수한 정보가 마우스의 스크롤과 클릭만으로 누구에게나 전달될 수 있다. 또한 인터넷을 통하여 원하는 물건을 구입할 수 있고, 세계의 어느 곳에 있는 사람이든 서로 의사를 교환할 수 있다. 일하는 방식, 커뮤니케이션의 방법, 개인의 거래생활이 인터넷을 통하여 통째로 변하고 있다. 열거하자면 이루 헤아릴 수 없을 정도이나, 몇 가지 예를 들면 가정에서 혹은 직장에서 친구나 동료와의 의사교환을 위해, 새로 출시된 신형PC를 구입하기 위해, 필요한 생활 · 학문의 정보나 자료를 구하기 위해, 증권거래를 하기 위해, 혹은 여행지의 날씨를 미리 살펴보기 위해 인터넷이 광범하게 이용되고 있다. 인터넷이 – 좋은 의미에서든 나쁜 의미에서든 – 생활을 근본적으로 변혁시키고 있는 것이다. 정보의 습득이나 뉴스의 전달은 물론,[2] 정치나 경제, 문화, 사회의 구조까지가 인터넷을 통하여 통째로 변화되고 있고, 장차 통신 · 방송 · 컴퓨팅 · 센서망이 모두 융합되는 이른바 미래인터넷(future internet)의 시대가 전개되면 인터넷이 더욱 사회생활 전반을 지배하고 변화시킬 전망이다.

인터넷은 어쩌면 열어서는 안 될 「판도라의 상자」인지도 모른다. 구하고 찾고 두드리기만 하면 무엇이든 얻을 수 있는 신비의 요술램프와 같은 인터넷이 인간의 사회생활을 풍부하게 하는 만큼 인터넷이 가져온 부작용도 크다. 인터넷으로 인하여 야기되는 분쟁과 갈등이 끊이지 않고있다.

인터넷의 폭발적인 증가에 따른 사이버공간의 형성은 법학(혹은 법률)에 대하여 새로운 도전과 응전을 예고하고 있고, 현재 인터넷을 둘러싼 법률문제만큼 복잡한 논의를 야기하고 있는 경우도 드물다. 어쩌면 지금까지 이른바 오프라인을 둘러싸고 전개된 모든 법적 논의가 그 중심적인 무대를 가까운 장래에 온라인으로, 즉 인터넷으로 옮기지 않을까 하는 의구심마저 들 정도로 인터넷을 중심으로 아주 다양한 법률문제가 제기되고 있다.[3] 얼마 전까지만 해도 사이버공간에 관한 법적 논

---

2 「2012 언론 수용자 의식 조사」(한국언론진흥재단)에 따르면 모바일기기를 통하여 기사를 이용하는 비율은 2011년 19.5%에서 2012년 47.4%로 무려 27.9%나 증가한 반면, 종이신문을 통한 기사구독은 44.6%에서 40.9%로 하락하고, 특히 모바일기기를 통한 인터넷 신문기사 이용 비율은 20대 이하에서는 86.8%에 달한다고 한다.

3 예를 들어 「인터넷 멀티미디어 방송사업법」, 「인터넷주소자원에 관한 법률」, 「인터넷선거보도심의위원회의 구성 및 운영에 관한 규칙」 등과 같이 법령상 인터넷이라고 하는 용어를 자주 사용하고 있다. 그러나 인터넷 자체를 법적으로 명확하게 정의하고 있는 규정은 없다. 본래 internet은 interconnected computer networks(상호접속된 컴퓨터망)의 약어로서 보통 인터넷은 '모든 세계

의나 규범적 장치가 별로 마련되지 아니하여 사이버공간을 「무법지대」(lawless place)로 일컫거나, 「무정부상태」 혹은 「암흑시대」(dark ages), 「황량한 서부」(Wild West)로 치부한 적도 있다. 그러나 현재는 인터넷을 중심으로 한 사이버공간에 관한 폭넓은 학문적 · 제도적 논의를 통하여 인터넷법학이 다양한 분야에서 성립하고 있을 뿐만 아니라, 인터넷 사회를 규범적으로 규율하기 위한 인터넷법률도 다수 제정되어 있다.[4]

인터넷법학(혹은 인터넷법률)에서 논의될 수 있는 분야는 매우 넓고 다양하다. 인터넷에서 생기는 법률문제는 법학적 논의의 어느 특정한 분야에 국한되지 아니하고, 흔히 학문적으로 분류되는 법학의 거의 전 분야에 미치고 있다. 어쩌면 지금까지 법학이 전통적으로 관심을 가져온 분야가 모두 인터넷과 관련이 되고, 인터넷법학으로 성립할 수 있다고 해도 과언이 아닐 것이다. 민법이나 상법과 같은 사법분야에서는 물론이고, 헌법이나 형법, 조세법, 지적재산권법, 국제사법, 통상법, 국제법과 같은 분야에서도 다양한 인터넷상의 법률문제가 발생하고, 그 해결을 위한 법학적 논의가 전개될 수 있다. 특히 인터넷을 통한 이른바

의 컴퓨터를 서로 연결하는 거대한 컴퓨터 네트워크'라고 정의하고 있다. 유저는 인터넷을 통하여 HTTP(HyperText Transfer Protocol), HTML (HyperText Markup Language), URL(Uniform Resource Locator) 등을 기반으로 하는 월드와이드웹(World Wide Web, WWW)서비스를 웹 브라우저를 통하여 이용할 수 있고, 또한 STMP를 기반으로 하는 이메일서비스나 FTP를 기반으로 한 파일전송서비스, Volp를 기반으로 한 인터넷음성통신서비스, 초고속인터넷망을 이용하여 영화나 방송프로그램 등 동영상 콘텐츠와 인터넷검색 등 여러 가지 멀티미디어콘텐츠를 TV수상기로 제공하는 양방향 방송·통신음향서비스인 IPTV(Internet Protocol TV) 등을 이용할 수 있다.

4 인터넷 관련 국내법제의 현황을 살펴보면 인터넷 이용환경의 조성 또는 활용과 관련된 현행 법률은 약 460개에 이르며, 그 법률을 규율대상으로 분류하면 '인터넷진흥 관련 법률'(대표적인 법률로는 「정보통신산업진흥법」), '정보보호 관련 법률'(대표적으로 「정보통신망 이용 촉진 및 정보보호 등에 관한 법률」), '인터넷기반서비스 관련 법률'(인터넷주소자원서비스, 콘텐츠서비스, 멀티미디어서비스, 전자상거래서비스 등과 관련되는 법률)로 구분할 수 있다.

전자거래(혹은 전자상거래)의 확산에 기하여 전자거래법과 같이 새로운 법학분야가 탄생되어 있는 경우도 있다.

민사법적으로만 생각하여도 인터넷과 관련하여 논의할 수 있는 세부분야는 이루 헤아릴 수 없을 만큼 많다. 다만 대표적인 민사법상의 인터넷법학적 문제는 인터넷계약과 인터넷책임이라고 생각된다. 인터넷계약법에서는 다시 인터넷계약총론과 인터넷계약각론으로 구분하여 논의를 할 필요가 있다. 특히 인터넷을 둘러싼 전형적인 계약으로는 인터넷접속계약, 웹호스팅계약, 콘텐츠프로바이더계약 및 데이터베이스이용계약, 네트프로바이더계약을 들 수 있다. 그리고 인터넷책임법은 인터넷서비스프로바이더가 인터넷에서 어떤 기능과 역할을 수행하는가에 따라서 자기의 정보에 대한 책임, 타인의 정보에 대한 책임, 접속중개(예컨대 링크, 이메일, 프록시 캐싱, 프레임, 검색엔진)에 대한 책임, 엑세스프로바이더의 책임, 네트워크운영자의 책임 등으로 구분할 수 있다.

형사법적으로도 인터넷은 대단히 중요하다. 최근 많은 인터넷범죄가 사회적 문제를 야기하고 있다. 대표적으로 사이버명예훼손죄, 사이버모욕죄, 사이버음란죄, 인터넷도박죄 등을 인터넷범죄로 들 수 있다.

소송법적으로도 인터넷은 중요한 의미를 가진다. 인터넷의 발전으로 인하여 전자소송이 가능하게 되고, 점차 전자소송이 활성화될 전망이다.

인터넷에서 야기되는 여러 가지 법률문제에 관하여 국외에서나 국내에서 그 동안 많은 논의가 전개되고, 법적 · 학문적 논의를 바탕으로 규범화, 즉 법률의 제정과 같은 성과가 나타난 예도 적지 않다. 다만 인터넷은 아직도 하루가 다르게 발전하고 있고, 장차 어디까지 발전할지를 당장 예측하기는 쉽지 않다. 그러므로 인터넷에 관한 논의에서는(법학적 논의에서 뿐만 아니라, 사이버공간에 관한 전체적인 논의에서 보더라도) 어쩔 수 없이 잘못된 판단이나 시행착오가 있을 수 있고, 단지 전망 · 희망에 의존하거나 혹은 때에 따라서는 단지 환상(Illusion)을 좇는 경우도 생길 수 있다. 또한 어제까지만 해도 문제로 인식되지 않았던 인터넷상의 현상이 오늘 혹은 내일 새로운 법률문제로 인식되어 갑자기 논의가 필요하게 되는 경우도 있다. 그러므로 현재 인터넷에서 제기되고 있는 법적 문제나 논의는 어느 분야에서든 언제나 완전성을 담보할 수 없다고 하는 특징을 배제할 수 없다.

2장

인터넷 의사표시

01 서설

인터넷을 통하여 계약이 성립하는 경우가 흔하다. 본래 계약이란 청약의 의사표시와 승낙의 의사표시가 합치하여 성립하므로, 인터넷계약이 성립하기 위하여는 인터넷을 통하여 의사표시가 교환되어야 한다. 그리고 인터넷을 통하여 이루어지는 의사표시에는 전자적 의사표시 혹은 자동화된 의사표시, 컴퓨터의사표시로 구분할 수 있다(모두 일컬어 「인터넷의사표시」로 칭하고자 한다). 그리고 인터넷계약에서는 예를 들어 인터넷의사표시를 통하여 계약을 체결하는 경우에 그 계약체결이 대화자 사이의 체결인가, 격지자 사이의 체결인가 하는 문제에서부터, 홈페이지에 상품을 게시하는 행위는 청약으로 해석되는가 혹은 단순한 청약의 유인에 불과한가, 어떤 경우에 인터넷의사표시로 된 청약에 대한 승낙이 존재하는가와 같은 문제가 생긴다. 계약체결을 향한 인터넷의사표시를 예컨대 이메일을 통하여 한다고 할 때, 그 의사표시는 언제 의사표시의 효력발생요건으로서의 도달이 된다고 보는가 하는 문제도 있다. 또한 인터넷의사표시에서도 비정상적인 경우 혹은 하자 · 흠결이 있는 의사표시가 생길 수 있다. 흠결있는 전자적 의사표시의 경우에는 그 의사표시가 무효로 되는가, 어떤 요건 아래 취소할 수 있는가 하는 문제가 제기된다. 그리고 인터넷의사표시가 이른바 보안에 취약하다고 하는 사실을 고려할 때, 그 안전을 확보하기 위하여 어떤 방법이 고려되어야 하는가 하는 문제도 인터넷의사표시를 중심으로 한 인터넷계약에서는 중요한 내용의 하나가 된다.

02
인터넷계약의 성립

Ⅰ. 서설

방식자유의 원칙을 고려하면 어떤 방식으로 의사표시가 되는가는 의사표시의 효력에 전혀 영향을 미치지 아니한다. 그러므로 의사표시는 구두로, 이메일을 통하여, 편지에 의하여 혹은 다른 수단에 의하여도 가능하다. 그리고 인터넷을 통한 의사표시의 경우에는 전자적 의사표시, 자동화된 의사표시, 컴퓨터의사표시를 구분하여 생각할 수 있다.

Ⅱ. 인터넷의사표시의 유형

1. 전자적 의사표시

전자적 의사표시(elektronische Willenserklärung)란 의사표시가 통상적인 방법으로 형성되고, 단지 전자적인 수단(예컨대 이메일, 인터넷주문서)을 통하여 표의자로부터 수령자에게 전달되는 의사표시를 가리킨다. 예를 들어 주문자가 컴퓨터로 성명, 주소, 원하는 상품의 주문번호를 기입하여 주문서를 작성하는 경우에는 근본적으로 수기 혹은 타이프라이터로 의사표시를 하는 경우와 다르지 않다. 다만 전자적 의사표시에서는 컴퓨터(정확히 말하면 컴퓨터프로그램)가 다수의 상품을 한 번에 주문할 때에는 총금액이나 배송료를 바로 계산하고, 지급기간을 안내하고, 또한 주문번호를 기입하면 즉시 주문한 상품의 내용을 안내하는 차이가 있을 뿐이다. 전자적 의사표시는 표시의 핵심적인 내용이 주문자, 즉 개인으로부터 나오므로, 자동화된 의사표시와는 구별된다. 표의자에 의하여 형성된 의사표시가 컴퓨터를 통하여 수령자에게 전달되는 경우에 흔히 전자적으로 의사표시가 전달되는 전자적 의사표시가 성립된다.

전자적 의사표시에서는 전통적인 방법에 의하여 성립하여 이미 존재하는 의사표시의 전달이 단지 전자적이라고 하는 새로운 방법에 의한다고 하는 특징이 있을 뿐이다. 예를 들어 고객이 인터넷, 그밖의 온라인방법을 통하여 통신판매회사의 상품목록을 모니터에 불러서 일정한 상품을 선택하여 모니터에서 주문서를 작성한 후 마우스클릭을 통하여 주문을 하는 경우에는 전자적 전달이라고 하는 특수성으로 인하여 정상적인 의사표시라고 하는 법적 평가에 아무런 영향도 생기지 아니한다. 그러므로 법률행위이론에 인정되는 모든 원칙이 역시 전자적 의사표시에도 그대로 적용된다.

2. 자동화된 의사표시

자동화된 의사표시(automatisierte Willenserklärung)란 계약체결을 위한 자료를 손으로 입력하고, 최종적으로는 컴퓨터프로그램의 조력을 통하여 입력된 자료를 읽은 컴퓨터가 형성한 의사표시를 가리킨다. 예로서 보험계약을 체결할 때 보험자의 성별 · 연령 · 거주지 · 직업 및 보험기간과 같은 사항을 입력하면 컴퓨터가 자동적으로 보험료를 계산하고, 그 결과에 따라서 완성된 계약이 체결되는 경우를 들 수 있다. 자동화된 의사표시는 표의자가 기계적으로 형성된 결과를 '거래에의 제공을 통하여 자기의 의사표시로 만들어야'(durch Inverkehrbringen zu eigen macht) 의사표시로 성립한다. 그러므로 예컨대 자동화된 의사표시를 통하여 보험계약의 청약에 대한 승낙의 의사표시를 하는 때에는 자료의 입력에 의하여 컴퓨터프로그램이 보험증권을 작성하여 인쇄되고, 그 인쇄된 보험증권이 우편이나 사자, 그밖의 전통적인 전달수단을 통하여 수령자에게 발송되는 경우에 비로소 의사표시가 성립한다.

3. 컴퓨터의사표시

컴퓨터의사표시(Computererklärung)란 의사가 컴퓨터프로그램에 의하여 자동적으로 생성되어 전자적으로 전달되는 의사표시를 가리킨다. 예를 들어 쇼핑몰이 고객의 주문에 대하여 네트워크를 통하여 즉시 확인하는 의사표시가 바로 컴퓨터의사표시라고 할 수 있다. 또한 컴퓨터의사표시에서는 개인이 구체적으로, 현실적으로 의사표시에 관여하지 아니하고, 완전히 자동적으로 의사표시가 생성되어 전달된다. 그러므로 컴퓨터의사표시를 행하는 네트워크의 운영자는 보통 개별적으로는 의사표시에 대하여 알지 못하고, 의사표시를 하는지 여부 혹은 누구에게 하는지에 대하여 영향을 미치지 아니한다.

컴퓨터의사표시를 의사표시로 볼 수 있는가에 관하여는 의견대립이 있다. 다만 컴퓨터의사표시에 대하여도 의사표시로서의 효력을 인정하는 견해가 유력하다.[1] 컴퓨터의사표시를 하는 경우에는 불특정 다수인에 대한 청약으로서의 의미를 가지는 자동판매기의 설치에서와 유사한 특징이 있다. 자동판매기를 설치하면 이미 불특정 다수인을 향한 완성된 청약이 성립하고, 고객이 필요한 동전을 투입하면 승낙이 되어 자동판매기설치자에 의한 별도의 의사표시가 필요하지 않은 것처럼 예컨대 쇼핑몰이 고객으로부터 청약을 받으면 별도의 의사표시나 의사확인을 필요로 하지 아니하고 계약체결이 인정될 수 있다. 또한 컴퓨터의사표시는 표의자의 지시에 의하여 사자가 일정한 내용을 채우는 백지표시(Blanketterklärung)와 유사하다. 컴퓨터의사표시에서는 백지표시에서와 같이 컴퓨터가 미리 한 지시(프로그래밍)에 의하여 의사표시를 생성한다. 그러므로 의사표시의 성립과 전달을 위하여 컴퓨터를 사용하는 경우에는 법적으로「표시사자」(Erklärungsgehilfe)를 사용하는 경우와 같이 취급될 수 있다.

1 전자문서법 제2조 제1항은 '정보처리시스템에 의하여 전자적 형태로 작성, 송신·수신 또는 저장된 정보'를「전자문서」라 일컫고, 전자문서법 제4조 제1항은 전자문서에 대하여 다른 법률에 특별한 규정이 있는 경우를 제외하고는 전자적 형태로 되어 있다는 이유로 문서로서의 효력이 부인되지 아니한다고 규정하고 있다.

03

인터넷계약의 방식:

대화자 사이의 계약체결인가, 격지자 사이의 계약체결인가?

Ⅰ. 서설

인터넷을 통하여 계약이 체결되고 있다고 하는 사실은 누구도 의심하지 아니한다. 다만 인터넷을 통한 계약체결에서는 전통적으로 논의된 계약이론에 비추어 여러 가지 문제가 제기된다.

우선 인터넷계약의 체결이 대화자 사이에 발생하는가 격지자간에 성립하는가 하는 문제가 있다. 민법상 전화를 통한 청약은 대화자 사이의 청약으로 본다.[2] 인터넷을 사용할 때에도 원칙적으로 전화선이나 무선 와이파이 등이 이용된다. 다만 인터넷의 사용에서는 대부분 당사자 사이에 전화에서와 같은 직접적인 대화가 성립하지 아니한다.

당사자 사이의 인터넷을 통한 연결은 보통 복잡한 절차를 통하여 가능하고, 또한 대부분의 경우에 시간적으로 지연되고, 직접적이지 않다.

---

2 독일민법에는 명문규정이 있으나(§147 I BGB), 국내에서도 일반적으로 전화에 의한 청약은 대화자 사이의 의사표시로 본다.

그러므로 인터넷, 예컨대 이메일을 통한 계약체결을 대화자 사이의 계약체결로 보기는 어렵고, 원칙적으로 격지자 사이의 계약체결로 보아야 한다. 다만 계약이 이른바 채팅룸에서 체결되거나 직접적인 계약체결이 준비된 온라인시스템(예컨대 인터넷쇼핑몰)에 의하여 체결되는 때에는 예외적으로 달리 생각할 수 있다. 채팅룸이나 온라인시스템에서 계약이 체결되는 경우에는 비록 구두의 대화가 당사자 사이에 즉시적으로 성립하지는 아니하나, 원격대화와 유사한 측면이 있다고 하는 사실을 긍정하지 않을 수 없다. 그러므로 채팅룸이나 온라인시스템에 의한 계약체결은 대화자 사이의 계약체결로 볼 수 있다.

II. 인터넷계약에서의 청약과 승낙

1. '청약의 유인' 혹은 청약으로서의 홈페이지

홈페이지를 통하여 텍스트나 이미지의 형태로 상품이나 급부를 제공할 수 있다. 홈페이지를 통하여 상품이나 급부를 제공할 때, 그 제공이 이른바 「청약의 유인」에 불과한가,[3] 혹은 민법 제527조의 청약[4]에 해당하는가 하는 문제가 있다. 청약의 유인인지 청약인지의 여부는 홈페이지의 객관적 표시가치, 즉 홈페이지의 종류나 게시하고 있는 상품의 종

---

3 타인을 꾀어서 자기에게 청약을 하게 하려는 행위를 「청약의 유인」(invitatio ad offerendum)이라고 하고, 청약과는 구별한다. 청약의 유인은 계약의 내용을 구성하는 의사표시가 되지 못하므로, 꾀임을 받은 피유인자가 그에 대응하는 의사표시를 하더라도 바로 계약이 성립하지는 아니하고, 다시 유인한 자가 승낙의 의사표시를 함으로써 비로소 계약이 성립한다.

4 계약이 성립하기 위한 법률요건인 청약은 그에 응하는 승낙만 있으면 곧 계약이 성립하는 구체적, 확정적 의사표시여야 한다(대법원 2005.12.8. 선고 2003다41463 판결).

류에 따라서 결정된다.

일반적으로 예컨대 구인광고, 물품판매광고, 아파트의 분양광고, 상품목록이나 상품전단지의 배부, 기차나 기선의 시간표의 게시, 정류장에서 버스의 정차는 청약의 유인에 불과하다고 본다. 역시 TV홈쇼핑에서의 상품의 광고도 청약의 유인이라고 본다. 예를 들어 홈페이지를 통하여 단지 상품을 광고할 뿐이고, 주문기능을 구비하고 있지 아니하여 주문을 위하여는 다시 오프라인에서 전화나 편지를 통한 주문절차를 취하여야 하는 경우에는 일종의 가상적인 카탈로그를 통한 광고라고 할 수 있고, 의심할 여지없이 청약의 유인에 해당한다고 보아야 한다. 청약의 유인이라고 하는 법적 제도를 통하여 인터넷광고자는 스스로 이행할 수 없을 만큼 많은 불특정한 다수인과의 유효한 계약체결로부터 보호될 수 있다.

홈페이지에 주문기능이 있는 웹사이트에서의 상품게시가 청약의 유인인가 청약인가에 관하여는 견해가 대립할 수 있다. 예를 들어 어느 날 우연히 A회사가 인터넷을 통하여 운영하는 쇼핑몰에서 본래 500만원이 넘는 빔프로젝터를 150만원이라는 파격적인 가격에 판매한다는 소식을 들은 B가 쇼핑몰에 들어가 그 빔프로젝터를 구입하고 결제까지 마친 경우에, A회사가 쇼핑몰에 빔프로젝터의 가격이 잘못 표시된 사실을 뒤늦게 발견하고는 1시간만에 가격을 500만원으로 정정한 후에 B에게 150만원에는 빔프로젝터를 팔 수 없다고 하면 B로서는 빔프로젝터의 인도를 청구할 수 있는가 하는 문제가 있다. 홈페이지를 통하여 상품이나 급부를 제공한 경우에 그 제공이 이른바 청약의 유인에 불과한가, 혹은 민법 제527조에서 일컫는 청약에 해당하는가 하는 문제를 홈페이지에 주문의 기능까지 구비되어 있는 경우에는 쉽게 판단하기 곤란하다. 웹사이트에 주문기능이 구비되어 있는 경우에 관하여는 견해가 대립할 수 있다.

주문기능을 가진 홈페이지는 안내문구를 통하여 인터넷사용자가 자기에게 법적으로 청약이 된 사실을 안 때는 물론, 구체적인 안내의 흠결로 인하여 자신에게 법적인 의미에서의 청약이 된 사실을 모르는 때에도 청약으로 보아야 한다는 견해도 있다. 그러나 전화로 주문을 하여야 비로소 청약으로 인정되는 상품광고의 카탈로그나 TV홈쇼핑의 상품방송과 같은 전통적인 광고에서와 마찬가지로, 일반적으로 일반인으로서의 인터넷사용자가 홈페이지에의 상품게시의 법적 성질을 인식하지 못하고 상품주문을 한다고 하는 사정을 고려할 때, 명시적으로 상품게시가 청약으로서의 의미가 있다고 하는 사실을 안내하지 아니한 한, 청약의 유인으로 보는 태도가 타당하다. 그러므로 온라인으로 제공되고 있는 상품에 대한 마우스 클릭에 의한 고객의 상품주문이 계약의 청약으로 되고, 상품제공자의 확인이 청약에 대한 승낙으로서의 의미를 지닌다.

사례에서 A회사가 쇼핑몰에 빔프로젝터를 잘못 표시된 가격에 게시한 행위를 청약의 유인으로 본다면 B의 청약에 대응하는 A회사의 승낙의 의사표시를 통하여 계약이 성립한다. 그러므로 A회사는 쇼핑몰의 가격표시의 오류를 알고 승낙을 거절한 때에는 계약이 성립하지 아니하여 B는 A회사에 대하여 150만원에 빔프로젝터의 인도를 청구할 수 없다.

물론 A회사가 쇼핑몰에 상품을 게시한 행위가 청약에 해당한다고 보면 B의 주문과 대금결제를 통하여 승낙의 의사표시가 인정되므로, 계약이 이미 유효하게 성립한다. 다만 일단 A회사와 B 사이의 빔프로젝터에 관한 계약이 성립하면 A회사가 무조건 구속되는가 하는 문제가 있다. A회사는 매매계약을 착오를 이유로 취소할 수 있는 가능성이 있다. 빔프로젝터의 매매에서 그 가격에 관한 착오는 일반적으로 법률행위의 내용의 중요부분에 관한 착오에 해당한다. 그러므로 A회사는 B와의 매매계약을 착오를 이유로 취소할 수 있다. 물론 쇼핑몰을 운영하는 A회사에게 착오에 중대한 과실이 있는가 여부를 따져 보아야 한다. 만약 A회사의 중대한 과실이 인정되는 때에는 착오를 이유로 하는 취소가 인정되지 아니한다(민법 제109조 제1항 단서).

2. 청약에 대한 승낙

청약에 대한 승낙을 통하여 계약은 성립한다. 예를 들어 고객이 인터넷사이트에서 어떤 상품을 주문하면, 상품을 제공하는 쇼핑몰은 이메일이나 전화를 통한 주문확인에 의하여 계약을 승낙할 수 있다. 그러므로 온라인으로 제공되고 있는 상품에 대한 마우스 클릭에 의한 고객의 상품주문이 계약의 청약으로 되고, 상품제공자의 확인(보통 이메일이나 전화 · Fax를 이용한다)이 청약에 대한 승낙으로서의 의미를 지닌다.

상품제공자가 승낙을 할 때에는 민법 제528조 이하의 승낙기간(Annahmefrist)에 관한 원칙을 준수하여야 한다. 당사자가 승낙기간을 정하지 아니한 때에는 민법 제529조에 의하여 고객이 상당한 기간 내에 승낙의 통지를 받지 못한 때에는 청약으로서의 주문이 실효된다. 특히 전자적 거래에서는 고객이 이른바 통신수단동일성의 원칙에 의하여 원칙적으로 이메일에 의한 신속한 승낙의 통지를 기대할 수 있으므로 상당한 기간을 우편에 의한 전달수단을 이용하는 경우보다 단기로 측정할 수 있다. 또한 민법 제532조에 의하여 승낙의 의사표시가 거래관념상 기대되지 아니하는 경우 혹은 청약자가 승낙의 의사표시의 도달을 원하지 아니한 경우에는 승낙의 의사표시가 필요 없고, 단지 승낙의 의사표시로 인정되는 사실(예컨대 주문한 물건의 송부)이 있는 때에 계약이 성립한다(다만 인터넷을 통한 거래관계에서는 아직 거래관념이나 관습으로 인정할 수 있는 경우가 별로 확립되어 있지 않다).

Ⅲ. 메일박스시스템에의 도달의 효력

1. 전자우편의 기술적 측면

흔히 이메일이라고 불리는 전자우편은 모든 종류의 데이터의 전달을 가능하게 한다. 전자우편을 이용하기 위하여는 발신자나 수신자가 모두 전자적 우편함에 해당하는 이른바 메일박스(Mailbox)와 개별적인 주소(E-Mail-Adresse)를 가지고 있어야 한다. 특히 메일박스는 메일서버가 인터넷이용자(이메일소비자)에게 제공하여 수신자의 주소로 발송된 이메일이 저장되고, 수신자가 열람하여 이메일의 내용을 확인할 수 있는 가상장소이다. 이메일의 발신자가 메일프로그램을 통하여 수신자의 등록된 주소로 이메일을 발송하라고 하는 지시를 하면 이메일이 발신자로부터 수신자에게 전달되어 우선 메일박스에 보관된다.

2. 전자우편의 법적 측면

(1) 민법상의 의미에서의 도달

상대방있는 의사표시는 상대방에게 도달한 때로부터 그 효력이 생긴다(민법 제111조 제1항). 그리고 도달(Zugang)이란 의사표시가 상대방의 지배영역에 진입하여 사회관념상 일반적으로 요지할 수 있는 상태를 가리킨다고 본다(이른바 요지상태설이 통설이고 판례[5]이다). 역시 의사표시를 수령하기 위하여 상대방이 준비한 시설, 예컨대 우편함도 상대방의 지배영역에 해당한다. 그러므로 도달은 의사표시가 상대방의 지배영역에 진입하여 요지가 상대방에 의하여 가능하고, 거래관념상 기대할 수 있는 때에 완성된다.

(2) 전자메일박스시스템에의 이메일의 도달

물론 수신자가 이메일을 요지한 때에는 도달이 된다. 다만 이메일에서는 메일박스와 같은 수신장치에 저장이 되면 아직 요지하지 아니한 때에도 요지가능한 상태로서 도달로 볼 수 있는가 하는 문제가 있다. 다시 말하면, 메일박스를 우편함과 같이 수신시설(Emfangseinrichtung)로서 수신자의 지배영역으로 볼 수 있는가 하는 문제가 제기된다.

우편함은 거의 누구나 가지고 있다. 또한 거래관념상 적절한 시간적 간격을 두고, 특별한 사정이 없는 한 적어도 매일 우편함을 확인하고, 투함된 편지나 문서의 형태를 가진 의사표시를 요지한다고 하는 기대를 누구나 한다. 그러므로 우편함의 경우에는 우편물이 우편함에 투함되면 비록 수신자가 실질적으로 요지를 하지 아니한 경우에도 의사표시가 도달한다고 볼 수 있다.

추상적으로 보면 메일박스도 역시 우편함과 같은 기능을 한다. 이메일이 메일서버에 전달되면 수신자의 메일박스영역에 저장된다. 그리고 수신자는 언제든지 메일박스를 확인할 수 있고, 이메일의 내용을 요지할 수 있는 상태가 된다. 다만 메일박스의 확인과 전달된 이메일의 요지

---

5 요지상태설을 취한 판례로 대법원 1983.8.23. 선고 82다카439 판결을 참조.

가 수신자로부터 기대가능한가에 관하여는 문제가 있다.

요지할 수 있는 상태가 되거나 요지가 기대가능하기 위하여는 '확인책무'(Nachforschungsobliegenheit)가 수신자에게 부담될 수 있어야 한다고 본다. 각 가정에 우편함을 설치하는 경우에는 그 설치를 통하여 일정한 간격으로 우편물의 투입 여부를 확인하거나 조사한다고 하는 의사를 표시한 경우라고 해석할 수 있다. 다시 설명하면, 우편함의 설치자는 우편함을 통하여 의사표시를 수령할 준비가 되어 있다고 하는 표시를 한 경우로 볼 수 있다. 그러므로 일반적으로 우편함은 의사표시의 수령에 봉사한다고 보아야 한다. 우편함이 의사표시의 수령에 봉사한다고 하는 근거로서는 우편체계는 어느 국가이든 갖추고 있고, 각 가정이 거의 모두 우편체계와 연결되어 있다고 하는 사정을 들 수 있다. 그러나 적어도 현재로서는 이메일시스템이 우편체계와 같은 의사표시의 일반적인 전달체계로서의 지위에 있다고 볼 수는 없다. 아직은 이메일을 통한 의사표시가 반드시 일반적인 일상이라고 할 수는 없고, 또한 이메일을 통한 의사표시의 수령이 - 우편처럼 누구에게나 - 무조건 기대가능하다고 볼 수도 없다.

이메일을 통한 의사표시의 수령을 위하여는 이메일주소의 단순한 소지 이외에 부가적인 행위가 요구된다고 하지 않을 수 없다. 예를 들어 메일박스의 소지자가 법률행위나 법적 거래에서 이메일주소를 사용한 때에는 이메일을 통한 의사표시의 수령이 준비된 경우로 볼 수 있다(거래행위의 영역에서 편지봉투나 명함에 이메일주소를 인쇄하여 사용한 경우를 생각할 수 있다). 또한 거래행위상의 특수성에 의하여 메일박스를 의사표시의 도달로 인정할 수 있는 상대방의 지배영역으로 인정할 수 있는 경우도 있다. 예컨대 인터넷이나 통신과 관련되는 사업을 하는 경우라고 하면 굳이 이메일을 통하여 의사표시를 수령할 준비가 되어 있다고 하는 표시를 명시적으로 하지 아니한 때에도 공개된 이메일을 통한 의사표시의 수령이 준비되어 있다고 볼 수 있다. 역시 사인에게도 이메일주소의 소지가 의사표시의 도달로 인정되는 지배영역의 설치로 인정될 수 있는 경우가 있다. 물론 이메일주소가 일반적으로 의사표시의 도달을 위한 지배영역이 될 수 없으나, 가령 상대방에 대하여 이메일주소의 제시와 함께 의사표시를 한 경우에는 그 상대방에 대한 관계에서는 그 이메일주소로의 의사표시의 저장을 지배영역에의 진입이라고 해석할 수 있다. 만일 개인이 자신의 이메일을 사적 용도로만 사용한다고 하면 법적 거래를 위한 의사표시의 도달과는 무관하여 그 메일박스에의 의사표시의 저장은 의사표시의 도달로서의 의미를 가질 수 없다고 보아야 한다.

서신의 형식에 의한 의사표시는 거래관념상 요지할 수 있는 객관적 상태에 놓인 때에 도달의 효력이 생긴다(보통 우편함에 우편물이 투함된 때를 가리킨다). 다만 상대방이 잠자고 있는 야간이나 근무를 하지 않는 일요일 · 공휴일 혹은 일과 후에 의사표시가 전달되면 익일 혹은 정상근무일에 도달된다고 본다. 이메일시스템에서도 의사표시의 도달시기에 관하여 오프라인에 적용되는 원칙이 그대로 적용될 수 있는가 하는 문제가 있다.

서신교환과 달리, 메일박스시스템에서는 소식이 밤낮을 가리지 않고 언제든지 전달되거나 교환될 수 있다. 그러므로 메일박스는 하루에도 몇 번이고 확인을 하여야 한다고 하는 견해도 있으나, 단지 매일 적어도 1회의 메일박스의 확인이 기대된다고 보는 견해도 있다. 이메일주소의 소지가 의사표시의 도달을 위한 지배영역의 설치로 인정되는 경우에 정상적인 근무시간 중에 적어도 1회의 메일박스의 확인이 기대된다고 보아야 한다. 결국 이메일주소의 소지나 이용에서도 거래시간의 제한이 적용된다고 본다. 이메일을 통한 의사표시의 도달시기에 관하여는 서신의 형식에 의한 의사표시의 도달시기에 관한 원칙이 그대로 준용된다. 기술적인 문제로 인하여 메일박스시스템에서도 도달장애(Zugangsstörung)가 발생할 수 있다. 물론 인터넷상의 기술적 문제의 해결을 통하여 점차 이메일의 도달장애(예컨대 의사표시의 부도달, 지연 혹은 내용변경)는 거의 발생하지 아니하고 있으나, 가능성은 얼마든지 있다.

의사표시로서의 이메일의 도달이 지연된 경우, 수신자에게 그 도달장애가 예상가능한 때에는 지연된 도달의 항변을 할 수 있고, 지연된 도달의 항변이 인정되는 때에는 의사표시의 도달로 인정될 수 있다(민법 제528조 제2항). 또한 의도적으로 이메일의 도달을 좌절시킨 경우에는 반신의행위를 금지하는 원칙(예컨대 민법 제150조)을 유추적용하여 도달로 의제할 수 있다. 특히 수신자가 의무위반을 범한 때에도 이메일의 도달장애에 대한 예견가능성이 있다고 본다.

자주 발생하는 도달장애는 메일박스의 용량을 넘는 경우에 발생한다. 흔히 메일계정운영자는 - 특히 무상사용인 경우 - 사용자에게 전달되는 소식에 대하여 단지 제한된 저장용량만을 제공한다. 그러므로 예컨대 저장용량이 한정된 메일박스를 사용하는 경우에 용량의 초과로 인하여 도달이 되지 아니하거나 지연되는 사고가 생길 수 있다. 다만 수신자는 스스로 자기의 메일박스를 규칙적으로 확인하지 아니하는 경우에는 메일박스에 특히 원치 않는 스팸메일과 같은 대량의 메일이 저장되어 중요한 메일을 수신하지 못할 수 있고, 때로는 자기의 메일서버운영자에게 결함이 생길 수 있다고 하는 사실을 인식하여야 한다. 그리고 수신자가 메일서비스제공자의 급부상태에 관한 위험을 부담하며, 신용이 충분하고 급부능력이 있는 메일서비스제공자의 선택에 관한 책임은 수신자 스스로에게 있다. 결국 이메일의 도달장애에 따른 위험은 일반적으로 수신자가 부담한다고 본다. 특히 메일시스템의 사용자가 거래관계에서 이메일을 사용하는 빈도에 따라서, 즉 만일 사용빈도가 높다고 하면 비록 많은 비용이 소요된다고 하더라도 충분한 저장용량을 제공하는 메일프로바이더를 선택할 필요가 있다.

위험분배와 관련하여 생각하면, 메일박스를 자기에 대한 의사표시의 수신을 위하여 제공하지 아니한 사적 수신자에 대하여는 발신자가 의사표시로서의 이메일의 멸실이나 요지까지의 지연의 위험을 부담하여야 한다. 그러므로 사적 수신자인 경우에는 이메일의 불착이나 연착이 표의자의 불이익으로 돌아간다. 그러나 거래적 수신자에 대하여는 위험의 전환이 발생한다. 이메일이 일반적으로 거래행위를 위하여 사용되는 경우에 위험을 누가 부담하는가는 수신자의 지배영역에의 진입과 관련하여 결정된다. 만일 수신자가 자기의 이메일을 전적으로 의사표시의 수령을 위하여 준비하여 지배하고 있고, 발신자가 전혀 영향을 미칠 수 없다고 하면 예를 들어 이메일을 전달하는 과정에서 기술적인 문제로 지연이 되더라도 기간이 경과한 경우로 된다. 다만 이메일의 지연이 귀책사유 없이 생긴 경우라고 하면 그 기간경과는 발신자의 부담이 된다.

(3) 이메일의 도달의 증명

이메일의 도달의 증명에 관한 문제가 있다. 의사표시의 도달에 관한 증명책임은 원칙적으로 표의자가 부담한다. 문서의 형식으로 하는 전통적인 의사표시에서는 긴급한 때에는 개인적으로 수령확인을 받을 수 있으나, 전자의사표시에서는 성질상 등기우편이나 내용증명우편에서와 같은 수신확인이 불가능하다. 물론 기술적으로 이메일의 수신확인이 가능할 수도 있으나, 반드시 수신자가 수신한 경우라고 하는 확인이 또한 곤란하다. 그리고 이메일은 흔적을 전혀 남기지 아니하고 언제든지 감쪽같이 삭제하여 지울 수 있으므로 그 도달 여부를 증명하기가 기술적으로 대단히 어렵다.

이메일로 의사표시가 발신된 때에는 드물기는 하지만 변경위험이나 전달상의 위험이 따른다. 물론 수신자의 이메일주소를 옳게 기입한 경우에 수신자에게 도달하지 않을 가능성은 희박하다. 또한 송신에 실패한 경우에는 대부분 SMTP를 통하여 에러메시지가 발신자의 메일박스에 전달되거나 바로 성공적인 송신 여부를 확인할 수 있다. 역시 이메일의 삭제나 부도달의 문제는 별로 생길 우려가 없다. 그러나 이메일의 멸실이나 전달장애의 위험이 전적으로 배제된다고 할 수는 없다. 그러므로 이메일을 통한 전자의사표시의 발신이 있는 때에는 기술적인 전달과정과 관련하여 그 도달이 있다고 하는 일응의 추정(Anscheinsbeweis)을 적용할 수 없다고 본다.

이메일의 송신프로토콜이 변경될 가능성도 있다. 물론 송신 여부에 대하여는 이른바 타임스탬핑(time-stamping), 즉 '시점확인'이라고 하는 기술적 수단을 통하여 해결할 수 있다.[6] 전자문서의 시점확인을 통하여 도달증명과 관련된 두 가지 문제를 해결할 수 있다. 우선 이메일의 객관적인 시점확인은 일정한 기한이나 기간의 준수가 중요한 의미를 가지

6 예컨대 전자서명법 제20조에 의하면 공인인증기관은 전자문서가 제시된 시점을 전자서명하여 확인할 수 있다.

는 의사표시에서 아주 유익하다. 또한 발신자는 더 이상 의사표시가 발신된 시간을 변경할 수 없다. 그러므로 발신자가 공인인증기관으로부터 시점확인을 받으면 적어도 이메일이 발신된 사실이 증명될 수 있다. 그리고 이메일이 발신된 사실을 전제로 하여, 또한 월등히 높은 기술적 확실성에 기하여 이메일의 수신자에게의 도달을 추정할 수 있다. 결국 이메일의 발신이 이른바 '타임스탬프'(시점확인)를 통하여 확인된 때에는 그 도달에 관하여 '일응의 추정'의 원칙이 적용될 수 있다.

04 인터넷계약의 철회 · 취소

Ⅰ. 철회

의사표시는 상대방에게 도달하여야 효력이 발생하므로(민법 제111조 제1항), 그 의사표시보다 전에 혹은 늦어도 그 의사표시와 동시에 철회의 의사표시를 하면 의사표시의 효력발생이 저지된다. 다만 전자적 장치로 보낸 인터넷의사표시는 발신과 도달 사이에 시간적 간격이 없다고 보아야 하며, 전자적 장치에 의한 인터넷의사표시보다 먼저 철회가 도달하기는 거의 기술적으로 불가능하다.

예를 들어 이메일을 통하여 발신한 의사표시가 네트워크의 장애로 아직 도달하지 않고 있는 동안에 후에 발신한 철회의 의사표시를 담은 이메일이 먼저 상대방에게 도달한 경우를 상상할 수 있다(물론 먼저 보낸 의사표시가 기술상의 장애로 영영 수신자에게 도달하지 않은 때에는 의사표시의 철회문제라기 보다는 의사표시의 부도달문제가 된다). 역시 이메일에 의한 의사표시의 도달에 관한 원칙에 의하여 수신자가 자기의 이메일을 가끔 확인하는 결과, 모든 읽지 않은 의사표시가 언젠가 같은 시각에 도달한 경우로 되는 때에는 동시도달도 생각할 수 있다.

II. 취소

1. 서언

인터넷의사표시도 민법상의 취소에 관한 규정에 따라서 얼마든지 취소할 수 있다고 하는 사실에 대하여는 의문이 있을 수 없다. 예컨대 민법 제109조에 의하여 착오자는 의사표시를 취소할 수 있다. 다만 착오가 되기 위하여는 의사표시를 할 때에 착오에 빠져야 하고, 의사를 형성하는 과정에서 착오가 있는 경우에는 단지 동기의 착오로서 원칙적으로 고려되지 아니한다. 인터넷의사표시를 할 때에는 표의자가 데이터를 입력할 때에 착오에 빠지거나 본래 결함이 있는 자료가 컴퓨터를 통하여 제공된 경우가 생길 수 있고, 시스템하자나 데이터전송의 하자가 발생할 수도 있다.

2. 착오취소

(1) 입력의 하자 = 표시착오

표의자가 실제로 한 표시가 표시하고자 한 의사와 일치하지 아니하는 경우를 표시착오(Erklärungsirrtum)라고 한다. 예컨대 오기 · 오담이 대표적인 표시착오이다. 가령 표의자가 오기 · 오타를 한 경우와 같이 데이터를 입력할 때에 실수를 하면 표시착오가 된다. 인터넷을 통한 의사표시에서는 자판에 숫자를 잘못 입력한 경우를 생각할 수 있다.[7] 그러므로 전자의사표시에서는 입력의 하자가 표시착오가 된다. 예컨대 자판에 숫자를 잘못 입력하여 본래 의욕하지 아니한 내용이 전달된 경우에 표의자는 중대한 과실이 없고, 그 착오가 법률행위의 내용의 중요부분(예컨대 대금 등)에 관한 경우에는 표시착오로서 의사표시를 취소할 수 있다(민법 제109조 제1항). 그리고 착오취소가 가능한 경우에 취소권의 행사기간(민법 제146조) 내에서는 이메일을 통하여도 취소의 의사표시를 할 수 있다.

(2) 결함있는 데이터자료의 제공에 의한 하자

비정상적인 의사표시가 결함 있는 데이터자료(예컨대 컴퓨터에 저장하고 있던 종전의 가격리스트)의 이용으로 인하여 야기되는 경우에는 표시착오와 약간 다르다. 비정상적인 의사표시를 야기한 실수가 표시착오의 경우에는 의사표시를 할 때, 즉 표시행위에 관하여 성립하나, 결함있는 데이터자료로 인하여 실수가 생길 때에는 의사형성의 과정에서, 즉 의사표시를 하기 전에 발생한다고 하는 차이가 있다. 예로서 표의자가 잘못 산출된 컴퓨터의 작업결과를 믿고, 혹은 잘못된 결과를 인식하지 못한 채 하자있는 청약을 한 경우를 생각할 수 있다. 결함 있는 컴퓨터의 데이터자료를 믿고 그 자료에 따른 청약의 의사표시를 한 경우에는 단순한 계산착오로서의 동기착오(Motivirrtum)로 될 뿐이며, 민법 제109조에 의한 착오취소가 가능한가 하는 문제는 동기의 착오를 해석하

7 예컨대 온라인송금거래에서의 착오송금, 증권거래에서의 주문실수(한맥투자증권이 선물옵션주문의 실수로 460억원의 손실을 입은 사고가 있다) 등을 생각할 수 있다.

는 일반원칙에 의한다.[8]

(3) 시스템하자

하드웨어의 강한 신뢰성으로 인하여 이른바 시스템하자(Systemfehler)가 일어날 가능성은 별로 크지 않으나, 여전히 프로그램하자 혹은 소프트웨어하자로 인하여 의사표시에 결함이 생길 여지가 있다. 특히 하드웨어에 하자가 있다고 하여 그 하자가 비정상적인 의사표시를 야기하는 경우는 별로 없다. 다만 프로그램하자(소프트웨어하자)로 인하여는 얼마든지 시스템운영자의 의사에 일치하지 아니하는 컴퓨터의사표시(Computererklärung)가 발생할 수 있다. 예컨대 고객이 신용불량으로 인하여 블랙리스트에 올라 있는 사실 혹은 이미 주문한 상품이 품절되거나 생산중단된 사실을 모르고, 컴퓨터가 고객의 주문청약을 승낙한 후 바로 배달한다고 하는 의사표시를 한 경우, 또는 프로그램하자에 의하여 다른 상품이나 엉뚱한 수량의 물건이 주문된 경우를 생각할 수 있다.

프로그램하자(Programmfehler)가 있는 경우에는 취소할 수 있는가 하는 문제를 생각하기 이전에, 우선 컴퓨터의사표시라고 하는 특수성을 고려할 때 의사표시 자체가 성립하는가 여부를 판단하여야 한다. 자동화된 절차에서 형성되는 컴퓨터의사표시도 운영자의 의사에 기하여 시스템이 구축되고, 시스템운영자가 컴퓨터에 의하여 생성된 표시를 의사

8 동기의 착오가 법률행위의 내용의 중요부분의 착오에 해당함을 이유로 표의자가 법률행위를 취소하려면 그 동기를 당해 의사표시의 내용으로 삼기로 상대방에게 표시하고 의사표시의 해석상 법률행위의 내용으로 되어 있다고 인정되면 충분하고, 당사자 사이에 별도로 그 동기를 의사표시의 내용으로 삼기로 하는 합의까지 이루어질 필요는 없지만, 그 법률행위의 내용의 착오는 보통 일반인이 표의자의 처지에 섰더라면 그 의사표시를 하지 아니하리라고 여겨질 정도로 그 착오가 중요한 부분에 관한 착오이어야 한다(대법원 2012.9.27. 선고 2011다106976, 106983 판결).

표시로 삼은 때에는 의사표시로 인정된다. 그러므로 시스템의 운영이 운영자의 의사에 일치하고, 일반적인 귀속의사를 지니고 있는 경우에는 비록 시스템하자로 인하여 그 운영자가 전혀 원하지 아니하거나 혹은 내용적으로 불일치하는 표시가 생성된 경우라고 하더라도 의사표시로 인정하여야 한다. 다시 설명하면, 프로그램하자로 인하여 형성된 표시도 원칙적으로 유효한 의사표시가 된다. 다만 보통 1개나 몇 개의 수량이 주문되는 상품에 대하여 시스템하자로 인하여 100,000개가 주문된 경우와 같이, 누가 보아도 한눈에 주문에 잘못이 있다고 하는 사실을 알 수 있고, 다만 해석의 방법으로는 주문의 진정한 내용을 판단할 수 없는 때에는 예외적으로 무효라고 볼 수 있다.

의사의 형성과정에 표의자가 전혀 관여하지 아니하고, 단지 컴퓨터에 의하여 형성된 의사표시, 즉 컴퓨터의사표시에 대하여도 민법 제109조에 의한 착오취소가 인정될 수 있는가 하는 문제에 대하여는 긍정하는 견해가 강하다. 의사표시의 표현이나 발신을 위하여 컴퓨터를 사용한다고 하는 사실은 정상적인 의사표시에서 사자(표시기관으로서의 사자 혹은 전달기관으로서의 사자)를 사용하는 경우와 다르지 않다고 본다. 그러므로 시스템하자, 특히 프로그램하자나 소프트웨어하자에 대하여도 경우에 따라서 착오취소를 직접적으로 적용하거나 적어도 준용할 수 있다.

(4) 전송상의 하자

의사표시를 사자(使者)를 통하여 전달하거나 혹은 전보가 우편집배원에 의하여 전달되는 경우와 같이 전달기관을 통하여 의사표시를 하는 때에 그 전달기관이 잘못하여 표의자의 표시와 다른 표시를 하는 경우를 흔히 「표시기관의 착오」라고 부른다. 민법상 명문규정은 없으나,[9] 역시 이견 없이 표시기관의 착오도 표시상의 착오가 된다고 본다. 다만 수령사자에게 전송상의 하자가 있는 때에는 착오를 이유로 취소할 수 없다.

이메일에 의한 의사표시에서는 표의자가 자신의 메일박스를 가지고 있는 메일서버프로바이더가 표시사자가 된다. 메일서버프로바이더에게 전송상의 하자(Übermittlungsfehler)가 있는 경우, 예컨대 컴퓨터네트워크의 비정상적인 작동에 의하여 표의자가 의도한 표시와 다른 내용이 전송된 경우에는 표시기관의 착오로서 취소가 가능하다.

Ⅲ. 행위능력의 결함

인터넷의 가장 큰 특징의 하나는 이른바 비대면성이다. 인터넷에서 매도인은 흔히 상대방이 누구인가를 직접적으로 알지 못하므로 미성년자가 계약당사자인 때에는 신뢰보호와 미성년자보호의 조화를 꾀하여야 한다고 하는 문제가 생긴다. 예컨대 인터넷에서 6세의 어린이가 마우스 클릭을 통하여 의사표시를 한 경우에 그 의사표시는 의사무능력을 이유로 무효로 된다. 또한 미성년자나 피성년후견인, 피한정후견인이 인터넷에 의한 의사표시를 한 때에도 역시 행위무능력을 이유로 그 의사표시를 취소할 수 있다(민법 제5조 제1항 본문, 제10조, 제13조).

민법상 계약상대방의 행위능력에 대하여 선의라고 하더라도 법적 보호가 인정되지는 아니하여 의사표시의 수신자는 신뢰보호를 주장할 수

9 예컨대 독일민법은 표시기관의 착오도 표시착오에 해당한다고 하는 명문규정을 두고 있다(§120 BGB).

없다. 만일 행위제한능력자가 요구되는 법정대리인의 동의를 얻지 아니하고 계약을 체결하면 그 계약은 취소할 수 있는 법률행위가 된다. 그러므로 인터넷을 통하여 제공된 상품에 대한 계약을 체결하는 때에는 항상 인터넷프로바이더가 미성년자나 피성년후견인, 피한정후견인과 맺은 계약이 취소될 수 있다고 하는 위험을 감수하여야 한다.

3장

인터넷서비스 이용계약

01
서설

인터넷의 이용과 관련하여 다양한 형태의 인터넷서비스이용계약이 성립할 수 있다. 인터넷은 인터넷서비스제공자,[1] 즉 인터넷서비스프로바이더와 다른 인터넷서비스프로바이더 혹은 이용자의 관계라고 할 수 있다. 또한 인터넷서비스프로바이더와 다른 인터넷서비스프로바이더 혹은 이용자의 관계는 원칙적으로 계약에 의하여 성립하는 서이비스이용계약관계이다. 그러므로 사실 인터넷은 그 자체가 계약이라고 하여도 좋을 만큼 인터넷이라고 하는 공간은 인터넷서비스이용계약을 통하여 형성되고 있다.

아주 다양한 유형의 인터넷계약이 있을 수 있다. 예를 들어 미러링계약, 링크계약, 배너광고계약, 웹디자인계약, 웹하우징계약과 같은 인터넷계약도 있다. 또한 인터넷계약의 대표적 예로서는 인터넷서비스프로

1 인터넷서비스제공자라고 하는 개념이 반드시 명확하지는 않다. 우선 널리 인터넷과 관련되는 서비스에 참가하는 모든 자를 가리키는 용어로 인터넷서비스제공자라고 하는 표현을 사용한다.

바이더와 이용자 사이의 인터넷이용계약 혹은 인터넷접속계약, 호스트프로바이더계약으로서의 웹호스팅계약, 콘텐츠프로바이더계약 및 데이터베이스이용계약, 네트프로바이더계약 등이 있다.

02
인터넷 접속계약

Ⅰ. 의의

개인이나 기업이 인터넷을 이용하기 위하여는 인터넷서비스프로바이더와의 계약, 즉 인터넷접속계약이 필요하다. 흔히 인터넷서비스의 이용을 위한 접근을 중개하는 인터넷서비스제공자를 엑세스프로바이더라고 한다. 그러므로 인터넷접속계약을 달리 엑세스프로바이더계약(Access-Provider-Vertrag)이라고도 한다.

Ⅱ. 법적 성질

1. 서설

인터넷접속계약을 명문으로 규율하는 규정은 없다. 그러므로 인터넷접속계약의 법적 성질을 밝히기 위하여는 인터넷접속계약을 통하여 계약당사자로서의 이용자와 프로바이더가 어떤 권리와 의무를 가지고 부담하는가를 살펴야 한다. 그리고 인터넷접속계약상의 권리와 의무가 민법상 규율되는 어떤 전형계약과 일치하는지 혹은 어느 정도 일치하는지, 전형계약상의 규정을 인터넷접속계약에 적용할 수 있는지를 판단하여야 한다.

2. 임대차계약으로서의 성질?

우선 인터넷접속계약은 임대차계약으로서의 성질을 가진다고 볼 수 있다(물론 무상인 때에는 사용대차가 된다). 특히 프로바이더가 이용자에게 물건(예컨대 서버컴퓨터 및 네트워크)의 사용을 보장하여야 할 의무를 부담한다고 하는 측면에서 인터넷접속계약은 임대차계약이라고 본다. 그러나 임대차계약의 내용은 사용 · 수익을 위한 물건의 인도라고 할 수 있지만, 인터넷접속계약에서 엑세스프로바이더(Access-Provider)가 네트워크의 사용을 고객에게 맡기지는 아니하고,[2] 단지 네트워크와 인터넷서버를 통하여 자료나 정보를 전달할 뿐이다. 그러므로 오히려 프로바이더의 급부는 운송기관에 의한 물건의 수송과 비교할 수 있다. 서버로 이용되는 컴퓨터나 네트워크에 대한 완전한 관리 · 처분의 권한은 여전히 프로바이더에게 있다. 역시 고객은 시스템의 운영에 관하여 아무런 결정권도 가지고 있지 않다. 결국 인터넷접속계약에서는 프로바이더의 급부의무가 사용 · 수익을 위한 물건의 인도를 목적으로 하지 아니하므로, 인터넷접속계약에 임대차에 관한 규정이 적용되기는 어렵다고 본다.

---

2 임대차계약설을 취하는 견해는 엑세스프로바이더의 인터넷접속장비를 수인의 고객이 공동으로 간접점유하고 있다고 이론구성하거나(지나치게 기교적인 설명이라고 하는 비판이 있을 수 있다), 사용·수익이 기존의 임대차와 같이 임차인의 점유 아래에서의 사용·수익이 아니라, 임대인이 직접 점유하는 접속설비를 네트워크를 통하여 원격으로 사용하는 방식이 된다고 보는 견해가 있다.

3. 도급계약 혹은 고용계약으로서의 성질?

엑세스프로바이더계약은 근본적으로 물건의 급부가 목적이라기보다는 엑세스프로바이더의 행위와 관련되므로, 그 행위관련성으로 인하여 인터넷접속계약의 성질을 도급계약이나 고용계약으로 생각할 수 있다. 도급계약과 고용계약의 차이는 이행하여야 할 급부의 성질에 따른다. 어떤 일의 완성이 계약의 목적인 때에는 도급계약이 된다(민법 제664조). 그러나 결과의 발생에 대한 의무 없이 노무의 공급 자체를 목적으로 하는 계약을 고용계약이라고 한다(민법 제655조).

인터넷접속계약이 보통 계속적 채권관계로 형성된다고 하여 인터넷접속계약은 도급계약으로 볼 수 없다고 주장할 수는 없다(도급계약도 경우에 따라서는 계속적 채권관계로 성립할 수 있다). 다만 인터넷접속계약을 도급계약으로 보는 태도에는 문제가 없지 않다.[3] 특히 일의 완성을 목적으로 하는 결과채무를 부담하는 도급계약에서는 일의 완성의 가능성이 전제가 되나, 아직은 누구도 각 개인의 인터넷에 대한 접속시도가 항상 100% 보장된다고 단언할 수 없다. 그러므로 네트워크의 기술적 불완전성으로 인하여 근본적으로 인터넷접속계약을 도급계약으로 보기는 무리가 있다. 또한 도급계약에 적용되는 결과책임(Erfolgshaftung)은 결코 결과를 보장할 수 없는 엑세스프로바이더의 이익과도 일치하지 아니한다.

결국 인터넷접속계약의 법적 성질로 고용계약을 고려할 수 있다. 고용계약설에 의하면 프로바이더는 고객을 위하여 인터넷에의 접속을 위

3 물론 인터넷의 접속을 위한 설비를 설치하는 자체만을 분리하여 생각하면 접속설비의 설치라고 하는 1회적인 계약상의 의무의 이행에 의하여 계약관계가 소멸하는 도급계약이라고 할 수 있다.

한 행위(노무)를 제공하여야 한다. 고객의 인터넷접속을 위한 노무의 제공은 프로바이더의 이익과도 일치한다. 다만 인터넷접속계약을 고용계약으로 보는 경우에도 고객과 프로바이더 사이의 지휘 · 명령의 관계가 어디에 성립하는가를 설명하기 곤란하다고 하는 문제가 있다.

Ⅲ. 효력

1. 엑세스프로바이더의 의무

(1) 접속제공의무

엑세스프로바이더의 주된 의무로서는 네트접속(Netzzugang)의무, 즉 컴퓨터네트워크 내지 인터넷에의 접속을 제공할 의무를 들 수 있다. 프로바이더는 고객이 전화선에 의한 모뎀이나 랜, 와이파이(Wi-Fi) 등에 의하여 자기의 컴퓨터와 인터넷에의 접속을 통하여 데이터를 교환하게 할 수 있는 기술적 설비를 갖추어야 한다. 그러므로 인터넷접속계약상 프로바이더는 고객에 대하여 네트워크를 선택하고, 네트워크로부터의 자료나 정보를 검색하거나 검색한 자료를 저장할 수 있는 접속이 이루어질 수 있도록 노무를 제공하여야 한다.

역시 부수적 의무로서 프로바이더에게는 급부의 이행을 위하여 필요한 회선과 컴퓨터의 용량을 구비하여야 할 의무가 있다. 프로바이더는 저장된 자료의 안전에 대한 의무, 또는 제3자에 의한 해킹이나 오용으로부터의 고객에 대한 정보의 보호에 대한 의무도 부담한다. 그러므로 프로바이더는 고객에게 필요한 소프트웨어를 제공하여야 한다.

(2) 개인정보보호의무

프로바이더는 정보통신망법 제28조에 의하여 개인정보를 취급할 때에는 개인정보의 분실 · 도난 · 누출 · 변조 또는 훼손을 방지하기 위하여 필요한 기술적 · 관리적 조치를 하여야 한다. 그러므로 프로바이더는 이용자가 제공한 성명, 주민등록번호, 아이디, 비밀번호 등의 개인정보를 보호할 의무가 있다. 또한 프로바이더는 서비스이용약관을 통하여 이용자로 하여금 개인정보를 필수적으로 제공하도록 요청하여 개인정보를 수집하는 경우에는 그 수집한 이용자의 개인정보가 유출되지 않도록 적절한 보안시스템을 구축하고, 개인정보의 취급과정에서 안전성의 확보에 필요한 합리적인 수준의 기술적 및 관리적 대책을 수립 · 운영할 계약상의 의무를 부담한다. 한편 서비스이용자는 법령상의 규정을 위반한 행위로 손해를 입으면 프로바이더 등에게 손해배상을 청구할 수 있고, 그 경우 해당 프로바이더 등은 고의 또는 과실이 없음을 증명하지 아니하면 책임을 면할 수 없다. 더 나아가 서비스이용자는, 프로바이더가 개인정보보호에 실패하여 개인정보유출사고를 발생시킨 경우 계약상 채무불이행에 따른 손해배상을 청구할 수 있고, 그 경우 이용자로서는 프로바이더가 기술적 · 관리적 보호조치의무를 위반한 사실을 주장 · 증명하여야 하며, 프로바이더로서는 통상의 채무불이행에 있어서와 마찬가지로 채무불이행에 관하여 자기에게 과실이 없음을 주장 · 증명하지 못하는 한 책임을 면할 수 없다. 예를 들어 인터넷상에서 포털서비스 사업을 하는 SK커뮤니케이션이 제공하는 온라인서비스에 가입한 회원의 개인정보가 해킹사고로 유출되어 서비스이용자인 A가 SK커뮤니케이션을 상대로 손해배상을 구한 경우에 SK커뮤니케이션은 정보통신서비스제공자로서 이용자인 A의 개인정보를 보호할 의무가 있으며, 서비스이용약관에 따라서 A의 개인정보를 보호하기 위한 보안시스템을 구축하고, 개인정보를 취급하면서 안전성확보에 필요한 합리적인 수준의 기술적 및 관리적 대책을 수립 · 운영할 계약상 의무가 있음에도 그 의무를 위반하여 해킹사고를 방지하지 못하고, 그로 인하여 A의 개인정보가 유출되도록 한 때에는 정보통신망법에 따른 손해배상책임은 물론 계약상 채무불이행에 따른 손해배상책임도 부담한다.[4] 물론 정보통신망법으로 보호되는 개인정보의 누출이란 개인정보가 해당 프로바이더의 관리 · 통제권을 벗어나 제3자가 그 내용을 알 수 있는 상태에 이르게 된 경우를 의미한다. 어느 개인정보가 프로바이더의 관리 · 통제하에 있고 개인정보가 제3자에게 실제 열람되거나 접근되지 아니한 상태라면, 프로바이더의 기술적 · 관리적 보호조치에 미흡한 사정이 있어서 제3자가 인터넷상 특정 사이트를 통해 프로바이더가 보관하고 있는 개인정보에 접근할 수 있는 상태에 놓여 있게 하더라도 그 사실만으로 바로 개인정보가 프로바이더의 관리 · 통제권을 벗어나 제3자가 내용을 알 수 있는 상태에 이르게 된 경우라고 할 수는 없다.[5]

---

4 대구지방법원 2014.2.13. 선고 2012나9865 판결.

5 대법원 2014.5.16. 선고 2011다24555, 24562 판결(예컨대 A회사가 개인휴대통신서비스를 제공하는 B회사로부터 서버와 연동하는 웹사이트의 시스템점검을 위하여 서버와 연동할 수 있는 아이디와 비밀번호를 임시로 부여받고, 시스템점검 후 아이디와 비밀번호를 삭제하지 아니하여 웹사이트의 폰정보조회페이지에 휴대폰번호를 입력하면 휴대폰번호가입자의 개인정보가 서버로부터 전송되는 상태에 있게 되어 B회사가 제공하는 개인휴대통신서비스에 가입한 C 등이 B회사 등을 상대로 개인정보누출로 인한 손해배상을 구한 사안에서, 웹사이트의 폰정보조회페이지에 C 등의 휴대폰번호를 입력하기 전에는 C 등의 개인정보는 서버에 그대로 보관된 채 아무런 접근이 이루어지지 않으며 B회사가 관리·통제권을 행사하여 웹사이트와 서버가 더 이상 연동하지 않도록 함으로써 C 등의 개인정보에 대한 접근과 전송의 가능성을 없앨 수 있는 상태에 있은 경우이므로, C 등의 휴대폰번호가 웹사이트의 폰정보조회페이지에 입력된 경우인지가 확인되지 않은 상황에서 웹사이트와 서버가 연동하고 있다 하더라도 C 등의 개인정보가 B회사의 관리·통제권을 벗어나 제3자가 내용을 알 수 있는 상태에 이르게

(3) 음란사이트차단의무

본래 음란물(사회통념상 일반 보통인의 성욕을 자극하여 성적 흥분을 유발하고 정상적인 성적 수치심을 해하여 성적 도의관념에 반하는 물건)은 헌법의 보호범위를 벗어날 뿐만 아니라, 그 제조 및 유통행위는 형법 및 각종 특별법상의 처벌 및 규제대상이 되고 있다. 우선 형법 제243조는 '음란한 문서, 도화, 필름 기타 물건을 반포, 판매 또는 임대하거나 공연히 전시 또는 상연한 자'를 처벌한다. 또한 정보통신망법 제44조의7 제1항 제1호는 '음란한 부호 · 문언 · 음향 · 화상 또는 영상을 배포 · 판매 · 임대하거나 공공연하게 전시하는 내용의 정보'를 유통하여서는 안 된다고 규정하고 있다.[6] 풍속영업규제법 제3조 제2호와 제3호는 음란행위를 하게 하거나 음란행위를 알선 또는 제공하는 행위, 음란한 문서 · 도화(圖畵) · 영화 · 음반 · 비디오물, 그 밖의 음란한 물건의 반포(頒布) · 판매 · 대여나 관람 · 열람 및 그 반포 · 판매 · 대여 · 관람 · 열람의 목적으로 진열하거나 보관하는 행위를 금지하고 있다.[7] 그러므로 초고속통신망시설을 구축하여 인터넷접속서비스, 웹사이트구축 및 웹호스팅서비스 등을 제공하는 인터넷서비스프로바이더(internet service provider, 흔히 약칭하여 ISP라 한다)로서는 음란통신과 관련하여 그 이용자에 대한 경고, 음란정보의 삭제, 음란통신을 행한 자에 대한 이용정

된 경우라고 볼 수 없다).

6 정보통신망법 제44조의7 제1항 제1호를 위반하여 음란한 부호·문언·음향·화상 또는 영상을 배포·판매·임대하거나 공공연하게 전시한 자는 1년 이하의 징역 또는 1천만원 이하의 벌금에 처한다(정보통신망법 제74조 제1항 제2호).

7 음란행위를 하게 하는 등 준수사항을 지키지 아니한 자는 3년 이하의 징역 또는 2천만원 이하의 벌금에 처한다(풍속영업규제법 제10조).

지 및 이용해지 등의 시정요구를 할 수 있는가가 문제된다. 공공의 안녕질서 또는 미풍양속을 해한다는 이유로 음란통신을 무조건 규제하는 경우에는 음란통신의 개념이 너무나 불명확하고 모호하여 음란물에 이르지 않는 성적 표현물에 이르기까지 규제될 가능성이 있으므로, 기본권의 규제를 위한 명확성의 원칙, 과잉금지원칙에 위반될 수 있다.[8] 그러나 예컨대 A웹사이트가 이성 혹은 동성간이나 수인의 남녀간 등의 가학적이고 변태적인 성행위장면을 적나라하게 정지화면이나 동영상, 음향, 문자 등의 형태로 제공하여 사람의 성욕을 자극 또는 흥분시키는 내용으로 구성되어 있다고 하면 A웹사이트는 형법 및 각종 특별법상의 처벌 및 규제대상이 되는 음란물에 해당한다고 할 수 있으므로, 인터넷서비스프로바이더로서는 현행법의 체계상 유통 및 제조가 금지되는 음란물의 국내유통을 차단하기 위하여 A웹사이트를 인터넷필터링[9]을 통하여 차단하여야 할 의무를 부담한다고 보아야 한다.[10]

(4) 게시판본인확인의무

인터넷게시판을 설치 · 운영하는 정보통신서비스제공자에게 본인확인조치의무를 부과하여 게시판이용자로 하여금 본인확인절차를 거쳐

8 헌법재판소 2002.6.27. 선고 99헌마480 전원재판부 참조.

9 인터넷상의 커뮤니케이션인 데이터의 송신·수신에 있어서 일정한 기준에 의한 판단을 하여 일부를 차단하거나 통과시키는 행위, 즉 이른바 「인터넷필터링」은 ip주소를 차단하는 방법, 도메인네임이나 url(uniform resource locator)을 기준으로 차단하는 방법, 인터넷신호의 내용을 확인하거나 특정의 단어나 표시를 기준으로 차단하는 방법 등의 다양한 방식으로 이루어질 수 있다.

10 서울남부지방법원 2004.1.16. 선고 2003가단183 판결 참조.

야만 게시판을 이용할 수 있도록 할 필요가 있는가 하는 문제가 있다. 인터넷이용자가 게시판에 댓글 등 정보를 게재하기 전에 먼저 해당 게시판관리·운영자가 해당 이용자의 본인 여부를 확인하도록 하는 제도를 「게시판본인확인제」[11]라고 하나, 게시판본인확인제는 이른바 「인터넷실명제」와 유사하게 위헌 여부가 문제된다. 게시판본인확인제를 통하여 달성하고자 하는 건전한 인터넷문화의 조성 등 목적은, 인터넷주소 등의 추적 및 확인, 당해 정보의 삭제·임시조치, 손해배상, 형사처벌 등 인터넷이용자의 표현의 자유나 개인정보자기결정권을 제약하지 않는 다른 수단에 의하여도 충분히 달성할 수 있으므로, 인터넷의 특성을 고려하지 아니한 채 게시판본인확인제의 적용범위를 광범위하게 정하게 되면 목적달성에 필요한 범위를 넘는 과도한 기본권제한에 해당할 수 있다. 특히 게시판본인확인제를 강제하면 국내 인터넷이용자의 해외사이트로의 도피, 국내ISP와 해외ISP 사이의 차별 내지 자의적 법집행의 시비로 인한 집행곤란의 문제를 발생시키게 되고, 실제로 게시판본인확인제가 시행되더라도 명예훼손, 모욕, 비방의 정보의 게시가 표현의 자유의 사전제한을 정당화할 정도로 의미있게 감소한다는 증거를 찾아볼 수 없는 반면에, 게시판이용자의 표현의 자유를 사전에 제한하여 의사표현 자체를 위축시킴으로써 자유로운 여론의 형성을 방해하고, 게시판본인확인제의 적용을 받지 않는 정보통신망상의 새로운 의사소통수단과 경쟁하여야 하는 게시판운영자에게 업무상 불리한 제한을 가하며, 게시판이용자의 개인정보가 외부로 유출되거나 부당하게 이용될 가

---

11 이른바 인터넷실명제의 경우 인터넷이용시 실명을 사용하고 실명이 표시되지만, 게시판본인확인제의 경우 본인확인 후에는 실명 이외의 ID, 별명 등을 사용하여 게시판을 이용할 수 있다는 차이가 있다.

능성이 증가하게 되어 결국 인터넷게시판이용자 및 정보통신서비스제공자의 불이익은 게시판본인확인제가 달성하려는 공익보다 결코 더 작다고 할 수 없으므로, 법익의 균형성도 인정되지 않는다. 그러므로 인터넷서비스제공자에게 게시판본인확인의무를 부담시킨다고 하면 헌법상 과잉금지원칙에 위배하여 인터넷게시판이용자의 표현의 자유, 개인정보자기결정권 및 인터넷게시판을 운영하는 정보통신서비스제공자의 언론의 자유를 침해하므로, 위헌이라고 볼 여지가 있다.[12] 현재 정보통신망법 제44조의5 제1항 제2호 및 제2항이 삭제되어 정보통신서비스제공자에게 게시판이용자가 본인인지 여부를 확인하여야 할 의무까지 인정되지는 아니한다.

2. 고객의 의무

(1) 보수지급의무

고객의 주된 의무로서는 설비나 서비스의 이용에 대하여 약정한 보수를 지급할 의무를 들 수 있다. 보수지급의무와 관련한 엑세스프로바이더계약은 매우 다양할 수 있으나, 크게 두 가지로 구분할 수 있다. 인터넷접속계약은 계속적 채권관계(Dauerschuldverhältnis)라고 할 수 있는 장기적 계약으로 성립한다. 계속적 채권관계로서의 인터넷접속계약이 체결된 경우에는 고객은 임의로 원하는 때에 언제든지 접속을 할 수 있고, 얼마나 자주 이용하는가에 관계없는 보수, 즉 매월 일정한 금액을 사용료라고 하는 명칭으로 지급한다. 다른 인터넷접속계약의 유형

12 헌법재판소 2012.8.23. 선고 2010헌마47, 252(병합) 전원재판부.

으로는 기본료를 지급하지 아니하고, 인터넷접속을 위하여 실제로 이용한 시간에 따라서 비용을 지급하는 경우가 있다(이른바 Call-by-Call-Providing).

(2) 협력의무

고객은 부수적 의무 혹은 책무로서 협력의무(Mitwirkungspflicht)를 부담한다. 고객의 협력의무로서는 기술적으로 요구되는 협력의무와 서비스제공자나 제3자의 법익을 침해하지 않아야 할 의무를 들 수 있다. 또한 고객은 스스로 자기의 데이터를 보호하여야 할 책무가 있다.

3. 고객의 권리

인터넷이용자가 인터넷상의 다양한 사이트에 마음대로 접속하면서 자신이 원하는 정보를 얻거나 또는 개인적인 기호를 충족시킬 수 있는 권리는 헌법이 보장하고 있는 행복추구권(헌법 제10조), 사생활의 비밀과 자유(헌법 제17조), 통신의 비밀(헌법 제17조), 언론의 자유(헌법 제21조), 학문의 자유(헌법 제22조) 등의 규정에 의하여도 당연히 인정되는 권리라고 할 수 있다. 다만 인터넷서비스프로바이더가 음란사이트에 대하여 접속차단조치를 취한 경우에 인터넷서비스프로바이더와의 인터넷접속이용계약을 통하여 인터넷접속서버를 이용하여 음란사이트에 접속할 수 있도록 하여 줄 계약상의 의무를 부담함에도, 접속차단조치를 취함으로써 인터넷이용자가 음란사이트에 접속할 수 없도록 하여 인터넷접속이용계약상의 의무를 위반한 경우라고 주장할 수 있는가가 문제될 수 있다.

현행법의 체계상 단순히 음란물을 보거나 또는 음란한 내용의 인터넷 사이트에 접속하는 경우 자체를 처벌하거나 또는 음란사이트에의 접속을 규제의 대상으로 삼는 규정은 존재하지 아니한다. 그러나 형법 및 각종 특별법에서 음란물의 유통 및 제조를 엄격히 금지하고 있는 이상, 그에 수반하는 당연한 결과로서 음란물이나 음란한 내용의 인터넷사이트에의 접근은 어느 정도 제한될 수밖에 없다고 보아야 한다.[13] 그러므로 음란물의 유통 및 제조를 금지하기 위하여 요구되는 필요최소한의 조치로 인하여 인터넷서비스프로바이더와의 인터넷접속이용계약을 맺은 인터넷이용자의 인터넷상에서의 권리가 침해된다고 하더라도 그 인터넷차단조치가 위법성이 없는 한 차단된 음란사이트에의 접근을 요구할 수 있는 권리는 인정되기 어렵다고 보아야 한다.[14] 비록 음란사이트의 ip주소를 차단하여 그 음란사이트에의 접속 자체가 불가능하도록 하는 인터넷접속차단조치를 인터넷서비스프로바이더가 시행하고, 그에 따라 인터넷이용자가 인터넷서비스프로바이더가 운영하는 인터넷접속서비스를 통하여 음란사이트에 접속할 수 없게 된다고 하더라도 인터넷서비스프로바이더를 상대로 채무불이행책임을 물을 수는 없다.

---

13 예컨대 "인생은 짧습니다. 바람 피우세요"(Life is short. Have an affair)라는 모토 아래 기혼남녀의 불륜을 조장하는 사이트인 애슐리 메디슨(Ashley Medison)은 접근금지시킬 수 있다.

14 서울남부지방법원 2004.1.16. 선고 2003가단183 판결 참조.

03
웹호스팅 계약

Ⅰ. 의의

개인이나 기업이 인터넷에 등장하기 위하여는 웹사이트가 네트워크에 연결되어야 한다. 개인이나 기업은 자기의 서버를 인터넷에 연결하거나, 혹은 서비스제공자의 서버의 저장장치(예컨대 하드디스크)에 웹페이지를 연결·설치하여 웹사이트를 운영한다. 홈페이지를 운영하기 위하여 호스팅서비스를 제공하는 호스팅서비스프로바이더의 서버나 하드 디스크의 일정한 공간을 임대받는 경우를 「호스팅」(Hosting)이라 한다. 개인이 직접 서버를 가지고 웹사이트를 운영하려면 비용이나 노력이 많이 들므로, 홈페이지의 운영에 필요한 서비스를 제공하는 호스팅서비스프로바이더에 일정한 비용을 지급하고 서버 자체나 서버의 일정 공간을 빌리는 호스팅이 필요하다.

물론 호스트프로바이더가 제공하는 호스트프로바이딩에는 웹호스팅 외에도 EC호스팅(인터넷쇼핑몰을 제공하는 경우), 서버호스팅(사이트 운영이나 전문적인 인터넷비즈니스를 위하여 필요한 전용서버, 전용회선, 네트워크구축과 같이 서비스운용을 위하여 필요한 일체의 장비 및 기술력을 제공하는 경우), 웹메일호스팅(독자적인 도메인네임이 붙은 이메일을 개인적인 웹사이트를 통하여 사용하는 경우), 스트리밍호스팅(오디오, 비디오와 같은 멀티미디어파일의 전송을 위하여 제공하는 경우)과 같은 경우도 있을 수 있다. 특히 웹호스팅을 위하여 웹사이트를 운영하는 자와 호스팅서비스프로바이더 사이의 계약을 널리 호스트프로바이더계약이라고 부른다. 웹호스팅계약(Webhosting-Vertrag)은 호스트프로바이더계약의 가장 대표적인 경우라고 할 수 있다. 웹호스팅계약을 통하여 비용과 기술적인 사정으로 독자적인 웹사이트의 운영을 위한 장치를 갖추기 어려운 콘텐츠프로바이더는 서비스프로바이더의 네트워크와 서버장비, 기술인력을 이용하여 웹사이트를 운영할 수 있도록 하는 서비스를 제공받는다.[15]

웹호스팅에서는 기본적으로 두 가지의 급부가 발생한다. 우선 웹호스팅프로바이더는 콘텐츠프로바이더에게 자신의 컴퓨터가 가지는 저장용량의 전부 혹은 일부를 인터넷의 운영을 위하여 제공하여야 하고, 또한 제3자, 즉 인터넷이용자로부터의 인터넷접속을 보장하여야 한다. 특히 웹호스팅제공자는 콘텐츠프로바이더에게 인터넷이용자로부터의 접속을 가능하게 하기 위하여 네트워크에의 연결에 필요한 전송체계, 소프트웨어나 하드웨어와 같은 인프라를 구비하여야 한다. 또한 웹호스팅회사는 기본적인 급부의무를 넘어 고객이 운영하는 웹사이트의 관리에 필요한 일

15 예컨대 사업자가 전자상거래를 할 수 있도록 호스팅업체(오픈마켓)가 사이버몰의 구축이나 서버관리 등의 서비스를 제공하는 경우가 바로 웹호스팅이다.

련의 부가적인 서비스(Value Added Services)[16]를 제공하기도 한다.

II. 법적 성질

1. 임대차계약설

웹호스팅계약을 통하여 웹호스팅제공자가 콘텐츠프로바이더에게 웹사이트의 운영을 위하여 필요한 디스크공간을 제공하고, 그 결과 콘텐츠프로바이더가 자기의 자료나 정보를 인터넷사용자에게 제공할 수 있다. 그러므로 웹호스팅계약의 중점은 웹호스팅프로바이더가 가지는 저장공간의 콘텐츠프로바이더에게의 제공이며, 웹호스팅계약의 중심적 내용이 콘텐츠프로바이더의 사용을 위한 저장용량의 제공이라고 하는 측면에서 웹호스팅계약을 임대차계약으로 이해하는 견해가 있다.[17]

각 서버에 존재하는 저장매체는 유체물로서 저장용량이 민법 제98조에 의하여 임대차가 가능한 물건에 해당한다고 볼 수 있다. 또한 서버가 가지는 전체용량의 일부만에 대하여 웹호스팅계약을 체결한 경우에도 전혀 문제가 없다. 다만 임대차에 관한 규정의 적용과 관련하여 일반적으로 콘텐츠프로바이더에게 저장장소에 대한 직접점유가 성립하지 아니한다고 하는 측면에서 문제가 될 수 있다. 그러나 임대차계약이라고 하여 반드시 임차인에게 직접점유가 성립하여야 하지는 아니한다. 임차인에게 목적물의 사용·수익이 보장되면 임차인에 의한 목적물의 직접

---

16 예컨대 데이터베이스 혹은 전자메일계정, 백신프로그램 등이 해당한다.

17 독일에서는 임대차계약으로 보는 견해가 다수설이다.

점유 여부와 관계없이 임대차계약으로 성립할 수 있다. 만일 웹호스팅계약에서 콘텐츠프로바이더에게 웹호스팅서버에의 접근이 인정되고, 약정한 저장용량의 용법에 따른 사용 · 수익이 허용된다고 하면 직접점유의 성립이 없다고 하더라도 이미 사용 · 수익을 위한 인도가 있다고 볼 수 있다. 예컨대 웹호스팅계약에서는 콘텐츠프로바이더가 통신망을 이용하여 자기의 데이터를 호스트프로바이더의 서버에 저장할 수 있고, 또한 원하는 경우에 그 데이터를 변경하거나 삭제할 수 있다고 하면 임대차계약에서 말하는 사용 · 수익의 보장으로 인정될 수 있다.

웹호스팅계약을 임대차로 보는 견해에 대하여는 콘텐츠프로바이더에게 서버의 한정되는 일정한 저장공간이 제공되지 아니한다고 하는 비판이 있다(목적물이 충분히 특정되지 아니하여 임대차계약으로 성립하기 어렵다고 본다). 그러나 웹호스팅계약에서는 계약당사자에게 단지 데이터의 저장이 중요할 뿐이지, 구체적인 저장장소가 어디인지는 별로 중요하지 않다. 그러므로 웹호스팅계약의 경우에는 보장한 저장용량의 범위와 동일성이 인정되는 한, 호스트프로바이더가 저장장소를 변경하여도 계약상대방에게 특별한 문제가 되지 아니한다.

2. 도급계약설

웹호스팅계약을 도급계약으로 이해하는 견해도 있다. 도급계약으로 볼 때에는 일의 완성, 즉 누구에게나 호스팅하고 있는 웹사이트에 대한 접근을 언제나 100% 보장하여야 한다. 그러나 현재의 기술수준으로는 성공적인 웹사이트의 접근을 절대적으로 보장할 수 없다고 하는 측면에서 문제가 있다. 그러므로 웹호스팅계약을 일반적으로 도급계약이라고 해석하기는 무리가 있다. 다만 웹호스팅제공자가 단지 저장용량의 제공만에 대하여 의미를 부담하지 아니하고, 웹사이트의 제작과 관리에 대하여까지 서비스를 확대한 경우에는 이행하여야 할 급부의 중점이 단순한 사용을 위한 디스크공간의 제공을 넘어 약정한 웹사이트를 제작하여 네트워크에 연결하여야 하고, 인터넷사용자의 검색에 대응할 준비를 갖추어야 한다. 물론 호스트프로바이더가 일정한 일의 완성(Erfolg)에 대한 의무를 부담하는 때에는 웹호스팅계약이 도급계약으로 성립할 수 있다.

3. 고용계약설

웹호스팅계약을 고용계약으로 이해하는 견해도 있다. 고용계약으로 보면 호스트프로바이더는 콘텐츠프로바이더에게 단지 네트워크에의 연결이 제대로 되도록 할 의무를 부담한다. 웹호스팅계약을 해석할 때에는 인터넷서버의 제공, 콘텐츠프로바이더나 제3자(인터넷이용자)를 위한 지속적인 접근보장을 노무급부(Dienstleistung)라고 본다. 또한 호스트프로바이더의 의무로서의 정보의 제공이나 정보에 대한 접근의 보장은 노무에 속하고, 콘텐츠프로바이더의 사용을 위한 저장용량의 제공은 임대차에 해당한다고 보는 견해도 있다. 그러나 고용계약에서는 단지 노무자의 개인적인 행동만이 문제가 되지 아니하고, 전체적으로 행위관련성(tätigkeitbezogen)이 인정되어야 하나, 웹호스팅에서는 계약당사자의 기술적인 설비의 이용이 중요한 의미를 지니고, - 웹호스팅프로바이더가 스스로 웹사이트의 운영 · 관리에 대하여 책임을 지지 아니하는 한 - 개인적인 노무급부는 부수적인 의무에 불과하다고 보지 않을 수 없다.

Ⅲ. 효력

1. 웹호스팅프로바이더의 주된 의무

(1) 저장용량의 제공의무

호스트프로바이더는 계약상의 합의에 따라서 콘텐츠프로바이더에게 그 웹사이트의 저장을 위하여 충분한 장소를 제공하여야 할 의무가 있다. 웹호스팅계약을 통하여 확보되는 저장용량은 콘텐츠프로바이더가 인터넷상 검색가능한 정보를 인터넷이용자에게 제공하기 위한 최소한의 기술적인 전제요건이다. 원칙적으로 호스트프로바이더의 서버가 처분할 수 있는 저장용량의 일정한 부분(혹은 전부)을 콘텐츠프로바이더에게 제공하면 저장용량의 제공의무가 이행된다. 다만 콘텐츠프로바이더에게 제공되는 저장용량을 가진 서버가 반드시 호스트프로바이더에게 속하여야 하거나 호스트프로바이더에 의하여 운영되어야 하지는 아니하고, 소유자와의 계약적 합의를 통하여 이용하고 있는 타인의 서버라도 상관없다.

(2) 기술적 설비와 기술수준의 유지에 관한 의무

웹호스팅프로바이더는 역시 계약상의 주된 의무로서 필요한 기술적 설비와 기술수준을 유지할 의무를 부담한다. 웹호스팅계약을 체결할 때에 당사자가 기술적 요구와 기술수준에 관하여 명시적으로 약정하는 경우도 있으나, 통상 호스트프로바이더가 스스로 웹호스팅을 위한 서버의 운영과 관련되는 기술수준과 기술적 설비에 대하여 정하고, 또한 언제든지 무제한적으로 변경이나 개선을 할 수 있다. 그러므로 콘텐츠프로바이더는 웹호스팅계약을 맺을 때에 자신의 웹사이트를 효율적으로 운영하기 위하여 요구되는 일정한 급부가 구체적으로 확보될 수 있는지를 확인하여야 한다.

적용되는 기술수준과 기술적 설비에 관한 약정이 없는 때에는 웹호스팅프로바이더가 부담하는 급부의 내용은 보충적으로 민법상의 규정에 의하여 규율된다. 예컨대 민법 제623조에 의하여 임대인은 계약의 내용에 적합한 사용을 위하여 필요한 상태를 유지하여야 할 의무가 있고, 상태유지의무는 계약존속기간 동안 지속된다. 어떤 내용의 상태유지의무를 지는가는 계약목적에 따라서 결정되고, 원칙적으로 통상의 사용에 필요한 상태를 유지하여야 한다. 그러므로 호스트프로바이더는 적어도 일반적으로 인정된 기술수준을 지켜야 하고, 통상의 기술적 설비와 적절한 인원을 위한 접근가능성을 보장하여야 한다. 어느 정도의 설비가 적절한가는 예컨대 콘텐츠프로바이더의 정보량, 호스팅프로바이더의 규모상의 크기에 의존한다. 계약목적이 미리 약정된 경우인가, 웹호스팅제공자가 부담하는 급부의무의 범위로부터 인정할 수 있는가에 의하여 그 계약목적에 따른 기술적 설비나 기술수준이 요구된다. 특히 콘텐츠프로바이더가 의식적으로 호스트프로바이더의 특별히 높은 규모나 시설을 믿고 웹호스팅계약을 체결한 때에는 역시 높은 기술수준의 유지에 대한 의무가 생긴다.

만일 웹호스팅계약을 도급계약으로 이해하면 웹호스팅제공자는 달리 특별한 약정이 없는 한, 학문과 기술의 수준(Stand von Wissenschaft und Technik)에 의한 일반적인 원칙에 따른 결과급부를 할 의무가 있다. 도급계약에 의하면 호스트프로바이더는 도급인으로서 일을 계약상 약정한 사용 혹은 통상적인 사용을 위하여 이용할 수 있도록 완성하여야 한다.

(3) 인터넷이용자를 위하여 웹사이트의 검색을 보장할 의무

호스트프로바이더는 콘텐츠프로바이더의 정보에 대한 검색을 보장할 의무가 있다. 웹호스팅프로바이더는 네트워크에의 웹사이트의 연결을 위하여 요구되는 종합적인 인프라를 임대차목적물로서 제공한다고 할 수 있으므로, 웹사이트의 검색에 대한 보장의무는 호스트프로바이더의 임대차계약적 의무라고 볼 수 있다(인터넷에의 연결에 의하여 비로소 인터넷사용자는 웹사이트의 정보를 검색할 수 있기 때문이다). 다만 웹사이트의 검색과 관련하여 도급계약에서 의미하는 성공(Erfolg)을 보장할 수는 없다. 그러므로 웹사이트에 대한 검색보장의무를 도급계약상의 의무라고 보기는 곤란하다. 아마도 인터넷에의 웹사이트의 연결의 '성공'이란 임대인으로서의 웹호스팅프로바이더를 통한 임대차한 기술적 인프라에 대한 사용가능성의 유지와 다르지 않다. 급부내용의 중점은 여전히 콘텐츠프로바이더에 의한 웹호스팅프로바이더의 기술적인 설비의 이용에 있고, 결국 임대차계약적 영역에 속한다.

2. 웹호스팅프로바이더의 부수적 의무

다른 계약관계에서와 마찬가지로, 웹호스팅에서도 신의칙에 기한 부수의무(Nebenpflicht) 혹은 상호적인 보호의무 및 배려의무가 발생한다. 어느 정도로 부수적 의무를 부담하는가는 거래관념에 따라서 결정되고, 웹호스팅프로바이더의 계약상대방이 정당하게 기대할 수 있는 내용에 의존한다.

웹호스팅프로바이더의 배려의무(Rücksichtnahmepflicht)로는 예견가능한 운영중단은 가능한 한 업무시간에는 피하여야 하고, 또한 운영중단을 콘텐츠프로바이더에게 적시에 미리 고지하여야 할 의무를 들 수 있다. 웹호스팅프로바이더에게 어떤 보호의무(Schutzpflicht)가 일반적으로 인정되는가, 예를 들어 인터넷운영의 위험에 대한 경고의무 혹은 설명의무가 있는가 하는 문제가 있다. 콘텐츠프로바이더는 통제가 불가능한 네트워크에의 연결을 통하여 정보나 데이터의 안전에 관한 거의 상상하기 어려운 위험에 직면할 수 있다. 일반적으로 계약당사자 일방이 전문적 지식과 관련하여 우월적 지위를 지니고 있고, 상대방이 그 전문적 지식를 신뢰하는 관계에 있을 때에는 그 계약당사자 일방에 대하여 계약상의 설명의무가 있다고 본다. 호스트프로바이더의 설명의무의 성립 여부나 그 범위는 급부의 실현이 급부수령자로서의 콘텐츠프로바이더의 어느 법익과 관계되는가에 달려있다. 예를 들어 순수한 사적 이용인 때에 비교하여 콘텐츠프로바이더가 웹사이트를 상업적으로 이용하는 경우에는 호스트프로바이더의 더 과중한 보호의무로서의 설명의무가 요구된다.

3. 콘텐츠프로바이더의 차임지급의무

콘텐츠프로바이더의 주된 의무는 약정한 차임의 지급의무이다. 차임의 내용과 액은 원칙적으로 계약으로 정하며 법률상 아무런 제한이 없으나, 보통 약정한 저장용량이나 데이터교환의 범위에 따라서 다르다.

웹호스팅과 같은 계속적인 급부에서는 기본차임이 정기급, 특히 월급의 형태로 지급된다. 또한 부가적으로 콘텐츠프로바이더가 급부를 수령할 때마다 사용종속적으로 대가를 지급하는 경우도 있다. 보통 기본차임은 이용기간에 따라서 다르고, 사용종속적인 대가는 급부를 수령한 기간에 따라서 계산한다. 그리고 예컨대 도메인네임의 확보 혹은 웹서버에서 콘텐츠프로바이더가 제작한 웹사이트의 구동과 같이 호스트프로바이더가 1회적으로 이행한 급부에 대하여 일정한 대가를 지급하여야 하는 경우도 있다.

4. 콘텐츠프로바이더의 부수의무 혹은 책무

웹호스팅계약에서는 흔히 콘텐츠프로바이더에게 협력의무(Mitwirkungspflicht)와 같은 부수의무 혹은 책무가 부과된다.[18] 콘텐츠프로바이더에게 부과되는 부수의무는 임대차목적물을 오직 계약적합적으로 사용하여야 하고, 임대차목적물에 해가 되는 행위를 금지하여야 한다(예컨대 민법 제374조 참조)고 하는 임대차계약상의 성실의무와 보호의무(Treue- und Obhutspflicht)에서 유래할 수 있다. 또한 지적재산권을 보호하는 규정이나 형법상 혹은 불법행위법상의 규정과 같은 법률규정에서 콘텐츠프로바이더의 부수의무나 책무의 근거를 찾을 수도 있다.

---

18 예를 들어 웹호스팅계약을 할 때에 즐겨 사용되는 보통거래약관에는 '네트워크시스템 혹은 그 일부에 과중한 부담을 주지 아니한다', '서버에 대한 접근을 남용하지 아니하고 위법한 행위를 금지한다, 특히 불법적인 내용을 배포하지 아니한다', '데이터의 안전을 위한 일반원칙을 준수한다', '패스워드를 타인에게 알리지 아니한다', '장애를 즉시 신고하고, 기대가능한 장애배제조치를 인용한다'와 같이 일정한 경우에 콘텐츠프로바이더가 협력의무나 책무(Obliegenheit)를 이행하여야 한다고 하는 내용이 포함되어 있다.

04

콘텐츠프로바이더 계약

Ⅰ. 서언

콘텐츠프로바이더계약(Content-Provider-Vertrag)이란 네트워크를 통하여 제공할 정보의 제작 · 공급과 그 검색에 대한 허용을 규율하는 인터넷계약을 가리킨다. 콘텐츠프로바이더계약에는 순수한 콘텐츠프로바이더계약 이외에, 데이터베이스의 이용에 관한 계약과 같이 다양한 형태의 콘텐츠계약이 있다.

Ⅱ. 순수한 콘텐츠프로바이더계약

1. 의의

콘텐츠프로바이더계약의 대상은 콘텐츠, 즉 인터넷에 올릴 정보의 제작 · 공급이며, 콘텐츠는 문서(텍스트)뿐만 아니라, 그림이나 그래픽, 오디오데이터, 동영상데이터가 포함된다. 또한 콘텐츠프로바이더계약은

1회적 급부로 계약상의 채무가 이행되는 경우와 규칙적으로 일정한 시기마다 급부가 이행되어야 하는 이른바 계속적 채권관계가 성립하는 경우가 있다. 그리고 콘텐츠프로바이더계약은 1회적 계약관계이든 계속적 계약관계이든 모두 유상으로 체결되거나, 혹은 무상으로(대부분 광고로 보상을 받는다) 체결될 수 있다.

2. 성질

콘텐츠프로바이더계약은 지속적인 콘텐츠의 제작 · 유지라고 하는 측면에서는 도급계약적, 고용계약적 성질을 가진다(왜냐하면 프로바이더가 지속적으로 정보를 제작 · 공급하여야 하며 그 계속적인 검색을 가능하게 하고, 또한 '노무'가 존재하기 때문이다). 다만 콘텐츠프로바이더에게는 보통 이용자(상대방)가 원하는 정보가 무엇인지를 미리 알 수 없으므로, 프로바이더는 단지 일반적으로만 정보의 제공 · 유지에 대하여 의무를 부담할 수 있고, 어느 특정한 정보의 제작 · 유지를 담보할 수는 없다. 콘텐츠프로바이더(Content-Provider)는 원칙적으로 특정한 내용을 가진 정보의 제작 · 유지에 대하여 책임을 부담하지는 아니하며, 그 결과 콘텐츠프로바이더계약에 고용계약을 준용할 수 있다.

개별적인 콘텐츠에 대한 검색은 인터넷을 통하여 제공되는 정보의 매매와 유사하다. 그러므로 콘텐츠프로바이더계약을 통하여 이용자에게 정보가 제공되면 이용자는 일단 검색된 정보를 지속적으로(auf Dauer) 사용할 수 있는 사용권(Nutzungsrecht)을 가지며, 콘텐츠프로바이더에게 더 이상 반환하지 아니한다고 하는 측면에서 매매계약에 관한 규정이 준용될 수 있다.

검색한 개별적인 콘텐츠에 하자가 있으면 매매계약상의 규정에 기한 담보책임이 문제가 된다. 만일 콘텐츠제공자가 제3자의 정보를 제공하기로 하고, 그 타인의 정보에 대한 권리가 콘텐츠프로바이더에게 없는 때에는 민법 제570조 이하에 의한 권리하자담보책임이 문제된다. 그리고 정보내용의 제작 · 유지와 관련하여 프로바이더의 귀책사유에 기한 서버의 정지에 기하여 정보제공에 흠결이 있는 때에는 이른바 적극적 계약침해(positive Vertragsverletzung)에 기한 손해배상청구가 인정될 수 있다. 또한 콘텐츠프로바이더계약의 상대방은 민법 제635조 · 제636조에 기하여 해지통고권을 가진다.

3. 효력

(1) 콘텐츠프로바이더의 주된 의무

콘텐츠프로바이더는 상대방(이용자)에 대하여 정보내용의 제작 · 유지, 검색의 허용 및 필요한 저장용량의 확보에 대한 의무를 부담한다. 계약의 형태에 따라서 콘텐츠프로바이더에게 검색엔진의 제공, 필요한 소프트웨어의 조달에 대한 의무가 발생하기도 한다.

(2) 콘텐츠프로바이더의 부수의무

콘텐츠프로바이더의 부수의무로서 가장 중요한 사항은 필요한 설비에 대한 기술적 조달과 그 정비이다. 또한 콘텐츠프로바이더는 지속적으로 정보내용의 흠결이나 컴퓨터바이러스의 감염에 대하여 조사 · 검사를 할 의무가 있다. 역시 콘텐츠프로바이더는 모든 인터넷이용자의 방문에 응할 수 있는 충분한 저장용량을 가진 서버를 준비하여야 하고,

너무 많은 방문자로 인하여 서버가 다운되지 않도록 주의할 의무를 부담한다.

(3) 이용자의 주된 의무

이용자는 콘텐츠프로바이더계약이 유상인 한, 우선 요금을 지급하여야 한다. 정보내용의 지속적인 조달이 계약목적인 때에는 보통 매월 이용료를 지급한다. 또한 1회적 사용시마다 약정된 요금을 지급하는 경우도 있다.

(4) 이용자의 부수의무

이용자는 콘텐츠프로바이더에게 해가 되는 행위(예컨대 해킹, 바이러스전파)를 금지하여야 한다. 또한 특별히 약정한 이용제한을 준수할 의무가 있다. 특히 패스워드나 ID의 분실에 주의하여야 하고, 고의로 패스워드나 ID를 제3자에게 양도하여 부정사용하게 할 수 없다.

Ⅲ. 데이터베이스이용계약

1. 의의

데이터베이스이용계약이란 인터넷을 통하여 타인이 제작 · 제공하는 데이터베이스를 검색 · 이용하는 인터넷프로바이더계약을 가리킨다. 인터넷을 통한 타인의 데이터에 대한 전세계적인 접근은 전자네트워크의 가장 중요한 기능의 하나라고 볼 수 있다. 네트워크에 의하여 타인이 만든 데이터에 대한 접속가능성이 인정되는 결과, 달리는 접근이 불가능한 다른 국가로부터의 데이터를 빠르고 쉽게 검색 · 이용할 수 있다.

2. 성질

데이터베이스이용계약의 법적 성질은 거의 전적으로 개별적인 계약의 내용에 의존한다. 데이터내용의 검색은 매매계약으로 해석할 수 있다. 이용자가 일단 검색한 정보는 더 이상 반환할 필요가 없다고 하는 측면을 생각할 때, 데이터베이스의 이용이라고 하는 급부의 법적 성질을 임대차계약으로 이해하기는 곤란한다.

데이터베이스에 대한 검색은 구체적인 경우에 따라서는 고용계약이나 도급계약으로 해석할 수도 있다. 특히 일정한 검색결과(Suchergebnis)에 대한 보장을 약정한 경우에는 도급계약법을 적용할 수 있고, 다른 경우에는 고용계약으로 이해할 수도 있다. 예컨대 검색을 위한 데이터의 제공은 역시 호스트프로바이더계약에서와 마찬가지로, 일종의 고용계약적 의무로 분류할 수 있다.

검색한 데이터에 하자가 있거나, 정보 · 자료의 내용이 업투데이트하지 않은 때에는 매매계약상의 담보책임이 문제될 수 있다. 다만 도급계약으로 해석되는 경우에는 민법 제667조 이하에 의한 담보책임이 적용된다. 만일 이용자가 요구하는 데이터를 제공하지 못하면 이른바 적극적 계약침해에 기한 손해배상청구권이 발생하고, 또한 해지권이 이용자에게 인정될 수도 있다.

3. 효력

(1) 데이터베이스운영자의 주된 의무

데이터베이스운영자는 우선 그 데이터베이스를 운영적합적으로 유지할 의무가 있다. 데이터베이스운영자는 이용자에게 접근 · 검색을 가능하게 하여야 하며, 지속적으로 데이터베이스에 저장된 모든 자료를 검색가능한 상태로 유지하여야 한다. 데이터베이스운영자는 경우에 따라서 자료의 원만한 조사를 위하여 필요한 검색프로그램을 조달할 의무가 있다. 또한 데이터베이스운영자는 이용자에게 검색한 자료의 활용, 저장, 인쇄를 보장하여야 한다.

(2) 데이터베이스운영자의 부수의무

데이터베이스운영자의 가장 중요한 부수의무로서는 데이터베이스를 지속적으로 업데이트할 의무를 들 수 있다. 또한 데이터베이스운영자에게는 데이터베이스 및 서버를 해킹이나 바이러스침입과 같은 외부로부터의 피해로부터 보호하여야 하고, 정기적으로 정비를 하여야 할 의무가 있다.

(3) 이용자의 주된 의무 · 부수의무

이용자의 주된 의무로서는 우선 약정한 사용료의 지급의무를 들 수 있다. 사용료는 개별적인 이용에 대하여 1회적으로 부과되는 경우도 있고, 일정한 사용기간에 대하여 총액으로 부과될 수도 있다.

이용자는 계약상의 부수의무로서 데이터베이스운영자에게 해가 되는 행위(예컨대 해킹, 바이러스전파)를 하지 않아야 할 의무가 있다. 또한 특별한 이용제한을 약정한 때에는 그 이용제한을 준수할 의무가 있다. 특히 이용자는 패스워드나 ID의 분실 및 타인에 의한 부정사용을 방지하여야 한다.

05

네트프로바이더 계약

Ⅰ. 의의

인터넷을 통한 데이터교환은 정상적인 네트워크의 존재를 전제로 한다. 네트워크는 스스로 인터넷에의 접근이 필요한 인터넷이용자이든, 혹은 제3자에게 인터넷에의 접속을 위한 급부를 제공하는 프로바이더이든 모두에게 필요하다. 흔히 엑세스프로바이더와 회선운영자(예컨대 네트워크운영자 내지 통신사업자) 사이에 체결되는 인터넷서비스계약을 네트프로바이더계약(Net-Provider-Vertrag)이라고 한다.

Ⅱ. 법적 성질

네트프로바이더계약에 기한 급부의 중심적 내용은 회선의 제공이고, 네트프로바이더의 개별적인 노무의 이행을 목적으로 하지 아니한다. 그러므로 네트프로바이더계약은 원칙적으로 도급계약이나 고용계약으로 해석하기는 곤란한다.

네트프로바이더계약은 임대차계약으로 이해할 수 있다. 계약상 이용을 위하여 제공되는 전송매체는 회선 혹은 유체물로서의 네트워크이므로, 얼마든지 네트프로바이더계약을 임대차계약으로 분류할 수 있다.[19] 비록 엑세스프로바이더가 현실적으로 직접적인 물건의 지배를 하지 않고 있다고 하더라도 임대차관계의 성립이 방해되지 아니한다.

Ⅲ. 효력

네트워크운영자는 계약상대방에 대하여 회선의 사용(혹은 공동사용)을 허용할 의무가 있다. 역시 특정한 계약상대방을 위한 전용회선을 제공할 수도 있다. 네트워크운영자는 제공된 회선이 계약상 약정한 전제조건(예컨대 용량, 속도)을 충족시켜야 하고, 야기된 장애를 즉시 배제·극복하여야 할 의무가 있다. 네트워크운영자가 부담하는 가장 중요한 부수의무로서는 엑세스프로바이더의 고객의 데이터를 권한없는 침해로부터 보호할 의무를 들 수 있다. 또한 엑세스프로바이더는 약정한 사용료를 지급할 의무가 있다.

---

19 민법상으로는 유체물뿐만 아니라, 전기 기타 관리가능한 자연력도 물건으로 인정된다(민법 제98조).

4장

전자거래

01
서설

전자거래(electronic transaction)는 재화나 용역을 거래할 때 그 전부 또는 일부가 전자문서에 의하여 처리되는 거래를 가리킨다. 전자문서란 정보처리시스템에 의하여 전자적 형태로 작성, 송신 · 수신 또는 저장된 정보를 말하므로, 널리 전자적인 방식으로 이루어지는 거래를 총칭하여 전자거래라고 할 수 있다. 전자거래 중 컴퓨터 및 컴퓨터의 이용기술을 활용하여 정보를 수집 · 가공 · 저장 · 검색 · 송신 또는 수신하는 정보통신체제를 통하여 특히 상행위(商行爲)를 하는 경우를 전자상거래(electronic commerce)라고 한다.

전자거래 또는 전자상거래는 우선 계약체결 등의 과정에서 서면이 사용되지 아니하고, 컴퓨터 등 정보처리능력을 가진 장치에 의하여 전자적인 형태로 작성되어 송수신되거나 저장된 문서형식의 자료, 즉 전자문서에 의하여 거래가 이루어진다(흔히 「비서면거래성」이라 칭한다). 그리고 거래당사자가 서로 대면하지 아니한 채 인터넷 등 정보통신망을 통하여 거래정보를 얻고 거래상대방을 찾아 사이버공간에서 거래가 이루어지며, 누가 거래상대방인가 하는 인적 신뢰가 요구되지 않고 보통 익명으로 거래가 이루어지므로, 상대방의 진정성을 확보하기 위한 전자서명이나 전자인증과 같은 제도가 필요하다. 또한 오프라인에서 이루어지는 현금이나 수표 · 어음에 의한 결제가 전자거래나 전자상거래에서는 이용되기가 어려우므로, 새로운 결제제도로서 전자결제제도가 요구된다.

02
전자거래의 유형

Ⅰ. 독일민법상의 「전자거래계약」

독일민법 제312조의e는 명문으로 「전자거래」(elektronischer Geschäftsverkehr)에 관하여 규정하고 있다. 독일민법상 물품의 인도 또는 노무급부의 실행에 관한 계약을 체결하기 위하여 사업자가 원격서비스(Teledienst) 또는 미디어서비스를 이용하는 계약을 전자거래계약(Vertrag im elektronischen Geschäftsverkehr)이라고 한다. 그리고 전자거래계약에서 사업자는 고객에 대하여 아래와 같은 의무를 진다(§312a I BGB).

(i) 고객이 주문의 발송 전에 입력의 잘못을 인식하고 정정하게 하는, 적절하고 유효하며 이용가능한 기술수단을 제공하여야 한다.

(ii) 법령상 정하여진 정보를 고객이 그 주문의 발송을 하기 전의 적시에 분명하고 이해할 수 있게 통지하여야 한다.

(iii) 고객이 한 주문이 도달한 사실을 지체 없이 전자적 방식으로 확인

하여 주어야 한다. 그리고 전자거래계약에서의 주문과 도달확인은 당사자가 통상적인 사정 아래서 다시 불러낼 수 있는 정도로 확정된 때에 도달한 경우로 간주된다.

(iv) 고객이 계약체결시(bei Vertragsschluss) 일반적 거래약관을 포함한 계약내용을 불러내서 재생가능한 방식으로 기억매체에 저장할 수 있는 가능성을 부여하여야 한다.

II. 전자금융거래

1. 서언

은행이 전자적 장치를 통하여 제공하는 금융상품 및 금융서비스를 고객이 전자적 장치를 통하여 비대면방식, 자동화된 방식으로 직접 이용하는 거래를「전자금융거래」라고 한다. 전자금융거래에서 전자금융거래정보를 전자적 방법으로 전송하거나 처리하는데 이용되는 장치로서는 현금자동지급기, 자동입출금기, 지급용 단말기, 컴퓨터, 전화기 그 밖에 전자적 방법으로 정보를 전송하거나 처리하는 장치, 즉 전자적 장치가 모두 포함되므로, 전자금융거래에는 인터넷뱅킹이나 텔레뱅킹뿐만 아니라, 전자적 장치를 통하여 이루어지는 다양한 유형의 금융거래가 포함된다.

기존의 민법 · 상법과 은행법 등 금융과 관련되는 법률은 전자금융거래의 비서면성 · 비대면성이라는 전자적 특성으로 인하여 파생되는 여러 가지 법적 문제(오류정정, 해킹사고 등)를 명확히 규율하지 못하고 있다. 또한 금융과 통신의 융합현상이 진전되어 전통적으로 금융기관 고유의 업무영역이던 지급결제 등의 분야에 통신회사 등 비금융기관의 기업이 활발히 진출하고 있지만, 그 업무범위가 모호할 뿐만 아니라 그대로 두면 법률적 규제 및 감독장치가 없는 법률의 공백상태를 초래하게 될 수 있다. 그러므로 IT기술의 비약적인 발전으로 인하여 인터넷뱅킹, 텔레뱅킹, 온라인주식거래 등 전자금융거래가 확산되고, 전자상거래의 급속한 발전으로 전자화폐 등 새로운 전자지급결제수단이 개발되어 널리 이용되게 됨에 따라서 전자금융거래를 체계적으로 규율할 법률적 수요가 증대되고 있다.

전자금융거래에 적용할 수 있는 규정이 예를 들어 전자거래기본법,[1] 전자서명법,[2] 전자상거래소비자보호법[3] 등 개별법령에 분산되어 들어 있기는 하지만, 전자지급거래 등 전자금융에 관하여 직접적으로 적용하기에는 다소 무리가 있다. 또한 은행법, 여신전문금융업법 등 기존의 금융과 관련된 법률로서 전자금융거래를 규율할 수도 있으나, 기존의 금융관련법률은 은행, 보험, 증권, 신용카드업 등 금융기관별로 오프라인 상의 금융거래를 중심으로 규율하고 있어서 전자금융거래의 특성을 체계적으로 반영하지 못하고 있다. 물론 전자금융거래에 대하여도 별도의 법률규정 없이 일반법인 민법 · 상법의 해석과 전자금융거래기본약관 등 개별적인 금융기관의 약관 등으로 보완할 수 있으나, 전자금융거래관계의 명확한 정립 및 소비자의 보호측면에서 일정부분 한계가 있

1 전자거래기본법은 전자거래계약, 전자문서의 효력, 전자거래의 활성화 및 분쟁처리 등을 주로 규율하고, 전자상거래와 관련된 지급결제에 대하여는 규율하지 아니한다.

2 전자서명법은 전자서명, 공인인증기관, 인증서의 효력 등을 주로 규율한다.

3 전자상거래소비자보호법은 전자적 대금지급, 전자결제업자 등에 관한 규정과 이용자보호의 측면에서 전자결제업자의 의무만 부분적 규율한다.

다. 그러므로 전자금융거래를 전체적으로 규율하기 위한 일반적인 법률이 요청되고, 바로 전자금융거래에 있어서 당사자간의 법률관계를 명확히 함으로서 전자금융거래의 안정성과 신뢰성을 제고하고 전자금융거래를 이용하는 소비자의 피해구제 및 권익보호를 위한 장치를 정비함과 아울러 특히 비금융기관의 전자금융업무수행에 있어서 적절한 규제 및 감독의 장치를 마련함으로서 금융시장의 안정적 운용을 기할 필요성이 크다. 바로 전자금융거래 전반에 관하여 포괄적으로 규율하기 위하여 제정된 법률이「전자금융거래법」이다. 전자금융거래법은 총 51개의 조항으로 구성되어 있으며 총칙(제1조-제4조), 전자금융거래 당사자의 권리와 의무(제5조-제20조), 전자금융거래의 안전성 확보 및 이용자보호(제21조-제27조), 전자금융업의 허가와 등록 및 업무(제28조-제38조), 전자금융업무의 감독(제39조-제46조의2), 보칙(제47조-제48조), 벌칙(제49조-제51조) 등 7개의 장으로 구분된다.

전자금융거래법의 주요특징으로는 전자금융거래당사자의 법률관계를 규율하는 거래법적 규정(사법적 규정)과 전자금융사업에 대한 국가적 규제와 감독을 규율하는 사업법적 규정(공법적 규정)이 단일한 법률에 결합되어 있다는 사실을 들 수 있다. 다소 이질적인 성격의 규정을 단일한 하나의 법률로 통합하여 제정하는 경우에 문제가 있을 수도 있으나, 전자금융거래에 있어서의 법률관계의 명확화를 위한 사법적 규정과 전자금융업무에 대한 규제 · 감독을 위한 공법적 규정에 대한 입법수요가 동시적으로 제기되고 있는 상황이라고 하면 사법적 규정과 공법적 규정을 하나의 법률로 통합하여 제정하더라도 크게 문제가 되지는 아니한다. 거래법적 사법규정과 사업법적 공법규정을 모두 하나의 법률로서의 전자금융거래법에서 규율하면 전자금융거래에 대한 규율의 일관성과 통일성을 확보하기에 보다 용이하고 입법경제적 측면에서 효율적이라고 볼 수 있다. 전자금융거래법에서 거래법적 규정(사법적 규정)은 민법 · 상법상의 거래와 관련된 규정과 전자거래기본법 등의 관련규정을 금융영역에 특화시킨 규정이며, 사업법적 규정(공법적 규정)은 시장진입규제라 할 수 있는 전자금융업자의 허가 · 등록에 관한 사항과 그 감독과 관련한 규정이다.

2. 주요내용

(1) 전자금융거래의 내용

우선 전자금융거래에는 대표적으로 전자지급거래, 전자자금이체 등이 있다. 보통 전자지급거래라 함은 자금을 주는 자가 금융회사(또는 전자금융업자)로 하여금 전자지급수단을 이용하여 자금을 받는 자에게 자금을 이동하게 하는 전자금융거래를 말한다. 그리고 전자자금이체는 자금을 주는 자와 자금을 받는 자 사이에 자금을 지급할 목적으로 금융회사에 개설된 계좌(금융회사에 연결된 계좌에 한한다)에서 다른 계좌로 전자적 장치에 의하여 (i) 금융회사에 대한 지급지시, (i) 금융회사에 대한 추심지시(「추심이체」라 한다) 중 어느 하나에 해당하는 방법으로 자금을 이체하는 경우를 말한다.

(2) 전자금융사고발생시 책임의 분담

1) 금융사기사고에서 금융기관이 면책되는 경우

전자금융거래법 제9조는 금융회사는 (i) 접근매체(전자금융거래에 있어서 거래지시를 하거나 고객 및 거래내용의 진실성과 정확성을 확보하기 위하여 사용되는 수단 또는 정보로서 예컨대 전자식 카드[4] 및 그에 준하는 전자적 정보, 전자서명법 제2조 제4호의 전자서명생성정보 및 전자서명법 제2조 제7호의 인증서, 금융회사에 등록된 이용자번호, 이용자의 생체정보,[5] 비밀번호 등이 해당한다[6])의 위조나 변조로 발생한 사고, (ii) 계약체결 또는 거래지시의 전자적 전송이나 처리과정에서 발생한 사고, (iii) 전자금융거래를 위한 전자적 장치 또는 정보통신망법 제2조 제1항 제1호에 따른 정보통신망에 침입하여 거짓이나 그 밖의 부정한 방법으로 획득한 접근매체의 이용으로 발생한 사고 중 어느 하나에 해당하는 사고로 인하여 고객에게 손해가 발생한 경우에는 그 손해를 배상할 책임을 진다고 규정하고 있다. 그러므로 접근매체의 위조 · 변조 또는 해킹이나 전산장애 등 전자적 전송이나 처리과정에서의 사고로 인하여 손해가 발생하는 경우에는 원칙적으로 금융기관이 과실 유무에 관계없이 책임을 부담하여야 한다. 다만 금융사기사고의 발생에 있어서 이용자의 고의나 중대한 과실이 있는 경우로서 그 책임의 전부 또는 일부를 고객의 부담으로 할 수 있다는 취지의 약정을 미리 이용자와 체결한 경우에는 책임의 전부 또는 일부를 이용자가 부담하게 할 수 있되(전자금융거래법 제9조 제2항 제1호), 이용자의 고의나 중대한 과실은 대통

4 신용카드, 체크카드, 선불카드, 데빗카드(현금카드, ATM카드, 직불카드, POS Card) 등을 들 수 있다.

5 예컨대 홍체, 지문정보 등을 말한다.

6 「접근매체」 라고 하기 위해서는 전자금융거래계약의 체결이 전제되어야 하므로, 금융기관의 창구에서 입출금 및 통장정리만이 가능할 뿐 전자적 장치를 통한 거래는 할 수 없는 예금통장, 비밀번호 등은 접근매체로 볼 수 없다(대법원 2010.5.27 선고 2010도2940 판결).

령령[7]이 정하는 범위 안에서 전자금융거래에 관한 약관에 기재된 경우에 한한다(전자금융거래법 제9조 제3항). 만약 전자금융거래와 관련하여 시스템장애 등으로 인한 금융사고발생시 접근수단의 위조 · 변조에 따른 피해를 모두 고객이 부담하도록 하면 은행의 면책범위가 지나치게 광범위하여 고객에게 상당한 불이익이 초래되므로, 일단 금융사고발생시 금융기관에 과실이 없더라도 원칙적으로 책임을 부담하도록 함으로써 상대적으로 약자의 위치에 있는 금융소비자를 두텁게 보호하고 있고, 다만 약관상 이용자의 고의나 중대한 과실이 있는 경우에는 그 책임의 전부 또는 일부를 이용자의 부담으로 할 수 있다는 취지를 정하여 둔 때에는 금융기관의 책임을 제한하고 있다. 그리고 법인(중소기업기본법 제2조 제2항에 의한 소기업을 제외한다)인 이용자에게 손해가 발생한 경우로 금융회사가 사고를 방지하기 위하여 보안절차를 수립하고 그 보안절차를 철저히 준수하는 등 합리적으로 요구되는 충분한 주의의무를 다한 경우에도 금융기관의 책임이 제한된다(전자금융거래법 제9조 제2항 제2호).

7 전자금융거래법 시행령 제8조에 의하면 전자금융거래법 제9조 제3항에 따른 고의나 중대한 과실의 범위는 (i) 이용자가 접근매체를 제3자에게 대여하거나 그 사용을 위임한 경우 또는 양도나 담보의 목적으로 제공한 경우(전자금융거래법 제18조에 따라 선불전자지급수단이나 전자화폐를 양도하거나 담보로 제공한 경우를 제외한다), (ii) 제3자가 권한 없이 이용자의 접근매체를 이용하여 전자금융거래를 할 수 있음을 알았거나 쉽게 알 수 있었음에도 불구하고 접근매체를 누설하거나 노출 또는 방치한 경우, (iii) 금융회사가 전자금융거래법 제6조 제1항에 따른 확인 외에 보안강화를 위하여 전자금융거래시 요구하는 추가적인 보안조치를 이용자가 정당한 사유 없이 거부하여 전자금융거래법 제9조 제1항 제3호에 따른 사고가 발생한 경우, (iv) 이용자가 전자금융거래법 시행령 제8조 제3호에 따른 추가적인 보안조치에 사용되는 매체·수단 또는 정보에 대하여 누설·노출 또는 방치한 행위, 제3자에게 대여하거나 그 사용을 위임한 행위 또는 양도나 담보의 목적으로 제공한 행위 중 어느 하나에 해당하는 행위를 하여 전자금융거래법 제9조 제1항 제3호에 따른 사고가 발생한 경우가 포함된다.

전자금융거래법 제9조, 전자금융거래법 시행령 제8조 등에서 정하는 「고의 또는 중대한 과실」이 있는지 여부는 접근매체의 위조 등 금융사고가 일어난 구체적인 경위, 그 위조 등 수법의 내용 및 그 수법에 대한 일반인의 인식 정도, 금융거래이용자의 직업 및 금융거래이용경력, 그 밖의 제반사정을 고려하여 판단한다. 예컨대 A가 B금융기관 등에서 예금계좌를 개설하여 금융거래를 하면서 인터넷뱅킹서비스를 이용하고 있고, C가 전화금융사기(이른바 보이스피싱)를 통하여 A에게서 취득한 금융거래정보를 이용하여 A 명의의 공인인증서를 재발급받아 다른 금융기관으로부터 대출서비스 등을 받은 경우에 A가 제3자에게 접근매체인 공인인증서[8]의 발급에 필수적인 계좌번호, 계좌비밀번호, 주민등록번호, 보안카드번호, 보안카드비밀번호를 모두 알려준 사정 등 제반사정에 비추어, A의 금융거래정보노출행위가 전자금융거래법 등에서 정한 금융사고의 발생에 '중대한 과실'이 있는 경우에 해당한다고 본다.[9] 그러므로 B금융기관은 전부 면책된다.

전자금융거래법 시행령 제8조 제3호에 의하면 '제3자가 권한 없이 이용자의 접근매체를 이용하여 전자금융거래를 할 수 있음을 알았거나 쉽게 알 수 있었음에도 불구하고 접근매체를 누설하거나 노출 또는 방치한 경우'에도 전자금융거래법 제9조 제3항에 의한 「고의나 중대한 과실」의 범위에 포함된다. 예컨대 A가 B 명의의 보통예금통장에 관한 공인인증서 및 보안카드를 가지고 있음을 기화로 B 명의의 전자기록을 위작하여 허위의 외상매출채권을 담보로 C은행과 전자대출약정을 체결하

8 공인인증서는 전자금융거래법 제9조 제1항에 규정된 「접근매체」에 해당한다.

9 대법원 2014.1.29. 선고 2013다86489 판결.

여 대출을 받은 후에 B가 C은행에 대출원리금 일부를 변제한 뒤 C은행을 상대로 대출약정이 무효임을 이유로 부당이득반환을 구한 경우에 B가 제3자인 A에게 접근매체인 통장, 공인인증서, 보안카드의 사용을 위임하거나 누설하여 대출이 발생한 때에는 대출사고의 발생은 B의 고의 또는 중대한 과실에 의한 경우에 해당하므로, 전자금융거래법 제9조 제2항 제1호, 전자금융거래법 시행령 제8조 등에 따라서 C은행은 대출과 관련하여 어떠한 책임도 없다고 할 수 있어서 C은행이 B에게서 변제받은 대출원리금은 정당하다.[10] 결국 C은행이 수령한 대출원리금이 법률상 원인 없는 부당이득임을 전제로 한 B의 청구는 인정되기 어렵다.

2) 접근매체의 분실 · 도난시 책임범위

전자금융거래법 제10조는 금융회사는 이용자로부터 접근매체의 분실이나 도난 등의 통지를 받은 때에는 그때부터 제3자가 그 접근매체를 사용함으로 인하여 이용자에게 발생한 손해를 배상할 책임을 진다고 규정하고 있다. 접근매체의 분실 · 도난과 관련한 손해배상책임과 관련하여 이용자를 보다 충실히 보호하기 위하여는 여신전문금융업법과 같이 접근매체의 분실 후 통지이전에 발생한 손해에 대하여도 금융기관 등이 일부 책임을 배상하여야 한다는 견해가 있을 수 있으나,[11] 분실 · 도난의 통지를 접수한 후에 발생한 손해에 대하여만 금융기관 등이 전부 책임

---

10 대구지방법원 2012.5.17. 선고 2011가합12648 판결.

11 여신전문금융업법 제16조(신용카드회원등에 대한 책임)는 신용카드업자는 신용카드나 직불카드의 분실·도난 등의 통지 전에 생긴 신용카드의 사용에 대하여 대통령령으로 정하는 기간(60일 전까지)의 범위에서 책임을 진다고 규정하고 있다.

을 지도록 하는 태도가 이용자의 조속한 통지 및 금융기관 등의 신속한 사고처리를 유도할 수 있다고 하는 취지에서 전자금융거래법 제10조는 통지를 받은 때로부터 제3자가 그 접근매체를 사용함으로 인하여 이용자에게 발생한 손해를 배상할 책임을 진다고 하고 있다. 다만 선불전자지급수단이나 전자화폐의 분실 또는 도난 등으로 발생하는 손해로서 선불전자지급수단이나 전자화폐의 분실 또는 도난의 통지를 하기 전에 저장된 금액에 대한 손해에 대하여 그 책임을 이용자의 부담으로 할 수 있다는 취지의 약정이 금융회사와 이용자간에 미리 체결된 경우에는 금융회사가 손해를 배상할 책임을 지지 아니한다(전자금융거래법 제10조 단서). 선불전자지급수단이나 전자화폐의 분실 또는 도난시의 손해에 대하여 금융기관 등의 책임을 면책토록 한 전자금융거래법 제10조 단서는 기본적으로 현금거래와 유사한 선불지급수단의 특성상 금융기관이 신고를 받더라도 별도의 조치를 취하기 어렵다는 현실을 감안한 불가피한 규정이라고 이해된다.

3) 접근매체의 사용 · 관리에 따른 형사책임

누구든지 접근매체를 사용 및 관리함에 있어서 다른 법률에 특별한 규정이 없는 한 (i) 접근매체를 양도하거나 양수하는 행위, (ii) 대가를 수수(授受) · 요구 또는 약속하면서 접근매체를 대여받거나 대여하는 행위 또는 보관 · 전달 · 유통하는 행위, (iii) 범죄에 이용할 목적으로 또는 범죄에 이용될 사정을 알면서 접근매체를 대여받거나 대여하는 행위 또는 보관 · 전달 · 유통하는 행위, (iv) 접근매체를 질권의 목적으로 하는 행위를 하여서는 안 되고(전자금융거래법 제6조 제3항), 만약 위반하면 3년 이하의 징역 또는 2천만원 이하의 벌금에 처한다(전자금융거래법 제

49조 제4항). 그리고 전자금융거래법 제49조 제4항이 규정하는 접근매체양도죄는 각각의 접근매체마다 1개의 죄가 성립하고, 다만 수개의 접근매체를 한꺼번에 양도한 행위는 하나의 행위로 수개의 전자금융거래법상의 접근매체양도죄라는 위반죄를 범한 경우에 해당하여 각 죄는 상상적 경합관계가 성립한다.[12]

4) 금융사기사고에 사용된 통장을 제공한 사람의 공동불법행위책임

자신도 모르게 예컨대 보이스피싱 · 파밍에 연루된 사람도 공동불법행위책임을 지는가 하는 문제가 있다. 예컨대 A 등이 성명불상자로부터 "대출을 해준다"는 문자메시지를 받고 대출을 받기 위하여 은행계좌와 현금카드를 교부하고 비밀번호까지 알려준 후에 그 성명불상자가 금융감독원 직원을 사칭하여 B에게 접근한 뒤 개인정보가 유출되어 피해가 생길 우려가 있다고 속여 가짜 금융감독원의 홈페이지에 개인정보를 입력하게 하는 방법으로 개인정보를 빼내 그 개인정보를 이용하여 B 명의로 카드론과 현금서비스를 받아 A 등이 개설한 계좌로 보내 즉시 현금을 인출하는 이른바 보이스피싱 · 파밍사기를 통하여 B에게 손해를 입힌 사건에서 B가 보이스피싱 · 파밍범죄자를 잡지 못하자 자신도 모르게 보이스피싱 · 파밍의 중간책으로 이용당한 A 등에게 손해배상책임을 물은 경우가 있다.

본래 수인(數人)이 공동하여 타인에게 손해를 가하는 민법 제760조의 공동불법행위의 성립에 있어서 그 수인 상호간의 공모는 물론 공동의 인식을 필요로 하지 아니한다. 다만 객관적으로 그 공동행위가 관련

12 대법원 2010.3.25. 선고 2009도1530 판결.

공동되어 있으면 족하고 그 관련공동성 있는 행위에 의하여 손해가 발생함으로써 그에 대한 배상책임을 지는 공동불법행위가 성립한다.[13] 그리고 공동불법행위는 방조에 의하여도 가능하며, 그 방조라 함은 불법행위를 용이하게 하는 직접 · 간접의 모든 행위를 가리키므로 형법과 달리 손해의 전보를 목적으로 하여 과실을 원칙적으로 고의와 동일시하는 민법의 해석으로서는 과실에 의한 방조도 가능하고, 그 경우의 과실의 내용은 불법행위에 도움을 주지 않아야 할 주의의무가 있음을 전제로 하여 그 의무에 위반하는 경우를 말한다.[14] 만약 A 등이 성명불상자에게 자신의 명의로 개설된 통장을 양도할 당시 그 통장이 B와 같은 불특정 다수인을 기망한 다음 그로부터 입금을 하게 하여 그 돈을 편취하는 이른바 보이스피싱 · 파밍에 사용될 수 있음을 충분히 예견할 수 있다고 보이고, 비록 A 등이 '보이스피싱 · 파밍'의 범죄행위에 적극적으로 가담하지 않은 경우라고 하더라도 적어도 A 등은 통장을 양도함으로써 보이스피싱 · 파밍이라는 범죄행위를 용이하게 하여 그를 도운 경우라고 하면 A 등은 민법 제760조에 따라서 공동불법행위자로서 그 손해를 배상할 책임이 있다. 물론 B로서도 보이스피싱 · 파밍이 사회적으로 큰 문제로 부각되고 있는 상황에서 제대로 된 확인절차 없이 경솔하게 돈을 입금한 잘못이 있고, B의 과실이 손해의 발생 및 확대에 기여한 경우라고 보이는 사정이 있다고 하면, B의 과실을 참작하여 손해에 관한 A 등의 책임을 제한할 수 있다.[15] 그러나 다른 사건에서 판례는 보이스피싱 · 파

---

13 대법원 2012.8.17. 선고 2010다28390 판결; 대법원 2010.2.11. 선고 2009다80026 판결 등 참조.

14 대법원 2009.4.23. 선고 2009다1313 판결 등 참조.

15 서울동부지방법원 2011.03.28. 선고 2010가단50237 판결.

밍범죄자의 기망행위에 속아 자기 명의의 통장과 현금카드 등을 교부한 경우라면 교부 당시 통장이나 현금카드가 보이스피싱 · 파밍의 범행에 사용되리라는 사정이나 보이스피싱 · 파밍의 범행을 용이하게 한다는 사정을 예견한 경우라고 보기 어렵다는 이유로 자신도 모르게 보이스피싱 · 파밍에 중간책으로 연루된 사람의 법적 책임을 부정하면서 특히 교부한 통장이나 현금카드의 수가 1개에 불과하고, 그 교부행위를 통하여 어떠한 금전적 대가를 취득한 사실이 없어 보이스피싱 · 파밍으로 인한 손해와의 사이에 상당인과관계가 있다고 할 수 없다고 한 경우가 있다.[16]

5) 파밍사기에서 현금인출책의 책임

인터넷뱅킹의 해킹, 국내의 연결책, 대포통장의 모집책, 현금인출책 등으로 각각 역할을 분담한 후에, 불특정 다수의 컴퓨터 및 스마트폰에 악성코드를 심어 가짜 은행사이트에 접속하게 하여 가짜 은행사이트로 연결된 사람으로부터 금융거래정보를 알아낸 뒤 대포통장으로 이체하는 방법으로 금융사기를 행하는 수법을 「파밍」(Phaming)이라고 한다. 인터넷상의 가짜 은행사이트로 연결되는 악성코드를 퍼뜨려 고객의 금융정보를 알아낸 뒤 고객의 돈을 빼가는 신종금융사기수법인 이른바 '파밍'사기를 치는 일당의 조직원으로부터 현금인출 1회당 15만원 상당의 보수를 받기로 하고 현금인출책으로 활동한 자는 형사처벌을 받는가? 예를 들어 파밍사기라는 사실을 모르는 고객 A가 파밍사기조직이 미리 퍼뜨린 가짜 은행인터넷뱅킹사이트에 접속하여 해킹보안시스템의 창에

16 대법 "보이스피싱 속아 '통장 양도' ... 법적 책임 없어, 뉴시스 2015.2.19.

자신의 예금통장계좌번호, 비밀번호, 공인인증번호, 보안카드번호 등을 입력하게 되었는데, 바로 파밍사기조직이 은행인터넷뱅킹사이트에 접속한 후에 가짜 은행사이트를 통하여 획득한 A의 보안카드번호 등을 이용하여 A의 은행계좌에 있던 예금을 대포통장의 계좌로 임의로 이체한 파밍사기사건에서 파밍사기조직의 지시에 따라서 대포통장의 현금카드, 비밀번호를 가지고 현금인출기를 통하여 대포통장의 계좌에서 현금을 인출하여 파밍사기조직에 교부한 현금인출책으로 활동한 자도 형사처벌을 면할 수 없다.[17]

6) 몸캠피싱에 따른 책임

스마트폰영상채팅앱을 통하여 불특정 다수의 남성에게 접근하여 음란행위를 하도록 유도한 뒤 그 음란행위를 녹화하고 악성코드앱을 설치토록 유도하여 남성의 스마트폰에 저장된 연락처를 빼내 '돈을 주지 않으면 음란행위동영상을 유포한다'고 하는 협박을 통하여 돈을 빼앗는 사기행위를 「몸캠피싱」이라 한다. 최근 음란영상채팅을 유도하여 그 음란행위를 촬영한 뒤 영상을 유포한다고 협박하는 몸캠피싱으로 수억원을 뜯어낸 범죄조직이 붙잡혀 구속된 경우가 몇 건 있다. 몸캠피싱은 형법상 사기나 전자금융거래법의 위반으로 처벌될 수 있다.

---

17 서울중앙지방법원 2013.5.24. 선고 2013고단2023 판결.

Ⅲ. 인터넷뱅킹

1. 서언

인터넷뱅킹(Internet Banking)이란 간단하게 정의하면 인터넷을 활용하여 제공되는 금융서비스를 가리킨다. 고객이 은행과의 사이에서 현금자동지급기, 자동입·출금기, 지급용 단말기, 컴퓨터, 전화기 그 밖에 전자적 방법과 같은 전자적 장치로 금융상품 및 서비스를 비대면·자동화된 방식으로 직접 이용하는 금융거래를 널리「전자금융거래」라고 부르고, 특히 인터넷을 통한 전자금융거래를「인터넷뱅킹」이라 한다. 인터넷뱅킹을 통하여 주로 계좌에 대한 조회업무나 자금이체, 대출거래, 세금·공과금의 납부 등이 이루어진다. 인터넷뱅킹을 통하여 고객은 세계 어디에서나 거래하고 있는 은행에 접속하여 인터넷으로 금융거래를 할 수 있으므로, 인터넷뱅킹은 지역적·시간적 제약을 초월하는 금융거래를 가능하게 한다.

2. 인터넷뱅킹계약의 성립

현재 인터넷뱅킹을 규율하는 직접적인 법률로는 전자금융거래법이 있다.[18] 그리고 인터넷뱅킹계약은 우선 은행여신거래기본약관 등 개별적인 업무에 적용되는 각종의 약관에 의하여 체결된다. 다만 은행여신

---

18 전자금융거래법 제2조 제1호는 금융회사 또는 전자금융업자가 전자적 장치를 통하여 금융상품 및 금융서비스를 제공하고, 이용자가 금융회사 또는 전자금융업자의 종사자와 직접 대면하거나 의사소통을 하지 아니하고 자동화된 방식으로 그 금융상품이나 금융서비스를 이용하는 거래를「전자금융거래」라 정의하고 있다.

거래기본약관 등 은행거래에 적용되는 약관은 일반적인 예금계약에 적용되는 약관과 다르지 않다.

인터넷뱅킹계약은 보통 예금계약[19]에 부속하는 계약으로 체결된다. 다만 인터넷뱅킹계약을 체결하기 위하여는 먼저 고객이 은행에 대하여 인터넷뱅킹이용신청을 하여야 하고, 은행이 그 인터넷뱅킹이용신청을 승낙함으로써 인터넷뱅킹계약이 성립하며, 그 후 고객이 이용자ID와 이용자비밀번호를 등록하고 은행으로부터 「보안카드」(Secret Card)를 교부받아 인터넷뱅킹을 이용할 수 있게 된다.

인터넷뱅킹을 통하여 여러 가지 다양한 금융서비스가 가능하므로, 인터넷뱅킹계약도 그 성질이나 구조에 있어서 예금계약과 크게 다르지 않다. 다만 인터넷뱅킹을 통하여 처리되는 개별적인 업무에 따라서 그 계약관계를 달리 이해할 수 있다. 예컨대 인터넷을 통하여 여신업무가 이루어지는 경우에는 소비대차계약으로 이해된다. 수신업무가 처리되는 경우에는 소비임치계약으로 이해되며, 계좌이체(전자적 장치를 통한 지급지시에 따라서 은행이 고객의 출금계좌에서 자금을 출금하여 같은 은행 또는 다른 은행의 계좌에 입금하는 경우)는 위임계약으로 볼 수 있다.

---

19 본래 예금계약은 고객이 예금의 의사를 표시하면서 금융기관에 돈을 제공하고 금융기관이 그 의사에 따라 그 돈을 받아 확인을 하면 그로써 성립하며, 금융기관의 직원이 그 받은 돈을 금융기관에 실제로 입금하는지 여부는 예금계약의 성립에는 아무런 영향을 미치지 아니한다(대법원 2005.12.23. 선고 2003다30159 판결; 대법원 2006.12.21. 선고 2004다41194 판결 참조).

3. 인터넷뱅킹을 통하여 개별적 여신행위 · 수신행위나 온라인이체의 효력

인터넷뱅킹계약을 통하여 필요한 경우에 개별적으로 여신행위나 수신행위, 온라인이체 등이 인터넷을 통하여 이루어진다. 물론 개별적 사정에 따라서 차이가 있을 수 있지만, 일반적으로 생각하면 인터넷을 통하여 개별적으로 이루어지는 여신행위나 수신행위, 온라인이체 등은 각각이 독립한 법률행위로서의 계약이라고 이해하기 보다는 인터넷뱅킹이라는 계속적 계약상의 개별적인 급부 혹은 세부적인 의무이행의 내용으로서 이해할 수 있다. 다만 인터넷뱅킹계약에서 제시된 급부 이외의 급부가 새롭게 행하여지고, 별도의 약관이나 합의에 의하여 그 급부를 이용하는 경우에는 인터넷뱅킹계약을 주된 계약으로 하는 종된 계약으로서 별개의 여신계약 등이 성립할 수 있다.

인터넷뱅킹계약 내에서 다시 종된 계약으로서 예를 들어 여신계약이 체결되는 경우에 어떤 경로로 계약이 체결되는가가 문제된다. 우선 은행의 웹사이트를 통하여 고객에게 제시한 금융상품의 안내가 청약인가, 청약의 유인에 불과한가를 살펴보아야 한다. 만약 금융상품의 게시가 청약이라고 하면 고객이 인터넷뱅킹사이트에 접속하여 자기가 가입하고 하는 금융상품을 선택하여 화면에 나타나 있는 표시를 클릭하면 승낙이 이루어져 그 금융상품에 가입하는 계약(예컨대 여신계약이라고 하면 그 성질은 금전소비대차계약이 된다)이 성립한다. 그러나 은행사이트에 올라와 있는 금융상품의 게시가 청약의 유인에 불과하다고 하면 고객이 주문을 위한 클릭을 할 때에 청약이 되고, 그 후 고객의 주문을 확인하는 메시지를 은행이 송신할 때에 비로소 승낙이 이루어져 금융상품을 이용하는 여신계약 내지 소비대차계약이 성립한다.

인터넷뱅킹계약을 체결할 때에 적용되는 「전자금융거래기본약관」에는 인터넷뱅킹에 의한 금융거래의 성립시기를 자세하게 정하고 있다. 계좌이체 및 추심이체의 경우에는 고객이 입력한 거래지시의 내용을 은행이 확인하고 출금자금(수수료를 포함한다)을 출금계좌원장에 출금기록한 때에 성립하고, 다만 예약에 의한 계좌이체 및 예약에 의한 추심이체의 경우는 은행이 고객의 거래지시내용을 확인한 때에 성립한다. 현금출금의 경우에는 고객이 입력한 거래지시의 내용을 은행이 확인하고 출금자금을 출금계좌원장에 출금기록한 때에 성립한다. 그리고 계좌송금의 경우에는 은행이 고객이 입력한 거래지시의 내용 및 입금자금을 모두 확인한 때에 성립한다.

인터넷뱅킹의 경우에는 대면적 · 직접적 은행거래와는 달리, 비대면적 · 자동화된 방식으로 행하여지므로, 고객이 본인인지를 확인하는 특수한 절차가 필요하다. 인터넷뱅킹의 경우에는 세계 어디에서나 인터넷을 통하여 금융거래가 이루어지므로, 은행사이트에 접속하여 출금행위 등 인터넷뱅킹을 이용하는 사람이 본래의 고객인가를 확인하기 위하여 「접근매체」[20]가 필요하다. 그리고 인터넷뱅킹을 이용할 때에는 반드시 전자서명법에 의한 공인인증서를 사용하여야 한다. 고객이 계좌이체를 위하여 공인인증서를 사용하는 경우에는 지정된 단말기 또는 추가적인 보안조치를 이용하여야 한다. 은행은 고객의 거래지시에 포함된 계좌번

20 접근매체라 함은 전자금융거래에 있어서 거래지시를 하거나 고객이나 거래내용의 진정성을 확보하기 위하여 사용되는 수단 또는 정보로서 대표적으로 은행이 제공한 전자식 카드 및 전자식 카드에 준하는 전자적 정보, 전자서명법에 따른 전자서명생성정보 또는 공인인증서, 은행에 등록된 이용자번호, 등록되어 있는 이용자의 생체정보, 비밀번호 등이 해당한다.

호, 비밀번호, 이용자번호 등의 접근매체정보를 신고된 접근매체정보와 대조하여 그 일치 여부를 확인하여야 할 의무가 있고, 그 확인 후에 거래지시를 처리하여야 한다.

고객은 인터넷금융거래가 완료되기 전까지 인터넷금융거래시 이용한 전자적 장치를 통하거나 또는 은행이 정하는 절차에 따라서 거래지시를 철회할 수 있는가가 문제된다. 약관상 일반적으로 대량으로 처리하는 거래 또는 예약에 의한 계좌이체 및 추심이체는 이체일 전영업일까지 전자금융거래시 이용한 전자적 장치를 통하여 거래지시를 철회할 수 있다(고객의 요청에 따라 출금계좌를 해지할 때에는 그 계좌에 등록된 예약에 의한 계좌이체에 대한 거래지시도 철회된다). 실시간 이체되는 거래 등 전자금융거래의 성질상 은행이 거래의 완료 여부를 즉시 확인할 수 없는 경우에는 고객의 거래지시에 대한 철회를 제한할 수 있다. 다만 고객의 사망, 후견개시심판이나 고객 또는 은행의 해산 · 합병 · 파산은 그 자체로는 거래지시를 철회 또는 변경하는 경우로 되지 아니하며 은행의 권한에도 영향을 미치지 아니한다.

4. 인터넷뱅킹에 따른 책임

(1) 서언

일반적으로 은행은 접근매체의 위조나 변조로 발생한 사고, 계약체결 또는 거래지시의 전자적 전송이나 처리과정에서 발생한 사고, 전자금융거래를 위한 전자적 장치 또는 정보통신망법 제2조 제1항 제1호에 따른 정보통신망에 침입하여 거짓이나 그 밖의 부정한 방법으로 획득한 접근매체의 이용으로 발생한 사고로 인하여 고객에게 손해가 발생한 경우에 손해배상책임을 부담한다. 다만 (i) 천재지변, 전쟁, 테러, 또는 은행의 귀책사유 없이 발생한 정전, 화재, 건물의 훼손 또는 테러 등 불가항력으로 인한 경우, (ii) 고객이 접근매체를 제3자에게 대여하거나 사용을 위임하거나 양도 또는 담보의 목적으로 제공한 경우, (iii) 제3자가 권한 없이 고객의 접근매체를 이용하여 인터넷금융거래를 할 수 있음을 알거나 쉽게 알 수 있는데도 불구하고 고객이 자신의 접근매체를 누설 또는 노출하거나 방치한 경우, (iv) 은행이 접근매체를 통하여 고객의 신원, 권한 및 거래지시의 내용 등을 확인하는 이외에 보안강화를 위하여 인터넷뱅킹시 사전에 요구하는 추가적인 보안조치를 고객이 정당한 사유 없이 거부하여 사고가 발생한 경우, (v) 고객이 추가적인 보안조치에 사용되는 매체 · 수단 또는 정보에 대하여 누설 · 노출 또는 방치한 행위, 제3자에게 대여하거나 그 사용을 위임한 행위 또는 양도나 담보의 목적으로 제공한 행위를 통하여 사고가 발생한 경우에는 고객에게 손해가 생기더라도 은행책임의 전부 또는 일부가 제한될 수 있다. 물론 고객으로부터 접근매체의 분실이나 도난의 통지를 받은 경우에는 은행은 그때부터 제3자가 그 접근매체를 사용함으로 인하여 고객에게 발생한 손해를 보상하여야 한다.

(2) 이른바 보이스피싱에 대한 은행의 책임

보이스피싱(voice phishing)은 음성(voice)과 개인정보(private data), 낚시(fishing)를 합성한 신조어이며, 외국에서는 voice phishing 두 단어를 합쳐서 vishing이라고도 부른다. 보이스피싱은 전화를 통하여 불법적으로 개인정보를 빼내서 범죄에 사용하는 전화사기범죄를 뜻한다. 보이스피싱의 경우에는 주로 사람이 쉽게 믿을 수 있는 기관을 사칭하여 주민등록번호, 신용카드번호, 은행계좌번호 등을 알아내고 현금을 인출하거나 다른 용도로 사용하는 금융사기를 통하여 막대한 손해를 입힌다. 2014년 보이스피싱발생건수는 7,635건, 피해액이 1,000억원에 육박하고 있다고 한다.

전자금융거래법 제9조 제1항은 금융기관 등은 그 법률에서 정하는 접근매체의 위조나 변조로 발생한 사고 등으로 이용자에게 손해가 발생한 경우에는 그 손해를 배상할 책임을 진다고 정하고 있고, 전자금융거래법 제9조 제2항은 전자금융거래법 제9조 제1항의 규정에 불구하고 금융기관 등은 "사고발생에 있어서 이용자의 고의나 중대한 과실이 있는 경우로서 그 책임의 전부 또는 일부를 이용자의 부담으로 할 수 있다는 취지의 약정을 미리 이용자와 체결한 경우" 등에는 그 책임의 전부 또는 일부를 이용자가 부담하게 할 수 있다고 정하고 있다. 그리고 전자금융거래법 제9조 제3항의 위임에 기하여 전자금융거래법 제9조 제2항에서의 '고의나 중대한 과실'의 구체적 내용을 규정하는 전자금융거래법 시행령 제8조 제2호에서는 그에 해당하는 경우의 하나로 "제3자가 권한 없이 이용자의 접근매체를 이용하여 전자금융거래를 할 수 있음을 알았거나 쉽게 알 수 있었음에도 불구하고 접근매체를 누설하거나 노출 또는 방치한 경우"를 정하고 있다. 또한 은행이 사용하는 약관으로서 이용자와의 금융거래에서 사용되는 전자금융거래기본약관 제20조에서도 전자금융거래법 제9조의 규정과 같은 내용이 정하여져 있다. 전자금융거래법 제9조나 약관에서 정하는 '고의 또는 중대한 과실'이 있는지 여부는 접근매체의 위조 등 금융사고가 일어난 구체적인 경위, 그 위조 등 수법의 내용 및 그 수법에 대한 일반인의 인식 정도, 금융거래이용자의 직업 및 금융거래이용경력, 그 밖의 제반사정을 고려하여 판단하여야 한다.

예를 들어 A가 은행에서 각 예금계좌를 개설하여 금융거래를 하면서 인터넷뱅킹서비스를 이용하여 왔는데, 성명불상자 B가 A에게 전화를 걸어 자신을 서울지방검찰청 검사라고 속이고 A로 하여금 허위의 대검찰청 인터넷사이트에 접속하게 한 후 A의 주민등록번호, 휴대전화번호, 신용카드번호, 예금계좌번호, 각 비밀번호, 보안카드번호, 보안카드비밀번호를 각 입력하게 하고, 성명불상자 B는 A가 스스로 입력한 금융거래정보를 이용하여 A 명의의 공인인증서를 재발급받은 후에 그 공인인증서를 이용하여 다른 3개의 금융기관으로부터 대출서비스 등을 받아 그 각 금전을 A의 예금계좌로 송금받은 다음 다시 제3자 명의의 예금계좌로 송금하는 보이스피싱사기를 당한 경우에 A는 은행에 대하여 자기가 입은 손해에 대한 책임을 물을 수 있는가 하는 문제가 있다. 금융사고가 일어난 당시에 전화금융사기(이른바 보이스피싱)가 빈발하여 보이스피싱에 대한 사회적인 경각심이 높아진 상태인 사정, A는 금융사고 당시 만 33세로서 공부방을 운영하는 등 사회경험이 있고 1년 이상 인터넷뱅킹서비스를 이용한 사정, A는 관련 형사사건의 조사과정에서 성명불상자 B로부터 '001'로 시작되는 국제전화를 받는 순간 이상하다는 생각을 한 사실을 진술하고 있는 사정, 스스로 이상하다고 생각하고도 제3자에게 접근매체인 공인인증서의 발급에 필수적인 계좌번호, 계좌비밀번호, 주민등록번호, 보안카드번호, 보안카드비밀번호를 모두 알려준 사정 등이 인정된다고 하면 A는 '제3자가 권한 없이 접근매체를 이용하여 전자금융거래를 할 수 있음을 알았거나 쉽게 알 수 있었음에도 접근매체를 노출한 경우'라고 볼 수 있다. 결국 A의 금융거래정보노출행위는 전자금융거래법 제9조 제2항, 제3항, 전자금융거래법 시행령 제8조 제2호, 은행의 전자금융거래기본약관 제20조가 정하는 금융사고의 발생에

이용자의 '중대한 과실'이 있는 경우에 해당하므로, 은행은 전부 면책된다.[21]

(3) 파밍사기에서 금융기관의 손해배상책임

파밍(Pharming)은 새로운 피싱기법으로 인터넷사용자가 자신의 웹브라우저에서 정확한 웹 페이지주소를 입력하여도 가짜 웹페이지에 접속하게 하여 개인정보를 훔치는 금융사기수법을 말한다. 파밍범죄자는 합법적으로 소유하고 있던 사용자의 도메인을 탈취하거나 DNS 또는 프락시서버의 주소를 변조함으로써 인터넷사용자로 하여금 가짜 인터넷사이트(가짜 금융감독원 · 은행 · 대법원 · 쇼핑몰 등)를 진짜사이트로 오인하여 접속하도록 유도한 뒤 입력한 개인정보를 탈취하여 그 개인정보의 이용을 통하여 인터넷사용자의 은행계좌에 있는 돈을 이체시켜 빼돌리는 형식으로 금융사기행각을 벌인다.

허위의 금융기관사이트를 통한 '파밍'사기범죄로 인터넷이용자가 피해를 본 경우에 범행에 쓰인 공인인증서의 위조 등을 방치한 금융기관에도 손해를 배상할 책임이 있다는 판결이 있다. 예를 들어 인터넷뱅킹이나 스마트폰뱅킹을 이용하기 위하여 각 금융기관사이트에 접속하려다가 가짜 인터넷뱅킹사이트로 들어가 '보안승급 또는 보안관련 확인 등이 필요하다'는 요구를 받고 계좌번호와 비밀번호, 보안카드번호 등을 입력함으로써 컴퓨터나 스마트폰에 악성코드를 감염시켜 가짜를 진짜의 인터넷뱅킹사이트처럼 둔갑시키는 파밍수법을 쓴 사기 일당으로부터 은행계좌에서 각각 1천만-1억원이 빠져나가는 피해를 본 A 등 33명

---

21 대법원 2014.1.29. 선고 2013다86489 판결.

이 은행을 상대로 낸 손해배상청구소송에서 은행은 A 등에게 총 1억9천100만원을 배상하라며 A 등의 일부승소로 판결한 사건이 있다. 판결에 의하면 전자금융거래법 제9조는 접근매체의 위조나 변조로 발생한 사고로 이용자에게 손해가 발생한 경우에는 그 손해를 배상할 책임이 있다고 규정하고 있으므로, 누군가가 가짜 인터넷뱅킹사이트에서 고객의 금융거래정보를 빼내 공인인증서를 위조한 경우에는 은행의 손해배상 책임이 있다고 본다. 설령 A 등이 가짜 인터넷뱅킹사이트에서 보안카드의 정보 등을 누출한 과실이 있다 하더라도 고객에게 모든 책임을 지워야 하지는 아니하며, 고객의 과실 정도에 따라서 은행이 책임을 면하는 범위가 결정된다(예컨대 A 등이 허위의 인터넷뱅킹사이트에 접속하게 된 경위, 각종의 정보를 유출하게 된 경위 등의 사정을 감안하면 파밍사고로 인하여 A 등에게 발생한 손해의 80%는 A 등이 부담하고, 은행의 책임은 10~20% 정도로 인정할 수 있다). 다만 파밍의 피해로 보안승급 등에 관한 안내전화를 받고 허위의 인터넷뱅킹사이트에 개인정보를 입력한 경우와 아무런 유인 없이 허위사이트에 접속하여 보안카드 전체를 노출시킨 경우는 다르므로, 보안카드번호 전체를 노출시켜 피해를 입은 고객에 대하여는 은행이 배상할 책임이 없다.

Ⅳ. 온라인게임서비스계약

1. 의의

온라인게임(online game)은 각종 네트워크로 하는 게임을 말한다. 컴퓨터, 스마트폰, 태블릿 PC, 휴대용 게임기 등 다양한 기기를 통하여 여러 장르의 온라인게임이 지원된다. 그리고 플레이어가 온라인게임을 하기 위하여 온라인게임서비스제공자와 사이에 체결하는 계약을 온라인 게임서비스계약이라고 한다.

2. 온라인게임서비스제공자의 책임

제3자가 타인의 명의를 도용하여 온라인게임서비스에 회원가입신청을 한 경우에 게임서비스제공자가 회원가입신청을 승인하는 과정에서 이용신청자가 실명정보와 일치하는 본인인지 여부를 적극적으로 확인할 본인확인의무를 부담하지는 아니한다. 다만 비록 온라인게임서비스제공자가 게임서비스의 온라인회원가입절차에서 본인확인의무를 부담하지는 않는다고 하더라도, 온라인게임서비스제공자로서는 게임서비스의 이용신청자 및 이용자 중에는 명의를 도용하여 부당하게 온라인회원으로 가입하여 게임서비스를 이용하는 자가 있음을 알 수 있는 경우라면 그 명의도용을 차단하기 위한 적절한 조치를 취함으로써 명의도용행위에 도움을 주지 아니할 주의의무는 있다.

물론 게임서비스가 인터넷을 통하여 수시로 또한 대규모로 이루어지는 비대면거래로서 서비스제공자의 입장에서는 이용자 각각의 서비스 이용실태를 개별적으로 파악하여 그 중 명의도용에 의한 회원가입 내지 이용행위인지 여부를 식별해 내기가 용이하지 않다는 사정을 고려할 때, 온라인게임서비스제공자가 부담하는 적절한 주의의무는 어떠한 경우도 명의도용에 의한 회원가입 내지 이용행위를 식별해 내어 차단할 수 있을 정도의 최상의 수준이 되어야 한다고는 볼 수 없고, 인터넷기술의 발전수준, 제공되는 정보통신서비스의 특성, 운영주체로서의 서비스제공자의 영리적 성격, 기술적 수단의 도입에 따른 일반이용자에 대한 이익과 불이익 등을 종합적으로 고려하여 온라인게임서비스제공자가 부담하는 주의의무의 수준 및 그 의무의 위반 여부를 판단하여야 한다.[22] 그리고 민법 제760조 제3항은 교사자나 방조자는 공동행위자로 본다고 규정하여 교사자나 방조자에게 공동불법행위자로서 책임을 부담시키고 있으나, 방조라 함은 불법행위를 용이하게 하는 직접, 간접의 모든 행위를 가리키는 의미로서 작위에 의한 경우뿐만 아니라 작위의무 있는 자가 불법행위를 방지하여야 할 제반조치를 취하지 아니하는 부작위로 인하여 불법행위자의 실행행위를 용이하게 하는 경우도 포함한다. 또한 형법과 달리 손해의 전보를 목적으로 하여 과실을 원칙적으로 고의와 동일시하는 민법의 해석으로서는 과실에 의한 방조도 가능하며, 그 경우 과실의 내용은 불법행위에 도움을 주지 않아야 할 주의의무가 있음을 전제로 하여 그 의무에 위반하는 경우를 말하고, 방조자에게 공동불법행위자로서의 책임을 지우기 위하여는 방조행위와 피방조자의 불법행위 사이에 상당인과관계가 있어야 한다. 그러나 제3자가 타인의 명의를 도용하여 다중접속 온라인 롤플레잉게임서비스의 회원으로 가입하여 이용한 경우에는 제반사정에 비추어 게임서비스제공자로서는 명의도용에 의한 회원가입 및 이용행위를 방지하기 위한 주의의무를 다한 경우로 보아야 하므로, 명의도용에 대한 방조의 불법행위책임이 부정된다.

22 서울중앙지법 2007.5.31. 선고 2006가합22338 판결.

V. 전자상거래

1. 서설

전자상거래란 전자거래[23]의 방법으로 상행위(商行爲)를 하는 경우를 말한다.[24] 2000년대에 들어 인터넷기술의 비약적인 발전에 따라서 인터넷쇼핑몰 내지 온라인쇼핑몰에 의한 전자상거래가 급속하게 확산되어 전자상거래의 규모가 해마다 아주 큰 폭으로 증가하고 있다. 통계를 보면 2007년 27조원에 불과하던 전자상거래의 규모가 2010년 34조원, 2012년 48조원, 2013년 55조원, 2014년 65조원에까지 이르고 있다. 최근에는 모바일쇼핑거래만도 2014년 10조원 정도가 된다.

전자상거래는 주로「전자상거래 등에서의 소비자보호에 관한 법률」에 의하여 규율된다. 인터넷의 발달 및 보급확대에 따라서 전자거래를 통한 경제활동의 비중이 높아지고, 전자상거래로 인한 소비자피해의 발생가능성도 높아지고 있으나, 방문판매 등에 관한 법률은 인터넷의 보급 및 경제의 디지털화를 예상하지 못한 상태에서 제정된 관계로 급속하게 변화 · 발전하는 인터넷에 의한 상거래상의 소비자보호기능을 다하기 어렵게 되어, 기존의 방문판매 등에 관한 법률로부터 전자상거래 등에 관한 사항을 별도로 분리하여 전자상거래 등에 의한 재화 또는 용역의 공정한 거래에 관한 사항을 규정함으로써 소비자의 권익을 보호하

---

23 전자문서법 제2조 제5호에 따른 전자거래, 즉 "재화나 용역을 거래할 때 그 전부 또는 일부가 전자문서에 의하여 처리되는 거래"를 말한다.

24 전자상거래는 사업자의 판매에 관한 정보제공 및 소비자의 청약이 직접 대면하지 아니하고 이루어진 경우를 의미하므로, 예컨대 A가 인터넷상의 사이버몰에서 B의 제품광고를 본 후, B의 상점을 직접 방문하여 제품을 구입하는 때에는 판매에 관한 정보의 제공이 비대면으로 이루어진 경우일 뿐 청약이 비대면으로 이루어진 경우가 아니어서 전자상거래에 해당하지 않는다.

고 시장의 신뢰도제고를 통하여 국민경제의 건전한 발전에 이바지함을 목적으로 제정된 법률이 바로 「전자상거래 등에서의 소비자보호에 관한 법률」(이하 "전자상거래법"이라 부른다)이다.

2. 전자문서의 활용

전자상거래란 전자거래의 방법에 의한 상거래를 말하고, 전자거래는 재화나 용역을 거래할 때 그 전부 또는 일부가 당연히 전자문서에 의하여 처리되는 거래를 말하므로, 전자상거래에서는 전자문서[25]가 이용된다. 본래 전자거래기본법 제5조는 "전자문서는 다른 법률에 특별한 규정이 있는 경우를 제외하고는 전자적 형태로 되어 있다는 이유로 문서로서의 효력이 부인되지 아니한다"라고 규정하고 있으므로, 예컨대 특정사실을 기재한 서면을 받은 후 의사표시를 하지 않을 경우 권리를 상실하거나 의무를 부담하는 내용을 담고 있는 문서를 소비자가 자주 사용하지 않는 전자우편주소로 사업자가 통지하면 소비자는 문서의 도착을 알지 못하는 상태에서 권리를 상실하거나 의무를 부담하는 결과가 생길 수 있다. 그러므로 전자문서법 제5조를 전자상거래에 적용할 경우 발생할 수 있는 전자문서에 의한 예상치 못한 소비자피해를 예방하고 전자문서의 활성화 및 신뢰도의 제고에 기여한다는 측면에서 사업자가 재화나 용역의 거래상 소비자의 권리의무관계에 영향을 미치는 사항에 대하여 소비자에게 사전동의를 얻지 아니하고 전자문서로 송신한 때에는 전

25 전자문서란 정보처리시스템에 의하여 전자적 형태로 작성, 송신·수신 또는 저장된 정보를 말한다(전자문서법 제2조 제1호).

자문서법 제5조의 규정에 불구하고 당해 전자문서에 의한 권리를 주장할 수 없다고 규정하고 있다. 그러나 사전에 소비자의 동의가 없다면 소비자의 권리의무관계에 영향을 미치는 사항에 관하여 어떠한 경우에도 전자문서로 송신할 수 없다고 하면 전자거래의 특징인 소액·신속한 거래를 저해하는 요인으로 작용할 수 있고, 또한 상거래관행상 당사자 한쪽이 전자문서로 의사표시를 하는 경우 상대방은 동일한 매체를 이용하여 의사표시를 하는 경우가 일반적이므로, 소비자의 이익을 해하지 않는 범위 내에서 예컨대 (i) 소비자와 특정한 전자우편주소로 2회 이상 거래한 경우에 그 전자우편주소로 전자문서를 송신한 경우, (ii) 소비자가 전자문서를 출력한 경우, (iii) 소비자의 이익에 반하지 아니하고 당해 소비자도 해당 전자문서의 효력을 부인하지 아니하는 경우, (iv) 긴급하게 연락할 필요성이 있고 전자우편 외에 다른 수단을 활용할 수 없는 경우에는 소비자와 사전에 약정되지 아니한 주소로 전자문서를 송신한 경우에도 그 전자문서에 의한 권리를 주장할 수 있다(전자상거래법 제5조 제1항 단서, 전자상거래법 시행령 제4조).

전자상거래에서 거래의 일부가 전자문서로 행하여진 경우에 소비자의 요청이 있으면 계약의 해지나 변경 그 밖에 각종의 증명 등도 온라인으로 처리될 수 있도록 하는 제도를「온라인완결서비스제도」라고 한다. 예를 들어 온라인쇼핑몰이 회원의 가입과 청약은 온라인으로 받으면서 회원의 탈퇴, 청약의 철회는 온라인으로 할 수 없도록 하면 소비자에게 불편을 초래한다. 그러므로 소비자의 불편을 해소하기 위하여는 회원의 탈퇴, 청약의 철회 등도 온라인으로 가능하도록 하고, 재화 등의 거래와 관련한 확인이나 증명을 전자문서로 제공하도록 할 필요가 있다. 바로 전자상거래법 제5조 제4항에 의하면 전자상거래사업자는 소비자의 회원가입, 계약의 청약, 소비자와 관련되는 정보의 제공 등을 전자문서를 통하여 할 수 있도록 하는 경우에는 회원탈퇴, 청약의 철회, 계약의 해지 · 해제 · 변경, 정보의 제공 및 이용에 관한 동의의 철회 등도 전자문서를 통하여 할 수 있도록 하여야 한다. 그리고 전자상거래사업자는 소비자가 재화 등의 거래와 관련한 확인 · 증명을 전자문서로 제공하여 주기를 요청한 경우 그 요청에 따라야 한다(전자상거래법 제5조 제5항).

3. 전송사업자의 협력의무

전자상거래에 따른 재화 등의 전송을 행하는 사업자, 즉 전송사업자는 전송과정의 사고나 장애 등으로 인하여 분쟁이 발생하는 경우 (i) 전송관련 기록의 열람제공, (ii) 사고 또는 장애관련 사실의 확인을 위한 기록의 열람 등 분쟁의 해결에 협조하여야 한다(전자상거래법 제9조). 오프라인[26]과 달리 정보통신망(온라인)을 통한 전송은 소비자가 온라인전송사업자[27]를 선택하는 경우가 많다. 그러므로 온라인전송사고 등으로 인한 책임을 판매업자에게만 부여하는 태도는 바람직하지 않고, 또한 소비자가 선택한 사업자라는 사실을 이유로 소비자에게 책임을 지울 경우 소비자는 자신의 정보력으로는 온라인상에서의 전송과정의 사고의 원인을 파악하기가 거의 불가능하므로, 역시 타당하지 않다. 바로 전자상거래법 제9조는 온라인상에서의 전송과정의 특수성을 감안하여 전송사업자에 대해 분쟁발생시 협력의무를 부과하고 있다.

---

26 오프라인에서의 배송은 일반적으로 판매업자가 직접 행하거나 판매업자가 선택한 배송업자가 행한다.

27 예컨대 초고속인터넷서비스 등을 행하는 ISP를 말한다.

4. 호스팅서비스제공자의 협력의무

호스팅(hosting)이란 온라인쇼핑몰사업자가 홈페이지를 운영하기 위하여 호스팅서비스를 제공하는 자의 서버나 하드디스크의 일정공간을 임대받는 경우를 말한다. 다시 말하면 온라인쇼핑몰사업자가 스스로 서버를 가지고 웹사이트를 운영하기는 비용이 많이 필요하므로, 홈페이지의 운영과 관련되는 서비스를 제공하는 자에게 일정한 비용을 지급하고 서버의 일정한 공간을 빌려서 사용하게 된다. 바로 대용량의 서버를 가지고 있으면서 온라인쇼핑몰을 운영하려는 사업자에게 그 일정한 공간을 빌려주는 자를 호스팅서비스제공자라고 한다.[28]

호스팅서비스제공자는 온라인쇼핑몰사업자(사이버몰운영자)와 소비자 사이에 분쟁이 발생하는 경우 (i) 온라인쇼핑몰사업자의 성명 및 주민등록번호(경우에 따라서는 생년월일), (ii) 상호(법인인 경우에는 대표자의 성명 및 주민등록번호(경우에 따라서는 생년월일)를 포함한다), 주소 및 전화번호 등 신원정보를 제공함으로써 그 분쟁의 해결에 협조하여야 한다(전자상거래법 제9조 제2항, 전자상거래법 시행령 제11조의2 참조). 통상 소규모의 온라인쇼핑몰사업자가 호스팅서비스제공자와 호스팅계약을 맺을 때에 그 신원정보를 제공하므로, 분쟁이 발생한 경우에 호스팅서비스제공자로 하여금 소비자에게 그 신원정보를 제공하도록 함으로써 사기사이트로 인한 소비자피해를 예방하고 분쟁을 조속히 해

---

28 온라인시장에서 개인쇼핑몰의 비중이 약 55%에 달하고, 오픈마켓의 비율은 약 45% 정도로 추정하고 있다. 그리고 개인쇼핑몰의 약 90% 정도는 호스팅서비스제공자를 통한 소호(small office home office의 머리글자로 만든 용어로 인터넷을 통하여 소규모로 사업을 하는 자영업을 가리킨다)몰사업자로 추정되고 있다.

결하도록 하고자 호스팅서비스제공자에게 신원정보의 제공에 대한 협력의무를 부과하고 있다.

5. 소비자의 조작실수의 방지

전자상거래에서는 소비자의 조작실수 등으로 의사표시의 착오가 발생할 수 있다. 그러므로 소비자에게 조작실수 등으로 인한 피해가 발생하는 경우를 방지하기 위하여 거래대금이 부과되는 시점 또는 청약에 앞서 그 내용의 확인 및 정정에 필요한 절차를 마련하여야 한다. 전자상거래법 제7조는 전자상거래사업자는 전자상거래에서 소비자의 조작실수 등으로 인한 의사표시의 착오 등으로 발생하는 피해를 예방할 수 있도록 거래대금이 부과되는 시점이나 청약 전에 그 내용을 확인하거나 바로잡는 데에 필요한 절차를 마련하여야 한다고 하여 조작실수 등의 방지의무를 부과하고 있다.

6. 청약의 확인

온라인판매업자는 소비자로부터 재화 등의 거래에 관한 청약을 받은 경우에 청약의 의사표시의 수신확인 및 판매의 가능 여부에 관한 정보 통지의무를 부담한다. 또한 계약체결 전에 소비자로 하여금 청약의 내용을 확인하고, 정정 또는 취소할 수 있도록 하기 위한 적절한 절차를 갖출 의무가 있다. 바로 전자상거래법 제14조는 온라인판매업자는 소비자로부터 재화 등의 거래에 관한 청약을 받으면 청약의사표시의 수신확인 및 판매의 가능 여부에 관한 정보를 소비자에게 신속하게 알려야 하고,

계약체결 전에 소비자가 청약내용을 확인하고, 정정하거나 취소할 수 있도록 적절한 절차를 갖추어야 한다고 규정하고 있다.

7. 청약의 철회

(1) 청약철회의 기간

온라인쇼핑몰사업자와 재화 등의 구매에 관한 계약을 체결한 소비자는 (i) 계약내용에 관한 서면을 받은 날부터 7일(다만 그 서면을 받은 때보다 재화 등의 공급이 늦게 이루어진 경우에는 재화 등을 공급받거나 재화 등의 공급이 시작된 날부터 7일), (ii) 계약내용에 관한 서면을 받지 아니한 경우, 온라인쇼핑몰사업자의 주소 등이 적혀 있지 아니한 서면을 받은 경우 또는 주소변경 등의 사유로 청약철회의 기간에 청약철회 등을 할 수 없는 경우에는 온라인쇼핑몰사업자의 주소를 안 날 또는 알 수 있었던 날부터 7일 이내에 계약에 관한 청약철회를 할 수 있다(전자상거래법 제17조 제1항). 물론 당사자가 더 긴 기간으로 약정한 경우에는 청약철회의 기간은 그 기간에 의한다.

전자상거래법 제17조는 할부거래법이나 방문판매법 등과 마찬가지로 이른바「쿨링오프」(cooling off)제도를 보장하고 있다. 쿨링오프제도란 갑작스런 충동으로부터 냉정을 회복하기에 필요한 시간, 즉 냉각기간 · 재고기간이 경과할 때까지는 충동구매로부터 벗어날 수 있는 기회를 제공하는 제도이다. 쿨링오프제도가 보장되는 한, 조건 없는 청약철회가 인정되며, 이른바「변심철회」를 하더라도 소비자는 아무런 불이익을 받지 아니한다.

전자상거래에 있어서 쿨링오프기간은 원칙적으로 7일이다. 7일의 쿨링오프(청약철회)기간은 적당한가 하는 문제가 있다. 방문판매나 전화권유판매, 다단계판매 등의 경우에는 청약철회기간이 14일 이내로 되어 있다(방문판매법 제8조).[29] 방문판매나 전화권유판매, 다단계판매 등의 경우에는 판매원이 적극적으로 방문하여 소비자에게 계약체결을 권유함으로써 소비자의 합리적인 선택이 곤란한 경우가 있을 수 있다는 사정을 감안하여 조건 없는 청약철회의 기간을 전자상거래의 경우보다 긴 14일로 인정하고 있다(방문판매법 제8조). 그러나 전자상거래의 경우에는 방문판매 등의 경우와 달리 비대면적 형태로 거래가 이루어지고, 판매원의 강압이나 기만행위에 기인하여 소비자가 재화 등을 구매할 가능성이 매우 희박하다. 그러므로 전자상거래에 대하여 조건 없는 청약철회기간을 너무 길게 인정할 경우에 거래의 안전성을 해하고 온라인쇼핑몰사업자의 경제적 비용을 증가시켜 전자상거래의 활성화를 오히려 저해할 우려가 있다. 전자상거래의 조건 없는 청약철회기간을 정할 때에는 소비자의 보호는 물론, 전자상거래의 안전성 및 활성화와 같은 목표가 적절하게 조화를 이룰 수 있어야 하므로, 현행의 7일의 청약철회기간은 적절하다고 본다.

(2) 청약철회의 제한

소비자의 청약철회를 무조건 인정하면 온라인쇼핑몰사업자가 불측의 손해를 입을 우려도 있다. 그러므로 일정한 예외적인 경우에는 청약철회가 제한될 필요가 있다. 예를 들어 (i) 소비자에게 책임 있는 사유로 재화 등이 멸실 또는 훼손된 경우(재화 등의 내용을 확인하기 위하여 포장

29 할부거래법 제8조가 정한 냉각기간(쿨링오프기간)은 7일이다.

등을 훼손한 경우를 제외한다), (ii) 소비자의 사용 또는 일부소비에 의하여 재화 등의 가치가 현저히 감소한 경우, (iii) 시간의 경과에 의하여 재판매가 곤란할 정도로 재화 등의 가치가 현저히 감소한 경우, (iv) 복제가 가능한 재화 등의 포장을 훼손한 경우에는 전자상거래업자 · 통신판매업자의 의사에 반하여 청약철회를 할 수 없다(전자상거래법 제17조 제2항). 또한 소비자의 주문에 의하여 개별적으로 생산되는 재화 등과 같이 청약철회를 인정하면 온라인쇼핑몰사업자에게 회복할 수 없는 중대한 피해가 예상되는 경우로서 사전에 거래에 대하여 별도로 그 사실을 고지하고 소비자의 서면(전자문서를 포함한다)에 의한 동의를 얻은 경우에도 청약철회가 제한된다(전자상거래법 시행령 제21조).

(3) 청약철회기간의 연장

소비자는 재화 등의 내용이 표시 · 광고의 내용과 다르거나 계약내용과 다르게 이행된 경우에는 그 재화 등을 공급받은 날부터 3개월 이내, 그 사실을 안 날 또는 알 수 있었던 날부터 30일 이내에 청약철회를 할 수 있다(전자상거래법 제17조 제3항). 다만 전자상거래법 제17조 제3항에 따라서 소비자는 '그 재화 등을 공급받은 날부터 3개월', '그 사실을 안 날 또는 알 수 있었던 날부터 30일' 중 어느 하나라도 경과하면 청약철회가 불가능한가 하는 문제가 있다. 전자상거래법 제17조 제3항에서 '그 재화 등을 공급받은 날'부터 3개월 이내란 소비자가 그 재화 등을 사용할 수 있는 객관적 상태에 이른 경우를 의미하고, '그 사실을 안 날 또는 알 수 있었던 날'부터 30일 이내란 소비자가 재화 등의 공급이 있다는 사실을 현실적으로 알거나 사회통념상 재화 등의 공급이 있음을 알 수 있다고 여겨지는 주관적 여지를 의미하므로,[30] 전자상거래법 제17조 제3항이 소비자를 위한 권리구제의 필요성과 법률관계의 안정이라는 두 가지 요청을 조화시키기 위하여 각각 주관적 및 객관적 견지에서 청약철회의 요건으로 제시한 규정이라는 사실,[31] 같은 자격의 어구를 열거할 때 쓰이는 반점(,)으로 두 어구가 연결되어 있다는 사실[32] 등을 고려할 때 양자 중 어느 하나라도 경과하면 청약철회는 불가능하다고 보아야 한다. 더욱이 전자상거래법 제17조는 본래 방문판매법 제8조에서 파생된 규정으로서 특수한 매매계약의 일종인 전자상거래에 있어서 청약철회를 다루고 있는데, 원칙적으로 매매계약은 청약의 구속력으로 인하여 철회가 인정되지 않지만(민법 제527조) 전자상거래의 경우에는 소비자의 보호를 위하여 무조건적 청약철회라는 예외적인 규정을 두고 있으므로, 예외를 지나치게 확대해석하는 태도는 거래의 안전상 바람직하지 못하다. 만약 재화 등의 내용이 표시 · 광고의 내용과 다르거나 계약의

---

30 대법원 2008.2.1. 선고 2007두20997 판결 참조.

31 권리자의 일방적 의사표시에 의하여 법률관계를 변동시키는 형성권의 일종인 취소권을 규정하는 민법 제146조에 따르면 취소권의 제척기간을 "취소권은 추인할 수 있는 날로부터 3년 내에, 법률행위를 한 날로부터 10년 내에 행사하여야 한다"라고 규정하는데, 판례는 두 기간 중 하나의 기간이라도 도과한다면 취소권이 소멸한다는 입장이다(대법원 1998.11.27. 선고 98다7421 판결; 대법원 2002.11.22. 선고 2001다13952 판결 참조).

32 반점(,)은 '또는'이라는 의미로 해석이 가능하며, 전자상거래는 소비자가 거래의 목적물을 직접 보지 않고 온라인으로 이루어지므로 소비자를 보호할 필요가 크다는 사정을 고려하여 재화 등을 공급받은 날부터 이미 3개월이 지난 후라도 재화 등의 내용이 표시·광고와 다름을 안 날부터 30일이 경과하지 않은 경우라고 하면 여전히 소비자는 청약을 철회할 수 있다는 의견이 있을 수 있으나, 반점(,)은 같은 자격의 어구가 열거될 때 쓰는 표현으로서 '그리고'의 의미로 쓰이는 경우도 있으므로 '또는'이라는 의미로만 쓰인다고 단정할 수는 없으나, '그리고'의 의미로 해석할 경우 소비자는 사실상 무제한의 청약철회의 기간을 누리게 되어 계약당사자의 일방인 사이버몰운영자의 지위를 지나치게 불안정하게 만들고, 거래의 안전과 법적 안정성이 훼손될 우려가 있으므로 타당하지 않다.

내용과 다르게 이행된 경우라고 하면 전자상거래법 제17조 제3항에 따라서 소비자는 '그 재화 등을 공급받은 날부터 3개월' 및 '그 사실을 안 날 또는 알 수 있었던 날부터 30일' 중 어느 하나라도 경과하면 청약철회가 불가능하다고 보는 태도가 타당하다.

(4) 청약철회의 효력

전자상거래를 청약철회한 경우에 소비자는 이미 공급받은 재화 등을 반환하여야 한다. 역시 온라인쇼핑몰사업자는 재화 등을 반환받은 날부터 3영업일 이내에 이미 지급받은 대금을 환급하여야 한다(전자상거래법 제18조).

8. 온라인판매중개자(오픈마켓)와 온라인판매중개의뢰자의 의무와 책임

(1) 서언

온라인판매중개란 사이버몰을 제공하는 행위를 통하여 수익을 창출하는 전자상거래방식을 가리키며,[33] 오픈마켓플레이스(open marketplace)를 제공한다는 의미로 일반적으로 오픈마켓으로 불린다. 「오픈마켓」이란 인터넷을 통하여 누구나 상품을 자유롭게 구매할 수 있

33 전자상거래법 제2조 제4호는 사이버몰(컴퓨터 등과 정보통신설비를 이용하여 재화 등을 거래할 수 있도록 설정된 가상의 영업장을 말한다)의 이용을 허락하거나 그 밖에 총리령으로 정하는 방법으로 거래당사자간의 통신판매를 알선하는 행위를 「통신판매중개」 라고 정의하고 있다. 바로 통신판매중개를 하는 자를 「통신판매중개자」 라고 할 수 있고, 특히 사이버몰을 통하여 가상의 영업장을 제공하는 통신판매중개자를 「온라인판매중개자」 라고 할 수 있다.

고 판매도 할 수 있는 온라인상의 플랫폼(platform)으로서 자유시장공간을 의미하며, 양면시장(two-sided market)의 성격을 지니고 있다. 보통「온라인마켓플레이스」로도 불린다.

기존의 일반쇼핑몰이 상품기획에서 마케팅, 에이에스(A/S) 등을 직접 관리하는 경우와 달리 오픈마켓은 거래장소만을 제공하고 거래에 대한 참여는 최소화한다. 오픈마켓운영업체의 주수익원은 판매자에게 부과하는 중개수수료이며 중개수수료는 통상 상품거래금액의 3-12% 수준으로 물품의 종류, 거래금액 등에 따라서 차별적으로 부과하고 있다. 오픈마켓은 중개수수료 이외에도 물품등록시의 등록비(listing fee), 광고효과가 있는 특정서비스이용에 대한 부가서비스이용료 등을 받고 있으며, 수수료매출 이외에 광고를 통한 수입도 새로운 수익원으로 자리 잡고 있다. 국내의 대표적인 오픈마켓으로는 11번가, 옥션, G마켓, 인터파크 등이 있다.[34]

본래 오픈마켓은 직접 전자상거래에 참여함에도 불구하고 단순한 판매중개자에 불과하므로, 전자상거래에 따른 책임을 부담하지 아니한다. 그러나 오픈마켓에게 전자상거래와 관련하여 전혀 의무를 부과하지 아니하거나, 전적으로 책임을 배제하게 되면 사기판매나 짝퉁판매 등으로 인한 소비자피해의 구제가 어렵게 된다. 그러므로 온라인판매시장에서 주도적 위치를 차지하고 있는 오픈마켓의 의무나 책임을 자세하게 규율

---

34 오픈마켓의 시장점유를 보면 아래와 같다(2013년 기준).

업체명	시장거래액	점유율
G마켓	5조8천억원	35%
11번가	5조원	30%
옥션	4조6천억원	28%
샵N	8천500억원	5%

할 필요가 있다.

(2) 오픈마켓의 의무

오픈마켓은 우선 자기가 온라인판매의 당사자가 아니하는 사실에 관한 고지의무를 진다. 그리고 오픈마켓은 자신의 플랫폼에 입점하는 온라인판매중개의뢰자에 대한 신원정보를 직접 확인하여 소비자에게 제공하여야 할 의무, 즉 정보제공의무를 부담하며, 사이버몰의 이용 등에 관한 조치의무를 부담한다. 오픈마켓이 지는 주요한 의무를 살펴보면 아래와 같다.

① 고지의무 우선 전자상거래법 제20조 제1항에 의하여 오픈마켓은 자신이 온라인판매의 당사자가 아니라는 사실을 소비자가 쉽게 알 수 있는 방법으로 미리 고지하여야 한다.[35]

② 정보제공의무 오픈마켓은 온라인판매중개를 의뢰한 자, 즉 온라인판매중개의뢰자가 사업자인 경우에는 그 성명(사업자가 법인인 경우에는 그 명칭과 대표자의 성명) · 주소 · 전화번호 · 전자우편주소, 사업자등록번호, 공인인증기관(전자서명법 제2조 제10호에 따른 공인인증기관을 말한다) 또는 신용정보회사(신용정보법 제2조 제5호에 따른 신용정보회사를 말한다) 등을 통하여 확인한

35 사이버몰의 초기화면에 온라인판매의 당사자가 아니라는 사실을 알리는 한편, (i) 오픈마켓이 자신의 명의로 표시·광고를 하는 경우: 그 표시·광고를 하는 매체의 첫 번째 면에 알려야 하고, (ii) 오픈마켓이 계약내용에 관한 서면을 교부하는 경우: 그 서면에 알려야 하고, (iii) 오픈마켓이 청약의 방법을 제공하는 경우: 청약내용의 확인·정정·취소에 대한 절차에서 알려야 하며, 알릴 때 그 글씨의 크기는 계약당사자를 고지하는 글씨와 같거나 그보다 더 크게 하여야 한다(전자상거래법 시행규칙 제11조의2).

신원정보, 온라인판매중개의뢰자의 신용도에 관한 정보 등 필요한 사항을 확인하여 청약이 이루어지기 전까지 소비자에게 제공하여야 한다(전자상거래법 제20조 제2항, 전자상거래법 시행령 제25조 제1항). 또한 온라인판매중개의뢰자가 사업자가 아닌 경우에는 그 성명, 생년월일, 주소, 전화번호 및 전자우편주소를 말하고, 오픈마켓이 공인인증기관 또는 신용정보회사 등을 통하여 확인한 신원정보, 통신판매중개의뢰자의 신용도에 관한 정보를 보유한 경우에는 그 정보도 포함된다(전자상거래법 제20조 제2항, 전자거래법 시행령 제25조 제2항).

③ 필요조치의무 오픈마켓은 소비자의 불만이나 분쟁해결을 위한 필요한 조치를 취하여야 한다. 오픈마켓은 구체적으로 사이버몰 등을 이용함으로써 발생하는 불만이나 분쟁의 해결을 위하여 그 원인 및 피해의 파악 등 필요한 조치를 신속히 시행하여야 하고, 필요한 조치의 구체적인 내용과 방법으로는 (i) 온라인판매중개의뢰자와 소비자 사이에 발생하는 분쟁이나 불만을 접수 · 처리하는 인력 및 설비를 갖추어야 하고, (ii) 온라인판매중개자 또는 온라인판매중개의뢰자에 의하여 발생한 불만이나 분쟁을 해결하기 위한 기준을 사전에 마련하여 사이버몰에 고지하여야 하고, (iii) 소비자의 불만이나 분쟁의 원인 등을 조사하여 3영업일 이내에 진행경과를 소비자에게 알리고 10영업일 이내에 조사결과 또는 처리방안을 소비자에게 알려야 한다(전자상거래법 제20조 제3항, 전자상거래법 시행령 제25조의2 제3호).

(3) 오픈마켓 · 온라인판매중개의뢰자의 책임

오픈마켓은 전자상거래법 제20조 제1항의 고지를 하지 아니한 경우 온라인판매중개의뢰자의 고의 또는 과실로 소비자에게 발생한 재산상 손해에 대하여 온라인판매중개의뢰자와 연대하여 배상할 책임을 진다(전자상거래법 제20조의2 제1항). 그리고 오픈마켓이 소비자에게 정보 또는 정보를 열람할 수 있는 방법을 제공하지 아니하거나 제공한 정보가 사실과 달라 소비자에게 발생한 재산상 손해에 대하여 온라인판매중개의뢰자와 연대하여 배상할 책임을 지고, 다만 소비자에게 피해가 가지 아니하도록 상당한 주의를 기울인 경우에는 그러하지 아니하다(전자상거래법 제20조의2 제2항). 또한 온라인판매중개의뢰자(사업자의 경우에 한정한다)는 온라인판매중개자(오픈마켓)의 고의 또는 과실로 소비자에게 발생한 재산상 손해에 대하여 온라인판매중개자의 행위라는 이유로 면책되지 아니하고, 다만 소비자에게 피해가 가지 아니하도록 상당한 주의를 기울인 경우에는 그러하지 아니하다(전자상거래법 제20조의2 제4항).

9. 기만적 방법을 사용하여 소비자를 유인하는 행위의 금지

전자상거래사업자는 '거짓 또는 과장된 사실을 알리거나 기만적 방법을 사용하여 소비자를 유인 또는 소비자와 거래하거나 청약철회 또는 계약의 해지를 방해하는 행위'를 하여서는 안 된다(전자상거래법 제21조 제1항 제1호). 전자상거래에 의한 재화 또는 용역의 공정한 거래에 관한 사항을 규정함으로써 소비자의 권익을 보호하고 시장의 신뢰도를 제고하려는 전자상거래법의 입법목적을 고려하면, 전자상거래법 제21

조 제1항 제1호에서 말하는 '기만적 방법을 사용하여 소비자를 유인하는 행위'는 소비자가 재화 또는 용역을 구매하는 데 영향을 미칠 수 있는 사실의 전부 또는 일부를 신의성실의 의무에 비추어 비난받을 정도의 방법으로 은폐, 누락하거나 또는 축소하여 소비자로 하여금 잘못 알게 한 채 소비자에게 불리한 내용으로 거래하는 등 공정한 거래를 저해할 우려가 있는 행위를 뜻한다. 그러므로 기만적 방법에 의한 소비자에 대한 유인행위가 성립하기 위하여는 소비자를 속이거나 소비자로 하여금 잘못 알게 하여 소비자의 주의나 흥미를 일으키는 행위를 한 사정만으로 충분하고, 그 행위로 소비자가 유인되는 결과까지 발생되어야 하지는 아니한다.

예컨대 옥션이 그 인터넷사이트의 '옥션랭킹순 상품목록'에서 판매상품을 '프리미엄상품'과 '일반상품'으로 구분하여 전시하면서 온라인판매중개의뢰자가 옥션으로부터 '프리미엄' 및 '프리미엄 플러스'라는 부가서비스를 구입한 상품만 '프리미엄상품'의 영역에 전시한 사실, 옥션은 소비자에게 옥션랭킹순이 "판매실적과 판매촉진활동 모두를 고려한 정렬기준으로서, 판매자가 노출강화활동을 하는 경우 상품정렬순서에 반영"한다고 설명하고 있을 뿐이고, 옥션이 온라인판매중개의뢰자에게 판매하는 '프리미엄' 및 '프리미엄 플러스'라는 부가서비스를 구입한 상품만 '프리미엄상품'의 영역에 전시한다는 사실을 제대로 알리지 아니한 사실이 인정되는 경우 옥션의 행위는 소비자의 구매선택에 중요한 영향을 미칠 수 있는 사항인 품질이나 고객서비스에 관한 구체적 사실을 은폐하거나 축소하는 행위에 해당하고 그로 인하여 소비자가 유인될 가능성도 있다고 할 수 있으므로 전자상거래법 제21조 제1항 제1호에서 정한 '기만적 방법을 사용하여 소비자를 유인하는 행위'에 해당한다.[36] 그리고 A가 자신이 운영하는 인터넷사이트에 무료로 가입하여 1주일 동안 유료회원의 서비스를 받도록 하는 이벤트를 실시하면서 그 인터넷사이트의 화면에서 '무료체험', '공짜'라는 문구를 크게 강조하는 반면에 '7일 무료체험 후에는 자동적으로 정회원으로 전환되어 월정액 2,000원이 부과'된다고 하는 안내문구는 이용자가 인지하기 어렵게 화면 하단에 작은 글씨체로 표기한 경우 이용자가 그 내용을 제대로 인식하지 못한 채 부주의로 이벤트에 참여하게끔 유도한 행위에 해당하며, 또한 A가 자신이 운영하는 인터넷사이트의 자동결제유료회원에게 매월 회비결제 시에 「〈자동맞춤짝서비스 A주식회사〉A주식회사 모바일회원인지 메시지 2,000원 갑주식회사」 등의 문구로 문자메시지를 발송하여 자동결제를 알리는 문자메시지를 보내면서도 그 문자메시지를 받아보는 사람이 스팸문자메시지 또는 결제승인요청메시지처럼 오인할 수 있도록 함으로써 매월 자동결제가 진행되고 있다는 사실을 정확히 알리지 않은 경우에는 A의 행위는 전자상거래법 제21조 제1항 제1호의 기만적 방법을 사용하여 소비자를 유인 또는 거래하거나 청약철회 또는 계약의 해지를 방해하는 행위에 해당한다.[37]

사이버몰[38]을 통하여 여행상품의 판매에 관한 정보를 제공하고, 소비자의 청약을 받아 여행상품을 판매하는 온라인여행사는 전자상거래법

36 대법원 2014.6.26. 선고 2012두1525 판결.

37 대법원 2008.12.24. 선고 2008다58961 판결.

38 컴퓨터 등과 정보통신설비를 이용하여 재화 등을 거래할 수 있도록 설정된 가상의 영업장을 말한다(전자상거래법 제2조 제4호 참조).

제2조 제3호에 규정된 통신판매업자(온라인판매업자)에 해당한다. 그러므로 온라인여행사는 전자상거래법 제21조 제1항 제1호에 의하여 '거짓 또는 과장된 사실을 알리거나 기만적 방법을 사용하여 소비자를 유인하는 행위'를 하여서는 안 된다. 예를 들어 A온라인여행사가 항공료 중 기본운임[39]만을 여행상품의 가격에 포함시켜 표시하고, 유류할증료 및 항공택스(TAX)는 유가 및 환율변동의 가능성을 이유로 별도의 항목으로 안내 · 청구하면서[40] 자신이 운영하는 사이버몰을 통하여 판매한 각 해외여행상품에 대하여 그 유류할증료 및 항공택스금액을 자신이 항공사에게 지급하여야 할 금액보다 10,000원 이상 높은 금액으로 안내하는 방법으로 유류할증료 및 항공택스금액을 실제보다 높은 가격으로 알려 소비자와 거래한 경우에는 전자상거래법 제21조 제1항 제1호가 말하는 '거짓된 사실을 알려 소비자와 거래하는 행위'에 해당한다.[41]

---

39 본래 해외여행상품의 가격에 포함되는 항공료는 일반적으로 (i) 기본운임, (ii) 항공사가 유가인상에 따른 손실을 보전하기 위하여 추가로 부과하는 금액인 유류할증료(항공사는 매달 16일경 다음 달에 적용될 항공노선별 유류할증료를 달러화로 표시하여 공시하고, 각 항공편에 대한 유류할증료는 각 발권일을 기준으로 환율을 적용하여 원화로 환산된 금액을 소비자에게 청구한다), (iii) 국내외의 항공시설이용료, 전쟁보험료, 관광진흥기금 등을 합한 금액을 의미하는 항공택스(항공택스도 역시 적용되는 기준환율에 따라서 그 금액이 달라진다)로 세분된다.

40 지난 2014년 7월 14일 항공법 시행령 제45조 제2항 내지 제5항의 개정을 통하여 현재는 유류할증료, 공항시설이용료 등 항공교통이용자가 납부하여야 할 모든 금액을 합산한 항공운임 등 총액에 관한 정보를 항공교통이용자에게 제공하도록 규정하여 여행상품의 가격에 총액운임의 반영이 의무화되어 있다.

41 서울고등법원 2014.11.26. 선고 2014누41635 판결 참조.

10. 스팸구매권유광고의 규제

개인정보의 유출로 인하여 스팸행위가 더욱 기승을 부리고 있다.[42] 날이 가면 갈수록 스팸의 방법이나 기술도 더욱 교묘하여지고 있다. 주로 대출, 운전대리, 도박, 보험, 인터넷가입, 핸드폰구입 등에 관한 스팸행위가 행하여지고 있고, 스팸의 유형도 날로 다양화 · 지능화되고 있다. 최근에는 원링스팸(one-ring spam, 한 번 울리고 전화를 끊어 부재중 전화번호를 남겨 휴대폰사용자가 다시 전화하게 만드는 스팸), 060성인스팸, 음란성 URL, SMS(Short Message Service)스팸[43] 등 휴대폰스팸이 증가하고 있다.

현재 스팸에 관하여는 다각도로 규율하고 있다. 우선 방문판매법 제42조에 의하여 전화권유판매자의 행위로부터 소비자를 보호하기 위하여 소비자가 수신거부의사를 명시적으로 표시하여 등록할 수 있는 수신거부의사등록시스템[44]이 운영되고 있다. 또한 전화권유판매자는 전화권유판매를 하려는 경우에는 수신거부의사등록시스템에서 소비자에 의한 수신거부의사의 등록 여부를 확인하여야 하며,[45] 전화권유판매수신

---

42 통계에 따르면 2014년 1인당 하루 동안 받은 스팸문자는 0.6통, 스팸메일은 0.22통이라고 하고, 지난 3년 동안(2011-2013년) 접수된 스팸문자신고가 1억건이 넘는다.

43 휴대전화, 인터넷전화(VoIP) 등의 단문메시징서비스로 일방적으로 전송되는 영리목적의 광고성 정보를 말한다.

44 현재 판매를 목적으로 무작위로 걸려오는 전화번호에 대한 수신거부의사의 등록을 '두 낫 콜'(Do-Not-Call), 즉 http://www.donotcall.go.kr/에 할 수 있다.

45 방문판매법 시행령 제49조 제1항은 전화권유판매를 하려는 전화권유판매자는 수신거부의사등록시스템에 공정거래위원회가 확인하여 게시한 소비자의 전화권유판매수신거부의사를 월 1회 이상 확인하여야 한다고 규정하고 있다.

거부의사를 등록한 소비자에게 전화권유판매를 하여서는 안 된다. 그러므로 방문판매법상 전화권유판매에 관하여는 소비자의 수신거부의사가 있는 경우에 스팸전화가 금지되는 이른바 옵트아웃[46]의 방식을 취하고 있다. 그리고 정보통신망법은 종래 휴대전화, 유선전화, 팩스에 대하여는 옵트인[47]방식을 적용하고, 메신저, 이메일, 인터넷게시판에 관하여는 옵트아웃방식을 적용한 규정을 개정하여 현재는 휴대전화, 유선전화, 팩스, 메신저, 이메일, 인터넷게시판에 모두 옵트인방식이 적용되므로, 누구든지 전자적 전송매체를 이용하여 영리목적의 광고성 정보를 전송하려면 그 수신자의 명시적인 사전동의를 받아야 한다(정보통신망법 제50조 제1항). 전자상거래사업자(또는 통신판매업자)가 전화, 팩스, 컴퓨터통신 또는 전자우편 등을 이용하여 재화를 구매하거나 용역을 제공받도록 권유하는 행위, 즉「구매권유광고」를 할 때에는 정보통신망법 등 관계법률의 규정을 준수하여야 하므로, 역시 전자상거래에 있어서도 정보통신망을 통한 스팸구매권유광고에 관하여는 옵트인방식이 적용된다. 다만 예외적으로 재화 등의 거래관계를 통하여 수신자로부터 직접 연락처를 수집한 자가 그 거래가 종료한 날로부터 6개월 이내에 자신이 취급하고 수신자와 한 거래와 동종의 재화 등에 대한 영리목적의 광고성 정보를 전송하려는 경우나 방문판매법에 따른 전화권유판매자가 육

46 옵트아웃(Opt-out)은 당사자가 자신의 데이터수집을 허용하지 않는다고 명시할 때 정보수집이 금지되는 제도이며, 기업과 같은 단체가 광고를 위한 메일을 보낼 때 수신자가 발송자에게 수신거부의사를 밝혀야만 전화가 금지되고 수신거부의사를 밝히기 전에는 모든 수신자에게 전화를 걸 수 있는 방식이다.

47 옵트인(Opt-in)은 당사자가 개인데이터의 수집을 허용하기 전까지는 그 수집을 금지하는 제도이며, 기업과 같은 단체가 광고를 위한 메일을 보낼 때 먼저 수신자의 동의를 얻어야만 메일을 발송할 수 있도록 하는 방식이다.

성[48]으로 전화권유를 하는 경우에는 사전동의가 없더라도 광고성 정보의 제공이 가능하다.

48 육성이란 광고문구를 녹음한 ARS나 기계음이 아니라 직접 대화가 가능한 상담원이 전화로 광고성 정보를 전달하는 경우를 말한다.

03 전자문서 · 전자서명 · 전자인증 · 전자결제

Ⅰ. 전자문서

1. 의의

전자문서란 '정보처리시스템에 의하여 전자적 형태로 작성, 송신 · 수신 또는 저장된 정보'를 말한다(전자문서법 제2조 제1호). 달리 전자문서란 '컴퓨터 등 정보처리능력을 가진 장치에 의하여 전자적인 형태로 작성되어 송수신되거나 저장된 문서형식의 자료'로서 표준화된 정보를 말한다고 하거나(정보통신망법 제2조 제1항 제5호), '정보처리시스템에 의하여 전자적 형태로 작성되어 송신 또는 수신되거나 저장된 정보'를 말한다고 정의되기도 한다(전자서명법 제2조 제1호). 그러므로 전자문서로 되기 위하여는 (i) 컴퓨터 등 정보처리시스템에 의하여야 하고, (ii) 전자적인 형태로 작성되어야 하고, (iii) 송신, 수신 또는 저장되는 정보이어야 한다는 요건이 필요하다.

2. 전자문서의 문서성

전자문서가 문서로서의 효력이 있는가가 문제된다. 본래 문서(文書)란 사전적으로는 '글이나 기호 등으로 일정한 의사나 관념 또는 사상을 나타낸 서면'을 의미하므로, 사전적 정의대로 한다면 문서란 종이문서를 가리킨다. 그러므로 전자적 형태로 작성되어 송신 또는 수신되거나 저장된 정보는 전자적인 신호로 되어 있을 뿐이고, 눈으로 직접 해독가능한 상태에 있지 않으므로 아직 출력이 되지 않은 한 문서라고 보기 어렵다고 생각할 수 있다. 그러나 서면이나 문서라고 하는 개념을 넓게 해석하여 전자문서도 서면이나 문서의 범주에 포함된다고 볼 필요가 있다. 바로 전자문서법 제4조 제1항은 분명히 "전자문서는 다른 법률에 특별한 규정이 있는 경우를 제외하고는 전자적 형태로 되어 있다는 이유로 문서로서의 효력이 부인되지 아니한다"고 규정하여 전자문서의 문서성을 인정하고 있다.

가령 집합건물법 제41조가 관리단집회에서 결의하도록 정한 사항에 관하여 구분소유자의 5분의 4 이상 및 의결권의 5분의 4 이상의 '서면'으로 합의하면 관리단집회에서 결의한 경우로 본다고 정한 경우에 그 서면에 전자문서나 전자투표도 해당하는가? 전자문서나 전자투표는 그 자체로서는 전자적 형태의 정보에 불과하여, 문자나 그 밖의 가독적 부호에 의하여 계속적으로 의사나 관념이 표시되어 있을 경우를 전제로 하는 '문서' 또는 '서면'과 동일하게 볼 수는 없으므로, 법률에서 명문으로 전자문서나 전자투표를 허용하고 있지 않는 이상, 전자문서나 전자투표 등 전자적 형태의 기록으로 집합건물법 제41조의 '서면'을 대신할 수는 없다고 보아야 한다. 한편 전자문서법 제4조 제1항이 원칙적으로 전자문서의 문서성을 인정하고 있다. 다만 전자문서법은 법률상 "특별한 규정이 있는 경우를 제외하고 모든 전자거래에 적용한다"고 규정하여 그 적용범위를 '전자거래'에 한정하고 있고(전자문서법 제3조), 전자문서법 제2조 제5호는 '전자거래'를 "재화나 용역을 거래함에 있어서 그 전부 또는 일부가 전자문서에 의하여 처리되는 거래"로 정의하고 있으므로, 집합건물법상 관리단집회의 결의와 같이 재화나 용역의 거래와는 무관한 행위에 대해서까지 전자문서법의 규정이 적용될 수는 없다. 또한 전자문서법 제4조 제2항은 '[별표]에서 정하고 있는 법률에 따른 기록 · 보고 · 보관 · 비치 또는 작성 등의 행위가 전자문서로 행하여진 경우' 해당 법률에 따른 행위가 이루어진 경우로 본다고 규정하고 있으나, 전자문서로 할 수 있는 사인의 문서행위를 열거하고 있는 전자문서법 제4조 제2항 관련 [별표]에도 집합건물법의 규정에 의한 문서행위는 포함되어 있지 않다. 또한 전자서명법은 전자서명의 효력 및 요건 등에 관한 사항을 정하고 있을 뿐, 전자문서의 문서로서의 효력에 대해서는 아무런 규정을 두고 있지 않으므로, 전자서명법 제3조를 근거로 하여 집합건물법 제41조 제1항의 서면에 '전자문서'가 포함된다고 볼 수도 없다. 결국 명문의 규정이 없는 이상 집합건물법 제41조 제1항의 「서면」에 전자문서가 포함된다고 해석할 수는 없으므로, 관리단집회에서 결의할 사항에 관하여 전자문서 또는 전자투표에 의한 합의가 있다고 하더라도 집합건물법 제41조 제1항에 따른 적법한 서면합의로 볼 수 없다.[49]

---

49 대법원 2012.3.29 선고 2009다45320 판결.

3. 전자문서의 증거능력

증거능력(證據能力)은 형사소송법상 증거가 엄격한 증명의 자료로 이용될 수 있는 법률상의 자격이다. 전자문서도 증거능력이 인정될 수 있고, 다만 그 신뢰성이 문제될 수 있다. 형사소송에서 피고인 또는 피고인 아닌 사람이 컴퓨터용 디스크 그 밖의 정보저장매체에 입력하여 기억된 문자정보 또는 그 출력물을 증거로 사용하는 경우, 그 출력물은 실질에 있어서 피고인 또는 피고인 아닌 사람이 작성한 진술서나 그 진술을 기재한 서류와 크게 다를 바 없고, 압수 후의 보관 및 출력과정에 조작의 가능성이나 기본적으로 반대신문의 기회가 보장되지 않는 사정 등에 비추어 그 내용의 진실성에 관하여는 전문법칙(hearsay rule)이 적용되므로, 원칙적으로 형사소송법 제313조 제1항에 의하여 작성자 또는 진술자의 진술에 의하여 성립의 진정함이 증명된 때에 한하여 그 출력물을 증거로 사용할 수 있다. 다만 컴퓨터용 디스크 등 정보저장매체에 기억된 문자정보의 내용의 진실성이 아닌 그 내용의 문자정보의 존재 자체가 직접 증거로 되는 경우에는 전문법칙이 적용되지 아니한다.[50]

4. 공인전자주소의 이용

전자문서의 유통방법으로는 대표적으로 전자우편이 이용된다. 보통 전자우편으로서는 e메일이 이용된다. 그러나 e메일의 경우에 낮은 보안성으로 해킹, 위조 · 변조, 전송오류 등의 문제가 있어 송수신된 파일

---

50 대법원 2013.2.15. 선고 2010도3504 판결.

의 법적 효력을 부여하기 어렵다는 문제가 제기되고 있다. 바로 전자문서법 제18조의4는 본인확인 및 송신 · 수신의 확인이 보장되는 공인전자주소제도를 도입하여 전자문서유통의 활성화를 도모하고자 하고 있고,[51] 개인정보의 보호와 전자문서의 원활한 유통을 위하여 공인전자주소의 무단수집 · 판매 · 유통을 금지하며, 공인전자주소를 통하여 전자문서가 송신 · 수신 및 열람된 경우에 유통증명서를 생성하고 공인전자문서센터에 보관하도록 하고 있다.

우편, e메일, 공인전자주소(#메일)을 도표를 통하여 자세하게 비교하면 아래와 같다.

<table>
<tr><th colspan="2" rowspan="2">구분</th><th colspan="2">우편</th><th colspan="2">전자우편</th></tr>
<tr><th>일반우편</th><th>내용증명</th><th>e메일</th><th>#메일</th></tr>
<tr><td colspan="2">이용환경</td><td>우체국</td><td>우체국</td><td>인터넷</td><td>인터넷</td></tr>
<tr><td colspan="2">발신자 확인</td><td>X</td><td>X</td><td>X</td><td>O</td></tr>
<tr><td colspan="2">수신자 확인</td><td>X</td><td>O</td><td>X</td><td>O</td></tr>
<tr><td colspan="2">송달과정 조회</td><td>X</td><td>O</td><td>X</td><td>O</td></tr>
<tr><td colspan="2">수신확인</td><td>X</td><td>O</td><td rowspan="5">메일을 서비스하는 기업(기관) 또는 포털에 따라서 지원되기도 한다</td><td>O</td></tr>
<tr><td colspan="2">열람확인</td><td>X</td><td>X</td><td>O</td></tr>
<tr><td rowspan="3">증명</td><td>내용</td><td>X</td><td>O</td><td>O</td></tr>
<tr><td>시각</td><td>X</td><td>O</td><td>O</td></tr>
<tr><td>배달</td><td>X</td><td>O</td><td>O</td></tr>
</table>

[출처: http://www.npost.kr]

공인전자주소이란 전자문서를 송신하거나 수신하는 자를 식별하기 위하여 문자 · 숫자 등으로 구성되는 정보로서 전자문서법 제18조의4에

51 공인전자주소제도에 대하여는 정부주도의 기술개발과 특정기업의 특혜, 사용의 의무화, 사용실적의 저조 등 여러 가지 논란이 있다.

따라 등록된 주소를 말한다.[52] 공인전자주소에서는 이메일의 구분기호인 @ 대신 #(Sharp, 샵)을 사용한다. 보통 공인전자주소를 샵(#)메일이라고 부른다.[53]

e메일과 #메일을 알기 쉽게 도표를 통하여 비교하면 아래와 같다.

구분	e메일	#메일
구분자	@(at)	#(Sharp)
법적 근거	없다	전자문서법 제18조의4
주소등록	• 주소관리기관이 없다 • 주민등록번호, I-PIN 등의 사용자확인	• 공인전자문서중계자가 등록을 대행 • 공인인증서 등으로 사용자확인
메시지보안	기본적으로 기능이 없으나, 이메일서비스를 제공하는 기업(기관) 또는 포털에 따라서 지원이 가능하다	콘텐츠암호화
위조 · 변조탐지		전자서명으로 검증
부인방지		전자서명 및 유통증명서 발급
전송보장		문서유통실패시 유통허브를 통하여 재전송
유통증명		유통증명서(송신 · 수신 · 확인) 발급
스팸방지		• 스팸신고 • 스팸발신자목록 관리 · 차단
바이러스	송신 · 수신바이러스 확인	송신 · 수신바이러스 확인
문서서식	단순첨부	전자문서서식등록기 지원

---

52 공인전자주소는 [계정+#+등록명칭. 특성값]으로 구성되며, 특성값은 국가(국가기관), 법인(법인 및 단체), 사업(개인사업자), 개인으로 구분된다.

53 샵메일은 계정과 샵메일주소로 구분되며, 만약 계정이 홍길동이고 샵메일주소가 정보통신산업진흥원라면 '홍길동#정보통신산업진흥원'이 된다. 법인인가 개인인가에 따라서 마지막으로 '홍길동#정보통신산업진흥원.법인'으로 결정된다. 그리고 계정은 공인전자문서중계자가 제공하고, 샵메일주소는 전담기관, 즉 정보통신산업진흥원에 등록된다.

통신프로토콜	SMTP(Simple Mail Transfer Protocol)	• HTTP(HyperText Transfer Protocol) • ebMS(ebXML Messaging Service)

[출처: http://www.npost.kr]

샵메일의 운영과 관련하여 공인전자문서센터와 공인전자문서중계자가 있다. 공인전자문서센터는 전자문서보관의 안전성과 정확성을 확보하기 위하여 전자문서보관에 관하여 전문성이 있는 자 중 공인전자문서센터로 지정받으면 타인을 위하여 전자문서를 보관 또는 증명하거나 그 밖에 전자문서와 관련된 업무를 수행할 수 있다.[54] 그리고 전자문서유통의 안정성과 신뢰성을 확보하기 위하여 전자문서유통에 관하여 전문성이 있는 자 중 공인전자문서중계자로 지정되면 공인전자주소의 등록대행 및 타인을 위하여 전자문서의 송신, 수신 또는 중계를 할 수 있다.[55]

5. 전자문서의 송신과 수신

전자문서는 작성자 외의 자 또는 작성자의 대리인 외의 자가 관리하는 컴퓨터에 입력된 때에 송신된 경우로 본다(정보통신망법 제19조 제1항). 그리고 수신자가 전자문서를 수신할 컴퓨터를 지정한 경우에는 지정한 컴퓨터에 입력된 때, 수신자가 지정한 컴퓨터가 아닌 컴퓨터에 입력된 경우에는 수신자가 전자문서를 출력한 때, 수신자가 전자문서를

54 현재 공인전자문서센터로 지정된 기관은 (주)한국무역정보통신, (주)하나이이앤에스, (주)엘지씨엔에스, (주)더존비즈온이다.

55 2015년까지 공인전자문서중계자로 지정된 기관은 (주)한국무역정보통신, (주)포스토피아, 한국정보인증(주), (주)코스콤, (주) 더존비즈온, (주)아이탠택, SK텔레콤(주)이다.

수신할 컴퓨터를 지정하지 아니한 경우에는 수신자가 관리하는 컴퓨터에 입력된 때에 수신된 경우로 본다(정보통신망법 제19조 제1항)

6. 전자문서내용의 추정

전자문서의 내용에 대하여 당사자 또는 이해관계자 사이에 다툼이 있으면 전자문서중계자의 컴퓨터의 파일에 기록된 전자문서의 내용대로 작성된 경우로 추정한다(정보통신망법 제20조 제1항).

II. 전자서명

1. 의의

전자서명(electronic signature)이란 서명자를 확인하고 서명자가 당해 전자문서에 서명을 한 사실을 나타내는데 이용하기 위하여 당해 전자문서에 첨부되거나 논리적으로 결합된 전자적 형태의 정보를 말한다(전자서명법 제2조 제2호).[56] 전자서명은 일반전자서명과 공인전자서명으

---

56 공개키기반구조(public key infrastructure)에 의한 기술측면에서 보면 전자서명이란 전자문서의 해쉬(HASH)값을 서명자의 개인키(전자서명생성정보)로 변환(암호화)한 정보로서 원래의 문서내용을 A라고 하면 A의 해쉬값을 잘 알려진 Hash함수인 SHA1 같은 함수 하나를 정하여 그 Hash함수로 문서 A의 Hash값을 구하고 그 Hash값을, 보내는 사람(갑)의 개인키(private key)로 암호화한 다음 그 암호화된 Hash값을 원래 문서 A 끝에 첨부하여 그 문서 전체를 받는 사람(을)에게 보내며, 을은 먼저 메시지가 오면 해쉬값을 뺀 앞 부분의 문서에 대하여 갑이 사용한 Hash함수를 이용하여 받은 문서의 Hash값을 구한 다음 문서 뒤에 달린 암호화된 Hash값을 갑의 공개키(public key)로 복호화한 후 그 복호화된 Hash값을 받은 문서의 Hash값과 비교하여 두 개의 Hash값이 동일한 값이면 서명이 올바르고 값이 서로 다르거나 변환에 오류가 있으면 서명이 틀린 경우로 취급한다.

로 구분된다. 특히 공인인증서(공인인증기관이 발급하는 인증서를 말한다)에 기초한 전자서명을 공인전자서명이라고 한다. 그리고 공인전자서명이 유효하기 위하여는 (i) 전자서명생성정보가 가입자에게 유일하게 속하여야 하고, (ii) 서명 당시 가입자가 전자서명생성정보를 지배 · 관리하고 있어야 하고, (iii) 전자서명이 있은 후에 당해 전자서명에 대한 변경 여부를 확인할 수 있어야 하고, (iv) 전자서명이 있은 후에 당해 전자문서의 변경 여부를 확인할 수 있어야 한다는 요건을 충족하여야 한다.

2. 전자서명의 효력

전자서명은 수기서명과 동일한 효력을 지닌다. 특히 공인전자서명의 경우에는 전자서명 내지 전자문서의 진정성과 무결성이 인정된다.

전자서명법 제3조 제1항에 의하여 다른 법령에서 문서 또는 서면에 서명, 서명날인 또는 기명날인을 요하는 경우 전자문서에 공인전자서명이 있는 때에는 그 요건을 충족한 경우로 본다. 특히 공인전자서명이 있는 경우에는 당해 전자서명이 서명자의 서명, 서명날인 또는 기명날인이고, 당해 전자문서가 전자서명된 후 그 내용이 변경되지 아니한 경우로 추정한다(전자서명법 제3조 제2항). 그리고 공인전자서명 외의 전자서명, 즉 일반전자서명(비공인전자서명)의 경우에는 당사자간의 약정에 따른 서명, 서명날인 또는 기명날인으로서의 효력을 가진다(전자서명법 제3조 제3항).

Ⅲ. 전자인증

정보시스템에 의하여 전자적으로 제공되는 사용자의 신원을 확인하는 과정을 전자인증(電子認證)이라고 한다. 바로 전자서명생성정보와 전자서명검증정보가 합치한다는 사실을 확인하고 그 사실을 증명하는 행위가 전자인증이다.

공인전자인증역무를 제공하기 위하여 공인인정기관을 지정할 수 있다. 공인인증기관은 공인인증업무를 안전하고 신뢰성 있게 수행할 능력이 있다고 인정되는 자(국가기관 · 지방자치단체 또는 법인에 한한다) 중에서 지정할 수 있고, 공인인증기관으로 지정받고자 하는 자는 기술능력 · 재정능력 · 시설 및 장비 기타 필요한 사항을 갖추어야 한다(전자서명법 제4조 제3항). 만약 공인인증기관이 전자인증업무의 수행과 관련하여 가입자 또는 공인인증서를 신뢰한 이용자에게 손해를 입힌 때에는 그 손해를 배상하여야 하고, 다만 공인인증기관이 과실 없음을 증명하면 그 배상책임이 면제된다(전자서명법 제26조 제1항).[57]

Ⅳ. 전자결제

1. 의의

전자상거래에서의 결제방법은 당연히 오프라인상의 거래와는 다르다. 오프라인거래에서는 현금이나 어음 · 수표 등이 주로 이용된다. 그

57 공인인증기관의 손해배상책임에 관하여는 과실책임주의를 취하고 있으나, 공인인증기관은 자기에게 과실이 없음을 증명하지 못하는 한 책임을 부담하도록 하여 증명책임의 전환을 인정하고 있다고 해석된다.

러나 전자상거래가 제대로 이루어지기 위하여는 전자적인 방법으로 계약체결이 신속하게 행하여져야 할 뿐만 아니라, 대금의 결제까지도 전자적으로 이루어져야 할 필요가 있다. 전자상거래에서는 흔히 온라인신용카드, 전자자금이체, 전자화폐, 전자어음, 모바일지급결제(Ubi) 등과 같은 전자결제(electronic settlement)가 행하여진다.

2. 온라인 신용카드결제

전자상거래에서 가장 흔히 이루어지는 결제방법이 바로 온라인 신용카드결제이다. 온라인 신용카드결제란 인터넷과 같은 정보통신망을 통하여 온라인쇼핑몰 내지 사이버몰에서 물건을 구입하거나 서비스를 제공받은 후 자기의 신용카드정보를 전송하여 대금을 결제하는 방법을 가리킨다. 온라인 신용카드결제는 크게 보아 오프라인에서의 전통적인 의미의 신용카드결제와 다르지 않다. 다만 온라인 신용카드결제는 신용카드의 직접적인 제시 없이 인터넷과 같은 정보통신망에 신용카드정보를 입력함으로서 결제가 이루어진다는 차이가 있을 뿐이다.

3. 전자자금이체

전자자금이체(electronic fund transfer)란 지급인과 수취인 사이에 자금을 지급할 목적으로 금융회사 또는 전자금융업자에 개설된 계좌(금융회사에 연결된 계좌에 한한다)에서 다른 계좌로 전자적 장치에 의하여 (i) 금융회사 또는 전자금융업자에 대한 지급인의 지급지시, (ii) 금융회사 또는 전자금융업자에 대한 수취인의 추심지시(추심이체)의 방법으로 자금을 이체하는 경우를 말한다(전자금융거래법 제2조 제12호). 종래 전통적으로는 은행창구에서 서면에 기재하여 청구를 하면 어떤 계좌에 들어 있는 돈을 빼내서 다른 계좌로 옮기는 방법으로 자금이 이체되나, 전자자금이체의 경우에는 인터넷을 통하여 은행계좌에서 다른 계좌로 자금을 직접 전송할 수 있다. 전자자금이체의 경우에는 거래지시된 금액의 정보에 대하여 수취인의 계좌가 개설되어 있는 금융회사 또는 전자금융업자의 계좌의 원장에 입금기록이 끝난 때에 그 지급의 효력이 생긴다(전자금융거래법 제13조 제1항 제1호).

4. 전자화폐

실물화폐 외에 전자적 방식으로도 화폐를 유통시킬 수 있다. 바로 실제의 물리적인 화폐는 아니지만 정보통신망 안에서 화폐와 같은 기능을 하는 화폐를 가리켜 전자화폐(electronic money)[58]라 한다. 전자화폐는 프라스틱 카드의 IC칩에 내장되거나, 네트워크에 연결된 컴퓨터에 일정한 화폐가치로 저장되어 사용될 수 있다.[59] 전자금융거래법 제2조 제15호에 의하면 전자화폐란 이전가능한 금전적 가치가 전자적 방법으로 저장되어 발행된 증표 또는 그 증표에 관한 정보를 말한다. 다만 법률상 전자화폐로 되기 위하여는 (i) 일정한 기준 이상의 지역 및 가맹점(2개 이상의 광역지방자치단체 및 500개 이상의 가맹점)에서 이용되고, (ii) 발

58 전자화폐는 이머니(e-money), 이캐시(e-cash), 전자돈, 전자캐시, 전자통화, 디지털화폐, 디지털캐시, 사이버화폐, 가상화폐, 가상캐시 등 여러 명칭으로 불릴 수 있다.

59 전자화폐에는 IC칩형과 네트워크형이 있다.

행인 외의 제3자로부터 재화 또는 용역을 구입하고 그 대가를 지급하는 데 사용되어야 하고, (iii) 구입할 수 있는 재화 또는 용역의 범위가 5개의 업종 수 이상이어야 하고, (iv) 현금 또는 예금과 동일한 가치로 교환되어 발행되어야 하고, (v) 발행인에 의하여 현금 또는 예금으로 교환이 보장되어야 한다(전자금융거래법 제2조 제15호).

전자화폐발행자(금융회사 또는 전자금융업자)는 전자화폐를 발행할 경우 접근매체에 식별번호를 부여하고 그 식별번호와 이용자의 실지명의 또는 예금계좌를 연결하여 관리하여야 하며, 다만 발행권면 최고한도가 5만원 이하인 전자화폐의 경우에는 그러하지 아니하다(전자금융거래법 제16조 제1항). 그리고 전자화폐발행자는 현금 또는 예금과 동일한 가치로 교환하여 전자화폐를 발행하여야 하고(전자금융거래법 제16조 제2항), 전자화폐발행자는 전자화폐보유자의 요청에 따라 전자화폐를 현금 또는 예금으로 교환할 의무를 부담한다(전자금융거래법 제16조 제4항).

전자화폐보유자가 재화를 구입하거나 용역을 제공받고 그 대금을 수취인과의 합의에 따라서 전자화폐로 지급한 때에는 그 대금의 지급에 관한 채무는 변제된 경우로 보며(전자금융거래법 제17조), 전자화폐로 지급하는 경우에는 거래지시된 금액의 정보가 수취인이 지정한 전자적 장치에 도달한 때에 지급의 효력이 생긴다(전자금융거래법 제13조 제1항 제3호). 또한 전자화폐보유자는 발행인과의 약정에 따라서 전자화폐를 타인에게 양도하거나 담보로 제공할 수 있다(전자금융거래법 제18조 제1항). 전자화폐를 양도하거나 담보로 제공하는 경우에는 반드시 발행인의 중앙전산시스템을 경유하여야 하고, 다만 발행권면 최고한도가 5만원 이하인 전자화폐의 경우에는 그러하지 아니하다(전자금융거래법

제18조 제2항).

5. 전자어음

전통적인 종이어음 외에 전자적 방식으로도 약속어음을 발행 · 유통하고 어음상의 권리를 행사할 수 있다. 바로 전자문서로 작성되고 전자어음관리기관에 등록된 약속어음을 전자어음(electronic bills of exchange)이라 한다(전자어음법 제2조 제2호). 전자어음의 소지인이 전자어음 및 전자어음의 배서에 관한 전자문서를 첨부하여 지급청구의 뜻이 기재된 전자문서를 지급을 청구할 금융기관에 송신하고 그 금융기관이 수신한 때에는 어음법 제38조 제1항에서 규정한 지급을 위한 제시를 한 경우로 본다(전자어음법 제9조 제1항 본문). 그리고 전자어음의 지급제시를 위한 송신은 전자문서가 수신자 또는 그 대리인이 해당 전자문서를 수신할 수 있는 정보처리시스템에 입력한 때에 되며, 수신은 수신자가 전자문서를 수신할 정보처리시스템을 지정한 경우에는 지정된 정보처리시스템에 입력된 때, 수신자가 전자문서를 수신할 정보처리시스템을 지정하지 아니한 경우에는 수신자가 관리하는 정보처리시스템에 입력된 때에 된다(전자어음법 제9조 제2항, 전자문서법 제6조 제1항 및 제2항).

5장

원격의료

01 서설

본래 의료인은 그 의료기관 내에서 의료업을 하여야 한다(의료법 제33조 제1항). 다만 예외적으로 응급환자를 진료하는 경우, 환자나 그 보호자의 요청에 따라 진료하는 경우, 국가나 지방자치단체의 장이 공익상 필요하다고 인정하여 요청하는 경우, 보건복지부령으로 정하는 바에 따라 가정간호를 하는 경우, 그 밖에 의료법 또는 다른 법령으로 특별히 정한 경우나 환자가 있는 현장에서 진료를 하여야 하는 부득이한 사유가 있는 경우에 의료기관 외에서도 의료업을 행할 수 있다(의료법 제33조 제1항). 그리고 의료법 제34조 제1항에 의하여 원격의료가 인정된다. 의료인(의료업에 종사하는 의사 · 치과의사 · 한의사만 해당한다)은 의료법 제33조 제1항에도 불구하고 컴퓨터 · 화상통신 등 정보통신기술을 활용하여 먼 곳에 있는 의료인에게 의료지식이나 기술을 지원하는 원격의료를 할 수 있다(의료법 제34조 제1항).

원격진료의 내용을 우선 구별하면 원격지간에서 진료를 수행하는 원격진료(TM), 주로 만성질환자 등을 대상으로 환자의 상태를 지속적으로 모니터링하고 관리하는 원격질환관리(TDM), 원격으로 X-ray 또는 MRI 등과 같은 영상을 판독하는 원격판독(TR) 등이 있다. 본래 원격의료를 통하여는 의료인과 의료인간, 또는 의료인과 환자간에 (i) 의료인에 대한 의료지식이나 기술의 지원, (ii) 환자의 건강 또는 질병에 대한 지속적 관찰, 상담 · 교육, 진단 및 처방이 가능하다. 특히 원격의료를 받을 필요가 있는 환자로는 주로 원격의료를 행하는 원격지의사가 의학적으로 위험성이 낮다고 판단한 재진환자로서 (i) 상당기간에 걸쳐 진료를 받고 있는 고혈압 · 당뇨 등 만성질환자 및 정신질환자, (ii) 입원하여 수술치료를 받은 이후 질병상태에 대하여 지속적으로 경과를 관찰할 필요가 있거나, 가정간호환자 등 의료기관 이외의 장소에서 계속적인 치료와 관리가 필요한 환자, 또는 의료기관의 방문에 상당한 시간을 요하는 등 의료기관의 이용이 어려운 환자(예컨대 도서 · 벽지의 거주자 등 의료기관까지의 거리가 먼 사람, 거동이 어려운 노인 · 장애인, 교정시설의 수용자 · 군인 등 의료기관의 이용이 제한되는 사람 등)를 들 수 있다.

의료법 제34조에 의하면 의료인과 의료인간의 원격의료만이 허용될 뿐이다. 의료인과 환자간의 직접적인 원격의료는 허용되지 않고 있다. 다만 현재 정부는 의료인간의 원격의료를 넘어 의료인과 환자간의 직접적인 원격의료를 추진하고 있다.

02
원격의료의 의미

원격의료(Telemedicine)의 의미를 일반적으로 정의하기는 어렵다.[1] 국가에 따라서, 또는 학자나 기관에 따라서 원격의료를 다양하게 정의하고 있다. 예컨대 학자에 따라서는 원격의료를 "정보전달을 위한 정보통신네트워크를 사용한 의료상담과 의료교육의 제공", "의료정보와 의료서비스를 제공하기 위한 정보통신의 사용", "상호작용하는 멀티미디어로써 음성, 동화상 등 각종 정보통신수단을 통하여 의료인이 환자를 직접 대면하지 않고서도 환자에 대한 진찰 · 검사 · 치료 등의 의료행위를 행하는 경우" 등으로 정의한다. 그리고 의료법 제34조에 의하여 원격의료를 정의하면 "컴퓨터 · 화상통신 등 정보통신기술을 활용하여 먼 곳에 있는 의료인에게 의료지식이나 기술을 지원하는 의료"라고 정의할 수 있다.

---

1 간단하게는 원격의료란 "원격지에서의 진료"(healing at a distance)를 가리킨다.

03 원격의료의 유형

Ⅰ. 행위주체를 기준으로 한 구분

1. 의료기관(의사)과 의료기관(의사)간 원격의료

원격지의료인은 의료기관이나 의사이고, 현지의료인도 의료기관과 의사인 경우로서 현재 의료법상 허용되고 있는 원격의료의 유형이다. 환자쪽에 현지의료인이 있는 간접적 원격의료라고 할 수 있다.

2. 의료기관(의사)과 의사 없는 의료관련기관(기타 보건의료인)간 원격의료

원격지의료인은 의료기관과 의사이며, 현지의료인은 의사 없는 의료관련기관 및 그 밖의 보건의료인인 경우를 가리킨다.

3. 의료기관(의사) 또는 의사 없는 의료관련기관(기타 보건의료인)과 가정(환자)간 원격의료

원격지의료인은 의료기관, 의사, 의사 없는 의료관련기관, 그 밖의 보건의료인이고, 현지의료인은 없다. 대표적으로 의사와 환자간에 이루어지는 원격모니터링을 포함한 재택의료가 해당한다.

4. 사이버병원 또는 보건의료포털사이트 형태의 원격의료

원격지의료인은 의료기관, 의사, 의사 없는 의료관련기관, 그 밖의 보건의료인이나 비의료기관, 비의료인이고, 역시 현지의료인은 없다. 예컨대 환자가 의사에게 인터넷을 통하여 직접 상담하는 형태의 사이버병원 등이 해당한다.

II. 진료내용을 기준으로 한 구분

1. 원격자문

원격자문은 의사와 의사간에 대형병원 내의 통신망(예컨대 PACS[2] 등)을 이용하여 이루어진다. 예컨대 컴퓨터 · 화상통신 등 정보통신기술을 이용하여 병리진단의 자문을 구하거나, 원격화상회의를 통하여 환자의 치료에 대한 방향을 논의하는 경우가 해당한다.

---

2 PACS(Picture Archiving Communications System)은 의학영상정보를 취득하거나 저장, 전송 및 검색하는데 필요한 기능을 통합적으로 가지고 있는 의학영상정보시스템을 가리킨다.

2. 원격진단

다른 의료기관에서 촬영하거나 수집한 자료(예컨대 방사선자료)를 의료수준이 높거나 필요한 의료장비를 갖춘 의료기관으로 전송하여 그 의료기관의 의료인으로 하여금 진단하게 하는 원격의료를 가리킨다.

3. 재택진료

환자가 집안에서 의료를 받는 경우를 가킨다. 재택진료를 통하여 섬이나 산골마을에 사는 환자, 고령의 환자, 장애로 몸을 움직이기가 어려운 환자는 병원에 가지 않고도 컴퓨터와 태블릿 PC, 스마트폰으로 진찰을 받을 수 있고, 전자처방전을 의사로부터 발급받을 수 있다.

4. 원격의료교육

원격의료교육은 의료인에 대하여 원격적으로 의료교육을 실시하는 경우와 환자에 대한 의료교육으로 나눌 수 있다. 예를 들어 새로운 의료기술이나 의학지식을 가진 전문의료인이 재교육이 필요한 의료인에 대하여 원격시스템을 통하여 교육을 하는 경우가 있고, 또한 통신시스템을 이용하여 예컨대 만성질환(고혈압, 당뇨, 신장병 등)을 앓고 있는 환자를 대상으로 의료교육을 실시하는 경우가 있다.

5. 원격의료상담

환자가 혈압 · 혈당 등을 자가측정하여 주기적으로(예컨대 매일 또는 주 2~3회) 의료기관에 전송(인터넷포털, 스마트폰앱 등)하면 의사는 자가측정된 자료 등을 토대로 원격모니터링 및 정기적으로(예컨대 주 1회 내외) 원격상담(PC나 스마트폰을 통한 화상상담)을 실시한다.

04
원격의료계약의 성립

원격의료가 이루어지는 경우에는 우선 원격지의사와 현지의사간 또는 원격지의사와 현지환자간의 법률관계로서 원격의료계약이 성립한다. 그리고 원격의료의 내용 여하에 따라서 원격지의사와 현지의사의 법률관계나 환자가 누구에게 어떤 내용의 책임을 물을 수 있는가가 달라질 수 있다.

예컨대 현지의사가 자기의 환자를 위하여 원격지의사를 고용한 경우로 현지의사와 원격지의사의 법률관계를 이해한다면 원격지의사는 현지의사의 이행보조자 내지 피용자로 될 수 있으므로, 원격지의사의 과실에 대하여 현지의사가 민법 제391조에 의한 이행보조자의 고의 · 과실에 대한 책임을 지거나 민법 제756조의 사용자책임을 부담할 수 있다. 그리고 현지의사와 원격지의사간의 원격의료계약을 제3자를 위한 계약(민법 제539조)으로 이해하여 환자가 제3자를 위한 계약의 '제3자'로서의 지위를 가진다고 이해할 수 있다고 하면 환자가 낙약자로서의 원격지의사에 대하여 직접 의료처치를 청구할 수 있는 권리를 취득하게 된다.

05

원격의료에 따른 책임

Ⅰ. 서언

본래 인간의 생명과 건강을 담당하는 의사에게는 그 업무의 성질에 비추어 보아 위험방지를 위하여 필요한 최선의 주의의무가 요구되므로, 의사로서는 환자의 상태에 충분히 주의하고 진료 당시의 의학적 지식에 입각하여 그 치료방법의 효과와 부작용 등 모든 사정을 고려하여 최선의 주의를 기울여 그 치료를 실시하여야 하며, 의사의 주의의무의 기준은 진료 당시의 이른바 임상의학의 실천에 의한 의료수준에 의하여 결정된다.[3] 역시 원격의료에서도 원격지의사는 환자를 직접 대면하여 진료하는 경우와 같은 책임을 진다(의료법 제34조 제3항). 그러므로 원격지의사는 원격의료를 실시할 때에 최선의 조치를 취하여야 할 주의의무가 있다. 만약 원격지의사가 의료행위를 할 당시 의료기관 등 임상의학

3 대법원 1997.2.11. 선고 96다5933 판결; 대법원 2010.7.22. 선고 2007다70445 판결; 대법원 2013.12.12. 선고 2013다31144 판결 등 참조.

분야에서 실천되고 있는 의료행위의 수준에 따른 원격의료를 행하지 않으면 원격의료과오책임이 문제된다. 물론 원격지의사가 부담하는 주의의무의 기준으로서의 의료수준은 통상의 의사에게 의료행위 당시 일반적으로 알려져 있고, 또 시인되고 있는 의료수준을 뜻하므로, 원격의료과오를 범한 경우인지 여부는 진료환경 및 조건, 의료행위의 특수성 등을 고려하여 규범적인 수준에 의하여 파악되어야 한다.[4]

II. 의료법 제34조에 따른 의사책임

의료법 제34조에 따라서 의사책임에 관한 문제를 살펴보면 아래와 같이 나누어 생각할 수 있다.

① 원격지의사-과실, 현지의사-과실의 경우 　원격지의사에게도 과실이 있고 현지의사에게도 과실이 있으면 공동책임으로서의 공동불법행위책임이 성립한다.

② 원격지의사-무과실, 현지의사-과실의 경우 　원격지의사가 무과실이고 현지의사에게 과실이 있으면 현지의사가 단독책임이 된다. 의료법 제34조 제4항은 분명히 원격지의사의 원격의료에 따라 의료행위를 한 현지의사가 그 의료행위에 대하여 원격지의사의 과실을 인정할 만한 명백한 근거가 없으면 환자에 대한 책임은 현지의사에게 있다고 본다는 규정을 두고 있다.

③ 원격지의사-과실, 현지의사-무과실의 경우 　원격지의사에게 과

4 대법원 2013.11.28. 선고 2013다44300 판결 등 참조.

실이 있고 현지의사가 무과실이면 원격지의사가 책임을 지고, 현지의사는 책임이 없다. 바로 의료법 제34조 제3항이 적용되는 예에 해당한다. 물론 환자가 원격지의사의 지시를 따르지 않은 경우 또는 환자가 갖춘 장비의 결함으로 인한 경우에는 그 과실이나 결함의 기여만큼 책임이 제한될 수 있다.

④ 원격지의사-무과실, 현지의사-무과실의 경우 원격지의사가 무과실이고 역시 현지의사도 무과실이면 원격지의사나 현지의사는 일단 책임이 없다고 볼 수밖에 없다.

Ⅲ. 원격의료에서 의사의 설명의무

본래 의사는 환자에게 수술을 시행하는 과정 및 그 후에 나쁜 결과가 발생할 개연성이 있는 의료행위를 하는 경우에 있어서는, 응급환자의 경우나 그 밖의 특별한 사정이 없는 한, 진료계약상의 의무로서 또는 수술에 대한 승낙을 얻기 위한 전제로서, 환자에게 질병의 증상, 치료방법의 내용 및 필요성, 발생이 예상되는 위험 등에 관하여 당시의 의료수준에 비추어, 상당하다고 생각되는 사항을 설명하여 환자가 그 필요성이나 위험성을 충분히 비교해 보고 그 의료행위를 받을지의 여부를 선택할 수 있도록 하여야 할 의무가 있을 뿐만 아니라, 그 진료목적의 달성을 위하여 환자 또는 그 보호자에 대하여 요양의 방법 기타 건강관리에 필요한 사항을 상세히 설명하여 후유증 등에 대비하도록 할 의무가 있다.[5]

5 대법원 1997.7.22. 선고 95다49608 판결; 대법원 2006.11.23. 선고 2005다11688 판결 등 참조.

의료법 제34조는 손해배상책임과 관련하여 의료과실만을 문제 삼고 있으나, 의사의 책임과 관련하여 자주 설명의무의 위반이 문제가 되므로, 원격의료의 경우에도 설명의무가 문제될 수 있다. 특히 설명의무가 현지의사와 원격지의사 사이에서 누구에게 부담되는지, 설명의무의 위반에 따른 손해배상책임에 기존의 판례를 통하여 형성된 일반이론이 그대로 적용되는지, 아니면 원격의료에서는 특별한 규율이 필요한지에 대한 문제도 장차 논의가 필요한 사항이라고 본다.

6장

인터넷 책임

01
서설

인터넷책임에서는 - 책임법이 전통적으로 계약책임과 불법행위책임으로 구분되다시피 - 크게 인터넷계약책임과 인터넷불법행위책임이 문제될 수 있다. 물론 인터넷계약책임은 각각의 개별적인 계약내용에 따라서 규율되나, 특히 적극적 계약침해가 문제되는 경우가 많다. 인터넷불법행위책임의 경우에는 프로바이더가 스스로 제공하는 정보 · 자료에 기한 책임(자기의 정보에 대한 책임)과 타인이 제공하는 정보에 대한 책임으로 구분할 수 있다. 프로바이더는 자기의 정보에 대하여든 타인의 정보에 대하여든 불법행위법상의 책임을 부담할 수 있다(다만 요구되는 주의의무는 다르다).

인터넷상의 정보에 대한 불법행위책임에 관하여는 우선 온라인정보에 기한 명예 · 명성 혹은 신용에 대한 침해로 인한 표현불법행위책임이 문제된다. 콘텐츠프로바이더이든 서비스프로바이더이든 자기의 웹페이지를 통하여 전달되는 정보를 통하여 타인에게 명예훼손과 같은 불법행위를 범한 경우에는 불법행위책임이 성립할 수 있다. 또한 인터넷을 통하여 제공되는 정보나 소프트웨어에 관하여 과실책임, 즉 민법상의 불법행위책임이 성립할 수 있고, 특히 결함있는 정보 · 소프트웨어에 관한 제조물책임법상의 과실독립적인 제조물책임이 적용될 수 있는가 하는 문제가 제기된다. 궁극적으로 온라인상에서 유통되는 정보나 소프트웨어의 결함에 따른 손해에 대하여도 제조물책임을 긍정하는 해석이 필요하다고 본다. 그리고 타인의 정보에 대한 단순한 접속중개, 예를 들어 프로바이더가 다른 웹사이트를 링크하거나 다른 홈페이지에 대하여 프레임을 설치한 경우, 혹은 이메일의 전달을 중개하는 경우, 웹서핑의 편의를 위하여 단순히 중간저장(프록시 캐싱)한 경우 혹은 검색엔진서비스를 제공하는 경우에도 예외적으로 각 서비스를 제공하는 프로바이더에게 불법행위책임이 성립할 수 있다. 역시 인터넷과 관련하여 스팸메일로 인한 피해에 대한 책임이 문제될 수 있고, 쿠키를 통하여 개인적 프라이버시가 침해되는 경우에 쿠키운용에 따른 책임이 긍정될 수도 있다.

02
명예훼손책임

Ⅰ. 서언

사람의 품성 · 덕행 · 품행 · 명성 · 신용 · 능력 · 업적과 같은 사회로부터 받는 외부적 평판을 「명예」라 한다. 사람의 사회적 평가를 저하시키는 행위를 하면 명예훼손이 되고, 다만 단순히 주관적으로 명예감정이 침해된 사실만으로는 명예훼손이 되지 않는다. 인터넷상 게시물의 게재로 인한 명예훼손이 성립하려면 피해자의 사회적 평가를 저하시킬 만한 구체적인 사실의 적시가 있어야 한다.[1] 그리고 인터넷상 게시물의 게재가 타인의 명예를 훼손하여 불법행위가 되는지 여부는 일반 국민이 게시물을 접하는 통상의 방법을 전제로 그 게시물의 전체적인 취지와의 연관하에서 게시물의 객관적인 내용, 사용된 어휘의 통상적인 의미, 문

1 명예훼손죄가 성립하려면 반드시 사람의 성명을 명시하여 허위의 사실을 적시하여야만 하지는 아니하므로 사람의 성명을 명시하지 않은 허위사실의 적시행위도 그 표현의 내용을 주위사정과 종합 판단하여 어느 특정인을 지목하는자를 알아차릴 수 있는 경우에는 그 특정인에 대한 명예훼손죄를 구성한다(대법원 1982.11.9. 선고 82도1256 판결; 대법원 2014.3.27. 선고 2011도11226 판결 등 참조).

구의 연결방법 등을 종합적으로 고려하여 그 게시물이 일반 국민에게 주는 전체적인 인상을 기준으로 판단하여야 하고, 또한 그 게시물의 배경이 된 사회적 흐름 속에서 표현이 가지는 의미를 함께 고려하여야 한다.[2]

II. 공인이나 공적 사항에 대한 명예훼손

명예보호와 언론의 자유는 모두 헌법상의 명문규정이나 판례를 통하여 일반적으로 승인되고 있는 법익이나, 두 법익은 일반적으로 충돌관계에 있다고 할 수 있다. 만일 인격권으로서의 개인의 명예보호를 강조하면 언론의 자유가 위축되고, 언론의 자유가 광범하게 인정되면 그 만큼 개인의 명예는 훼손될 위험이 크다. 그러므로 구체적인 경우에 사회적인 여러 가지 이익을 비교하여 표현의 자유로 얻어지는 이익이나 가치와 인격권의 보호에 의하여 달성되는 가치를 비교형량하여 표현자유에 대한 규제의 폭과 방법을 정하여야 한다.

특히 피해자가 공적 인물인지, 아니면 사적 인물인지 여부에 따라서 명예훼손표현의 심사기준에 차이를 둘 수 있는가 하는 문제가 있다. 예를 들어 정치가 · 고위공무원과 같은 공적 인물 혹은 예술인 · 연예인이나 프로선수와 같은 공인(유명인)은 일반인과 비교하여 특수한 지위 · 업적 · 능력 등을 가진 자로서의 명예를 가지고, 물론 그 명예도 헌법적으로 보호가 된다. 그러나 공적 인물이나 유명인과 같은 공인(公人)은

---

2 대법원 2005.1.14. 선고 2001다28619 판결; 대법원 2007.12.27. 선고 2007다29379 판결; 대법원 2014.6.12. 선고 2012다4138 판결 등 참조.

공인이라고 하는 사정에 의하여 일반인과 비교하여 일반대중의 관심이 강하고, 언론(특히 인터넷언론)이 그 행동이나 사생활 등을 폭로하는 경우가 많아 명예훼손의 문제가 생기기 쉽다.

일반적으로 인터넷을 통한 공적 인물과 같은 공인의 공적 활동에 대한 비판은 명예훼손을 이유로 쉽게 제한되어서는 안 되고, 공적 인물에 대하여는 보다 광범하게 언론·출판의 자유가 인정되어야 할 필요가 있다. 예컨대 공적 인물과 관련된 인터넷보도에서는 객관적으로 국민이 알아야 할 공공성·사회성을 갖춘 사실은 여론형성이나 공개토론에 기여하므로, 그 사실에 관한 공개를 주저하게 만들어서는 안 된다. 인터넷상 공적 인물의 공적 활동에 대하여는 허위를 진실로 믿고서 명예훼손의 표현을 한 경우에도 정당성을 인정할 수 있고, 혹은 중요한 내용이 아닌 사소한 부분에 대한 명예훼손적 보도는 법적 제재로부터 자유로울 수 있다. 물론 아무리 공적 인물이라고 하더라도 명예훼손적인 허위보도라는 사실을 알거나 진실이라고 믿을 수 있는 정당한 이유가 없는 경우에 그 진위를 알아보지 아니한 채 인터넷상에 공개된 허위보도에 대하여까지 명예훼손책임으로부터의 면책을 주장하기는 어렵다.[3]

---

3 인터넷 등 새로운 정보통신매체의 비약적 발달에 따른 폐단으로 근거가 없거나 왜곡된 출처불명의 정보가 광범위하고 신속하게 전파됨으로써 여론을 오도하고 개인의 인권에 치명적인 타격을 가하는 일이 나날이 늘어나 커다란 사회문제로 대두되고 있는 현실에서, 거칠고 여과되지 않은 수많은 정보의 옥석을 가려 독자로 하여금 근거 없는 유언비어에 현혹되지 않게 하고 왜곡된 여론의 형성을 방지하여야 할 임무는 다른 어느 임무에 못지않게 중요한 언론의 사회적 책임이라 할 수 있으므로, 그 관점에 비추어, 어떠한 정보에 접한 언론이 그 주요내용의 정확성에 미심쩍은 부분이 있음을 충분히 알 수 있음에도 불구하고 가능한 방법을 다하여 그 의문점을 해소함으로써 진실이라고 믿을 만한 상당한 근거가 있는지 여부를 합리적으로 판단하지 아니하고 단지 손쉬운 몇 가지 미진한 조사에 의하여 그를 진실이라고 속단한 채 보도하면 그 후 그 내용이 허위로 드러난 경우 그에 대하여 책임을 면할 수 없다(대법원 2008.11.13. 선고 2008다53805 판결 참조).

Ⅲ. 자기의 정보에 대한 명예훼손책임

콘텐츠프로바이더에게는 헌법상 표현의 자유에 인정되는 한계가 적용된다. 표현자유의 한계를 넘는 표현에 대하여는 형법상의 보호규범이 적용될 뿐만 아니라, 민법 제750조(경우에 따라서는 민법 제764조)에 기한 책임이 발생할 수 있다. 물론 정보의 제공과 관련하여 적용되는 주의에 대한 기본원칙, 정확성에 대한 조사가 요구되는 '진술로서의 사실주장'(Tatsachenbehautung als Aussage)과 주관적으로 행하는 '평가'(Wertung)의 구별, 표현자유의 한계는 인터넷을 통한 전자적 발표 · 진술에 관하여도 그대로 적용된다.

작가의 정보를 자기의 정보로 한다는 의사를 가지거나, 적어도 타인의 정보라는 인식을 하고 발표하는 전자출판자도 역시 자기의 정보에 대한 책임으로서의 표현불법행위책임이 인정된다. 뉴스그룹이나 전자게시판(Bulletin Board System; BBS), 채팅룸의 참가자에 대하여는 서로 네티켓(Netiquette)이 중요한 역할을 하나, 물론 제3자에 대한 명예훼손적 표현에 대하여는 법적 책임이 문제될 수 있다. 그리고 특정인이나 특정회사를 반대하는 안티사이트를 운영하는 경우에도 명예훼손에 해당할 수 있다.

Ⅳ. 타인의 정보에 대한 명예훼손책임

1. 서언

인터넷상의 표현에 의하여 타인의 법익에 대한 다양한 형태의 침해, 즉 표현불법행위가 야기될 수 있다. 인터넷서비스프로바이더에 의하여 야기되는 표현불법행위의 유형은 표현의 종류와 형태에 따라서 다르다.

인터넷상의 표현은 예컨대 인터넷서비스프로바이더가 타인의 정보(예컨대 저술이나 논술)를 자기의 서버에 저장하여 제공하는 온라인잡지를 비롯하여 인터넷방송이나 인터넷TV, 뉴스그룹, 전자게시판(BBS), 온라인토론그룹, 메일계정프로바이더의 서버를 통하여 중계되는 이메일에 이르기까지 아주 다양하다. 온라인커뮤니케이션의 각 형태에서 모두 타인의 정보에 따른 표현불법행위가 문제될 수 있다.

인터넷서비스프로바이더가 타인의 정보에 대하여 책임을 부담하는가는 전적으로 인터넷서비스제공자가 명예훼손에 해당하는 타인의 위법한 정보에 대하여 인식(Kenntnis)하고 있는가 아닌가에 달려있다. 타인이 제공하는 명예훼손적 표현에 대하여는 타인의 정보에 대한 인식의 결여로 인하여 인터넷서비스프로바이더의 불법행위책임이 배제되는 경우가 많다. 다만 타인의 정보에 대한 인식이 있는 경우에는 일반적인 책임법에 따라서 불법행위책임이 성립할 수 있다. 예를 들어 모인기가수팬클럽회원인 A가 갑인터넷포털의 전자게시판에 그 가수를 험담하는 글을 실은 B를 상대로 다시 한번 더 험담하는 글을 올리면 고소한다고 하는 반박문을 올리자, 다시 B가 A에 대한 인신공격성 글을 게재하고, 갑인터넷포털은 5~6개월 가량 B의 글을 그대로 방치한 사건에서 법원은 갑인터넷포털이 게시판에 A를 비방하는 B의 글이 게재된 사실을 알거나 알 수 있는데도 불구하고 삭제하지 아니한 채 그대로 방치한 한 경우에는 경험칙상 A가 상당한 정신적 고통을 겪는다고 하는 사실이 명백하므로, 갑인터넷포털은 특별한 사정이 없는 한 전자게시판관리의무의 위반행위로 인한 손해배상책임이 있다고 판시하고 있다.[4]

4 서울지방법원 2001.4.27. 선고 99나74113 판결.

인터넷서비스프로바이더의 인식은 적극적 인식을 의미하는가, 과실에 의한 불인식도 포함하는가가 문제된다. 과실책임의 원칙에 비추어 볼 때 적극적 인식(positive Kenntnis)뿐만 아니라 과실에 기한 불인식에 의하여도 책임이 성립한다고 본다.[5] 그러나 인식이란 구체적 내용에 대한 인식을 가리키고, 위법성에 대한 인식까지를 요구할 수는 없다. 책임을 위하여는 누가 인터넷서비스제공자에게 인식을 창출하는가, 인식이 어떤 경로로 되는가는 중요하지 않다.

문제가 되는 정보의 내용은 인터넷서비스프로바이더가 어떤 내용을 삭제하거나 막아야 하는가를 판단할 수 있을 만큼 구체적이고 광범하여야 한다. 특히 인터넷서비스프로바이더가 보다 편리하거나 풍부한 서비스(예컨대 검색서비스)의 제공을 위하여 검색어와 관련된 이미지를 축소된 형태로 목록화하여 검색서비스를 이용하는 사람에게 그 이미지의 위치정보를 제공하는 데 불과하지 아니하고, 정보를 전시 · 제공하거나 판매하기 위하여 적극적으로 수집하여 자신의 사이트에 게시한 경우라고 하면 인터넷서비스프로바이더의 책임이 당연히 인정될 수 있다.

인터넷서비스프로바이더는 자기가 운영하는 웹사이트의 게시판에 타인을 비방하거나 명예훼손을 하는 글이 게재된 경우에 게시물을 임의로 삭제하거나 게시판서비스를 일시적으로 중지하더라도 불법행위나 채무불이행이 되지는 아니한다. 예를 들어 대체로 타인을 비방하고 중상모략하거나 명예를 훼손하며 불법적인 노조활동을 선동하거나 교사하는 등 사회질서를 해하는 내용과 건전한 미풍양속(美風良俗)을 해할 염려가 많은 상스럽고 저질스러운 표현을 담고 있는, 노조활동과 관련된 컴

---

5 독일문헌을 보면 단지 적극적 인식이 있는 경우에 프로바이더의 책임이 성립한다는 견해도 있다.

퓨터통신게시물을 삭제하거나 그 전용게시판서비스를 일시 중지시킨 컴퓨터통신사업자의 행위가 채무불이행 또는 불법행위가 되지 않는다고 본 경우가 있다.[6]

2. 인터넷종합정보제공사업자(포털)의 명예훼손책임

예컨대 네이버, 다음과 같은 포털[7]이 보도매체로부터 포털의 각 자료저장컴퓨터설비에 전송된 기사 중 A와 관련되는 기사를 선별하여 포털의 뉴스게시공간에 게재하고, 그 A와 관련되는 기사는 A의 명예를 훼손하는 내용을 담고 있어 불법행위로 평가되는 명예훼손적 기사인 경우에 포털이 보도매체와 함께 A에 대한 공동불법행위자로 손해배상책임을 지는가가 문제된다. 구체적으로 보면 A가 친구의 소개로 B녀를 만나 1년간 교제하다가 2005년 4월경 임신한 후 자연유산까지 한 B녀에게 헤어지기를 요구하자, B녀가 자신의 거주지에서 A, 자기의 어머니, A의 회사 등에 여러 통의 편지형식의 유서를 남기고 자신이 혼자 살던 방에서 수면제를 과다복용하여 자살하는 사건이 발생하여, 그 후 B녀의 어머니가 B녀의 미니홈피에 B녀의 사망에 관한 글을 게시하여 그 미니홈피에 방문자의 수가 급증하게 되고, 그 게시판에는 B녀의 명복을 빌고 A를 비방하는 글이 폭발적으로 게시되어 보도매체가 "현대판 베르테르,

---

6 대법원 1998.2.13. 선고 97다37210 판결.

7 포털(portal)은 '입구', '현관' 또는 '관문'이 되는 사이트라는 뜻으로, 수많은 사이트를 특정한 분류에 따라서 정리하여 놓고 주소를 링크시켜서 인터넷사용자가 원하는 곳을 쉽게 찾아갈 수 있도록 만든 사이트를 이르는 말이다.

서모양의 죽음에 슬퍼하는 네티즌", "자살한 딸 유서 인터넷공개 파문 일파만파" 등의 기사를 내고 그 기사가 네이버나 다음과 같은 포털에 게재되어 B녀의 미니홈피에 무려 11만4,000명의 네티즌이 방문하면서 B녀를 추모하고 비정한 A를 성토하는 댓글 등이 무수히 올라오게 되자 A가 포털에 대하여 명예훼손책임을 물을 수 있는가 하는 문제가 제기된 경우가 있다.[8]

포털은 정보통신서비스제공자(정보통신망법 제2조 제3호)로서, 인터넷가상공간 내에 있는 각종의 정보제공장소[9]에 게재된 정보에 대한 분야별 분류 및 검색기능을 비롯하여 인터넷이용자가 직접 자신의 의견이나 각종 정보를 게시 · 저장하거나 그 의견이나 정보를 다른 인터넷이용자와 서로 공유 · 교환할 수 있는 인터넷게시공간[10]을 제공하고, 아울러 전자우편, 게임이용서비스를 제공하는 등 인터넷에 관한 종합적인 서비스를 제공하는 포털[11]이 보도매체가 작성 · 보관하는 기사에 대한 인터넷이용자의 검색 · 접근에 관한 창구로서의 역할을 넘어서서 보

---

8 자세한 사실관계에 관하여는 서울고등법원 2008.7.2. 선고 2007나60990 판결; 서울중앙지방법원 2007.5.18. 선고 2005가합64571 판결 참조.

9 인터넷이용자는 보통 '사이트'라고 부른다.

10 흔히 '블로그', '미니홈피', '인터넷동아리', '카페'라는 이름으로 개설된 게시공간을 '사적(私的) 인터넷게시공간'이라고 한다.

11 인터넷이용자는 인터넷에 관한 종합적인 서비스를 '포털서비스'로(예컨대 국내의 대표적인 포털사이트인 네이버는 검색서비스, 개방형 서비스(블로그, 카페 등), 게시판형 서비스(지식iN, 뉴스 등), 메일서비스 등을 제공한다), 그 서비스가 이루어지는 정보제공장소를 '포털사이트'(portal site)로 부른다(예컨대 라이코스·다음·네띠앙·천리안·네이버·드림위즈·프리첼·네이트 등이 대표적인 포털사이트이다). 흔히 인터넷종합정보서비스 또는 그 인터넷종합서비스가 이루어지는 장소를 통칭하여 「포털」이라 한다.

도매체로부터 기사를 전송받아 자신의 자료저장컴퓨터설비에 보관하면서 스스로 그 기사 중 일부를 선별하여 자신이 직접 관리하는 뉴스게시공간에 게재하고, 그 게재된 기사가 타인의 명예를 훼손하는 내용을 담고 있다면, 포털의 행위는 단순히 보도매체의 기사에 대한 검색 · 접근의 기능을 제공하는 경우와는 달리 인터넷종합정보제공사업자로서 포털이 보도매체의 특정한 명예훼손적 기사내용을 인식하고 그 기사를 적극적으로 선택하여 전파한 행위에 해당하므로, 달리 특별한 사정이 없는 이상 포털은 명예훼손적 기사를 보도한 보도매체와 마찬가지로 그로 인하여 명예가 훼손된 B녀에 대하여 불법행위로 인한 손해배상책임을 진다.[12] 그리고 포털이 보도매체로부터 기사를 제공받기로 하면서 제공받은 기사를 임의로 삭제할 수 없다는 약정을 한 경우라고 하더라도 그 기사삭제금지약정은 보도매체와 사이의 내부적인 책임분담약정에 불과하여 그를 이유로 포털의 기사선별 및 게재행위로 인한 책임까지 면할 수는 없다.

본래 명예훼손은 공연히 사실을 적시하여 타인의 객관적인 사회적 평가를 침해하는 행위로서, 사람의 성명을 명시하지 않거나 또는 두문자(頭文字)나 이니셜만 사용한 경우라도 그 표현의 내용을 주위사정과 종합하여 볼 때 그 표시가 피해자를 지목하는 사정을 알아차릴 수 있을 정도이면 피해자가 특정되어 있다고 할 수 있다.[13] 네이버나 다음과 같은 포털이 게재한 A와 관련되는 기사가 그 자체로서는 A의 실명 및 신상에 관한 정보를 적시하고 있지 않더라도, 일부의 기사에 실린 사적 인터넷

---

12 자세한 내용은 대법원 2009.4.16. 선고 2008다53812 판결 참조.

13 대법원 2002.5.10. 선고 2000다50213 판결 참조.

게시공간[14]의 초기화면에 있는 사진으로 알 수 있는 정보 또는 그 기사의 내용으로부터 얻은 정보 등을 토대로 간단한 검색을 통하여 A에 대한 구체적인 정보를 얻을 수 있다고 하면 그 인물이 A임을 알아차릴 수 있을 정도로 피해자가 특정되어 있다고 판단할 수 있다.

인터넷에서 타인의 명예를 훼손하는 기사가 게시된 경우에 1차적인 책임을 지는 자는 그 기사를 직접 게시한 자라 하여야 한다. 포털이 제공한 인터넷게시공간에 기사가 게시되고, 그 종합정보서비스의 검색기능을 통하여 인터넷이용자가 그 기사를 쉽게 찾을 수 있다고 하더라도, 포털에게 관리에 대한 책임을 별도로 인정할 수 있는 경우가 아니라면 그 사정만으로 곧바로 포털에게 명예훼손적 기사에 대한 불법행위책임을 지울 수는 없다. 그러나 인터넷공간에서는 익명(匿名)이나 가명(假名)에 의한 정보유통이 일반화되어 타인의 법익을 침해하는 내용의 표현물이 쉽게 게시될 수 있고 또한 많은 사람이 동시에 접속하여 검색할 수도 있으므로, 일단 게시된 표현물이 순식간에 광범위하게 전파됨으로써 그 표현물로 인한 법익침해의 결과가 중대해 질 수 있다. 특히 인터넷을 이용한 다양한 서비스를 종합하여 제공하는 인터넷종합정보제공사업자로서 포털이 제공한 인터넷게시공간에 명예훼손 등 타인의 법익을 침해하는 표현물이 게시된 경우에는 인터넷종합정보서비스를 이용하는 무수한 이용자에게 쉽게 노출될 수 있는 위험성이 훨씬 더 커서 다른 어느 경우보다 타인의 법익을 보호할 필요성이 크다. 그리고 포털은 인터넷종합정보서비스를 통하여 타인의 명예를 훼손할 수 있는 위험성을 안고 있는 인터넷게시공간을 제공하고, 그 인터넷게시공간을 사업목적에 이

14 예컨대 '미니홈페이지' 또는 '미니홈피'가 해당한다.

용함으로써 정보의 유통으로 인한 직접적 · 간접적인 경제적 이익도 얻고 있다. 결국 포털은 인터넷게시공간이라는 위험원을 창출 · 관리하면서 그로 인한 경제적 이익을 얻고 있으므로, 게시공간 안에서 발생된 위험에 효과적으로 대처할 수 있어야 하고, 그 위험으로 인하여 피해가 발생하지 않도록 상황에 따라서 적절한 관리를 하여야 할 주의의무가 있다. 다만 포털에게 자신이 제공하는 인터넷게시공간을 적절히 관리하여야 할 주의의무가 있다고 하더라도, 포털이 인터넷게시공간의 위험으로 인하여 초래될 수 있는 명예훼손 등 법익침해와 그에 따른 손해배상을 우려한 나머지 그 인터넷게시공간에 게재되는 표현물에 대한 지나친 간섭에 나서게 된다면 인터넷이용자가 가지는 표현의 자유는 위축될 수밖에 없으므로, 포털의 관리책임은 불법성이 명백한 게시물로 인한 타인의 법익침해가능성을 충분히 인지할 수 있고 그의 관리가 미칠 수 있는 일정한 범위 내에서 제한적으로 인정되어야 한다. 그러므로 명예훼손적 게시물이 게시된 목적, 내용, 게시기간과 방법, 그로 인한 피해의 정도, 게시자와 피해자의 관계, 반론 또는 삭제에 대한 요구의 유무 등 게시에 관련한 쌍방의 대응태도 등에 비추어, 포털이 제공하는 인터넷게시공간에 게시된 명예훼손적 게시물의 불법성이 명백하고, 포털이 그 게시물로 인하여 명예를 훼손당한 피해자로부터 구체적 · 개별적인 게시물의 삭제 및 차단에 대한 요구를 받은 경우는 물론, 피해자로부터 직접적인 요구를 받지 않은 경우라 하더라도 그 게시물이 게시된 사정을 구체적으로 인식하고 있거나 그 게시물의 존재를 인식할 수 있음이 외관상 명백히 드러나며, 또한 기술적 · 경제적으로 그 게시물에 대한 관리 · 통제가 가능한 경우에는, 포털이 그 게시물을 삭제하고 향후 같은 인터넷게시공간에 유사한 내용의 게시물이 게시되지 않도록 차단할 주의의무가 있고, 만약 그 게시물의 삭제 등의 처리를 위하여 필요한 상당한 기간이 지나도록 그 처리를 하지 아니함으로써 타인에게 손해가 발생된 경우라고 하면 부작위에 의한 불법행위책임이 성립된다.[15]

네이버나 다음과 같은 포털이 A와 B녀의 교제 및 B녀의 자살경위에 관하여 인터넷에 공개된 게시물의 내용에 대한 자세한 소개와 함께 A의 신원노출을 수반하는 인터넷이용자의 과도한 비난으로만 채워진 반응 등을 보도한 기사를 스스로 게재한 사정 등에 의하여 포털은 자신이 제공한 기사에 관한 댓글, 지식검색란에서의 답변, 사적(私的) 인터넷게시공간 등의 게시공간에 A에 대한 명예훼손적 게시물이 존재한다는 사실을 인식할 수 있음이 외관상 명백히 드러난다고 할 수 있다고 하면 특별히 A의 요청이 없더라도 불법성이 명백하고 기술적 · 경제적으로 관리 · 통제가 가능한 명예훼손적 게시물을 삭제하거나 그 검색을 차단할 의무가 있다. 결국 포털이 A에 대한 명예훼손적 기사에 대한 삭제의무 또는 차단조치의무와 같은 주의의무를 위반하여 게시물의 삭제나 차단 등의 처리를 위하여 필요한 상당한 기간이 지나도록 그 처리를 하지 아니함으로써 A에게 손해가 발생한 경우에는 부작위에 의한 불법행위책임이 성립한다.

15 서울중앙지방법원 2007.5.18. 선고 2005가합64571 판결; 서울고등법원 2008.7.2. 선고 2007나60990 판결; 대법원 2009.4.16. 선고 2008다53812 판결 참조.

03 인터넷을 통한 인격권의 침해

Ⅰ. 서언

인격권은 인간의 고유한 가치 및 존재와 분리할 수 없는 인격적 이익의 향수를 내용으로 하는 권리이다. 일반적으로 인격적 이익, 즉 생명, 신체, 건강, 명예, 정조, 성명, 초상, 사생활의 비밀과 자유 등의 향유를 내용으로 하는 권리가 인격권에 해당한다. 인격권을 명문으로 인정하는 규정은 없으나,[16] 누구든 인격권을 향유하고, 인격권이 법적 보호를 받는다고 하는 사실에 관하여 더 이상 이론이 없다. 판례상 인격권으로 인정된 경우를 보면 구체적으로 명예권,[17] 초상권,[18] 성명권,[19] 저작인격권

16 2004년에 마련된 민법중개정법률안 제1조의2 제2항은 "사람의 인격권은 보호된다"고 하여 인격권의 보호에 관한 포괄적 규정을 두고 있다.

17 대법원 2005.1.17. 자 2003마1477 결정; 대법원 1997.10.24. 선고 96다17851 판결 등 참조.

18 대법원 2006.10.13. 선고 2004다16280 판결.

19 대법원 2005.11.16. 자 2005스26 결정.

,[20] 사생활의 비밀,[21] 건강하고 쾌적한 환경에서의 생활권[22] 및 주거환경의 이익,[23] 성적 자기결정권,[24] 의료적 자기결정권,[25] 대학교수의 자신의 전공분야에 대한 강의 · 연구권,[26] 학생의 종교교육권[27] 등이 있다. 그리고 인격권으로 포섭되는 영역은 점차 확대되고 있다. 역시 인터넷을 통하여 이루어지는 가상공간에서도 인격권은 보호를 받는다.

II. 인격권의 종류

1. 성명권

성명권이란 사람이 자기의 성명에 대하여 갖는 이익을 내용으로 하는 권리라고 정의할 수 있다. 근래에 이르러 연예, 스포츠산업 및 광고산업, 인터넷 등의 급격한 발달로 개인의 성명이 무단으로 타인에 의하여 참칭 · 모용되거나, 혹은 조건에 반하여 광고 등에 이용되게 됨으로써 그에 따른 분쟁이 적지 않게 일어나고 있으므로, 성명권의 침해로부터 개

---

20 대법원 1992.12.24. 선고 92다31309 판결; 대법원 1989.10.24. 선고 88다카29269 판결 등.

21 대법원 2007.12.13. 선고 2005두13117 판결 등.

22 대법원 2008.4.17. 선고 2006다35865 전원합의체 판결.

23 부산고등법원 1995.5.18. 선고 95카합5 판결.

24 대법원 2007.6.14. 선고 2004두619 판결 등.

25 대법원 2009.5.21. 선고 2009다17417 전원합의체 판결.

26 대법원 2008.6.26. 선고 2006다30730 판결.

27 대법원 2010.4.22. 선고 2008다38288 전원합의체 판결.

인을 보호하여야 할 필요성이 커지고 있다. 그러나 현재 법률상 성명권의 보호에 관한 일반적 규정은 없다.[28] 비록 명문규정이 없다고 하더라도 판례나 학설은 이견 없이 성명권을 인격권의 하나로 인정하고 있다. 성명은 사람이 개인으로서 존중되는 기초이며, 그 개인의 인격의 상징이고 인격의 발로이므로, 헌법 제10조가 보장하는 인간으로서의 존엄과 가치 및 행복추구권, 개인이 가지는 불가침적 인권에 대한 국가의 보장의무로부터 당연히 인격권의 일종으로서 성명권이 보장된다.[29]

성명권에는 사회통념상 특정인임을 알 수 있는 방법으로 성명이 함부로 사용, 공표되지 않을 권리, 성명이 함부로 영리에 이용되지 않을 권리가 포함한다. 그러므로 예를 들어 인터넷이용자에게 음란사이트로 인식될 수 있는 인터넷사이트의 운영자가 유명 연예인의 예명을 무단으로 도메인이름과 웹페이지의 광고문구로 이용하고 그 예명을 검색어로 인터넷검색이 되게 한 행위는 그 연예인의 성명권을 침해한 경우로 된다.[30] 그리고 유명 스포츠선수의 성명을 일정한 기간 무상사용하기로 계약한 자가 그 기간의 만료 후에도 계속 사용한 경우에 그 선수의 성명권에 대한 침해가 되며,[31] 역시 유명 프로야구선수의 허락을 받지 아니하고 그 성명을 사용한 게임물을 제작하여 상업적으로 이동통신회사에 제

---

28 입법례로는 독일민법 제12조나 스위스민법 제29조와 같이 「성명권」(Namenrecht)을 명문으로 규정하고 있는 경우도 있다.

29 판례도 성명권은 헌법상의 행복추구권과 인격권의 한 내용을 이룬다고 본다(서울서부지방법원 2010.4.21. 자 2010카합245 결정).

30 서울중앙지방법원 2007.12.26. 선고 2005가합112203 판결.

31 서울중앙지방법원 2007.11.28. 선고 2007가합2393 판결.

공한 경우에는 프로야구선수의 성명권을 침해한 경우로 된다(성명권의 침해는 불법행위가 된다).[32]

비록 개인이 자신의 성명의 표시 여부에 관하여 스스로 결정할 권리를 가진다고 하더라도, 성명의 표시행위가 공공의 이해에 관한 사실과 밀접불가분한 관계에 있는 경우에는 그 목적의 달성에 필요한 한도에 있고, 그 표현내용 · 방법이 부당하지 아니한 한 그 성명의 표시는 위법하다고 볼 수 없다. 그러므로 범죄사실에 관한 보도과정에서 그 실명의 공개에 대한 공공의 이익이 개인의 명예나 사생활의 비밀에 관한 이익보다 우월하다고 인정되어 실명에 의한 보도가 허용되는 경우라면 설사 개인의 의사에 반하여 그의 실명이 공개되더라도 그의 성명권을 위법하게 침해한 경우라고 보기 어렵다.[33]

2. 초상권

사람은 누구나 자신의 얼굴이나 그 밖에 사회통념상 특정인임을 식별할 수 있는 신체적 특징에 관하여 함부로 촬영 또는 그림묘사되거나 공표되지 아니하며 함부로 이용당하지 않을 권리, 즉「초상권」을 가진다. 초상권은 헌법적으로 보장되는 권리이다(헌법 제10조). 또한 초상권에 대한 부당한 침해는 불법행위를 구성한다. 예컨대 A회사와 사이에 씨에프(CF)영상광고제작계약을 체결한 B회사가 가수, 모델 겸 탤런트인 C를 광고모델로 섭외하여 영상광고를 촬영한 후에 아직 영상광고의 사용

32 서울중앙지방법원 2006.4.19. 선고 2005가합80450 판결.

33 대법원 2009.9.10. 선고 2007다71 판결.

범위에 관하여 C측과 협의가 이루어지지 않은 상태에서 C측의 동의 없이 영상광고를 A회사의 홈페이지 및 '결혼박람회' 인터넷사이트, 공중파 방송, 케이블 텔레비전에 무단으로 게재 내지 방영되게 하면 C의 초상권을 부당하게 침해한 경우가 되어 A회사는 C에게 불법행위자로서의 책임이 있다.[34]

3. 프라이버시권

프라이버시권(right of privacy)이란 간단하게 '사생활에 관한 사항을 공개당하지 않을 권리'를 말한다. 프라이버시권에 의하여 타인이 멋대로 개인의 사적 사실(private facts)에 관하여 정보를 취득하지 못하게 하고, 또한 타인이 자기가 알고 있는 개인의 사적인 사실을 멋대로 제3자에게 공표하거나 이용하지 못하게 함으로써 각자 인격적 자율 내지 사생활상의 평온을 유지할 수 있게 된다. 일반적으로 프라이버시권은 그 본질에 있어서 인격권의 성격을 가진다고 본다.[35] 다만 사생활에 대한 공개가 전부 프라이버시권의 침해로 되지는 아니한다. 일반사람에게 아

---

34 대법원 2012.1.27. 선고 2010다39277 판결.

35 우선 헌법 제17조가 "모든 국민은 사생활의 비밀과 자유를 침해받지 아니한다"고 규정하고 있으므로, 사람은 자신의 사생활을 함부로 공개당하지 아니하고 사생활의 평온과 비밀을 요구할 수 있는 권리를 가지고, 바로 헌법 제17조가 프라이버시권의 1차적인 근거가 된다. 그러나 프라이버시권은 헌법 제17조뿐만 아니라, 인간의 존엄과 가치와 행복추구권을 규정하고 있는 헌법 제10조, 언론출판에 대한 명예, 권리 등 침해금지에 관한 헌법 제21조 제4항, 혼인과 가족생활에 있어서의 존엄과 평등에 관한 헌법 제36조 제1항, 신체의 자유에 관한 헌법 제12조, 통신의 자유에 관한 헌법 제18조, 주거의 자유에 관한 헌법 제16조 등을 근거로 하여 보장되는 포괄적 권리라고 볼 수 있다. 또한 자신의 뜻에 반하여 사사가 공표되는 경우에는 그 공표를 불법행위라 하여 사법적 구제를 구할 수 있으므로, 민법 제750조도 프라이버시권을 보호하기 위한 근거규정이라고 할 수 있다.

직 알려지지 아니한 사항이고, 일반인의 감수성을 기준으로 하여 그 사인의 입장에 선 경우에 공개를 바라지 아니한다고 인정되는 사항일 경우를 전제로 그 사생활에 대한 공개가 프라이버시권의 침해로 된다.

Ⅲ. 인터넷상 인격권의 침해

1. 자기의 얼굴을 촬영하여 입력하면 닮은꼴 연예인을 찾아주는 애플리케이션을 통하여 연예인의 사진과 성명을 사용한 경우

사람은 누구나 자신의 얼굴이나 그 밖에 사회통념상 특정인임을 식별할 수 있는 신체적 특징에 관하여 함부로 촬영 또는 그림묘사되거나 공표되지 아니하며 영리적으로 이용당하지 않을 권리를 가진다. 바로 초상권이 인정되며, 그 초상권은 헌법 제10조 제1문에 의하여 헌법적으로 보장되는 권리이다. 그리고 개인은 사생활상의 활동이 타인으로부터 침해되거나 사생활이 함부로 공개되지 아니할 소극적인 권리는 물론, 오늘날 고도로 정보화된 현대사회에서 자신에 대한 정보를 자율적으로 통제할 수 있는 적극적인 권리도 가진다. 초상권이나 성명권, 사생활상의 비밀 및 자기 정보에 대한 통제권에 대한 부당한 침해는 불법행위를 구성하고,[36] 그 침해를 당한 사람에게는 특별한 사정이 없는 한 정신적 고통이 수반된다고 본다.[37]

예를 들어 A회사가 스마트폰 등 통신기기이용자가 자신이나 타인의

---

36 대법원 2006.10.13. 선고 2004다16280 판결 참조.

37 대법원 2012.1.27. 선고 2010다39277 판결; 대법원 2013.6.27. 선고 2012다31628 판결 등 참조.

얼굴을 촬영하여 입력하면 닮은꼴 연예인을 찾아주는 앱(app)[38]을 개발하여 무료로 배포한 다음 그 앱을 통하여 이미 인터넷에 공개된 연예인 B 등의 사진과 성명을 사용한 경우에 앱에서 사용한 사진이 B 등의 허락하에 이미 인터넷에 공개된 사진이라고 하더라도, 그 사진은 연예인인 B 등이 자신에 대한 홍보에 필요한 한도 내에서 인터넷이용자에게 그 사진을 공개하여 이용하도록 한 경우라고 보아야 한다. 닮은꼴 연예인을 찾아주는 앱과 같이 영리목적으로 연예인의 사진을 함부로 사용한다고 하면 B 등이 예상하거나 허락한 범위를 넘는 경우로서 B 등의 자기 정보에 대한 통제권 및 초상과 성명이 영리적으로 이용당하지 않을 권리를 정면으로 침해하는 위법한 행위로 된다. 비록 A회사가 앱에서 B 등의 사진을 직접 판매하거나 상품 등의 판매를 위하여 사용하지 않은 사정, 사진을 왜곡하거나 변형하지 않은 사정이 인정되더라도 그 사정만으로는 A회사의 행위가 정당화될 수 없다. 특히 A회사가 단지 이용자의 건전한 오락활동을 위하여만 앱을 제공한 경우라고 보기는 어렵고, 오히려 A회사가 B 등의 초상이나 성명을 영리적으로 무단 사용한 경우로 보아야 하므로, 비록 그 사용이 명예훼손의 정도에 이르지는 않는 경우라도 B 등이 자신의 초상과 성명에 대하여 보유하는 권리에 대한 중대한 침해에 해당한다고 보아야 한다. 그러므로 닮은꼴 연예인을 찾아주는 앱에서 B 등의 초상과 성명을 사용한 행위는 B 등의 자기 정보에 대한 통제권 및 초상 · 성명이 영리적으로 이용당하지 않을 권리를 침해하는 행위로서 그 사실만으로도 특별한 사정이 없는 한 정신적 고통이 수

38 스마트폰에 다운받아 사용할 수 있는 응용프로그램을 가리키며, 애플리케이션(application)의 줄인 말이다.

반된다고 보아야 하므로, A회사는 B 등에게 위자료를 지급할 의무가 있다.[39]

2. 음란사이트로 인식될 수 있는 인터넷사이트에 연예인의 예명을 이용한 경우

음란사이트로 인식될 수 있는 인터넷사이트에 연예인의 예명이나 초상 등을 이용하면 그 연예인의 명예나 성명권, 초상권에 대한 침해가 될 수 있다. 예컨대 A는 2001년경 「아름다운 수의」라는 영화에 배우로 출연하면서 트위스트 춤을 국내에 처음으로 소개하면서 춤의 이미지를 강조하는 의미에서 '트위스트김'이라는 예명을 사용하며 연예계활동을 하고 있는 연예인인데, 1990년대 중반경 해외에 서버를 둔 www.twistkim.com이라는 도메인이름의 한글 포르노사이트가 국내의 인터넷이용자 사이에 널리 알려져 포르노사이트 등의 검색어로 많이 이용되고, 국내에서도 해외의 포르노사이트의 도메인이름과 유사하게 'twistkim'을 포함하거나 일부 변형한 도메인네임을 가진 인터넷사이트가 많이 생겨나자, B라는 사람이 트위스트김의 영문표기인 'twistkim'을 이용한 www.twistkim.sh라는 도메인이름을 등록하여 2003년 5월경부터 2005년 10월경까지 인터넷사이트를 개설한 후에 자신이 운영하는 홈페이지 등으로 인터넷이용자의 접속을 유도하기 위한 사업상 목적으로 나체상태의 남녀의 정사장면 등의 성적 충동을 유발시키는 사진과 함께 '섹스에 살고 섹스에 죽는 트위스트김!!', '일본 현지에서 제작된 AV무비를 트위

39 서울고등법원 2014.4.3. 선고 2013나2022827 판결.

스트김이 입수 노모자이크로 서비스' 등과 같은 음란한 문구를 게재한 twistkim.sh사이트를 운영함으로써 트위스트김이 자신의 명예, 성명권 등 인격권의 침해를 문제삼은 사건이 있다.

인격권(人格權)이란 일반적으로 자신과 분리될 수 없는 인격적 이익의 향유를 내용으로 하는 권리 내지 인격의 자유로운 발현에 관한 권리로서 인격을 형성·유지하고 보호받을 수 있는 권리를 말한다. 구체적으로는 인격권은 생명·신체·명예·초상·성명·사생활의 비밀 등의 보호를 내용으로 한다. 만약 A가 그 예명인 '트위스트김'으로 국내에서 1960년대부터 일반인에게 널리 알려져 있고, B가 사용한 도메인이름은 A의 예명의 영문표기를 그대로 사용하거나 포함하고 있어서 비록 해외에 서버를 둔 'www.twistkim.com'이라는 한글 포르노사이트가 1990년대 중·후반부터 국내의 인터넷이용자를 중심으로 널리 알려져 있다 하더라도 B가 사용한 도메인이름 자체가 일반 대중에게는 A를 지칭하거나 관련성이 있다고 인식될 가능성이 없다고는 할 수 없고, B가 운영하는 인터넷사이트는 그 사이트에서 실제로 음란물을 제공하는지 여부에 관계없이 웹페이지의 사진, 문구 등의 내용으로부터 인터넷이용자에게 음란물을 제공하거나 안내하는 음란사이트로 인식될 수 있어서, B가 A의 예명인 '트위스트김'을 도메인이름 및 웹페이지의 광고문구로 이용한 행위는 A가 음란사이트의 운영자이거나 음란물과 관련이 있다고 암시할 뿐만 아니라 A의 예명으로부터 음란사이트를 연상하게 함으로써 A의 사회적 가치 내지 평가가 저해될 가능성이 있는 사정이 인정된다고 하면 B가 A의 예명인 '트위스트김'을 무단으로 도메인이름 및 웹페이지의 광고문구에 이용하고 '트위스트김'이란 검색어로 인터넷검색이 되게 한 행위는 A의 명예,[40] 성명권 등의 인격권을 침해한 불법행위라 볼 수 있다.[41] 그러므로 A의 인격권을 침해한 B는 A에게 인격권의 침해행위로 인한 손해를 배상할 의무가 있다.

3. 개인정보자기결정권의 침해에 따른 불법행위

(1) 개인인물정보를 인물검색유료사이트에 게재한 경우

개인인물정보를 당사자의 동의 없이 인물검색유료사이트에 게재하면 불법행위가 되는가 하는 문제가 있다. 인물정보를 제공하는 사이트를 운영하며 300,000명 가량의 국내 인물의 성명, 성별, 생년월일, 직업, 직장, 이메일주소, 학력, 경력 등의 개인정보를 데이터베이스로 구축·관리하면서 그 개인인물정보를 유료로(검색 1건당 소정의 금액을 받는 방식으로) 불특정 다수의 제3자에게 제공하는 사업을 영위하는 B포털회사와 C언론사에 대하여 대학교수 A가 자신의 동의 없이 자신에 대한 개인인물정보를 수집하여 불특정 다수의 제3자에게 제공한 행위는 개인정보자기결정권을 침해한 불법행위라며 손해배상을 청구한 사건이 있다.

사람은 자신에 관한 정보가 언제 누구에게 어느 범위까지 알려지고 또 이용되도록 할지를 그 정보주체가 스스로 결정할 수 있는 권리로서 개

---

40 명예훼손이란 명예주체에 대한 사회적 평가를 저하시키는 일체의 행위를 의미하며, 반드시 사실을 직접적으로 표현한 경우에 한정되지 아니하고, 간접적이고 우회적인 표현에 의하더라도 그 표현의 모든 취지에 비추어 그 사실의 존재를 암시하고, 또 그로써 특정인의 사회적 가치 내지 평가가 침해될 가능성이 있을 정도의 구체성이 있으면 명예훼손이 성립한다.

41 서울중앙지법 2007.12.26. 선고 2005가합112203 판결.

인정보자기결정권을 가진다.[42] 정보주체가 개인정보의 공개와 이용에 관하여 스스로 결정할 권리를 바로 「개인정보자기결정권」이라 하며,[43] 개인정보자기결정권의 보호대상이 되는 개인정보는 개인의 신체, 신념, 사회적 지위, 신분 등과 같이 개인의 인격주체성을 특징짓는 사항으로서 그 개인의 동일성을 식별할 수 있게 하는 일체의 정보라고 할 수 있고, 반드시 내밀한 영역이나 사사(私事)의 영역에 속하는 정보에 국한되지 않고 공적 생활에서 형성되거나 이미 공개된 개인정보까지 포함한다. 또한 개인정보를 대상으로 한 조사 · 수집 · 보관 · 처리 · 이용 등의 행위는 모두 원칙적으로 개인정보자기결정권에 대한 제한이나 침해가 될 수 있다.

정보주체의 동의 없이 공개된 개인정보를 수집하여 제3자에게 제공하는 행위는 우선 비영리목적으로 이루어진 경우와 영리목적으로 이루어진 경우로 나누어 판단할 수 있다. 만약 비영리적 목적으로 이루어진 경우라면 공개된 개인정보의 경우, 공개된 자료의 성질이나 공개 당시의 상황에 비추어 정보주체의 동의의사가 있다고 인정되는 범위 내에서(가

---

42 개인정보자기결정권은 헌법 제17조의 사생활의 비밀과 자유, 헌법 제10조 제1문의 인간의 존엄과 가치 및 행복추구권, 그 밖에 헌법상의 국민주권의 원리, 자유민주적 기본질서 등을 이념적 기초로 하는 독자적 기본권으로서 헌법에 명시되지 아니한 기본권이다(헌법재판소 2005.5.26. 선고 99헌마513, 2004헌마190(병합) 결정; 헌법재판소 2009.10.29. 선고 2008헌마257 결정 등 참조).

43 개인정보자기결정권의 핵심은 개인정보의 처리에 관한 동의 여부, 동의의 범위 등에 대한 선택·결정을 해당 정보주체가 하여야 한다는 사실에 있고, 특히 영리목적으로 제공하는 개인정보는 통상 인터넷에 산재해 있는 다른 무료정보와는 달리 정보주체의 동의를 거친 정확한 정보로 인식할 개연성이 높고, 같은 맥락에서 영리목적으로 제공하는 개인정보에 허위 내지 오류가 게재되어 있을 경우에 정보주체가 상당한 피해를 입을 수 있으므로, 그 개인정보를 이용하는 사람의 이익을 위해서든 정보주체의 이익을 위해서든 영리목적으로 제공하는 개인정보에 대하여는 영국의 Who's Who나 미국의 Marquis Who's Who가 하는 정도의 엄격한 등재절차까지 거칠 필요는 없다고 하더라도, 적어도 정보주체의 동의와 확인을 거쳐야 한다.

령 공개된 개인정보라 하더라도 부정한 목적으로 수집하여 제3자에게 제공하는 행위는 정보주체의 동의의사가 있다고 보기 어렵다) 비영리적 목적으로 수집하여 제3자에게 제공하는 행위는 특별한 사정이 없는 한 적법하다고 보아야 한다. 다만 비록 비영리적 목적으로 이루어진 경우라 하더라도 정보주체의 동의의사가 있다고 인정되는 범위를 초과하여 공개된 개인정보를 수집하여 제3자에게 제공하는 행위는, 정보주체가 공적 존재이고, 개인정보의 내용 또한 공공성 내지 공익성을 가지고 있는 한편, 그 수집 및 제공방법이 부당하지 아니하다는 등의 특별한 사정이 없는 한 위법하다. 그리고 영리목적으로 이루어진 경우에도 영리목적으로 공개된 개인정보를 수집하여 제3자에게 제공하더라도, 언론사 등이 특정한 공적인 관심사안과 관련하여 취재하여 관련 기사나 방송과 함께 또는 그 연관성 하에서 시의성 있는 보도차원에서 개인정보를 제3자에게 제공하는 경우와 같이 언론 고유의 목적을 달성하기 위하여 이루어진 경우라면 다른 특별한 사정이 없는 한 적법하다고 판단될 수 있다. 그러나 언론 고유의 목적을 달성하기 위한 경우가 아니라 단순히 영리적 목적으로(특히 개인정보를 불특정 다수의 제3자에게 제공하는 행위 자체를 영업으로 하는 자가 그 영업으로서) 공개된 개인정보를 수집하여 제3자에게 제공하는 행위를 정보주체의 동의 없이 한 경우에는, 설령 정보주체가 공적인 존재라 하더라도 다른 특별한 사정이 없는 한 위법하다고 보아야 한다.

(2) 국회의원 A가 「각급학교 교원의 교원단체 및 교원노조 가입현황 실명자료」를 인터넷을 통하여 공개한 행위

인간의 존엄과 가치, 행복추구권을 규정한 헌법 제10조 제1문에서 도

출되는 일반적 인격권 및 헌법 제17조의 사생활의 비밀과 자유에 의하여 보장되는 개인정보자기결정권은 자신에 관한 정보가 언제 누구에게 어느 범위까지 알려지고 또 이용되도록 할지를 정보주체가 스스로 결정할 수 있는 권리이다. 개인정보자기결정권의 보호대상이 되는 개인정보는 개인의 신체, 신념, 사회적 지위, 신분 등과 같이 개인의 인격주체성을 특징짓는 사항으로서 개인의 동일성을 식별할 수 있게 하는 일체의 정보라고 할 수 있고, 반드시 개인의 내밀한 영역에 속하는 정보에 국한되지 아니한다. 역시 공적 생활에서 형성되거나 이미 공개된 개인정보까지 개인정보자기결정권의 보호대상에 포함된다. 그리고 개인의 인격주체성을 특징짓는 사항으로서 개인의 동일성을 식별할 수 있게 하는 개인의 신체, 신념, 사회적 지위, 신분 등과 같은 개인정보를 대상으로 한 조사 · 수집 · 보관 · 처리 · 이용의 행위는 모두 원칙적으로 개인정보자기결정권에 대한 침해에 해당한다.

만약 국회의원 A가 「각급학교 교원의 교원단체 및 교원노조 가입현황 실명자료」를 인터넷을 통하여 공개하면 그 정보는 개인정보자기결정권의 보호대상이 되는 개인정보에 해당하므로, 그 개인정보를 일반 대중에게 공개하는 행위는 해당하는 교원의 개인정보자기결정권과 전국교직원노동조합의 존속, 유지, 발전에 관한 권리를 침해하는 경우가 되고, A가 그 개인정보를 공개한 표현행위로 인하여 얻을 수 있는 법적 이익이 그 개인정보를 공개하지 않음으로써 보호받을 수 있는 해당하는 교원이나 전국교직원노동조합의 법적 이익에 비하여 우월하다고 할 수 없으므로, A의 정보공개행위는 해당하는 교원의 개인정보자기결정권를 침해하는 불법행위가 된다.[44]

(3) 공개된 개인정보를 이용하여 변호사의 인맥지수 및 승소율이나 전문성지수를 제공하는 사이트를 운영한 행위

1) 서언

개인정보자기결정권의 보호대상이 되는 개인정보는 개인의 신체, 신념, 사회적 지위, 신분 등과 같이 개인의 인격주체성을 특징짓는 사항으로서 개인의 동일성을 식별할 수 있게 하는 일체의 정보라고 할 수 있고, 반드시 개인의 내밀한 영역에 속하는 정보에 국한되지 않고 공적 생활에서 형성되거나 이미 공개된 개인정보까지 포함한다.[45] 가령 공적 존재인 정보주체가 언론사와의 인터뷰를 통하여 공개한 자신의 학력, 경력 등의 개인정보는 취재 및 보도라는 언론 고유의 목적을 위하여, 또는 공공의 이익을 위하여 이용하라고 공개한 정보이지 그 개인정보 자체를 영리목적으로 제3자에게 제공하라고 공개한 정보로는 보기 힘들다. 그리고 정보주체가 자신의 SNS매체에 그 개인정보를 스스로 공개한 경우에도 그 개인정보는 다른 인터넷 유저와 사이에 교호적 관계를 형성하고 의사소통을 하기 위하여 이루어진 정보이지 그 개인정보를 그 교호적 관계 내지 의사소통과는 전혀 무관한 제3자에게, 특히나 영리목적으로 제공하는 경우까지 용인하는 차원에서 이루어진 정보로는 보기 어렵다. 그러므로 비록 공개된 개인정보라 하더라도 영리목적으로 수집하여 제3자에게 제공하는 행위의 경우, 다른 특별한 사정이 없는 한, 정보주체의 이익보다 우선하는 정당한 이익이 있다고는 볼 수 없으므로, 개인정보자기결정권의 침해에 따른 불법행위가 된다고 보아야 한다.

---

44 대법원 2014.7.24. 선고 2012다49933 판결.

45 대법원 2014.7.24. 선고 2012다49933 판결.

2) 변호사의 「인맥지수」를 공개하는 서비스

예컨대 A는 홈페이지(http://www.lawmarket.co.kr)에서 여러 경로를 통하여 변호사의 개인신상정보(변호사의 이름, 출생지, 성별, 사법시험 합격연도, 사법연수원 기수, 출신학교, 법원 · 검찰 근무경력 등의 정보)를 수집한 후에 그 개인신상정보를 이용하여 특정 법조인 2명 사이에 개인정보 및 경력이 일치하는 경우 일정 점수를 부여하여 합산하는 방법으로 이른바 「인맥지수」[46]를 산출하여 제공한 경우에 그 인맥지수서비스제공행위가 변호사의 개인정보에 관한 인격권을 침해하는가가 문제된 경우가 있다. A가 홈페이지에서 인맥지수를 해설하면서, 철저하게 공개되고 검증된 자료를 기초로 하고 점수를 계산하는 방법은 특허등록이 되어 있으며 4년여에 걸쳐 200명 이상의 법조인과의 인터뷰를 통하여 세부항목에 부여되는 점수의 정확도를 높이기 위하여 최선을 다하고, 한편 A는 인맥지수를 이용하여 '가까운 법조인 찾기', '두 사람의 관계 보기', '징검다리 인물 찾기' 등의 검색서비스를 유료로 제공한 사실이 인정된다고 하면 A가 산출 · 제공한 인맥지수는 변호사의 공개된 개인정보를 단순히 그대로 이용한 경우에 불과하지 아니하고, 법조인간 개인정보가 일치하는 경우 점수를 부여하고 배점비율을 달리하거나 가산점을 부여함으로써 변호사의 개인정보를 주관적인 방법으로 재가공하

---

46 인맥지수에 반영되는 요소로는 출생지, 고등학교, 대학교, 대학원, 외국대학교, 사법연수원, 법원·검찰청 근무경력 등이 있고, 같은 반영요소 중에서도 A가 정한 기준에 따라서 반영비율이 달라지기도 하고(예를 들어 사법연수원 동기라 하더라도 1~9기 동기에는 10점, 10~12기 동기에는 7점, 13~27기 동기에는 3점, 28~34기 동기에는 1점을 부여한다), 중복되는 경력요소에는 가산점이 부여되어 반영비율이 높아지기도 한다(예를 들어 고등학교 졸업동기이자 같은 대학 및 같은 학과의 동문일 경우에는 3점이 추가로 가산되고, 고시반이 존재하는 사립대학교 0~7년차 동문의 경우에도 역시 3점이 추가로 가산된다).

여 수치화한 경우라고 보아야 한다. 비록 인맥지수의 산출에 이용된 개인신상정보가 이미 불특정 다수인에게 공개되고 있는 정보라고 하더라도, 산출된 인맥지수는 법조인간의 친밀도라는 사적이고 인격적인 정보를 내용으로 하는 전혀 별개의 새로운 가치를 갖는 정보이고, 그 인맥지수에 의하여 표현되는 법조인간의 친밀도는 변호사의 공적 업무에 대한 평가적 요소와는 무관한 사적인 영역에 속하는 정보로서 법률수요를 가지는 일반시민이 변호사를 선택하기 위하여 최소한도로 제공받아야 할 공익적 가치가 있는 개인적 및 직업적 정보라고 할 수도 없다. 특히 원래 사람간의 친밀도라는 사항은 지극히 개인의 사적인 영역에 속하는 정보로서 타인이 알 수 없으나, 인맥지수는 A가 주관적 기준에 따라서 산출한 정보임에도 마치 실제 법조인간의 객관적 친밀도를 표현한 경우처럼 혼란을 초래할 우려가 크다. 또한 A가 제공하는 인맥지수서비스는 사회일각의 사법불신풍조에 편승하여 법조인간의 친밀도가 재판과 수사에도 영향을 미친다는 인식에서 출발한 경우로 보아야 하고, 그 인맥지수서비스를 필요로 하는 사람도 주로 그 인식하에서 인맥지수서비스에 접근한다고 보아야 하므로, 인맥지수서비스가 통용된다면 일반의 그릇된 인식이 심화되고 결과적으로 재판이나 수사의 공정성에 대한 불필요한 의심이 조장될 우려가 크다. 그러므로 인맥지수서비스의 보호를 통하여 정보주체인 변호사의 동의 없이 자유롭게 인맥지수를 공개할 수 있도록 함으로써 달성되는 공적 가치의 보호의 필요성이 높다고 할 수도 없고, 우연히 유리한 인맥지수가 제공된 특정 변호사는 다른 변호사와의 경쟁에서 우위를 점할 수 있게 되고 그 우월적 지위는 인맥이라는 정당하지 않은 근거를 바탕으로 하는 경우이어서 인맥지수서비스는 변호사의 공정한 수임질서를 저해할 우려도 있다.[47] 결국 A가 제공한 인맥지수의 사적 · 인격적 성격, 그 산출과정에서의 왜곡가능성, 그 이용으로 인한 변호사의 이익침해와 공적 폐해의 우려, 그에 반하여 그 이용으로 인하여 달성될 공적인 가치의 보호필요성 정도 등을 종합적으로 고려하면, A가 변호사의 개인신상정보를 기반으로 한 인맥지수를 공개하는 서비스를 제공하는 표현행위에 의하여 얻을 수 있는 법적 이익이 그 인맥지수를 공개하지 아니함으로써 보호받을 수 있는 변호사의 인격적 법익에 비하여 우월하다고 볼 수 없다고 보아야 하므로, A의 인맥지수서비스제공행위는 변호사의 개인정보에 관한 인격권을 침해하는 위법한 불법행위가 된다.

3) 변호사의 승소율이나 전문성지수를 제공하는 서비스

변호사정보제공웹사이트운영자 A가 대법원 홈페이지에서 제공하는 「나의 사건검색」 서비스를 통하여 수집한 사건정보를 이용하여 변호사의 '승소율이나 전문성지수'를 제공하는 서비스를 영리적으로 운영한 경우에 변호사의 개인정보에 관한 인격권을 침해하는 위법한 행위로 평가할 수 있는가가 문제된 사건이 있다. A가 1993년부터 2005년까지 대법원 홈페이지의 「나의 사건검색」 서비스를 통하여 소송 약 3,500만건에 대한 사건번호, 사건명, 소송대리인, 종국결과와 같은 사건정보를 수집한 후에 그 사건정보로 승소율, 전문성지수를 산출하여 홈페이지를 통하여 '10년간 소송통계', '변호사 수행정보', '변호사 전문분야', '변호사 vs 변호사', '분야별 전문가', '분야/인맥 동시 검색' 등의 검색서비스를 유료

47 자세한 내용에 대하여는 대법원 2011.9.2. 선고 2008다42430 전원합의체 판결 참조.

로 제공한 경우 본래 변호사는 공공성을 지닌 법률전문직으로서 기본적 인권을 옹호하고 사회정의를 실현함을 사명으로 하는 공적인 존재에 해당하므로(변호사법 제1조, 제2조), 그 직무수행은 국민의 광범위한 감시와 비판의 대상이 되고, 또한 사건정보는 변호사 개인의 사적이고 내밀한 영역보다는 변호사의 직무수행의 영역에서 형성된 공적 정보로서의 성격을 강하게 지니고 있다고 보아야 하므로(공적 정보로서의 성격은 사건정보가 A에 의하여 변호사별로 재가공되더라도 변함이 없다), 비록 A가 제공하는 승소율이나 전문성지수가 불완전한 정보라 하더라도 법률서비스의 중요성에 비추어 볼 때 법률서비스제공자인 변호사의 능력과 자질에 대한 다방면의 검토가 필요하며, 그 측면에서 A가 제공하는 승소율이나 전문성지수와 같은 정보도 참고할 수 있는 정도의 정보는 될 수 있고, 결국 그 정보의 취사선택은 법률수요를 찾는 사람에게 맡겨져야 한다(A에 의하여 산출방법의 내역과 그 불완전성 및 한계성이 공개되어 있는 이상, 승소율이나 전문성지수의 서비스제공으로 인하여 변호사의 사회적 · 직업적 평가가 실제로 침해될 우려도 그다지 크다고 할 수는 없다). 그러므로 변호사의 공적인 존재로서의 지위, 사건정보의 공공성 및 공익성, 사건정보를 이용한 승소율이나 전문성지수의 산출방법의 합리성 정도, 승소율이나 전문성지수의 이용의 필요성, 그 이용으로 인하여 변호사의 이익이 침해될 우려의 정도 등을 종합적으로 고려하면, A가 사건정보를 이용하여 승소율이나 전문성지수를 제공하는 서비스를 하는 행위는 그에 의하여 얻을 수 있는 법적 이익이 승소율이나 전문성지수를 공개하지 아니함으로써 얻을 수 있는 정보주체의 인격적 법익에 비하여 우월하다고 보여 변호사의 개인정보에 관한 인격권을 침해하는

위법한 행위로 평가하기는 어렵다.[48]

(4) 수사기관으로부터 인적사항 일체를 제공하여 달라는 요청을 받고 ID, 이름, 주민등록번호, 이메일, 휴대폰번호, 가입일자를 제공한 경우

인터넷에서 정보검색, 커뮤니티(카페, 블로그, 미니홈피 등의 서비스를 말한다), 오락 등의 서비스를 제공하는 국내 최대의 인터넷포털사이트인 네이버(도메인이름은 'www.naver.com'이고, 전기통신사업법상의 부가통신사업자이자 정보통신망법상의 정보통신서비스제공자이다)에 개설된 카페게시판에 A가 자신의 ID를 사용하여 익명으로 게재한 게시물과 관련하여 수사기관으로부터 게시물작성자의 인적사항 일체를 제공하여 달라는 요청을 받은 네이버가 A의 ID, 이름, 주민등록번호, 이메일, 휴대폰 번호, 가입일자를 제공한 사건에서 네이버는 A가 입은 정신적 손해에 대하여 위자료를 지급할 의무가 있는가가 문제된 경우가 있다. 구체적으로 살펴보면 A는 네이버의 약관에 동의하고 회원으로 가입하여 네이버와 사이에 서비스이용계약을 체결한 이후 네이버에 개설된 B카페의 회원으로 활동하고 있는데, 2010.3.4.경 인터넷검색을 하다 밴쿠버동계올림픽 선수단 귀국 당시 C장관이 금메달리스트인 D선수를 환영하면서 두 손으로 어깨를 두드리자 D선수가 이를 피하는 듯한 장면을 편집한 사진이 게시되어 있는 사실을 발견하고 그 사진을 B카페의 유머게시판에 '펌옴'이라고 표시하여 올린 뒤 C장관은 2010.3.5. 게시물을 인터넷에 올린 사람에 대하여 명예훼손을 이유로 고소를 제기하고

48 대법원 2011.9.2. 선고 2008다42430 전원합의체 판결 참조.

(그 후 2010.4.28. A에 대한 고소가 취하되어 종결), 네이버가 수사기관으로부터 A의 인적사항 일체를 제공하여 달라는 요청을 받고 A의 ID, 이름, 주민등록번호, 이메일, 휴대폰번호, 가입일자를 제공한 행위에 대하여 A가 네이버가 수사기관에 대하여 A의 주민등록번호와 전화번호 등 인적사항 일체를 제공한 행위는 A의 개인정보를 충실히 보호하여야 할 의무에 위배하여 A의 개인정보자기결정권 내지 익명표현의 자유를 위법하게 침해함으로써 A로 하여금 그 법익침해와 관련한 손해를 입도록 한 경우라고 보아 손해배상을 청구한 사건이 있다. 만약 법령상 정보통신사업자 내지 정보통신서비스제공자의 일반적인 수사협조의무를 확인하고 있을 뿐이고 정보통신사업자 내지 정보통신서비스제공자가 수사기관의 개인정보제공의 요청에 따라야 할 어떠한 의무도 없다고 하면 네이버는 수사기관에 의한 개인정보제공의 요청에 대하여 개별사안에 따라서 제공 여부 등을 적절히 심사하여 이용자의 개인정보를 실질적으로 보호할 수 있는 역량을 갖추어야 하며, 구체적으로는 침해되는 법익 상호간의 이익형량을 통한 위법성의 정도, 사안의 중대성과 긴급성 등을 종합적으로 고려하여 개인정보를 제공할지와 어느 범위까지 개인정보를 제공할지에 관한 세부적 기준을 마련하는 등으로 이용자의 개인정보를 보호하기 위한 충분한 조치를 취할 의무가 있다. 그러므로 네이버가 수사기관에 대하여 A의 주민등록번호와 전화번호 등 인적사항 일체를 제공한 행위는 A의 개인정보를 충실히 보호하여야 할 의무를 위반하여 A의 개인정보자기결정권 내지 익명표현의 자유를 위법하게 침해함으로써 A로 하여금 그 법익침해와 관련한 손해를 입도록 한 경우라고 보아야 하므로, 네이버는 A가 입은 정신적 손해에 대하여 위자료를 지

급할 의무가 있다.[49]

(5) 이용자가 사용한 컴퓨터에 생성 저장된 로그파일에 이용자의 아이디 및 비밀번호가 기록되게 한 경우

다중이용자 온라인 롤플레잉게임(mmorpg: massively muitiplayer online role playing game, 다수의 이용자가 동시에 접속하여 인공적으로 구현된 게임 속 가상세계에서 각자의 역할을 맡아 그 역할을 수행하는 온라인네트워크게임을 말한다)인 리니지II게임을 개발하여 그 이용서비스를 제공하는 A회사가 2005.5.11. 08:00부터 10:00까지 게임서버 및 네트워크의 정기점검 업데이트작업을 실시하면서 아이디 및 비밀번호의 입력과 관련된 기능을 점검하기 위하여 키보드로 입력한 아이디 및 비밀번호가 이용자의 컴퓨터에 생성 저장되는 로그파일(log file)에 임시로 기록되도록 하였는데, 기능점검 후 실수로 아이디 및 비밀번호의 기록기능을 삭제하지 않은 채 정기점검 업데이트작업을 마치는 바람에 2005. 5. 11. 10:00부터 게임서버에 접속한 이용자의 경우 이용자가 사용한 컴퓨터에 생성 저장된 로그파일에 이용자의 아이디 및 비밀번호가 기록되도록 하여 이용자의 개인정보자기결정권에 대한 침해가 문제된 사건이 있다. 본래 게임서비스이용약관상 A회사는 이용자의 계정정보를 포함한 일체의 개인정보가 서비스시스템으로부터 유출되지 않도록 하며, 제3자에게 공개 또는 제공되지 아니하도록 보호할 의무가 있고, 특히 정보통신망법 제49조에서는 "누구든지 정보통신망에 의하여 처리 보관 또는 전송되는 타인의 정보를 훼손하거나 타인의 비밀을 침해 도

49 서울고등법원 2012.10.18. 선고 2011나19012 판결.

용 또는 누설하여서는 아니 된다"고 규정하고 있으므로, A회사는 게임서비스업자로서 게임을 이용하는 이용자의 개인정보가 유출되지 않도록 필요한 조치를 다하여야 할 계약상, 법률상의 의무를 부담하고 있다. 사례에서와 같이 A회사가 게임서버의 업데이트과정에서 이용자의 개인정보인 아이디와 비밀번호가 암호화되지 않은 상태에서 로그파일에 저장되도록 함으로써, 컴퓨터에 관한 상당 수준의 전문지식이 있는 사람이라면 누구라도 그에 접근하여 이용자의 아이디와 비밀번호를 알 수 있는 상황을 발생시킨 경우에는 이용자의 개인정보를 유출되도록 한 경우로서 게임서비스이용계약 및 법률에서 요구하는 주의의무를 다하지 않은 과실에 해당한다. 그러므로 A회사는 아이디 및 비밀번호가 누설된 사고기간 동안 게임서비스에 접속하여 개인정보유출의 위험에 처하게 된 이용자가 입은 정신적 손해를 배상할 책임이 있다.[50]

이용자가 유출사고기간 중에 PC방 등과 같이 불특정 다수인이 함께 사용하는 컴퓨터를 사용한 경우가 아니라 개인용 컴퓨터를 사용하여 게임서비스에 접속한 경우라고 하면 개인정보유출의 위험이 없고, 또한 PC방 등에서 접속한 경우라고 하더라도 A회사가 신속한 패치작업을 통하여 개인정보유출을 막은 사정이 인정되며, 개인정보유출사고로 인하여 이용자의 개인정보가 유출되어 실제로 피해가 발생한 사실이 없으므로 이용자의 손해배상청구에 응할 수 없다고 항변할 수 있는가 문제될 수 있다. 그러나 컴퓨터기술과 인터넷의 발전에 수반하여 해킹 등 타인의 정보를 불법적으로 수집하는 방법도 고도로 발달되어 있는 상황에서는 개인정보유출사고로 인하여 이용자의 개인정보가 공개된 로그파일

---

50 서울중앙지방법원 2006.4.28. 선고 2005가단240057 판결(항소).

이 PC방 등에 있는 컴퓨터가 아닌 개인용 컴퓨터에 저장되어 있다고 하더라도 이용자의 개인정보유출의 위험이 없다고 볼 수 없다. A회사가 2005. 5. 16. 12:00 이후에 PC방 등에서 패치작업을 한 이후에도 상당기간 동안은 로그파일의 개인정보가 그대로 남아 있어서 개인정보유출의 위험이 존재한 사실을 인정할 수 있다고 하면 비록 유출된 개인정보를 이용한 다른 사고가 확인된 바가 없다고 하더라도 이용자는 정신적 손해를 입지 않는다고는 말할 수 없으므로 개인정보의 유출로 인한 손해배상책임을 인정할 수 있다.[51]

(6) 이메일을 발송하면서 실수로 개인정보가 수록된 텍스트파일을 첨부한 경우

주택복권업무를 취급하는 A회사와 사이에 인터넷주택복권서비스이용계약을 체결하고 인터넷뱅킹, 신용카드 등을 이용하여 인터넷주택복권통장을 개설한 고객을 상대로 복권통장에 일정 금액 이상이 예치되어 있을 경우 복권을 구입하고 복권통장으로 당첨금을 지급하는 서비스를 제공하는 국민은행의 담당직원이 2006.3.15. 13:50경 인터넷주택복권서비스이용계약을 체결한 가입회원 중 최근 3개월간 인터넷주택복권서비스를 이용하지 아니한 32,277명의 회원에게 인터넷주택복권서비스에 관한 안내이메일을 발송하는 과정에서, A를 포함한 32,277명의 회원의 성명, 주민등록번호, 이메일주소, 최근 접속일자가 수록된 텍스트파일을 이메일의 첨부파일란에 첨부하여 발송하는 사고가 발생하여 개인정보의 침해에 따른 손해배상책임이 문제된 경우가 있다. 헌법 제10조

51 서울중앙지방법원 2006.4.28. 선고 2005가단240057 판결(항소).

는 "모든 국민은 인간으로서의 존엄과 가치를 가지며, 행복을 추구할 권리를 가진다. 국가는 개인이 가지는 불가침의 기본적 인권을 확인하고 이를 보장할 의무를 진다."고 규정하고, 헌법 제17조는 "모든 국민은 사생활의 비밀과 자유를 침해받지 아니한다."라고 규정하고 있으므로, 헌법상의 규정은 개인의 사생활활동이 타인으로부터 침해되거나 사생활이 함부로 공개되지 아니할 소극적인 권리는 물론, 오늘날 고도로 정보화된 현대사회에서 자신에 대한 정보를 자율적으로 통제할 수 있는 적극적인 권리까지도 보장하려는 데에 그 취지가 있다고 해석되므로,[52] A 등은 자신의 의사에 반하여 개인정보가 함부로 공개되지 아니할 권리를 가진다. 그리고 헌법에 의하여 보장된 기본권을 보호하기 위하여 특별법으로서 정보통신망법이 제정되어 있고, 정보통신망법 제28조에 의하여 정보통신서비스제공자는 이용자의 개인정보를 취급함에 있어서 개인정보가 분실, 도난, 누출, 변조 또는 훼손되지 아니하도록 안전성의 확보에 필요한 기술적, 관리적 조치를 하여야 하므로, A의 개인정보를 수집 관리하는 정보통신서비스제공자인 국민은행으로서는 A 등의 개인정보가 누출되지 않도록 필요한 관리적 조치를 다하여야 할 주의의무를 부담한다.[53]

개인의 성명과 주민등록번호, 이메일주소는 정보통신망법 제2조 제1항 제6호에서 정한 '개인정보'에 해당한다.[54] 국민은행은 A 등의 개인정

52 대법원 1998.7.24. 선고 96다42789 판결 참조.

53 서울중앙지방법원 2007.2.8. 선고 2006가합33062, 53332 판결(항소).

54 이메일주소는 당해 정보만으로는 특정 개인을 알아볼 수 없을지라도 다른 정보와 용이하게 결합할 경우 당해 개인을 알아볼 수 있는 정보라 할 수 있으므로 정보통신망법의 규정상의 '개인정보'에 해당한다.

보가 누출되지 않도록 할 관리상의 주의의무를 부담함에도 불구하고, 이메일을 전송하는 과정에서 A 등의 개인정보에 해당하는 성명, 주민등록번호, 이메일주소 등을 수록한 텍스트파일을 만연히 첨부파일란에 업로드하여 이메일을 수신한 자로 하여금 A 등의 개인정보를 지득할 수 있게 함으로써 그 주의의무를 위반한 경우라고 할 수 있다. 비록 국민은행의 이메일발송담당자가 이메일에 대한 발송승인을 할 때 메일서버시스템의 속도가 과부하로 인하여 순간적으로 느려져 텍스트파일이 첨부파일란에 업로드된 표시가 나타나지 않고, 그 문제로 인하여 이메일발송담당자는 파일이 이메일에 첨부된 사실을 확인할 수 없는 상태에서 이메일을 발송하게 된 사정이 있다고 하더라도 그 사정만으로 이메일에 텍스트파일이 첨부된 사고가 메일서버 자체의 기술상의 하자에 기인한 경우라거나 국민은행에게 과실이 없다고 할 수 없다고 보아야 한다.

정보사회에서는 컴퓨터기술과 인터넷의 발전으로 인하여 전자상거래나 각종 온라인상의 서비스이용을 위하여서는 웹사이트상에 자신의 주민등록번호, 이메일주소, 전화번호, 주소 등의 개인정보를 필수적으로 입력하여야 하는 경우가 많다. 그리고 정부기관뿐 아니라 민간단체나 기업도 방대한 양의 개인정보를 컴퓨터에 쉽게 수집·축적할 수 있게 됨에 따라서 개인정보가 인터넷상에서 대량으로 처리·이용되는 경우가 빈번해지고 있어 정보통신서비스제공자에 대한 개인정보보호에 대한 고도의 주의의무가 요구되고 있다. 또한 인터넷상에서 개인의 식별은 기본적인 데이터에 의해서만 이루어지므로 개인정보를 이용하여 당해 개인에 대한 혼동을 일으킬 가능성이 매우 크고, 현행 주민등록법에 의하여 전 국민에게 부여되는 주민등록번호는 유일하고 영구적이며, 일신전속적인 특성을 지니고 있는데, 인터넷상에서 개인의 식별이 주민등록번호에 의하여 이루어지는 경우가 많아 주민등록번호가 그 의사에 반하여 유출되는 경우 제3자에 의하여 네트워크상에 분산되어 있는 개인에 대한 데이터가 조합되거나 도용될 위험성이 크다. 그러므로 개인정보보호 관련 규정에서는 개인정보를 수집, 이용, 제공 또는 관리하는 자에게 개인정보를 보호하기 위하여 노력하여야 할 적극적인 의무를 부과하고 있고, 또한 정보통신서비스제공자에게 주민등록번호, 이용자가 공개에 동의하지 않은 개인정보를 정보통신망 외부로 송신하거나 PC에 저장할 때에 그 개인정보를 암호화하도록 요구하고 있다.

국민은행의 담당직원이 실수로 A 등의 성명, 주민등록번호, 이메일주소가 수록된 텍스트파일을 이메일에 첨부하여 전송함으로써 A 등의 개인정보가 누출된 경우라고 하면 A 등을 비롯한 정보통신서비스이용자가 정보통신서비스제공자인 국민은행에 대하여 요구하는 개인정보보호에 대한 고도의 주의의무를 소홀히 한 경우라고 능히 평가할 수 있는 사정 등을 종합해 보면, 국민은행이 A 등의 성명, 주민등록번호, 이메일주소 등을 누출함에 따라 A 등은 자신의 개인정보를 제3자가 알게 되거나 그 개인정보를 도용 또는 악용할지도 모를 위험에 노출되게 된다고 할 수 있으므로, A 등이 정신적 고통을 받는다는 사정을 경험칙상 인정할 수 있다. 특히 국민은행의 개인정보 누출로 인하여 헌법에 의하여 보장된 A의 기본권인 자신의 의사에 반하여 개인정보가 함부로 공개되지 아니할 권리가 침해된 경우라고 할 수 있으므로, A 등의 이른바 개인정보자기결정권은 인격적 이익에 직접 관계되는 권리로서 A 등이 받은 정신적 고통은 통상손해라고 보아야 하고, 비록 국민은행이 신속하게 사후조치를 취하여 결과적으로 A 등의 성명, 주민등록번호 및 이메일주소가 악용 또는 도용된 사실이 없다고 판명되고, 이메일시스템상의 스팸메일제한장치의 작동으로 스팸메일의 유해성으로부터 어느 정도 보호받을 수 있는 등의 사정이 있더라도 그 사정은 위자료의 액수를 산정하는 과정에서 참작할 요소에 불과할 뿐, 그 이유로 인격권을 침해받은 A 등에게 정신적 손해가 발생하지 않는다고 볼 수는 없다.[55] 다만 국민은행이 A 등에게 지급할 위자료의 액수에 관하여 살펴보면 우선 국민은행에 관하여 보면, (i) 사고의 발생 후 1시간 이내에 사고를 인지하고 이메일발송대상회원 중 약 1/10 정도에게만 이메일이 발송된 상태에서 발송을 중단하는 한편, 이미 이메일이 전송된 3,723명의 회원의 이메일계정을 관리하는 포털사이트운영자에게 이메일을 회수하여 주기를 요청하여 3,723명의 회원에게 전송된 이메일 중 이미 열람한 641명의 회원을 제외한 나머지 회원에게 전송된 이메일을 회수하는 등 사후조치를 신속하게 취함에 따라 A 등의 주민등록번호 및 이메일 등 개인정보가 유포되는 범위를 줄임으로써 그 악용 또는 도용의 가능성을 감소시킨 사정, (ii) A 등의 주민등록번호 및 이메일주소가 실제로 악용 또는 도용된 사실이 개개인별로 구체적으로 밝혀지지 아니하고, A 등도 개개인의 사정을 따로 고려하지 않고 획일적으로 같은 금액을 청구하고 있는 사정, (iii) 이메일을 전송받아 열람한 641명은 자신의 정보가 누출된 피해자에도 해당하여 그 개인정보를 수집할 목적이 있는 사람이 아닐뿐더러, 텍스트파일은 개인의 이메일계정으로 전송되므로 국민은행의 행위만으로는 이메일을 받은 사람 외에 일반인의 접근이 가능한 상태에까지 이르지는 않은 사정, (iv) 자기의 의사에 반하여 이메일주소가 유출되는 경우 제3자로부터 발송되는 스팸메일의 수신이 증가하거나 또는 자신의 이메일

55 서울중앙지방법원 2007.2.8. 선고 2006가합33062, 53332 판결(항소).

계정으로 제3자에게 스팸메일이 발송되는 등의 피해가 발생할 수 있으나, 대부분의 이메일시스템은 스팸메일제한장치를 갖추고 있어서 스팸메일의 유해성으로부터 어느 정도 보호받을 수 있는 사정, (v) 사고는 본질적으로 국민은행의 담당직원의 단순 실수로 인한 경우로서, 국민은행이 영업상 이익을 추구하는 과정에서 개인정보보호시스템에 중대한 하자를 야기하거나 그 하자를 그대로 방치하여 개인정보보호를 태만히 한 경우로는 보이지 않는 사정, (vi) 현실적으로 컴퓨터전산망을 통한 개인정보의 유출방지가 기술적으로 완벽할 수는 없는 반면, 오늘날 컴퓨터전산망을 통한 정보의 전달과 이용은 기업뿐 아니라 소비자에게도 필수적으로 되고 있어 그 위험은 어느 정도 감수할 수밖에 없는 사정, (vii) 컴퓨터전산망을 통한 정보의 전달과 이용이 필수적으로 되고 있으므로 개인정보의 보호뿐만 아니라 컴퓨터전산망을 통한 기업활동의 효율성의 측면도 균형있게 고려할 필요가 있는 사정 등의 참작사유가 있고, 한편 A 등에 관하여 보면, (i) 누출된 A 등의 개인정보인 성명, 이메일주소, 특히 주민등록번호는 개개인에 대한 식별수단으로서 그 유출로 인하여 신분도용의 문제까지 발생할 수 있는 중요정보인 사실, (ii) 국민은행이 A 등의 개인정보를 담은 텍스트파일에 대한 암호화조치를 제대로 하지 않아 유출된 파일을 받은 사람이 손쉽게 열어볼 수 있게 하고, 더구나 그 개인정보는 서로 결합됨으로써 개인의 식별가능성이 훨씬 커지는데 그 개인정보가 '성명, 주민등록번호, 이메일주소' 또는 '성명, 이메일주소'의 형태로 서로 결합되어 유출된 사실, (iii) 개인정보는 상품이나 서비스를 제공하는 사업자에게는 홍보활동 등의 유용한 영업수단이 되므로, 개인정보를 영리적으로 이용하는 사업자로서는 그에 따른 모든 책임도 부담하여야 한다는 사실, (iv) 국민은행은 A 등의 인터넷주택복권서비스가

입시 고객이 제공한 개인정보를 소중히 여기며 그 보호에 최선을 다하기로 다짐한다는 등의 '개인정보보호방침'을 인터넷에 게시하고, 뿐 아니라 가입자로부터 개별동의를 받는 전자금융기본거래약관 제24조에도 국민은행의 관리소홀로 인한 정보유출시에는 국민은행이 책임을 진다고 규정하는 등 스스로 개인정보보호의 책임을 다하기로 다짐하여 서비스가입자를 안심시킨 사실, (v) 국민은행이 사고 후 제공한 정보도용차단서비스가 제3자의 정보도용시도에 대한 완벽한 차단책이 되지는 못하고, 서비스제공시기도 1년간으로 제한되어 있어 향후 A 등의 개인정보가 도용될 위험이 완전히 제거되지 못한 사실 등의 참작사유가 있으므로, 법원은 제반사정을 종합적으로 고려해 보면, 국민은행이 성명, 주민등록번호, 이메일주소의 정보가 누출된 A 등에게 배상하여 할 위자료는 각 200,000원, 성명과 이메일주소가 누출된 A 등에게 배상하여야 할 위자료는 각 100,000원으로 정함이 상당하다고 본다.[56]

(7) 온라인입사지원사이트에 입사지원의 목적으로 제공된 개인정보를 일반인도 쉽게 채용사이트에 접속하여 입사지원정보를 열람하게 된 경우

엘지전자는 2006.9.3.경 2006년 하반기 신입사원채용공고를 하고, 2006.9.4.부터 2006.9.19.까지 엘지전자의 홈페이지 중 인재채용란을 통하여 인터넷으로 신입사원지원을 받았는데(A 등을 포함한 입사지원자가 채용사이트에서 입사지원서를 작성한 과정을 보면 자신의 성명, 주민등록번호, 이메일주소를 입력한 다음 등록버튼을 클릭하여 지원서작

56 서울고등법원 2007.11.27. 선고 2007나33059, 33066 판결 참조.

성페이지로 이동, 입사지원서의 구체적인 내용을 작성하게 되며, 그 경우 자동적으로 해당 입사지원자의 주민등록번호 뒷자리가 비밀번호로 부여되고(자동부여된 비밀번호는 입사지원자가 임의로 변경할 수 있다), 입사지원자가 등록정보의 수정이나 조회를 위하여 다시 채용사이트에 접속(로그인)하기 위하여는 성명, 주민등록번호, 이메일주소, 비밀번호를 입력하도록 되어 있으며, 접속할 경우 자신의 등록정보만 수정이나 조회가 가능하도록 되어 있다), 2006.9.26. 2만2천여명의 입사지원자 중 1천명의 서류전형합격자를 발표하자 서류전형에서 불합격통지를 받은 B가 인터넷 익스플로어의 새창열기(Ctrl+N)를 실행하여 채용사이트의 URL주소를 확인, 그 소스를 확보한 다음 그 소스 중 Process ID에 자신의 Process ID와 비슷한 값을 넣고 실행해 본 결과 다른 입사지원자의 등록정보가 나타나는 사실을 발견하고는 URL정보를 분석하고 불필요한 정보를 제거한 후 누구나 쉽게 조회해 볼 수 있도록 구조화하여 링크파일을 만들어 취업관련 정보공유카페의 게시판에 닉네임으로 'LG전자의 모든 지원서는 누구나 볼 수 있다'라는 제목 하에 올려 A 등의 입사지원정보를 열람하게 되는 사고가 발생하자 A 등이 엘지전자를 상대로 손해배상을 청구한 사건이 있다. 본래 헌법 제17조는 "모든 국민은 사생활의 비밀과 자유를 침해받지 아니한다."라고 규정하고 있으므로, 개인의 사생활활동이 타인으로부터 침해되거나 사생활이 함부로 공개되지 아니할 소극적인 권리는 물론, 오늘날 고도로 정보화된 현대사회에서 자신에 대한 정보를 자율적으로 통제할 수 있는 적극적인 권리까지도 보장된다.[57] 그리고 개인정보보호에 관한 헌법의 원칙을 구체화

57 대법원 1998.7.24. 선고 96다42789 판결 참조.

한 법률의 규정에 의하여 또는 해당 법률의 규정이 없더라도 사법상의 일반원칙을 규정한 조항을 통하여 사인간에도 헌법의 원칙이 적용된다. 또한 개인정보보호법 제24조 제3항에 의하여 개인정보처리자가 고유식별정보(예컨대 주민등록번호 등)를 처리하는 경우에는 그 고유식별정보가 분실, 도난, 유출, 변조 또는 훼손되지 아니하도록 암호화 등 안전성의 확보에 필요한 조치를 하여야 한다. 그러므로 비록 A 등과 엘지전자의 관계에서 엘지전자를 정보통신망법의 적용대상인 정보통신서비스제공자이거나 준용사업자로 볼 수 없고, 엘지전자와 A 등 입사지원자 사이는 기껏해야 근로계약교섭의 초기단계에 불과하여 어떠한 계약관계를 인정하기도 어렵다고 하더라도 엘지전자는 개인정보의 보호를 위한 조치를 강구하여야 할 의무를 부담한다. 특히 엘지전자는 자신의 웹사이트를 통하여 온라인으로 입사지원을 받음으로써 인력과 비용의 절감 및 관리의 편의를 얻고 있고, 온라인입사지원사이트를 통하여 입사지원서를 제출하는 지원자는 자신이 제공하는 정보가 채용 및 인사담당자에게만 공개되리라고 신뢰하고 사적인 영역에 속한 민감한 정보까지 제공한 사정(인터넷이용자가 통상의 전자상거래사이트가입시 개인정보의 유출 또는 제3자에의 제공의 가능성을 염두에 두어, 민감한 개인정보의 제공을 요구하는 사이트에는 가입을 자제하는 경우와 비교된다)에 비추어 보면, 엘지전자는 정보주체인 A 등 입사지원자가 자신의 개인정보를 제공한 목적에 반하여 유출되거나 훼손되지 않도록 당시의 기술수준에 부합하는 보안조치를 취하여야 할 주의의무가 있다. 엘지전자는 입사지원사이트를 통한 입사지원자가 해당 지원기간 동안만 하여도 2만2천여명에 이르며 그 신원조회나 사전검증 없이 입사지원서를 제출받고 있어 입사지원자 중 비정상적인 행위를 하거나 입사지원을 가장하여 해킹을 시도할 사람이 있을 가능성을 배제할 수 없으므로, 그에 상응하는 보안조치를 취하고 입사지원기간이 종료된 후에는 외부로부터 관련 웹서버나 DB서버에 접근하는 경우를 차단하는 등 조치를 취하여야 함에도 불구하고, 입사지원사이트의 URL이 Ctrl키와 N키를 함께 누르는 간단한 조작(새창열기기능의 실행)으로 노출되고, 입사지원자의 지원서내용을 열람할 수 있는 URL 중 특정변수의 인자값을 변경하여 입력하면 인사지원사이트에 침입하여 타인의 입사지원서를 열람할 수 있는 보안취약점을 간과하고 입사지원사이트의 웹서버에 웹방화벽을 적용하지 아니한 사정, B가 2006.9.21.부터 2006.9.26. 다음카페에 게시물을 올리기 전까지 인터넷 웹브라우저프로그램의 주소입력창에 엘지전자의 입사지원사이트의 주소를 입력하고 Process ID에 임의의 값을 입력하는 방법으로 44회에 걸쳐 엘지전자의 입사지원사이트를 방문하여 다른 사람의 입사지원정보를 열람한 정이 인정되나, 엘지전자의 전산시스템은 그 침입에 대한 탐지장치가 구비되어 있지 아니한 사정(엘지전자의 웹서버는 비정상적인 접속이 있을 경우 접속 자체는 허용하되 로그에만 기록을 남기는 방식으로 운영되고, 남겨진 로그기록에 대한 사후적인 모니터링 등의 조치도 없다고 보인다), B가 만든 간단한 자바스크립트링크파일을 실행하기만 하면 로그인 등 아무런 인증절차 없이 엘지전자의 DB서버에 저장된 입사지원자 50명의 사진(영상정보)이 한꺼번에 보여지고 사진을 클릭하면 당해 개인의 학력, 자기소개서 등의 정보가 노출된 사정, B는 같은 방법으로 다른 대기업의 입사지원사이트에도 침입을 시도하고, 엘지전자 등 4개 회사를 제외하고는 보안장치에 막혀 그 뜻을 이루지 못한 사정 등에 비추어 보면, 엘지전자는 당시의 기술수준에 비추어 보더라도 엘지전자가 그 신입사원의 채용을 위한 목적으로 보관중인 개인정보의 분실 · 도난 · 누출 등 방지에 필요한 보안조치를 강구하여야 할 주의의무를 위반한 경우로 보아야 하고, 그로 말미암아 B가 URL 정보를 분석하여 링크파일을 만들고 그 링크파일을 통하여 누구도 쉽게 채용사이트에 접속하여 A 등의 입사지원정보를 열람하게 되는 결과가 발생한 경우라고 보아야 하므로, 엘지전자의 과실과 사고 사이에는 상당인과관계가 있다고 할 수 있다.[58] 또한 A 등이 사고로 인하여 자신이 입사지원의 목적으로 제공한 개인정보가 불특정 다수인에 의하여 열람당함으로써 정신적 고통을 받는다는 사실이 경험칙상 쉽게 인정할 수 있으므로, 엘지전자는 불법행위책임으로서 A 등의 정신적 고통을 금전으로나마 위자할 의무가 있다. 다만 구체적인 위자료의 액수를 산정함에 있어서는 (i) 개인정보를 처리하는 자가 취한 사고 당시의 보안조치의 수준, (ii) 사고발생 후 얼마나 신속하게 사고를 파악하고 적시에 적절한 피해확산방지조치를 취한 경우인지 여부, (iii) 피해자의 자기정보통제권과 관련하여 피해자에 대한 사고발생안내의 적절성 및 피해접수 내지 확인, 피해회복조치의 이행 여부, (iv) 유출된 정보의 성격 및 유출된 정보의 양, (v) 정보가 유출된 범위 및 유출된 정보의 전파가능성, (vi) 스팸메일이나 명의도용 등 추가적인 피해발생 여부, (vii) 개인정보를 처리하는 자가 개인정보를 수집, 처리함으로써 얻는 이익 등이 중요한 요소가 된다. 만약 엘지전자의 보안조치는 당시의 기술수준에 비추어 충분하다고 볼 수 없는 사정, 엘지전자가 자기가 운영하는 시스템의 모니터링이 아니라 다른 인터넷게시판의 모니터링을 통하여 사고를 발견하고(전산시스템담당자가 아닌 다른 직원이 인터넷게시판을 모니터링한 사실

58 서울고등법원 2008.11.25. 선고 2008나25888, 25895, 25901 판결.

을 들어 엘지전자의 시스템에 대한 적절한 사후적인 보안조치로 볼 수 없다), 그로부터 1시간 8분이 경과한 후에야 해당 웹서버가 차단된 사정이 인정되더라도 게시글에 첨부된 링크파일을 다운로드받은 사람은 게시글이 삭제된 후에도 웹서버가 차단되기까지 계속하여 입사지원자의 정보를 열람할 수 있은 사정, 엘지전자는 사고발생 하루 후인 2007.9.27. 19:40경 자신의 입사지원사이트에 사고발생사실을 게시하기만 하고 입사지원자에게 이메일 등을 통하여 안내한 바 없고, 소송에 이르기 전에는 입사지원자에게 개인정보유출 여부와 유출된 정보가 무엇인지 확인하여 준 바 없는 사정, A 등은 학력사항(학점 포함), 어학성적, 경력사항, 연구실적 등은 물론 엘지전자의 채용 및 인사담당자만 본다고 믿고 작성·제출한 개인사나 가족관계, 가치관이나 장래계획 등 사적인 영역의 민감한 정보까지 침범당한 사정, 게시글이 무려 3,056회의 조회수를 기록하고 입사지원자의 등록정보를 열람한 IP주소가 671개이며 3천여명의 입사지원서가 열람당한 사정은 엘지전자의 책임을 통상적인 개인정보침해사건에 비하여 무겁게 볼 사유라고 할 수 있다. 한편, (i) 엘지전자는 성명, 주민등록번호 등 기본적 인적사항은 별도로 보관하고 Master ID에 의하여서만 접근할 수 있도록 하고, URL이 직접적으로 노출되지 않도록 하는 등 나름대로 보안조치를 취한 사실, (ii) 엘지전자는 사고발생 후 해킹방지시스템을 보완하는 등의 조치를 취한 사실, (iii) 엘지전자가 미흡하나마 입사지원사이트에 사고발생사실을 알리고 사과 및 재발방지를 다짐한 사실, (iv) A 등의 성명, 주민등록번호 등은 열람되지 않고, 유출된 정보에 의하더라도 A 등의 지인이나 주변사람이 아니면 실제 A 등의 신원을 구체적으로 특정하기는 어렵게 보이는 사실, (v) A 등의 개인정보는 저장이나 재전송이 어려운 방식으로 열람되고, 유출된 정보의 경제적 가치에 비추어 2차적인 피해확산가능성은 높지 아니한 사실, (vi) A 등의 정보가 추가로 외부에 확산되거나 불법적인 용도에 사용된 사정을 인정할 증거는 발견되지 않는 사실, (vii) 엘지전자가 입사지원자의 개인정보를 처리하는 데에 영리의 목적이 없은 사정과 함께 개인정보유출사고가 제3자 B의 범죄행위를 직접적인 원인으로 하여 발생한 사정 등은 엘지전자의 책임을 가볍게 하는 사유라고 할 수 있다. 결국 법원은 제반사정을 모두 고려하면, 엘지전자가 A 등에게 배상하여야 할 위자료의 액수는 각 300,000원으로 정함이 상당하다고 본다.[59]

(8) 시스템점검을 위하여 아이디와 비밀번호를 임시로 부여받은 후에 시스템점검이 끝난 뒤 아이디와 비밀번호를 삭제하지 아니하여 웹사이트에 휴대폰번호를 입력하면 개인정보가 서버로부터 전송되는 상태에 있는 경우

A회사가 개인휴대통신서비스를 제공하는 엘지유플러스로부터 서버와 연동하는 웹사이트의 시스템점검을 위하여 서버와 연동할 수 있는 아이디와 비밀번호를 임시로 부여받은 후에 시스템점검 뒤 아이디와 비밀번호를 삭제하지 아니하여 웹사이트의 폰정보조회페이지에 휴대폰번호를 입력하면 휴대폰번호가입자의 개인정보가 서버로부터 전송되는 상태에 있음을 이유로, 엘지유플러스가 제공하는 개인휴대통신서비스에 가입한 B 등이 엘지유플러스를 상대로 개인정보 누출로 인한 손해배상을 구한 사건이 있다. 본래 정보통신망법으로 보호되는 개인정보의 누출이란 개인정보가 해당 정보통신서비스제공자의 관리 · 통제권을 벗

59 서울고등법원 2008.11.25. 선고 2008나25888, 25895,25901 판결 참조.

어나 제3자가 그 내용을 알 수 있는 상태에 이르게 된 경우를 의미한다. 만약 어느 개인정보가 정보통신서비스제공자의 관리 · 통제하에 있고 그 개인정보가 제3자에게 실제 열람되거나 접근되지 아니한 상태라면, 정보통신서비스제공자의 기술적 · 관리적 보호조치에 미흡한 사정이 있어서 제3자가 인터넷상 특정 사이트를 통하여 정보통신서비스제공자가 보관하고 있는 개인정보에 접근할 수 있는 상태에 놓여 있다고 하더라도 그 사실만으로 바로 개인정보가 정보통신서비스제공자의 관리 · 통제권을 벗어나 제3자가 그 내용을 알 수 있는 상태에 이르게 된 경우라고 할 수는 없다. 그러므로 엘지유플러스가 운영하는 웹사이트의 폰정보조회페이지에 B 등의 휴대폰번호를 입력하기 전에는 B 등의 개인정보는 서버에 그대로 보관된 채 아무런 접근이 이루어지지 않고, 엘지유플러스가 관리 · 통제권을 행사하여 웹사이트와 서버가 더 이상 연동하지 않도록 함으로써 B 등의 개인정보에 대한 접근과 전송의 가능성을 없앨 수 있었던 상태에 있었으므로, B 등의 휴대폰번호가 웹사이트의 폰정보조회페이지에 입력된 경우인지가 확인되지 않은 상황에서는 웹사이트와 서버가 연동하고 있다 하더라도 B 등의 개인정보가 엘지유플러스의 관리 · 통제권을 벗어나 제3자가 내용을 알 수 있는 상태에 이르게 된 경우라고 볼 수 없으므로, B 등의 사생활의 비밀과 자유가 침해되거나 B 등이 정신적 고통을 받은 경우라고 인정되기 어렵다.[60]

(9) 다음이메일의 프로그램에 오류가 발생하여 이용자의 이메일정보가 다른 이용자에게 노출되는 사고가 발생한 경우

60 대법원 2014.5.16. 선고 2011다24555, 24562 판결.

인터넷포털사이트인 다음이 웹이메일서비스를 제공하면서 이메일서비스이용자가 다음에 접속하면 본인의 마지막 로그인기록을 보여주는 기능을 추가한 프로그램을 개발하여, 2008.7.22. 15:10경 이메일서비스이용자를 대상으로 배포한 후에 그 프로그램에 오류(일명 '버그')가 발생하여 동시간대에 다음서버에 접속한 이용자가 어떤 서비스를 요청한 경우 마지막에 서비스를 요청한 이용자의 이메일정보가 동시에 접속한 다른 이용자에게 노출되는 사고가 발생하자 다음이 2008.7.22. 15:25경 이용자의 신고로 상황을 알게 되어 15:55경부터 다음이메일서비스를 차단하기 시작하여 16:10경 다음이메일서비스를 모두 차단하고, 원래의 상태로 되돌리는 프로그램(일명 '롤백프로그램'이라 한다)을 배포하여 원상복구한 후, 17:02경부터 다음이메일서비스를 다시 제공하게 되었는데, 사고 당시 로그기록을 분석한 결과에 의하면, 사고로 인하여 자신의 메일내용을 다른 사람이 본 이용자는 최대 307명, 자신의 메일에 첨부된 파일을 다른 사람이 다운로드한 이용자는 최대 141명으로 확인되어 A 등이 개인정보의 수집, 관리자로서 다음이 회원의 권익을 보호하고 개인정보 등이 누출되지 않도록 보안시스템을 구축하는 등 안전성의 확보에 필요한 조치를 취하여야 함에도 불구하고 그 조치를 게을리 하여, 프로그램을 개발하면서 설계상의 결함을 확인하지 못하고 설치함으로써 A 등의 이메일과 첨부파일이 불특정 다수의 타인에게 노출, 삭제되거나 다운로드되게 하고, 그 이메일이나 첨부파일을 악용한 2차적인 피해가 발생할 우려를 낳게 하는 등으로 손해를 입게 한 이유로 다음에 대하여 위자료의 지급을 청구한 사건이 있다. 다음이 기업활동을 하면서 고객에게 원활한 서비스를 제공하고, 무엇보다도 이메일 등 이용자의 사적인 정보를 소중히 다루고 본인 이외의 사람에게 정보가 함부로 유출되지 않도록 최선을 다할 주의의무가 있음은 명백하다. 그러나 다음이 대부분의 이용자에게 무료로 제공하는 이메일서비스의 보안기능을 개선하려는 목적으로 종래의 프로그램을 업그레이드하는 과정에서 발생하고, 다음은 프로그램의 오류발생에 대비하여 프로그램을 배포하기 전 2008.7.10.부터 2008.7.14.까지 품질관리시험(일명 QA테스트)을 하고, 2008.7.15.부터 1주일간 다음의 전직원을 상대로 프로그램을 시범가동하여 아무런 장애도 발생하지 않은 사실을 확인하고, 프로그램오류발생 시 신속한 발견이 가능하고 피해를 최소화할 수 있는 시간대를 골라 적당하다고 판단된 사고 당일 15:10경부터 프로그램을 배포하기 시작하고, 사고발생 후 1시간 이내에 다음이메일서비스를 완전히 차단하여 추가적인 정보유출을 막는 한편, 그로부터 1시간 내에 원상복구를 완료하여 서비스를 재개하고, 사고를 수습한 직후 이용자에게 사고발생사실을 알리고 사과 및 재발방지를 다짐한 후에 사고 당시 다음이메일서버에 접속한 이용자에게 추가적으로 이메일용량을 제공하거나, 5년간 프리미엄메일서비스를 제공하거나, 프리미엄메일서비스기간을 5년간 연장하여 주는 등의 보상조치를 취하고, 사고는 본질적으로 새로 개발한 프로그램에 발생한 버그에 의한 경우로서 다음이 영업상 이익을 추구하는 과정에서 개인정보보호시스템에 중대한 하자를 야기하거나 그 하자를 방치하는 등으로 개인정보보호를 태만히 하여 발생한 경우로 볼 수는 없으므로, 다음이 프로그램의 제작, 배포과정 및 그 후 사고수습과정에서 주의의무를 위반한 경우라고 보기 어렵다.[61] 또한 오늘날 인터넷을 통한 정보의 전달과 이용은 일반인에게도 필수적으로 되고 있고, 인

---

61 서울중앙지방법원 2010.8.11. 선고 2008가단407653 판결 참조.

터넷을 보다 편리하고 안전하게 이용하기 위하여 새로운 프로그램을 개발하거나 기존의 프로그램의 성능개선을 원하는 고객의 수요가 매우 큰 반면, 현재의 기술수준과 경제성에 비추어 프로그램개발과정에서 버그 발생의 가능성을 완전히 배제하기는 거의 불가능하다. 그러므로 다음에게 주의의무의 위반이 있다고 보기 어려우므로 버그사고로 인하여 A 등에게 금전으로 위자하여야 할 손해가 발생한 경우라고 볼 수 없어, 다음의 손해배상책임이 인정되지 아니한다.

(10) 개인정보를 처리하는 자가 수집한 개인정보를 피용자가 해당 정보주체의 의사에 반하여 유출한 경우

지에스칼텍스는 주유관련 보너스카드회원으로 가입한 고객의 개인정보를 데이터베이스로 구축하여 관리하는 한편 데이터베이스에서 추출한 개인정보를 이용하여 고객서비스센터를 운영하면서 고객서비스센터의 운영업무 및 관련장비의 유지·보수업무를 A회사에 위탁하였는데, A회사의 직원인 B는 동료직원과 지인 C, D, E 등과 접근권한을 이용하여 고객정보를 빼낸 후 시중에 판매하거나 집단소송을 의뢰받을 변호사에게 판매하는 방법 등으로 금원을 취득하기로 모의한 후에 B는 2008.7.8.경부터 20일경까지 A회사 사무실에서 자신의 사무용 컴퓨터로 업무상 알고 있던 계정명과 비밀번호를 입력하여 고객서비스센터서버에 접속한 후 K 등을 포함한 보너스카드회원 11,517,125명의 성명, 주민등록번호, 주소, 전화번호, 이메일주소 등 고객정보를 사무용 컴퓨터로 전송받아 76개의 엑셀파일형태로 저장하고, 이어서 B는 엑셀파일을 DVD 2장과 외장형 하드디스크 2곳에 복사하고, C는 그 중 DVD 1장을 건네받아 편집을 마친 파일을 USB에 저장하여 B에게 주고 다시 USB를

DVD 1장에 복사한 B로부터 USB를 돌려받은 후 F에게 판매처의 물색을 부탁하면서 USB의 파일을 F의 외장형 하드디스크에 복사하여 주고, B는 편집된 DVD 1장을 D를 통하여 E에게 전달하고, E는 DVD 1장을 추가로 복사한 후에 B로부터 6명의 고객정보만을 추출하여 제작한 샘플 CD 1장도 교부받고, E는 2008.8.28.경 변호사사무실 사무장인 G에게 보너스카드회원 1,200만명의 개인정보를 넘겨줄 테니 집단소송에 활용하여 그 수익을 달라고 제의하지만, G로부터 우선 개인정보유출사실이 언론에 보도되어 사회문제가 되어야 한다는 말을 듣고, 지인인 H를 통하여 '도심 쓰레기더미에서 지에스칼텍스의 고객정보가 담긴 DVD를 주웠다'는 취지로 말하면서 CBS 노컷뉴스 I기자에게 샘플 CD 1장과 DVD 1장을 교부한 후, 추가로 복사한 CD 3장과 DVD 3장을 I기자, 데일리줌 J기자, MBC L피디 등에게 나누어 주고, 2008.9.5. "서울 도심 한복판 쓰레기더미에서 1,100만명이 넘는 개인정보가 담긴 'GS칼텍스 고객명단'이라고 적힌 CD가 발견되었다."는 내용이 언론에 보도되어 B, C, D, E는 수사기관에 각기 검거되게 되며, B 등이 소지하고 있던 고객정보가 수록된 CD, DVD, USB, 외장형 하드디스크 및 컴퓨터, 노트북 등은 모두 압수되거나 폐기되고, 기자나 피디에게 제공된 CD 및 DVD는 언론보도 이후 전량 임의제출되거나 E 등에게 전달된 DVD 등도 모두 폐기된 사건이 있다. 본래 개인정보를 처리하는 자가 수집한 개인정보를 그 피용자가 해당 개인정보의 정보주체의 의사에 반하여 유출한 경우, 그로 인하여 그 정보주체에게 위자료로 배상할 만한 정신적 손해가 발생하는지 여부는, 유출된 개인정보의 종류와 성격이 무엇인지, 개인정보의 유출로 정보주체를 식별할 가능성이 발생한 경우인지, 제3자가 유출된 개인정보를 열람한 경우인지 또는 제3자의 열람 여부가 밝혀지지 않은 경우라면 제3자의 열람가능성이 있거나 앞으로 그 열람가능성이 있는지, 유출된 개인정보가 어느 범위까지 확산되어 있는지, 개인정보의 유출로 추가적인 법익침해의 가능성이 발생한 경우인지, 개인정보를 처리하는 자가 개인정보를 관리하여 온 실태와 개인정보가 유출된 구체적인 경위는 어떠한지, 개인정보의 유출로 인한 피해의 발생 및 확산을 방지하기 위하여 어떠한 조치가 취하여져 있는지 등 여러 사정을 종합적으로 고려하여 구체적 사건에 따라서 개별적으로 판단하여야 한다.[62] K 등의 개인정보는 B에 의하여 유출된 후 편집과정을 거쳐 판매처의 물색을 위한 부탁의 목적으로 다른 공범에게 CD, DVD, USB, 외장형 하드디스크 등 저장매체에 저장된 상태로 전달 또는 복제되고, 이후 집단소송을 위한 사전작업으로서 언론제보의 명목으로 언론관계자 등에게 유출된 사정이 인정되지만, 언론보도 직후 개인정보가 저장된 저장매체 등을 소지하고 있던 사건관련자로부터 그 저장매체와 편집작업 등에 사용된 컴퓨터 등이 모두 압수, 임의제출되거나 폐기된 사실, 범행을 공모한 B 등이 개인정보를 시중에 또는 변호사에게 판매하기로 계획하고 그 사전작업을 하는 과정에서 단지 한정된 범위의 사람에게 개인정보가 전달 또는 복제된 상태에서 범행이 발각되어 개인정보가 수록된 저장매체가 모두 회수되거나 폐기되고, 그 밖에 개인정보가 유출된 흔적도 보이지 아니하여 열거한 소수의 사람 외의 제3자가 개인정보를 열람하거나 이용할 수는 없어 보이는 사실, 개인정보가 저장된 저장매체가 유출된 후 회수되거나 폐기되기까지 B 등 개인정보를 유출한 범인이나 언론관계자가 개인정보 중 일부를 열람한 적은 있으나, 범인의 열

62 대법원 2012.12.26. 선고 2011다60797, 60803, 60810, 60827, 60834 판결.

람은 개인정보를 저장 · 편집 · 복사하는 과정에서 이루어진 경우로서 범인 스스로 개인정보의 내용을 지득하거나 이용할 의사가 있다고 보기 어렵고, 언론관계자도 언론보도를 위한 취재 및 보도과정에서 개인정보의 존재 자체와 규모, 그 정확성을 확인할 목적으로 열람한 경우이어서 개인정보의 구체적 내용을 인식한 경우로는 보이지 아니하며, 개인정보의 종류 및 규모에 비추어 그 열람만으로 특정한 개인정보를 식별하거나 알아내기는 매우 어렵다고 보이는 사정, 개인정보유출로 인하여 K 등에게 신원확인, 명의도용이나 추가적인 개인정보유출 등 후속피해가 발생한 사실을 추지할 만한 상황이 발견되지 아니하는 사정 등이 인정되고, 그 제반사정을 개인정보보호의 법리에 비추어 보면 개인정보의 유출로 인하여 K 등에게 위자료로 배상할 만한 정신적 손해가 발생한 경우로 보기는 어렵다.[63]

63 대법원 2012.12.26. 선고 2011다59834, 59858, 59841 판결.

04
인터넷상 퍼블리시티권의 침해

1. 퍼블리시티권의 의의

퍼블리시티권(Right of Publicity)에 대한 명문규정은 아직까지 없다.[64] 보통 퍼블리시티권은 '자기의 초상이 가지는 공표가치에 대한 권리'(a right in the publicity value of his photograph), '재산적 가치가 있는 유명인의 성명, 초상 등 프라이버시에 속하는 사항을 상업적으로 이용하는 권리(right of commercial appropriation)'[65], '사람이 자신의 성명이나 초상 등을 상업적으로 이용하고 통제할 수 있는 배타적 권리'[66], '자신의 성명 등의 상업적 이용에 대하여 배타적으로 지배할 수 있는 권

---

64 퍼블리시티권이라고 하는 생소한 외국어 대신에 「인격표지권」(연예인 및 스포츠인 등의 성명·초상·목소리 등 개인의 특징적 요소를 나타내는 인격표지를 상업적으로 사용할 수 있는 권리를 말한다)이라는 용어를 사용하여야 한다는 주장도 있다.

65 서울지방법원 1995.6.23. 선고 94카합9230 판결.

66 서울중앙지방법원 2005.9.27. 선고 2004가단235324 판결.

리' [67], '사람이 그가 가진 성명, 초상이나 기타의 동일성(identity)을 상업적으로 이용하고 통제할 수 있는 배타적 권리' [68] 등으로 정의내릴 수 있다.

외국을 보면 미국에서는 1953년 프로야구선수의 사진과 이름을 독점적으로 제품에 이용하는 계약을 체결한 껌제조회사와 라이벌관계에 있는 다른 껌제조회사가 그의 사진을 풍선껌 야구카드에 무단으로 이용하여 야기된 사건에서 미국법원이 당시 이미 미국판례상 일반적으로 인정된 프라이버시권(인격권)과는 별개로 누구나 자신의 초상이 가지는 공표(혹은 이용)가치를 상업적으로 이용할 권리를 가진다고 하는 판결[69]을 통하여 퍼블리시티권이라고 하는 개념이 탄생하여 현재는 많은 주가 퍼블리시티권에 관한 법률을 두고 있거나 코먼로를 통하여 퍼

[최초로 퍼블리시티권이 문제된 풍선껌 야구카드]

[리한나의 초상이 인쇄된 티셔츠]

67 서울중앙지방법원 2006.4.19. 선고 2005가합80450 판결.

68 서울동부지방법원 2006.12.21. 선고 2006가합6780 판결. 역시 서울서부지방법원 2010.4.21. 자 2010카합245 결정도 '성명이나 초상 등 자기동일성이 가지는 경제적 가치를 상업적으로 사용하고 통제할 수 있는 배타적 권리'를 퍼블리시티권이라고 설명하고 있다.

69 Healan Laboratories, Inc. v. Topps Chewing Gum, Inc. 202 F. 2d 866 (2d Cir. 1953): "We think that, in addition to and independent of that right of privacy, a man has a right in the publicity value of his photograph...".

블리시티권을 인정하고 있다. 그리고 영국에서도 퍼블리시티권이 별도로 입법화되어 있지 않으나, 2013년 7월 영국대법원은 세계적인 팝스타 리한나(Rihanna)가 영국의 의류브랜드 탑샵(Top Shop)이 허락 없이 자신의 사진이미지를 티셔츠에 인쇄하여 판매한 행위에 대하여 허가 없이 리한나의 이미지가 인쇄된 티셔츠를 판매하는 행위는 사칭(passing off)하는 경우와 동일하며, 결과적으로 그녀가 자신의 명성에 대한 통제력을 상실하게 되는 경우를 의미하게 된다고 판단하여 최초로 퍼블리시티권과 유사한 권리를 인정하는 판결을 내린 사례가 있다.[70] 그리고 일본에서는 여성주간지「女性自身」이「ピンク・レディー de ダイエット」(핑크레이디de다이어트) 라는 특집기사를 작성하면서 1970년대 후반에 활약하여 일본 내에서 상당한 지명도가 있는 여성가수그룹 핑크 레이디(Pink Lady)의 사진 14매를 무단게재한 사건에서 2012년 2월 최고재판소는 최초로 퍼블리시티권에 관하여 언급하며 '초상 등이 상품의 판매 등을 촉진하는 고객흡인력(顧客吸引力)이 있고, 그 고객흡인력을 배타적으로 이용하는 권리'를 퍼블리시티권이라 하여 분명히「퍼블리시티권」이라는 개념을 인정하는 한편, 다만 초상 등을 무단히 사용하는 행위가 불법행위법상 위법으로 되기 위하여는 (i) 초상 등 그 자체를 독립하여 감상의 대상으로 한 상품 등으로 사용한 경우, (ii) 상품 등의 차별화를 꾀할 목적으로 초상 등을 상품 등에 붙인 경우, (iii) 초상 등을 상품 등의 광고로서 사용한 경우에 해당하여야 하나, 핑크 레이디사건에서는 핑크 레이디의 사진이 200페이지의 전체 잡지 중 3페이지에 걸쳐 사용되어 그 분량이 소량이며, 그 규격도 역시 크지 아니하고, 또한 비록 핑크 레

70 Fenty v. Topshop [2015] EWCA civ3.

이디의 사진이 무단으로 사용된 경우라 하더라도 상업적 이용이 아니라 독자로 하여금 핑크 레이디에 대한 기억을 환기시키기 위한 목적으로 사용된 경우라 보아야 하므로, 여성주간지「女性自身」에 핑크 레이디의 사진을 게재한 행위는 핑크 레이디의 초상이 보유한 고객흡인력을 이용할 목적으로 한 경우가 아니어서 불법행위법상 위법하다고 볼 수 없다고 판단한 사건이 있다.[71]

[「女性自身」에 게재된 핑크 레이디의 사진]

---

71 最判平成24年2月2日 平成21(受)2056号・判時2143号72頁(항소심은 知財高判平成21年8月27日 平成20(ネ)10063号・判時2060号137頁, 제1심은 東京地判平成20年7月4日 平成19(ワ)20986号・判時2023号152頁 참조).

72 지난 2013년에 연예인 등의 퍼블리시티권을 다룬 판결이 32건이라고 하며, 32건 중 퍼블리시티권을 인정한 판결이 17건, 퍼블리시티권을 인정하지 않은 판결이 15건으로 크게 양분되어 있다.

현재 국내에서는 퍼블리시티권을 인정한 대법원 판례는 없고, 하급심의 판단은 크게 엇갈리고 있다.[72] 판례를 보면 퍼블리시티권을 인정한 경우도 있고, 퍼블리시티권이라는 개념 자체를 인정할 필요가 없다고 보는 경우도 있다. 예컨대 새로운 권리개념으로 퍼블리시티권을 인정한 판례로는 이휘소사건,[73] 마구마구인터넷야구게임사건,[74] 제임스 딘사건,[75] 최진실사건,[76] 비달사순사건,[77] 이영애사건,[78] 2005프로야구게임물사건,[79] 코미디언 정준하사건,[80] 소설가 이효석사건,[81] 배드민턴선수 박

---

73 서울지방법원 1995.6.23 선고 94카합9230 판결(이휘소의 상속인이 '소설 이휘소' 등 소설의 저자, 발행인 등을 상대로 편지의 저작권, 사진에 대한 초상권, 소설 서문에서 모델이 된 인물의 삶을 사실과 다르게 기술한 경우에 대한 명예훼손 또는 인격권·퍼블리시티권의 침해 여부 등을 다툰 사건이다).

74 서울서부지방법원 2010.4.21. 자 2010카합245 결정.

75 서울지방법원 1997.8.29. 선고 94가합13831 판결.

76 서울고등법원 2000.5.16. 선고 99나 30444 판결.

77 서울고등법원 2000.2.2. 선고 99나26339 판결.

78 서울지방법원 2004.12.10. 선고 2004가합16025 판결.

79 서울중앙지방법원 2006.4.19. 선고 2005가합80450 판결.

80 서울중앙지방법원 2005.9.27 선고 2004가단235324 판결(캐릭터의 디자인과 모바일에서 사용하는 컨텐츠의 제작·공급을 하는 A회사가 개그맨 정준하로부터 아무런 승낙을 받지 아니한 채 정준하의 얼굴을 형상화한 캐릭터를 제작한 후, 그 캐릭터를 이동통신회사인 SKT, KTF, LGT가 운영하는 인터넷모바일서비스에 콘텐츠로 제공하여, 그 캐릭터 옆에 그의 이름과 함께 정준하가 만들어서 유행시킨 유행어인 "...를 두 번 죽이는 짓이에요", "...라는 편견을 버려" 등의 문구와 함께 게재하여 놓고, 이동통신회사의 고객이 돈을 지급하고 휴대전화로 캐릭터를 다운받도록 한 사건이다).

81 문화상품권의 일종인 스타상품권에 소설가 이효석의 초상, 서명을 '단편소설, 메밀꽃 필 무렵' 등의 문구와 함께 기재하여 영화관, 주유소, 백화점 등에서 사용하여 이효석의 상속인이 퍼블리시티권의 침해를 주장한 사건이다(서울동부지방법원 2006.12.21. 선고 2006가합6780 판결).

[이효석의 초상이 사용된 스타상품권]

주봉사건,[82] LPGA프로골퍼 장정선수사건[83] 등이 있다. 그러나 퍼블리시티권을 부정한 판결도 있고(대표적으로 제임스 딘사건의 항소심을 들 수 있다[84]), 같은 취지에서 퍼블리시티권을 부정한 판결로 김민희사건,[85] 젝스키스 은지원사건[86] 등이 있다. 최근 퍼블리시티권을 부정하는 판결은 대부분은 고유의 명성, 사회적 평가, 지명도 등을 획득한 배우, 가수, 운동선수 등 유명인의 성명이나 초상 등이 상품에 부착되거나 서비스업에 이용되는 경우 상품의 판매촉진이나 서비스업의 영업활동이 촉진되는 효과가 있는데, 유명인의 성명, 초상 등이 갖는 고객흡인력은 그 자체가 경제적 이익 내지 가치로 취급되어 상업적으로 거래되고 있고, 성명권, 초상권 등 일신에 전속하는 인격권이나 종래의 저작권, 부정경쟁방지 및 영업비밀보호에 관한 법률의 법리만으로 설명하거나 충분히 보호하기 어려워, 국내에서도 근래에 이르러 연예, 스포츠산업 및 광고산업의 급격한 발달로 유명인의 성명이나 초상 등을 광고에 이용하게 됨

---

82 서울중앙지방법원 2007.11.28. 선고 2007가합2393 판결(배드민턴 전국가대표 박주봉선수가 계약기간의 만료 후에도 자신의 이름과 초상을 계속 사용한 스포츠용품업체를 상대로 퍼블리시티권의 침해를 주장한 사건이다).

83 스포츠용품회사가 LPGA프로골퍼인 장정선수의 서명(사진과 함께)을 자사제품인 퍼팅연습기의 카탈로그에 게재하여 외국인바이어에게 배포한 행위를 퍼블리시티권의 침해로 인정한 사건이다(수원지방법원 성남지원 2002.8.30. 선고 2001가합5032 판결).

84 서울고등법원 2002.4.16. 선고 2000나42061 판결(주병진이 운영하는 「주식회사 좋은 사람들」의 웹사이트에 1997.4경부터 3-4개월간 매장의 디스플레이용으로 사용하던 제임스 딘의 영문표기와 제임스 딘과 유사한 인물사진이 나타나 보이는 매장모습이 담긴 사진을 게재하여 1955년 사망한 후 지금까지도 영화배우로 널리 알려진 제임스 딘의 사후퍼블리시티권의 침해가 문제된 사건이다).

85 서울중앙지방법원 2004.10.1. 선고 2002가단54093 판결.

86 수원지방법원 2005.1.13. 선고 2004가단20834 판결.

으로써 그에 따른 분쟁이 적지 않게 일어나고 있으므로 그 분쟁을 규율하기 위하여, 성명이나 초상, 서명 등이 갖는 재산적 가치를 독점적, 배타적으로 지배하는 권리인 퍼블리시티권(Right of Publicity)이라는 새로운 권리개념을 인정할 필요성은 충분히 수긍할 수 있으나, 민법 제185조는 "물권은 법률 또는 관습법에 의하는 외에는 임의로 창설하지 못한다."라고 규정하여 이른바 물권법정주의를 선언하고 있고, 물권법은 강행법규성을 중핵으로 하고 있으므로, 법률(성문법과 관습법)이 인정하지 않는 새로운 종류의 물권을 창설하는 경우를 허용되지 아니하고, 재산권으로서의 퍼블리시티권은 성문법과 관습법 어디에도 근거가 없어서 법률, 조약 등 실정법이나 확립된 관습법 등의 근거 없이 필요성이 있다는 사정만으로 물권과 유사한 독점배타적 재산권인 퍼블리시티권을 인정하기는 어렵고, 퍼블리시티권의 성립요건, 양도 · 상속성, 보호대상과 존속기간, 침해가 있는 경우의 구제수단 등을 구체적으로 규정하는 법률적인 근거가 마련되어야만 비로소 퍼블리시티권을 인정할 수 있다고 보고 있다.[87]

2. 수지모자사건

얼마 전 걸그룹 미스에이 수지의 이름을 딴 「수지모자」를 제조하여 판매하면서 홈페이지에서 허락 없이 수지라는 이름과 '공항패션' 등의 문구와 함께 수지의 사진 3장을 홈페이지에 게시하고, 인터넷포털과의

87 대표적으로 서울서부지방법원 2014.7.24. 선고 2013가합32048 판결.

사이에 포털사이트에 수지모자를 검색하면 자동적으로 자신의 홈페이지주소가 상단에 뜨도록 하는 키워드검색광고계약을 체결하여 그 방식으로 상품광고를 한 쇼핑몰업체를 상대로 손해배상을 청구한 사건이 있다. 법원은 사람의 얼굴이나 이름을 상업적으로 사용할 수 있는 권리를 뜻하는 퍼블리시티권을 인정하지 아니하면서 자신의 성명, 초상 등을 상업적으로 이용하고 통제할 수 있는 권리는 성명권, 초상권에 포함되고 별도로 퍼블리시티권이라는 개념을 인정할 필요가 없다고 판시하는 한편, 아울러 성명권, 초상권의 침해에 대한 주장에 대하여도 초상권, 성명권이 침해된 사정만으로 수지가 다른 사람과 초상, 성명의 사용계약을 체결하지 못하거나 기존에 체결된 계약이 해지된 사정을 인정하기에 부족하다는 이유로 재산상 손해를 입은 경우로 보기 어려워 손해배상을 인정하지 아니하였다(현재 수지측이 항소하여 소송이 계속중이다).

3. 싸이인형사건

「강남스타일」로 세계적인 인기를 얻은 인기가수 싸이를 닮은 봉제인형을 만들어 강남스타일에 대하여만 저작권료를 지급한 후에 음원이 저장된 칩을 내장시켜 노래에 맞춰 춤을 추는 봉제인형을 판매한 완구제조업체에 대하여 싸이측이 초상권과 퍼블리시티권의 침해를 이유로 손해배상을 청구한 사건이 있다. 싸이측이 완구제조업체가 음원의 사용과 별도로 허락 없이 싸이의 캐릭터인형을 시중에 유통시켜 싸이측이 상업적으로 얻을 수 있는 이익이 침해된 사실을 주장하며 그의 초상권과 퍼블리시티권의 침해에 따른 손해배상을 청구한 데 대하여 법원은 실제로 검은색 선글라스와 한쪽으로 올라간 입꼬리, 반짝이 조끼까지 봉제인형의 겉모습은 싸이의 캐릭터와 흡사하나, 법원은 봉제인형이 초상권을 침해한다고 인정하기 위하여는 그 봉제인형이 싸이의 캐릭터와 같거나 유사하여야 하지만 싸이인형의 외형이 실제 싸이의 캐릭터와 비슷하지 않고, 봉제인형이 춤추는 모습을 보고 싸이가 연상되는지 여부도 개인에 따라서 다르다고 판단하여 싸이측이 주장하는 초상권과 퍼블리시티권의 침해를 인정하지 아니하였다.

[이른바 싸이인형]

4. 연예인 56명사건

얼마 전 자신의 이름을 허락 없이 사용하는 제품이 인터넷에서 판매되고 있다며 소송을 낸 연예인 56명이 패소한 사건이 있다.[88] 가수, 배우, 탤런트 등 연예인으로 활동하고 있는 A 등 56명이 포털사이트의 검색창에 자신의 이름을 넣어 검색하면 쇼핑몰이 검색되어 나오도록 한 행위는 퍼블리시티권의 침해라고 주장하며 인터넷포털사이트인 네이트(www.nate.com)을 운영하는 B회사에 대하여 손해배상을 구한 사안에서 법원은 연예인 A 등의 성명이나 초상, 서명 등이 갖는 재산적 가치를 독점적, 배타적으로 지배하는 권리인 퍼블리시티권(Right of Publicity)

88 언론보도에 의하면 연예인 56명이 네이버와 다음, 네이트를 상대로 1명당 1,000만원을 배상하라며 제기한 손해배상청구소송이며, 법원은 인터넷포털사이트에서 연예인의 이름과 상품명을 조합한 키워드가 빈번하게 검색되고 화제가 되면서 결과적으로 연예인의 사회적 인지도와 인기가 상승한다고 볼 수 있고, 연예인은 자신의 이름이 대중에게 공개되길 희망한다는 점에서 키워드검색 등이 사회적 평가와 명성을 저해한다고 보기 어렵다는 이유로 손해배상청구를 인정하지 아니하였다(세계일보, 2014.7.24., 배용준, 김남길, 미쓰에이 등 56명 '퍼블리시티권' 소송에서 敗 참조).

을 인정할 수 없다고 하는 이유로 손해배상청구를 인정할 수 없다고 판시하였다.[89]

A 등 연예인에 대한 키워드검색광고[90]을 통하여 A 등의 성명권이 침해되거나 키워드검색광고가 부정경쟁방지법 제2조 제1항 제1호 (차)목의 부정경쟁행위에 해당하는가도 문제된다. 그러나 키워드검색광고를 통하여 광고주가 연예인 A 등의 성명과 상품명 등을 조합한 문구를 키워드로 이용함으로써 연예인 A 등의 성명권이 침해될 여지도 있으나, 법원은 B회사가 키워드검색광고에서 연예인 A 등의 이름이 포함된 키워드를 광고주에게 권장하거나 별도로 판매하는 경우가 아니라 광고주가 자발적으로 광고상품, 광고내용, 광고방법 등을 고려하여 키워드를 결정한 후 그 키워드를 A회사에게 등록하게 되는 사실, A회사는 키워드의 내용이 아니라 검색결과화면의 항목 및 위치에 따라서 가격을 다르게 책정하여 광고주로부터 광고비용을 받게 되는 사실, 연예인 A 등의 키워드가 포함된 검색광고의 경우 연예인 A 등이 실제로 광고하거나 협찬 등의 방식으로 착용한 상품이 검색대상이 되는 경우도 있는 사실이 인정되고, 또한 (i) 유저가 A 등과 같은 연예인이 착용한 옷, 신발, 장신구 또는 그 스타일의 상품이 무엇인지, 그 상품을 어디서 살 수 있는지 등의 정보를 알고 싶어서 인터넷포털사이트의 검색창에 연예인의 성명

---

89 서울서부지방법원 2014.7.24. 선고 2013가합32048 판결.

90 유저가 네이트의 홈페이지 검색창에 특정한 키워드를 입력하면, 사전에 네이트로부터 해당 키워드를 이용한 광고서비스를 구매한 광고주의 사이트주소와 광고문구가 검색결과화면의 상단에 게시되도록 하고(특정한 키워드에 대하여 높은 금액을 지급한 광고주의 광고일수록 검색결과화면의 상당에 게시되며, 네이트가 제공하는 키워드검색결과가 나타나는 화면은 '비즈바로가기', '프리미엄링크', '스페셜링크', '와이드링크'로 구분된다), 유저가 그 주소나 광고문구를 클릭하면 해당 사이트로 연결되도록 해주는 서비스를「키워드검색광고」라 한다.

과 상품명 등을 조합한 키워드(예: '수지 모자', '장동건 바지', '최지우 공항패션', '수애 가디건', '배용준 정장', '소녀시대 스타일원피스', '동방신기 악세사리' 등)를 입력하고, 광고주는 연예인 A 등이 착용한 옷, 신발, 장신구 또는 그 스타일의 상품을 지칭하기 위하여 특정상품의 성능이나 특징을 압축하는 표현으로 연예인 A 등의 성명과 상품명 등을 조합한 키워드를 사용하는 사정, (ii) 인터넷포털사이트에서 연예인 A 등의 성명과 상품명이 조합된 문구가 빈번하게 검색됨으로써 연예인 A 등의 성명, 착용한 옷 등이 일반대중 사이에서 화제가 되고, 그에 따라 연예인 A 등의 인기나 사회적 인지도가 상승하게 되는 결과로 이어지는 사정(요즘 화제가 되는 이른바 '공항패션'이 대표적인 예이다), (iii) A 등과 같은 연예인은 자기의 성명이 널리 일반 대중에게 공개되기를 희망하거나 추구하는 측면이 있으므로 키워드광고검색이 반드시 연예인 A 등의 사회적 평가와 명성 등을 저하시킨다고 볼 수는 없는 사정, (iv) 특정업체는 해당 상품의 광고효과를 노리고 연예인에게 '협찬'이라는 형태로 옷, 신발, 장신구 등을 무상으로 대여하기도 하는데, 그 경우 연예인은 해당 상품에 대하여 불특정 다수의 입소문이나 인터넷검색을 통한 홍보를 의도하거나 양해하고 있는 사정 등을 종합하여 보면, B회사의 키워드검색광고를 통하여 연예인 A 등의 성명권이 침해된다거나, 그로 인하여 연예인 A 등이 수인한도를 넘는 정신적인 고통을 받는다고 할 수 없다고 판단하였다.[91] 그리고 키워드검색광고가 국내에 널리 알려진 타인의 상표·상호(商號) 등을 부정하게 사용하는 등의 부정경쟁행위와 타인의 영업비밀을 침해하는 행위를 방지하여 건전한 거래질서를 유지할 목적으로

91 서울서부지방법원 2014.7.24. 선고 2013가합32048 판결.

제정된 부정경쟁방지법에 위반되는지 하는 문제에 대하여도[92] 법원은 (i) 키워드검색광고는 인터넷검색포털사이트에서 널리 사용되는 사업방식으로 키워드검색광고의 알고리즘 자체가 부정경쟁방지법 제2조 제1호 (차)목에서 규정한 공정한 상거래관행이나 경쟁질서에 반하는 방법이라고 인정하기 어려운 사실, (ii) 키워드검색광고의 키워드는 쇼핑몰운영자가 스스로 선택하고, B회사가 연예인 A 등의 성명이 포함된 키워드를 적극적으로 제공하지는 아니하는 사정, (iii) B회사에게 광고주가 연예인 A 등의 이름이 포함된 모든 키워드를 등록하는 경우를 금지하거나, 연예인 A 등이 직접 광고한 제품이 아닌 다른 제품에 연예인 A 등의 이름이 포함된 키워드를 등록하는 경우를 선별적으로 금지하여야 할 의무가 있다고 인정하기 곤란한 사정, (iv) 연예인 A 등의 성명이 고객흡인력을 획득하는 데 연예인 A 등의 노력과 투자 외에 B회사를 비롯한 인터넷검색포털사이트의 기여가 상당 부분 있고, 키워드검색광고를 통하여 연예인 A 등이 실제로 협찬받거나 광고한 제품이 검색되어 구매를 촉진하는 효과가 있어 키워드검색광고가 반드시 연예인 A 등의 경제적 이익을 침해하거나 건전한 거래질서를 해하지는 않는 사정 등을 고려하면, 키워드검색광고가 부정경쟁방지법 제2조 제1항 (차)목에서 규정한 '타인의 상당한 투자나 노력으로 만들어진 성과 등을 공정한 상거래관행이나 경쟁질서에 반하는 방법으로 자신의 영업을 위하여 무단으로 사용함으로써 타인의 경제적 이익을 침해하는 행위'에 해당한다고 할 수 없다고 본다.

---

92 부정경쟁방지법 제2조 제1호 (차)목은 "그 밖에 타인의 상당한 투자나 노력으로 만들어진 성과 등을 공정한 상거래관행이나 경쟁질서에 반하는 방법으로 자신의 영업을 위하여 무단으로 사용함으로써 타인의 경제적 이익을 침해하는 행위"를 부정경쟁행위의 한 유형으로 본다.

5. 마구마구인터넷야구게임사건

전직 프로야구선수의 사전동의 없이 성명을 영문이니셜로 변경하여 「마구마구」라는 명칭의 인터넷야구게임에 등장하는 캐릭터에 사용한 사건이 있다. 법원은 인터넷게임회사가 인터넷야구게임을 제작 · 유통하는 과정에서 전직 프로야구선수의 사전동의를 받지 아니한 채, 선수시절의 소속구단 및 수비위치 등 인적 정보를 게임에 등장하는 야구선수캐릭터에 사용한 행위를 프로야구선수가 가지는 자기동일성의 경제적 가치를 상업적으로 사용하여 퍼블리시티권을 침해한 경우라고 보았다.[93]

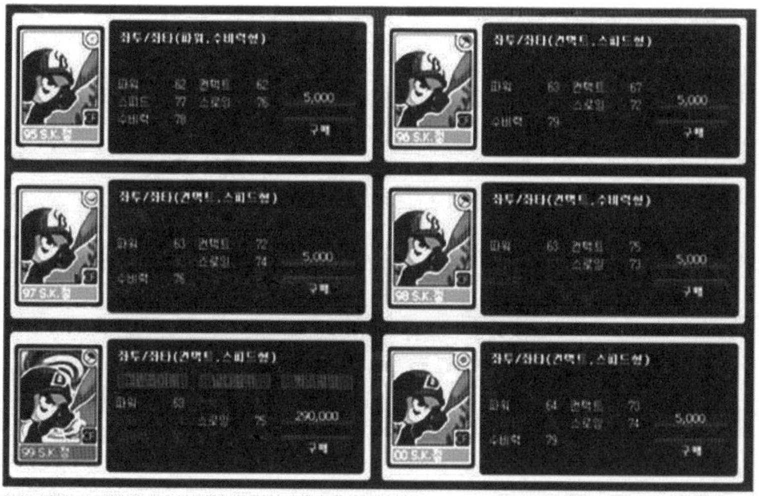

※이미지 출처 : http://blog.naver.com/disgun?Redirect=Log&logNo=30085173435

[야구선수의 이니셜을 사용한 인터넷게임]

93 서울서부지방법원 2010.4.21. 자 2010카합245 결정.

6. 배드민턴선수 박주봉사건

세계적인 배드민턴선수로 국내와 특히 말레이시아 등의 동남아에 널리 알려져 있는 박주봉선수와 지에프콤과 사이에 지에프콤이 생산 및 개발하는 배드민턴에 대한 경기용품과 관련한 모든 제품에 그의 이름을 독점적으로 사용하고, 용품사업 · 영상사업과 관련하여 각종의 홍보 및 영업활동에 있어서 그의 이름을 역시 독점적으로 사용하기로 하는 계약을 맺고 지에프콤이 「주봉, Joobong」 이라는 브랜드로 배드민턴사업을 지속하다가 계약기간의 만료 이후에도 무단으로 인터넷홈페이지(www.joobong.com)에 그의 초상과 함께 '박주봉과 함께', '배드민턴의 황제 박주봉' 등의 광고문구를 계속적으로 사용하여 손해배상을 청구한 사건이 있다. 법원은 세계적으로 널리 알려진 전배드민턴 국가대표선수인 박주봉선수의 성명 등에 대하여 형성된 경제적 가치가 이미 광고산업 등 관련업계에서 널리 인정되고 있으므로, 그 침해행위는 민법상의 불법행위를 구성한다고 보면서, 박주봉선수의 성명 등이 법적으로 보호되는 한도 내에서 자신의 성명 등의 상업적 이용에 대하여 배타적으로 지배할 수 있는 권리를 퍼블리시티권으로 파악하기 충분하고, 유명스포츠선수인 박주봉선수에게 일정한 기간 동안 활동비를 지급하고 그 기간 동안 그의 성명을 무상사용하기로 계약한 지에프콤이 그 기간의 만료 후에도 인터넷홈페이지에 그의 성명을 사용하여 광고를 한 경우에는 퍼블리시티권을 침해한 경우가 되므로, 그로 인하여 박주봉선수가 입은 손해를 배상할 책임이 있다고 판단하였다.[94]

---

94 서울중앙지방법원 2007.11.28. 선고 2007가합2393 판결.

7. 「한국프로야구 2005」 게임물사건

국내 프로야구구단에 소속된 이종범선수 외 122명이 자신의 동의 없이 성명을 그대로 사용하여 「한국프로야구 2005」 라는 휴대전화용 야구게임을 개발 · 판매한 A게임회사를 상대로 소송을 제기한 사건이 있다. 2005프로야구게임물사건의 경우에 법원은 비록 퍼블리시티권의 내용, 양도 및 상속성, 보호대상과 존속기간, 구제수단 등을 구체적으로 규정한 실정법이나 확립된 관습법이 존재하지는 않지만, 선수의 성명을 사용하여 선전하거나 성명을 상품에 부착하는 경우에 선수의 성명이 상품의 판매촉진에 기여하는 효과가 발생하고, 그 효과는 선수가 스스로의 노력에 의하여 획득한 명성, 사회적인 평가, 지명도 등으로부터 생기는 독립한 경제적 이익 또는 가치로서 파악할 수 있으므로, 선수의 허락을 받지 아니하고 선수의 성명을 상업적으로 이용하는 행위는 선수의 성명이 함부로 영리에 이용되지 않을 권리를 침해한 민법상의 불법행위를 구성한다고 보는 한편, 그 한도 내에서는 선수가 자신의 성명 등의 상업적 이용에 대하여 배타적으로 지배할 수 있는 권리를 퍼블리시티권으로 파악하기에 충분하다고 판시하였다.[95] 그리고 A게임회사가 퍼블리시티권의 침해를 주장하는 이종범선수 외 122명의 프로야구선수는 언론을 통한 프로야구경기중계, 인터뷰, 광고 등으로 인하여 이미 공적(公的) 인물이 되어 있으므로 자신의 성명이 공표되는 경우를 어느 정도 수

---

95 퍼블리시티권의 침해행위로 인한 재산상 손해는 퍼블리시티권자의 승낙을 받아서 그의 성명을 사용할 경우에 지급하여야 할 대가 상당액이라고 보고, 퍼블리시티권자가 자신의 성명에 관하여 사용계약을 체결하거나 사용료를 받은 적이 전혀 없는 경우라면 일응 그 업계에서 일반화되어 있는 사용료를 손해액의 산정에서 한 기준으로 삼을 수 있다고 본다(서울중앙지방법원 2006.4.19. 선고 2005가합80450 판결).

인하여야 하며, 문제가 된 2005프로야구게임물은 프로야구선수의 성명을 사용한 휴대전화용 야구게임에 불과하여 A게임회사가 2005프로야구게임물에 프로야구선수의 성명을 사용한다고 하더라도 프로야구선수의 퍼블리시티권을 침해한 경우로 보기는 어렵다는 주장에 대하여 판례는 공적 인물이라 하더라도 그 성명을 상업목적만을 위하여 사용하는 경우까지 그 사용을 수인하여야 한다고 할 수 없으므로 A게임회사의 주장은 이유 없다고 판단하였다.[96]

8. 민효린코광고사건

2006년경부터 의류업체의 모델을 시작으로 드라마와 영화에 출연하고 가요앨범을 발표하기도 한 연예인 민효린이 서울에서 성형외과를 운영하는 A의사가 병원홈페이지와 온라인신문 등에 '버선코 민효린코 만들기' 또는 '명품 민효린코 만들기'라는 문구와 함께 민효린이 아닌 다른 모델의 옆 얼굴 사진을 실은 광고를 게재하자 퍼블리시티권의 침해를 이유로 손해배상을 청구한 사건이 있다.[97] 법원은 일반적으로 성

---

96 서울중앙지방법원 2006.4.19. 선고 2005가합80450 판결.

97 민효린코광고사건 이외에도 성형외과를 상대로 퍼블리시티권의 침해가 문제된 경우로 장동건과 송혜교, 김남길 등 유명배우를 비롯하여 소녀시대, 원더걸스, 슈퍼주니어, 2AM, 2PM 등 유명아이돌그룹 등 연예인 35명이 서울 강남 소재의 A성형외과가 운영하는 블로그에 자신의 이름과 사진이 포함된 게시물을 올리자 A성형외과를 상대로 퍼블리시티권의 침해를 이유로 손해배상을 청구한 사건이 있으나, 법원은 유명인의 이름·초상을 광고에 이용하게 되면서 분쟁이 적지 않게 일어나므로 적절한 규율을 하기 위하여 퍼블리시티권이라는 새로운 개념을 인정할 필요성은 있다고 하면서도 그 필요성만으로 실정법이나 확립된 관습법 없이 물권과 유사한 독점·배타적 재산권인 퍼블리시티권을 인정하기 어렵고, 연예인 35명의 사진 등은 A성형외과를 홍보하는 카테고리와 완전히 분리되어 있어 홈페이지방문자에게 단순히 정보제공이나 흥미유발을 목적으로 한 경우로 보이며, 연예인 35명이 A성형

명, 초상 등이 갖는 경제적 이익 내지 가치를 상업적으로 사용·통제하거나 배타적으로 지배하는 권리라고 설명되는 퍼블리시티권(right of publicity)은 비록 퍼블리시티권의 보호대상과 존속기간, 구제수단 등을 구체적으로 규정한 실정법이나 확립된 관습법이 존재하지는 않으나, 고유의 명성, 사회적 평가, 지명도 등을 획득한 배우나 가수 등의 예능인, 연주가, 스포츠선수 등과 같이 대중의 인기가 뒷받침되어 그 존재가 널리 사회에 알려진 유명인사의 성명과 초상 등을 기업의 영업에 이용하는 경우에는 영업활동의 촉진에 효과가 있다는 사실은 공지의 사실이고, 유명인사의 성명과 초상이 가지는 고객흡입력은 당해 유명인사가 획득한 명성, 사회적인 평가, 지명도 등으로부터 생기는 독립한 경제적인 이익 내지 가치로서 파악될 수 있으므로, 그 유명인사는 고객흡입력이 갖는 경제적 이익 내지 가치를 배타적으로 지배하는 재산적 권리, 즉 퍼블리시티권을 보유한다고 판시하면서 수년 동안 코가 예쁜 연예인이라는 명성과 지명도를 쌓은 민효린의 허락을 받지 아니한 채 성형외과 병원이 성형수술로 민효린의 코와 같은 코를 만들어준다는 광고를 하는 행위는 민효린이 쌓은 명성과 지명도를 병원의 영업활동에 이용한 경우이므로 그로 인하여 그녀의 명성 등이 저해된 경우인지와 상관없이 그 자체로 민효린의 퍼블리시티권, 특히 성명(예명)에 관한 권리를 침해하여 A의사는 민효린에게 그 침해행위로 인한 손해를 배상할 의무가 있다

외과에서 치료를 받은 경우로 오인할 정도로는 보이지 않는다고 이유를 덧붙여 연예인 35명의 퍼블리시티권에 대한 침해를 인정할 수 없다고 보았다. 그러나 김선아, 백지영, 남규리와 같이 퍼블리시티권의 침해를 이유로 성형외과 등 병원을 상대로 제기한 손해배상소송에서 승소한 연예인도 있다.

고 보았다.[98]

9. 김선아성형외과사건

1997년 무렵부터 많은 영화와 드라마 등에 출연하여 널리 알려진 여자 연예인 김선아가 2012년 9월 무렵부터 A성형외과를 운영하고 있는 B의사에 대하여 B의사가 배우 김선아와 2011년부터 좋은 관계라고 하면서 김선아가 직접 추천하는 A성형외과라는 게시글을 인터넷 네이버사이트 블로그(blog.naver.com/b*******)에 올리자 김선아가 B의사에게 게시물과 게시글의 게재를 허락한 바가 없고, 게시글의 내용과 달리 A성형외과나 B의사와는 아무런 관계도 없으며 성형외과를 추천한 바도 없다고 주장하며 퍼블리시티권 또는 인격권의 침해를 이유로 손해배상을 청구한 사건이 있다. 최근 법원은 김선아가 성형외과의 홍보나 광고를 목적으로 블로그에 게시물과 게시글의 사용을 승낙할 경우에 지급받을 수

98 서울중앙지방법원 2012.10.9. 선고 2012가단64664 판결(퍼블리시티권의 침해행위로 인한 재산상 손해는 퍼블리시티권자가 자기의 권리의 사용을 승낙할 경우에 지급받을 수 있는 대가 상당액이라고 보아야 하나, 성형외과병원이 사용한 민효린의 권리는 초상권이 아니라 성명(예명)권으로서 유명인의 성명만의 사용을 목적으로 한 계약이 체결되는 사례를 찾을 수 없어 성명권만의 경제적 가치를 산정하기 어렵고, 초상과 결부되지 않은 성명 또는 예명의 사용만으로도 영업활동의 촉진에 효과가 있을 정도의 인지도나 명성이 있는 유명인이 있을 수 있지만, 민효린의 경우 당시 예명만으로 영업활동의 촉진에 효과가 있을 정도의 인지도나 명성이 있다고 인정할 만한 아무런 증거가 없어 예명의 사용만을 목적으로 한 계약이 체결되기 어렵다고 보이는 사정 등에 비추어 재산상의 손해를 인정하기는 어려우며, 다만 민효린이 코성형수술에 대하여 오해를 받아온 상황에서 성형외과병원의 광고에 민효린이라는 예명이 삽입된 사정만으로도 민효린으로서는 코성형수술을 받은 연예인으로 오인될 가능성에 관하여 염려할 수 있다고 보이는 사정 등에 비추어 정신적 고통을 입은 경우로 인정할 수 있으므로 연예인으로서의 지명도, 성형외과병원의 침해행위기간, 침해행위로 인한 피해 정도 등 일체의 사정을 종합하여, 위자료를 300만원으로 인정하고 있다).

있는 대가 상당액은 1,500만원이 상당하고, 한편 김선아가 게시글 등으로 인하여 상당한 충격을 받은 경우로 보인다는 이유로 정신적 고통에 따른 위자료액을 1,000만원으로 정하여 B의사는 합계 2,500만원을 배상하여야 한다고 판시하고, 다만 김선아의 성명과 초상이 본인의 동의나 허락없이 상업적으로 이용됨으로써 그 인격권이 침해되면 특별한 사정이 없는 한, B의사는 김선아에게 불법행위로 인한 재산적, 정신적 손해를 배상할 의무를 부담하게 된다고 보면서 퍼블리시티권이라는 권리의 존재를 전제로 한 김선아의 주장은 받아들일 수 없다고 보아 퍼블리시티권을 인정하지 아니하였다.[99]

99 서울고등법원 2015.6.19. 선고 2014나2028495 판결.

05 잘못된 정보나 결함소프트웨어에 대한 책임

Ⅰ. 과실종속적 책임 = 민법상의 책임

1. 허위의 정보에 대한 책임

콘텐츠프로바이더가 제공하는 정보에 대한 비계약법적 책임으로서 중요한 의미를 가지는 분야가 불법행위책임이다. 전자정보는 본래는 유체적으로 구현된 정보이나, 인터넷을 통한 비유체적 전송을 위하여 저장장치에 보관되어 온라인을 통하여 유통된다.

전자정보와 관련하여 그 제작자가 불법행위법적 책임을 부담하는가 하는 문제가 제기된다. 특히 허위의 정보(예컨대 오프라인에서 일어난 의학서의 인쇄과오)에 대하여는 당연히 불법행위책임이 문제된다. 허위의 정보(Falschinformation)에 대한 책임은 최근 인터넷을 통한 전자적 형태의 전문잡지, 전문서 혹은 학문적 · 실무중심적 발표논문이 증가하는 추세와 함께 그 의미가 커지고 있다. 주지하다시피, 조그마한 오류나 부정확한 통계수치는 - 특히 의학적 정보에 오류가 있는 경우를 생각하

면 - 제3자의 생명 · 신체나 그 밖의 법익에 중대한 손해를 야기할 수 있다.[100]

과실종속적 책임, 즉 민법상의 불법행위법에 기한 책임에서는 제조물책임법에 기한 제조물책임에서와 달리, '제조물'개념을 제한하지 아니하고(제조물이란 물건에 한하지 아니한다), 오직 위험원의 제어를 위하여 요구되는 거래의무(Verkehrspflicht)만이 문제된다. 콘텐츠프로바이더는 그 행위로부터 생기는 위험의 방지에 대한 주의의무를 부담한다. 다시 설명하면 요구되는 안전적 조치에 관하여는 정보의 물건성이 문제되지 아니하고, 불법행위법적으로 보호되는 법익에 대한 내재적 위험이 중요하다. 역시 비유체적 고용급부나 도급급부를 하는 프로바이더는 자신의 행위를 통하여 불법행위법적으로 보호되는 법익이 침해될 때에는 거래의무를 지켜야 한다.

과실종속적 불법행위법에서 비유체적 정보에 대하여 불법행위책임의 근본원칙을 적용할 때에는 불법행위책임에 적용되는 의무는 그 근거가 일반적 거래의무에 있고, 그 거래의무가 전자출판자, 작가, 메일박스운영자 혹은 콘텐츠프로바이더에게 부담된다고 보아야 한다. 만일 콘텐츠프로바이더가 필요한 주의를 하지 아니하여 부정확한 정보 혹은 허위의 정보를 인터넷을 통하여, 특히 전자출판(elektronische Publikation)의 형태로 제공하면 제공된 정보의 결함에 의하여 이용자의 법익에 생긴 손해에 대하여 - 작가나 출판사가 인쇄오류가 있는 전문서적을 발간하여 독자에게 손해를 가한 경우와 마찬가지로 - 불법행위책임이 발생한

100 예컨대 독일에서는 의학서적에 2.5%의 식염수를 25%로 오기하여 인신손해가 생긴 사건(이른바 Druckfehler-Fall)에서 제조물책임을 긍정한 판례가 있다(BGBH JZ 1971, 63).

다. 예를 들어 콘텐츠프로바이더를 비롯하여 자기의 정보를 제공한 제공자가 건강이나 다이어트에 대한 정보를 제공할 때에 입력하자나 전달상의 하자로 인하여 잘못된 지시를 한 경우에는 서적을 잘못 출판한 경우와 마찬가지로 불법행위책임이 문제될 수 있다.

2. 소프트웨어에 대한 책임

오류가 있는 컴퓨터소프트웨어에 의하여 불법행위법적으로 보호되는 법익, 특히 재산이 침해될 수 있다는 사실은 의문의 여지가 없다. 예를 들어 결함있는 컴퓨터프로그램이 의료장비의 오작동을 유발하거나 통계프로그램의 결함으로 인하여 전혀 엉뚱한 통계결과가 생길 수 있고, 그 결과로 의료장비가 오작동하면 환자에게 신체적 손해가 생길 수 있고, 통계프로그램의 오류로 재산손해가 야기될 수 있다.

소프트웨어의 제작·판매에 관하여도 일반적으로 책임법적 기본원칙이 적용되고, 특히 불법행위책임(Delikthaftung)이 문제될 수 있다. 스스로 소프트웨어를 제작하는 프로바이더가 직접 불법행위책임을 부담한다고 하는 사실은 문제가 없다. 소프트웨어의 제작프로바이더에게도 불법행위책임에서 인정되는 의무, 예컨대 설계의무, 제조의무, 조직의무, 지시의무, 제조물관찰의무가 그대로 부과된다. 프로바이더가 타인의 소프트웨어를 웹사이트를 통하여 자기의 제조물로 판매하는 경우에는 전통적인 불법행위책임법적 의미에서는 이른바 '유사제조자'(Quasi-Hersteller)라고 할 수 있다. 유사제조자에게는 제조자와 동일한 의무가 부담되지는 아니하고, 단지 정상적인 상인으로서의 제조물관찰 및 지시에 대한 의무를 부담한다고 본다.

프로바이더가 타인의 소프트웨어를 자기의 웹사이트에서 타인의 소프트웨어라고 하는 사실을 표시하여 배포하는 경우에 어떤 책임을 부담하는가 하는 문제는 약간 복잡하다. 우선 프로바이더를 통한 소프트웨어의 배포에는 (i) 타인의 소프트웨어를 직접적으로, 통상 영업적으로 배포하는 경우, (ii) 타인의 소프트웨어를 단순히 저장하고 있는 경우, (iii) 프로그램의 교환을 위한 저장공간의 제공이라고 하는 의미에서 다운로드를 위하여 소프트웨어를 준비하고 있는 경우 세 가지 유형을 구분할 수 있다. 타인의 소프트웨어에 대한 직접적인 배포의 성질은 이용자에게의 타인의 소프트웨어의 중개를 의미한다고 볼 수 있다. 홈페이지에 타인의 소프트웨어를 분명히 다운로드를 위한 청약으로서의 의미를 가지고 제공한 프로바이더는 불법행위적 의미에서의 제조자라고 볼 수는 없고, 단지 상인으로서의 의무가 부과될 수 있다.

프로바이더에 의한 직접적인 소프트웨어판매와 구별되는 경우로서 소프트웨어에 대한 하이퍼링크의 선택만을 제공하고, 다운로드가 타인의 서버를 통하여 실행되거나 혹은 프로바이더의 웹페이지로부터 실행되는 경우가 있다. 예컨대 쉐어웨어사이트는 대부분 이용자에게 원하는 소프트웨어를 다운로드할 수 있도록 제작자의 홈페이지를 링크하거나, 혹은 경우에 따라서는 다운로드를 위하여 타인의 소프트웨어를 단순히 저장하고 있을 뿐이다. 타인의 소프트웨어를 단순히 소개하거나 다운로드의 준비만을 하는 프로바이더도 제조자와의 결합의 정도에 따라서 상인으로서의 불법행위책임법상의 의무를 부담할 수 있다. 가령 프로바이더는 설명의무의 위반에 기한 계약체결상의 과실책임을 부담할 수 있다. 그러나 제조자와 특별한 관계가 없는 프로바이더는 단지 자기의 고유영역에 대한 주의의무, 예를 들어 지시의무(Instruktionspflicht)만을 부담할 뿐이다.

프로바이더가 소프트웨어제조자로부터 단독판매를 위임받은 경우에는 원칙적으로 제조물관찰의무(Produktbeobachtungspflicht)를 부담한다. 특히 프로바이더가 제조자로서 거래에 등장하거나 판매에서 결정적인 지위를 누리는 때에는 비록 그 소프트웨어를 자기의 이름으로 판매하거나 자기의 상표로서 판매하는 경우가 아니라고 하더라도 제조물검사의무 및 경고의무를 부담한다.

프로바이더가 부담하는 주의의무의 범위나 정도는 역시 유상인가 무상인가에 따라서 차이가 생길 수 있다. 프로바이더가 소프트웨어를 무상으로 제공하는 때에는 최소한의 기준의 준수나 표본검사통제(Stichprobenkontroll)에 대한 의무만을 부담하면 충분하다. 무상소프트웨어의 제공자는 예를 들어 바이러스의 감염 여부 혹은 손상된 구성부분을 통제 · 검사할 의무만을 부담한다. 그러나 소프트웨어를 유상으로 다운로드하거나, 혹은 소비자가 구체적으로 안전에 대한 기대를 가질 수 있는 안내 · 선전을 프로바이더가 한 때에는 프로그램을 사전에 테스트할 의무까지 부담한다.

프로바이더가 프로그램의 교환을 위하여 저장장소만을 제공하는 경우에는 원칙적으로 그 소프트웨어에 대하여 아무런 책임도 부담하지 아니한다고 본다. 다만 프로바이더가 타인의 소프트웨어에 있는 하자나 흠결을 안 때에는 예외적으로 책임이 인정될 수 있다.

인터넷의 글로벌한 특징으로 인하여 소프트웨어는 여러 국가에 위치한 서버로부터 전 세계적으로 배포될 수 있다. 특히 외국제조자가 만든 소프트웨어를 국내에 위치한 서버를 통하여 판매하는 때에는 수입업자로서의 프로바이더의 불법행위책임이 문제될 수 있다. 수입업자로서의 프로바이더는 예컨대 외국의 제조자를 필요한 주의를 다하여 선택할 의무, 수입한 소프트웨어가 국내의 안전규범과 일치하는가를 집중적으로 통제 · 검사할 의무, 유통시킨 소프트웨어에 관한 지속적인 관찰의무를 부담한다.

II. 과실독립적 제조물책임 = 제조물책임법상의 책임

우선 제조물책임법에 따른 제조물책임이 인정되기 위하여는 인터넷을 통하여 제공되는 '정보'나 사용하고 있는 소프트웨어가 '제조물'(Produkt)에 해당하여야 한다. 제조물책임법에 의하면 제조물이란「다른 동산이나 부동산의 일부를 구성하는 경우를 포함한 제조 또는 가공된 동산」을 가리킨다(제조물책임법 제2조 제1항). 물건을 유체물에 한하는 입법례에서는 전자정보나 온라인을 통하여 이용되는 소프트웨어는 제조물에 해당할 수 없다고 본다. 제조물책임법상 '동산'(bewegliche Sache)만이 제조물이 될 수 있으나, 민법상 물건으로서의 동산이란 유체물뿐만 아니라 전기 기타 자연력도 포함하여 의미한다(민법 제90조).

동산이 아니고 일종의 서비스에 해당할 뿐인 정보의 결합에 대하여는 종래의 과실책임으로도 얼마든지 해결이 가능하여 굳이 단순한 정보에까지 무과실적 제조물책임을 적용할 필요는 없다고 하는 견해가 강하다.[101] 그러나 민법상으로는 전기 기타 관리가능한 자연력도 물건의 개

---

101 독일제조물책임법에서도 순수한 지적 급부나 정보는 유체성을 결하여 제조물개념에 포함되지 아니한다고 본다.

념에 포함되는 결과, 유체성 여부만을 판단하여 전자정보는 유체성이 없다고 하는 이유로 제조물책임법이 적용되지 아니한다고 단정할 수는 없다. 그러므로 전자정보나 소프트웨어에 대하여 민법 제90조가 규정하고 있는 전기 기타 관리할 수 있는 자연력을 유추적용하는 방법으로 전자정보나 소프트웨어에 대하여 제조물개념을 긍정할 필요가 있다고 본다. 특히 정보가 온라인잡지나 전자서적과 같은 형태로 일정한 저장장치에 분리불가능하게 결합(Verknüpfung)된 경우에는 제조물성을 인정하여 무과실적 제조물책임이 성립할 수 있다고 본다. 역시 예를 들어 소프트웨어가 ROM의 형태로 다른 전자제품의 구성부분으로 되어 있고, 그 소프트웨어의 하자로 인하여 결과적으로 손해가 야기된 경우에도 그룹을 전자제품의 부품으로서의 제조물로 볼 수 있고, 소프트웨어의 제조자 혹은 수입업자에 대하여 제조물책임법상의 제조물책임이 인정될 수 있다.

06

인터넷상 타인의 홈페이지에 나타나게 한 팝업광고에 대한 책임

Ⅰ. 서언

특정한 웹사이트가 어떠한 내용을 표시하기 위하여 갑자기 생성되는 새 창을 팝업(pop-up)창이라고 한다.[102] 보통 자바스크립트를 통하여 팝업창을 만들어 내지만, 다른 요인에 의하여 팝업창이 생성되기도 한다. 팝업창은 주로 웹사이트의 트래픽을 증가시키거나 이메일주소를 수집하기 위한 온라인광고의 일종으로 사용되고 있다. 인터넷상에서 별도의 팝업창이 갑자기 나타나 광고하는 기법을 팝업광고라고 부른다.

Ⅱ. 다른 경쟁회사의 팝업광고에 대한 불법행위의 금지청구 또는 예방청구

경쟁회사가 상당한 노력과 투자에 의하여 구축한 성과물을 상도덕이

102 특히 둘레에 별도의 테두리가 없는 팝업을 이른바 레이어 팝업(Layer Pop-up)이라 한다.

나 공정한 경쟁질서에 반하여 자신의 영업을 위하여 무단으로 이용함으로써 경쟁회사의 노력과 투자에 편승하여 부당하게 이익을 얻고 경쟁회사의 법률상 보호할 가치가 있는 이익을 침해하는 행위를 하면 부정한 경쟁행위로서 민법상 불법행위에 해당하는지, 그 불법행위의 금지 또는 예방을 청구할 수 있는지가 문제된다. 예를 들어 네이버(NAVER)가 장기간 동안 상당한 노력과 투자에 의하여 정보검색, 커뮤니티, 오락 등의 다양한 서비스의 제공을 목적으로 하여 국내 최대의 인터넷포털사이트를 구축하여 인터넷사용자로 하여금 각종의 서비스이용 등을 위하여 자사의 홈페이지를 방문하도록 하고, 방문한 인터넷이용자에게 팝업광고를 노출시키거나 우선순위검색결과도출서비스를 제공하는 방법 등으로 광고영업을 해 오고 있는 상황에서, A회사가 인터넷사이트를 이용한 팝업광고시스템인 '업링크솔루션'이라는 갑프로그램을 개발하여 자신이 운영하는 사이트를 통하여 인터넷사용자에게 갑프로그램을 다운로드받게 한 후에 갑프로그램을 설치한 인터넷사용자가 네이버를 방문하면 그 화면에 네이버의 광고 대신 같은 크기의 A회사의 팝업광고가 나타나는 방식(이른바 '대체광고방식'), 네이버의 화면여백에 A회사의 팝업광고가 나타나는 방식(이른바 '여백광고방식'), 네이버의 검색창에 키워드를 입력하면 검색결과화면의 최상단에 위치한 검색창과 네이버의 키워드광고 사이에 A회사의 키워드광고가 나타나는 방식(이른바 '키워드삽입광고방식') 등으로, A회사의 팝업광고를 대체 혹은 삽입된 형태로 나타나게 한 경우에 네이버는 A회사에 대하여 갑프로그램의 제조, 사용, 판매 및 배포의 금지나 예방을 청구할 수 있는가가 문제된 사건이 있다.

부정경쟁행위로 자신의 영업상의 이익이 침해되거나 침해될 우려가 있는 자는 부정경쟁행위를 하거나 하려는 자에 대하여 법원에 그 행위의 금지 또는 예방을 청구할 수 있다(부정경쟁방지법 제4조). 그러므로 A회사의 행위가 부정경쟁행위에 해당한다고 하면 부정경쟁방지법에 의하여 네이버에게 부정경쟁행위의 금지 · 예방청구권이 인정된다. 그러나 부정경쟁방지법은 부정경쟁행위의 개념에 대하여 일반조항주의를 취하지 않고, 한정열거주의를 취하고 있으므로, 부정경쟁방지법 제2조에서 열거하고 있는 부정경쟁행위에 포섭되지 않는 경우에는 금지 · 예방청구권이 인정되지 아니한다.

만약 A회사의 행위가 부정경쟁행위에 해당하지 아니한다고 하면 두 가지 측면에서 쟁점이 된다. 우선 A회사의 행위가 민법상 불법행위에 해당되는가 하는 문제가 있다. 그리고 불법행위가 된다고 하면 불법행위의 효과로서 사후적인 금전에 의한 손해배상청구 외에 사전적 조처로서 불법행위의 금지 또는 예방을 청구할 수 있느냐 여부가 문제된다.

A회사가 네이버가 상당한 노력과 투자에 의하여 구축한 성과물을 상도덕이나 공정한 경쟁질서에 반하여 자신의 영업을 위하여 무단으로 이용함으로써 네이버의 노력과 투자에 편승하여 부당하게 이익을 얻고 네이버의 법률상 보호할 가치가 있는 이익을 침해한 사실을 인정할 수 있다. 그러므로 A회사의 팝업광고행위는 네이버가 가지는 신용과 고객흡인력을 무단으로 이용하는 셈이 될 뿐만 아니라, 네이버의 영업을 방해하면서 네이버가 얻어야 할 팝업광고영업의 이익을 무단으로 가로채는 부정한 경쟁행위로서 민법상 불법행위에 해당한다(민법 제750조). 그리고 A회사의 팝업광고행위가 일회적으로 그치지 아니하고, 계속적으로 반복되며, A회사에게 금전배상을 명하는 조치만으로는 구제의 실효성을 기대하기 어렵다고 보아야 한다. 또한 A회사의 팝업광고행위를 금지함으로써 보호되는 네이버의 이익이 그로 인한 A회사의 영업의 자유에

대한 손실보다 더 크다. 그러므로 네이버는 A회사에 대하여 자신의 사이트에 접속한 인터넷사용자의 모니터에서 갑프로그램을 이용한 팝업 광고행위의 금지 또는 예방을 청구할 수 있다.[103]

---

103 대법원 2010.8.25. 자 2008마1541 결정 참조.

07

인터넷 형사책임

Ⅰ. 타인의 정보에 대한 훼손과 비밀의 침해 · 도용 또는 누설

1. 서언

정보통신망법 제49조에 의하면 누구든지 정보통신망에 의하여 처리 · 보관 또는 전송되는 타인의 정보를 훼손하거나 타인의 비밀을 침해 · 도용 또는 누설하여서는 안 되고, 정보통신망법 제71조 제11호에서는 정보통신망법 제49조를 위반하여 타인의 정보를 훼손하거나 타인의 비밀을 침해 · 도용 또는 누설한 자를 5년 이하의 징역 또는 5,000만원 이하의 벌금에 처하도록 하고 있다. 정보통신망법 제71조 제11호에서 규정하는 정보통신망법 제49조를 위반하여 타인의 비밀을 침해 · 도용 또는 누설한 자라 함은 정보통신망을 침해하는 방법으로 정보통신망에 의하여 처리 · 보관 또는 전송되는 타인의 정보를 침해하거나 그 침해된 정보를 도용 또는 누설한 자를 의미한다.

2. 타인의 정보를 훼손한 경우

정보통신망법 제49조에 의하여 우선 누구든지 정보통신망에 의하여 처리・보관 또는 전송되는 타인의 정보를 훼손하여서는 안 된다. 그러나 「정보」의 개념에 대하여 정보통신망법상 규정이 없고, 다만 정보통신망법 제2조 제2항은 정보통신망법에서 사용하는 용어의 뜻은 정보통신망법 제1항에서 정하는 용어 외에는 「국가정보화 기본법」에서 정하는 바에 따른다고 규정하고 있다. 국가정보화 기본법 제3조 제1호에 의하여 「정보」란 "특정 목적을 위하여 광(光) 또는 전자적 방식으로 처리되어 부호, 문자, 음성, 음향 및 영상 등으로 표현된 모든 종류의 자료 또는 지식을 말한다"고 규정하고 있으므로, 정보통신망법 제49조의 '정보'의 개념도 마찬가지이다. 결국 정보는 특정 목적을 위하여 광 또는 전자적 방식에 의하여 부호 등으로 표현된 자료 또는 지식이므로 비록 정보통신망을 통하여 정보가 처리・보관 또는 전송되는 과정에 영향을 미치는 행위라고 하더라도 그 목적을 해하지 아니하는 경우에는 정보통신망법 제49조에서 정한 타인의 정보를 '훼손'하는 행위에 해당한다고 볼 수 없다. 그리고 형법 제314조 제2항에서 정한 '컴퓨터업무방해죄'는 피해자의 업무를 보호객체로 삼고 있는데, 불특정 다수인이 업무처리를 위하여 사용하는 컴퓨터 등 정보처리장치 등을 대상으로 컴퓨터업무방해죄가 저질러진 경우에는 최소한 컴퓨터 등 정보처리장치 등을 이용한 업무주체가 구체적으로 누구인지, 나아가 그 업무가 컴퓨터업무방해죄의 보호객체인 업무에 해당하는지를 심리・판단할 수 있을 정도로 특정되어야만 한다.[104]

---

104 대법원 2011.5.13 선고 2008도10116 판결(예를 들어 A가 불특정 다수 인터넷이용자의 컴퓨터에 자

3. 타인의 비밀을 정보통신망인 인터넷카페 게시판에 업로드한 행위

예컨대 A가 자신이 운영하는 인터넷사이트의 OO까페에 개인정보(성명과 주소, 집, 전화번호, 휴대전화번호 등)가 담겨있는「XXX교인명단」을 업로드하여 다른 회원으로 하여금 다운받아 볼 수 있게 하고만 있을 뿐 XXX교인명단을 작성한 사람이나 그 취득경위에 대해서는 적시하지 않고 있는 경우에도 타인의 비밀을 침해 · 도용 또는 누설한 경우로 되는가 하는 문제가 있다. 만약 A가 XXX교인명단을 성명불상인 대학동창으로부터 이메일로 전달받은 사정이 인정될 뿐이라면 A가 성명불상인 대학동창으로부터 넘겨받은 XXX교인명단이 타인의 비밀에 해당하여 보호를 받을 필요성이 인정된다 하더라도, 그 XXX교인명단이 원래 정보통신망에 의하여 처리 · 보관 또는 전송되던 개인정보를 정보통신망을 침해하는 방법 등에 의하여 XXX교인명단의 작성자나 관리자의 승낙 없이 취득한 경우라는 사정을 인정할 증거가 없는 이상, A의 행위가 정보통신망법 제71조 제11호상의 정보통신망에 의하여 처리 · 보관 또는 전송되는 타인의 비밀을 침해, 도용 또는 누설한 경우에 해당한다고 볼 수 없다. 본래 형벌법규는 문언에 따라서 엄격하게 해석 · 적용하여야 하고, 가능한 문언의 의미 내에서 당해 규정의 입법취지와 목적 등을 고려한 법률체계적 연관성에 따라서 그 문언의 논리적 의미를 분명히 밝히는 체계적 · 논리적 해석방법은 그 규정의 본질적 내용에 가장 접근한

신의 프로그램을 설치하여 경쟁업체의 프로그램이 정상적으로 사용되거나 설치되지 못하도록 함으로써 인터넷이용자의 인터넷이용에 관한 업무를 방해한 경우에 피해자인 인터넷이용자가 누구이고 몇 명인지 특정되지 않은 경우에는 몇 개의 죄로 공소제기한 경우인지 알 수 없고, 방해된 업무내용이 구체적으로 무엇인지 알 수 없어 보호객체인 업무에 해당하는지를 심리·판단할 수 없다는 이유로, 공소사실이 특정되지 않은 경우로 본다).

해석을 하는 경우로서 죄형법정주의의 원칙에 부합하나, A에게 불리한 방향으로 지나치게 확장해석하거나 유추해석하는 경우는 허용되지 아니한다. 단지 타인의 비밀을 정보통신망인 인터넷카페 게시판에 업로드한 모든 행위를 정보통신망법 제71조 제11호의 정보통신망에 의하여 처리 · 보관 또는 전송되는 타인의 비밀을 침해 · 도용 또는 누설한 경우에 해당한다고 본다면, A에게 지나치게 불리한 방향으로 확장해석하여 죄형법정주의의 원칙에 어긋나는 경우로서 허용되지 않는다.[105]

4. 이미 사망한 사람의 주민등록번호 등을 알려준 행위

일반적으로 '인(人)'이라 함은 자연인 또는 법인, 경우에 따라서는 법인격 없는 단체를 지칭하는데, 여기에서 자연인이란 생존하는 사람만을 의미할 뿐 이미 사망한 사람은 자연인에 포함되지 않는다고 봄이 상당하다. 특히 형법에서 일반적으로 타인에 대한 범죄를 규정하면서, 사망한 사람에 대한 범죄에 대해서는 별도의 구성요건을 두고 있다는 사정(예컨대 형법 제308조의 사자명예훼손죄, 형법 제159조의 사체등오욕죄 등)에 비추어 보더라도 명확하다. 그러므로 이미 사망한 사람의 주민등록번호를 누설한 경우에 특별한 규정 없이 정보통신망법 제49조 소정의 '타인'의 범위를 확대해석하여 이미 사망한 사람까지 포함시킨다면 죄형법정주의에 반하는 경우로서 허용될 수 없다. 예를 들어 A가 자기의 친구인 B로부터 부탁을 받고 대구지하철역화재사고 및 김해중국민항기추락사고의 사망자 명단과 생년월일을 인터넷 네이트온 메신저로 전송받

---

105 인천지방법원 2010.7.23. 선고 2010노1441 판결.

아 자기의 회사에서 관리하고 있는 은행신용전산망을 검색하여 명단에 나와 있는 사람의 주민등록번호를 알아낸 뒤 인터넷 네이트온 메신저로 B에게 전송하는 방법으로 63회에 걸쳐 정보통신망에 의하여 보관되는 타인의 비밀을 누설한 경우라도 이미 사망한 사람은 정보통신망법 제49조에서 정하는 '타인'에 해당하지 않으므로, A가 이미 사망한 사람의 주민등록번호 등을 알려준 행위는 정보통신망법 제49조가 정한 범죄로 되지 아니한다.[106]

II. 사이버스토킹에 대한 처벌

본래 스토킹(stalking)은 '은밀히 다가서다', '몰래 추적하다'(stalk)에서 파생되어 명사화된 용어이다. 타인으로 하여금 공격을 당하거나 살해가 될 위협을 느끼게 할 정도로 남을 쫓아다니는 행위를 하면 스토킹이 된다. 남을 쫓아 공포감이나 불안감을 유발하는 스토킹은 물리적으로 남을 따라가는 경우뿐만 아니라 전화, 이메일, 편지, 대화방, 게시판을 통하여 괴롭히는 행위를 모두 포함한다.[107] 특히 스마트폰 · 이메일 · 대화방 · 게시판과 같은 정보통신망을 이용한 스토킹을「사이버스토킹」(cyber stalking)이라고 한다. 대화방이나 게시판을 통하여 사이버스토킹이 일어날 뿐만 아니라, 이메일이나 SMS, 최근 페이스북이나 카카오

106 부산지방법원 2007.2.15. 선고 2006노3110 판결.

107 스토킹행위를 하는 사람을 가리켜 스토커(stalker)라고 부르고, 스토커는 보통 (i) 단순집착형(Simple Obsessional Stalkers), (ii) 연애망상형(Erotomania), (iii) 연애집착형(Love Obsessional Stalkers)의 세 가지 유형으로 구분된다.

톡 등과 같은 SNS에 의하여 사이버스토킹이 광범하게 행하여지고 있고, 자주 사이버스토킹이 사회적 문제로까지 비화되고 있다.

스토킹의 경우에 형사처벌이 되다시피,[108] 사이버스토킹도 당연히 형사처벌의 대상이 된다. 예를 들어 교제를 거부하는 여성에 대하여 SMS나 카카오톡 등을 통하여 지속적으로 하루 수십통의 메시지를 보내고, 전혀 반응을 보이지 않고 친구차단 등의 조치를 취하자 낯선 아이디로 문자를 보내면서 사이버스토킹을 계속하여 행하여 명예훼손를 한 경우에 일단 형법 제307조의 명예훼손죄 또는 형법 제309조의 출판물에 의한 명예훼손죄의 성립이 가능하다. 그리고 사이버스토킹을 지속적으로 행함으로써 피해를 입은 여성이 우울증에 빠지거나 신경쇠약에 빠지는 등 구체적인 건강침해의 결과가 발생한 경우에는 스토커는 고의의 내용에 따라서 형법 제257조 제1항의 상해죄 또는 형법 제262조의 폭행치상죄로 처벌될 수도 있다. 그리고 사이버스토킹에 대하여는 성폭력범죄의 처벌 등에 관한 특례법 제13조의 통신매체이용음란죄를 적용할 수 있다. 성폭력범죄의 처벌 등에 관한 특례법 제13조에 의하면 자기 또는 다른 사람의 성적 욕망을 유발하거나 만족시킬 목적으로 전화, 우편, 컴퓨터, 그 밖의 통신매체를 통하여 성적 수치심이나 혐오감을 일으키는 말, 음향, 글, 그림, 영상 또는 물건을 상대방에게 도달하게 한 사람은 2년 이하의 징역 또는 500만원 이하의 벌금에 처하도록 규정되어 있다. 다만 성폭력범죄의 처벌 등에 관한 특례법 제13조는 우선 성적 욕망이나 성적 수치심이 아닌 다른 동기를 가지고 행한 범죄에는 적용하기 어렵고, 지속적으로 괴롭히는 문자와 같은 메시지의 전달 등 사이버스토킹의 전

108 미국에서는 많은 주에서 반스토킹법률이 제정되어 시행되고 있다.

형적인 요건이 포함되어 있지 않으므로, 본래적 의미의 사이버스토킹을 처벌하기 위한 규정이라고 보기 곤란하다.

정보통신만법 제44조의7 제1항 제3호는 누구든지 공포심이나 불안감을 유발하는 부호 · 문언 · 음향 · 화상 또는 영상을 반복적으로 상대방에게 도달하도록 하는 내용의 정보를 유통하여서는 안 된다고 규정하고 있다. 그리고 공포심이나 불안감을 유발하는 부호 · 문언 · 음향 · 화상 또는 영상을 반복적으로 상대방에게 도달하게 한 자는 1년 이하의 징역 또는 1천만원 이하의 벌금에 처한다(정보통신망법 제74조 제1항 제3호). 그러므로 정보통신망법상 사이버스토킹의 경우에는 1년 이하의 징역 또는 1천만원 이하의 벌금으로 처벌할 수 있다.

Ⅲ. 명예훼손죄

1. 형법상의 명예훼손죄

형법상 공연히 사실을 적시하여 사람의 명예를 훼손하면 사실적시명예훼손에 해당한다(형법 제307조 제1항). 그리고 공연히 허위의 사실을 적시하여 사람의 명예를 훼손하는 허위사실적시명예훼손의 경우에는 가중처벌된다(형법 제307조 제2항). 물론 허위사실의 적시에 의한 명예훼손죄가 성립하려면, 사실을 적시하는 사람이 그 사실을 허위라고 인식하여야 한다.[109] 그리고 공연히 사실을 적시하여 사람의 명예를 훼손하는 행위가 진실한 사실로서 오로지 공공의 이익에 관한 때에는 형법

109 대법원 2001.10.9. 선고 2001도3594 판결.

제310조에 따라서 처벌할 수 없고, '진실한 사실'이란 그 내용 전체의 취지를 살펴볼 때 중요한 부분이 객관적 사실과 합치되는 사실이라는 의미로서 일부 자세한 부분이 진실과 약간 차이가 나거나 다소 과장된 표현이 있다고 하더라도 무방하고, '공공의 이익'이라 함은 널리 국가 · 사회 기타 일반 다수인의 이익에 관한 경우뿐만 아니라 특정한 사회집단이나 그 구성원의 관심과 이익에 관한 경우도 포함한다고 본다.[110]

2. 정보통신망법을 통한 명예훼손죄

(1) 서언

정보통신망법 제70조에 의하면 명예훼손을 사람을 비방할 목적으로 정보통신망을 통하여 공공연하게 사실을 드러내어 다른 사람의 명예를 훼손하는 사실적시명예훼손과 사람을 비방할 목적으로 정보통신망을 통하여 공공연하게 거짓의 사실을 드러내어 다른 사람의 명예를 훼손하는 허위사실적시명예훼손으로 구분하고 있다. 그리고 정보통신망법에 의한 명예훼손죄는 형법에서와 같이 피해자의 명시한 의사에 반하여 공소를 제기할 수 없는「반의사불벌죄」로 규정하고 있다(정보통신망법 제70조 제3항).

정보통신망법 제70조에서 '사람을 비방할 목적'은 가해의 의사 내지 목적을 요하는 의미로서, '사람을 비방할 목적'이 있는지 여부는 적시사실의 내용과 성질, 적시사실의 공표가 이루어진 상대방의 범위, 그 표현의 방법 등 그 표현 자체에 관한 제반사정을 감안함과 동시에 그 표현에

110 대법원 2002.9.24. 선고 2002도3570 판결.

의하여 훼손되거나 훼손될 수 있는 명예의 침해 정도 등을 비교·고려하여 결정하여야 한다. 그리고 '사람을 비방할 목적'은 공공의 이익을 위한 경우와는 상반되는 관계에 있다고 하여야 하므로, 적시한 사실이 공공의 이익에 관한 사항인 경우에는 특별한 사정이 없는 한 비방할 목적은 부인된다(공공의 이익에 관한 사항에는 널리 국가·사회 기타 일반 다수인의 이익에 관한 사항뿐만 아니라 특정한 사회집단이나 그 구성원 전체의 관심과 이익에 관한 사항도 포함되며, 주요한 동기 내지 목적이 공공의 이익을 위한 사항이라면 부수적으로 다른 사익적 목적이나 동기가 내포되어 있더라도 비방할 목적이 있다고 보기는 어렵다).[111]

[명예훼손죄에 관한 형법과 정보통신망법의 비교]

	사실적시	허위사실적시	법률
일반 명예훼손	2년 이하의 징역 또는 500만원 이하의 벌금	5년 이하의 징역, 10년 이하의 자격정지 또는 1천만원 이하의 벌금	형법 제307조
출판물에 의한 명예훼손	3년 이하의 징역 또는 700만원 이하의 벌금	7년 이하의 징역, 10년 이하의 자격정지 또는 1,500만원 이하의 벌금	형법 제309조
정보통신망을 통한 명예훼손	3년 이하의 징역 또는 2천만원 이하의 벌금	7년 이하의 징역, 10년 이하의 자격정지 또는 5천만원 이하의 벌금	정보통신망법 제70조

(2) 자신이 겪은 객관적 사실을 바탕으로 산후조리원에게 불리한 내용의 글을 게시한 경우

111 대법원 2014.5.29. 선고 2013도3517 판결.

예컨대 A가 운영하는 산후조리원을 이용한 B가 9회에 걸쳐 임신, 육아와 관련한 유명 인터넷카페나 자신의 블로그에 자신이 직접 겪은 불편사항을 후기의 형태로 게시한 경우에 A의 명예를 훼손한 경우인가가 문제된 사건이 있다. 본래 국가는 건전한 소비행위를 계도(啓導)하고 생산품의 품질향상을 촉구하기 위한 소비자보호운동을 법률에 따라서 보장하고 있는 한편(헌법 제124조), 소비자는 물품 또는 용역의 선택에 필요한 지식 및 정보를 제공받을 권리와 사업자의 사업활동 등에 대하여 소비자의 의견을 반영시킬 권리가 있다(소비자기본법 제4조). 또한 공급자 중심의 시장환경이 소비자 중심으로 이전되면서 사업자와 소비자의 정보격차를 줄이기 위하여 인터넷을 통한 물품 또는 용역에 대한 정보 및 의견의 제공과 교환의 필요성이 증대되고 있다. 그러므로 실제로 물품을 사용하거나 용역을 이용한 소비자가 인터넷에 자신이 겪은 객관적 사실을 바탕으로 사업자에게 불리한 내용의 글을 게시하는 행위에 비방의 목적이 있는지는 적시사실의 내용과 성질, 적시사실의 공표가 이루어진 상대방의 범위, 표현의 방법 등 표현 자체에 관한 제반사정을 두루 심사하여 더욱 신중하게 판단하여야 한다. B가 인터넷카페나 블로그에 올린 글은 자신이 산후조리원을 실제 이용하면서 겪은 일과 산후조리원의 이용에 대한 주관적 평가를 담은 이용후기이고, 그 글에 다소 과장된 표현이 사용된 경우가 있더라도 인터넷에 게시된 글에 적시된 주요내용은 객관적 사실에 부합하며, B가 게시한 글의 공표상대방은 인터넷카페 회원이나 산후조리원에 관한 정보를 검색하는 인터넷사용자에 한정되고, 인터넷사용자에게 무분별하게 노출되지는 아니한다고 보이는 사정 등 제반사정에 비추어 볼 때, B가 적시한 사실이 산후조리원에 대한 정보를 구하고자 하는 임산부의 의사결정에 도움이 되는 정보 및 의견의 제공이라는 공공의 이익에 관한 사항이라고 보아야 한다. B의 주요한 동기나 목적이 공공의 이익을 위한 경우라면 부수적으로 산후조리원의 이용대금에 대한 환불과 같은 다른 사익적 목적이나 동기가 내포되어 있다는 사정만으로 B에게 A를 비방할 목적이 있다고 보기 어렵다. 결국 B가 자신이 겪은 객관적 사실을 바탕으로 산후조리원에게 불리한 내용의 글을 인터넷카페나 블로그에 올리더라도 정보통신망법 제70조 제1항에서 정한 명예훼손죄의 구성요건요소인 '사람을 비방할 목적'에 해당한다고 볼 수 없다.[112]

(3) 게시판에 성형시술의 결과가 만족스럽지 못하다는 주관적인 평가를 주된 내용으로 하는 한 줄의 댓글을 게시한 경우

A의사가 운영하는 ㅇㅇ성형외과에서 턱부위 고주파시술을 받은 후 그 결과에 불만을 품은 B가 인터넷포털사이트 네이버의 지식검색 질문·답변 게시판에 2007.5.2. "A의사가 가슴전문이라 눈이랑 턱은 그렇게 망쳐놨구나... 몰랐네...", "A의사로부터 눈, 턱을 수술받았으나 수술 후 결과가 좋지 못하다" 등과 같이 A의사의 명예를 훼손할 만한 구체적인 사실을 적시하여 B를 명예훼손죄로 처벌할 수 있는가가 문제된 사건이 있다. 우선 정보통신망법 제70조 제1항 소정의 명예훼손죄의 구성요건요소인 '사실의 적시'란 가치판단이나 평가를 내용으로 하는 의견표현에 대치되는 개념으로서 시간과 공간적으로 구체적인 과거 또는 현재의 사실관계에 관한 보고 내지 진술을 의미하며, 그 표현내용이 증거에 의한 증명이 가능한 경우를 말하고, 판단할 진술이 사실인가 또는 의견인

112 대법원 2012.11.29. 선고 2012도1032 판결.

가를 구별함에 있어서는 언어의 통상적 의미와 용법, 증명가능성, 문제된 말이 사용된 문맥, 그 표현이 행하여진 사회적 상황 등 전체적 정황을 고려하여 판단하여야 한다.[113] 그리고 정보통신망법 제70조 제1항 소정의 '사람을 비방할 목적'이란 가해의 의사 내지 목적을 요하고, 사람을 비방할 목적이 있는지 여부는 당해 적시사실의 내용과 성질, 당해 사실의 공표가 이루어진 상대방의 범위, 그 표현의 방법 등 그 표현 자체에 관한 제반사정을 감안함과 동시에 그 표현에 의하여 훼손되거나 훼손될 수 있는 명예의 침해 정도 등을 비교, 고려하여 결정하여야 한다. 한편 '사람을 비방할 목적'이란 가해의 의사 내지 목적을 요하므로 공공의 이익을 위한 경우와는 행위자의 주관적 의도의 방향에 있어 서로 상반되는 관계에 있다고 하여야 하므로, 적시한 사실이 공공의 이익에 관한 경우인 때에는 특별한 사정이 없는 한 비방할 목적은 부인된다고 봄이 상당하고, 공공의 이익에 관한 경우에는 널리 국가, 사회 기타 일반 다수인의 이익에 관한 경우뿐만 아니라 특정한 사회집단이나 그 구성원 전체의 관심과 이익에 관한 경우도 포함하며, 행위자의 주요한 동기 내지 목적이 공공의 이익을 위한 경우라면 부수적으로 다른 사익적 목적이나 동기가 내포되어 있더라도 비방할 목적이 있다고 보기는 어렵다.[114]

본래 B가 게시한 표현물은 인터넷사용자가 질문을 올리면 그 질문에 대하여 답변하면서 질문사항에 의견과 정보를 공유하는 기능을 가진 인터넷 포털사이트 네이버의 지식검색 질문 · 답변 게시판에 단 한 줄의 댓글 형태로 각 게시되고, B는 A의사의 성형시술결과에 불만을 품고 있

113 대법원 1998.3.24. 선고 97도2956 판결; 대법원 2008.10.9. 선고 2007도1220 판결 등 참조.

114 대법원 2003.12.26. 선고 2003도6036 판결; 대법원 2006.8.25. 선고 2006도648 판결 등 참조.

던 중 인터넷에서 A의사의 성형시술능력에 대한 질문·답변을 보고 다른 피해사례를 막아야 한다는 생각에 자신의 경험과 의견을 다른 사람과 공유하고자 각 표현물을 게시한 사정이 인정되고, B는 A의사로부터 B의 글을 삭제하여 달라는 요청을 받고 즉시 삭제한 사정 등을 알 수 있으므로 제반사정에 비추어 보면 각 표현물의 공표가 이루어진 상대방은 A의사의 성형시술능력에 관심을 가지고 그 정보에 대하여 검색하는 인터넷사용자에 한정되고 다른 인터넷사용자에게까지 무분별하게 노출된다고 보기는 어려우며, 그 분량도 각 한 줄에 불과하고, 그 내용 또한 B의 입장에서는 A의사의 시술결과가 만족스럽지 못하다는 주관적인 평가가 주된 부분을 차지하고 있으며, 성형시술을 제공받은 모든 자가 그 결과에 만족할 수는 없으므로 그 불만을 가진 자가 존재한다는 사실에 의한 A의사의 명예훼손의 정도는 인터넷이용자의 자유로운 정보 및 의견의 교환으로 인한 이익에 비하여 더 크다고 보기는 어려우므로, A의사의 입장에서는 어느 정도 그 불만을 가진 자의 자유로운 의사의 표명을 수인하여야 한다는 사정을 고려해 볼 때, 각 표현물의 표현방법에 있어서도 인터넷사용자의 의사결정에 도움을 주는 범위를 벗어나 인신공격에 이르는 등 과도하게 A의사의 명예를 훼손한 경우라고 보기는 어렵다. 특히 각 표현물은 전체적으로 보아 A의사로부터 성형시술을 받으려고 생각하고 있는 다수의 인터넷사용자의 의사결정에 도움이 되는 정보 및 의견의 제공이라는 공공의 이익에 관한 사항이라고 볼 수 있고, B의 주요한 동기 내지 목적이 공공의 이익을 위한 경우라면 부수적으로 다른 목적이나 동기가 내포되어 있더라도 그 사정만으로 B에게 비방할 목적이 있다고 보기는 어렵다.[115] 결국 정보통신망법 제70조 제1항 소정의 명예훼손죄의 구성요건요소인 '사람을 비방할 목적'이 인정되지 아니한다고 하면 B의 명예훼손죄는 성립하지 아니한다.

(4) 세무공무원이 국세청 지식관리시스템 특정코너에 전 국세청장을 비방할 목적으로 허위내용의 게시글을 올린 경우

세무공무원인 A가 국세청 지식관리시스템 특정코너에 전 국세청장 B를 비방할 목적으로 허위내용의 게시글을 올려 B의 명예를 훼손한 경우인가가 문제된 사건이 있다. 정보통신망법 제70조 제1항, 제2항에서 정한 '사람을 비방할 목적'이 있어야 하나, 적시한 사실이 공공의 이익에 관한 경우에는 특별한 사정이 없는 한 비방할 목적은 부인된다고 보며, 나아가 적시된 사실이 공공의 이익에 관한 경우인지 여부는 당해 명예훼손적 표현으로 인한 피해자가 공무원 내지 공적 인물과 같은 공인(公人)인지 아니면 사인(私人)에 불과한지 여부, 그 표현이 객관적으로 국민이 알아야 할 공공성 · 사회성을 갖춘 공적 관심사안에 관한 경우로 사회의 여론형성 내지 공개토론에 기여하는지 아니면 순수한 사적인 영역에 속하는지 여부, 피해자가 그와 같은 명예훼손적 표현의 위험을 자초한 경우인지 여부, 그리고 그 표현에 의하여 훼손되는 명예의 성격과 그 침해의 정도, 그 표현의 방법과 동기 등 제반사정을 고려하여 판단하여야 하고, 행위자의 주요한 동기 내지 목적이 공공의 이익을 위한 경우라면 부수적으로 다른 사익적 목적이나 동기가 내포되어 있더라도 비방할 목적

115 대법원 2009.5.28. 선고 2008도8812 판결.

이 있다고 보기는 어렵다고 보고,[116] 또한 정보통신망법 제70조 제2항의 정보통신망을 통한 허위사실적시에 의한 명예훼손죄가 성립하려면, 그 적시하는 사실이 허위이어야 할 뿐 아니라, B가 그 허위사실을 적시함에 있어 적시사실이 허위임을 인식하여야 하고, 그 허위의 사실에 대한 인식 즉 범의에 대한 증명책임은 검사에게 있으므로,[117] B에게 글에서 적시한 내용이 허위라는 인식이 있다고 보기 어렵다고 판단된다고 하면 허위사실적시에 의한 명예훼손죄가 성립할 수 없다.[118]

(5) 아이디(ID)만 알 수 있을 뿐 그 아이디를 가진 사람이 누구인지 추지할 자료가 없는 피해자에 대하여 허위사실을 적시한 경우

예컨대 A가 인터넷카페에 갑이라는 아이디(ID)를 가진 사람 B에 대하여 허위사실을 게시하면 정보통신망법상의 명예훼손으로 되는가 하는 문제가 있다. 본래 명예훼손죄에서는 명예의 주체인 사람은 특정한 자임을 요하지만 반드시 사람의 성명을 명시하여 허위의 사실을 적시하여야만 하지는 아니한다. 그러므로 사람의 성명을 명시한 바 없는 허위사실의 적시행위도 표현의 내용을 주위사정과 종합 판단하여 그 허위사실로 지칭하는 자가 어느 특정인을 지목하는지를 알아차릴 수 있는 경우에는 특정인에 대한 명예훼손죄를 구성한다. 그러나 예를 들어 인터넷카페의 회원수가 무려 18,800여명에 이르고 인터넷카페 내에서는 실

116 대법원 2005.10.14. 선고 2005도5068 판결; 대법원 2011.7.14. 선고 2010도17173 판결 등 참조.

117 대법원 2010.10.28. 선고 2009도4949 판결 등 참조.

118 대법원 2011.11.24. 선고 2010도10864 판결.

명이 아닌 별명을 사용하도록 되어 있고, B는 인터넷카페 내에서 갑이라는 이름으로만 글을 올려 갑이 B라는 사람임을 알 수 있는 어떠한 정보도 게시되어 있지 않고, B는 A를 고소하면서도 A의 아이디(ID)만을 기재하고 있을 뿐 구체적인 정보에 대하여는 서로 알지 못하고, A도 역시 갑이 어떤 실체적 인물인지에 대하여는 전혀 알지 못한 사정이 인정된다고 하면 인터넷카페에서 사용되는 아이디(ID)만을 알 수 있을 뿐 그 밖의 주위사정을 종합하더라도 그 아이디(ID)를 가진 사람이 누구인지를 알아차리기 어렵고 달리 누구인가를 추지할 수 있을 만한 아무런 자료가 없는 경우에는, 외부적 명예를 보호법익으로 하는 명예훼손죄의 피해자가 특정된 경우라고 볼 수 없으므로, 특정인에 대한 명예훼손죄가 성립하지 아니한다.[119]

Ⅳ. 인터넷웹페이지상의 팝업광고행위

예컨대 국내 최대의 인터넷포털사이트로서 네이버가 배너광고를 게재하거나 우선순위검색결과 도출서비스를 제공하는 방법 등으로 광고영업을 해 오고 있는데, A회사가 불특정 다수의 인터넷이용자에게 '업링크솔루션'이라는 갑프로그램을 배포하여 갑프로그램이 설치된 컴퓨터로 네이버에 접속할 경우 네이버의 화면에 네이버의 광고 대신 A회사의 광고가 대체 혹은 삽입된 형태로 나타나게 하고, A회사의 팝업광고가 그 둘레에 별도의 테두리가 없는 이른바 레이어 팝업(Layer Pop-up)

119 의정부지방법원 2014.10.23. 선고 2014고정1619 판결.

의 형태로 나타나며, A회사의 팝업광고 자체에는 그 출처가 전혀 표시되지 아니한 경우에 형법 제314조 제2항에 의한 컴퓨터 등 정보처리장치 또는 전자기록 등 특수매체기록을 손괴하거나 정보처리장치에 허위의 정보 또는 부정한 명령을 입력하거나 기타 방법으로 정보처리에 장애를 발생하게 하여 사람의 업무를 방해한 경우로서 컴퓨터업무방해죄에 해당하는가가 문제된다. 형법 제314조 제2항에서 '기타 방법'이란 컴퓨터의 정보처리에 장애를 초래하는 가해수단으로서 컴퓨터의 작동에 직접·간접으로 영향을 미치는 일체의 행위를 말하나, 컴퓨터업무방해죄가 성립하기 위하여는 그 가해행위의 결과 정보처리장치가 그 사용목적에 부합하는 기능을 하지 못하거나 사용목적과 다른 기능을 하는 등 정보처리의 장애가 현실적으로 발생하여야 한다. 그러나 A회사가 불특정 다수의 인터넷이용자에게 배포한 '업링크솔루션'이라는 갑프로그램은, 네이버의 서버가 인터넷이용자의 컴퓨터에 정보를 전송하는 데에는 아무런 영향을 주지 않고, 다만 인터넷이용자의 동의에 따라서 갑프로그램이 설치된 컴퓨터의 화면에서만 네이버의 화면이 전송받은 원래 모습과는 달리 A회사의 팝업광고가 대체 혹은 삽입된 형태로 나타나도록 하는 경우에 불과하므로, 그 사실만으로는 정보처리장치의 작동에 직접·간접으로 영향을 주어 그 사용목적에 부합하는 기능을 하지 못하게 하거나 사용목적과 다른 기능을 하게 한 경우라고 볼 수 없어 컴퓨터업무방해죄로 처벌할 수 없다.

7장

인터넷 소비자보호

01
서론

인터넷을 통한 전자상거래(Electronic Commerce)가 급성장하고 있다. 이미 온라인쇼핑몰은 그 수를 헤아릴 수 없을 정도로 증가하고 있고, 전자상거래가 적용되는 영역도 날로 확대되고 있다.[1] 또한 전자상거래에 소비자가 용이하게 참가할 수 있는 다양한 새로운 비즈니스모델이 등장하고 있다. 예를 들어 인터넷쇼핑, 카탈로그쇼핑, 홈쇼핑, 소셜커머스, 인터넷카페 등 다양한 사이버거래 장터가 존재한다. 또한 휴대전화로 인터넷에 접속하여 물건을 사는 이동전자거래, 즉 모바일커머스(mobile commerce)의 도입에까지 이르고 있다.

전자상거래의 규모도 역시 해마다 확대되고 있다. 통계에 의하면 전자상거래의 시장이 매년 큰 폭으로 성장하고 있고, 장차 그 성장이 더욱

1 종래 공산품 위주이던 구매물품은 여행, 스포츠·레저의 이용, 서적, 소프트웨어, 음반·비디오·악기를 비롯하여 식품(식사권 및 생선회나 육류)까지 다양하여지고 있다.

증가할 전망이다.[2] 2013년 기업간(B2B), 기업 · 정부간(B2G), 기업 · 소비자간(B2C), 소비자간(C2C) 전자상거래의 규모는 총 1,204조원에 이른다.[3]

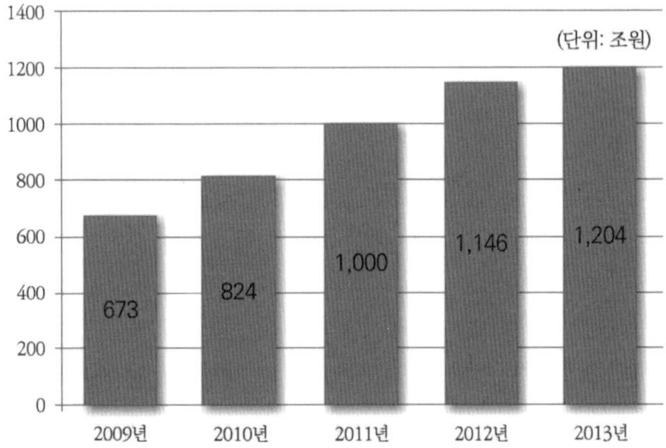

[최근 전자상거래의 규모] (출처: 통계청)

전자상거래가 증가하는 만큼 전자상거래에 따른 소비자의 피해도 늘어나고 있다. 전자상거래에 따른 피해는 예를 들어 대금을 지급하고도 물품을 받지 못한 경우, 배달된 상품이 선전과 다른 경우, 주문하지도 않은 물건을 배달하고 대금을 청구하는 경우, 대금만 결제하고는 쇼핑몰 사이트가 사라진 경우, 물건의 반품에도 불구하고 대금을 상환하지 않는 경우, AS를 하지 않는 경우, 개인정보의 유출로 스팸메일에 의한 피

---

2 2011년 999조2500억원, 2012년 1000조원, 2013년 1200조원으로 꾸준히 성장하고 있고, 전체 산업매출액의 규모는 3400조-3500조원으로 전자상거래가 차지하는 비중은 28~29%에 달한다.

3 특히 2013년 사이버쇼핑의 거래액은 38조4,940억에 달한다.

해를 입은 경우와 같이 아주 다양하다.

2014년 소비자민원상담 및 피해구제기관에 접수된 전자상거래와 관련된 피해구제의 건수가 사상 최대에 달하고 있다. 한국소비자원, 공정거래위원회, 서울시전자상거래센터에 따르면, 2014년 한국소비자원에 들어온 전자상거래와 관련된 피해구제의 건수는 5,388건으로, 2013년(4645건)과 비교하여 16% 가량 늘어나 있다.[4] 그리고 해외직접구매(해외직구)의 열풍 등에 따른 국제전자상거래에 따른 피해도 193건이 포함되어 있다.[5]

전자상거래에 의한 피해품목으로는 의류, 간편복, 양복, 가방 등 패션용품과 정보통신서비스, 정보통신기기, 문화 · 오락서비스, 운수 · 보관 · 관리서비스, 문화용품 등이 주류를 이룬다. 그리고 전자상거래에 따른 피해유형별로는 청약철회나 해약, 계약불이행에 따른 피해와 품질 및 AS, 부당행위 및 약관에 따른 피해, 반품이나 교환, 가격 · 요금에 관한 분쟁이 많다. 특히 피해 중 소비자의 청약철회요구를 받고 처리를 지연하거나, 청약철회요구를 아예 거부하는 사례도 적지 않다. 아마존과 같은 해외쇼핑사이트를 통하여 생기는 국제전자거래의 이용에 따른 소비자의 피해는 상품의 배달지연 및 미배달이 가장 많고, 상품(컨텐츠)의 하자, 허위 · 과장광고, 정당한 계약해지(환불)의 거절과 같은 사유가 있다.[6]

---

4 자세한 내용은 http://www.kca.go.kr/.

5 서울시전자상거래센터에 2014년 1~7월에 접수된 해외구매와 관련된 소비자불만건수는 663건에 달하여 전년 동기와 대비하여 31% 증가하였다.

6 통계상 국제전자거래의 소비자의 약 4분의 1 정도가 상품의 구입과 관련하여 피해를 경험하고 있다고 한다(피해자의 약 3분의 1 이상은 언어의 불편과 같은 이유로 피해보상요청을 포기하고 있는 실정이다).

물론 전자상거래에서 넓은 의미에서 보면 통상의 거래에서와 전혀 다른 소비자보호의 문제가 야기된다고 할 수는 없으나, 전자상거래는 종래의 오프라인거래와는 여러 가지 특징적인 소비자보호와 관련한 문제가 제기된다. 또한 전자상거래에서는 종래의 거래와는 다른 소비자의 보호를 위한 조치가 요구된다고 하지 않을 수 없다. 특히 전자상거래는 국가간의 장벽을 두지 않고 월경적으로 광범하게 이루어진다고 하는 특징으로부터 전자상거래와 관련한 소비자의 보호를 위하여는 국제적인 협력과 규범이 필요하고, 국제적 합의로 도출된 규범에 맞는 국내적인 규범의 정비가 요구된다. 전자상거래에 따른 소비자보호를 위한 근본적인 국제규범은 지난 1999년에 경제협력개발기구(OECD)가 제정한 「전자상거래와 관련한 소비자보호를 위한 가이드라인」이라고 할 수 있다. 국내에서는 전자상거래를 규율하는 규범으로서 종래부터 시행된 방문판매 등에 관한 법률, 소비자보호법, 약관의 규제에 관한 법률과 같은 법률도 있으나, 전자상거래 혹은 인터넷이라고 하는 특수한 사정을 고려하여 전자상거래에 의한 재화 또는 용역의 공정한 거래에 관한 사항을 규정함으로써 소비자의 권익을 보호하고 시장의 신뢰도를 높이기 위하여 새로 제정된 「전자상거래 등에서의 소비자보호에 관한 법률」(이하 '전자상거래법'이라 한다)을 통하여 전자상거래로부터의 소비자보호를 도모하고 있다.

02
OECD의 전자거래와 관련한 소비자보호 가이드라인

OECD[7] 이사회(Council)가 1999년 12월 9일에 온라인매매에 대하여 적어도 전통적인 거래나 쇼핑회사에 대한 물품의 주문에서와 같은 정도로 소비자를 보호하기 위하여 마련한 행동지침을 「전자상거래와 관련한 소비자보호를 위한 가이드라인」(이하 'OECD가이드라인'이라 한다)[8]이라고 한다. OECD가이드라인은 전자적인 사업자-소비자간(business-to-consumer, B2C) 거래에서의 효과적인 소비자보호를 목적으로 하고 있고, OECD가이드라인을 통한 전자상거래에서의 소비자보호에 필요한 본질적인 사항에 관한 정의에 의하여 소비자의 온라인구매, 기업의 온라인판매에서 흔히 야기되는 불확

---

7 Organisation for Economie Co-operation and Development, 즉 「경제개발협력기구」를 말한다.

8 정식명칭은 「Recommendation of the oecd council concerning guidelines for consumer protection in the context of electronic commerce」이며, 전문은 http://www.oecd.org/internet/consumer/34023235.pdf, 한글로 된 전문는 http://www.oecd.org/internet/consumer/34023618.pdf; http://www.ssoft.co.kr/kiec/kiec_07.htm 참조.

실 · 불명확한 내용을 제거하여 효율적이고 투명하게 소비자를 보호하려고 한다. 특히 OECD회원국 정부대표와 경제단체 · 소비자단체의 대표자가 18개월에 걸친 논의의 결과로 성립한 OECD가이드라인은 온라인거래에 어떤 장애를 초래하지 않고, 정부 · 기업 또는 소비자단체가 온라인거래에 따른 소비자보호를 위하여 새로운 지침을 마련하고 소비자보호제도를 발전시키는 경우에 중요한 근거와 자료로 활용되기를 기대하고 있다.

OECD가이드라인은 전통적인 거래형태에 이미 존재하는 법률상의 소비자보호조치에 근거를 두고 있다. 특히 OECD가이드라인은 (i) '공정한' 거래관행, 광고관행, 마켓팅관행, (ii) 온라인기업의 동일성, 제공되는 재화나 서비스, 모든 거래의 종류와 조건에 대한 '명확한' 정보, (iii) 거래의 확인을 위한 분명한 절차, (iv) 공정하고, 적절하며 경제적으로 수용가능한 분쟁해결절차와 구제, (v) 소비자와 기업의 사적 영역(프라이버시)의 보호와 교육 · 설명과 같은 목적을 달성하려고 한다. 그리고 OECD가이드라인은 기술적 중립을 지향하며, 전자상거래와 관련한 소비자보호를 위하여 소비자의 참여를 통한 사적 분야의 주도를 촉진하고, 정부, 기업 및 소비자간의 공동작업 내지 협력을 강조하고 있다.

03
전자상거래에서의 소비자보호를 위한 국내규범

Ⅰ. 소비자기본법

1980년에 소비자보호법으로 제정되어 2006년 정부개정을 통하여 소비자기본법으로 바뀐 「소비자기본법」은 소비자의 기본권익을 보호하기 위한 소비자보호의 기본적인 법률이다. 소비자기본법의 이념이나 목적은 전자상거래의 경우에도 물품 및 용역을 소비생활을 위하여 사용하거나 이용하기 위한 소비자거래에 대하여는 그대로 적용된다. 소비자기본법은 (i) 물품 또는 용역으로 인한 생명 · 신체 또는 재산에 대한 위해로부터 보호받을 권리, (ii) 물품 등을 선택함에 있어서 필요한 지식 및 정보를 제공받을 권리, (iii) 물품 등을 사용함에 있어서 거래상대방 · 구입장소 · 가격 및 거래조건 등을 자유로이 선택할 권리, (iv) 소비생활에 영향을 주는 국가 및 지방자치단체의 정책과 사업자의 사업활동 등에 대하여 의견을 반영시킬 권리, (v) 물품 등의 사용으로 인하여 입은 피해에 대하여 신속 · 공정한 절차에 따라 적절한 보상을 받을 권리, (vi) 합리적인 소비생활을 위하여 필요한 교육을 받을 권리, (vii) 소비자 스스로의 권익을 증진하기 위하여 단체를 조직하고 그 조직을 통하여 활동할 수 있는 권리, (viii) 안전하고 쾌적한 소비생활환경에서 소비할 권리를 소비자의 기본적인 권리로 규정하고 있다(소비자기본법 제4조).

Ⅱ. 전자서명 및 전자거래 기본법

전자거래를 규율하는 기본적인 법률로 1999년에 제정된 「전자서명 및 전자거래 기본법」(이하 '전자서명법'이라 한다)이 있다. 전자서명법은 건전한 전자거래질서의 확립을 위하여 전자문서에 의하여 이루어지는 거래의 법적 효력을 명확히 하여 그 안전성과 신뢰성의 확보 및 거래의 공정을 기할 목적으로 제정된 법률이다. 우선 전자서명법은 정부에게 소비자보호의무, 즉 전자거래와 관련되는 소비자의 기본권익을 보호하기 위하여 필요한 시책을 마련할 의무를 부과하고 있다(전자서명법 제15조). 또한 정부는 전자거래와 관련되는 소비자피해의 발생을 예방하기 위하여 소비자에 대한 정보의 제공, 교육의 확대 등에 관한 시책을 수립·시행하여야 하고, 전자거래와 관련되는 소비자의 불만과 피해를 신속하고 공정하게 처리할 수 있도록 필요한 조치를 수립·시행하여야 한다(전자서명법 제16조).

Ⅲ. 전자상거래 등에서의 소비자보호에 관한 법률

2002년에 제정된 「전자상거래 등에서의 소비자보호에 관한 법률」(이하 '전자상거래법'이라 한다)은 전자상거래에 의한 재화 또는 용역의 공정한 거래에 관한 사항을 규정함으로써 소비자의 권익을 보호하고 시장의 신뢰도를 높여 국민경제의 건전한 발전에 이바지함을 목적으로 하는 법률이다. 전자거래의 방법으로 상행위(商行爲)를 하는 전자상거래(사업자가 상행위를 목적으로 구입하는 거래에는 적용하지 아니하고, 다만 사업자라 하더라도 사실상 소비자와 같은 지위에서 다른 소비자와 같은 거래조건으로 거래하는 경우에는 적용된다)에서의 건전한 거래질서의 확립 및 소비자보호를 위하여 사업자의 자율적 준수를 유도하기 위한 지침을 관련분야의 거래당사자, 기관 및 단체의 의견을 들어 정할 수 있고, 사업자는 그가 사용하는 약관이 소비자보호지침의 내용보다 소비자에게 불리한 경우에는 소비자보호지침과 다르게 정한 약관의 내용을 소비자가 알기 쉽게 표시하거나 고지하여야 한다(전자상거래법 제23조).

Ⅳ. 전자상거래 등에서의 소비자보호지침

1. 제정배경

전자상거래 등에서의 소비자보호지침(이하 '전자상거래소비자보호지침'이라 한다)은 전자상거래에서 건전한 거래질서를 확립하고 소비자의 권익을 보호하기 위하여 2003년부터 고시 · 시행되고 있다. 전자상거래소비자보호지침은 2002년부터 시행중인 전자상거래법 제23조에 근거하여 그 내용 중 구체화가 필요한 사항에 대하여 기준을 제시하고, 사업자의 자발적 준수를 통하여 소비자의 불만과 피해를 예방할 필요가 있는 사항에 대하여 주로 규정하고 있다.[9]

9 전자상거래소비자보호지침은 일반사항과 권고사항으로 구분되어 있다.

2. 주요내용

(1) 단순히 배너만을 게시한 포털사이트의 책임

포털사이트가 단순히 배너를 게시하고 그 배너를 클릭하는 경우 다른 사이트로 이동하여 거래가 이루어지는 경우에는 배너를 게시한 사이트에서 전자상거래에 필요한 절차의 중요한 일부가 수행되지 않으므로, 그 배너가 게시된 사이트를 운영하는 사업자를 전자상거래중개자라고 할 수 없다. 그러나 포털사이트에서 배너를 통하여 이동한 사이트가 그 포털사이트와 전혀 다른 사이트임을 소비자가 명백히 인식할 수 있도록 충분히 조치하지 아니하고, 만약 소비자가 그 배너와 연결된 사이트가 포털사이트에 의하여 운영된다고 신뢰할 수 있는 경우에는, 그 포털사이트를 운영하는 사업자는 전자상거래사업자로서의 책임을 진다.

(2) 조작실수의 방지 및 청약확인을 위한 절차

전자상거래사업자[10]는 소비자의 조작실수를 방지하기 위하여 필요한 절차 및 전자상거래사업자가 소비자로 하여금 청약의 내용을 확인하고 정정 또는 취소할 수 있도록 하는 적절한 절차를 취하여야 한다. 예를 들어 사이버몰에서 거래가 이루어지는 경우에는 결제화면으로 연결되기 전의 화면이나 팝업화면을 통하여 청약의 내용을 다시 확인할 수 있도록 하고 소비자에게 청약내용에 따라 청약절차를 계속 진행할지를 확인

---

10 소셜커머스(자신의 사이버몰에서 재화 등을 제공받을 수 있는 이용권에 대한 정보를 제공하고 판매하는 행위), 해외구매대행(자신의 사이버몰에서 해외사이버몰의 재화 등에 대한 정보를 제공하고 소비자의 청약을 받아 해외사이버몰에서 재화 등을 구입하여 배송하는 행위), 해외배송대행(자신의 사이버몰에서 해외사이버몰의 재화 등의 배송용역에 대한 정보를 제공하고 소비자의 청약을 받아 소비자가 해외사이버몰에서 구매한 재화 등의 배송용역을 제공하는 행위)도 해당한다.

하는 방법, TV홈쇼핑과 카탈로그쇼핑의 경우에는 전화주문시 청약의 중요내용을 설명하고 소비자에게 그 내용대로 청약절차를 계속할지를 묻는 방법을 마련하여 두어야 한다. 그리고 전자상거래사업자가 소비자에게 청약내용을 확인할 수 있도록 하거나 설명하는 경우에는 가격 등 중요정보를 소비자가 명백히 인식할 수 있도록 조치하여야 하며, 그 방법을 예시하면 (i) 재화 등의 가격을 아라비아숫자와 한글표기를 병기하는 등 소비자의 시각적 착오를 방지하는 방법, (ii) 전화주문시 재화 등의 가격을 반복해서 들려주는 방법 등을 들 수 있다.

(3) 전자적 대금지급사실의 통지

전자상거래소비자보호지침에 의하면 신용카드, 휴대폰, 유선전화 등을 통하여 인터넷 등에서 결제하는 경우에 결제가 이루어지면 전자우편, 전화, 휴대전화단문메세지(SMS), 모사전송 등에 의하여 그 내용을 소비자에게 '즉시' 통지하여야 한다(대면하여 본인 여부를 확인한 경우와 소비자의 동의를 얻은 경우에는 통지를 생략할 수 있다).[11] 사업자가 전자적 대금지급의 사실을 소비자에게 통지하는 방법은 업종별로 (i) 사이버몰에서 거래가 이루어진 경우에는 전자우편, SMS(Short Message Service, 휴대전화단문메세지)에 의한 통지를 하여야 하고, (ii) TV홈쇼핑과 카탈로그쇼핑 등 전화로 주문하는 경우에는 사이버몰의 통지방

11 전자상거래사업자는 재화 등을 주문한 자, 전자결제업자는 대금을 지급하는 자에게 통지하여야 하고, 전자결제대행사업자(PG) 등이 통지의 대상이 되는 소비자에 대한 정보를 가지고 있지 않은 경우에는 최종결제업자인 신용카드업자, 유·무선통신업자 등의 통지로 갈음할 수 있다. 예컨대 A가 B의 ID로 갑사업자가 운영하는 사이버몰에 접속하여 자신(A) 명의의 을신용카드를 사용하여 재화 등을 구매하는 경우에 갑사업자는 B에게, 을신용카드사는 A에게 통지한다.

식 외에 전화주문시 구매자에게 구입상품의 가격, 지불조건 등 구매관련 중요정보의 내용을 고지하는 방법에 의한 통지도 가능하다. 그리고 사업자와 전자결제업자가 통지할 내용은 구입상품의 가격, 지불조건 등 구매관련 중요정보, 전자결제업자는 결제자명, 결제일시, 결제수단, 결제금액, 할부 여부 등 결제관련 정보로 구분된다. 또한 사업자와 전자결제업자가 매월 일정기일에 이용요금을 고지할 때에는 재화 등을 공급한 사업자별로 거래내역과 이용요금을 표시하는 경우, 그 표시의 방법은 서면, 전자우편, 팩스 등에 의하고, 다만 홈페이지 등을 통하여 소비자가 확인할 수 있도록 조치하고 소비자에게 그 사실을 통지한 때에는 표시한 경우로 간주한다(물론 소비자가 특정한 방법에 의한 표시를 요청하는 경우에는 그에 따라야 한다).

(4) 전자상거래기록의 열람

사업자는 표시 · 광고, 계약내용 및 그 이행 등 전자상거래기록을 상당한 기간 보존하여야 하고, 소비자가 쉽게 거래기록을 열람 · 보존할 수 있는 방법을 제공하여야 한다. 전자상거래기록(그와 관련된 개인정보를 포함한다)의 열람과 관련하여 사업자는 (i) 사이버몰을 통하여 거래가 이루어진 경우 거래당사자인 소비자에게 사이버몰에서 거래기록을 열람확인할 수 있도록 하여야 하고, (ii) 사이버몰 이외의 수단을 통하여 거래가 이루어진 경우, 거래당사자인 소비자에게 전화, 모사전송(facsimile telegraphy), 인터넷 등을 통하여 쉽게 거래기록을 열람확인할 수 있도록 하여야 한다.

(5) 소비자의 정보에 대한 수집 및 도용

사업자는 전자상거래와 관련된 소비자의 정보를 공정하지 않게 수집하는 행위를 하여서는 안 되며,[12] 정보도용에 따른 필요한 조치를 취하여야 한다. 예를 들면 소비자에게 3개월 무료이용 등의 이익제공을 약속하면서 그 소비자에 관한 정보를 수집한 뒤, 실제로는 약속을 이행하지 않는 행위를 할 수 없고, 소비자의 정보가 도용되어 그 소비자의 적립금, 아이템 등이 변경되거나 사용된 경우에 원상회복을 위하여 필요한 조치를 취하여야 한다.

(6) 사업자가 하여서는 안 되는 금지행위

1) 허위 또는 과장된 사실을 알리거나 기만적 방법을 사용하여 소비자를 유인 또는 거래하는 행위의 금지

예컨대 휴대폰으로 광고문자메세지를 전송하면서 (i) 유료에 대한 표시를 하지 않는 행위, (ii) "연락했는데 연락이 없네요??" 등의 표현을 쓰는 행위, (iii) 당첨상술을 쓰는 방법 등에 의하여 소비자로 하여금 전화를 걸게 하는 행위, (ii) 휴대폰에 광고문자메시지를 전송하거나 사이버몰에 광고를 하면서 그 메시지를 삭제하거나 취소, 거부하는 버튼을 누르는 경우 자신의 번호 또는 사이트로 연결되게 하는 등의 기만적인 방법으로 자신의 번호나 사이트로 연결되도록 하는 행위, (iii) 인터넷상의 배너광고를 하루에 일정횟수 보면 그 만큼의 할부금을 소비자의 계좌로

---

12 사업자가 전자상거래를 위하여 소비자의 가족사항 등 사생활과 관련된 내용을 공개된 정보로부터 수집하여 사용하는 경우, 예컨대 인물정보서비스가 제공하는 공개된 정보에서 특정인의 가족사항 등에 대한 정보를 수집하여 사용하는 경우에는 본인에게 그 사실을 통지하고 사용하여야 한다.

입금해 주는 조건으로 고가의 PC를 매우 저렴한 가격에 마련할 수 있는 기회라고 광고하여 구입시킨 후에 실제로는 1-2개월 후에는 입금을 중단하는 행위, (iv) 시중가의 50%에 판매한다는 광고를 한 후에 실제로는 판매수량에 제한이 있음에도 불구하고 그 사실을 표시하지 아니하여 소비자로 하여금 주문만 하면 구매할 수 있다고 오인하게 하는 행위는 금지된다.

2) 분쟁이나 불만처리에 필요한 인력 또는 설비의 부족을 상당기간 방치하여 소비자에게 피해를 주는 행위의 금지

예를 들어 소비자가 불만사항에 대한 사업자의 이메일 또는 팩스의 답변이 불충분하여 직접 전화통화를 하고자 함에도 불구하고, 사업자가 이메일 또는 팩스를 통해서만 불만처리를 할 수 있도록 하고 전화통화를 거부하는 행위, 상담원이 부족하여 소비자가 통상의 경우 상담원과 통화할 수 없거나 ARS 등을 통하여 여러 단계를 거치게 하면서 결국 상담원과는 통화가 되지 않도록 기술적 장치를 해 놓는 행위, 소비자가 사업자와의 전화통화가 이루어지지 않아 자동안내된 콜백안내에 따라 자신의 전화번호를 남겼는데도 불구하고 사업자가 3영업일 이내에 전화를 하지 않는 경우(다만 소비자가 전화번호를 잘못 남기거나 소비자의 부재 등으로 부득이하게 연락이 지연된 경우를 제외), 사업자가 이메일 주소를 허위로 기재하거나 메일수신서버를 차단하여 소비자가 이메일을 보낼 수 없게 하는 행위는 금지된다.

3) 일방적인 재화의 공급이나 청약과 다른 재화공급의 금지

사업자는 소비자의 청약이 없음에도 불구하고 일방적으로 재화 등을 공급하거나 또는 청약과는 다른 재화 등을 공급하고 그 대금을 청구하는 행위를 하여서는 안 된다. 예를 들면 소비자가 사업자와의 이메일을 통하여 상품안내를 받고 고객의 신용도를 조사한다는 명목하에 신용카드번호를 알려주었을 뿐 재화 등의 구입의사를 표시하지는 않았는데도 불구하고, 사업자가 임의로 재화를 공급하고 소비자의 신용카드로 결제를 하는 경우는 금지된다.

(7) 스팸광고의 금지

사업자는 소비자의 의사에 반하는 구매권유광고를 하여서는 안 된다. 구매권유광고, 즉 스팸광고는 일반적으로 금지되며, 소비자가 사전에 동의를 한 경우에만 스팸광고를 보낼 수 있다. 물론 스팸광고에 대한 수신을 동의한 후에도 동의철회가 얼마든지 가능하며, 동의철회 후에는 또한 더 이상 스팸광고를 보낼 수 없다. 스팸광고, 특히 휴대전화, 유선전화, 팩스는 물론, 메일이나 게시판 등에 의한 구내권유광고에 관하여 모두 옵트아웃방식이 아니라 이른바 옵트인방식에 의하여 규제가 되므로, 원칙적으로 스팸광고에 관하여는 소비자의 명시적인 사전동의를 받아야 한다.

(8) 적립금제도의 운영에 따른 소비자피해의 예방

사이버몰 등에서 적립금(마일리지,[13] 포인트 등 용어를 불문한다)제도

---

13 마일리지가 재산인가 하는 문제가 있으나, 회사가 안정적이고 지속적인 고객을 확보함으로써 더 많은 이윤을 창출하기 위하여 재화와 용역을 구입하는 고객이 일회적인 거래에 멈추지 않고 장래에 지속적으로 거래관계를 형성할 수 있는 계기를 부여하는 제도를 총칭하여 상용고객우대제도라고 하며, 그 대표적인 예로 마일리지제도를 들 수 있다. 예컨대 항공마일리지의 경우에 회원이 되어 항공권

를 악용하여 소비자를 유인하는 행위를 방지하기 위하여 (i) 적립금의 이용조건, 이용기간, 소멸조건, 사업자의 귀책사유로 사용하지 못하는 경우의 보상기준 등을 소비자가 알기 쉬운 방법으로 게시하여야 하고, (ii) 행사 등을 통하여 적립금을 지급하는 경우에는 해당 행사의 화면에 그 내용을 고지하여야 한다. 그리고 적립금제도의 폐지, 영업부분의 폐지, 업체간 통합 등으로 인하여 소비자가 적립금 등을 사용할 수 없게 되는 경우에는 당초 사이버몰 등에서 제시한 조건에 따라서 소비자에게 보상하여야 하고, 보상기준 등을 고지하지 아니한 경우에는 사이버몰 등에서 통용되는 통화가치에 상응하는 현물 또는 현금으로 소비자에게 보상하여야 한다.

(9) 통신판매업자 및 통신판매중개자의 책임범위 및 구별기준의 제시

통신판매중개자[14]가 통신판매의 중개를 할 때 통신판매업자[15]로서의 책임이 없다는 사실을 소비자와 약정하거나 소비자에게 고지하는 경우

을 수회 구매함에 따라 항공회사가 정한 기준에 상응하는 일정한 양의 마일리지가 축적되면 그 항공회사에게 그 마일리지를 지급하는 대가로 보너스항공권의 발급, 좌석의 승급을 요청하는 등으로 마일리지를 사용할 수 있으며, 항공회사는 회원으로부터 요청을 받을 경우에 잔여보너스좌석이 존재하는 한 그 요청을 거절할 수 없고, 항공마일리지는 일정한 조건하에 항공회사가 제공하는 재화 또는 용역과 교환할 수 있으므로, 항공마일리지의 재산적 가치가 긍정된다. 결국 항공마일리지를 보유하고 그 항공마일리지를 이용하는 고객의 권리, 즉 항공마일리지이용권은 단순한 기대권을 넘어서 재산권으로 보호된다고 보아야 한다.

14 예컨대 오픈마켓이 대표적으로 통신판매중개자에 해당하며, 통신판매중개자란 사이버몰(컴퓨터 등과 정보통신설비를 이용하여 재화 또는 용역을 거래할 수 있도록 설정된 가상의 영업장을 말한다)의 이용을 허락하거나 그 밖에 거래당사자간의 통신판매를 알선하는 행위를 하는 자를 말한다(전자상거래법 제2조 제4호).

15 통신판매업자란 통신판매를 업(業)으로 하는 자 또는 그와의 약정에 따라 통신판매업무를 수행하는 자를 말한다(전자상거래법 제2조 제3호).

에는 단순히 약관의 일부조항에 그 내용을 포함하여 소비자의 동의서명을 받은 사실만으로 불충분하고 개별적으로 설명 등 필요한 조치를 하여야 하며, 책임이 없다는 사실을 고지하는 경우에는 단순히 사이트의 하단 등에 표시하는 경우만으로는 불충분하고 팝업화면에 고지하거나 결제 등 중요한 거래절차에 있어 소비자가 충분히 인식할 수 있도록 조치하여야 통신판매업자와의 연대책임을 면할 수 있다. 특히 경매사이트나 포털사이트 등이 통신판매중개를 하는 경우에 통신판매업자로서의 책임(청약철회 및 대금환급 등)을 지지 않으려면 소비자가 그 사실을 충분히 인식할 수 있도록 팝업화면 또는 결제화면 등에서 고지하거나 약정의 내용을 개별적으로 설명하는 등의 조치를 하여야 한다. 그리고 통신판매업자인지 통신판매중개자인지 불분명한 경우에는 책임과 관련된 고지 여부, 결제화면에서 소비자가 누구를 위하여 결제하는지 인식할 수 있도록 조치되어 있는지 여부, 회계처리방법 등을 종합적으로 고려하여 판단하여야 한다.

(10) 표준약관마크의 부당한 사용의 금지

사이버몰에서 공정거래위원회가 승인한 표준약관을 사용한다는 의미로 인터넷사이트 등에서 공정거래위원회의 마크를 사용하는 경우에는 공정거래위원회가 해당 사이트의 신뢰성을 보증하거나 우수사이버몰로 인정한 경우처럼 소비자를 오인시키는 등 부당하게 사용하는 행위를 금지하고, 또한 표준약관의 내용을 소비자에게 불리하게 변경하는 행위를 금지한다. 그리고 사이버몰의 이용약관을 소비자가 초기화면과의 연결화면을 통하여 볼 수 있도록 하는 경우에는 초기화면으로부터 직접 연결될 수 있도록 조치하여야 한다.

(11) 사이버몰에서 이용약관개정시 공지에 대한 권고

사이버몰의 이용약관을 개정할 때에는 적용일자 및 개정내용, 개정사유 등을 명시하여 그 적용일자로부터 최소한 7일 이전부터 초기화면 또는 초기화면과의 연결화면을 통하여 공지하여야 한다. 소비자에게 불리하게 변경하는 경우에는 최소 30일의 유예기간을 두고 개정전 내용과 개정후 내용을 소비자가 알기 쉽도록 명확히 비교하여 표시하여야 한다. 그리고 사업자가 자신의 사이버몰에서 평가 · 인증사업자로부터 인증을 받은 사실을 표시하는 경우, 사업자는 직접 또는 연결화면을 통하여 소비자가 평가 · 인증마크의 명칭, 평가 · 인증사업자의 명칭, 유효기간, 인증의 분야 및 범위 등을 확인할 수 있는 방법을 제공하여야 한다.

V. 전자상거래(인터넷사이버몰) 표준약관

1. 목적 및 기대효과

「전자상거래(인터넷사이버몰[16]) 표준약관」(이하 '전자상거래표준약관'이라 한다)은 전자상거래시장에서의 소비자피해를 예방하고, 건전한 거래질서를 확립하여 정한 표준약관이다. 전자상거래표준약관은 특히 재화 등의 공급에 필요한 조치, 청약철회, 적립금, 회원등록의 말소, 수집가능한 개인정보의 범위 등에 대하여 사업자의 의무를 구체적으로 명시하여 소비자의 권익을 보호하고 있다.

---

16 인터넷사이버몰이란 정보통신설비, 즉 컴퓨터 등을 이용하여 재화나 용역을 거래할 수 있게끔 설정된 가상의 영업장소를 가리킨다.

2. 표준약관의 주요내용

(1) 청약의 철회

전자상거래를 통하여 구매계약을 체결한 이용자는 수신확인의 통지를 받은 날부터 7일 이내에는 청약철회 등을 할 수 있다(전자상거래표준약관 제15조 제1항). 다만 이용자에게 책임 있는 사유로 재화 등이 멸실 또는 훼손된 경우(다만 재화 등의 내용을 확인하기 위하여 포장 등을 훼손한 경우에는 청약철회를 할 수 있다), 이용자의 사용 또는 일부 소비에 의하여 재화 등의 가치가 현저히 감소한 경우, 시간의 경과에 의하여 재판매가 곤란할 정도로 재화 등의 가치가 현저히 감소한 경우, 같은 성능을 지닌 재화 등으로 복제가 가능한 때에 그 원본인 재화 등의 포장을 훼손한 경우에는 반품 및 교환을 할 수 없다(전자상거래표준약관 제15조 제2항). 다만 복제가 가능한 재화 등 청약철회가 제한되는 성질의 재화 등의 경우에도 인터넷사이버몰이 사전에 청약철회 등이 제한되는 사실을 소비자가 쉽게 알 수 있는 곳에 명기하거나 시용상품을 제공하는 등의 조치를 하지 않은 때에는 이용자의 청약철회 등이 제한되지 아니한다(전자상거래표준약관 제15조 제3항). 그리고 재화 등이 표시 · 광고의 내용과 다르거나 계약내용과 다르게 이행된 때에는 당해 재화 등을 공급받은 날부터 3월 이내, 그 사실을 안 날 또는 알 수 있었던 날부터 30일 이내에 청약철회 등을 할 수 있다(전자상거래표준약관 제15조 제4항).

청약철회가 되면 인터넷사이버몰(Internet Cyber Mall)은 이용자로부터 재화 등을 반환받은 경우 3영업일 이내에 이미 지급받은 재화 등의 대금을 환급하여야 하고, 그 환급을 지연한 때에는 그 지연기간에 대하여 지연이자율(연 100분의 24)을 곱하여 산정한 지연이자를 지급하여야 한다(전자상거래표준약관 제16조 제1항). 그리고 인터넷사이버몰은 대금을 환급할 때에 이용자가 신용카드 또는 전자화폐 등의 결제수단으로 재화 등의 대금을 지급한 때에는 지체없이 그 결제수단을 제공한 사업자로 하여금 재화 등의 대금의 청구를 정지 또는 취소하도록 요청하여야 한다(전자상거래표준약관 제16조 제2항). 물론 공급받은 재화 등을 반환한 때에는 그 비용은 이용자가 부담하고, 인터넷사이버몰은 청약철회 등을 이유로 위약금 또는 손해배상을 청구할 수 없다(전자상거래표준약관 제16조 제3항). 이용자가 재화 등을 제공받을 때 발송비를 부담한 경우에 청약철회시 그 비용을 누가 부담하는지를 이용자가 알기 쉽도록 명확하게 표시하여야 한다(전자상거래표준약관 제14조 제4항).

(2) 재화 등의 공급

이용자와 재화 등의 공급시기에 관하여 별도의 약정이 없는 경우에는 인터넷사이버몰은 청약을 한 날부터 7일 이내에 "재화 등을 배송할 수 있도록 주문제작, 포장 등 기타의 필요한 조치"를 하여야 한다(전자상거래표준약관 제13조 제1항 본문). 다만 인터넷사이버몰이 재화 등의 대금의 전부 또는 일부를 받은 경우에는 그때로부터 2영업일 이내에 공급을 위하여 필요한 조치를 하여야 한다(전자상거래표준약관 제13조 제1항 단서). 그리고 인터넷사이버몰은 이용자가 구매한 재화에 대하여 배송수단, 수단별 배송비용의 부담자, 수단별 배송기간 등을 명시하여야 하고, 만약 약정한 배송기간을 초과한 경우에는 그로 인한 이용자의 손해를 배상하여야 한다(전자상거래표준약관 제13조 제2항).[17]

---

17 물론 고의·과실이 없음을 입증한 경우에는 손해배상책임이 없다.

(3) 환급

이용자가 구매를 신청한 재화 등이 품절 등의 사유로 인도 또는 제공을 할 수 없을 때에는 지체 없이 그 사유를 이용자에게 통지하고, 사전에 재화 등의 대금을 받은 경우에는 그때로부터 2영업일 이내에 환급하거나 환급에 필요한 조치를 취하여야 한다(전자상거래표준약관 제14조).

(4) 서비스의 중단 · 변경

전자상거래표준약관 제4조 및 제5조는 서비스의 일시적 중단, 업체간의 통 · 폐합 등으로 발생하게 되는 소비자의 피해를 최소화하기 위하여 이용자에 대한 통지의무를 명시하고 있다. 그리고 서비스의 중단 및 변경에 따른 손해발생시 그에 따른 배상책임 및 증명책임은 인터넷사이버몰이 부담한다(전자상거래표준약관 제4조 제4항 및 제5조 제2항). 또한 마일리지 및 적립금 등의 경우에도 인터넷사이버몰이 사전에 서비스의 중단 · 변경에 따른 보상기준 등을 미리 고지하지 아니한 때에는 인터넷사이버몰에서 통용되는 통화가치에 상응하는 현물 또는 현금으로 이용자에 지급하여야 한다(전자상거래표준약관 제5조 제3항).

(5) 회원등록

인터넷사이버몰이 회원등록을 말소하는 경우에는 회원에게 통지토록 하고 말소전 최소한 30일 이상의 기간을 정하여 소명할 기회를 부여하여야 한다(전자상거래표준약관 제7조 제4항). 그리고 회원에 대한 통지를 할 때에 불특정 다수의 회원에 대한 통지의 경우에는 1주일 이상 인터넷사이버몰의 게시판에 게시하되, 계약해지 등 회원 본인의 거래와 관련하여 중대한 영향을 미치는 사항에 대하여는 개별통지를 하여야 한다(전자상거래표준약관 제8조 제2항).

(6) 미성년자에 대한 재화 또는 용역의 판매

미성년자에 대한 상품판매와 대금청구로 인한 분쟁을 예방하기 위하여 미성년자에 대한 재화 또는 용역의 판매시에는 법정대리인의 동의를 얻지 못하면 미성년자 본인 또는 법정대리인이 계약을 취소할 수 있다는 내용을 고지하여야 한다(전자상거래표준약관 제10조 제1항).

(7) 전자상거래표준약관의 명시와 개정

전자상거래표준약관은 그 내용 및 대표자의 성명, 영업소 소재지, 주소, 전화번호 · 모사전송번호 · 전자우편주소, 사업자등록번호 등을 이용자가 확인하기 용이하도록 인터넷사이버몰의 "초기 서비스화면(전면)"에 게시하여야 한다(전자상거래표준약관 제3조 제2항). 그리고 전자상거래표준약관을 개정할 경우에는 적용일자 및 개정사유를 명시하여 그 적용일자 7일 이전부터 공지하여야 하고, 특히 이용자에게 불리하게 약관내용을 변경하는 경우에는 최소한 30일 이상의 유예기간을 두고 공지하여야 한다(전자상거래표준약관 제3조 제4항). 또한 이용자의 약관에 대한 동의에 앞서 청약철회 · 배송책임 · 환불조건 등 중요한 내용은 별도 연결화면 또는 팝업화면 등을 통해 이용자의 확인을 구하여야 한다(전자상거래표준약관 제3조 제2항).

04
전자상거래와 관련한 소비자보호의 중요내용

Ⅰ. 소비자의 투명하고 효과적인 보호

1. OECD가이드라인

OECD가이드라인은 전자상거래에 참가하는 소비자를 보호하기 위한 일반원칙으로「동등보호의 원칙」을 천명하고 있다. OECD가이드라인은 "전자거래에 참가하는 소비자는 적어도 다른 거래형태에서 보장되는 수준에 일치하는 투명하고 효과적인 소비자보호(transparent and effective consumer protection)를 받는다"고 규정하고 있다.

2. 국내규범

국내법적으로도 전자상거래에서의 소비자보호를 위한 일반원칙으로서는「동등보호의 원칙」, 즉 전자거래에 참여하는 소비자는 다른 형태의 거래와 마찬가지로 동등하게 보호받을 수 있어야 한다고 하는 원칙이 적용된다. 그러므로 정부, 사업자, 소비자 및 그 대표자는 필요한 소비자보호수준의 달성을 위한 공동노력의무 혹은 '공동협력의무'를 부담하며,[18] 정부, 사업자단체, 소비자단체는 동등소비자보호의 원칙을 지향하고 전자거래의 독특한 환경에 적응하기 위하여 적극적으로 협력하여야 한다.

II. 공정한 사업관행, 광고관행 및 마케팅관행

1. OECD가이드라인

(1) 서언

전자거래사업자는 소비자의 이익을 위하여 적절한 배려를 하여야 하고, 공정한 사업관행, 광고관행 및 마케팅관행에 따라서 활동하여야 한다. 공정한 사업관행, 광고관행 및 마케팅관행에서 고려되어야 할 구체적인 내용으로서는 아래와 같은 내용을 들 수 있다.

(2) 사업관행

① 사업자는 모든 표시를 하여야 하고 생략을 피하여야 하며, 또한 기망적(deceptive), 현혹적(misleading), 부정한(fraudulent) 혹은 불공정한(unfair) 경우로 볼 수 있는 관행을 적용할 수 없다.

18 OECD가이드라인은 "정부, 사업자, 소비자 및 그 대표는 필요한 보호수준을 달성하기 위하여 공동으로 협력하여야 하고, 또한 전자거래의 특수한 상황에 대처하기 위하여 어떤 변화가 요구되는가에 관한 결정에 공동으로 노력하여야 한다"(Governments, business, consumers, and their representatives should work together to achieve such protection and determine what changes may be necessary to address the special circumstances of electronic commerce)고 규정하고 있다.

② 재화 및 서비스의 판매 · 판매촉진 및 마케팅을 행하는 사업자는 소비자에게 손해를 가할 불합리한 위험을 야기할 수 있는 관행을 적용하여서는 안 된다.

③ 사업자가 스스로에 관하여, 혹은 제공하는 재화나 용역에 관하여 정보를 주는 경우에는 분명한(clear), 명확하게 보이는(conspicuous), 정확한(accurate) 혹은 쉽게 접근할 수 있는(easily accessible) 방법으로 정보를 나타내야 한다.

④ 사업자는 소비자와의 거래에 관련되는 방침 내지 관행에 관하여 행한 표시와 일치하는 거래행위를 하여야 한다.

⑤ 사업자는 전자거래의 글로벌한 성격을 배려하여야 하며, 가능한 한 그 대상이 되는 시장의 여러 가지 규제의 특성을 고려하여야 한다.

⑥ 사업자는 자기의 진정한 신분이나 소재를 숨기기 위하여, 혹은 소비자보호의 기준 내지 집행절차에 대한 준수를 회피하기 위하여 전자거래의 특수한 성격을 악용할 수 없다.

⑦ 사업자는 불공정한 계약조항(unfair contract terms)을 사용할 수 없다.

(3) 광고 · 마케팅관행

① 광고 및 마케팅은 그 자체로 분명하게 특정될 수 있어야 한다.

② 사업자를 표시하지 아니하면 오해를 야기할 우려가 있는 경우에는 광고 및 마케팅에서 그 사업자의 동일성이 특정될 수 있어야 한다.

③ 사업자는 표시가 유효한 한, 모든 명시적 혹은 묵시적(express or implied) 표시의 정확성을 증명하여야 하고, 역시 그 이후 정당한 기간 동안 그 증명을 유지하여야 한다.

④ 사업자는 소비자가 원하지 않는 상업적 이메일(unsolicited commercial E-mail)을 통한 광고를 받을지 여부에 관하여 선택할 수 있는 효과적이고 사용이 용이한(effective and easy-to-use) 절차를 개발하고 실시하여야 한다.

⑤ 많은 국가에서는 원하지 않는 상업적 이메일이 특별법 혹은 자주규제를 통하여 규율되고 있다.

⑥ 사업자는 어린이, 노인, 중병자 기타 사업자가 표시한 정보를 충분히 이해할 능력이 없는 자를 향한 광고 및 마케팅에는 특별한 주의(special care)를 하여야 한다.

2. 국내규범

우선 전자상거래사업자[19]가 사이버몰[20]에 광고할 때에는 「표시 · 광고의 공정화에 관한 법률」(이하 '표시광고법'이라 한다) 등 관련규정을 준수하여야 한다. 또한 전자상거래사업자가 사이버몰에 계약조건을 명시할 때에는 「약관의 규제에 관한 법률」의 관련규정을 준수하여야 하며, 소비자가 분쟁에 대비하기 위하여 계약조건을 인쇄하여 보존할 수 있도록 하여야 한다. 특히 인터넷사이버몰이 미성년자와 계약을 체결할 때에는 법정대리인의 동의를 얻지 못하면 미성년자 본인 또는 법정대리인

---

19 「전자상거래사업자」란 전자상거래를 통하여 재화나 용역의 생산·판매를 행하는 자연인 또는 법인을 말한다.

20 「사이버몰」이란 컴퓨터 등과 정보통신설비를 이용하여 재화 등을 거래할 수 있도록 설정된 가상의 영업장을 말한다.

이 계약을 취소할 수 있다는 내용을 고지하여야 한다(전자상거래표준약관 제10조 제1항 단서).

특히 전자상거래사업자 또는 그 사업자단체는 소비자를 기만하거나 오인시킬 우려가 있는 광고행위 등을 방지하기 위하여 자율적으로 광고에 관한 규약, 즉 이른바 「자율규약」을 정할 수 있다. 다만 전자상거래사업자 또는 그 사업자단체가 자율규약을 정하는 경우에 그 자율규약은 독점규제 및 공정거래에 관한 법률과 표시 · 광고의 공정화에 관한 법률의 관련조항에 위반하지 않아야 한다(표시광고법 제14조).

원하지 않는 영리성 광고, 즉 스팸메일로부터 소비자는 보호된다. 정보통신망법 제50조 제1항 및 제2항에 의하여 누구든지 전자적 전송매체를 이용하여 영리목적의 광고성 정보를 전송하려면 그 수신자의 명시적인 사전동의를 받아야 하고, 수신자가 수신거부의사를 표시하거나 사전동의를 철회한 경우에는 영리목적의 광고성 정보를 전송하여서는 안 된다. 그리고 오후 9시부터 그 다음 날 오전 8시까지의 시간에 전자적 전송매체를 이용하여 영리목적의 광고성 정보를 전송하려는 자는 그 수신자로부터 별도의 사전동의를 받아야 한다(정보통신망법 제50조 제3항). 또한 전자적 전송매체를 이용하여 영리목적의 광고성 정보를 전송하는 자는 (i) 전송자의 명칭 및 연락처, (ii) 수신의 거부 또는 수신동의의 철회의 의사표시를 쉽게 할 수 있는 조치 및 방법에 관한 사항을 광고성 정보에 구체적으로 밝혀야 하고(정보통신망법 제50조 제4항), (i) 광고성 정보에 대한 수신자의 수신거부 또는 수신동의의 철회를 회피 · 방해하는 조치, (ii) 숫자 · 부호 또는 문자를 조합하여 전화번호 · 전자우편주소 등 수신자의 연락처를 자동으로 만들어 내는 조치, (iii) 영리목적의 광고성 정보를 전송할 목적으로 전화번호 또는 전자우편주소를 자동으로 등록하는 조치, (iv) 광고성 정보의 전송자의 신원이나 광고전송출처를 감추기 위한 각종 조치, (v) 영리목적의 광고성 정보를 전송할 목적으로 수신자를 기망하여 회신을 유도하는 각종 조치를 하여서는 안 된다(정보통신망법 제50조 제5항).

Ⅲ. 소비자에 대한 정보의 제공

1. OECD가이드라인

(1) 사업자에 관한 정보

소비자와 전자거래를 행하는 사업자는 스스로에 관하여 정확한(accurate), 분명한(clear), 쉽게 접근할 수 있는(easily accessible) 정보를 소비자에게 제공하여야 한다. 사업자로부터 소비자에게 제공되는 정보에서는 사업자에 관한 중요한 정보를 확인 · 보장할 수 있어야 한다. OECD가이드라인에 의하면 (i) 법률상의 사업자의 명칭 내지 실제 사업거래상의 명칭, 사업을 행하는 주된 지리적 소재지(principal geographic address), 이메일주소, 그 밖의 전자적 연락수단 혹은 전화번호, 등록목적을 위한 소재지 및 모든 관련부처에의 등록 혹은 등록번호를 포함한 사업자의 특정, (ii) 소비자의 사업자와의 신속, 간이 혹은 효과적인 대화, (iii) 분쟁의 적절하고 효과적인 해결, (iv) 법적 절차의 송달, (v) 법집행이나 관련부처에 의한 사업의 소재지와 그 대표자와 같은 정보를 사업자는 소비자에게 제공하여야 하고, 사업자가 어떤 관련되는 자주규제조직(self-regulatory scheme), 사업자협회(business association), 분쟁처리기관 혹은 그 밖의 인증기관의 회원이라고 주장하면 사업자는 소비자에 대하여 적절한 연락처와 그 회원이라는 사실을 확인할 수 있고, 인증기관의 관련규정 내지 관행에 접근할 수 있는 간단한 방법을 제공하여야 한다.

(2) 재화 및 용역(서비스)에 관한 정보

소비자와 전자거래를 행하는 사업자는 제공되는 재화(good) 및 용역(service)을 설명하는 정확하고, 쉽게 접근할 수 있는 정보를 제공하여야 한다. 재화 및 서비스에 관한 정보는 소비자가 거래를 할지에 관하여 합리적인 의사결정을 하기에 충분하여야 하고, 그 정보의 적절한 기록에 대한 유지가 소비자에게 가능한 방법으로 하여야 한다.

(3) 거래에 관한 정보

전자거래를 행하는 사업자는 소비자가 거래를 할지 아닌지에 관하여 합리적인 의사결정을 할 수 있도록 거래방식(terms), 조건, 거래와 관련한 비용에 관하여 충분한 정보를 제공하여야 한다. OECD가이드라인에서는 사업자가 소비자에게 제공하여야 하는 거래정보와 관련한 중요한 사항으로서 아래와 같은 내용을 들고 있다.

① 정보는 분명하고, 정확하며 쉽게 접근할 수 있어야 하고, 거래를 하기 전에 정보를 검토할 수 있는 적절한 기회를 소비자에게 부여하는 방법으로 제공하여야 한다.

② 거래가 여러 가지 언어로 행하여질 수 있는 경우, 거래에 관하여 합리적인 의사결정을 할 수 있도록 하기 위하여 사업자는 소비자에게 필요한 정보를 해당하는 언어로 볼 수 있도록 하여야 한다.

③ 사업자는 소비자에게 거래에 적용되는 방식과 조건의 분명하고 완

전한 텍스트를 제공하여야 하며, 그 정보의 적절한 기록에 대한 접근과 유지를 소비자에게 가능케 하는 방법으로 하여야 한다.

④ 비용과 관련되는 정보에는 적용가능한 통화를 지정하여야 한다.

특히 OECD가이드라인은 적용가능하고 적절한 한, (i) 사업자에 의하여 징수되거나 부과된 총비용의 세목, (ii) 사업자에 의하여 징수되거나 부과되지 아니한 비용으로 통상 소비자가 부담하여야 할 다른 추가적 비용의 존재에 대한 통지, (iii) 배달 혹은 이행의 조건, (iv) 대금지급의 기간, 조건 및 방법, (v) 친권자/대리인의 동의요구, 지리적 · 시간적 제한과 같은 매매시 준수하여야 할 제약, 한계 및 조건, (vi) 안전 및 건강위해에 대한 경고를 포함한 적절한 사용에 대한 지시, (vii) 이용가능한 애프터 서비스와 관련한 정보, (viii) 철회, 해제, 반환, 교환, 취소 및 대금반환 방침에 관한 정보와 관련되는 세부사항과 조건, (ix) 이용가능한 보증 및 보장에 관한 규정을 소비자에 대한 거래정보에 포함시켜야 한다고 규정하고 있다.

2. 국내규범

(1) 사업자 자신에 대한 정보

인터넷사이버몰에는 그 운영자의 상호(법인의 경우에는 대표자의 성명을 포함), 주소, 전화번호 등이 이용자가 쉽게 알 수 있도록 표시되어야 한다. 전자상거래법 제10조에 의하면 전자상거래를 행하는 사이버몰의 운영자는 소비자가 사업자의 신원 등에 관하여 쉽게 알 수 있도록 (i) 상호 및 대표자 성명, (ii) 영업소 소재지 주소(소비자의 불만을 처리할 수 있는 곳의 주소를 포함한다), (iii) 전화번호 · 전자우편주소, (iv) 사업자등록번호, (v) 사이버몰(Cyber Mall)의 이용약관, (vi) 그 밖에 소비자보호를 위하여 필요한 사항을 표시하여야 한다. 그리고 전자상거래를 행하는 사이버몰의 운영자는 전자상거래법 제10조 제1항 제1호 내지 제5호에 규정된 사항을 소비자가 알아보기 쉽도록 사이버몰의 초기화면에 표시하여야 하고, 다만 전자상거래법 제10조 제1항 제5호의 사항은 소비자가 연결화면을 통하여 볼 수 있도록 할 수 있다(전자상거래법 시행규칙 제7조 제1항). 또한 전자상거래를 행하는 사이버몰의 운영자로서 이동통신단말기 등 출력에 제한이 있는 기기를 이용하여 거래하는 사업자는 전자상거래법 제10조 제1항 제1호 내지 제5호의 사항이 사이버몰의 화면에 순차적으로 나타나도록 할 수 있고, 그 경우 대표자성명 · 모사전송번호 · 사업자등록번호 및 사이버몰이용약관은 그 내용을 확인할 수 있는 방법을 화면에 나타나게 하는 경우로 대신할 수 있다(전자상거래법 시행규칙 제7조 제2항).

(2) 재화나 용역의 거래조건에 관한 정보

전자거래사업자는 계약의 체결 전에 소비자가 거래의 조건을 알 수 있도록 재화나 용역의 거래조건에 관한 정보를 제공하여야 한다. 재화나 용역의 거래조건에 포함될 내용으로는 (i) 재화나 용역의 명칭, 종류, 내용, 가격, (ii) 재화나 용역의 가격 이외에 소비자가 추가로 부담하여야 할 비용이 있는 경우 그 내용 및 금액, (iii) 재화나 용역의 대금지급시기 및 방법,[21] (iv) 재화나 용역의 인도시기,[22] (v) 재화나 용역의 교환, 반품[23] 및 대금환불[24]의 조건과 절차, (vi) 청약철회의 기한 및 방법,[25] (vii) 판매일시, 판매지역, 판매수량, 인도지역 등 판매조건과 관련하여 제한이 있을 경우 그 내용, (viii) 애프터 서비스와 보증의 유무 및 그 내용, (ix) 온

---

21 전자상거래표준약관 제11조에 의하면 인터넷사이버몰에서 구매한 재화 또는 용역에 대한 대금지급 방법은 ① 폰뱅킹, 인터넷뱅킹, 메일뱅킹 등의 각종 계좌이체, ② 선불카드, 직불카드, 신용카드 등의 각종 카드결제, ③ 온라인무통장입금, ④ 전자화폐에 의한 결제, ⑤ 수령시 대금지급, ⑥ 마일리지 등 "몰"이 지급한 포인트에 의한 결제, ⑦ "몰"과 계약을 맺었거나 "몰"이 인정한 상품권에 의한 결제, ⑧ 기타 전자적 지급 방법에 의한 대금지급 중 가용한 방법으로 할 수 있다.

22 전자상거래표준약관 제11조에 의하면 "몰"은 이용자와 재화나 용역의 공급시기에 관하여 별도의 약정이 없는 이상, 이용자가 청약을 한 날부터 7일 이내에 재화 등을 배송할 수 있도록 주문제작, 포장 등 기타의 필요한 조치를 취하여야 하고, 다만 "몰"이 이미 재화 등의 대금의 전부 또는 일부를 받은 경우에는 대금의 전부 또는 일부를 받은 날부터 2영업일 이내에 조치를 취하여야 하며, 그 경우 "몰"은 이용자가 재화 등의 공급절차 및 진행사항을 확인할 수 있도록 적절한 조치를 취하여야 한다.

23 전자상거래표준약관 제15조 제2항에 의하면 이용자는 재화나 용역을 배송받은 경우 아래에 해당하는 경우에는 반품 및 교환을 할 수 없다.
① 이용자에게 책임 있는 사유로 재화나 용역이 멸실 또는 훼손된 경우(다만 재화나 용역의 내용을 확인하기 위하여 포장 등을 훼손한 경우에는 청약철회를 할 수 있다)
② 이용자의 사용 또는 일부 소비에 의하여 재화나 용역의 가치가 현저히 감소한 경우
③ 시간의 경과에 의하여 재판매가 곤란할 정도로 재화나 용역의 가치가 현저히 감소한 경우
④ 같은 성능을 지닌 재화나 용역으로 복제가 가능한 경우 그 원본인 재화나 용역의 포장을 훼손한 경우

24 전자상거래표준약관에 따르면 "몰"은 이용자가 구매신청한 재화나 용역이 품절 등의 사유로 인도 또는 제공을 할 수 없을 때에는 지체 없이 그 사유를 이용자에게 통지하고 사전에 재화나 용역의 대금을 받은 경우에는 대금을 받은 날부터 2영업일 이내에 환급하거나 환급에 필요한 조치를 취하여야 하고(전자상거래표준약관 제14조), 이용자로부터 재화나 용역을 반환받은 경우에는 3영업일 이내에 이미 지급받은 재화 등의 대금을 환급하여야 한다(전자상거래표준약관 제16조 제1항).

25 전자상거래표준약관 제15조에 따르면 "몰"과 재화나 용역의 구매에 관한 계약을 체결한 이용자는 수신확인의 통지를 받은 날부터 7일 이내에는 청약의 철회를 할 수 있고, 청약의 철회 등은 일정한 경우에 제한될 수 있으나 "몰"이 사전에 청약철회 등이 제한되는 사실을 소비자가 쉽게 알 수 있는 곳에 명기하거나 시용상품을 제공하는 등의 조치를 하지 않았다면 이용자의 청약철회 등이 제한되지 아니한다.

라인으로 인도가 가능한 재화나 용역의 경우 전송·설치 등과 관련하여 요구되는 기술적 사항(OECD가이드라인에 포함되어 있지 않은 사항이다), (x) 소비자피해보상 및 불만처리절차, (xi) 기타 소비자의 합리적 구매선택을 위하여 필요한 사항, (xii) 최근 갱신일시와 같은 사항을 들 수 있다.[26]

Ⅳ. 확인절차

1. OECD가이드라인

구매를 하려고 하는 소비자의 의도와 관련한 오해를 피하기 위하여 소비자는 주문을 하기 전에 구입하기를 원하는 재화 혹은 서비스를 정확하게 특정할 수 있어야 한다. 또한 모든 오류를 특정·정정하거나 주문을 변경할 수 있어야 하고, 정보를 받은 상태에서 신중하게 동의를 표시할 수 있어야 하고, 거래의 완전하고 정확한 기록을 보존할 수 있어야 한다. 소비자는 주문을 하기 전에 거래를 중지할 수 있어야 한다.

2. 국내규범

(1) 신뢰성의 확보

1) 서언

국내규범은 전자거래의 신뢰성의 확보를 위하여 OECD가이드라인

26 전자상거래법 제13조 제2항 참조.

에 대체로 일치하는 규정을 두고 있다. 원칙적으로 소비자가 자신의 주문내역을 취소하거나 변경할 수 있는 방법을 사이버몰에 명시하여야 한다. 특히 전자거래사업자는 소비자에게 반품권을 인정하여야 하고, 만일 재화의 특성상 반품이 곤란한 경우에는 소비자가 계약체결 전에 반품이 곤란한 재화의 종류 및 반품을 인정하지 않는 조건을 확인할 수 있도록 사이버몰에 명시하여야 한다. 전자거래사업자는 구매주문의 수신여부와 주문내역에 관한 정보를 소비자에게 신속하게 통지하여야 한다.

2) 전자거래기본법

전자거래기본법에 의하면 정부는 전자거래의 신뢰성을 확보하기 위하여 전자거래이용자의 개인정보를 보호하기 위한 시책을 수립 · 시행하여야 하고, 전자거래사업자는 전자거래이용자의 개인정보를 수집 · 이용 · 제공 및 관리함에 있어서 「정보통신망 이용촉진 및 정보보호 등에 관한 법률」[27] 등 관련규정을 준수하여야 한다(전자문서법 제12조 제2항) 그리고 전자거래사업자는 전자거래와 관련되는 소비자를 보호하고 전자거래의 신뢰성을 확보하기 위하여 아래 사항을 준수하여야 한다(전자문서법 제17조).

① 상호(법인의 경우에는 대표자의 성명을 포함한다) 그밖에 자신에 관한 정보와 재화 · 용역 · 계약조건 등에 관한 정확한 정보의 제공
② 소비자가 쉽게 접근 · 인지할 수 있도록 약관의 제공 및 보존
③ 소비자가 자신의 주문을 취소 또는 변경할 수 있는 절차의 마련
④ 청약의 철회, 교환 및 반품을 쉽게 할 수 있는 절차의 마련

27 정보통신망법 제4장 이하 참조.

⑤ 소비자의 불만과 요구사항을 신속하고 공정하게 처리하기 위한 절차의 마련
⑥ 거래의 증명 등에 필요한 거래기록의 일정기간 보존

3) 전자상거래 등에서의 소비자보호지침

(a) 청약철회

시간의 경과에 의하여 재판매가 곤란할 정도로 재화 등의 가치가 현저히 감소하거나 복제가 가능한 재화 등의 포장이 훼손되어 청약의 철회가 제한되는 경우에도 청약철회 등의 제한사실을 사전에 충분히 고지하지 아니하거나 재화 등의 포장 등 소비자가 쉽게 알 수 있는 곳에 명기 또는 시용상품을 제공하는 등의 조치를 취하지 않았다면 소비자의 청약철회가 제한되지 아니한다. 만약 재화 등의 내용이 표시 · 광고내용과 다르거나 계약내용과 다르게 이행된 사유로 청약철회를 하는 경우에 구매시의 배송비는 통신판매업자가 부담하여야 하며, 이미 소비자가 지급한 경우에는 통신판매업자는 환불하여 주어야 한다. 그리고 소비자가 단순한 변심에 의해 청약철회를 하는 경우에는 구매시의 배송비를 부담할 자를 당사자간의 약정에 의하여 정할 수 있고, 사업자는 이를 소비자가 알기 쉽고 명확하게 표시하여야 한다. 또한 사업자가 소비자로부터 청약을 받기 위해 무료전화(080서비스 등)를 이용하는 경우에는 청약철회의 분쟁처리에 관한 사항도 무료전화로 할 수 있도록 조치하여야 하며, 청약철회와 관련된 통화를 고의적으로 연기, 방치하여서는 안 된다.

(b) 적립금에 대한 표시 및 보상

사업자가 사이버몰 등에서 적립금(회원가입이나 재화 등의 구매 등

을 통해 발생하는 포인트, 마일리지 등 그 용어를 불문함)제도를 운영하는 경우에 이용조건, 이용기간, 소멸조건, 사업자의 귀책사유로 사용하지 못하게 되는 경우의 보상기준 등을 소비자가 알기 쉬운 방법으로 게시하여야 하며, 행사 등을 통해 적립금을 지급하는 경우에는 해당 행사의 화면에서 그 내용을 고지하여야 한다. 그리고 적립금제도의 폐지, 영업부분의 폐지, 업체간 통합 등으로 인하여 소비자가 적립금 등을 사용할 수 없게 되는 경우에는 당초 사이버몰 등에서 제시한 조건에 따라 소비자에게 보상하여야 하고, 다만 보상기준 등을 고지하지 아니한 경우에는 사이버몰 등에서 통용되는 통화가치에 상응하는 현물 또는 현금으로 소비자에게 보상하여야 한다.

4) 전자상거래(인터넷사이버몰) 표준약관

(a) 수인확인통지, 구매신청의 변경 · 취소

전자상거래표준약관에 의하면 우선 쇼핑몰은 이용자의 구매신청이 있는 경우에 수신확인통지의무가 있다(전자상거래표준약관 제12조 제1항). 수신확인통지를 받은 이용자는 의사표시의 불일치 등이 있는 경우에는 수신확인통지를 받은 후 즉시 구매신청의 변경 및 취소를 요청할 수 있다(전자상거래표준약관 제12조 제2항). 다만 쇼핑몰은 배송 전에는 이용자의 구매신청의 변경 및 취소에 대한 요청이 있는 때에 지체 없이 그 요청을 따라야 하나(전자상거래표준약관 제12조 제2항), 다만 이미 대금을 지불한 경우에는 전자상거래표준약관 제15조의 청약철회 등에 관한 규정에 따른다(전자상거래표준약관 제12조 제2항 단서).

(b) 환급

인터넷사이버몰은 이용자가 구매신청한 재화 등이 품절 등의 사유로 인도 또는 제공을 할 수 없을 때에는 지체 없이 그 사유를 이용자에게 통지하고 사전에 재화 등의 대금을 받은 경우에는 대금을 받은 날부터 2영업일 이내에 환급하거나 환급에 필요한 조치를 취하여야 한다(전자상거래표준약관 제14조). 그리고 인터넷사이버몰은 이용자로부터 재화 등을 반환받은 경우 3영업일 이내에 이미 지급받은 재화 등의 대금을 환급하여야 하고, 만약 재화 등의 환급을 지연한 때에는 그 지연기간에 대하여 공정거래위원회가 정하여 고시하는 지연이자율을 곱하여 산정한 지연이자를 지급하여야 한다(전자상거래표준약관 제16조 제1항).

(c) 청약의 철회

인터넷사이버몰과 재화 등의 구매에 관한 계약을 체결한 이용자는 수신확인의 통지를 받은 날부터 7일 이내에는 청약의 철회를 할 수 있다(전자상거래표준약관 제15조 제1항). 다만 이용자는 재화 등을 배송받은 경우에 (i) 이용자에게 책임 있는 사유로 재화 등이 멸실 또는 훼손된 경우(다만 재화 등의 내용을 확인하기 위하여 포장 등을 훼손한 경우에는 청약철회를 할 수 있다), (ii) 이용자의 사용 또는 일부 소비에 의하여 재화 등의 가치가 현저히 감소한 경우, (iii) 시간의 경과에 의하여 재판매가 곤란할 정도로 재화 등의 가치가 현저히 감소한 경우, (iv) 같은 성능을 지닌 재화 등으로 복제가 가능한 때에 그 원본인 재화 등의 포장을 훼손한 경우에는 반품 및 교환을 할 수 없고(전자상거래표준약관 제15조 제2항), 인터넷사이버몰이 사전에 청약철회 등이 제한되는 사실을 소비자가 쉽게 알 수 있는 곳에 명기하거나 시용상품을 제공하는 등의 조치를 하지 않은 때에는 이용자의 청약철회 등이 제한되지 않는다(전자상거래표준약관 제15조 제3항).

이용자는 재화 등의 내용이 표시·광고의 내용과 다르거나 계약내용과 다르게 이행된 때에는 당해 재화 등을 공급받은 날부터 3월 이내, 그 사실을 안 날 또는 알 수 있었던 날부터 30일 이내에 청약철회 등을 할 수 있다(전자상거래표준약관 제15조 제4항). 청약철회 등의 경우 공급받은 재화 등의 반환에 필요한 비용은 이용자가 부담하고, 인터넷사이버몰은 이용자에게 청약철회 등을 이유로 위약금 또는 손해배상을 청구하지 아니하며, 다만 재화 등의 내용이 표시·광고의 내용과 다르거나 계약내용과 다르게 이행되어 청약철회 등을 하는 경우 재화 등의 반환에 필요한 비용은 부담한다(전자상거래표준약관 제16조 제3항). 그리고 이용자가 재화 등을 제공받을 때 발송비를 부담한 경우에 인터넷사이버몰은 청약철회시 그 비용을 누가 부담하는지를 이용자가 알기 쉽도록 명확하게 표시하여야 한다(전자상거래표준약관 제16조 제4항).

(2) 기술적 안정성의 확보

1) 전자문서 및 전자거래 기본법

전자문서법은 전자거래의 법률관계를 명확히 하고 전자거래의 안전성을 확보하기 위하여 제정된 법률로서 정부에 대하여 전자거래의 안전성을 확보하기 위하여 전자거래이용자의 개인정보를 보호하기 위한 시책을 수립·시행하여야 한다고 규정하고 있다(전자문서법 제12조 제1항). 정부는 전자거래의 안전성을 확보하기 위하여 전자거래이용자의 영업비밀을 보호하기 위한 시책을 수립하여 시행하여야 하며, 전자거래사업자(정보처리시스템의 운영을 위탁받은 자를 포함한다)는 전자거래이용자의 영업비밀을 보호하기 위한 조치를 강구하여야 한다(전자문서법 제13조 제1항, 제2항). 전자거래사업자는 전자거래의 안전성 및 신뢰성을 확보하기 위하여 아래 사항을 준수하여야 한다(전자문서법 제17조).

① 상호(법인의 경우에는 대표자의 성명을 포함한다) 그 밖에 자신에 관한 정보와 재화 · 용역 · 계약조건 등에 관한 정확한 정보의 제공
② 소비자가 쉽게 접근 · 인지할 수 있도록 약관의 제공 및 보존
③ 소비자가 자신의 주문을 취소 또는 변경할 수 있는 절차의 마련
④ 청약의 철회, 교환 및 반품을 쉽게 할 수 있는 절차의 마련
⑤ 소비자의 불만과 요구사항을 신속하고 공정하게 처리하기 위한 절차의 마련
⑥ 거래의 증명 등에 필요한 거래기록의 일정기간 보존

2) 정보통신망이용촉진 및 정보보호 등에 관한 법률

정보통신망법은 정보통신망을 건전하고 안전하게 이용할 수 있는 환경을 조성하기 위하여 제정된 법률로서 정보통신부장관에게 정보통신망의 이용촉진 및 안정적 관리 · 운영을 통하여 정보사회의 기반을 조성하기 위한 시책을 마련하여야 한다고 규정하고 있다(정보통신망법 제4조 제1항). 그리고 정보사회의 기반을 조성하기 위한 시책에는 아래 사항이 포함되어야 한다(정보통신망법 제4조 제2항).

① 정보통신망에 관련된 기술의 개발 · 보급
② 정보통신망의 표준화
③ 정보내용물 및 정보통신망법 제11조의 규정에 의한 정보통신망응용서비스의 개발 등 정보통신망의 이용활성화
④ 정보통신망을 이용한 정보의 공동활용 촉진

⑤ 인터넷이용의 활성화

⑥ 정보통신망을 통하여 수집 · 처리 · 보관 · 이용되는 개인정보의 보호 및 그와 관련된 기술의 개발 · 보급

⑦ 정보통신망에서의 청소년보호

⑧ 정보통신망의 안전성 및 신뢰성 제고

⑨ 그 밖에 정보통신망이용촉진 및 정보보호 등을 위하여 필요한 사항

3) 전자상거래(인터넷사이버몰) 표준약관

전자상거래표준약관에 의하면 인터넷사이버몰은 이용자가 안전하게 인터넷서비스를 이용할 수 있도록 이용자의 개인정보(신용정보 포함)보호를 위한 보안시스템을 구비하여야 한다(전자상거래표준약관 제18조 제2항). 또한 인터넷사이버몰은 컴퓨터 등 정보통신설비의 보수점검 · 교체 및 고장, 통신의 두절 등의 사유가 발생하는 경우에는 서비스의 제공을 일시적으로 중단할 수 있다(전자상거래표준약관 제5조 제1항). 다만 기술적 장애로 인하여 일시적으로 서비스의 제공이 중단된 결과로 이용자나 제3자가 손해를 입은 때에는 쇼핑몰이 자신에게 고의 · 과실이 없다고 하는 사실을 스스로 증명하지 못하는 한, 손해배상책임을 부담한다(전자상거래표준약관 제5조 제2항). 만약 사업종목의 전환, 사업의 포기, 업체간의 통합 등의 이유로 서비스를 제공할 수 없게 되면 인터넷사이버몰은 이용자에게 통지하고 당초 인터넷사이버몰에서 제시한 조건에 따라 소비자에게 보상하고, 보상기준 등을 고지하지 아니한 경우에는 이용자의 마일리지 또는 적립금 등을 인터넷사이버몰에서 통용되는 통화가치에 상응하는 현물 또는 현금으로 이용자에게 지급하여야 한다(전자상거래표준약관 제5조 제3항).

V. 지급절차

1. OECD가이드라인

소비자에게 이용이 단순하고, 안전한 지급방법과 그 지급방법의 안전수준에 관한 정보를 제공하여야 한다. 지급체계의 정당하지 않은 이용 내지 사기적 이용에 따른 책임의 제한과 신용카드대금환급매커니즘(chargeback mechanism)은 소비자의 신뢰를 강화하는 아주 유효한 수단이며, 전자거래와 관련하여 그 발전과 이용이 촉진되어야 한다.

2. 국내규범

(1) 전자상거래 등에서의 소비자보호에 관한 법률

전자상거래법은 전자적 대금지급의 신뢰확보를 기할 의무를 사업자에게 부과하고 있다(전자상거래법 제8조).

① 보안유지의무 사업자가 전자적 수단에 의한 거래대금의 지급, 즉「전자적 대금지급」의 방법을 이용하는 경우 사업자와 전자결제수단발행자 · 전자결제서비스제공자 등 전자적 대금지급관련자 내지 전자결제업자는 관련정보의 보안유지에 필요한 조치를 취하여야 한다.

② 확인의무 사업자와 전자결제업자 등은 전자적 대금지급이 이루어지는 경우 소비자가 입력한 정보가 소비자의 진정의사표시에 의한 경우인지의 확인에 주의를 다하여야 한다.

③ 열람제공의무 사업자와 전자결제업자 등은 전자적 대금지급이 이루어진 경우 전자문서의 송신 등 일정한 방법에 따라 소비자에

게 그 사실을 통지하고, 언제든지 소비자가 전자적 대금지급과 관련한 자료를 열람할 수 있도록 하여야 한다.

④ 표시 · 고지의무　다수의 사이버몰에서 사용되는 결제수단으로서 일정한 결제수단의 발행자는 그 결제수단의 신뢰도의 확인과 관련된 사항, 사용상의 제한이나 그 밖의 주의사항 등을 표시 또는 고지하여야 한다.

⑤ 협조의무　사업자와 소비자 사이에 전자적 대금지급과 관련하여 다툼이 있는 경우 전자결제업자 등은 대금지급 관련 정보의 열람을 허용하는 등 분쟁의 해결에 협조하여야 한다.

(2) 전자상거래 등에서의 소비자보호지침

전자상거래법 제8조 제3항의 규정과 관련하여, 사업자와 전자결제업자 등이 전자적 대금지급의 사실을 소비자에게 통지할 때에는 전자우편, 전화, 휴대전화단문메세지(SMS), 모사전송 등을 이용하여 즉시 통지하는 경우를 원칙으로 한다(다만 대면하여 본인 여부를 확인한 경우와 소비자의 동의를 얻은 경우에는 통지를 생략할 수 있다).[28] 통지의 대상이 되는 소비자는 사업자가 전자적 대금지급사실을 통지하는 경우에는 재화 등을 주문한 자, 전자결제업자 등이 통지하는 경우에는 대금을 지급하는 자로 하고, 한편 전자결제대행사업자(PG) 등이 통지의 대상이 되는 소비자에 대한 정보를 가지고 있지 않은 경우에는 최종결제업

28 사업자가 전자적 대금지급의 사실을 소비자에게 통지하는 방법을 업종별로 예시하면 아래와 같다.
① 사이버몰에서 거래가 이루어진 경우에는 전자우편, 휴대전화단문메세지에 의한 통지
② TV홈쇼핑과 카탈로그쇼핑 등 전화로 주문하는 경우에는 사이버몰의 통지방식 외에 전화주문시 구매자에게 고지하는 방법에 의한 통지도 가능

장하고, 공정하고 시기적절한 분쟁처리와 부적절한 비용이나 부담이 따르지 않는 구제에의 효과적인 접근을 소비자에게 제공하여야 한다.

(2) 대체적 분쟁해결 및 구제

소비자는 공정하고 시기적절한 대체적 분쟁해결, 즉 ADR (alternative dispute resolution) 및 불필요한 비용과 부담이 없는 구제에의 효과적인 접근을 제공받아야 한다. 사업자, 소비자대표 및 정부는 계속 공정하고, 효과적이고 투명한 자주규제와 소비자고충에 대처하고 사업자 대 소비자간의 전자거래에서 생기는 소비자분쟁을 해결하기 위한 대체적 분쟁해결제도를 포함하는 다른 정책과 절차를 적용하고 발전시키기 위하여 공동으로 노력하여야 하고, 특히 월경거래(cross-border transaction)에 관하여는 특별한 주의를 하여야 한다.

사업자 및 소비자대표는 계속 공정하고 시기적절한 방법(fair and timely manner)으로, 또한 부적절한 비용 혹은 부담이 소비자에게 발생하지 아니하고, 소비자의 고충과 곤란에 대하여 대처하고 대응하기 위하여 공정하고 효과적이며 투명한 내부적 매커니즘을 확립하여야 한다. 특히 사업자 및 소비자대표는 계속 소비자의 고충에 대처하고, 사업자 대 소비자간의 전자거래로부터 생기는 분쟁의 해결과 관련하여 소비자를 지원하기 위하여 협력적인 자주규제프로그램(co-operative self-regulatory program)을 확립하여야 한다. 그리고 사업자, 소비자대표 및 정부는 계속 공정하고 시기적절한 방법으로, 또한 부적절한 비용 혹은 부담(undue cost or burden)이 소비자에게 발생하지 아니하고, 분쟁의 효과적인 해결을 제공하는 대체적 분쟁해결(alternative dispute resolution)매커니즘의 선택권을 소비자에 대하여 지속적으로 제공하려고 하는 노력을 공동으로 하여야 한다.

2. 국내규범

(1) 준거법 및 재판관할

전자거래기본법은 준거법에 관한 국내법적용의 원칙과 상호주의를 천명하고 있다[30]. 즉「외국인 및 외국법인에 대해서도 이 법을 적용한다. 다만 대한민국 국민 또는 대한민국 법인에 대하여 이 법에 준하는 보호를 하지 아니하는 국가의 외국인 또는 외국법인에 대하여는 그에 상응하게 이 법 또는 대한민국이 가입 또는 체결한 조약에 따른 보호를 제한할 수 있다」(전자거래기본법 제40조). 그리고 전자상거래 등에서의 소비자보호에 관한 법률 제36조는 전속관할에 관하여 통신판매업자와의 거래에 관련된 소의 관할은 제소 당시의 소비자의 주소에 의하고, 주소가 없는 경우에는 거소를 관할하는 지방법원의 전속관할로 하고, 다만 제소 당시 소비자의 주소 또는 거소(居所)가 분명하지 아니한 경우에는 그러하지 아니하다고 규정하고 있다. 또한 전자상거래표준약관에 따르면 인터넷사이버몰과 이용자간에 발생한 전자상거래분쟁에 관한 소송은 제소 당시의 이용자의 주소에 의하고 주소가 없는 경우에는 거소를 관할하는 지방법원의 전속관할로 하며, 다만 제소 당시 이용자의 주소 또는 거소가 분명하지 않거나 외국거주자의 경우에는 민사소송법상

30 개정된 국제사법에 의하면 소비자가 직업 또는 영업활동 외의 목적으로 체결하는 소비자계약에서는 당사자가 준거법을 선택하더라도 消費者의 常居所地法에 의하여 소비자에게 부여되는 보호를 박탈할 수 없다(국제사법 제27조 제1항).

의 관할법원에 제기하여야 한다(전자상거래표준약관 제24조).

(2) 소비자피해의 구제 및 분쟁해결

1) 서언

OECD가이드라인에 충실하게 소비자의 불만처리와 피해구제를 위한 제도가 확립되어야 한다. 우선 전자거래사업자는 전자거래와 관련한 소비자의 피해에 대하여도 일반적인 소비자보호법에 따른 소비자피해보상규정이 적용된다고 하는 사실을 인터넷사이버몰에 명시하여야 할 필요가 있다. 또한 전자거래사업자는 (i) 전자거래와 관련한 소비자의 불만이나 요구사항을 처리하기 위한 절차를 마련하여야 하고, (ii) 불만 등의 처리에 따른 비용을 소비자에게 부과하여서는 안 되고, (iii) 접수된 불만 등에 대하여는 신속하고 공정하게 처리하고 그 결과를 신속하게 통보하여 주어야 하고, (iv) 불만처리의 절차 및 불만처리가 만족스럽지 않을 때 이용할 수 있는 방법과 절차에 대한 정보를 소비자에게 제공하여야 한다. 그리고 전자거래에 관하여는 분쟁의 신속하고 원만한 해결을 위하여 대체적 분쟁해결제도가 광범하게 활용될 필요가 있다. 그러므로 전자거래사업자는 전자거래와 관련하여 소비자와 분쟁이 있는 경우, 전자거래분쟁조정위원회[31] 및 그 밖의 대안적 분쟁해결제도[32]를 통

---

31 전자거래에 관한 분쟁을 조정하기 위한 전자거래분쟁조정위원회에 대하여는 전자거래기본법 제6장에 자세한 규정이 있다.

32 인터넷을 통하여 소비자의 불만·피해 및 소비자분쟁을 처리할 수 있도록 On-line ADR체계의 구축까지도 요구된다.

한 분쟁의 효과적인 해결에 적극적으로 협력하여야 한다.[33]

2) 전자거래기본법

전자거래기본법에 의하면 정부는 전자거래와 관련되는 소비자피해의 발생을 예방하기 위하여 소비자에 대한 정보의 제공, 교육의 확대 등에 관한 시책을 수립 · 시행하여야 한다(전자거래기본법 제16조 제1항). 또한 정부는 전자거래와 관련되는 소비자의 불만과 피해를 신속하고 공정하게 처리할 수 있도록 필요한 조치를 수립 · 시행하여야 한다(전자거래기본법 제16조 제2항).

전자거래기본법은 분쟁해결과 관련하여 전자거래로 인한 피해를 구제하고 공정한 전자거래의 관행을 정착시키기 위한 분쟁조정기구의 설치 · 운영을 규정하고 있다. 전자거래기본법상 전자거래의 분쟁에 관한 사항을 심의 · 조정하기 위하여 설치된 기구가 전자거래분쟁조정위원회이다(전자거래기본법 제32조 제1항). 전자거래와 관련한 피해의 구제와 분쟁의 조정을 받고자 하는 자는 전자거래분쟁조정위원회에 분쟁의 조정을 신청할 수 있다(전자거래기본법 제33조 제1항).[34]

3) 전자상거래(인터넷사이버몰) 표준약관

인터넷사이버몰이용표준약관은 이용자의 정당한 의견이나 불만을 반영하고 그 피해의 보상처리를 하기 위한 피해보상처리기구의 설치 · 운

33 특히 개인정보에 관한 분쟁이 있는 경우에는 신속하고 효과적인 분쟁해결을 위하여 정보통신망촉진 및 이용에 관한 법률 제33조의 규정에 의한 개인정보분쟁조정위원회에 분쟁의 조정을 신청할 수 있다.

34 분쟁조정절차의 자세한 내용에 대하여는 전자거래기본법 시행령 제20조 참조.

영을 의무화하고 있고, 이용자로부터 제출된 불만사항 및 의견의 신속한 처리가 곤란한 경우에는 이용자에게 그 사유와 처리일정을 즉시 통보하도록 규정하고 있다(전자상거래(인터넷사이버몰) 표준약관 제23조 제1항, 제2항). 또한 인터넷사이버몰과 이용자간에 발생한 전자상거래 분쟁과 관련하여 이용자의 피해구제신청이 있는 경우에는 공정거래위원회 또는 시 · 도지사가 의뢰하는 분쟁조정기관의 조정에 따를 수 있다(전자상거래표준약관 제23조 제3항).

Ⅶ. 개인정보의 보호

1. 서설

1980년 9월에 경제협력개발기구(OECD)는 「프라이버시보호 및 개인데이터의 월경적 유통에 관한 OECD가이드라인」[35]에서 개인정보보호를 위한 8원칙을 천명하고, 회원국으로 하여금 각국의 개인정보보호 및 프라이버시보호를 위한 법률의 정비를 권고하고 있다. 그리고 1998년 10월에는 다시 「글로벌네트워크에서의 프라이버시보호를 위한 OECD 각료선언」[36]을 채택하여 1980년에 천명한 8원칙이 인터넷환경 아래에서도 적합하다는 사실을 확인하고, 각국이 네트워크환경에서의 효율적

35 OECD Guidelines Governing the Protection of Privacy and Transborder Flow of Per-sonal Data(1980), 전문은 http://europa.eu.int/comm/internal_market/en/dataprot/inter/priv.htm 혹은 http://www1.oecd.org/dsti/sti/it/secur/prod/PRIV-EN.HTM.

36 OECD Ministerial Declaration on the Protection of Privacy on Global Networks(1998), 전문은 http://www1.oecd.org/dsti/sti/it/secur/.

인 프라이버시보호를 위한 조치를 취하기를 촉구하고 있다. 그리고 유럽연합(EU)은 1995년 10월에 「개인데이터의 처리와 자유로운 유통에 관한 개인보호지침」(Directive 95/46/EC)를 제정하여 각 회원국으로 하여금 1998년 10월 24일까지 지침에 따른 각국의 개인정보보호에 관한 법률의 제정을 권고하고 있다. 또한 미국은 1998년 11월에 OECD가이드라인(1980)을 참고하여 7가지 항목으로 구성된 개인정보보호를 위한 「세이프하버원칙」(Safe Haber Principle)을 채택하여 미국기업으로 하여금 개인정보보호에 관한 원칙을 준수하도록 권고하고, 1999년 11월에는 「국제세이프하버프라이버시원칙」(International Safe Haber Privacy Principle)으로 수정되어 2001년 1월부터 시행되고 있다.

2. OECD가이드라인

사업자 대 소비자간의 전자거래에서의 프라이버시 및 개인정보의 보호에 대하여는 「프라이버시보호 및 개인데이터의 월경적 유통에 관한 OECD가이드라인」에 자세하게 규정되어 있다. 또한 소비자에 대하여 적절하고 효과적인 보호를 제공하기 위하여 「글로벌네트워크에서의 프라이버시보호를 위한 OECD각료선언」도 채택되어 있다. 특히 「프라이버시보호와 개인데이터의 월경적 유통에 관한 OECD가이드라인」은 아래와 같은 여덟 가지 원칙을 강조하고 있다.

① 수집제한의 원칙(collection limitation principle) 개인데이터(personal data)의 수집에 제한을 두어야 하고, 개인데이터의 수집방법은 적법하며(lawful) 공정한 수단에 의하여야 한다. 경우에 따라서는 데이터주체의 인지나 그 동의(the knowledge or consent of the data subject)를 얻은 후에 수집되어야 한다.

② 데이터질유지의 원칙(data quality principle)　　개인데이터는 그 이용목적에 적합하여야 한다. 또한 이용목적에 필요한 범위 내에서 정확하고 완전하며, 최신(accurate, complete an kept up-to-data)의 상태로 유지하여야 한다.

③ 목적명확화의 원칙(purpose specification principle)　　개인데이터의 수집목적은 데이터를 수집하기 전에 명확하게 제시되어야 한다. 데이터를 수집한 후의 데이터이용은 해당 수집목적 또는 수집목적에 모순되지 않는 다른 목적의 달성, 혹은 목적의 변경시에 특정된 목적의 달성에 한정되어야만 한다.

④ 이용제한의 원칙(use limitaion principle)　　개인데이터는 특정된 목적 외의 목적을 위하여는 데이터주체의 동의가 있는 경우나 법률의 규정에 의한 경우를 제외하고는 공개나 이용, 그 외의 사용을 할 수 없다.

⑤ 안전보호의 원칙(security safeguards principle)　　개인데이터는 데이터의 분실(loss) 또는 부당한 접근(unauthorised access), 파괴(destruction), 사용(use), 수정(modification), 공개(disclosure)와 같은 위험에 대하여 적절한 안전보장조치를 통하여 보호되어야 한다.

⑥ 공개의 원칙(openness principle)　　개인데이터에 관한 개발, 운용 및 정책에 관하여는 일반적인 공개의 원칙이 적용되어야 한다. 개인데이터의 존재, 성질 및 그 이용의 주요목적은 물론, 데이터관리자(data controller)의 식별, 통상의 주소를 분명히 하기 위한 수단이 쉽게 이용될 수 있도록 하여야 한다.

⑦ 개인참가의 원칙(individual participation principle)　　개인은 (i)

데이터관리자로부터 데이터관리자가 자기에 관한 데이터를 가지고 있는지 유무를 확인할 권리, (ii) 상당한 기간 내에 과도하지 않은 요금을 내고 적절한 방법에 의하여 알기 쉬운 형태로 자기에 관한 데이터를 알 권리, (iii) 자기가 한 요구가 거부된 경우에 그 이유를 들을 권리 및 거부에 대하여 이의신청을 할 권리, (iv) 자기에 관한 데이터에 대하여 이의신청을 할 권리 및 이의신청이 인용된 경우에 데이터의 삭제, 수정, 완성 및 교정을 요구할 권리가 있다.

⑧ 책임의 원칙(accountability principle) 데이터관리자는 언급된 여러 원칙을 효과적으로 실현하기 위한 조치를 취하여야 할 책임을 부담한다.

3. 미국의 세이프하버원칙

미국의 세이프하버원칙의 내용은 아래와 같이 일곱 가지로 구분할 수 있다.

① 고지(Notice) 개인은 최초의 정보수집시 또는 그 후 가능한 한 빨리 자기의 데이터가 수집되고 있다는 사실, 또는 그 데이터가 어떠한 방법으로 이용되는지에 관하여 통지를 받아야 한다.

② 선택(Choice) 개인은 수집 여부나 수집한 데이터를 최초의 수집목적 외의 용도로 제3자에게 이전할 수 있는지 여부를 이른바 옵트아웃(opt-out)의 방식으로 선택할 수 있는 권리를 가져야 한다.

③ 제공(Onward Transfer) 제3자에 대한 데이터의 제공은 단지 적절한 개인정보보호원칙에 따라서 실행하여야 한다.

④ 안전(Security) 수집된 개인정보의 누출이나 오용, 비인가적 접

근, 공개, 변경이나 파기로부터 보호하기 위하여 합리적인 예방조치를 취하여야 한다.

⑤ 데이터통합성(Data Integrity) 데이터는 수집을 하는 목적과 연관성이 있어야 한다.

⑥ 접근(Access) 개인은 자기에 관한 정보에 접근할 수 있고, 만약 개인정보가 부정확하면 수정하거나 삭제할 수 있어야 한다.

⑦ 강제(Enforcement) 언급한 원칙을 강제하기 위한 효과적인 수단이 있어야 한다.

4. 국내규범

(1) 서언

1) 개인정보의 의의

개인정보는 개인의 신념, 신체, 재산, 사회적 지위, 신분 등에 관한 사실 · 판단 · 평가를 나타내는 일체의 정보를 가리킨다.[37] 개인정보로는 구체적으로 (i) 내면의 비밀(예컨대 사상, 신조, 종교, 가치관 등), (ii) 심신의 상태(예컨대 건강상태, 신체적 특징, 병력 등), (iii) 사회경력(예컨대 학력, 범죄경력, 직업, 소속정당, 소속단체 등), (iv) 경제관계(예컨대 재산상황, 소득, 채권채무관계 등), (v) 신분관계(예컨대 성명, 주소, 본적, 출생지, 가족관계 등) 등을 들 수 있다.

---

37 개인정보보호법 제2조 제1호는 「개인정보」 란 '살아 있는 개인에 관한 정보로서 성명, 주민등록번호 및 영상 등을 통하여 개인을 알아볼 수 있는 정보'(해당 정보만으로는 특정 개인을 알아볼 수 없더라도 다른 정보와 쉽게 결합하여 알아볼 수 있는 정보를 포함한다)를 말한다고 규정하고 있다.

개인정보보호의 주체는 생존하고 있는 자연인만이 해당한다. 법인, 권리능력 없는 단체 또는 이미 사망하거나 실종선고와 같이 법률상 사망으로 간주되는 경우에는 개인정보보호의 주체가 될 수 없다. 그리고 보호되는 개인정보의 범위는 다른 정보와 결합되지 않고도 그 정보만으로 개인을 직접 알아볼 수 있는 경우, 예컨대 주민등록번호나 운전면허번호와 같은 정보도 있고, 또한 어떤 정보만으로는 개인을 특정할 수 없다고 하더라도 다른 정보와 결합하여 개인을 알아볼 수 있는 경우에는 그 정보(예컨대 성명, 주소, 이메일주소, 영상 등)도 해당된다.

[개인정보의 예시]

구분	개인정보의 내용
일반정보	이름, 주민등록번호, 운전면허번호, 주소, 전화번호, 생년월일, 출생지, 본적지, 성별, 국적
가족정보	가족구성원의 이름, 출생지, 생년월일, 주민등록번호, 직업, 전화번호
교육 및 훈련정보	학교출석사항, 최종학력, 학교성적, 기술자격증 및 전문면허증, 이수한 훈련프로그램, 동아리활동, 상벌사항
병역정보	군번 및 계급, 제대유형, 주특기, 근무부대
부동산정보	소유주택, 토지, 자동차, 기타 소유차량, 상점 및 건물
소득정보	현재 봉급액, 봉급경력, 보너스 및 수수료, 기타 소득의 원천, 이자소득, 사업소득
기타 수익 정보	보험(건강, 생명 등) 가입현황, 회사의 판공비, 투자프로그램, 퇴직프로그램, 휴가, 병가
신용정보	대부잔액 및 지불상황, 저당, 신용카드, 지불연기 및 미납의 회수, 임금압류통보에 대한 기록

고용정보	현재의 고용주, 회사주소, 상급자의 이름, 직무수행평가기록, 훈련기록, 출석기록, 상벌기록, 성격테스트결과, 직무태도
법적정보	전과기록, 자동차 교통 위반기록, 파산 및 담보기록, 구속기록, 이혼기록, 납세기록
의료정보	가족병력기록, 과거의 의료기록, 정신질환기록, 신체장애, 혈액형, IQ, 약물테스트 등 각종 신체테스트의 정보
조직정보	노조가입, 종교단체가입, 정당가입, 클럽회원
통신정보	전자우편(E-mail), 전화통화의 내용, 로그파일(Log file), 쿠키(Cookies)
위치정보	GPS나 휴대폰에 의한 개인의 위치정보
신체정보	지문, 홍채, DNA, 신장, 가슴둘레
습관 및 취미정보	흡연, 음주량, 선호하는 스포츠 및 오락, 여가활동, 비디오대여기록, 도박성향

[출처: http://www.pipc.go.kr/cmt/not/inf/notPerInfo.do]

2) 개인정보의 수집에 따른 원칙

전자상거래와 관련한 개인정보의 수집에 관하여는「필요최소한의 원칙」,「적법 · 공정수집의 원칙」과「동의의 원칙」, 그 이용이나 제3자에의 제공에 대하여는「동의의 원칙」이 적용되어야 한다. 그리고 개인정보의 수집에 대한 동의를 받고자 하는 경우에는 미리 서면 또는 인터넷 홈페이지 등을 통하여 수집의 내용을 쉽게 확인할 수 있도록 이용자에게 알리는「고지 · 명시의 원칙」이 적용된다.

① 필요최소한의 원칙　　개인정보의 수집은 가능한 한 제한되어야 한다. 특히 개인적 프라이버시를 침해할 우려가 있는 민감한 정보의 수집은 금지된다. 개인정보의 수집이 금지되는 민감한 정보

(sensitive data)로는 ⓐ 인종 및 민족,[38] ⓑ 사상 및 신조,[39] ⓒ 출신지 및 본적지, ⓓ 정치적 성향[40] 및 범죄기록, ⓔ 과거의 병력 등 건강상태[41] 및 성생활[42] 등을 들 수 있다.[43]

수집이 허용되는 개인정보를 수집하는 경우에도 최소수집의 원칙에 따라서 계약의 성립과 상품배송, 대금결제에 필요한 성명, 주소, 전화번호, 통장계좌번호 및 신용카드번호 등만을 수집하여야 한다. 서비스제공과 무관한 직업, 수입이나 학력 등의 개인정보를 수집하여서는 안 된다. 특히 과도한 개인정보를 요구하기 보다는 필수동의항목과 선택동의항목으로 구분하여 선택적으로 자신의 개인정보를 제공할 수 있도록 하여야 한다.

필수동의항목은 서비스제공을 위하여 필수적으로 동의가 요구되는 개인정보항목으로서 '해당 서비스의 본질적 기능을 수행하기 위

---

38 이용자의 국적을 나타내는 정보는 수집이 가능하다.

39 신용정보의 이용 및 보호에 관한 법률 제16조 제1항 제3호는 개인의 정치적 사상, 종교적 신념, 그 밖에 신용정보와 관계없는 사생활에 관한 정보를 수집·조사하여서는 안 된다고 규정하고 있다.

40 정치적 성향을 나타내는 정보는 정당 및 노조가입 여부 등의 정보를 말한다.

41 이용자 본인의 건강상태에만 국한되지 아니하고, 배우자, 부모, 형제자매 등의 병력이나 가족력 및 현재의 건강상태에 대하여도 정보수집이 금지된다.

42 과거의 병력 등 건강상태 및 성생활과 관련한 개인정보는 특히 개인의 프라이버시와 밀접한 관련이 있으므로, 인터넷으로 의료상담을 하는 경우에도 법령의 규정이 있는 경우에 한하여 수집이 허용된다.

43 예를 들어 EU지침은 (i) 인종, 민족, (ii) 정치적 성향, (iii) 종교 혹은 철학적 신념, (iv) 노동조합, (v) 건강 혹은 성생활과 관련한 정보수집을 금지하고, 일본 통산성 공업규격(JIS Q 15001)은 (ii) 사상, 신조 및 종교, (ii) 인종, 민족, 출신지, 본적지, 신체, 정신장애, 범죄기록, 사회적 차별의 원인이 되는 사항, (iii) 노동자의 단결권, 단체교섭권 및 단체행동에 관한 사항, (iv) 집단시위행위의 참가, 청원권의 행사, 정치적 권리행사에 관한 사항, (v) 보건의료 및 성생활에 관한 정보수집을 금지하고 있다.

하여 반드시 필요한 정보'로 엄격히 제한하여야 한다(정보통신망법 제23조제 3항). 필수동의항목에 요구되는 '해당 서비스'는 사업자가 이용자에게 정보통신망을 통하여 이용약관 등에 따라서 제공하는 개별서비스를 의미하여,[44] '본질적 기능'은 사업자가 해당 서비스제공의 과정에서 업무처리를 위하여 반드시 필요한 기능을 의미한다.

해당 개인정보 없이도 해당 서비스의 본질적 기능을 수행할 수 있는 경우에는 선택동의항목으로 한다. 선택동의항목은 서비스의 목적별로 나누어 "개별적으로 동의"받도록 구성하여 개인정보의 제공 여부를 선별적으로 결정할 수 있도록 하고, 서비스목적을 지나치게 포괄적으로 기재하여 동의받지 않아야 한다. 특히 마케팅활용목적을 위한 선택동의항목(연락처 등)은 이용자가 명확히 알 수 있도록 별도로 분리하여 개별동의를 받아야 한다. 그리고 선택동의항목에 대하여는 동의를 거부하더라도 서비스이용은 가능하다는 사실을 "굵은 글씨, 빨간색 등"으로 명확하게 표시하여 알 수 있도록 고지하여야 한다.[45]

44 예컨대 포털사업자라면 인터넷회원제서비스, 검색서비스, 게임서비스, 커뮤니티서비스, 메일서비스 등이 '해당 서비스'에 포함되고, 이동통신사업자라면 전화통화서비스 등이 해당한다.

45 예컨대 맞춤형 광고발송을 위한 연락처(이메일, 주소 등)는 필수동의항목은 아니나, 선택동의항목으로 분류하여 개별동의를 받을 수 있고, 온라인쇼핑몰의 경우 결제·배송정보는 인터넷회원가입단계에서는 필수동의항목으로 볼 수 없으나, 선택동의항목으로 분류하여 동의를 받은 경우에는 인터넷회원가입단계에서 수집·이용이 가능하다.

[필수동의항목과 선택동의항목의 구분]

구분	필수동의 항목	선택동의 항목
개념	• 해당 서비스의 본질적 기능을 수행하기 위하여 반드시 필요한 정보 • 필수적 동의의 요구가 가능	• 사업자의 필요에 의하여 수집하는 정보 • 동의 여부에 대한 선택이 가능
예시	① 인터넷회원제서비스 • 본질적 기능 – 회원식별정보 • 예시 – 아이디, 비밀번호, 이름, 법정생년월일, 휴대전화번호, 이메일 등 ② 온라인결제서비스 • 본질적 기능 – 온라인결제 • 예시 – 결제정보(카드번호, 계좌번호 등) ③ 이동통신서비스 • 본질적 기능 – 휴대전화 통화 • 예시–이름, 연락처, 법정생년월일, 결제정보(후불제) 등	① 인터넷회원제서비스 • 선택적 기능 – 상품마케팅 • 예시 – 마케팅목적의 휴대전화번호 · 이메일 등 ② 온라인결제서비스 • 선택적 기능 – 결제알림서비스 • 예시 – 휴대전화번호, 이메일 등 ③ 이동통신서비스 • 선택적 기능 – 멤버쉽 할인 • 예시 – 멤버쉽정보(타사 이용정보)

[출처: http://www.pipc.go.kr/cmt/not/inf/notPerInfo.do]

② 적법 · 공정수집의 원칙 　개인정보의 수집에는 적법 · 공정수집의 원칙이 적용된다. 개인정보를 수집하는 경우 적법하고 공정한 수단에 의하여 서비스제공에 직접적으로 관련되어 필요한 성명, 연락처 등 정보를 수집하여야 한다. 특히 수집목적을 속이거나 해킹과 같은 부정한 수단으로 개인정보를 수집하여서는 안 된다.

③ 동의의 원칙 　개인정보를 수집하는 경우에는 반드시 동의를 얻어야 한다. 원칙적으로 이용자의 동의를 얻은 경우에만 개인정보의 수집이 가능하다.[46] 개인정보의 수집에 대한 동의를 받는 구체

46 정보통신망법이 시행되기 전에 이미 수집된 개인정보의 경우에는 이용자 본인의 신청이나 회원가입 등을 통하여 본인의 의사에 의하여 개인정보를 수집한 경우로 인정되면 개인정보수집에 대한 동의가

적인 방법으로는 서명날인,[47] 전자서명, 전자우편, 전화 또는 홈페이지상의 동의란에 대한 표시[48] 등의 방법이 있다. 그리고 서비스이용계약의 이행을 위하여 필요한 경우, 서비스제공에 따른 요금정산을 위하여 필요한 경우,[49] 정보통신망법[50] 또는 다른 법률에 특별한 규정[51]이 있는 경우에는 예외적으로 동의의 원칙이 제한될 수 있다.

④ 고지 또는 명시의 원칙　　개인정보의 수집에 대한 동의를 받고자 하는 경우에는 미리 서면 또는 인터넷 홈페이지 등을 통하여 내용을 쉽게 확인할 수 있도록 이용자에게 고지하거나[52] 서비스이용

있는 경우로 볼 수 있으므로, 추가의 동의는 불필요하다고 본다.

47 「서명날인」은 서면에 자신의 성명을 기재하고 인장을 찍는 방법이나 자신의 성명을 직접 자필로 기재하는 방법을 말한다.

48 예컨대 홈페이지 화면상에 「동의」 혹은 「동의안함」 의 버튼을 클릭하는 방법을 말한다.

49 서비스이용에 따른 서비스별 요금액, 납부 또는 미납한 사실, 미납액 등에 관한 정보는 요금정산이 완료될 때까지 동의 여부와 관계없이 수집할 수 있으나(정보통신망법 제22조 제2항 제2호), 요금정산을 위해 필요한 최소한의 정보만을 수집하여야 하며, 채권추심 등의 목적으로 요금정산과 무관한 정보를 수집할 수 없다.

50 예컨대 만 14세 미만 아동의 개인정보수집 등을 위하여 법정대리인의 동의를 얻어야 하는 경우에 법정대리인의 동의 없이 아동으로부터 법정대리인의 성명 등 최소한의 정보를 수집할 수 있다(정보통신망법 제31조 제1항).

51 예를 들어 인터넷으로 의료상담을 하기 위하여 이용자의 개인정보를 수집 및 제공하고자 하는 경우에는 의료법의 규정(의료법 제20조·제21조)에 의하여 수집금지에 해당하는 개인정보를 수집할 수 있다.

52 고지하는 방법으로는 가입신청서 등에 인쇄하거나 별도의 서면으로 교부하는 방법, 인터넷 홈페이지에 게시하는 방법(초기화면에 게시하거나 고지내용을 개인정보보호방침 등 기타의 형식으로 링크) 등이 있다. 그리고 이용자가 원하면 언제든지 재교부하거나 다운로드, 프린트할 수 있도록 하여야 하고, 주요 부분은 쉽게 알아볼 수 있도록 색상 또는 글씨체를 조정하거나 테두리를 쳐서 고지할 필요가 있다.

약관에 명시하여야 한다. 고지할 때에는 법정고지사항만을 간결하게 고지하고, 쉬운 용어, 중요한 내용[53]은 부호, 색채, 굵고 큰 문자 등을 활용하여 명확하게 표시하여야 한다(불가피하게 전문용어를 사용하는 경우에는 별도로 용어에 관한 설명을 제공하여야 한다). 고지하거나 명시하여야 할 사항으로는 개인정보관리책임자의 성명 · 소속부서 · 지위 · 전화번호 · 전자우편주소나 그 밖의 연락처,[54] 개인정보의 구체적인 수집목적 및 이용목적,[55] 개인정보를 제3자에게 제공하는 경우의 제공받는 자, 주된 사업, 연락처, 제공목적 및 제공할 정보의 내용,[56] 동의철회 및 열람, 정정요구 등에 관한 권리와 그 행사방법, 수집하고자 하는 개인정보항목,[57] 수집하는 개인정보의 보유 · 이용기간[58] 및 법적 근거 등 보유이유, 개인정보

---

53 「중요한 내용」 이란 사회적 통념에 비추어 고객이 계약체결의 여부나 대가를 결정하는데 직접적인 영향을 미칠 수 있는 사항을 말하며(대법원 2008.12. 16. 선고 2007마1328 판결), 중요한 내용은 '굵은 글씨, 빨간색 등'으로 알아보기 쉽도록 표시하여야 한다.

54 개인정보책임자의 신상정보는 개인정보의 수집 또는 이용에 대한 문의를 위하여 요구된다.

55 단지 "서비스의 제공상 필요하다"고 하는 경우와 같이 추상적인 목적으로는 충분하지 않고, 예를 들어 주소는 상품배송이나 청구서의 송부를 위하여 요구되고, 전자우편주소는 새로운 서비스, 신상품이나 이벤트정보의 안내를 위하여 요구된다고 하는 경우와 같이 수집이나 이용의 목적을 구체적으로 제시하여야 한다.

56 예를 들어 인터넷사이버몰운영자가 그 사이버몰의 입점자에게 이용자의 개인정보를 제공하는 경우에는 그 제공목적, 제공받는 자의 상호·URL 및 주요판매제품, 제공 후 이용목적, 제공할 개인정보의 내용 등을 구체적으로 명시하여야 한다. 그리고 구체적으로 제공받는 자의 명칭을 고지하거나 명시하여야 한다.

57 예컨대 성명, 주소, 전화번호, 전자우편주소 등을 말한다.

58 특히 이용요금의 정산, 연체금의 회수, 소송이나 분쟁의 대비, 그 밖에 필요한 경우에 대하여는 보유기간 및 이용기간을 설정하여 고지 또는 명시하여야 한다.

에 대한 가공 또는 관리방식 등을 들 수 있다.

3) 개인정보의 이용 및 제공

(a) 이용 및 제공의 제한

개인정보를 고지의 범위 또는 서비스이용약관에 명시한 범위를 넘어 이용하거나 제3자에게 제공하여서는 안 되고, 다시 사전에 동의를 얻어야 한다. 예를 들어 상품배송의 목적으로 수집한 개인정보를 상품의 통신판매를 위하여 이용하는 경우, 앙케이트조사나 퀴즈대회, 경품행사에 응모하기 위하여 입력한 개인정보 또는 고객불만이나 불편처리를 위하여 수집한 개인정보를 광고물·신상품의 발송에 이용하는 경우, 회원가입정보를 우편주문판매에 이용하는 경우와 같이 고지의 범위 또는 서비스이용약관에 명시한 범위를 넘는 이용에는 사전에 동의를 얻어야 한다. 그리고 개인정보를 제공받은 자, 제공목적 혹은 제공할 정보의 내용 중에서 어느 하나라도 달라지면 고지 혹은 명시한 범위를 넘는 이용이 되므로, 반드시 다시 동의를 다시 받아야 한다.

고지나 명시의 범위를 넘는 이용일지라도 예외적으로 사전에 동의를 받을 필요 없이 수집된 개인정보를 이용할 수 있는 경우도 있다. 예를 들어 (i) 서비스제공에 따른 요금정산을 위하여 필요한 경우, (ii) 통계작성·학술연구 또는 시장조사를 위하여 필요한 경우로서 특정 개인을 알아볼 수 없는 형태로 가공하여 제공하는 경우, (iii) 법률에 특별한 규정이 있는 경우[59]에는 동의 없이도 고지나 명시한 범위를 넘어 이용하거나

59 예컨대 금융실명거래 및 비밀보장에 관한 법률 제4조, 신용정보의 이용 및 보호에 관한 법률 제14조 및 제24조, 전기통신기본법 제45조, 전기통신사업법 제34조의4 및 제54조, 지방세법 제69조, 소비자

제3자에게 제공할 수 있다. 역시 개인정보를 제공받은 목적 외의 용도로 이용하거나 제3자에게 제공하여서는 안 된다.

(b) 개인정보취급자의 제한

개인정보를 취급할 수 있는 자는 최소한으로 제한하여 개인정보의 누출 및 오용, 남용으로 인한 피해를 방지하여야 한다. 개인정보에 대한 접근권한을 가지고, 수집된 이용자의 개인정보를 열람·정정하거나 삭제하는 등의 관리업무를 수행하는 자는 (i) 이용자를 직접 상대로 하여 마케팅업무를 수행하는 자, (ii) 개인정보관리책임자 등 개인정보관리업무를 수행하는 자, (iii) 업무상 개인정보의 취급이 불가피한 자에 한정하여야 한다. 특히 개인정보취급자는 인사명령 등을 통하여 지정하여야 하고, 만약 개인정보취급자 외의 자가 이용자의 개인정보DB에 접근하는 경우에는 징계조치를 취하여야 한다.

(c) 개인정보의 이용 및 제공에 따른 의무

a) 비밀유지의무

개인정보취급자는 비밀유지의무를 부담하므로, 직무상 알게 된 개인정보를 누설하거나 권한 없이 처리하는 등 부당한 목적을 위하여 사용하지 못한다. 특히「누설」이란 개인에 대한 정보를 타인에게 알리는 행위를 말하며, 알리는 방법은 제한이 없고 부작위에 의한 누설도 포함한다.

보호법 제52조의6, 한국은행법 제86조, 형사소송법 제107조 등을 들 수 있다.

b) 정확성확보의무

개인정보를 정확하고 최신의 상태로 관리하여야 한다. 우선 개인정보가 현재 또는 과거의 사실과 정확하게 일치하게 관리되어야 한다. 단순한 루머를 개인정보로 기록하여 두거나 사실 여부에 대한 다툼이 있는 정보를 이해당사자의 의견을 첨부하지 아니하고 기록하여 두거나 그대로 방치하여서는 안 된다. 또한 개인정보의 최신성을 유지하여야 하므로, 예를 들어 연락처, 직업, 주소, 학력 등이 현시점에서 변화된 때에는 바로 정정하여야 한다.

c) 보호조치의무

(ㄱ) 기술적 보호조치의무

컴퓨터를 이용하여 이용자의 개인정보를 취급하는 경우에는 개인정보가 분실, 도난, 누출, 변조 또는 훼손되지 아니하도록 하기 위한 안전성확보에 대한 대책으로서 기술적 보호조치를 강구하여야 한다. 개인정보의 안정성확보를 위한 기술적 보호조치로는 (i) 백신프로그램의 설치 · 운영 등 컴퓨터바이러스방지조치,[60] (ii) 암호알고리즘 등의 이용을 통하여 개인정보를 안전하게 네트워크상에서 전송할 수 있는 보안조치, (iii) 침입차단시스템 등 접근통제장치의 설치 · 운영 등을 들 수 있다.

---

60 악성프로그램 등을 방지·치료할 수 있는 백신소프트웨어 등의 보안프로그램을 설치·운영하여야 하며, 구체적으로 보안프로그램은 자동업데이트기능을 사용하거나, 또는 일 1회 이상 업데이트를 실시하여 최신의 상태로 유지하여야 하고, 악성프로그램관련 경보가 발령된 경우 또는 사용중인 응용프로그램이나 운영체제소프트웨어의 제작업체에서 보안업데이트공지가 있는 경우에는 즉시 업데이트를 실시하여야 한다.

(ㄴ) 관리적 보호조치의무

개인정보를 보다 안전하게 보호하기 위하여는 관리적 보호조치가 요구된다. 특히 개인정보에 대한 접근 및 관리에 필요한 절차 등을 마련하여 소속직원으로 하여금 숙지하고 준수하도록 하여야 한다. 개인정보에 대한 접근 및 관리에 필요한 절차에는 예를 들어 (i) 개인정보와 일반데이터의 혼합보관을 금지하는 절차, (ii) 개인정보에 대한 접근권한의 부여와 그 확인절차,[61] (iii) 전산실이나 자료보관실에의 출입관리절차, (iv) 개인정보의 입출력, 개인정보량, 개인정보의 주요내용 및 개인정보의 복사시 · 수정시 관리대장기록 및 파기시 기록내용의 파기 등 절차, (v) 장애발생시 대체절차, (vi) 정기점검절차 및 점검결과의 관리대장기록절차 등을 들 수 있다. 컴퓨터를 이용하여 개인정보를 처리하는 경우에는 개인정보에 대한 접근권한을 가진 담당자를 지정하여 식별부호(ID) 및 비밀번호를 부여하여야 하고, 비밀번호를 정기적으로 갱신하여야 한다.

d) 파기의무

개인정보의 수집목적 또는 제공받은 목적을 달성한 때에는 당해 개인정보를 지체 없이 파기하여야 한다. 예를 들어 대금지급정보는 대금의 완제일 또는 채권의 소멸시효기간이 만료된 때, 배송정보는 물품 또는 서비스가 인도되거나 제공된 때, 회원가입정보는 회원이

61 개인정보처리시스템에 대한 접속권한을 IP(Internet Protocol)주소 등으로 제한하여 인가받지 않은 접근을 제한하고, 개인정보처리시스템에 접속한 IP주소 등을 분석하여 불법적인 개인정보유출에 대한 시도를 탐지하여야 한다.

탈퇴하거나 제명된 때에 관련되는 개인정보를 파기하여야 한다. 다만 (i) 상법[62] 등 법령의 규정에 의하여 보존할 필요성이 있는 경우, (ii) 보유기간을 미리 이용자에게 고지하거나 명시한 경우, (iii) 개별적으로 이용자의 동의를 받은 경우에는 예외적으로 개인정보를 파기하지 않아도 된다. 개인정보를 파기할 때에는 완전파괴(소각 · 파쇄 등),[63] 전용 소자장비를 이용하여 삭제, 데이터가 복원되지 않도록 초기화 또는 덮어쓰기의 수행 등과 같은 방법에 의한다. 전자적 파일형태인 경우에는 하드디스크, CD/DVD, USB메모리 등의 매체에 전자기적으로 기록된 개인정보는 다시 재생시킬 수 없는 기술적 방법으로[64] 삭제하거나 물리적인 방법으로[65] 매체를 파괴하여 복구할 수 없도록 하여야 한다. 파기할 때에는 원본데이터 외에 백업데이터가 존재하는지 여부를 확인하여 백업데이터를 누락하는 사례가 없도록 주의하여야 한다.[66]

---

62 상법 제33조, 제266조 참조.

63 종이에 출력된 개인정보나 가입신청서 등 파쇄가 가능한 형태인 경우에는 분쇄기 등을 이용하여 재조합이 불가능하도록 물리적으로 파쇄하거나 소각하여야 한다.

64 하드디스크, USB메모리의 경우에는 로우레벨포멧(Low level format)방법, 즉 하드디스크나 USB메모리를 공장에서 나온 초기상태로 만들어주는 포맷방법으로 파기하거나, 또는 0, 1 혹은 랜덤한 값으로 기존데이터를 여러 번 덮어씌우는 와이핑(Wiping)방법으로 파기하여야 한다.

65 물리적인 파기로서는 (i) 데이터가 저장되는 디스크플레터에 강력한 힘으로 구멍을 내어 복구가 불가능하도록 하는 천공방법으로 파기, (ii) CD/DVD의 경우 가위 등으로 작은 입자로 조각내거나, 전용 CD파쇄기나 CD파쇄가 가능한 문서파쇄기 등을 이용하여 파기, (iii) 고온에 불타는 종류의 매체는 소각하는 방법으로 파기, (iv) 자기장치를 이용하여 강한 자기장으로 데이터를 복구불가능하게 하는 디가우저(Degausser)파기 등을 이용할 수 있다.

66 고객서비스에 이용중인 DB서버에 저장된 일부 데이터를 파기하는 경우에는 서비스중인 DB의 해당 개인정보 위에 임의의 값(Null값 등)을 덮어쓰기한 후 삭제(delete)하거나, DB의 특정부분에 덮어쓰기

(d) 개인정보의 이용 · 제공 및 관리

개인정보의 정확성확보의 원칙에 기하여 개인정보를 정확하고 최신의 상태로 관리하여야 한다. 또한 개인정보를 고지 또는 명시한 범위를 초과하여 이용하거나[67] 제3자에게 제공할 수 없고, 다만 예외적으로 법령에 규정이 있거나, 서비스제공에 따른 요금정산을 위하여 필요한 경우, 통계작성 · 학술연구 또는 시장조사를 위하여 필요한 경우로서 특정개인을 식별할 수 없는 형태로 제공하는 경우에는 개인정보의 이용 내지 제3자에의 제공이 허용될 수 있다. 개별적으로 서면이나 전자우편으로 통지하여 동의를 받은 경우에는 고지 또는 명시한 범위를 초과하여 개인정보를 이용하거나 제3자에의 제공을 할 수 있으나, 통지를 할 때에는 동의를 거절할 수 있다는 사실을 이용자에게 알려야 한다. 개인정보를 제공받은 제3자는 동의가 있거나 법률에 특별한 규정이 있는 경우를 제외하고는 개인정보를 제공받은 목적 외의 용도로 이용하거나 제3자에게 제공할 수 없다.

정보통신서비스에서도 비밀유지의무가 적용된다. 정보통신서비스의 제공을 위하여 개인정보를 현재 취급하는 자 혹은 과거에 취급한 자, 서비스제공자로부터 개인정보의 처리업무를 위탁받아 그 업무에 종사하거나 종사한 경력이 있는 자는 직무상 알게 된 개인정보를 타인에게 누

가 곤란한 경우에는 테이블 데이터에 대한 논리적인 삭제도 허용되나, 신속하게 다른 데이터로 덮어쓰기(overwriting)될 수 있도록 운영하여야 한다.

67 고지 또는 명시한 범위를 초과하여 이용하는 경우로서는 상품배송의 목적으로 수집한 개인정보를 자사의 상품의 통신판매광고에 이용, 앙케이트조사, 판촉퀴즈, 경품행사에 응모하기 위하여 우송하거나 입력한 개인정보를 자사의 할인판매행사를 위한 안내용 광고물의 발송에 이용, 애프터서비스센터에서 고객불만 및 불편처리를 위하여 수집한 개인정보를 자사의 신상품의 광고에 이용, 회원으로 가입하기 위하여 제공한 정보를 우편주문판매에 이용하는 경우를 들 수 있다.

설하거나 제공하여서는 안 된다. 그리고 개인정보의 수집목적 또는 제공받은 목적을 달성한 때[68]에는 그 개인정보를 지체 없이 파기하여야 한다.[69]

4) 자기에 관한 정보에 대한 권리

인터넷이용자는 자기의 개인정보에 대한 열람권 및 정정요구권을 가진다. 방문하여 혹은 전자서명 또는 이용자ID를 이용하여 자신의 개인정보에 대한 열람 또는 정정을 요구할 수 있다. 또한 마음이 변한 경우에는 자신의 정보의 이용 및 제3자에의 제공에 대한 동의를 철회할 수 있는 철회권이 있다.

(2) 전자거래기본법

정부는 전자거래의 안전성 및 신뢰성을 확보하기 위하여 전자거래이용자의 개인정보를 보호하기 위한 시책을 수립 · 시행하여야 하고, 전자거래사업자는 전자거래이용자의 개인정보를 수집 · 이용 · 제공 및 관리할 경우에 「정보통신망 이용촉진 및 정보보호 등에 관한 법률」 등 관련 규정을 준수하여야 한다(전자문서법 제12조). 그리고 정부는 전자거래의 안전성 및 신뢰성을 확보하기 위하여 전자거래이용자의 영업비밀을

68 개인정보의 파기시기는 개인정보의 수집목적 또는 제공받은 목적이 달성된 때이고, 예를 들어 대금지급정보의 경우에는 대금의 완제일 또는 채권소멸시효기간의 만료된 때, 배송정보의 경우에는 물품 또는 서비스가 인도되거나 제공된 때, 회원가입정보의 경우에는 회원가입을 탈퇴하거나 회원에서 제명된 때가 개인정보의 수집목적 또는 제공받은 목적이 달성된 때가 된다.

69 개인정보를 파기할 경우에는 종이에 출력된 개인정보는 분쇄기로 분쇄하거나 소각하고, 전자적 파일의 형태로 저장된 개인정보는 기록을 재생할 수 없는 기술적 방법을 사용하여 삭제하여야 한다.

보호하기 위한 시책을 수립하여 시행하여야 하고,[70] 전자거래사업자(정보처리시스템의 운영을 위탁받은 자를 포함한다)는 전자거래이용자의 영업비밀을 보호하기 위한 조치를 강구하여야 한다. 또한 전자거래사업자는 전자거래이용자의 동의를 얻지 아니하고는 당해 이용자의 영업비밀을 타인에게 제공하거나 누설하여서는 안 된다(전자문서법 제13조 제1항 내지 제3항). 한편 전자거래사업자는 전자거래의 안전성 및 신뢰성을 확보하기 위하여 암호제품을 사용할 수 있고, 국가안전보장을 위하여 필요하다고 인정하는 경우에는 암호제품의 사용을 제한하고, 암호화된 정보의 원문 또는 암호기술에의 접근에 필요한 조치를 할 수 있다(전자문서법 제14조).

(3) 정보통신망 이용촉진 및 정보보호 등에 관한 법률

1) 개인정보의 수집 · 이용 · 제공

정보통신서비스제공자[71]는 이용자의 개인정보를 이용하려고 수집하는 때에는 아래 모든 사항에 대하여 이용자에게 알리고 동의를 얻어야 하며,[72] (i) 개인정보의 수집 · 이용 목적, (ii) 수집하는 개인정보의 항목, (iii) 개인정보의 보유 및 이용 기간 중 어느 하나의 사항을 변경하려는

---

70 영업비밀의 범위, 보호조치 등에 관하여 필요한 사항은 대통령령으로 정한다(전자문서법 제13조 제4항).

71 「정보통신서비스제공자」라 함은 전기통신사업법 제2조 제1항 제1호의 규정에 따른 전기통신사업자와 영리를 목적으로 전기통신사업자의 전기통신역무를 이용하여 정보를 제공하거나 정보의 제공을 매개하는 자를 말한다(정보통신망법 제2조).

72 동의("개인정보수집·이용·제공 등의 동의")를 얻는 방법은 개인정보의 수집매체, 업종의 특성 및 이용자의 수 등을 참작하여 대통령령으로 정한다(정보통신망법 제26조의2).

때에도 또한 같다(정보통신망법 제22조 제1항). 다만 정보통신서비스제공자는 (i) 정보통신서비스의 제공에 관한 계약의 이행을 위하여 필요한 개인정보로서 경제적 · 기술적인 사유로 통상의 동의를 받기가 현저히 곤란한 경우, (ii) 정보통신서비스의 제공에 따른 요금정산을 위하여 필요한 경우, (iii) 정보통신망법 또는 다른 법률에 특별한 규정이 있는 경우 중 어느 하나에 해당하는 경우에는 동의 없이 이용자의 개인정보를 수집 · 이용할 수 있다(정보통신망법 제22조 제2항).

정보통신서비스제공자는 사상 · 신념 · 과거의 병력 등 개인의 권리 · 이익이나 사생활을 현저하게 침해할 우려가 있는 개인정보를 수집하여서는 안 되고, 다만 이용자의 동의를 얻거나 다른 법률에 따라 특별히 수집대상의 개인정보로 허용된 경우에는 수집할 수 있다(정보통신망법 제23조 제1항). 그리고 정보통신서비스제공자는 이용자의 개인정보를 수집하는 경우 정보통신서비스의 제공을 위하여 필요한 최소한의 정보를 수집하여야 하며, 필요한 최소한의 정보 외의 개인정보를 제공하지 아니한다는 이유로 그 서비스의 제공을 거부하여서는 안 된다(정보통신망법 제23조 제1항). 또한 정보통신서비스제공자는 수집한 개인정보를 이용자로부터 동의받은 목적 또는 정보통신망법 제22조 제2항에서 정한 목적과 다른 목적으로 이용하여서는 안 된다(정보통신망법 제24조).

정보통신서비스제공자는 이용자의 개인정보를 제3자에게 제공하려는 경우 이용자에게 알리고 동의를 얻어야 하고, (i) 개인정보를 제공받는 자, (ii) 개인정보를 제공받는 자의 개인정보이용목적, (iii) 제공하는 개인정보의 항목, (iv) 개인정보를 제공받는 자의 개인정보 보유 및 이용기간 중 어느 하나의 사항이 변경되는 경우에도 또한 같다(정보통신망법 제24조의2 제1항). 그리고 정보통신서비스제공자로부터 이용자의 개인정보를 제공받은 자는 그 이용자의 동의가 있거나 다른 법률에 특별한 규정이 있는 경우를 제외하고는 개인정보를 제3자에게 제공하거나 제공받은 목적 외의 용도로 이용하여서는 안 된다(정보통신망법 제24조의2 제2항).

정보통신서비스제공자와 그로부터 이용자의 개인정보를 제공받은 자는 제3자에게 이용자의 개인정보를 수집 · 보관 · 처리 · 이용 · 제공 · 관리 · 파기 등을 할 수 있도록 업무를 위탁하는 경우에는 개인정보취급위탁을 받는 자(수탁자)와 개인정보취급위탁을 하는 업무의 내용에 대하여 이용자에게 알리고 동의를 얻어야 하고, 어느 하나의 사항이 변경되는 경우에도 또한 같다(정보통신망법 제25조 제2항). 그리고 개인정보취급위탁을 하는 경우에는 수탁자가 이용자의 개인정보를 취급할 수 있는 목적을 미리 정하여야 하며, 수탁자는 그 목적을 벗어나서 이용자의 개인정보를 취급하여서는 안 된다(정보통신망법 제25조 제3항).

정보통신서비스제공자가 영업의 전부 또는 일부의 양도 · 합병 등으로 그 이용자의 개인정보를 타인에게 이전하는 경우에는 미리 (i) 개인정보를 이전하려는 사실, (ii) 개인정보의 이전을 받는 자(영업양수자)의 성명(법인의 경우에는 법인의 명칭) · 주소 · 전화번호 그 밖의 연락처, (iii) 이용자가 개인정보의 이전을 원하지 아니하는 경우 그 동의를 철회할 수 있는 방법 및 절차와 같은 사항 모두를 인터넷 홈페이지에의 게시, 전자우편 등 대통령령이 정하는 방법에 따라서 이용자에게 통지하여야 한다(정보통신망법 제26조 제1항). 그리고 영업양수자는 개인정보의 이전을 받은 경우에는 지체 없이 그 사실을 인터넷 홈페이지에의 게시, 전자우편 등 일정한 방법에 따라서 이용자에게 통지하여야 한다(정보통신망법 제26조 제2항). 영업양수자는 정보통신서비스제공자가 이용자의 개인정보를 이용하거나 제공할 수 있는 당초의 목적범위 안에서만 개인정보를 이용하거나 제공할 수 있다(정보통신망법 제26조 제3항).

2) 개인정보의 관리 및 파기

정보통신서비스제공자는 이용자의 개인정보를 취급하는 경우에는 개인정보취급방침을 정하여 이를 이용자가 언제든지 쉽게 확인할 수 있도록 공개하여야 한다(정보통신망법 제27조의2 제1항). 그리고 개인정보취급방침에는 (i) 개인정보의 수집 · 이용목적, 수집하는 개인정보의 항목 및 수집방법, (ii) 개인정보를 제3자에게 제공하는 경우 제공받는 자의 성명(법인의 경우에는 법인의 명칭), 제공받는 자의 이용목적 및 제공하는 개인정보의 항목, (iii) 개인정보의 보유 및 이용기간, 개인정보의 파기절차 및 방법(개인정보를 보존하려는 경우에는 그 보존근거 및 보존하는 개인정보항목을 포함), (iv) 개인정보취급위탁을 하는 업무의 내용 및 수탁자(해당되는 경우에 한한다), (v) 이용자 및 법정대리인의 권리와 그 행사방법, (vi) 인터넷접속정보파일 등 개인정보를 자동으로 수집하는 장치의 설치 · 운영 및 그 거부에 관한 사항, (vii) 개인정보관리책임자의 성명 또는 개인정보보호업무 및 관련 고충사항을 처리하는 부서의 명칭과 그 전화번호 등 연락처가 모두 포함되어야 한다(정보통신망법 제27조의2 제2항). 또한 정보통신서비스제공자는 개인정보취급방침을 변경하는 경우에는 그 이유 및 변경내용을 지체 없이 공지하고, 이용자가 언제든지 변경된 사항을 쉽게 알아 볼 수 있도록 조치하여야 한다(정보통신망법 제27조의2 제3항).

정보통신서비스제공자는 개인정보가 분실 · 도난 · 누출[73] · 변조 또는 훼손되지 아니하도록 안전성의 확보에 필요한 기술적 · 관리적 조치를 하여야 하며, 또한 이용자의 개인정보를 취급하는 자를 최소한으로 제한하여야 한다(정보통신망법 제28조의2 I).

개인정보누설금지의무가 있으므로, 이용자의 개인정보를 취급하거나 취급하였던 자는 직무상 알게 된 개인정보를 훼손 · 침해 또는 누설하여서는 안 된다(정보통신망법 제28조). 그리고 개인정보가 누설된 사정을 알면서도 영리 또는 부정한 목적으로 그 개인정보를 제공받아서는 안된다(정보통신망법 제28조의2II).

정보통신서비스제공자는 개인정보파기의무를 부담한다. 동의를 얻은 개인정보의 수집 · 이용의 목적을 달성한 경우 혹은 개인정보의 보유 및 이용에 필요한 기간이 종료한 경우에는 다른 법률에 따라 개인정보를 보존하여야 하지 않는 한, 개인정보를 지체 없이 파기하여야 한다(정보통신망법 제29조).

73 정보통신망법으로 보호되는 개인정보의 누출이란 개인정보가 해당 정보통신서비스제공자의 관리·통제권을 벗어나 제3자가 그 내용을 알 수 있는 상태에 이르게 된 경우를 의미하며, 어느 개인정보가 정보통신서비스제공자의 관리·통제하에 있고 개인정보가 제3자에게 실제 열람되거나 접근되지 아니한 상태라면, 정보통신서비스제공자의 기술적·관리적 보호조치에 미흡한 점이 있어서 제3자가 인터넷상 특정한 사이트를 통하여 정보통신서비스제공자가 보관하고 있는 개인정보에 접근할 수 있는 상태에 놓여 있다고 하더라도 그 사정만으로 바로 개인정보가 정보통신서비스제공자의 관리·통제권을 벗어나 제3자가 내용을 알 수 있는 상태에 이르게 된 경우라고 할 수는 없다(대법원 2014.5.16. 선고 2011다24555, 24562 판결).

3) 개인정보에 대한 이용자의 권리

(a) 동의철회, 개인정보의 열람 · 제공 또는 오류의 정정

이용자에게는 동의철회의 자유가 보장되므로, 이용자는 정보통신서비스제공자 등에 대하여 언제든지 개인정보수집 · 이용 · 제공 등의 동의를 철회할 수 있다(정보통신망법 제30조 제1항). 이용자가 동의를 철회한 경우에 정보통신서비스제공자는 지체없이 수집된 개인정보를 파기하는 등 필요한 조치를 취하여야 한다(정보통신망법 제30조 제3항).

이용자는 본인에 관한 (i) 정보통신서비스제공자 등이 보유하고 있는 이용자의 개인정보, (ii) 정보통신서비스제공자 등이 이용자의 개인정보를 이용하거나 제3자에게 제공한 내역, (iii) 정보통신서비스제공자 등에게 개인정보수집 · 이용 · 제공 등의 동의를 한 내역 중 어느 하나의 사항에 대한 열람 또는 제공을 요구할 수 있고, 오류가 있는 경우에는 그 정정을 요구할 수 있다(정보통신망법 제30조 제2항).

만약 이용자로부터 열람 또는 제공을 요구받은 경우에 정보통신서비스제공자는 지체 없이 필요한 조치를 취하여야 하고(정보통신망법 제30조 제4항), 또한 오류의 정정을 요구받은 경우에는 지체 없이 그 오류를 정정하거나 정정하지 못하는 사유를 이용자에게 통지하는 등 필요한 조치를 취하여야 하고, 필요한 조치를 취할 때까지는 - 법률에 따라 개인정보의 제공을 요청받은 경우를 제외하고 - 당해 개인정보를 제공 또는 이용하여서는 안 된다(정보통신망법 제30조 제5항). 그리고 동의의 철회 또는 개인정보의 열람 · 제공 또는 오류의 정정을 요구하는 방법은 개인정보의 수집방법보다 쉽게 하여야 한다(정보통신망법 제30조 제6항).

(b) 법정대리인의 권리

만 14세 미만의 아동으로부터 개인정보수집 · 이용 · 제공 등의 동의를 얻고자 하는 경우에는 그 법정대리인의 동의를 얻어야 하고, 그 아동에게 법정대리인의 동의를 얻기 위하여 필요한 법정대리인의 성명 등 최소한의 정보를 요구할 수 있다(정보통신망법 제31조 제1항). 그리고 법정대리인은 아동의 개인정보에 대하여 이용자로서의 권리를 행사할 수 있고(정보통신망법 제31조 제2항), 동의를 철회하거나 열람 또는 오류정정의 요구를 할 수 있다(정보통신망법 제31조 제3항).

(c) 손해배상

이용자는 개인정보의 침해행위로 손해를 입은 경우에는 그 정보통신서비스제공자에 대하여 손해배상을 청구할 수 있고, 만약 고의 또는 과실이 없음을 입증하지 아니하면 책임을 면할 수 없다(정보통신망법 제32조).

(4) 전자상거래 등에서의 소비자보호에 관한 법률

사업자는 전자상거래 또는 통신판매를 위하여 소비자에 관한 정보를 수집 또는 이용(제3자에게 제공하는 경우를 포함)하고자 하는 경우에는 정보통신망법 등 관련규정에 따라 그 정보를 공정하게 수집 또는 이용하여야 한다(전자상거래법 제11조 제1항). 그리고 사업자는 재화 등을 거래함에 있어서 소비자에 관한 정보가 도용되어 소비자에게 재산상의 손해가 발생하거나 발생할 우려가 있는 특별한 사유가 있는 경우에는 본인 확인이나 피해의 회복 등 대통령령이 정하는 필요한 조치를 취하여야 한다(전자상거래법 제11조 제2항).

(5) 위치정보의 보호 및 이용 등에 관한 법률

1) 서언

이동통신기술의 발달로 위치정보를 기반으로 하는 응용서비스의 수요가 급증할 전망이고, 현재도 기간통신역무의 부가역무로서 위치기반서비스를 제공하고 있다. 또한 다양한 방법으로 수집된 개인위치정보의 제공과정에서 발생할 수 있는 개인의 사생활과 재산권에 대한 침해가 사회적 관심사로 대두되고 있다. 특히 개인위치정보는 오용·남용되는 경우에 일반의 개인정보와는 달리 직접적이고 물리적인 위험을 초래(생명·신체의 침해가능성)하고, 침해가 실시간으로 발생(침해의 즉시성)하며, 정보주체의 미래위치정보까지도 유추(미래의 위험유발가능성)될 수 있으므로 정보통신망에서의 개인정보의 보호를 정하고 있는 기왕의 정보통신망법상의 개인정보보호규정보다 더 엄격하게 규제할 필요가 있다. 그러므로 현행의 정보통신망법의 제정 당시에 고려하지 못한 위치정보사업의 범위와 그에 따른 개인위치정보보호 등 여러 가지 문제를 해결하기 위하여 제정된 법률이 바로 「위치정보의 보호 및 이용 등에 관한 법률」(이하 '위치정보법'이라 한다)이다.

2) 위치정보와 개인정보의 관계

개인정보를 개인을 식별시킬 수 있는 모든 정보라고 정의하면, 위치정보는 그 위치정보만으로는 특정한 개인을 알아볼 수 없는 경우가 많지만 발신정보 등과 결합할 경우 발신표시 등으로 특정한 개인의 현재위치와 그 위치를 통한 개인의 행동 등을 추정할 수 있으므로 넓은 의미의 개인정보의 일종이라고 볼 수 있다. 또한 위치정보는 개인의 동일성에 대한 식별을 넘어서서 개인의 현재상태를 알려주는 민감한 개인정보이고, 일반적인 개인정보와 달리 제작된 정보로 동태적이고 시의성을 갖는 복합정보로서 정보화사회의 새로운 자원이라는 특성을 가지고 있다.

위치정보와 개인정보간의 주요한 차이를 살펴보면 아래와 같다.

① 고유정보 대 제작된 정보　　성명 · 주민등록번호 등의 일반적인 개인정보는 이용자가 직접 입력한 고유정보인 반면, 위치정보는 위치정보사업자가 설치 · 보급한 위치확인설비에 의하여 획득되는 일종의 제작된 정보이다.

② 정적 정보 대 동적 정보　　일반적인 개인정보는 비교적 장시간에 걸쳐 유지되는 정적 정보로서 과거의 정보가 현재의 정보에 비하여 중요성이 현저히 저하되는 반면, 위치정보는 시간의 흐름에 따라서 계속적으로 변화하는 동적 정보로서 위치정보의 변경 여부, 변경의 양, 변경시간, 이력 등의 동적 정보 자체가 중요한 의미를 가진다.

③ 누출시의 위험성　　위치정보의 오용 · 남용 및 누출은 생명 · 신체에 대한 침해가능성, 침해의 즉시성, 미래의 위험유발가능성 등 종래의 개인정보에 비하여 현저하게 심각한 결과를 초래할 수 있다.

④ 공익적 활용가능성　　위치정보는 정보의 특성상 공공긴급구조에서의 활용이 가능하며, 교통정보 등 익명위치정보의 활용을 통한 공익적 목적달성 등 활용가치가 매우 높다.

⑤ 산업적 활용가능성　　위치정보를 기반으로 한 물류, 보험, 경호, 차량관제, 관광정보, 교통 등 다양한 산업분야에 걸쳐 활용가능성이 매우 높으므로 위치정보는 정보화사회의 새로운 자원으로서의 의미를 가진다.

3) 개인위치정보주체의 동의절차

위치정보사업자[74] 및 위치기반서비스사업자[75]가 개인위치정보를 수집하거나 그 개인위치정보를 이용하여 서비스를 제공할 경우에 개인위치정보주체의 동의를 얻어야 한다(위치정보법 제18조 제1항, 제19조 제1항 · 제2항 · 제4항). 개인위치정보주체가 위치정보사업자에 대하여 동의를 하는 경우 개인위치정보의 수집의 범위 및 이용약관의 내용 중 일부에 대하여 동의를 유보할 수 있고(위치정보법 제18조 제2항), 위치기반서비스사업자에 대하여 동의를 하는 경우 개인위치정보의 이용 · 제공목적, 제공받는 자의 범위 및 위치기반서비스의 일부와 개인위치정보주체에 대한 통보방법에 대하여 동의를 유보할 수 있다(위치정보법 제19조 제5항).

14세 미만의 아동으로부터 개인위치정보를 수집 · 이용 또는 제공하고자 하는 경우에는 그 법정대리인의 동의를 얻어야 한다(위치정보법 제25조 제1항). 그리고 8세 이하의 아동, 피성년후견인, 중증장애인에 해당하는 사람의 보호의무자가 그의 생명 또는 신체의 보호를 위하여 그의 개인위치정보의 수집 · 이용 또는 제공에 동의하는 경우에는 본인의 동의가 있는 경우로 본다(위치정보법 제26조 제1항).

4) 개인위치정보주체에 대한 통보절차

위치기반서비스사업자가 개인위치정보를 개인위치정보주체가 지정

---

74 위치정보사업자란 위치정보를 수집하여 위치기반서비스사업자에게 제공하는 사업을 영위하는 자를 말한다.

75 위치기반서비스사업자란 위치정보를 이용한 서비스제공을 사업으로 영위하는 자를 말한다.

하는 제3자에게 제공할 경우 매회 개인위치정보주체에게 제공받는 자, 제공일시 및 제공목적을 통보하여야 한다(위치정보법 제19조 제3항).

5) 개인위치정보주체의 권리

개인위치정보주체에게는 철회권 및 일시적 중지권, 열람 또는 고지나 정정을 요구할 권리가 있다. 우선 개인위치정보주체는 위치정보의 제공에 대한 동의의 전부 또는 일부를 철회할 수 있다(위치정보법 제24조 제1항). 개인위치정보주체가 동의의 전부 또는 일부를 철회한 경우에는 지체 없이 수집된 개인위치정보 및 위치정보의 수집 · 이용 · 제공사실에 대한 확인자료(동의의 일부를 철회하는 경우에는 철회하는 부분의 개인위치정보 및 위치정보의 이용 · 제공사실에 대한 확인자료에 한한다)를 파기하여야 한다(위치정보법 제24조 제4항). 그리고 개인위치정보주체는 언제든지 개인위치정보의 수집, 이용 또는 제공의 일시적인 중지를 요구할 수 있고, 일시적 중지의 요구가 있는 경우에 그 요구를 거절하여서는 안 되며, 필요한 기술적 수단을 갖추어야 한다(위치정보법 제24조 제2항). 또한 개인위치정보주체는 (i) 본인에 대한 위치정보의 수집 · 이용 · 제공사실에 대한 확인자료, (ii) 본인의 개인위치정보가 제3자에게 제공된 이유 및 내용에 해당하는 자료 등의 열람 또는 고지를 요구할 수 있고, 그 자료 등에 오류가 있는 경우에는 그 정정을 요구할 수 있고, 정당한 사유 없이 요구를 거절하여서는 안 된다(위치정보법 제24조 제3항).

6) 긴급구조를 위한 개인위치정보의 이용

긴급구조기관은 급박한 위험으로부터 생명 · 신체를 보호하기 위하여 개인위치정보주체, 개인위치정보주체의 배우자, 개인위치정보주체의 2

촌 이내의 친족 또는 미성년후견인(민법 제928조)의 긴급구조요청이 있는 경우 긴급구조상황 여부를 판단하여 개인위치정보의 제공을 요청할 수 있으나, 긴급구조 외의 목적으로 긴급구조요청을 하여서는 안 된다(위치정보법 제29조 제1항). 그리고 긴급구조기관은 태풍, 호우, 화재, 화생방사고 등 재난 또는 재해의 위험지역에 위치한 개인위치정보주체에게 생명 또는 신체의 위험을 경보하기 위하여 경보발송을 요청할 수 있고, 긴급구조기관의 요청이 있으면 위험지역에 위치한 개인위치정보주체의 동의가 없더라도 경보발송을 하여야 한다(위치정보법 제29조 제7항). 또한 경찰관서는 (i) 생명 · 신체를 위협하는 급박한 위험으로부터 자신 또는 다른 사람 등 구조가 필요한 사람을 보호하기 위하여 구조를 요청한 경우 구조를 요청한 자의 개인위치정보, (ii) 구조받을 사람이 다른 사람에게 구조를 요청한 경우 구조받을 사람의 개인위치정보, (iii) 실종아동의 생명 · 신체를 보호하기 위하여 보호자가 실종아동에 대한 긴급구조를 요청한 경우 실종아동의 개인위치정보제공을 요청할 수 있고, 다만 다른 사람의 생명 · 신체를 보호하기 위하여 구조를 요청한 목격자의 개인위치정보를 제공받으려면 목격자의 동의를 받아야 한다(위치정보법 제29조 제2항).

(6) 전자상거래(인터넷사이버몰) 표준약관

전자상거래표준약관은 인터넷사이버몰이 수집하는 필요한 최소한의 정보로서 (i) 성명, (ii) 주민등록번호(회원의 경우) 또는 외국인등록번호, (iii) 주소, (iv) 전화번호, (v) 희망ID(회원의 경우), (vi) 비밀번호(회원의 경우), (vii) 전자우편주소(또는 이동전화번호)를 들고 있고, 그 이외에는 선택사항으로 하고 있다(전자상거래표준약관 제17조 제1항). 예를 들어 선택사항으로서는 생년월일, 결혼기념일, 직업과 같은 사항이 있고, 또한 자동차를 소유하고 있는 경우에 자동차와 관련되는 서비스를 제공하기 위하여 차종, 연식, 배기량, 승차정원, 보험만기일, 자동차검사일, 용도와 같은 개인정보를 추가로 수집할 수 있다.

전자상거래표준약관에서도 정보주체의 동의원칙에 따라서 인터넷사이버몰은 이용자의 개인식별이 가능한 개인정보를 수집하는 때에는 반드시 이용자의 동의를 받아야 한다(전자상거래표준약관 제17조 제2항). 비록 제공된 개인정보라고 하더라도 이용자의 동의 없이 목적 외의 이용이나 제3자에게 제공할 수 없고, 무단이용이나 무단제공에 대한 모든 책임은 인터넷사이버몰이 진다(전자상거래표준약관 제17조 제3항 본문). 다만 (i) 배송업무상 배송업체에게 배송에 필요한 최소한의 이용자의 정보(성명, 주소, 전화번호)를 알려주는 경우, (ii) 통계작성, 학술연구 또는 시장조사를 위하여 필요한 경우로서 특정 개인을 식별할 수 없는 형태로 제공하는 경우, (iii) 재화나 용역의 거래에 따른 대금정산을 위하여 필요한 경우, (iv) 도용방지를 위하여 본인확인에 필요한 경우, (v) 법률의 규정 또는 법률에 의하여 필요한 불가피한 사유가 있는 경우에는 목적 외의 이용이나 제3자에게의 제공이 예외로 허용된다(전자상거래표준약관 제17조 제3항 단서). 한편 인터넷사이버몰이 이용자의 동의를 받아야 하는 경우에는 개인정보관리책임자의 신원(소속, 성명 및 전화번호, 기타 연락처), 정보의 수집목적 및 이용목적, 제3자에 대한 정보제공 관련사항(제공받은 자, 제공목적 및 제공할 정보의 내용) 등 정보통신망법 제22조 제1항이 규정한 사항을 미리 명시하거나 고지하여야 하며, 이용자는 언제든지 동의를 철회할 수 있다(전자상거래표준약관 제17조 제4항).

이용자는 언제든지 인터넷사이버몰이 가지고 있는 자신의 개인정보에 대해 열람 및 오류정정을 요구할 수 있고, 인터넷사이버몰은 열람이나 오류정정의 요구에 대하여 지체 없이 필요한 조치를 취할 의무를 진다. 또한 이용자가 오류의 정정을 요구한 경우에는 인터넷사이버몰은 그 오류를 정정할 때까지 당해 개인정보를 이용하지 않아야 한다(전자상거래표준약관 제17조 제5항).

인터넷사이버몰은 개인정보보호를 위하여 관리자를 한정하여 그 수를 최소화하며 신용카드, 은행계좌 등을 포함한 이용자의 개인정보의 분실, 도난, 유출, 변조 등으로 인한 이용자의 손해에 대하여 모든 책임을 진다(전자상거래표준약관 제17조 제6항). 그리고 인터넷사이버몰 또는 그로부터 개인정보를 제공받은 제3자는 개인정보의 수집목적 또는 제공받은 목적을 달성한 때에는 당해 개인정보를 지체 없이 파기하여야 한다(전자상거래표준약관 제17조 제7항).

Ⅷ. 글로벌한 협력

1. OECD가이드라인

글로벌한 전자거래와 관련한 효과적인 소비자보호를 제공하기 위하여 가맹국가는 아래와 같은 사항을 준수하여야 한다.

① 사업자, 소비자대표 및 정부 사이에 국제적 수준에서 대화, 협력 및 필요한 경우에 공동선도활동(joint initiative)의 개발과 집행을 촉진하여야 한다.

② 사법기관, 행정기관 및 법집행기관을 통하여 국제적 수준에서 협

력을 하여야 하며, 필요한 경우에는 정보교환, 조정, 대화 및 공동 활동을 통하여 국경을 넘는 사기적, 현혹적 내지 불공정한 거래관행을 제거하기 위하여 노력하여야 한다.

③ 협력(co-operation)을 실현하기 위하여 기존의 국제적 네트워크를 이용하고, 필요하고 적당한 경우에는 2개국간 혹은 다국가간 협정 내지 기타 협약을 체결하여야 한다.

④ 소비자신뢰의 강화, 사업자의 예견가능성의 확보 및 소비자보호라고 하는 목적을 달성하기 위하여 국내적 · 국제적 수준에서 소비자보호의 핵심적인 문제에 관한 합의를 도출하기 위하여 노력하여야 한다.

⑤ 상호인증 및 소비자와 사업자 사이의 분쟁으로부터 생기는 판결집행, 또는 사기적, 현혹적 혹은 불공정한 거래관행을 제거하기 위하여 취한 법집행행위로부터 생긴 판결에 관한 협정 혹은 기타 협약의 개발을 위하여 협력하고 노력하여야 한다.

2. 국내규범

전자문서법은 전자문서의 이용 및 전자거래에 관한 국제협력의 촉진을 위한 규정을 두고 있다. 정부는 전자문서의 이용 및 전자거래의 촉진을 위하여 전자거래분야에서의 국제협력강화의 원칙에 따라서 국제협력의 강화에 필요한 시책을 마련하여야 한다(전자문서법 제19조 제4호, 제10조 제1항 제9호). 특히 정부는 전자문서 및 전자거래에 관한 국제협력을 촉진하기 위하여 전자문서 및 전자거래에 관한 정보 · 기술 · 인력의 교류, 공동조사 · 연구 및 기술협력, 국제표준화 등의 사업을 지원할 수 있고, 국제기구에서의 전자문서 및 전자거래에 관련된 논의에 적극적으로 참여하여 대응하고, 국외시장의 진출을 활성화하기 위하여 노력하여야 한다(전자문서법 제29조).

8장

인터넷저작권

01 서설

인간의 사상 또는 감정을 표현한 창작물을 저작물이라 하며, 저작물을 창작한 저작자에게 인정되는 권리가 저작권이다. 인터넷에서도 저작권의 보호에 관한 문제가 다양하게 제기될 수 있다.

인터넷의 발달과 함께 법적으로도 무수한 문제가 제기되고 있다시피, 인터넷저작권과 관련하여서도 여러 가지 문제가 있다. 현재도 홈페이지를 비롯하여 카페, 블로그, 웹하드, 마켓 등 저작권이 침해될 여지가 있는 인터넷환경이 많이 있으나, 장차 인터넷환경이 발달하면 발달할수록 저작권과 관련된 문제도 더 복잡하게 제기되리라고 생각된다.

물론 인터넷상의 저작권법적 문제에도 저작권법이 그대로 적용된다. 특히 저작권법 제2조 제16호는 특정한 결과를 얻기 위하여 컴퓨터 등 정보처리능력을 가진 장치 내에서 직접 또는 간접으로 사용되는 일련의 지시·명령으로 표현된 창작물을 「컴퓨터프로그램저작물」이라고 하여 보호하고 있다. 타인의 저작물이나 컴퓨터프로그램저작물을 홈페이지나 카페, 블로그, 웹하드, 마켓 등에 게시하면 저작권의 침해가 된다. 특히 디지털콘텐츠를 제작할 때에 그 소재로서 타인의 문장, 서간, 이메일, 서체, 지도, 풍경이나 사진, 미술품, 건축물, 그림, 조각품 등을 사용하면 저작권의 침해가 되는가, 데이터베이스가 저작물로 보호되는가 하는 문제도 있다. 그리고 웹사이트를 통한 음원서비스의 제공과 관련하여서도 인터넷상 저작재산권(복제권, 전송권, 배포권)이나 저작인격권의 침해로 되는가 하는 문제가 제기된다.

02 홈페이지의 제작

Ⅰ. 홈페이지의 의의

홈페이지(Homepage)란 WWW를 사용하여 공개된 정보의 집합 혹은 사이버상의 특정의 장소 자체를 가리킨다. 본래는 홈페이지(또는 메인페이지)는 웹 브라우저가 시작할 때 자동으로 뜨는 URL이나 로컬파일을 말하나, 국내에서는 홈페이지라는 용어는 보통 하나의 웹페이지가 아니라, 회사나 단체의 완전한 웹사이트를 뜻한다('홈피'라고 줄여서 말하기도 한다). 또한 홈페이지와 거의 동일한 의미로서 사이트 혹은 Web이라고 칭하기도 한다. 미국에서는 웹사이트(Website)라는 용어가 일반적으로 사용된다.

Ⅱ. HTML문서의 저작물성

1. 서언

WWW의 홈페이지에는 문서(언어저작물), 정지화(회화 및 도형의 저작물), 동영상(시청각저작물), 음악(음악저작물), 컴퓨터프로그램(언어저작물) 등이 포함되어 있다. 결국 홈페이지는 그 자체가 멀티미디어저작물이라고 할 수 있고, 단지 홈페이지는 HTML(Hypertext- Markup-Language)이라고 하는 언어로 기술되어 있다고 하는 사실만이 특이할 뿐이다. HTML은 웹페이지라고 하는 특수한 문서를 작성하게 하는 일종의 프로그램언어이다. 본래 HTML문서는 예를 들어 실행하려면 〈BR〉을 사용한다거나, 문자를 이탤릭체로 표시하려면 〈I〉문자〈I〉라고 하는 경우와 같이 태그를 넣어 일정한 문법에 따라서 기술하고, 브라우저에 의한 해석실행을 통하여 표현된다.

HTML문서도 저작권법 제2조 제16호에서 말하는 "특정한 결과를 얻기 위하여 컴퓨터 등 정보처리능력을 가진 장치 내에서 직접 또는 간접으로 사용되는 일련의 지시 · 명령으로 표현된 창작물"이라고 보아 컴퓨터프로그램저작물의 범주에 넣을 수 있는가가 문제된다. HTML문서의 경우에는 문서를 정리하기 위하여 태그를 붙인 경우에 불과하고, 거의 대부분이 독립한 저작물로 인정하기 곤란한「특정의 아이디어와 그 표현방법이 불가피하게 일치하는 경우」혹은「아이디어의 범용한 표현에 해당하는 경우」라고 볼 때, HTML문서를 태그를 붙이기 전의 언어로 작성된 언어저작물과 별도로 프로그램저작물로서의 저작물성을 인정하기는 일반적으로 곤란하다고 본다. HTML문서에 대하여 저작물성을 인정한다고 하면 종이에 인쇄된 인쇄물의 판면이나 페이지의 레이아웃, 표제부의 장식에 대하여도 저작물성을 인정하여야 하는 결과가 되나, 일반적으로 출판사의 편집자가 하는 작업에 대하여는 창작행위로 인정되지 아니한다. 그러므로 타인의 홈페이지에 들어 있는 HTML문서의 소스 코드를 허락 없이 복제하여 약간 수정한 후에 자기의 홈페이지로 사용하더라도 저작권의 침해라고 할 수는 없으나, HTML문서로 성립한 홈페이지가 전체로서 편집저작물로 인정되는 때에는 소스 코드의 복제가 편집저작권의 침해로 될 수 있다. 다만 HTML의 태그에 의한 단순한 표현에 그치지 않고, 그래픽(버튼, 아이콘, 배경그림)이나 Java스크립터를 사용한 경우 혹은 Java애플릿, CGI파일, Shockwave, ActiveX와 같은 프러그 인의 기술 혹은 향후 개발될 새로운 기술을 사용하여 전적으로 새로운 그래픽컬 유저 인터페이스(GUI)를 창출한 경우에는 HTML문서가 저작물로서의 보호를 받을 수도 있다.

2. 공동저작물 혹은 결합저작물로서의 홈페이지

홈페이지에는 문장 이외에, 그래픽 · 음악 · 동영상과 같은 다양한 저작물이 이용된다. 또한 홈페이지가 1인이 아니라 복수인에 의하여 창작되는 경우도 있다. 홈페이지가 복수인에 의하여 창설되는 경우에는 어떤 유형의 저작물이 되는가 하는 문제가 제기된다. 저작권법에서는 2인 이상이 공동으로 창작에 종사하고, 그 결과로 생긴 저작물로서 각자의 이바지한 부분을 분리하여 개별적으로 이용할 수 없는 단일의 저작물은 「공동저작물」이라고 한다(저작권법 제2조 제21호). 그리고 외관상으로는 1개의 저작물의 형태를 보이나, 그 작품 전체의 창작에 관한 공동행위가 없고, 각각 독립한 저작물이 단지 결합된 경우에 불과한 저작물을 「결합저작물」(Sammelwerk)이라고 한다(결합저작물은 공동저작물이 아니다).

공동저작물과 결합저작물의 구별기준에 관하여는 학설이 대립한다. 분리가능성설과 개별적 이용가능성설이 있다.

① 분리가능설　분리가능성설은 수인에 의하여 작성된 외형상 1개의 저작물의 구성부분이 형식적 · 물리적으로 분리될 수 있는가 아닌가 하는 관점에서 구분하는 견해이다. 분리가능설에 의하면 분리할 수 있으면 결합저작물, 분리할 수 없으면 공동저작물로 본다.

② 개별적 이용가능성설　개별적 이용가능성설은 분리된 저작물이 개별적으로 이용가능한가 아닌가 하는 관점에서 공동저작물과 결합저작물을 구분하는 견해이며, 개별적으로 이용가능한 저작물을 결합저작물, 개별적으로 이용불가능한 저작물을 공동저작물이라고 한다. 이론상으로 보나 현행법의 문언으로부터 보나 개별적 이용가능성설을 기준으로 공동저작물과 결합저작물을 구분하는 견해가 타당하며, 원칙적으로는 결합저작물로 해석하여야 한다고 본다. 홈페이지의 경우에는 예를 들어 표제에 제명을 넣는 그래픽을 사용한 때에는 보통 본문에 있는 문장과 분리하여 사용하기 곤란하지만, 그 경우를 제외하고는 본래 개별적인 저작물이며, 언제나 개별적으로 이용할 수 있는 관계에 있는 결합저작물로 해석될 수 있다.

Ⅲ. 타인의 저작물을 홈페이지에 사용하는 경우

1. 저작물의 보호기간이 종료된 경우

저작물의 보호기간(저작권의 존속기간)이 종료된 경우에는 원칙적으로 누구나 그 저작물을 자유로 이용할 수 있다. 저작권법상 저작물의 보호기간은 원칙적으로 저작자가 생존하는 동안과 사망한 후 70년간이다(저작권법 제39조). 또한 무명 혹은 이명의 저작물의 보호기간은 공표된 때로부터 70년간이나, 그 존속기간의 만료 전에 그 저작자의 사후 70년이 경과한 경우로 인정되는 무명 혹은 이명의 저작물의 저작권은 저작권자가 사망한 후 70년이 경과한 경우로 인정되는 때에 원칙적으로 소멸한다(저작권법 제40조 제1항).

2. 저작물에 대한 저작권을 제한하는 경우

저작권법에서는 일정한 예외적인 경우에 한하여 저작권자의 권리를 법률상 제한하고, 저작권자의 허락이 없더라도 저작물을 이용할 수 있다고 규정하고 있다. 저작권법상 저작권자의 저작권이 제한되는 경우로서는 아래와 같은 경우가 있다.

① 재판절차 등에서의 복제(저작권법 제23조)

② 학교교육목적에의 이용(저작권법 제25조)

③ 시사보도를 위한 이용(저작권법 제26조)　시사보도를 위한 이용으로 타인의 저작물에 대한 자유이용이 허용되기 위하여는 사회통념과 시사보도의 관행에 비추어 보도의 목적상 정당한 범위 안에서의 이용이어야 하며, 인터넷에 게시된 사진이 칼라로 된 양질의 사진으로서 그 크기나 배치를 보아 전체적으로 3면의 기사 중 비평기사보다는 사진이 절대적 비중을 차지하는 화보형식으로 구성되어 있는 경우 그 사진은 보도의 목적이라기보다는 감상용으로 인용된 경우로 보이므로 보도를 위한 정당한 범위 안에서 이용된 경우로 볼 수 없다.[1]

1　대법원 1990.10.23. 선고 90다카8845 선고 판결 참조.

④ 공표된 저작물의 인용(저작권법 제28조) 저작권법 제28조는 "공표된 저작물은 보도 · 비평 · 교육 · 연구 등을 위하여는 정당한 범위 안에서 공정한 관행에 합치되게 이를 인용할 수 있다"고 규정하고 있고, '정당한 범위 안에서 공정한 관행에 합치되게 인용'한 경우인지 여부는 인용의 목적, 저작물의 성질, 인용된 내용과 분량, 피인용저작물을 수록한 방법과 형태, 독자의 일반적 관념, 원저작물에 대한 수요를 대체하는지 여부 등을 종합적으로 고려하여 판단하여야 한다.[2]

⑤ 영리를 목적으로 하지 아니하는 공연 · 방송(저작권법 제29조)

⑥ 사적 이용을 위한 복제(저작권법 제30조) 예를 들어 인터넷에서 필요한 자료를 내려 받는 경우, 합법적으로 취득한 CD음악을 디지털파일로 변환하여 PC에 저장하는 경우는 사적 이용을 위한 복제에 해당한다. 그러나 기업 내부에서 업무상 이용하기 위하여 저작물을 복제하는 행위는 저작물을 '개인적으로 이용'하는 경우라거나 '가정 및 이에 준하는 한정된 범위 안에서 이용'하는 경우라고 볼 수 없으므로, 사적 이용을 위한 복제에 해당하지 않는다.[3] 그리고 웹스토리지에 공중이 다운로드할 수 있는 상태로 업로드되어 있는 영화파일을 다운로드하여 개인용 하드디스크 또는 비공개 웹스토리지에 저장하는 행위가 영리의 목적 없이 개인적으로 이용하기 위하여 복제를 하는 경우에는 사적 이용을 위한 복제에 해당할 수 있으나, 업로드되어 있는 영화파일이 명백히 저작권을 침해한

---

2 대법원 1998.7.10. 선고 97다34839 판결; 대법원 2004.5.13. 선고 2004도1075 판결 등 참조.

3 대법원 2013.2.15. 선고 2011도5835 판결.

파일인 경우에까지 그 파일을 원본으로 하여 사적 이용을 위한 복제가 허용된다고 보게 되면 저작권침해의 상태가 영구히 유지되는 부당한 결과가 생길 수 있으므로, 다운로더의 입장에서 복제의 대상이 되는 파일이 저작권을 침해한 불법파일이라는 사실을 미필적으로나마 알고 있다면 그 다운로드행위를 사적 이용을 위한 복제로서 적법하다고 할 수는 없다.[4]

⑦ 도서관 등에서의 복제(저작권법 제31조)

⑧ 시험문제로서의 복제(저작권법 제32조)

⑨ 점자에 의한 복제 · 배포 및 수화로의 변환(저작권법 제33조 · 제33조의2)

⑩ 방송사업자의 일시적 녹음 · 녹화(저작권법 제34조)

⑪ 미술저작물 등의 전시 또는 복제(저작권법 제35조)

3. 저작물의 공정한 이용

(1) 서언

저작물의 통상적인 이용방법과 충돌하지 아니하고 저작자의 정당한 이익을 부당하게 해치지 아니하는 경우에는 보도 · 비평 · 교육 · 연구 등을 위하여 저작물을 이용할 수 있다(저작권법 35조의3 제1항). 다만 저작물의 이용행위가 공정한 이용(fair use)에 해당하는지를 판단할 때에는 (i) 영리성 또는 비영리성 등 이용의 목적 및 성격, (ii) 저작물의 종류 및 용도, (iii) 이용된 부분이 저작물 전체에서 차지하는 비중과 그 중

4 서울중앙지방법원 2008.8.5. 자 2008카합968 결정.

요성, (iv) 저작물의 이용이 그 저작물의 현재 시장 또는 가치나 잠재적인 시장 또는 가치에 미치는 영향 등을 고려하여야 한다(저작권법 35조의3 제2항).

(2) 타인의 문장에 대한 공정한 이용

타인의 문장의 공정한 이용 내지「인용」에 관한 문제는 반드시 인터넷 고유의 문제라고는 할 수 없다. 논문 · 소설을 잡지나 책에 이용하는 경우와 마찬가지로 역시 멀티미디어환경에서도 타인의 논문이나 소설과 같은 저작물을 인용하여 이용할 수 있는가 하는 문제가 발생한다. 저작권법은 타인의 저작물의 인용이 널리 행하여지고 있는 사회적 실태, 본래 저작물 자체가 선인의 문화유산을 모체로 하여 창작된다고 하는 사실을 고려하여, 그 인용이 공정한 관행에 합치하고, 목적상 정당한 범위에 그치는 한도에서는 타인의 공표된 저작물을 보도 · 비평 · 교육 · 연구 등과 같은 목적을 위하여 이용할 수 있다고 규정하고 있다(저작권법 제35조의3). 다만 공정한 이용으로 되기 위한 요건으로는 (i) 사회적인 감정으로 볼 때 허용되는 경우에 해당하여야 하며, 인용문을 각주로서 표시하는 등 자기의 문장과의 구별을 꾀하는 공정한 관행에 합치하여야 하고, (ii) 타인의 저작물을 자기의 저작물에 이용하여야 할 필요성이 인정되는 창작목적이 있고, (iii) 자기의 저작물이 주체가 되고, 인용된 타인의 저작물과의 사이에 주종의 관계가 존재하여야 하며, (iv) 특히 인용은 필요최소한의 범위 내에 한정되어야 하며, 인용의 목적상 정당한 범위 내에서 행하여야 한다.[5]

---

5 예를 들어 서적이나 홈페이지에「禁轉載」와 같은 주의사항이 있는 경우에도 불구하고 인용을 할 수

공정한 이용을 하는 경우에는 「저작물의 이용상황에 따라 합리적이라고 인정되는 방법」에 따라서 그 출처를 명시하여야 한다(저작권법 제37조 제2항). 그러므로 출처명시의무에 관하여는 (i) 출처명시의 내용과 정도에 대하여 일률적으로 결정하기는 곤란하나 일반적으로 저작물의 제목와 저작자명의 표시는 최소한 필요하고, (ii) 출처명시의 위치에 대하여도 규정을 두고 있지는 않으나, 거래관행에 의하여 판단할 수밖에 없다. 예컨대, 서적이나 논문의 인용의 경우에는 인용부분을 본문에서 별도로 표시하고, 각주 · 미주에 의하여 저작물의 제목, 저작자명 등을 표시하여야 한다고 본다.

홈페이지에서는 오프라인에서의 인용과 다른 문제가 생긴다. 비록 홈페이지가 비영리적인 목적으로 운용된다고 하더라도 타인의 저작물을 허락 없이 자기의 홈페이지에 무단으로 복사하여 제3자로 하여금 그 저작물을 열람하거나 전송해 가도록 하는 행위는 출처명시의무를 준수한 경우일지라도 저작물의 무단복제로서 저작권의 침해에 해당할 수 있다. 물론 홈페이지에 자기의 저작물을 누구든 자유로 복제하여 이용할 수 있다고 하는 허용규정을 둔 경우에는 문제가 되지 아니하나, - 저작권법이 공중용 복사기에 의한 복제를 사적 복제의 범위에서 제외하고 있다시피(저작권법 제30조 단서) - 타인의 홈페이지로부터 복사한 저작물을 자신의 웹사이트를 통하여 불특정 다수의 제3자에게 제공하는 경우까지를 저작권법 제30조가 규정한 「사적 이용을 위한 복제」로 보기는

있는가 하는 문제가 있다. 저작권법에서는 인용의 소극적 요건으로서 「禁轉載」와 같은 기재가 없어야 한다고 요구하고 있지 않다. 그러므로 서적이나 홈페이지에 개별적으로 인용을 금지하는 주의사항이 있다고 하더라도 저작권법이 정한 「인용」으로서의 요건을 충족하는 경우에는 인용이 허용된다고 본다.

어렵다고 본다. 또한 홈페이지에 Copyright (C) 2002 XXXX all rights reserved.라고 하는 표시가 없다고 하더라도 저작물이 창작된 때로부터 당연히 보호되고, 그 효력에 영향을 미치지는 아니한다.

인터넷상에서 타인의 문장을 무단복제하여 게시한 행위가 법적 문제로 비화된 사례로서 인터넷주소의 등록대행업체인 인터넷프라자시티가 경쟁업체인 후이즈 홈페이지에서 후이즈가 작성하여 게시한 "도메인이란 무엇인가"라는 제목의 도메인에 관한 설명문을 무단으로 복제하여 게재하고, 후이즈는 인터넷프라자시티가 도메인 설명문을 무단으로 복제하여 게시하고 있다고 하는 사실을 알고, 증거확보의 명목으로 인터넷프라자시티의 홈페이지 전부를 다운받아 자사의 컴퓨터에 저장한 후 인터넷에 올려 게시한 사건에서 후이즈는 인터넷프라자시티에 대하여 손해배상청구소송을 내고, 검찰은 인터넷프라자시티와 후이즈 두 회사를 저작권법의 위반혐의로 기소한 경우가 있다.[6] 타인의 저작물을 임의로 다운받아 이른바 '퍼온 글'이라는 이름으로 무단전제하는 행위는 원칙적으로 저작권침해에 해당한다고 할 수 있다.

물론 저작권침해 여부를 판단하는 가장 중요한 전제요건은 우선 문제의 문장이 저작권법에 의하여 보호되는 저작물에 해당하는가 하는 문제이다.[7] 예컨대 디지털신문에 게재된 단순한 사실을 전달하는 시사보도는 일반적으로 저작물이라고 할 수 없으나, 창작성이 가미된 해설문이

---

6 동아일보 2000.6.1, 홈페이지 글 무단복제 저작권법 적용 첫 기소.

7 인터넷상에서 한 사람이 게시판에 올린 글에 대하여 다른 사람이 대답의 형식으로 올리는 글, 즉 댓글은 원칙적으로 저작권법의 보호를 받는 저작물이 아니다. 트위터의 글이나 쇼핑몰 등에서 물건을 구입하고 난 후에 작성하는 품평, 카페나 블로그의 게시판에 남기는 짧은 문장 등도 마찬가지로 저작물로 보기 어렵다.

나 기고문은 저작물에 해당한다.[8] 타인의 저작물의 일부인용인 경우에 인용표시를 한 때에는 타인의 문장의 공정한 이용이나 '인용'으로서 허용될 수 있으나, 예컨대 저작물 전체나 대부분을 그대로 인용하는 경우와 같이 '정당한 범위 내에서 공정한 관행에 합치하지 않는 인용'인 때에는 저작권침해라고 하지 않을 수 없다.

공개된 인터넷 홈페이지에 실린 문장을 무단복제한 경우라고 하더라도 영리목적이 아니고 출처가 분명한 때에는 저작권침해로 인정되지 않을 수도 있다. 예를 들어 인터넷프라자시티가 후이즈 홈페이지에서 퍼온 글을 홈페이지에 올리자 후이즈가 도용증거를 확보하기 위하여 그 퍼온 글을 베껴 자사 홈페이지에 게재한 경우에 후이즈가 홈페이지에 올린 내용이 저작자가 분명히 인터넷프라자시티라는 사실을 알 수 있고, 후이즈가 영업상의 이익을 도모하지 않고 있다고 볼 때, 후이즈의 행위는 저작권법이 허용하는 정당한 범위 내에서의 공정한 이용 내지 인용이라고 판단될 수 있다.[9]

(3) 회화나 사진에 대한 공정한 이용

어떤 논설에서「공정한 이용」(이른바 fair use)으로서 회화나 사진을 이용하는 경우가 있다. 예를 들어「현대미술의 이해」라고 하는 서적에서 어느 화가에 대하여 언급하는 부분에서 그 화가의 회화를 허락 없이

---

8 인터넷 토론방의 게시판에 토론을 위하여 게제한 글, 예컨대 포털사이트 다음의 아고라 경제토론방에 '미네르바'라는 ID로 올린 글은 저작권법에 의하여 보호되는 저작물이다(수원지방법원 성남지원 2010.12.10. 선고 2010고단520 판결).

9 동아일보 2000.12.20, 홈페이지 글 문단복제 영리목적 없으면 무죄 참고.

복제 · 게재하여 서적에 수록된 논문의 보충자료로 이용한 경우에 「공정한 이용」으로서 허용되는가 하는 문제가 제기된다.

저작물의 통상적인 이용방법과 충돌하지 아니하고 저작자의 정당한 이익을 부당하게 해치지 아니하는 때에는 보도 · 비평 · 교육 · 연구 등을 위하여 저작물을 이용하는 경우에 공정한 이용으로서 저작물의 이용이 허용된다(저작권법 제35조의3). 저작물의 이용행위가 공정한 이용에 해당하는지를 판단할 때에는 (i) 영리성 또는 비영리성 등 이용의 목적 및 성격, (ii) 저작물의 종류 및 용도, (iii) 이용된 부분이 저작물 전체에서 차지하는 비중과 그 중요성, (iv) 저작물의 이용이 그 저작물의 현재 시장 또는 가치나 잠재적인 시장 또는 가치에 미치는 영향을 참작하여야 한다(저작권법 제35조의3 제2항). 그러므로 우선 이용저작물(논문)과 피이용저작물(회화)의 주종관계를 이용의 목적, 양 저작물의 각각의 성질 · 내용 및 분량, 피이용저작물의 채록의 방법 · 태양과 같은 여러 가지 사정을 통하여 확정된 사실관계에 기초하고, 또한 각 저작물이 상정하고 있는 독자의 일반적 관념에 비추어 이용저작물이 전체적으로 주체성을 가지고 있고, 피이용저작물이 이용저작물의 내용을 단순히 보충적으로 설명하거나, 혹은 그 예증, 참고자료를 제공하여 이용저작물에 대한 부종적인 성질을 가지고 있을 뿐인가 아닌가를 판단하여 결정하여야 하고,[10] 이용저작물이 주체이고 피이용저작물이 단순한 종적인 보조적 수단에 불과하다고 하면 저작권법 제35조의3이 정한 「공정한 이용」으로 평가될 수 있다. 서적에서 화가의 회화를 이용한 경우에 이용저작물이 언어저작물(서적)이고, 피이용저작물이 미술저작물(회화의 복제

10 대법원 2013.2.15. 선고 2011도5835 판결.

물)로서 독자의 일반적 관념에 의하면 미술저작물이 언어저작물의 기술에 대한 이해를 보충하거나, 그 기술의 예증 혹은 참고자료로서의 기능을 하여 언어저작물이 주, 미술저작물이 종의 관계에 있다고 이해할 수 있다. 다만 회화의 복제물이 논문에 대한 이해를 보충하고, 논문의 참고자료로서 봉사하는 측면이 있다고 하더라도, 그 회화의 복제물이 단순히 부종적 성질로서의 피이용저작물에 그치지 않고, 그 자체가 감상성을 가지는 미술품으로서 독립성을 가지는 때에는 서적에 회화의 복제물을 게재하는 경우에는 저작권법 제35조의3이 규정하고 있는 요건을 구비한 공정한 이용이라고 볼 수 없다.

역시 홈페이지에 타인의 회화나 사진의 이미지를 삽입하는 경우에도 「공정한 이용」의 요건을 충족하는 한, 저작권자의 허락을 얻지 않고도 이용할 수 있다.[11] 다만 홈페이지에 게시되는 회화나 사진의 이미지가 그 자체 독립한 감상성을 가지는 경우에는 원칙적으로 저작권자의 허락이 필요하다.[12]

---

11 대법원 2006.2.9. 선고 2005도7793 판결 참조.

12 국내 월간잡지 「직장인」이 일본에서 발행되는 시사주간지 「플래쉬」에 게재된 국내 사진작가 A의 창작물인 누드사진 중 환상 4점, 무구 3점, 요정 1점 등 8점을 A의 동의를 받지 아니하고 인용, 게재한 경우에 그 인용된 부분이 전라(全裸) 또는 반라(半裸)인 젊은 여인의 사진이고, "한국 여대생, 연예인 누드사진이 포르노로 둔갑"이라는 제목 아래 작가 A의 사진과는 전혀 관계없이 일본 펜트하우스지에 한국의 여대생이라고 소개되어 실린 젊은 여인의 나체사진을 함께 게재하고 있으며, 게재한 사진을 보면 모두 칼라로 된 양질의 사진이고 사진의 크기나 배치를 보아도 어떤 사진은 잡지지면의 전면크기이고, 어떤 사진은 몇 장의 사진으로 지면의 전부 또는 반 정도를 점하기도 하여 전체적으로 3면의 기사(표제지면 제외) 중 비평기사보다는 사진이 절대적 비중을 차지하는 화보형식으로 구성되어 있어서 게재된 사진은 보도의 목적이라기보다는 감상용으로 인용된 경우로 보이므로 결국 보도를 위한 정당한 범위 안에서 이용되어 있다고 볼 수 없다(대법원 1990.10.23. 선고 90다카8845 판결).

(4) 패러디의 문제

(a) 서언

패러디작품을 만든 경우에 사적 이용을 위한 복제로서, 혹은「공정한 이용」으로서 저작자의 허락 없이 원작품을 이용할 수 있는가 하는 문제가 제기된다.[13] 본래 패러디란 원작품을 풍자적으로 비평하거나 익살스럽게 하기 위하여 그 원작품의 내용과는 다른 내용으로 재구성하는 행위, 즉 이른바「풍자적 개작」을 가리킨다. 타인의 유명한 작품을 풍자적으로 비평하거나 익살스럽게 변형하여 원작품의 내용과 다른 내용으로 재구성하여 작품을 만들면 패러디(Parody)가 된다. 물론 원작품을 패러디한 사실이 명백하다고 하더라도, 원작자의 의사에 반하지 아니한다고 인정되는 경우에는 예를 들어 형식상 내용 · 형식에 변경이 초래된 경우에도 저작권법이 인정하는 저작인격권의 하나로서의 동일성유지권(저작권법 제13조)의 침해라고는 생각할 수 없다. 다만 원작자의 의사에 반하는 변경이 있고, 일반인에게 원작품의 내용에 대한 오해를 야기하는 내용인 경우에는 동일성유지권의 침해에 관한 문제가 생길 수 있다.[14]

(b) 서태지「컴백홈」을 컴배콤으로 패러디한 사건

음치가수 이재수가 펴낸 음반「이난」에서 서태지의 히트곡인「컴백홈」을「컴배콤」으로 바꿔 부르고 뮤직비디오도 제작한 사건을 계기

---

13 미국에서는 앨리스 랜돌이라는 작가가 쓴「사라져 버린 바람」(The Wind done gone)이 미첼의 소설「바람과 함께 사라지다」(Gone with the Wind)를 정면으로 패러디하여 저작권침해에 대한 공방이 일어난 적이 있다고 한다(동아일보 2001.9.21(금), '바람과 함께…'패러디 저작권 침해여부 공방 참조).

14 패러디와 저작권 침해 - 패러디도 함부로 하면 저작권법 위반, Law & biz 2001.9, 12면 참조.

로 패러디가 사회적 논란의 대상이 된 경우가 있다. 이재수측의 개사곡이 서태지의 원곡에 담긴 진지한 고민을 풍자하고 희화화함으로써 대중에게 비평이나 새로운 웃음을 선사한 작품으로서 이른바 패러디에 해당하므로, 그 저작물의 일부변형은 정당한 이용으로 허용되는가가 문제된다. 기존의 저작물에 풍자나 비평 등으로 새로운 창작적 노력을 부가함으로써 사회전체적으로 유용한 이익을 가져다 줄 수 있는 측면이나 저작권법상 '저작물의 통상적인 이용방법과 충돌하지 아니하고 저작자의 정당한 이익을 부당하게 해치지 아니하는 경우에는 보도 · 비평 · 교육 · 연구 등을 위하여 저작물을 이용할 수 있다'고 규정하고 있는 사정 등에 비추어 이른바 패러디가 당해 저작물에 대한 자유이용의 범주로서 허용될 여지가 있음은 부인할 수 없으나, 패러디는 저작권법이 인정하고 있는 저작권자의 동일성유지권과 필연적으로 충돌할 수밖에 없는 이상 그 동일성유지권의 본질적인 부분을 침해하지 않는 범위 내에서 예외적으로만 허용된다고 보아야 하고, 그 관점에서 패러디로서 저작물의 변형적 이용이 허용되는 경우인지 여부는 원저작물에 대한 비평 · 풍자 여부, 원저작물의 이용목적과 성격, 이용된 부분의 분량과 질, 이용된 방법과 형태, 소비자의 일반적인 관념, 원저작물에 대한 시장수요 내지 가치에 미치는 영향 등을 종합적으로 고려하여 신중하게 판단하여야 한다. 컴백홈사건의 경우에 이재수측이 원곡에 추가하거나 변경한 가사의 내용 및 그 사용된 어휘의 의미, 추가 · 변경된 가사내용과 원래의 가사내용의 관계, 개사곡에 나타난 음정, 박자 및 전체적인 곡의 흐름 등에 비추어 이재수측의 개사곡은 서태지의 원곡에 나타난 독특한 음악적 특징을 흉내어 단순히 웃음을 자아내는 정도에 그칠 뿐 서태지의 원곡에 대한 비평적 내용을 부가하여 새로운 가치를 창출한 경우로 보이지 아니하고(이재수측이 자신의 노래에 음치가 놀림받는 우리 사회의 현실을 비판하거나 대중적으로 우상화된 서태지도 한 인간에 불과하다는 등의 비평과 풍자가 담겨있다고 주장하나, 패러디로서 보호되는 작품은 당해 저작물에 대한 비평이나 풍자인 경우라 하여야 하고 당해 저작물이 아닌 사회현실에 대한 비평이나 풍자까지 패러디로서 허용된다고 보기 어려우며, 개사곡에 나타난 제반사정에 비추어 개사곡에 이재수측의 주장과 같은 비평과 풍자가 담겨있다고 보기도 어렵다), 이재수측이 상업적인 목적으로 원곡을 이용한 사정이 인정되며, 개사곡이 서태지의 원곡을 인용한 정도가 이재수측이 패러디로서 의도하는 정도를 넘는다고 보이고, 개사곡으로 인하여 서태지의 원곡에 대한 사회적 가치의 저하나 잠재적 수요의 하락이 전혀 없다고는 보기 어려운 사정 등을 종합하여 보면, 결국 이재수측의 개사곡은 패러디로서 보호받을 수 없다.[15]

서태지의 컴백홈을 패러디한 사건에서와 같이 타인의 히트곡을 익살스럽게 개사하여 부르는 경우에는 만약 개사곡이 원곡에 나타난 음악적 특정을 흉내내어 단순히 웃음을 자아낼 뿐 비평적 내용을 부가하여 새로운 가치를 창출한 경우로 보이지 아니하고, 상업적 목적으로 원곡을 이용한 사정이 인정되며, 원곡을 이용한 정도가 원곡의 사회적 가치저하나 잠재적 수요하락이 될 수 있는 경우에는 패러디로 보호를 받을 수 없다고 보아야 한다. 그리고 타인의 저작물을 패러디한 경우에 패러디로서 법적 보호를 받을 수 있는 내용은 원저작물에 대한 비평이나 풍자이며, 해당 저작물이 아닌 사회현실에 대한 익살스러운 풍자까지도 패러디로 허용된다고 볼 수는 없다. 그러므로 이재수의 「컴배콤」이 서태

15 서울중앙지방법원 2001.11.1. 자 2001카합1837 결정.

지의 컴백홈을 개사하여 풍자적으로 비평하거나 익살스럽게 빗대어 새로운 가치를 창출한 비평이거나 풍자가 아니라, 단순히 사회현실을 익살스럽게 풍자하여 웃음만 자아낼 뿐이고, 비평이나 풍자의 대상이 서태지의 컴백홈 자체가 아닌 사회현실을 풍자의 대상으로 삼고 있다고 하면 저작권의 침해로 된다.

(c) 인터넷상의 패러디

사이버공간에서 기존의 사이트를 모방하여 만든 패러디사이트로는 '디지틀 조선일보'를 패러디하면서 출발한 '딴지일보'[16]를 비롯하여, 야후코리아 홈페이지를 패러디한 '개그!코리아',[17] 북한의 대남인터넷선전매체 '우리민족끼리'를 패러디한 '우리민족끼리'[18] 등을 들 수 있다.

패러디가 법적으로 문제가 된 경우로서는 안티포스코 홈페이지사건이 있다. 포항제철이 안티 포스코홈페이지[19]를 운영하는 운영자에 대하여 「포스코 로고 등을 홈페이지에 사용하지 말라」 고 청구한 사건에서 법원은 "운영자가 포스코 로고에 'X'표를 하고 홈페이지 디자인을 사용하고 있으나, 그 사실만으로 인격권과 저작권의 침해라고 단정할 수 없다"고 판시하여, 인터넷에서의 표현의 자유를 폭넓게 인정한 경우가 있다.[20] 그리고 SBS가 자사 프로그램인 「짝」 의 저작권침해를 주장하며

16 http://www.ddanzi.com/.

17 http://www.gagkorea.co.kr/.

18 www.uriminzokkiri.com/

19 http://antiposco.nodong.net/.

20 동아일보 2001/07/23(월), 법원 "패러디사이트, 위법하다고 볼 수 없다" 참고.

[패러디사이트「우리 민족끼리」]

CJ E&M을 상대로 낸 소송이 있다. SBS가 2012.9. tvN이 방영한「SNL 코리아」의 '재소자특집'이 출연자의 등장장면, 자기소개, 도시락선택, 데이트권획득, 내레이션 등에서 저작권을 침해하고, 법률상 보호할 가치를 침해한 사실을 이유로 케이블채널 tvN을 운영하는 CJ E&M을 상대로 1억5,000만원을 청구한 손해배상소송에서 법원은 CJ E&M측의 모방(패러디)프로그램이「짝」의 저작권을 침해한 경우로 보기 어렵고, 다른 방송에서도 흔히 사용되던 표현기법에 불과하다고 밝히면서 일부「짝」과 유사한 장면이나 문구가 사용된 경우라고 하더라도 그 많은 부분이 저작권의 보호대상이 되지 않는 부분이며, 다른 나머지 부분도 구체적인 사건진행에 있어서는 상당한 차이가 난다고 판단하여 저작권침해를 인정하지 않은 사건이 있다.

우선 원작품의 비판을 목적으로 하는 패러디에 대하여는 '사회적 비평의 한 형태'(a form of social commentary)로서 원저작권자의 저작권이 미치지 아니한다고 본다. 또한 원작품이 주로 다른 측면의 문화나 사회에 대한 패러디의 도구로서 이용된 경우에 불과한 풍자도 「공정한 이용」으로서 허용될 수 있다. 예를 들어 원작품을 희화화하거나 비판적으로 논평할 목적으로 원작품의 시각적 이미지를 왜곡하거나 잘라서 붙이거나 기타의 방법으로 변화시켜서 원작품을 변용한 경우에는 그 패러디가 상업적 이용을 목적으로 이루어진 경우에도 공정한 이용에 해당할 수 있다.[21] 그러나 원작품에 대한 일반공중의 관념을 변경시키려는 목적을 가지고 원작품 자체를 패러디한 경우에는 저작권침해가 될 수 있다. 결국 패러디가 공정한 이용으로서 허용된다고 하기 위하여는 (i) 패러디가 완전히 새로운 별개의 저작물이라고 인정될 수 있을 정도로 원작을 변용하여야 하며 단순히 원작을 대체하는 경우에 불과하지 않아야 하고, (ii) 패러디에게 저작권을 인정할 수 있도록 창작성이 인정되고, (iii) 패러디에 이용된 부분이 원작의 실질적인 부분을 지나칠 정도로 이용하지 않아야 하고, (iv) 패러디가 원작이나 그 2차적 저작물에 관한 시장에 부정적 영향을 주지 않아야 한다.

(5) 타인의 저작물을 참조 · 이용한 새로운 저작물의 작성

타인의 저작물에 의거하지 아니하고 스스로 저작물을 작성하는 경우에는 문제가 없으나, 반면 타인의 저작물을 참조하거나 이용하여 자기의 저작물을 작성하는 경우에는 저작권법적으로 문제가 된다. 환언하면,

21 어느 랩밴드(2 Live Crew)가 Roy Orbison의 「Pretty Woman」이란 곡을 패러디하여 리메이크하자, 원곡의 저작권자인 음반회사가 제소한 사건인 Campbell v. Acuff-Rose Music, Inc. 114 S.Ct 1164 (1994) 참조.

타인의 저작물을 참조 · 이용할 때에 어느 경우에 저작권의 침해가 되는가 하는 문제가 생긴다. 저작권침해의 의미에 대하여는 여러 가지 견해가 있을 수 있으나, 저작권침해행위는 기존의 저작물을 이용하여 어떤 작품을 작출하는 경우에 성립한다. 저작권침해가 되는 이용형태로서는 (i) 기존의 저작물과 전적으로 동일한 작품을 작출하는 경우, (ii) 기존의 저작물에 수정 · 증감을 더하고, 그 수정 · 증감에 대하여 창작성이 인정되지 아니하는 경우, (iii) 기존의 저작물의 수정 · 증감에 창작성이 인정되나, 원저작물의 표현형식의 본질적인 특징이 상실되기에 이르지 않은 경우를 들 수 있다. 기존의 저작물의 수정 · 증감에 창작성이 인정되고, 또한 원저작물의 표현형식의 본질적인 특징이 상실된 전혀 별개의 독립한 저작물을 창출한 경우에는 저작권침해를 구성하지 아니한다.[22]

저작권침해행위를 구체적으로 저작권(특히 저작재산권)과의 관계에서 보면, 만일 동일한 저작물을 창출하거나 창작성이 인정되지 아니하는 원저작물의 수정 · 증감을 가한 경우에는 저작권 중 복제권(저작권법 제16조)의 침해가 되고, 원저작물의 표현형식의 본질적인 특징이 상실되지 아니한 저작물을 작출한 때에는 개작이용권, 즉 2차적저작물작성권(저작권법 제22조)의 침해가 된다. 또한 저작권침해행위를 저작인격

---

22 대법원 2015.4.9. 선고 2011다101148 판결(어문저작물이나 음악저작물, 영상저작물 등의 일부만을 이용하더라도, 부분적 이용이 저작물 중 일부를 발췌하여 그대로 이용하여서 그 이용되는 부분 자체는 아무런 변경이 없고, 이용방법도 저작물의 통상적 이용방법을 따르며, 저작물의 이용관행에 비추어 일반 대중이나 당해 저작물의 수요자가 부분적 이용이 전체 저작물의 일부를 이용한 경우임을 쉽게 알 수 있어 저작물 중 부분적으로 이용된 부분이 저작물의 전부로 오인되거나, 부분적 이용으로 저작물에 표현된 저작자의 사상·감정이 왜곡되거나 저작물의 내용이나 형식이 오인될 우려가 없는 경우에는, 그 부분적 이용은 저작물 전부를 이용하는 경우와 이용하는 분량면에서만 차이가 있을 뿐이어서 저작자의 동일성유지권을 침해한다고 볼 수 없고, 그 부분적 이용에 관하여 저작재산권자의 이용허락을 받지 않은 경우에도 마찬가지이다).

권과의 관계에서 살펴보면, 원저작물의 수정・증감에 창작성이 인정되지 아니하거나, 혹은 창작성이 인정되더라도 원저작물의 표현형식의 본질적 특징이 살아있다고 하면 동일성유지권(저작권법 제13조)의 침해에 해당한다. 결국 저작권 혹은 저작인격권에 대한 침해의 유무는 원작품에서의 표현형식상의 본질적인 특징 자체를 직접 감득할 수 있는가 아닌가에 의하여 결정된다고 할 수 있다.

(6) 작성한 저작물과 타인의 저작물과의 우연의 일치

저작물을 스스로 작성하는 경우에는 자기 자신에게 원시적으로 저작권이 귀속하며, 당연히 홈페이지에도 자유로 사용할 수 있다. 그러나 우연히 스스로 작성한 저작물이 타인의 저작물과 유사한 경우에 그 타인의 저작물에 대한 침해가 되는가 하는 문제가 있다.

저작자는 자신의 저작물을 복제할 권리를 전유하며, 제3자가 저작권자에게 무단히 그 저작물을 복제한 때에는 위작자로서 저작권침해의 책임을 부담하여야 한다. 저작권침해로서의 저작물의 「복제」는 기존의 저작물에 의거하여, 그 내용 및 형식을 알게 하기에 충분한 유형물로 다시 제작하는 경우라고 할 수 있다.[23] 그러므로 비록 기존의 저작물과 동일성이 있는 작품을 작성한 경우라고 하더라도 그 작품이 기존의 저작물에 의거하여 다시 제작된 경우 혹은 일시적, 영구적으로 유형물에 고정하는 경우가 아닌 때에는 기존의 저작물의 복제에 해당하지 아니하여

23 저작권법 제2조 제22호는 「복제」는 인쇄・사진촬영・복사・녹음・녹화 그 밖의 방법으로 일시적 또는 영구적으로 유형물에 고정하거나 다시 제작하는 경우를 말하며, 건축물의 경우에는 그 건축을 위한 모형 또는 설계도서에 따라 건축물을 시공하는 경우를 포함한다고 규정하고 있다.

저작권침해의 문제가 생길 여지가 없다. 결국 기존의 저작물을 접할 기회가 없어서 그 존재나 내용을 전혀 알지 못한 때에는 - 알지 못한 사실에 대하여 과실이 있는가 여부와 관계없이 - 우연히 기존의 저작물과 동일한 작품이 생긴 경우라고 하더라도 저작권침해의 책임은 성립하지 아니한다.

예를 들어 특허나 디자인에서는 먼저 등록하면 우선적으로 보호를 받고(등록주의), 후에 동일한 특허나 디자인에 대한 권리를 주장할 수 있으나, 저작권에서는 예컨대 시기적으로 늦은 경우라고 하더라도 각각의 저작물이 각각 독자적으로 작성된 때에는 각각에 대하여 저작권이 인정될 수 있다(무방식주의). 결국 유사하거나 동일한 작품의 경우에도 그 사이에 모방 · 도용의 관계가 없고, 각각 별도로 창작된 경우라고 하면 독자적인 저작물로 취급되고, 법적으로 문제가 되지 아니한다.

기존의 저작물의 지 · 부지를 어떤 기준에 의하여 판단하여야 하는가 하는 문제가 있다. 일반적으로 기존의 저작물에 대한 접근기회의 유무로 그 지 · 부지를 판단하여야 한다고 본다. 다만 멀티미디어환경의 경우에는 인터넷에 접속할 수 있다고 하면 이론상 모든 정보를 열람할 수 있다고 볼 수 있으므로, 비록 아직 현실적으로 기존의 저작물을 접하지 않은 경우라고 하더라도 기존의 저작물을 접할 수 있는 기회가 있다고 판단될 수 있다.

(7) 회원이 게시판에 올린 이미지에 대한 상세보기 이미지검색서비스의 제공

인터넷포털사이트를 개설 · 운영하고 있는 A회사가 이미지검색서비스를 제공하면서 그 회원이 '섬', '커뮤니티', '마이 Q' 등의 게시판에 업로드(upload)한 이미지(B가 저작권을 보유하고 있는 사진 또는 그 복제물이다)에 관하여 B의 허락 및 그의 저작권을 침해한 경우인지 여부에 관한 조사 없이, 인터넷이용자가 썸네일 이미지(thumbnail image)를 선택하면 회원이 올린 내부이미지를 복제한 후 약 450×338픽셀 크기(인쇄할 경우 약 16㎝×12㎝)의 '상세보기 이미지'로 축소 · 변환하여 상세보기 등에 제공되게 함으로써 다수의 인터넷이용자의 이용에 제공한 경우에 A회사의 상세보기 이미지검색서비스가 B의 저작권에 속한 이미지에 대한 복제권, 전시권 및 공중송신권(저작권법 제16조, 제18조 및 제19조)을 직접 침해한 경우인지가 문제된다. 먼저 A회사가 제공하는 인터넷포털사이트의 회원이 A회사가 제공한 전자게시판의 기능을 이용하여 자신의 '섬', '커뮤니티', '마이 Q' 등 게시판에 B의 허락 없이 올린 이미지에 대한 복제권, 전시권 및 공중송신권 등을 A회사가 직접 침해하여 불법행위책임을 부담한다고 하기 위하여는, A회사가 원래의 사진이미지 또는 적어도 그 이미지를 상세보기 이미지의 크기로 축소 · 변환한 이미지를 회원에게 할당한 공간과 별도로 A회사가 직접 관리하는 서버 등의 유형물에 저장하고 있다는 등의 사정을 B가 증명하여야 한다. 다만 A회사는 회원이 게시판의 기능을 이용하여 이미지를 올리면, 그 썸네일 이미지를 추출하여 별도로 A회사가 직접 관리 · 운영하는 서버에 저장한 다음, 인터넷이용자가 A회사가 운영하는 인터넷웹사이트에 접속하여 이미지검색서비스의 검색란에 검색어를 입력하면 그에 해당하는 썸네일 이미지를 목록화하여 보여 주고, 이용자가 다시 특정 썸네일 이미지를 클릭(click)하면 화면의 중앙부에 원래의 이미지를 상세보기 이미지의 크기로 축소하여 보여 주며, 그 이미지의 아래에는 그 제목, 글쓴이, 파일이름, 출처 등을 보여 주는 사정, 특히 인터넷이용자가 '슬라이드 뷰'

또는 '슬라이드 쇼'의 기능을 선택하면 각 썸네일 이미지의 상세보기 이미지가 일정한 시차를 두고 자동으로 순환되며, 각 이미지의 아래에 출처 및 그 인터넷주소(URL), 이미지가 위치한 인터넷주소 등이 표시되고, 그 상세보기 및 '슬라이드 뷰' 또는 '슬라이드 쇼'의 화면에 나타난 각 인터넷주소를 클릭하면 각 출처에 해당하는 웹페이지로 링크(link)방식으로 이동하게 되는 사정 등을 알 수 있고, 이른바 인터넷링크에 의하여 이미지를 보여주는 방법에는 웹브라우저에서 인터넷이용자를 특정한 웹페이지로 이동시켜 주는 방식 외에, 동일한 서버 또는 다른 서버에 있는 이미지를 링크를 제공하는 웹페이지의 특정한 위치에 특정한 크기로 나타나도록 하는 방식으로도 구현할 수 있으므로, 후자의 방식에 의할 경우에는 웹브라우저의 주소창에 표시된 웹사이트의 주소가 변하지 않은 채 링크된 다른 웹사이트의 이미지 등에 직접 연결할 수 있다. 결국 인터넷링크는 인터넷에서 링크하고자 하는 웹페이지나, 웹사이트의 서버에 저장된 개개의 저작물 등의 웹상의 위치정보 내지 경로를 나타낸 경우에 불과하여,[24] 인터넷포털사이트를 운영하는 온라인서비스프로바이더가 회원이 게시판에 업로드한 이미지에 대하여 상세보기 이미지 검색서비스를 제공한 사정만으로는 A회사가 원래의 사진이미지 또는

---

24 인터넷이용자가 접속하고자 하는 웹페이지로의 이동을 쉽게 해주는 기술을 의미하는 인터넷링크(internet link) 중 이른바 심층링크(deep link) 또는 직접링크(direct link)는 웹사이트의 서버에 저장된 저작물의 인터넷주소(URL)와 하이퍼텍스트 태그(tag)의 정보를 복사하여 인터넷이용자가 그 하이퍼텍스트 태그를 자신의 블로그상의 게시물 등에 붙여두고 여기를 클릭함으로써 그 웹사이트서버에 저장된 저작물을 직접 보거나 들을 수 있게 하는 기술로서, 인터넷에서 링크하고자 하는 저작물의 웹위치정보 내지 경로를 나타낸 경우에 불과하므로, 그 인터넷링크는 저작권법상의 「복제」(저작권법 제2조 제22호 참조)에 해당하지 아니하고, 또한 저작물의 전송의뢰를 하는 지시 또는 의뢰의 준비행위로 볼 수 있을지언정 「전송」(저작권법 제2조 제10호)에도 해당하지 않는다(대법원 2009.11.26. 선고 2008다77405 판결).

그 이미지를 축소 · 변환한 상세보기 이미지를 자신이 직접 관리하는 서버 등의 유형물에 저장한 경우라고 단정하기에 부족하므로, 저작권자의 복제권, 전시권 및 공중송신권을 직접 침해한 경우에 해당하지 아니한다.[25]

25 대법원 2010.3.11. 선고 2009다76256 판결.

03

웹사이트를 통한 음원서비스의 제공

Ⅰ. 음원에 대한 인터넷상의 저작재산권

1. 복제권

저작자가 그의 저작물을 복제할 권리를 「복제권」이라 한다(저작권법 제16조). 만약 인터넷이용자에게 스트리밍, 미리듣기, MP3파일다운로드, 통화연결음, 휴대폰 벨소리 등의 서비스를 제공하기 위하여, 저작권자로부터 음악저작물에 대한 이용허락을 받지 아니한 채, 음악저작물을 디지털압축파일로 변환하여 자신이 운영하는 음악사이트상의 유형물인 해당 서버의 보조기억장치(인터넷이용자의 요청에 따라서 즉시 저장된 자료를 송신할 수 있는 저장영역을 가진 장치)에 고정, 저장하면 그 행위는 저작자의 복제권침해에 해당한다.

2. 전송권

공중송신 중 공중의 구성원이 개별적으로 선택한 시간과 장소에서 접근할 수 있도록 저작물 등을 이용에 제공하는 경우를 「전송」(傳送)이라고 하고(저작권법 제2조 제10호), 저작물을 무선통신 또는 유선통신의 방법에 의하여 송신(send)하거나 이용할 수 있도록 제공(upload)할 권리를 「전송권」이라 한다. 예컨대 음악저작물을 디지털압축파일로 변환하여 해당 서버의 보조기억장치에 고정, 저장함으로써, 인터넷이용자의 개별적인 선택에 따라서 인터넷이용자가 수신할 수 있도록 음악저작물을 이용에 제공하고, 실제로 인터넷이용자의 개별적인 요청에 따라서 인터넷을 통하여 서버에 저장된 음악저작물의 디지털압축파일을 그 각 이용자에게 송신한 경우라고 하면 그 행위는 저작자의 전송권침해에 해당한다.

3. 배포권

저작물의 원작품 또는 그 복제물을 일반공중에게 대가를 받거나 받지 아니하고 양도 또는 대여하는 경우를 「배포」라 하고(저작권법 제2조 제23호), 저작자가 저작물의 원작품이나 그 복제물을 배포할 권리를 「배포권」이라 한다(저작권법 제20조). 본래 '배포'의 개념은 '전송'의 개념과 대비되어, 무체물이 아닌 유체물의 형태로 저작물이나 복제물이 양도 또는 대여되는 경우를 뜻한다. 그러나 스트리밍, 미리듣기, MP3파일 다운로드, 통화연결음, 휴대폰 벨소리 등의 서비스는, 음악사이트의 서버에 저장된 음악저작물의 압축파일을 스트리밍방식이나 음성통신회선 등을 통하여 송신하여 그 이용자로 하여금 듣도록 하거나, 이용자의 PC나 휴대폰 등에 다운로드받도록 하는 서비스를 말하므로, 유체물의 형태로 된 저작물이나 복제물이 양도 또는 대여되는 경우를 의미한다고 할 수 없다. 그러므로 인터넷상의 음악사이트에서 제공하는 스트리밍, 미리듣기, MP3파일다운로드, 통화연결음, 휴대폰 벨소리 등의 서비스는 저작권법 제2조 제23호에서 말하는 '배포'에 해당하지 아니한다.

II. 인터넷상의 음악사이트에 의한 저작인격권의 침해

1. 서언

저작자는 자기의 명예와 인격적 이익을 보호하기 위한 권리로서 주체와 분리될 수 없는 일신전속권(一身專屬權)을 가지고 있다. 저작재산권(著作財産權)과 구별되어 저작권법상 저작자에게 인정된 권리를 「저작인격권」이라 한다. 저작인격권에는 공표권,[26] 성명표시권, 동일성유지권 세 가지가 있다.

2. 인터넷상의 음악사이트가 음악저작물에 관한 웹페이지 또는 음원서비스의 각종 창 내지 화면 등에 적정한 방법으로 작사 · 작곡가의 성명을 표시하지 아니한 경우에 저작자의 성명표시권을 침해하는지 여부

성명표시권이란 저작자가 저작물의 원본이나 그 복제물에, 또는 저작물의 공표매체에 그의 실명 또는 이명을 표시할 권리를 말한다. 인터넷상에 다른 저작자의 저작물을 이용하는 때에는 그 저작자의 특별한 의사표시가 없는 때에는 저작물의 성질이나 그 이용의 목적 및 형태 등에

26 공표권은 저작자가 만든 저작물을 공표할지 공표하지 않을지를 결정하는 권리를 말한다.

비추어 부득이하다고 인정되는 경우가 아닌 한, 저작자가 그의 실명 또는 이명을 표시한 바에 따라서 그의 실명 또는 이명을 표시하여야 한다(저작권법 제12조 제2항).

저작자의 성명표시권을 보호하는 취지는 인터넷이용자의 인식 여하를 불문하고 적정한 방법으로 저작자의 성명이 표시되도록 하는데 있으므로, 인터넷이용자가 음악저작물에 관한 작사가 · 작곡가를 저작자가 아닌 다른 사람으로 인식할 가능성이 적은지 여부 등의 사정이 성명표시권의 침해 여부에 어떠한 영향을 미칠 수는 없다. 또한 음악사이트의 운영자가 음악저작물에 관한 웹페이지 또는 음원서비스의 각종 창내지 화면 등에 가수와 음반제작자의 성명 · 명칭은 표시하면서도 적정한 방법으로 작사가 · 작곡가의 성명을 표시하지 아니한 경우에는 저작자의 성명표시권을 침해한 경우에 해당한다.[27] 예를 들어 네오위즈인터넷이 음악저작물을 디지털압축파일(asf, box, mmf 등의 파일형식)로 변환하여 자신이 운영하는 음악사이트의 각 해당 서버에 저장한 다음 그가 운영하는 음악사이트에서 가사보기서비스는 물론, MP3파일다운로드,[28] 미리듣기[29] 등의 서비스를 제공하면서 A가 작곡한 음악저작물인 「하늘색 꿈」에 관하여 작곡자의 성명을 표시하지 않고, 가사보기서비스에서만 작곡자의 성명을 작곡자인 A가 아닌 다른 사람 B로 잘못 표시한 경우에 인터넷이용자는 가사보기서비스를 통하여 음악을 듣고 작사

27 서울고등법원 2008.9.23. 선고 2007나70720 판결.

28 MP3파일다운로드란 인터넷이용자에게 음악파일을 다운로드받을 수 있게 하는 서비스를 말한다.

29 미리듣기서비스란 스트리밍의 방식으로 약 1분 내지 1분 30초 정도 음악을 무료로 송신하는 경우로서, 인터넷이용자에게 음악의 샘플(sample)을 제공하는 서비스를 말한다.

자, 작곡자 등을 알 수 있는 사실, 네오위즈인터넷이 다른 음원제공서비스에서는「하늘색 꿈」의 작곡자인 A의 성명을 전혀 표시하지 않고, 저작물에 관한 가사보기서비스에서만 작곡자의 성명을 'B'로 잘못 표시함으로써 인터넷이용자가 저작물에 관한 작곡자를 'B'로 오인하도록 하고 있는 사실 등에 비추어 보면, 네오위즈인터넷이 운영하는 음악사이트에서 MP3파일다운로드, 미리듣기 등의 서비스를 제공하면서 저작물에 관한 작곡자를 A로 표시하여 전체적으로 저작물의 작곡자가 A라고 인식되는 등의 특별한 사정이 없는 한, 가사보기서비스에서 A의 성명을 잘못 표시한 경우에는 A의 성명표시권을 침해한 경우라고 하지 않을 수 없다. 결국 네오위즈인터넷이 음악사이트에서 저작물에 관한 각종 음원서비스를 제공하면서 작곡자인 A의 성명을 잘못 표시한 경우를 모두 A의 성명표시권을 침해한 경우로 보아야 한다.[30]

3. 인터넷상의 음악사이트가 타인의 음악저작물을 무단으로 절단, 발췌, 변환, 저장하여 인터넷이용자에게 미리듣기, 통화연결음, 휴대폰 벨소리 등의 음원서비스를 제공하는 경우 저작자의 동일성유지권을 침해하는지 여부

(1) 서언

저작자는 그의 저작물의 내용 · 형식 및 제호의 동일성을 유지할 권리, 즉 동일성유지권을 가진다. 그러므로 저작물의 동일성을 해치지 않는 범위 내에서 단순히 오자 · 탈자를 수정하거나 문법에 맞지 않는 부분을

30 대법원 2012.1.12. 선고 2010다57497 판결.

교정하는 정도를 넘어서 저작물의 내용, 형식 및 제호에 대한 추가, 삭제, 절단, 개변 등의 변경을 가하는 행위는 동일성유지권을 갖고 있는 저작자만이 할 수 있고, 원칙적으로 제3자는 저작자의 동의를 받지 아니한 채 그 의사에 반하여 저작물을 변경할 수 없다. 다만 (i) 학교교육의 목적상 부득이하다고 인정되는 범위 안에서의 표현의 변경, (ii) 건축물의 증축·개축 그 밖의 변형, (iii) 특정한 컴퓨터 외에는 이용할 수 없는 프로그램을 다른 컴퓨터에 이용할 수 있도록 하기 위하여 필요한 범위에서의 변경, (iv) 프로그램을 특정한 컴퓨터에 보다 효과적으로 이용할 수 있도록 하기 위하여 필요한 범위에서의 변경, (v) 그 밖에 저작물의 성질이나 그 이용의 목적 및 형태 등에 비추어 부득이하다고 인정되는 범위 안에서의 변경은 본질적인 변경이 아닌 한 허용되며, 저작자는 그 변경에 대하여는 이의(異議)할 수 없다(저작권법 제13조 제2항).

(2) 미리듣기서비스의 경우

미리듣기서비스는 원곡을 음악파일로 변환하여 서버에 저장함에 있어서 원곡의 표현형식을 절단하지 아니하고, 단지 스트리밍방식으로 전송하는 과정에서 기술적 조치를 걸어 한정된 시간만 실시간으로 재생하는 경우에 불과하므로, 미리듣기서비스를 제공하는 행위는 동일성유지권의 침해가 아니라고 생각할 수 있다. 그러나 저작권법에 의하여 보호되는 음악저작물의 표현형식은 원곡을 음악파일로 변환, 저장하는 과정에서 그 파일상의 표현형식에만 국한되지 아니하고, 원래 음악은 그 속성상 인간의 청각에 의하여 감지되는 특징을 가지는 만큼, 변환된 음악파일이 인간이 감지할 수 있는 구체적인 소리로 재생되는 과정에서의 표현형식도 그 보호범위에 포함된다고 할 수 있으므로, 원곡을 스트리밍방식으로 전송, 재생하는 과정에서 의도적으로 기술적 조치를 걸어 한정된 시간 동안 원곡의 일부만을 실시간으로 재생되도록 한 경우에도 음악저작물에 대한 표현형식의 변경에 해당한다고 보아야 한다.[31] 그러므로 인터넷상의 음악사이트가 저작자의 동의를 받지 아니한 채 제공한 미리듣기서비스는 원곡이 약 3분 내지 5분 정도 됨에도 불구하고, 저작자의 의사에 반하여 인터넷이용자에게 약 1분 내지 1분 30초 정도로 저작물의 표현형식을 절단하여 그 저작물을 전송하는 경우로서, 특별한 사정이 없는 한 그 행위는 저작자의 동일성유지권의 침해에 해당한다.

(3) 통화연결음 · 휴대폰벨소리서비스의 경우

통화연결음이란 휴대폰에 타인이 전화를 거는 경우 이동통신사가 구축한 네트워크를 통하여 그 타인에게 통화대기음 대신에 음악의 일부를 발췌한 부분을 들려주는 서비스를 말한다. 그리고 휴대폰벨소리란 자신의 휴대폰에 전화가 걸려오는 경우 자신이 선택 · 저장한 음악의 일부를 발췌한 부분을 들을 수 있는 서비스를 말한다. 저작자의 동의를 받지 아니한 채 통화연결음, 휴대폰벨소리서비스를 제공하는 경우에는 원곡의 일부를 그 의사에 반하여 부분적으로 발췌하여 음악파일로 변환, 저장시킨 다음, 그와 같은 음악파일을 그 서비스를 구매한 인터넷이용자에게 전송하는 경우로서, 특별한 사정이 없는 한 저작자의 동일성유지권

31 저작자로부터 잠재적 구매자에게 제공할 미리듣기서비스의 시간을 어느 정도로 설정할지와 일부만을 재생시키는 경우에도 어느 부분을 제외하고 어느 부분을 샘플로서 제공할지 등에 대한 동의를 받아야 한다(서울고등법원 2008.9.23. 선고 2007나70720 판결).

의 침해에 해당한다.[32]

32 통화연결음이나 휴대폰벨소리의 음악파일에 발췌, 수록할 음악부분을 전체 중 어느 부분으로 하고 그 길이를 어느 정도로 할지 등에 대하여 동의를 받아야 한다(서울고등법원 2008.9.23. 선고 2007나70720 판결).

04
디지털콘텐츠[33]의 소재선택상의 문제

Ⅰ. 문장 등을 이용하는 경우

1. 외국문학을 이용하는 경우

국내의 문학작품을 그대로 자기의 문장으로서 홈페이지에 게재한 경우에는 누구나 「표절」이 된다고 판단할 수 있다. 만일 외국문학을 임의로 번역하여 게재한 경우에도 저작권의 침해로서의 표절이 되는가 하는 문제가 있다.

베른조약에 의하여 외국의 저작물도 법적 보호를 받으며, 허락 없이 원작의 번역을 행한 경우에는 「번안권」 침해로서의 저작권침해가 된다. 또한 허락 없이 번역소프트웨어를 사용하여 외국작품을 번역한 경우에

---

33 부호·문자·도형·색채·음성·음향·이미지 및 영상 등(또는 그 복합체)의 자료 또는 정보를 「콘텐츠」라고 하며(콘텐츠산업 진흥법 제2조 제1항 제1호), 특히 부호, 문자, 음성, 음향, 이미지, 영상 등의 자료 또는 정보로서 그 보존 및 이용에 효용을 높일 수 있도록 전자적 형태로 제작 또는 처리된 콘텐츠를 디지털콘텐츠라고 한다. 그리고 정보통신망에서 사용되는 디지털콘텐츠를 온라인디지털콘텐츠라고 한다.

도 마찬가지로 저작권침해의 책임을 면할 수 없다고 생각된다.[34]

2. 공적 기관이 작성한 문서의 이용

타인의 저작물을 페어유스(공정한 이용)로 이용하는 문제와 관련하여, 예를 들어 「인터넷백서」 나 「환경백서」 와 같이 정부가 간행한 관공용 자료에 대하여도 저작권법이 규정하고 있는 공정한 이용의 요건을 충족하여야 하는가 하는 문제가 있다. 공공저작물은 원칙적으로 자유이용이 보장된다.[35] 국가 또는 지방자치단체가 업무상 작성하여 공표한 저작물이나 계약에 따라서 저작재산권의 전부를 보유한 저작물은 허락 없이 이용할 수 있다(저작권법 제24조의2 제1항 본문). 다만 (i) 국가안전보장에 관련되는 정보를 포함하는 경우, (ii) 개인의 사생활 또는 사업상 비밀에 해당하는 경우, (iii) 다른 법률에 따라 공개가 제한되는 정보를 포함하는 경우, (iv) 한국저작권위원회에 등록된 저작물로서 국유재산 또는 공유재산으로 관리되는 경우에는 예외적으로 자유이용이 제한된다. 그러므로 일반적으로 국가 혹은 지방공공단체가 일반을 주지시킬 목적으로 작성하고, 그 명의 아래 공표된 홍보자료, 조사통계자료, 보고서 그 밖의 유사한 저작물은 설명의 자료로서 신문, 잡지 그 밖의 간행물에 전

---

34 단순한 기계의 조작만을 할 뿐이고 전혀 창작행위를 행하지 아니한 경우에도 불구하고, 번역물이라고 하는 2차적저작물이 사실로서 발생한 경우에도 저작권침해가 되는가에 대하여는 현행의 저작권법이 전혀 예상을 하지 아니하고 있으나, 최종적으로는 법률의 개정을 통하여 해결할 문제라고 본다.

35 특히 저작권법 제7조는 헌법·법률·조약·명령·조례 및 규칙, 국가 또는 지방자치단체의 고시·공고·훈령, 법원의 판결·결정·명령 및 심판이나 행정심판절차 등을 보호를 받지 못하는 저작물로 규정하고 있다.

재될 수 있다. 물론 국가나 지방공공단체가 전재할 수 없다고 하는 단서를 둔 경우에는 전재가 금지된다.[36] 그리고 공적 기관이 작성한 문서를 전재하기 위하여는「공표」가 요건이고, 미공표의 문서인 경우에는 전재할 수 없다. 또한 공적 기관이 발행한 문서라고 하더라도 고도의 학술적 의의를 가지고 있고, 반드시 일반에게 주지시킬 의무만을 가지고 있지 아니한 경우에는 학술에 관한 저작물로서 저작권법의 보호를 받는다.

3. 편집저작권

문자에 의한 저작물에는 소설이나 논문과 같은 하나의 작품 이외에, 편집저작물이라고 불리는 경우도 있다. 편집저작물이란 편집물(저작물이나 부호 · 문자 · 음 · 영상 그 밖의 형태의 자료, 즉 소재의 집합물을 말하며, 데이터베이스도 포함된다)로서 그 소재의 선택 · 배열 또는 구성에 창작성이 있는 저작물을 말한다(저작권법 제2조 제18호). 저작권법 제6조 제1항에 의하여 편집저작물도 독자적인 저작물로서 보호된다.

우선 어떤 저작물이 편집저작물로서 보호되는가 하는 문제가 있다. 편집저작물로서 보호되기 위한 요건으로서는 (i) 소재는 단순한 사실 혹은 데이터에 해당하고, (ii) 독자적인 일정한 목적에 따라 소재의 선택 · 배열을 확정한 저작물에 해당하여야 한다. 판례도 "편집물이 편집저작

36 예컨대 대입 본고사입시문제가 역사적인 사실이나 자연과학적인 원리에 대한 인식의 정도나 외국어의 해독능력 등을 묻고 있고, 또 교과서, 참고서 그 밖의 교재의 일정한 부분을 발췌하거나 변형하여 구성된 측면이 있다고 하더라도, 출제위원이 우수한 인재를 선발하기 위하여 정신적인 노력과 고심 끝에 남의 문제를 베끼지 아니하고 문제를 출제하며 그 출제한 문제의 질문의 표현이나 제시된 여러 개의 답안의 표현에 최소한도의 창작성이 인정된다면, 저작권법에 의하여 보호되는 저작물로 보는데 아무런 지장이 없다(대법원 1997.11.25. 선고 97도2227 판결).

물로서 보호를 받으려면 일정한 방침 혹은 목적을 가지고 소재를 수집, 분류, 선택하고 배열하여 편집물을 작성하는 행위에 창작성이 있어야 한다"고 판시하고 있다.[37] 예를 들어 인터넷홈페이지도 그 구성형식, 소재의 선택이나 배열에 있어 창작성이 있는 경우에는 이른바 편집저작물에 해당하여 독자적인 저작물로 보호받을 수 있다.[38] 다만 편집저작물에 대하여는 '그 소재의 선택 또는 배열에 의하여 창작성을 가지는 경우에 저작물로서 보호'되므로, 저작물의 내면적 형식을 유지한 채 그 구체적 표현, 즉 외면적 형식을 변화시키는 행위는 번안권의 침해로 이해된다.

Ⅲ. 서간 · 전자메일

아주 일반적인 계절인사나 회합의 통지와 같은 일상의 통신문의 경우에는 물론 창작성을 인정할 수 없는 경우가 많고, 저작물로도 인정되지 아니한다. 그러나 서간의 경우에도 저작물로서의 요건을 충족하면 저작권법에 의하여 보호될 수 있다. 서간이 저작물로서 보호를 받는 경우에 엽서 혹은 편지와 같은 서간이라고 하면 서간의 소유권은 그 도달에 의하여 수취인에게 귀속하나, 특약이 없는 한 서간의 저작권은 여전히 발신인에게 유보된다.[39]

---

37 대법원 1996.6.14. 선고 96다6264 판결.

38 서울지방법원 2003.8.19. 자 2003카합1713 결정 참조.

39 역시 판례에 의하더라도 "단순한 문안인사나 사실의 통지에 불과한 편지는 저작권의 보호대상이 아니지만, 학자·예술가가 학문상의 의견이나 예술적 견해를 쓴 편지뿐만 아니라 자신의 생활을 서술하면서 자신의 사상이나 감정을 표현한 편지는 저작권의 보호대상이 되고, 그 경우 편지 자체의 소유권은 수신인에게 있지만 편지의 저작권은 통상 편지를 쓴 발신인에게 남아 있게 된다"(서울지방법원

특히 전자메일의 경우에는 소유권의 대상물이라고 생각되지 아니하여 전자메일의 발신에 의하여 당사자 사이에 어떤 권리변동이 성립한다고 볼 수 없다. 다만 전자메일의 저작물성이 인정되는 경우에는 역시 그 저작권은 발신인에게 유보되고, 수취인이 발신인의 동의 없이 전자메일을 공표할 수는 없다. 만일 수취인이 전자메일(서간도 물론)을 임의로 홈페이지에 게재하거나 게시판에 올리는 경우에는 발신인의 동의가 필요하다.

Ⅳ. 서체(글자꼴)

홈페이지에 사용되는 특정한 문자의 폰트(글자꼴)에 저작권의 법적 보호가 인정되는가 하는 문제가 있다. 본래 문자는 공통의 자산으로서 누구나 자유로 사용할 수 있고, 통상의 문자에는 아무런 법적 보호도 인정되지 아니한다.[40] 다만 서체도안 자체가 실용적인 기능과는 별도로, 하나의 독립적인 예술적 특성이나 가치를 가지고 있어서 예술의 범위에 속하는 창작물에 해당하는 경우에는 저작물로서 보호될 수 있다.[41] 또한

1995.6.23. 선고 94카합9230 판결).

40 예컨대 판례도 "'산돌체모음', '안상수체모음', '윤체B', '공한체 및 한체모음' 등 서체도안은 민족의 문화유산으로서 누구나 자유롭게 사용하여야 할 문자인 한글자모의 모양을 기본으로 삼아 인쇄기술에 의해 사상이나 정보 등을 전달한다는 실용적인 기능을 주된 목적으로 하여 만들어진 경우임이 분명하여, 저작권법의 해석상으로는 그와 같은 서체도안은 신청서 및 제출된 물품 자체에 의한 심사만으로도 저작권법에 의한 보호대상인 저작물에 해당하지 아니함이 명백하다"고 판단하고 있다(대법원 1996.8.23. 선고 94누5632 판결).

41 서예가가 독특하고 개성 있는 글씨체를 작품화한 서체를 승낙 없이 영화필름 및 광고물과 소설표지 및 광고물에 사용한 데 대하여 저작권의 침해를 인정한 경우가 있다(서울지방법원 1997.2.21. 선고

판례는 서체파일을 제작하는 과정에서 글자의 윤곽선을 수정하거나 제작작업을 한 서체파일은 그 제작자의 정신적 노력의 산물인 창의적 개성이 표현되어 있고, 결국 윤곽선의 수정 내지 제작작업을 한 부분의 서체파일은 프로그램저작물로서의 창작성이 인정되어 서체파일의 소스코드가 프로그램보호법상의 컴퓨터프로그램에 해당하고, 서체파일의 소스 코드가 동일하다고 하면 그 서체파일은 다른 서체파일에 의존하여 작성된 경우로 추정되어 프로그램저작권의 침해가 된다고 본다.[42]

V. 지도

일반적으로 지도는 지표상의 산맥·하천 등의 자연적 현상과 도로·도시·건물 등의 인문적 현상을 일정한 축적으로 약속된 특정한 기호를 사용하여 객관적으로 표현한 정보로서, 지도상에 표현되는 자연적 현상과 인문적 현상은 사실 그 자체일 뿐 저작권의 보호대상은 아니다. 지도가 편집저작물로 보호받기 위하여는 창조적 개성이 드러나는 표현이 있어야 하며,[43] 지도의 창작성 유무를 판단할 때에는 지도의 내용이 되는 자연적 현상과 인문적 현상을 종래와 다른 새로운 방식으로 표현하고 있는지, 그 표현된 내용의 취사선택에 창작성이 있는지 등이 판단의 기

96가합42432 판결).

42 대법원 2001.6.29. 선고 99다23246 판결.

43 누가 하더라도 같거나 비슷할 수밖에 없는 성질의 경우라면 거기에 창작성이 있다고 할 수 없으나, 반드시 작품의 수준이 높아야 하지는 아니하고 저작권법에 의한 보호를 받을 가치가 있는 정도의 최소한의 창작성이 있다면 족하다(대법원 2003.11.28. 선고 2001다9359 판결; 대법원 2009.6.25. 선고 2008도11985 판결 참조).

준이 된다. 그러므로 예컨대 A가 저작권이 있는 여행책자의 내용을 배열이나 단어의 일부를 바꾸는 방법으로 다른 여행책자를 전자서적으로 발간함으로써 저작권침해가 문제된 경우에 A의 여행책자에 실린 어느 도시의 지도를 살펴보면, 그 내용이 되는 강이나 산 등의 자연적 현상과 도로, 건물, 지하철 등의 인문적 현상이 종래의 통상적인 방식과 특별히 다르게 표현되어 있지는 않고 그 표현된 내용의 취사선택도 일반적인 여행지도와 별반 다를 내용이 없다고 하면 저작물로서 보호될 만한 창작성을 인정할 수 없다.[44]

Ⅵ. 풍경 · 사진 · 미술품 등을 이용하는 경우

1. 사진으로서의 저작물성에 관한 문제

우선 통상의 카메라로 촬영된 사진도 창작성과 같은 요건을 충족하면, 「사진저작물」 (저작권법 제4조 제6호)로서 보호된다. 일반적으로 '사진에 의하여 어떤 표현을 하는가에 대한 의사결정, 구도를 어떻게 잡는가에 대한 판단, 셔터를 어떻게 조절하는가 하는 일련의 활동을 평가'하여 사진에 대하여도 저작물성을 인정할 수 있다. 그러므로 사진저작물이 저작권으로 보호되기 위하여는 최소한 촬영자의 개성(Individualität)과 창조성(Schöpfungshöhe)이 인정되어야 한다.[45] 예를 들어 피사체의 선

44 대법원 2011.2.10. 선고 2009도291 판결 참조.

45 판례는 "사진저작물은 피사체의 선정, 구도의 설정, 셔터의 속도, 셔터찬스의 포착 기타 촬영방법, 현상 및 인화 등의 과정에서 촬영자의 개성과 창조성이 인정되어야 저작권법에 의하여 보호되는 저작물에 해당한다"고 전제하고, 광고용 카탈로그의 제작을 위하여 제품 자체만을 충실하게 표현한 사진

정, 구도의 설정, 빛의 방향과 양의 조절, 카메라각도의 설정, 셔터의 속도, 셔터찬스의 포착, 기타 촬영방법, 현상 및 인화와 같은 과정에서 촬영자의 개성과 창조성이 개입된 경우에 한하여 사진저작물로서 보호된다.[46] 아마추어(素人)가 보통의 자동카메라를 가지고 간단히 셔터를 눌러 풍경사진을 찍거나 인물사진을 찍은 경우 혹은 증명서용 사진의 경우에는 통상 저작물로서의 보호를 받을 수 없다고 본다.

디지털카메라나 비디오카메라로 촬영된 화상은 어떤 저작물로 보호되는가 하는 문제가 있다. 사진저작물로서 보호되기 위하여는 사진(또는 유사한 제작방법으로 작성된 저작물을 포함한다)일 필요가 있다(저작권법 제4조 제6호). 그러므로 본래의 사진과 같은 광학적 · 화학적 과정에 의하지 않고, 화상을 그대로 재현하는 경우에는 사진이라고 할 수 없다. 전자디지털카메라나 비디오카메라로 촬영된 화상이나 TV화면, 영화의 개별적인 장면도 사진저작물로 볼 수 있으나, 디지털화상이나 TV화면 · 영화의 장면을 디지털화하여 컴퓨터용 이미지로 작성된 경우에는 사진저작물이라고 할 수 없고, 영상저작물의 범주에 속한다고 보아야 한다.

2. 풍경이나 건축물, 그림(조작품)의 사진을 이용하는 경우

(1) 풍경

홈페이지에 풍경사진을 촬영하여 사용하는 경우에 저작권법상의 문

의 창작성은 부인된다고 본 경우가 있다(대법원 2001.5.8. 선고 98다43366 판결).

46 대법원 2001.5.8. 선고 98다43366 판결; 대법원 2006.12.8. 선고 2005도3130 판결 참조.

[마이클 케나 「솔섬」]

[대한항공 광고사진]

제가 제기될 수 있다. 물론 「지리산의 사계절」을 홈페이지에 넣기 위하여 노고단의 봄경치, 한신계곡의 여름풍경, 세석산장의 가을전경, 천왕봉의 겨울풍경과 같은 자연의 풍경을 통상의 카메라나 디지털카메라로 촬영한 경우에 자연 자체를 그 대상으로 이용한다고 하더라도 그 사진은 촬영대상과의 관계에서 전혀 문제가 되지 아니한다. 다만 풍경사진에 대한 저작권침해가 문제된 경우가 있다. 영국 사진작가 마이클 케나는 2007년 2월 인근의 해수욕장의 감시탑을 촬영한 후 자동차를 타고 돌아오는 길에 우연히 솔섬[47]을 발견하고는 도로에 자동차를 세운 후 뚝방을 걸어 다니면서 적절한 촬영장소를 찾다가 물가로 내려가 1시간 30분 정도 머무르면서 솔섬을 촬영하여 소나무가 있는 섬(Pine tree)이라는 뜻의 작품명을 붙인 뒤 솔섬으로 유명세를 타게 되었는데,[48] 케나가

47 솔섬의 원래 명칭은 속섬이며, 강원도 삼척시 원덕읍 월천리에 위치한 속섬은 소나무가 빽빽하게 들어선 무인도이다.

48 강원도 삼척시가 홈페이지를 통하여 '원덕읍 월천리에 있는 속섬은 세계적인 사진작가인 마이클 케

솔섬사진을 발표한 때로부터 4년 후인 2011년 대한항공이「우리(에게만 있는) 나라」라는 카피를 담은 15초짜리 광고에 솔섬을 연상케 하는 사진(2010년 대한항공 여행사진 공모전에 입선한 50여점의 작품 중 아마추어 사진가 A가 찍은「아침을 기다리며」라는 사진)을 사용하였고, 케나는 자신이 찍은 사진저작물의 핵심이 '물에 비친 솔섬을 통하여 물과 하늘과 나무가 조화를 이루고 있는 앵글'이며 A의 사진은 자신의 사진저작물과 유사하다고 주장하면서 대한항공의 광고 속 사진이 자신의 작품을 표절한 사진이라고하는 이유로 솔섬사진의 저작권침해에 대하여 대한항공을 상대로 3억원의 손해배상소송을 제기한 사건이 있다.

풍경사진도 경우에 따라서 저작권법의 보호를 받을 수 있으나, 사진작품이 저작권법에 의하여 보호를 받기 위하여는 피사체의 선정, 구도의 설정, 빛의 방향과 양의 조절, 카메라각도의 설정, 셔터의 속도, 셔터찬스의 포착, 기타 촬영방법, 현상과 인화 등의 과정에서 촬영자의 개성과 창조성이 인정되어야만 저작물에 해당된다고 볼 수 있다.[49] 그리고 솔섬사건에 대하여 판례는 (i) 동일한 피사체를 촬영하는 경우 이미 존재하고 있는 자연물이나 풍경을 어느 계절의 어느 시간에 어느 장소에서 어떠한 앵글로 촬영하느냐의 선택은 일종의 아이디어로서 저작권의 보호대상이 될 수 없고, (ii) 비록 케나의 사진과 A의 사진이 모두 같은 촬영지점에서 '물에 비친 솔섬을 통하여 물과 하늘과 나무가 조화를 이루고 있

나의 작품이 발표되면서 유명해진 곳'이라고 홍보할 정도로 되고, 2009년 솔섬 인근에 생산기지건설이 확정된 때에는 시민단체가 케나의 사진을 앞세워 솔섬의 보존을 이끌어내기도 하였다. 또한 당시 아마추어사진가 사이에서는 케나의 솔섬사진 따라잡기가 유행될 정도의 유명세를 탔다.

49 대법원 2010.12.23. 선고 2008다44542 판결 등 참조.

는 모습'을 표현하고 있으므로 전체적인 콘셉트(concept)나 느낌이 유사하다 하더라도 그 자체만으로는 저작권의 보호대상이 된다고 보기 어렵고(자연경관은 만인에게 공유되는 창작의 소재로서 촬영자가 피사체에 어떠한 변경을 가하기가 사실상 불가능하다는 사정을 고려할 때 다양한 표현가능성이 있다고 보기 어려우므로, 전체적인 콘셉트나 느낌에 의하여 저작물로서의 창작성을 인정한다면 다른 저작자나 예술가의 창작의 기회 및 자유를 심하게 박탈하는 결과를 초래한다), (iii) 케나의 사진은 솔섬을 사진의 중앙부분보다 다소 좌측으로 치우친 지점에 위치시킨 정방형의 사진인 반면에, A의 사진은 솔섬을 사진의 중앙부분보다 다소 우측으로 치우친 지점에 위치시킨 장방형의 사진으로, 두 사진의 구도 설정이 동일하다고 보기도 어렵고, (iv) 빛의 방향은 자연물인 솔섬을 찍은 계절과 시각에 따라 달라지므로 선택의 문제로서 역시 그 자체만으로는 저작권의 보호대상이 되기 어려울 뿐만 아니라, 케나의 사진과 A의 사진은 각기 다른 계절과 시각에 촬영된 경우로 보이고(케나의 사진은 늦겨울 저녁 무렵에, A의 사진은 한여름 새벽에 촬영된 경우로 보인다), (v) 케나가 찍은 사진의 경우 솔섬의 좌측 수평선 부근이 가장 밝은 반면에, A의 사진은 솔섬의 우측 수평선 부근에 밝은 빛이 비치고 있어 빛의 방향이 다르고, 달리 두 저작물에 있어 빛의 방향이나 양의 조절이 유사하다고 볼만한 자료가 없고 (vi) 두 사진 모두 장노출기법을 사용하고는 있으나, 케나가 찍은 사진의 경우 솔섬의 정적인 모습을 마치 수묵화와 같이 담담하게 표현한 반면에, A의 사진의 경우 새벽녘 일출 직전의 다양한 빛과 구름의 모습, 그리고 그와 조화를 이루는 솔섬의 모습을 역동적으로 표현하고 있어 촬영방법을 통해 표현하고자 하는 내용이 상이하고, (vii) 카메라셔터의 속도, 기타 촬영방법, 현상 및 인화 등의 과정에 유사점을 인정할 만한 자료가 없는 사정 등에 비추어 보면, 케나의 사진과 A의 사진이 실질적으로 유사하다고 보기 어려워 케나의 사진과 A의 사진 사이에 실질적 유사성이 인정됨을 전제로 한 저작권침해를 인정할 수 없다고 본다.[50]

(2) 이미지

인터넷에서 수집한 이미지를 자기의 서버에서 서비스하는 경우에 불법인가 하는 문제가 있다. 인터넷사이트에 있는 사진 등 이미지는 저작물로서 저작권의 보호를 받으므로, 다른 인터넷사이트가 그 이미지를 저작권자의 허락 없이 무단으로 이용한다면 저작권자의 복제권과 전송권을 침해하는 행위가 된다.

예를 들어 이미지수집프로그램을 이용하여 저작권자의 허락을 받지 아니하고 사진작품을 복사, 전송받아 100픽셀×100픽셀과 400픽셀×400픽셀로 축소한 작은 이미지, 즉 썸네일이미지로 변환하는 프로그램을 만든 후, 그 이미지를 자기의 서버에 저장하여 포털사이트 등에게 제공함으로써 저작권자의 저작재산권에 대한 침해가 문제된 사건이 있다. 원칙적으로 인터넷사이트에서 수집한 이미지나 사진을 축소하여 저장하는 행위는 저작물의 복제 내지 2차적저작물의 작성행위로써, 저작권자의 허락이 없으면 당연히 저작권자의 복제권, 전송권 등을 침해한다. 법원도 A소프트웨어개발업체가 스스로 개발한 이미지수집프로그램을 이용하여 사진작가의 홈페이지에 접속하여 그의 허락을 받지 아니하고

50 서울중앙지방법원 2014.3.27. 선고 2013가합527718 판결(역시 서울고등법원 2014.12.4. 선고 2014나2011480 판결도 케나의 사진저작물과 대한항공 여행사진 공모전에 출품한 A의 사진 사이에 실질적 유사성이 있다고 볼 수 없는 이상, 저작권침해의 주장은 받아들일 수 없다고 본다).

사진작품 백두산, 한라산, 금강산, 유채 등을 복사, 전송받아 작게 축소한 이미지프로그램을 만든 후 주요한 포털사이트 등에 현금 및 배너광고료를 받고 제공 · 배포한 사건에서 그 행위는 원저작물의 이용목적, 이용된 내용과 분량, 원저작물을 수록한 방법과 형태, 사용자의 일반적 관념, 원저작물에 대한 수요대체성 등에 비추어 저작권법 제35조의3이 정한 저작물의 공정한 이용에 해당한다고 볼 수는 없다고 하여 저작권의 침해를 인정한 경우가 있다.[51]

(3) 건축물

인간의 사상 또는 감정을 표현한 창작물을 「저작물」이라 하며(저작권법 제2조 제1호), 물론 건축물 · 건축을 위한 모형 및 설계도서, 그 밖의 건축저작물은 당연히 저작권법상의 저작물로서 보호된다(저작권법 제4조 제1항 제5호).[52] 다만 단순한 빌딩이나 건물이 모두 저작물로서 보호되지는 아니하고, 미술 혹은 학술에 속한 건축물에 한하여 저작권법상 보호되는 건축저작물이라고 해석할 수 있다. 건축물이 「미적 창작성」을 가지는가 아닌가에 의하여 건축저작물에 해당하는가 여부가 판단된다. 그러므로 「미적 창작성」이 인정되는 건물 이외의 빌딩이나 건물에 대하여는 저작권의 대상이 되지 아니하여 그 건물을 촬영하여 그 사진을 이

---

51 서울지방법원 2003.9.25. 선고 2003고단4821 판결.

52 예를 들어 A가 삼각형 도형을 기본형상으로 한 매우 독특한 외관을 가진 건축물을 설계하여 시공한 경우에 그 건축물은 창작성을 갖춘 건축저작물에 해당하므로, 만약 B가 후에 설계, 시공한 건축물이 A가 설계, 시공한 건축물과 같은 특징적 외형을 모두 갖추고 있어 그 외관에 있어 극히 유사하면 저작권의 침해에 해당한다(서울중앙지방법원 2013.9.6. 선고 2013가합23179 판결). 비록 B가 설계, 시공한 건축물의 출입문 상단에 추가적으로 테라스형태의 시설물이 있다거나 그 건축물의 재질이 다른 부분이 있다는 사실만으로는 A의 저작권을 침해하지 아니한다고 판단하기 어렵다.

용하더라도 저작권침해가 문제될 여지가 없다.[53] 또한 건축저작물에 해당하는 경우에도 동일한 건물을 건축한다거나 옥외의 장소에 지속적으로 설치하기 위하여 동일한 건물을 복제하는 행위는 허용되지 않으나, 그 경우가 아닌 한, 예를 들어 사진촬영을 한다거나 사생을 한다고 하더라도 저작권침해는 되지 아니한다. 결국 건축물의 경우에는 「미적 창조성」의 여부와 관계없이, 또는 저작권의 보호기간 내인가 아닌가를 묻지 않고, 사진촬영을 하여 전자데이터로서 홈페이지에 이용하더라도 저작권침해의 문제는 생기지 아니한다. 그러나 예를 들어 뉴욕의 엠파이어스테이트빌딩, 파리의 에펠탑,[54] 시드니의 오페라하우스, 63빌딩, 남산타워 등과 같은 인공의 건축물을 촬영하여 그 사진을 이용한 경우에는 쉽게 저작권침해가 된다고 단정하기 어렵다.

건축물에 대한 사진을 촬영하여 웹사이트에 게시하거나 인터넷광고 등으로 사용하면 저작권의 침해로 되는 경우도 있다. 실제로 A광고제작사가 경기 파주 헤이리예술마을의 유브이하우스(UV House)라는 건물을 배경으로 광고를 제작하여 국민은행이 인터넷동영상광고 및 Gold & Wise KB 프라이빗뱅킹 TV광고, 지면광고 등에 사용함으로써 그 건축물저작권의 침해가 문제된 경우가 있다. 유브이하우스를 설계한 건축가가 저작권료를 내지 않아 재산권에 손해를 끼치고, 저작물을 이용할 때

53 미국에서 유명영화사 워너 브러더스가 영화 「배트맨 포에버」의 촬영장소로 LA시내의 유명건물을 사용하여 소송이 벌어진 사건에서 미국법원은 저작권의 침해가 아니라고 본 경우가 있다.

54 에펠탑의 경우에는 건축된 때가 1889년이며 에펠탑을 건축한 건축가가 사망한지도 70년이 경과함으로써 저작권보호기간은 소멸되어 이미 공공영역으로 편입된 저작물이라고 할 수 있고, 다만 에펠탑을 관리하는 회사측에서 '야간조명'을 건축물로부터 독립된 별개의 저작물로 등록하여 밤이 되어 조명이 켜지면 저작권의 대상이 된다.

저작권자의 이름을 표시하여야 하는 규정을 지키지 않아 저작인격권을 침해한 사실을 이유로 위자료 등을 포함하여 모두 4,800만원을 손해배상하라고 한 청구에 대하여 법원이 제1심 판결에서 해당 건축물을 광고 속에 배경으로 사용하더라도 저작권의 침해라고 볼 수 없다고 판시하여 건축가측의 청구를 기각한 후에, 건축가측에서 항소하여 항소심 재판을 진행하던 중에 양측이 광고주인 국민은행과 A광고제작사가 건축가에게 1천만원을 지급하고 저작권침해에 대한 유감을 표하기로 하는 조정이 성립되어 2년 반에 걸친 법정공방을 끝낸 사건이 있다.

[경기 파주 헤이리 예술마을의 유브이하우스]

예를 들어 청계천을 산책하다가 클래스 올덴버그의 작품인 「스프링」(Spring)을 배경으로 사진을 찍어 이메일이나 문자메시지, 카카오톡 등을 통하여 지인에게 보내거나 SNS에 올린 경우, 프랑스의 유명한 건축가 도미니크 페로가 설계한 이화여대 ECC를 찍어 자기의 블로그나 카페, 인스타그램, 유튜브에 올린 경우에 저작권침해가 되는가 하는 문제가 있다. 만약 클래스 올덴버그의 「스프링」을 같은 조형물로 복제하거나 촬영하여 영업적으로 이용한다고 하면 클래스 올덴버그의 「스프링」 자체가 조각저작물로서 보호를 받으므로(저작권법 제4조 제1항 제4호) 당연히 저작권침해가 될 수 있다. 역시 A여자대학이 이화여대 ECC를 모방하여 캠퍼스 내에 ECC와 똑같거나 비슷한 모양의 건축물을 설치하거나 ECC를 상업광고의 배경으로 이용하는 경우에는 저작권침해가 문제될 수 있다. 특히 저작권법 제35조 제2항은 개방된 장소에 항시 전시되어 있는 건축저작물은 어떠한 방법으로든지 복제하여 이용할 수 있으나, 건축물을 건축물로 복제하는 경우나 판매의 목적으로 복제하는 경우에는 허용되지 아니한다고 규정하고 있다.

3. 작품집의 스캐닝

예를 들어 「동물의 세계」라고 하는 사진집과 같은 서적에서 맘에 드는 작품을 스캐너로 읽어 홈페이지의 이미지로 이용하는 행위는 저작권법상 허용되는가 하는 문제가 있다. 우선 인쇄된 저작물이 디지털형식으로 스캔되면 복제물(화상파일로서의 디지털파일 그 자체)이 작성된 경우에 해당하고, 저작권법 제30조의 사적 이용을 위한 복제에 해당하는 경우는 별도로 하고, 본래의 서적이 출판물(저작물)로서 보호되는 이상, 저작권침해가 된다. 또한 사진집에 있는 사진의 이용이 그 회화를 사진촬영한 사진작가에 대하여 사진의 저작권을 침해한 경우에 해당하는가 하는 문제가 있으나, 회화는 그대로 카메라로 촬영된 복제사진에 불과하여 복사기로 복사된 복제물과 아무런 차이가 없고, 오리지널과는 별개의 새로운 사진의 저작물이 창작된 경우로 인정될 수 없으므로, 복제사진을 촬영한 카메라맨에게는 저작권이 성립하지 아니한다.

4. 미술품의 복제

회화나 조각과 같은 미술품은 그 자체가 미술저작물(저작권법 제4조 제4항)로서 저작권법상 보호된다. 그러므로 회화나 조각을 촬영하거나 촬영한 사진을 이용하는 경우에는 화가나 조각가의 저작권침해가 문제가 되고, 저작권자(화가나 조각가)의 허락을 얻어야 한다. 회화 · 서예 · 조각 · 판화 · 공예 · 응용미술품과 같은 미술품이 다른 개인의 소유물에 속한다고 하더라도 그 사진을 촬영하여 이용하는 경우에 대하여는 소유권의 효력이 미치지 아니하므로 원칙적으로 소유자의 허락은 필요 없고, 다만 사진촬영을 위한 전시장소에의 출입이나 차용이 필요한 경우에는 그 미술품을 관리하는 소유자의 허락이 요구된다. 회화와 같은 미술작품의 경우에 「題號」가 붙은 경우가 많으나, 저작물의 제호는 저작물의 본질적 내용이라고 할 수는 없고, 또한 별개의 독립한 저작물로도 취급되지 아니하므로, 그 제호에 대하여 독립한 저작권이 성립하지는 아니한다. 다만 제호는 저작물과의 결합에 의하여 저작물의 동일성을 나타내는 역할을 하여 저작물과 밀접한 관계가 있다고 하는 사실을 고려할 때 법적 보호의 측면에서 양자를 구별하여 생각할 수는 없다고 본다. 그리고 미술작품의 이용에 대하여 허락을 얻은 경우라고 하더라도 제호를 변형하는 행위는 동일성유지권(저작권법 제13조)의 침해의 문제가 되고, 저작자의 성명을 표시한다고 한 조건에도 불구하고 그 표시를 하지 아니하면 성명표시권(저작권법 제12조)의 침해가 된다.

5. 디자인 및 일용품을 사용하는 경우(응용미술)

물품(물품의 부분 및 글자체를 포함한다)의 형상 · 모양 · 색채 또는 그 결합으로서 시각을 통하여 미감(美感)을 일으키게 하는 경우를 디자인이라 일컫는다(디자인보호법 제2조 제1호). 일반적으로 일용품에 관한 디자인은 디자인보호법에서의 보호의 대상이 된다. 다만 어떤 실용품의 디자인과 같은 응용미술저작물이 디자인보호법의 등록을 받은 경우인가 아닌가에 관계없이 저작권법상의 보호대상이 되는가 하는 문제가 있다. 예를 들어 재미있는 흑백T셔츠의 디자인을 홈페이지에 이미지로 이용한 경우에 저작권을 침해하는가가 문제된다.

저작권법은 응용미술저작물을 물품에 동일한 형상으로 복제될 수 있는 미술저작물로서 그 이용된 물품과 구분되어 독자성을 인정할 수 있는 저작물이라 정의하면서 디자인을 응용미술저작물에 포함시키고 있다(저작권법 제2조 제15호). 다만 응용미술저작물로서 저작권법의 보호를 받기 위해서는, 산업적 목적으로의 이용을 위한 '복제가능성'과 당해 물품의 실용적 · 기능적 요소로부터의 '분리가능성'이라는 요건이 충족되어야 한다.[55] 예를 들어 T셔츠의 디자인과 같은 직물디자인, 서체의 디자인과 관련하여 생각하면, 주관적인 제작목적을 제외하고 객관적 · 외형적으로 보아 실용목적을 위한 미(美)의 표현이라고 하여 저작권의 성립에 제약을 받지는 아니하며, 전적으로 미의 표현을 추구하기 위하

55 대법원 2004.7.22. 선고 2003도7572 판결; 대법원 2013.4.25. 선고 2012다41410 판결 참고.

여 제작된 경우로 인정되고,[56] 회화 · 조각과 같은 순수미술과 동일시할 수 있는 때에는 미술저작물로서 보호받을 수 있다.[57]

6. 골프장의 항공사진을 스크린에 재현한 스크린골프

정보기술(IT)시대를 맞아 시뮬레이션으로 스크린골프를 즐기는 인구가 매년 큰 폭으로 상승하고 있고, 스크린골프사업이 성업 중에 있다. 스크린골프업체는 국내외의 유명한 골프장을 항공사진으로 촬영하여 스크린상에 재현하는 방법으로 실제의 골프장과 똑같은 코스에서 골프를 치는 경우와 같은 느낌을 가질 수 있도록 스크린골프를 제공하고 있다. 그러므로 스크린골프업체가 실제 골프장의 조경을 항공사진으로 촬영하여 스크린골프의 배경이미지로 사용한 행위가 저작권침해에 해당되는지가 문제된다. 실제로 몽베르컨트리클럽과 인천국제CC, 대구CC 3곳이 스크린골프업체인 골프존을 상대로 저작권침해를 이유로 손해배상청구소송을 제기한 사건이 있다.

건축물 · 건축을 위한 모형 및 설계도서 등은 건축저작물로서 보호를 받으므로(저작권법 제4조 제1항 제5호), 당연히 골프장의 설계도 등에 대하여는 저작권이 인정될 수 있다. 다만 스크린골프에서는 골프장의

56 판례를 보면 "인쇄용 서체도안과 같이 실용적인 기능을 주된 목적으로 하여 창작된 응용미술작품으로서의 서체도안은 거기에 미적인 요소가 가미되어 있다고 하더라도 그 자체가 실용적인 기능과 별도로 하나의 독립적인 예술적 특성이나 가치를 가지고 있어서 예술의 범위에 속하는 창작물에 해당하는 경우에만 저작물로서 보호된다"(대법원 1996.8.23. 선고 94누5632 판결).

57 한복디자인기법이 응용미술물로서 저작권의 보호대상이 될 수 없다고 본 경우가 있다(서울지방법원 1990.4.19. 선고 89가합39285 판결).

조경이나 골프코스, 홀의 위치와 배치 등을 촬영한 항공사진을 배경이미지로 이용하므로, 골프장 자체가 저작물로서 보호되는가가 문제된다. 골프코스의 레이아웃이나 조경 등 자연적인 변형물이 나름대로 심미적인 부분이 있어 그 독창성이 인정되는 경우에는 골프장 자체도 건축저작물로서 보호되므로, 골프장의 지형을 항공사진으로 촬영한 후에 온라인상에 임의로 복제하여 영업에 이용하는 행위는 저작권침해가 될 수 있다.

7. 지도를 사용하는 경우

홈페이지에 자사의 안내지도를 작성하는 경우에 흔히 시판되고 있는 지도나 타인이 만든 지도의 일부를 스캔하여 그 지도를 이용하는 경우가 있다. 본래 지도는 지형을 그대로 묘사한 작품으로 창작성을 인정하여야 할 부분은 적다고 하는 문제가 있으나,[58] 저작권법 제4조 제1항 제8호는「지도 · 도표 · 설계도 · 약도 · 모형 그 밖의 도형저작물」로서 지도가 저작물에 포함된다고 하는 사실을 명시하고 있다. 그러므로 저작물로서 보호를 받는 지도를 스캐너로 읽어 그 일부를 홈페이지에 사용하는 행위는 복제권의 침해 혹은 동일성유지권의 침해에 해당할 수 있다. 다만 지도의 이용이 페어유스로서 허용될 수 있는가 아닌가 하는 문

58 일반적으로 지도는 지표상의 산맥·하천 등의 자연적 현상과 도로·도시·건물 등의 인문적 현상을 일정한 축적으로 약속된 특정한 기호를 사용하여 객관적으로 표현하고 있으므로, 지도상에 표현되는 자연적 현상과 인문적 현상은 사실 그 자체일 뿐 저작권의 보호대상은 아니라고 하여야 하고, 지도의 창작성 유무를 판단할 때에는 지도의 내용이 되는 자연적 현상과 인문적 현상을 종래와 다른 새로운 방식으로 표현하는지, 그 표현된 내용의 취사선택에 창작성이 있는지 등이 판단의 기준이 된다(대법원 2011.2.10. 선고 2009도291 판결).

제가 있으나, 서적으로 발매된 지도책이나 타인의 인쇄된 지도를 홈페이지에서 자사에의 길안내를 위한 지도로서 사용하는 경우에는 저작권 침해가 될 수 있다. 예를 들어 홈페이지를 제작하면서 다른 사이트의 전자지도가 뜨도록 링크를 하면 프레이밍링크로 볼 수 있고, 만약 저작권자의 허락을 받지 아니한 경우라고 하면, 저작권의 침해 또는 민법상 불법행위를 이유로 책임을 져야 한다. 법원도 저작권자의 허락 없이 자신의 인터넷 홈페이지에 전자지도를 포함한 지도검색서비스 일체를 프레이밍링크한 행위는 저작권자의 정당한 이익을 침해하고 그로 인하여 이익을 얻는 위법한 행위에 해당한다고 판시한 경우도 있다.[59]

8. 인물의 사진이나 캐릭터를 사용하는 경우

(1) 초상권의 문제

일반인을 피사체로 하는 사진을 무단히 인터넷의 홈페이지에 게재하는 행위는 법적으로 허용되는가 하는 문제가 있다. 물론 타인이 촬영한 사진이라고 하면 사진의 저작권의 문제가 발생하나, 또한 피사체가 된 인물에 관한 권리가 문제될 수도 있다.[60] 본래 개인에게는 이른바「초상권」이라고 불리는 권리가 인정된다. 초상권이란 자신의 얼굴 기타 사회통념상 특정인임을 식별할 수 있는 신체적 특징에 관하여 함부로 촬영

59 서울지방법원 2001.12.7. 선고 2000가합54067 판결.

60 결혼사진이나 돌사진 등 기념사진의 필름원판 또는 디지털방식으로 촬영된 사진파일은 그 필름원판이나 사진파일을 인도하지 않는다는 특약을 하지 않은 한, 본인에게 인도하여야 한다(부산지방법원 1986.11.12. 선고 86가단440 판결 참조).

또는 그림묘사되거나 공표되지 아니하며 영리적으로 이용당하지 않을 권리를 말하며, 타인의 용모, 자태, 행동을 무단히 촬영·공표하여 그 타인에게 수치심, 혐오, 불쾌와 같은 정신적 고통을 생기게 하는 경우에 초상권의 침해가 문제된다. 만일 본인의 허락을 얻지 아니하고 사진을 촬영하여 홈페이지에 게재하는 경우, 잡지에 나오는 연예인의 사진을 스캐너를 이용하여 이미지파일로 제작하거나 방송화면을 캡처하여 스틸사진을 만들어 인터넷에 올려놓는 경우에는 초상권의 침해를 이유로 금지청구 혹은 손해배상청구를 받을 수 있다.[61] 초상권의 침해에 따른 손해배상의 내용으로서는 원칙적으로 위자료라고 하는 형태로 정신적 손해의 배상만이 인정된다.

(2) 브로마이드사진의 이용

시장에 판매되는 탤런트의 브로마이드사진을 이용하여 홈페이지를 만든 경우에 탤런트의 퍼블리시티권에 대한 논의에 앞서, 브로마이드사진의 사진으로서의 저작물성이 문제가 된다. 피사체가 가진 자질과 매력을 끌어내기 위하여 피사체로 하여금 포즈를 취하게 하고, 배경이나 빛의 음영 혹은 카메라앵글에 전문적인 조작을 가하여 단순한 카메라의 기계적 작용에 의존하지 아니하고, 촬영자의 개성·창작성이 나타난 경우에는 사진저작물로서 저작권법의 보호대상이 된다고 본다. 그러므로

---

61 인기 록그룹 시나위의 맴버가 앨범사진을 무단으로 게재한 음악사이트를 운영하는 회사를 상대로 초상권의 침해를 이유로 손해배상을 청구한 소송에서 법원은 "가수나 정치인 등 유명인은 국민의 알 권리나 직업특성 등에 비춰 볼 때 특별한 사정이 없는 한 초상권침해를 인정할 수 없다"고 판시하고, 피고가 원고의 허락을 얻지 않고 사진을 게재한 사실은 인정되나, 비난의 의도가 없어 손해배상책임을 묻기 어렵다고 본 경우가 있다(대한매일신문 2001.10.29, '가수 등 공인사진 사용, 저작권침해 아니다' 판결).

브로마이드사진은 영업으로 판매할 의도 아래 제작된 경우에도 촬영자의 개성, 창조성이 인정되는 결과, 증명서용의 초상사진과 같이 단순한 카메라의 기계적 작용에 의하여 표현된 경우와 달리, 사진저작물에 해당한다고 본다. 만일 브로마이드사진을 축소하거나 일부를 절단하여 홈페이지에 실은 경우에는 복제권 혹은 개작이용권(2차적저작물작성권)의 침해라고 볼 수 있다.[62]

(3) 탤런트의 사진(퍼블리시티권)

피사체가 일반인의 사진이라고 하면 「초상권」이 문제가 되나, 피사체가 연예인 혹은 운동선수와 같은 인기인인 경우에는 사정이 다르다. 예를 들어 TV탤런트와 같은 경우에는 그 성명이나 초상에 경제적 가치가 존재하여 성명이나 초상의 사용에 의하여 로얄티를 받을 수 있는 위치에 있으므로, 무단히 그 성명이나 초상이 사용되면 정신적인 손해뿐만 아니라 경제적인 손실도 발생할 수 있고, 그 손실을 법적으로 보호할 필요가 있다. 탤런트가 세상의 인기인으로서 누리는 법적 이익 혹은 권리를 보통 「퍼블리시티권」 (right of publicity)이라고 한다.

예를 들어 영화에 나오는 배우의 초상을 무단히 상품의 선전을 위하여

---

62 A기자가 박찬호선수의 성장과정과 메이저리그로의 진출과정, 메이저리그에서의 생활 등에 관한 기사를 토대로 320여쪽에 이르는 「메이저리그와 정복자 박찬호」 라는 서적을 저술하는 한편, 특별부록으로 박찬호선수의 투구모습과 런닝모습이 양면으로 들어간 천연색 브로마이드사진을 발매·반포하여 초상권의 침해가 문제된 사건에서 대형사진이 게재된 브로마이드는 박찬호선수에 대한 평전이라 할 수 있는 서적의 내용으로 필요불가결한 부분이라 할 수 없을 뿐만 아니라 서적과 분리되어 별책부록으로 제작된 경우로서 그 자체만으로도 상업적으로 이용될 염려가 적지 않고, 상업적으로 이용될 경우에 박찬호선수의 초상권이 침해된다고 보여지므로 브로마이드의 발매·반포는 박찬호선수의 초상권에 대한 침해라고 본 경우가 있다(서울고등법원 1998.9.29. 자 98라35 결정).

사용하면, 비록 그 배우가 성명이나 초상의 권한 없는 사용에 의하여 정신적 고통을 입지 아니한 경우에도 경제적 이익의 침해를 이유로 법적 구제를 받을 수 있다. 또한 가수의 사진이 들어있는 CD표지를 무단히 스캔하여 홈페이지에 게재한 경우에는 그 가수의 퍼블리시티권의 침해가 되어 재산적 손해배상의 청구가 가능하다.

생존하고 있는 탤런트가 아니라, 마릴린 먼로와 같이 이미 사망한 탤런트의 일러스트나 생전의 사진을 홈페이지에 실는 경우에도 문제가 있다. 사망한 탤런트의 사진이나 일러스트를 사용하는 경우에는 사진저작권침해는 당연히 문제가 되며, 동시에 사자의 퍼블리시티권이 인정되는가 하는 문제도 있다. 퍼블리시티권을 인격권과는 별개 · 독립의 재산권으로 보는 한, 재산권은 보통 상속성이 인정되므로, 퍼블리시티권의 상속성도 긍정할 수밖에 없다고 생각된다.[63] 만약 퍼블리시티권이 사후에까지도 인정된다고 하면 이미 사망한 유명 탤런트의 사진을 홈페이지에 사용하는 경우에도 성명이나 초상이 가지는 재산적 가치로서의 퍼블리시티권의 침해에 의한 손해배상책임이 인정될 수 있다.[64]

---

63 국내에서는 파블리시티권이라고 하는 권리가 일종의 재산권으로서 인정되는가에 대한 논의에서부터 (하급심의 판례는 퍼블리시티권은 인정하기도 하고 퍼블리시티권이라는 권리를 부정하기도 한다), 만약 퍼블리시티권이 인정된다고 하면 양도성이나 상속성이 인정되는가에 관하여 의견이 대립하고 있다.

64 미국 포브스는 매년 세상을 떠난 유명 인사의 사후 연간 총소득을 공개하고 있는데, 2013년 10월부터 2014년 10월까지 마이클 잭슨이 1억4,000만달러의 수입을 올려 1위를 차지하고, 2위 엘비스 프레슬리 5,500만달러, 3위 찰스 슐츠 4,000만달러, 4위 엘리자베스 테일러 2,500만달러, 5위 밥 말리 2,000만달러, 6위 마릴린 먼로 1,700만달러 등이라고 한다.

(4) 캐릭터의 문제

캐릭터란 협의로는 미키 마우스, 뽀빠이, 둘리, 포켓몬스터와 같은 만화나 극화에 등장하는 가공의 인물 · 동물을 의미하나, 최근에는 엽기토끼 마시모로 혹은 졸라맨과 같이 인터넷에서의 플래시 애니메이션 캐릭터도 중요한 의미를 차지하고 있다. 또한 넓은 의미에서는 고객흡인력의 상품에의 이용이라고 하는 측면에서 공통점을 가지는 서비스마크나 심볼마크 혹은 마릴린 먼로와 같은 유명인(단체를 포함)의 초상이나 성명도 캐릭터에 포함된다고 본다. 얼마 전 완구제조업체가 인기가수 싸이와 빼닮은 봉제인형을 제작 · 판매하여 싸이측이 그의 초상권과 퍼블리시티권의 침해를 이유로 손해배상을 청구한 사건에서와 같이 연예인이나 스포츠 스타 등 유명인의 초상을 캐릭터로 이용한 경우에는 초상권이나 퍼블리시티권의 침해가 문제된다.

예컨대 「광수생각」이라고 하는 만화 자체는 저작권법 제4조 제1항 제4호가 규정한 회화로서 미술저작물에 속하고, 만화 자체를 그대로 디지털화하여 홈페이지에 무단히 사용하는 경우에는 저작권(복제권)의 침해에 해당한다. 또한 만화에 등장하는 개별적인 인물, 예컨대 광수생각의 「신뽀리」라고 하는 캐릭터 자체를 무단히 홈페이지에 이용하는 경우에도 원칙적으로 저작권침해가 된다고 하는 사정에는 차이가 없다.[65] 다만 이론구성에 대하여 (i) 캐릭터를 무단사용한 경우에도 캐릭터 자체에 저작물성이 인정되지는 아니하나, 만화 자체의 저작권의 침해가 된다고

65 판례로서는 등록상표 「TOM & JERRY」가 만화영상물을 모방하여 출원등록한 사실은 인정되나, 「TOM & JERRY」의 저작권이 이미 소멸한 사실을 이유로 저작권침해가 아니라고 본 경우가 있다(대법원 2000.5.30. 선고 98후843 판결).

보는 견해, (ii) 만화 자체의 저작물성과는 별도로 캐릭터 자체에 저작물성을 인정하고, 캐릭터의 무단사용은 캐릭터의 저작권침해로 된다고 보는 견해가 대립한다.

실제로 캐릭터의 저작권이 법적 문제로 비화된 사례로서 온라인게임인「리니지」(lineage)의 캐릭터를 둘러싼 엔씨소프트와 디지털드림스튜디오 사이의 분쟁을 들 수 있다.[66] 리니지의 원작자는 본래 만화가 S이나, 엔씨소프트는 S로부터 온라인게임에 관한 저작권을 양도받아 리니지라고 하는 온라인게임을 개발하고, n세대를 중심으로 폭발적인 인기를 누리게 되자 리니지의 등장인물을 팬시, 의류, 사무용품에 활용하려는 사업을 구상하여 법적 문제가 야기된 경우가 있다. 원작자 S는 엔씨소프트와의 원작사용계약을 통하여 원작만화의 요소를 사용하여 온라인게임을 제작, 서비스할 수 있는 권한만을 양도하였으므로, 리니지에 대한 원작자의 동의 없이 엔씨소프트가 '리니지'라고 하는 제목, 인물설정, 배경, 인명, 지명을 사용하여 리니지캐릭터사업을 벌리는 행위는 계약위반이라고 주장하며, 향후 온라인게임 리니지에 추가적인 내용을 개발하거나 속편을 제작하는 행위에 대한 금지를 청구하였는데, 후에 리니지의 저작권분쟁에 대하여 원작자 S와 엔씨소프트가 합의를 하자, 그 이전에 원작자 S와 애니메이션, 애니메이션을 이용한 캐릭터사업, 온라인게임을 제외한 플랫폼을 이용한 게임개발에 대한 계약을 맺은 애니키노가 캐릭터에 관한 권리를 주장하며 첨예하게 대립한 사건이 있다.[67]

---

66 조선일보 2001.2.21, '리니지' 원작자, 엔씨소프트 상대 소송.

67 조선일보 2001.12.27, 엔씨소프트, 리니지 저작권 분쟁 합의; 조선일보 2001.12.30, 리니지 저작권 문제 2라운드 돌입.

그리고 1987년 국내 최초로 파리-다카르렐리를 완주한 카레이서(최종림)를 만화(「아스팔트사나이」)의 등장인물인 카레이서 '최정립'의 캐릭터로 사용하여 만화 속의 모델에 관한 성명 또는 초상권의 침해를 주장한 사건에서, 법원은 만화 속의 모델은 만화 속에서 자신의 명예가 훼손된 경우에 침해의 금지를 요구하거나 그로 인한 손해의 배상을 구할 수 있으나, 명예가 침해되는 정도에 이르지 아니한 경우에는 헌법상 예술의 자유와 출판의 자유가 보장되어 있는 사정에 비추어 수인하여야 하고, 특히 모델이 사회에서 널리 알려진 공적인 인물인 경우에는 더 그러하다고 판시하면서 만화에서 등장인물의 캐릭터로 실존인물의 성명과 경력을 사용한다고 하여도 만화 또한 예술적 저작물의 하나라고 보는 이상, 상업적인 이용으로 보기는 어렵다고 판단하였다.[68]

(5) 영화 · TV · 게임의 화면

영상저작물도 저작권법적으로 보호된다. 영상저작물로서는 상업광고필림, 비디오필림, 영화, 문화영상, 기록영상 및 학문적 영상이 포함된다.[69] 예를 들어 「타이타닉」에서 주연으로 나온 레오나르도 디카프리오와 케이트 윈슬렛이 바다를 향하여 팔을 벌리고 있는 장면 혹은 마가렛 미첼원작의 「바람과 함께 사라지다」에서 비비안 리가 맡은 스칼렛 오하라가 흙을 손을 집으며 「내일은 내일의 바람이 분다」(Tomorrow is another day)라고 하는 대사가 나오는 라스트 씬과 같은 영화의 인상적

68 서울지방법원 1996.9.6. 선고 95가합72771 판결.

69 아마추어로서 개인적으로 만든 가족생활이나 여행을 담은 필림 혹은 TV뉴스는 저작권법적으로 보호되는 영상저작물이라고 할 수 없다.

인 장면을 동영상(MPEG) 혹은 정지화면(GIF파일 혹은 JPEG파일)으로 이용할 수 있는가 하는 문제가 제기된다. 우선 영화의 장면을 이용하는 경우에 동화상으로서는 영상저작물에 해당하나(저작권법 제4조 제1항 제7호), 영화필림의 한 커트의 경우에는 사진저작물의 속성도 가진다고 할 수 있다. 또한 비디오게임 혹은 컴퓨터게임의 화면도 브라운관 위에 필림화면에 유사한 연속된 시각적 효과를 생기게 하는 표현방법으로서 게임자의 조작에 의하여 변화가 생긴다고 하더라도 일정한 프로그램의 범위 내에서의 선택에 불과하다고 하는 의미에서 동일성을 가지고 존속하여 영화저작물로서 보호된다고 할 수 있다. 어느 경우이든 영화나 게임의 일장면이라고 하더라도 그 장면을 허락을 얻지 아니하고 무단히 사용하면 저작권침해가 된다.[70] 그리고 영화나 TV에 등장하는 인물 자체 혹은 그 인물의 의상에 대하여 독립한 영화저작물로서의 보호를 인정하여야 한다고는 견해도 있을 수 있으나, 영화나 TV에 등장하는 인물 혹은 그 의상에 대하여까지 영화저작물로서 보호하기는 무리이고, '원화(原畵), 즉 미술의 저작물을 저작권의 보호객체로 한다'고 보는 견해가 적절하다.

70 고전게임의 하나인 「테트리스」의 저작권이 문제된 사례가 있고(테트리스라는 게임은 본래 1985년 구소련의 모스크바아카데미 연구원인 알렉세이 파지노프가 개발한 게임이나, 소비에트연방의 해체로 저작권의 소유에 개념이 불분명해 지고, 현재는 알렉세이 파지노프와 계약을 맺은 여러 회사가 서로 저작권을 주장하고 있는 상태라고 한다), 또한 인기를 끌고 있는 폭탄게임(예컨대 'BnB', '쉐이크')도 일본의 '봄버맨'(BOBERMAN)을 모방하고 있다고 하는 의심을 받고 있다(조선일보 2001.11.11, 게임 저작권 '뜨거운 감자'로).

9. 디지털이미지를 이용하는 경우

(1) 디지터이미지의 저작물성

홈페이지를 아름답게 꾸미기 위하여는 다양한 내용의 이미지의 사용이 필요하다. 보통 이미지는 미국 어도비(Adobe)사가 만든 포토샵(Photoshop)이라고 이미지소프트웨어를 이용하여 작성하고, 화상의 파일사이즈를 줄이기 위하여 「프로그래시브JPEG」라고 하는 파일형식으로 변환된다. 이미지가 색이나 모양을 요소로 하고, 실용성을 넘어 미적인 표현의 범주에 속하는 경우에는 미술저작물로서 저작권의 보호대상이 되는가 하는 문제가 생긴다.

회화와 같은 예술작품에는 그 작품의 가치가 표현의 희소성에 있고, 희소하기 위하여는 개별성을 표현하고 있어야 하나, 이미지에서는 제작자가 컴퓨터라고 하는 기계와의 인터페이스한 대화(정보교환)를 통하여 작품을 창조하므로, 어디까지 창작성이 인정되는가, 이미지시스템을 조작하는 제작자의 기여에 대하여 어떤 평가를 할 수 있는가 하는 문제가 있다. 컴퓨터이미지의 경우에는 창작적 행위는 미리 모두 기계의 프로그램에 내장되어 있고, 이미지는 프로그램개발자가 미리 프로그래밍한 프로그램군, 테이터군를 선택한 경우에 불과하며, 제작자의 아무런 기여도 없다고 보는 입장도 있다. 그러나 프로그램을 이용한 이미지에서도 오리지날리티를 인정할 수 있는 작품이 있다고 볼 때 일반적으로 이미지의 저작물성을 긍정하는 태도가 타당하다고 본다.

(2) 타인의 이미지로부터의 변형

예를 들어 익스플로어 브라우저를 사용하여 다른 홈페이지의 이미지위에 커서를 놓고 마우스의 오른쪽을 클릭하여「Save Image as」(「다른 이름으로 그림저장」)라고 하는 코멘드를 선택하면, 타인의 홈페이지의 화상데이터를 자기의 하드디스크에 간단히 저장할 수 있다. 또한 키보드의「Print Screen」이라고 하는 키를 누르면 표시화면을 그대로 하드카피하여 BMP파일로 만들 수 있고, 그 후 포토샵과 같은 이미지소프트웨어를 이용하여 필요한 부분만을 절단하거나 변형시킬 수 있다.

타인의 홈페이지로부터 카피한 이미지파일을 가지고 별도로 이미지를 만들거나 다른 작품과 합성한 경우에 저작권침해가 되는가 하는 문제가 있다. 사적 사용을 위한 복제를 규정하고 있는 저작권법 제30조를 근거로 타인의 저작물을 사적 이용을 위하여 복제하고, 다시 저작권법 제36조 제1항에 의하여 사적 이용으로서 개작을 하는 행위가 허용된다고 하더라도 개작을 행한 단계에서 타인의 이미지를 이용하여 2차적저작물(저작권법 제22조)을 만든 경우로 볼 수 있는 때에는 원저작권자의 권리가 미치고, 개작을 행한 자에게 권리가 보장된다고 할 수 없다. 그러나 개작의 단계를 넘어 더 이상 2차적저작물(개작물)이라고 볼 수 없을 정도로 전혀 별개의 창작성을 가진 작품(신작)이 새로 생겨나는 경우도 생각할 수 있다. 결과적으로 별개의 작품이 생긴 경우에는 그 과정에서의 동일성유지권(저작권법 제13조)의 침해나 2차적저작물에 관하여는 고려할 필요가 없고, 원저작자의 권리를 침해한다고 법적으로 평가되지도 아니한다.

이미지에 관하여 개작물인가, 신저작물인가의 판단에 대하여는 일반적으로 개개의 화상과 그를 사용하여 파생한 화상이 구체적으로 어떤 관계에 있는가에 따라 좌우된다. 기본적으로 새로 작성된 작품에서 기본의 작품을 용이하게 인식할 수 있는 때에는 저작권침해로 될 가능성이 크고, 화상이 크게 변경되거나 혼합되어 신규의 작품에서 기본이 된 작품을 쉽게 발견할 수 없다고 하면 저작권침해로 될 가능성이 희박하다고 할 수 있다.

05
데이터베이스의 법적 보호

Ⅰ. 데이터베이스의 저작물성

저작권법 제2조 제19항에 의하면 데이터베이스란「소재를 체계적으로 배열 또는 구성한 편집물로서 개별적으로 그 소재에 접근하거나 그 소재를 검색할 수 있도록 한 저작물」을 가리킨다(저작권법 제2조 제19호). 우선 데이터베이스는「소재의 체계적인 배열 또는 구성」에 독창성이 존재하여야 독자적인 저작물로 보호된다. 다시 표현하면, 데이터베이스는 정보처리장치, 즉 컴퓨터에 의하여 소재에 용이하게 접근하거나 그 소재를 검색할 수 있어야 하고, 축적된 정보를 효율적으로 이용하기 위한 데이터의 체계 및 검색을 위한 키워드의 선정 · 부여와 같은 독창행위가 존재하여야 편집저작물로서 보호된다. 데이터베이스에 독창성이 있다고 하려면 (i) 저작자가 다른 기존의 저작물로부터 베끼지 아니하고 독자적으로 작성하여야 하고(반드시 데이터베이스가 이전에 세상에 전혀 알려지지 않은 새로운 내용이기를 요구하지는 아니한다), (ii) 데이

터베이스에 저작자의 개성이 나타나야 한다.[71]

II. 데이터베이스저작물의 특성

1. 공동저작물

데이터베이스는 보통 수많은 데이터로 구성되고, 각 데이터의 작성에 역시 많은 사람이 참여하게 된다. 데이터베이스의 제작에 수인이 관여하고 각자가 기여한 부분을 분리하여 이용할 수 없는 경우에는 누가 데이테베이스에 대한 저작권자가 되는가 하는 문제가 생긴다.

데이터베이스는 일반적으로 공동저작물이 되고, 데이터베이스의 제작과정에 독창적 행위를 통하여 참여한 수인이 공동저작자가 된다. 다만 각자의 독창행위가 개개의 데이터의 제작이나 데이터베이스의 작성과정의 일부에만 미친 경우에는 개개의 저작물의 원저작자로 될 수 있을 뿐이고, 데이터베이스 자체의 공동저작자로 되지는 아니한다.

2. 업무상저작물

데이터베이스는 법인 · 단체 그 밖의 사용자의 기획 아래 그 업무종사자가 업무상 제작하는 경우가 많다. 예를 들어 기업이나 연구소 · 대

---

71 판례는 저작물의 독창성에 관하여 기본적으로는 저작권법상의 창작성이 완전한 의미의 독창성을 말하지는 아니하고, 단지 어떠한 작품이 남의 저작물을 모방한 경우가 아니라 작가 자신의 독자적인 사상 또는 감정의 표현을 담고 있음을 의미할 뿐이기 때문에, 자신의 저작물에 저작자 나름대로의 정신적 노력의 소산으로서의 특성이 부여되고 있고 다른 저작자의 기존의 작품과 구별할 수 있을 정도이면 족하다고 판시하고 있다(대법원 1995.11.14.선고 94도2238 판결).

학에 종사하는 인력에 의하여 데이터베이스가 작성되면 저작권법 제2조 제31호에 의한 업무상저작물이 된다. 물론 데이터베이스가 업무상저작물이 되려면 (i) 법인 · 단체 그 밖의 사용자가 데이터베이스의 제작을 기획하고, (ii) 그 업무종사자가 업무상 데이터베이스를 작성하고, (iii) 법인 · 단체 그 밖의 사용자의 명의로 공표하여야 하고, (iv) 계약상 혹은 근무규칙상 다른 약정이 없어야 한다고 하는 요건이 필요하다.

Ⅲ. 데이터베이스에서 데이터의 이용

신문기사나 PC통신에 들어있는 신문기사와 같은 온라인데이터베이스로부터 빼낸 데이터를 홈페이지의 일부로 이용하는 경우에 저작권침해의 문제가 제기될 수 있다. 예를 들어 데이터베이스의 이용자가 어떤 종류의 정보(데이터의 집합물)를 데이터베이스로부터 검색 · 축출하고, 재이용가능한 형태로 자기가 소유하는 단말의 하드디스크에 다운로드하여 하드카피하는 행위, 프린트 아웃, 팩시밀리복사 혹은 전자적 · 광학적 수단에 의한 수신컴퓨터의 기억장치로의 카피는 데이터베이스저작물의 일부의 복제라고 평가할 수 있고, 결국 원저작자의 저작권이나 데이터베이스작성자의 복제권의 침해로 될 여지가 있다.

우선 원저작자의 저작권과 관련하여 생각하면, 이론적으로는 (i) 데이터베이스의 작성자가 데이터베이스작성시 개개의 정보에 대하여 그 정보이용에 관하여 개개의 저작자로부터 재이용에 대하여도 일괄적으로 허락을 얻은 경우에는 이용자가 개개의 정보의 저작자로부터 개개의 정보이용에 대한 허락을 얻을 필요 없이 데이터베이스를 이용할 수 있고, (ii) 데이터베이스의 작성자가 그 허락을 개개의 저작자로부터 얻지 않은 경우에는 이용자가 데이터베이스의 작성자의 허락을 얻어야 할 뿐만 아니라, 동시에 개개의 정보의 저작자로부터의 허락을 별도로 얻어야 한다고 본다. 물론 보다 구체적으로 어떤 이용이 인정되는가에 대하여는 각 데이터베이스의 작성자가 정한 약관에 의하여 결정될 사항이라고 볼 수 있다. 또한 데이터베이스작성자의 허락에 의하여 정당하게 데이터베이스를 이용하는 한, 데이터베이스작성자의 복제권침해가 문제되지 아니하나, 데이터베이스를 복제하여 2차적저작물을 작성하는 경우에는 데이터베이스의 저작권자로서 가지는 2차적저작물의 작성권에 대한 침해로 된다. 예를 들어 인터넷신문의 데이터베이스에서 시사보도를 복제하여 별도의 데이터베이스를 작성하는 때에는 시사보도는 보호의 대상이 되지 아니하여 기사작성자의 허락을 얻을 필요는 없으나, 데이터베이스가 편집저작물로 보호되는 한, 데이터베이스의 작성자로서의 신문사의 허락이 필요하고, 다른 한편 사설 · 논평 · 컬럼과 같이 저작물로 보호되는 경우에는 원저작자나 편집저작권자로서의 신문사의 허락이 요구된다. 다만 홈페이지에 뉴스정보를 요약 · 정리하여 제공하는 뉴스클리핑서비스는 저작권을 침해한다고 보기 어렵다.

06

인터넷저작권의 과제

Ⅰ. 페어유스(fair use)의 보호와 확대

1. 서언

저작물의 보호 · 육성의 목표는 저작권자의 저작권 및 저작인접권을 충분히 보호할 뿐만 아니라, 그와 동등한 위치에서 저작물의 「공정한 이용」의 보장을 통하여 문화의 향상 · 발전을 꾀하는 데 있다. 그러므로 인터넷에서 저작물의 보호, 육성에 관한 이슈의 기본목적은 저작권자의 배타적인 보호에만 있지 아니하고, 저작물의 공정한 이용을 통한 문화 · 예술의 발전과 촉진에도 있다고 할 수 있다.

인터넷사회에서는 저작물의 보호는 물론, 저작물의 창조와 활용의 필요성이 강조되어야 하므로, 공정사용의 법리를 적용할 때에도 저작물의 창조 · 보호 · 활용의 호순환(好循環)이 항상 고려되어야 한다. 그리고 저작물의 창조 · 보호 · 활용의 호순환을 꾀하기 위하여는 페어유스가 보장되는 영역 혹은 공정사용의 법리가 적용되는 범위가 점차 확대되어야 한다. 물론 공정사용의 법리를 너무 확대하여 적용하면 저작권자의 권리가 지나치게 제약될 우려가 있으나, 너무 축소하여 적용시키면 원활한 저작물의 이용이 저해되는 결과가 초래될 위험이 있다고 하는 사실을 주목하지 않을 수 없다.

2. 저작권법상의 페어유스

인터넷에서 저작물의 보호, 육성과 관련하여 「공정사용의 법리」(Fair Use Doctrine)를 정하는 일반규정을 둘 필요가 있다. 저작권법 제35조의3은 「저작물의 공정한 이용」 이라는 표제 아래 "저작물의 통상적인 이용방법과 충돌하지 아니하고 저작자의 정당한 이익을 부당하게 해치지 아니하는 경우에는 보도 · 비평 · 교육 · 연구 등을 위하여 저작물을 이용할 수 있다"고 하여 일반적으로 페어유스의 원칙을 규정하고 있다. 그리고 페어유스의 원칙을 규정하고 있는 저작권법 제35조의3 이외에 저작권법 제23조부터 제35조의2까지, 제101조의3부터 제101조의5까지에서도 페어유스의 원칙을 반영하고 있다.

① 재판절차 등에서의 복제(저작권법 제23조)　재판절차를 위하여 필요한 경우이거나 입법 · 행정의 목적을 위한 내부자료로서 필요한 경우에는 그 한도 안에서 저작물을 복제할 수 있다(다만 그 저작물의 종류와 복제의 부수 및 형태 등에 비추어 당해 저작재산권자의 이익을 부당하게 침해하는 경우에는 그러하지 아니하다)

② 정치적 연설 등의 이용(저작권법 제24조)　공개적으로 행한 정치적 연설 및 법정 · 국회 또는 지방의회에서 공개적으로 행한 진술은 어떤 방법으로도 이용할 수 있다(다만 동일한 저작자의 연설이

나 진술을 편집하여 이용하는 경우에는 그러하지 아니하다).

③ 공공저작물의 자유이용(저작권법 제24조의2)　국가 또는 지방자치단체가 업무상 작성하여 공표한 저작물이나 계약에 따라서 저작재산권의 전부를 보유한 저작물은 허락 없이 이용할 수 있다.

④ 학교교육목적 등에의 이용(저작권법 제25조)　학교의 교육목적상 필요한 교과용 도서에는 공표된 저작물을 게재할 수 있고, 또한 학교, 교육기관 및 교육지원기관은 수업 또는 그 지원의 목적상 필요하다고 인정되는 경우에는 공표된 저작물의 일부분을 복제·배포·공연·방송 또는 전송할 수 있다.[72] 그리고 교육기관에서 교육을 받는 자는 수업목적상 필요하다고 인정되는 경우에는 공표된 저작물을 복제하거나 전송할 수 있다.

⑤ 시사보도를 위한 이용(저작권법 제26조)　방송·신문 기타의 방법에 의하여 시사보도를 하는 경우에 그 과정에서 보이거나 들리는 저작물은 보도를 위한 정당한 범위 안에서 복제·배포·공연 또는 공중송신할 수 있다.

⑥ 시사적인 기사 및 논설의 복제(저작권법 제27조)　정치·경제·사회·문화·종교에 관하여 신문 및 인터넷신문 또는 뉴스통신에 게재된 시사적인 기사나 논설은 다른 언론기관이 복제·배포 또는 방송할 수 있다(다만 이용을 금지하는 표시가 있는 경우에는 그러하지 아니하다).

---

72 구체적으로 이용할 수 있는 '저작물의 일부분'이 어느 정도의 분량인지가 문제되고, 짧은 시 등과 같이 전체를 이용하여야 내용이 전달될 수 있는 경우에는 저작물의 전부에 대한 이용이 허용될 수도 있다.

⑦ 공표된 저작물의 인용(저작권법 제28조) 공표된 저작물은 보도 · 비평 · 교육 · 연구 등을 위하여는 정당한 범위 안에서 공정한 관행에 합치되게 인용할 수 있다.

⑧ 영리를 목적으로 하지 아니하는 공연 · 방송(저작권법 제29조) 영리를 목적으로 하지 아니하고 청중이나 관중 또는 제3자로부터 어떤 명목으로든지 반대급부를 받지 아니하는 경우에는 공표된 저작물을 공연 또는 방송할 수 있다(다만 실연자에게 통상의 보수를 지급하는 경우에는 그러하지 아니하다). 그리고 청중이나 관중으로부터 공연에 대한 반대급부를 받지 아니하는 경우에는 판매용 음반 또는 판매용 영상저작물을 재생하여 공중에게 공연할 수 있다(다만 대통령령이 정하는 경우에는 그러하지 아니하다).

⑨ 사적 이용을 위한 복제(저작권법 제30조) 공표된 저작물을 영리를 목적으로 하지 아니하고 개인적으로 이용하거나 가정 및 가정에 준하는 한정된 범위 안에서 이용하는 경우에는 그 이용자는 복제할 수 있다(다만 공중의 사용에 제공하기 위하여 설치된 복사기기에 의한 복제는 그러하지 아니하다).

⑩ 도서관 등에서의 복제 등(저작권법 제31조) 도서관과 도서 · 문서 · 기록 그 밖의 자료를 공중의 이용에 제공하는 시설은 (i) 조사 · 연구를 목적으로 하는 이용자의 요구에 따라 공표된 도서 등의 일부분의 복제물을 1인 1부에 한하여 제공하는 경우, (ii) 도서 등의 자체보존을 위하여 필요한 경우, (iii) 다른 도서관 등의 요구에 따라서 절판 그 밖에 그에 준하는 사유로 구하기 어려운 도서 등의 복제물을 보존용으로 제공하는 경우에는 그 도서관 등에 보관된 도서 등을 사용하여 저작물을 복제할 수 있다(다만 디지털형태

로는 복제할 수 없는 경우가 있다).

⑪ 시험문제로서의 복제(저작권법 제32조)　　학교의 입학시험 그 밖에 학식 및 기능에 관한 시험 또는 검정을 위하여 필요한 경우에는 그 목적을 위하여 정당한 범위에서 공표된 저작물을 복제 · 배포할 수 있다(다만 영리를 목적으로 하는 경우에는 그러하지 아니하다).

⑫ 시각장애인 등을 위한 복제 등(저작권법 제33조)　　공표된 저작물은 시각장애인 등을 위하여 점자로 복제 · 배포할 수 있다. 또한 시각장애인 등의 복리증진을 목적으로 하는 시설은 영리를 목적으로 하지 아니하고 시각장애인 등의 이용에 제공하기 위하여 공표된 어문저작물을 녹음하거나 시각장애인 등을 위한 전용 기록방식으로 복제 · 배포 또는 전송할 수 있다.

⑬ 청각장애인 등을 위한 복제(저작권법 제33조의2)　　누구든지 청각장애인 등을 위하여 공표된 저작물을 수화로 변환할 수 있고, 그 수화를 복제 · 배포 · 공연 또는 공중송신할 수 있다.

⑭ 방송사업자의 일시적 녹음 · 녹화(저작권법 제34조)　　저작물을 방송할 권한을 가지는 방송사업자는 자신의 방송을 위하여 자체의 수단으로 저작물을 일시적으로 녹음하거나 녹화할 수 있으나, 녹음물 또는 녹화물은 녹음일 또는 녹화일로부터 1년을 초과하여 보존할 수 없다(다만 그 녹음물 또는 녹화물이 기록의 자료로서 대통령령이 정하는 장소에 보존되는 경우에는 그러하지 아니하다).

⑮ 미술저작물 등의 전시 또는 복제(저작권법 제35조)　　미술저작물 등의 원본의 소유자나 그의 동의를 얻은 자는 그 저작물을 원본에 의하여 전시할 수 있다(다만 가로 · 공원 · 건축물의 외벽 그 밖에 공중에게 개방된 장소에 항시 전시하는 경우에는 그러하지 아니

하다). 그리고 개방된 장소에 항시 전시되어 있는 미술저작물 등은 어떤 방법으로든지 복제하여 이용할 수 있다(다만 건축물을 건축물로 복제하는 경우, 조각 또는 회화를 조각 또는 회화로 복제하는 경우, 개방된 장소 등에 항시 전시하기 위하여 복제하는 경우, 판매의 목적으로 복제하는 경우에는 그러하지 아니하다).

3. 미국저작권상법의 페어유스

외국에서도 대부분 저작권법상 페어유스 내지 공정이용을 보장하는 규정을 두고 있다. 다만 적절한 페어유스의 보장방법으로 여러 가지를 생각할 수 있다. 외국을 보면 개별적인, 구체적인 권리제한규정을 두고, 필요한 경우에 해석을 통하여 유추적용하는 방법을 채택하고 있는 경우도 있고, 페어유스에 관한 일반조항을 두고 있는 경우도 있다.

미국저작권법 제107조는 포괄적인 권리제한의 일반규정을 두고 있다. 그리고 미국저작권법 제107조와는 별도로, 미국저작권법 제108조 이하에 상세한 개별권리제한규정을 두고 있다. 미국저작권법 제107조는 저작물에 관하여 공정이용의 원칙(doctrine of fair use)을 최초로 천명한 1941년의 판례 이후, 판례의 축적을 통하여 판례상의 법리로 형성되어 1976년 성문화된 조항으로서 저작물의 이용목적이 비판(criticism), 비평(comment), 뉴스보도(news reporting), 강의(teaching), 학문(scholarship) 또는 연구(research)일 경우에는 저작권자의 배타적인 저작권에도 불구하고 저작권침해가 되지 않는다고 규정하고 있다. 그리고 미국저작권법 제107조에 의하면 저작물의 사용이 페어유스인지 아닌지를 판단할 때에는 (i) 이용의 목적과 성질, (ii) 저작권이 있는 저작물의 성질, (iii) 저작권이 있는 저작물 전체와의 관계에서 이용된 부분의 양과 실질성, (iv) 저작권이 있는 저작물의 잠재적 시장이나 가치에 대한 이용의 영향 등이 고려된다.

미국저작권법 제107조는 페어유스를 판단하는 기준으로서 네 가지의 고려요소를 들고 있으나, 명확한 경계를 지울 수 있는 획일적인 룰이 존재하지는 않고, 케이스 바이 케이스로 판단된다. 그리고 미국저작권법 제107조의 네 가지 고려요소에 대하여는 모든 요소가 검토될 필요가 있으나, 결국은 저작권법의 목적에 비추어 일괄하여 고려할 수도 있으므로, 어떤 저작물의 이용이 페어유스에 해당하는가에 대하여는 판례나 학설에서 다양한 논의가 전개될 수 있다. 또한 미국저작권법 제107조가 규정하고 있는 네 가지 고려요소가 아닌 사항을 반영하여 페어유스 여부를 판단하더라도 상관없다고 본다.

① 이용의 목적과 성질(purpose and character of the use) 저작물의 사용이 '상업적 사용'(commercial use)이면 페어유스의 성립이 부정적으로 평가되고, '비상업적 이용'(nonprofit use)이면 페어유스의 성립이 긍정되기 쉽다. 또한 저작물의 이용이 새로운 저작물을 제작, 생산하게 하는 '변화적 이용'(transfomative use)인 경우에는 페어유스로 평가되기가 쉽고, 내용 등의 변형을 수반하지 않는 '비변화적 이용'인 때에는 페어유스로 인정되기 어렵다(또는 생산적 이용(productive use)과 비생산적 이용(unproductive use)으로 구분할 수도 있다). 다만 어느 경우이든 결정적인 요소는 아니다.

② 저작권이 있는 저작물의 성질(nature of the copyrighted work) 픽션이나 창작적 소재 등과 비교하여 저작물이 사실적 작품인 경우에는 그 유통의 필요성이 강하므로 페어유스를 인정하기가 쉽다.

③ 저작권이 있는 저작물 전체와의 관계에서 이용된 부분의 양과 실질성(amount and substantiality of the portion used in relation to the copyrighted work as a whole)　이용된 저작물로부터의 이용부분이 적으면 적을수록 페어유스의 성립이 인정되기가 쉽다. 그러나 이용된 부분의 분량이 적더라도 그 이용부분이 저작물이나 콘텐츠의 핵심적 부분에 해당한다고 하면 페어유스를 인정하기가 어려울 수도 있다. 저작권이 있는 다른 저작물을 이용하는 저작권자의 저작물 전체에서 이용비율(逆의 比率)이 어느 정도인지도 참작하여야 한다. 그러므로 경우에 따라서는 저작물 전부의 복제라고 하더라도 그 저작물이 새로 생성되는 저작물에서 차지하는 비율이 적은 때에는 페어유스로 인정될 수 있다.

④ 저작권이 있는 저작물의 잠재적 시장이나 가치에 대한 이용의 영향(effect of the use upon the potential market for or value of the copyrighted work)　저작권이 있는 저작물의 이용이 어떤 경제적 영향을 미치는가는 페어유스를 판단하는 가장 중요한 요소라고 할 수 있다. 만약 이용이 광범하게 이루어진다고 하면 이용된 저작물의 잠재적 시장에 악영향을 가져온다고 추정할 수 있다. 또한 이용을 통하여 그 저작물의 잠재적 시장이나 가치에 어떤 경제적 영향이 야기되는가는 다른 요소와의 관련성을 가지고 판단하여야 하는 경우도 있고, 오리지날저작물에 대한 영향뿐만 아니라, 파생저작물의 시장에 대한 영향도 고려하여야 한다. 그리고 반드시 실제의 손해를 증명하여야 할 필요는 없고, 장래적 손해가 생길 실질적인 개연성이 있다고 하는 사실이 증명되면 충분하다. 특히 상업적 사용인 경우에는 그 개연성이 추정될 수 있으나, 비상업적 사용이라고 하면 저작권자

가 그 개연성을 증명하여야 할 책임을 부담한다고 보아야 한다.

II. First Sale Doctrine

저작권자로부터 일단 적법하게 저작물을 양도받은 경우에는 그 저작물에 관한 저작권이 소진(exhaust)되므로, 양도받은 저작물을 재판매하는 행위는 저작권를 침해하는 행위가 되지 아니한다고 하는 원칙을 최초판매의 원칙(First Sale Doctrine) 혹은 권리소진의 원칙(doctrine of exhaustion of rights)이라고 한다. 예컨대 미국저작권법 제109조(a)는 최초판매의 원칙을 명문으로 규정하고 있다. 역시 현행 저작권법 제20조도 최초판매의 원칙에 따라서 저작자는 저작물의 원본이나 그 복제물을 배포할 권리를 가지나, 다만 저작물의 원본이나 그 복제물이 저작권자의 허락을 받아 판매 등의 방법으로 거래에 제공된 경우에는 저작자의 배포권이 인정되지 아니한다고 규정하고 있다.

최초판매의 원칙에 의하면 저작권법은 결국 저작물의 유통의 입구까지만을 통제하고, 그 후의 유통은 자유경쟁의 원리에 일임된다. 다만 장차 인터넷에서는 특별히 법제도가 정비되지 않는 한, 1980년대에 대여 CD · 대여비디오의 확산을 계기로 야기된 문제와 같이, 저작물의 일반 공중에의 대여는 다수의 개인이용자의 복제를 조장하여 저작권자의 이익을 해칠 위험이 있다고 하지 않을 수 없다. 그러므로 최초판매의 원칙에 관한 적절한 제한의 문제가 생긴다.[73]

---

73 미국저작권법 제109조(d)를 참조.

예컨대 인터넷에서 어떤 컴퓨터로부터 10대의 다른 컴퓨터로 저작물의 복제물을 송신하는 경우에 그 송신이 완료되면 원카피는 보통 송신자의 컴퓨터에 남고, 다른 각 컴퓨터의 메모리 혹은 기억장치에 각각 복제물이 저장된다. 다른 컴퓨터의 메모리에의 저작물의 저장이 「복제」 라고 한다면 저작물의 다수에의 송신은 대량의 복제물의 「배포」 (distribution)라고 할 수 있는가 하는 문제가 있다. 만일 인터넷을 통한 저작물의 다수에의 송신이 배포의 개념에 해당한다고 하면 역시 인터넷에서 행하여지는 디지털전송에 대하여도 저작권법 제20조 단서에 의한 최초판매의 원칙이 적용될 여지가 있다. 그러므로 디지털송신을 배포개념에 포함시켜 저작권법 제20조에 의한 최초판매의 원칙을 적용시킬 수 있는가, 유체물이 이동되지 아니하는 디지털콘텐츠의 송신은 저작권법상의 배포에 포함되지 아니한다고 보아 디지털콘텐츠의 송신에 대하여는 최초판매의 원칙이 적용되지 아니한다고 보아야 하는가 하는 과제가 있다. 혹은 디지털콘텐츠의 송신을 「전송」 (transmission)이라는 개념으로 이해하고, 저작자에게 저작물을 전송할 전송권을 별개로 보장할 때에 전송권에 대하여도 최초판매의 원칙이 적용되는가 여부에 관한 논의가 요구된다. 특히 미래인터넷에서는 디지털콘텐츠의 생산, 유통의 프로세스가 지금과는 달리 복잡화, 대량화, 글로벌화될 전망이므로, 분명히 최초판매의 원칙의 내용이나 그 적용범위에 관하여 새로운 논의가 모색될 필요가 있다.

Ⅲ. 퍼블릭 콘텐츠의 확충

인터넷에서도 퍼블릭 콘텐츠의 확보에 관한 문제는 계속 중요한 이슈로 등장할 전망이다. 어느 정도 이용자가 자유로 복제 혹은 변경하여 사용하여도 좋은 화상파일이나 프로그램, 자료 등과 같은 퍼블릭 콘텐츠의 확보가 요청된다. 특히 콘텐츠의 보호, 육성이라고 하는 문제는 근본적으로 상당한 부분 콘텐츠의 공적 도메인(public domain)의 확대와도 연관된다.

저작권법 제39조 이하에 의하여 국내에서는 저작권(저작재산권)이 70년 동안 보장된다. 퍼블릭 콘텐츠의 확보를 위하여는 우선 저작권의 보호기간이 적정한가를 검토할 필요가 있다. 만약 저작권의 보호기간을 줄여 저작물 등 콘텐츠가 공적 영역으로 진입하는 시기를 앞당긴다면 그 만큼 퍼블릭 콘텐츠가 증대될 수 있다.

물론 저작권의 보호기간이 만료된 저작물이나 콘텐츠뿐만 아니라, 저작자의 의사에 의하여 자유사용이 보장되는 콘텐츠의 확보도 요구된다. 그리고 보호기간이 끝난 저작물이나 자유이용에 제공된 콘텐츠를 디지털화하여 데이터베이스에 보관하고, 인터넷상 누구나 필요한 경우에는 업로드하여 일반공중이 자유로 이용할 수 있는 공적 영역, 즉 퍼블릭 도메인을 구축하여야 한다. 콘텐츠에 관한 공적 영역의 확충이 인터넷에서 콘텐츠의 보호, 육성을 위한 중요한 과제로서 요청된다고 하지 않을 수 없다. 현재 다양한 퍼블릭 도메인운동이 전개되고 있으나, 장차 인터넷사회에서는 더욱 다양한 내용으로 공적 영역의 콘텐츠가 조성될 전망이고, 공적 영역에 들어있는 콘텐츠를 얼마나 효율적으로 구성하고 관리하는가가 인터넷저작권의 중요한 과제로 떠오를 전망이다.

현재도 공적 영역의 콘텐츠가 확대되는 경향이 있다. 인터넷에서 이동성이나 글로벌성이 확대되면 될수록 더욱 퍼블릭 도메인이 많은 주목을 받으리라고 생각되고, 퍼블릭 도메인의 보호, 육성을 위하여 많은 관심이 요구된다. 현재 주목을 받는 퍼블릭 도메인으로는 아래와 같은 경우가 있다.

① 위키피디아　　위키피디아(Wikipedia)는 미국 하와이 호놀룰루공항 무료셔틀버스의 이름인 '위키위키'(wiki)와 '백과사전'(encyclopedia)이란 영어단어를 합성한 용어로 네티즌이 자발적으로 결성하여 만든 웹상의 다국어판 무료인터넷백과사전이다. 처음 2001년 지미 웨일스가 인터넷에 '세상이여 안녕'(hello world)이라는 짧은 글을 올리면서 위키백과의 작성이 시작되어, 현재 무료로 이용하는 방문자 수는 월 4억명에 이른다. 위키피디아에서는 네티즌이 직접 용어에 대한 정의를 내리고, 그 정의를 자유롭게 수정 및 편집할 수 있고, 2012년 3월 기준으로 영어판 388만여개, 한국어판 307,697개를 비롯하여 280여개의 언어판을 합하면 2100만 여개의 글이 수록되어 있으며 꾸준히 늘어나고 있다.

② 오픈코스웨어　　학문적으로 좋은 정보를 서로 공유하고자 대학의 저명한 강의를 동영상으로 제작하여 인터넷에 올려두고 누구든 쉽게 접할 수 있게 하는 운동을 오픈코스웨어(Open Course Ware)라고 한다. 예컨대 OCW를 통하여 미국 하버드대학의 마이클 샌델교수의 수업 '정의론'을 인터넷을 통하여 한글스크립트와 함께 들을 수 있다. 불과 2-3년 전에 국내에 상륙한 OCW는 한국교육학술정보원이 2008년 개설한 KOCW을 비롯하여 몇 대학교의 적극적 관심으로 점차 콘텐츠가 증가하고 있고,[74] 국내에서도 OCW의 발전

74　국내의 주요한 오픈코스웨어사이트로는 한국교육학술정보원에서 국내 OCW를 총괄하는 대표사이트 http://www.kocw.net, 한국오픈코스웨어콘소시엄 http://www.kocwc.org, 숙명여대 스노우 http://

상과 비전을 제시하는 국제회의가 열리기도 하는 등 관심이 확대되고 있다.

③ 학술기관 리포지토리 예컨대 ROAR(Registry of Open Access Repositories), DOAJ (Directory of Open Access Journals)와 같이 학문적인 저널에 실린 논문 등의 전문을 제공하는 공적 영역의 콘텐츠도 확대되고 있다.

Ⅳ. 아마추어저작자에 대한 고려

인터넷사회에서는 누구나 저작자가 될 수 있을 정도로 기술적, 사회적 기반이 확대되고 있다. 예를 들어 누구나 디지털카메라만 가지고 있으면 수만회의 접속을 기록하는 동영상콘텐츠를 촬영하여 인터넷에 올릴 수 있고, 시민기자가 되어 생생한 사건현장을 사진이나 동영상과 글로 남길 수 있다. 특히 향후 더 발전할 다양한 디지털파일의 프로그래밍기법은 누구에게나 콘텐츠의 에디터가 될 수 있는 기회를 제공하고, 1,000억대가 넘는 각종의 인터넷기기로 연결된 네트워크는 누구나 아마추어로서 자신이 직접 제작한 저작물을 다른 누구에게나 용이하게 배포할 수 있는 여건이 조성되게 된다. 저작물의 생산 · 유통에의 아마추어의 적극적인 참여는 향후 누구나 저작물을 이용하는 동시에 스스로 생산도 하는 이른바 프로슈머(Prosumer)가 저작물시장을 지배하는 경향으로 나타날 전망이다.

---

www.snow.or.kr 등 참조.

예컨대 현재 유튜브(YouTube)에 게시되고 있는 저작물의 수는 일반의 상상을 초월하며 TV방송국이 제작한 프로그램의 수를 훨씬 초과한다. 인터넷사회에서는 유튜브와 같이 아마추어가 제작하는 콘텐츠의 수가 월등히 증가하리라고 전망할 때에 향후 아마추어저작자의 존재 및 역할에 대하여도 충분한 고려를 할 필요가 있고, 아마추어저작자가 만든 저작물이나 콘텐츠의 보호 · 육성에 관한 문제는 물론, 다른 저작권자의 권리침해에 관한 문제에 대하여도 각별한 관심이 요청된다.

외국을 보면 현재도 유튜브 등과 같이 아마추어가 제작한 저작물과 관련하여 여러 분쟁이 야기되고 있다. 또한 페이스북, 트위터 등과 같은 SNS(Social Network Service)의 등장과 발전도 향후 저작물의 보호 · 육성과 관련하여 중요한 의미를 가질 전망이다. 페이스북이나 트위터 등 소셜미디어는 콘텐츠를 소셜하게 사용자에게 전달하는 플랫폼이므로, 소셜네트워크서비스를 통하여 엄청난 양의 저작물이나 콘텐츠가 유통되고, 앞으로 그 규모가 더 커진다는 사실은 부정할 수 없다. 특히 소셜네트워크서비스는 스마트폰이나 태블릿 PC(아이패드, 갤럭시탭 등)와 같은 모바일미디어의 성장에 크게 의존하는 경향이 있고(트위터사용자의 대다수가 이미 모바일을 통하여 트위터를 사용한다고 하고, 국내에서도 본격적으로 태블릿 PC가 상용화되면 모바일에 의하여 콘텐츠가 유통되는 규모는 더욱 커질 전망이다), 인터넷에서는 더욱 이동성이나 모바일성이 대세를 이룬다는 측면에서 보면, 누구나 스마트폰이나 태블릿 PC 등을 손에 들고 다니며 인터넷을 한다고 하면 소셜네트워크서비스의 규모나 소셜미디어를 통하여 유통되는 저작물이나 콘텐츠가 상상하는 이상으로 커지리라고 쉽게 예상할 수 있으므로, 장차 소셜네트워크서비스에서 제공되는 저작물이나 콘텐츠의 관리 · 보호가 중요한 과제로 될 수 있다.

Ⅴ. 저작권 미확인 저작물(Orphan Works)에 대한 처리

현재도 이른바 「저작권 미확인 저작물」에 관한 문제가 없지는 않다. 그러나 인터넷에 걸릴 부하는 상상할 수 없을 정도로 빠르고(신속성), 1000억대가 넘는 기기가 인터넷에 연결되는 특징(확장성 및 편재성)을 가지게 될 미래인터넷에서는 저작권 미확인 저작물의 처리에 관한 문제가 더욱 중요한 이슈로 등장할 전망이다. 또한 인터넷이 가져올 글로벌성이나 이동성의 확대도 저작권 미확인 저작물의 이용을 증가시키는 요인으로 작용할 수 있다.

저작권 미확인 저작물이라고 하여 임의로 이용할 수 있지는 않다. 만약 다른 콘텐츠에 기반하여 창작활동을 하는 A가 그 콘텐츠가 저작권 미확인 저작물인 관계로 저작권의 소유자를 찾지 못한 상태에서 그 콘텐츠를 사용하여 자기의 콘텐츠를 완성시킨 경우에 후에 갑자기 저작권의 소유자가 나타나 권리를 주장하면 A는 어떤 법적 책임을 부담하여야 하는가 하는 문제가 있다. A에게 전적으로 법적 책임을 부담시키게 되면 너무 가혹할 수 있다. 그러므로 저작권 미확인 저작물에 관한 사회적 이용을 공정하게 다루기 위한 법적 규율이 필요하고, 어떤 전제요건 아래 저작권 미확인 저작물을 이용한 경우에 어떤 범위에서 책임을 지는가에 관하여 아래와 같은 논의가 요구된다.

① 예컨대 A가 저작권 미확인 저작물을 이용하려는 경우에는 먼저 저작권자를 찾아서 적절한 보상조치를 하려는 노력을 하여야 한다.

다만 어느 정도의 노력을 하여야 충분한가 하는 문제가 있다.[75]

② 저작권 미확인 저작물을 이용한 콘텐츠를 생산, 유통시키는 경우에는 명시적으로 저작권 미확인 저작물을 이용하고 있다는 사실을 명기하게 하고(어떤 '표식'이나 상징을 부착시키는 방법 등을 생각할 수 있다),[76] 등록 · 관리하는 시스템이 필요한가[77] 하는 문제도 있다.

③ A가 저작권 미확인 저작물을 이용한 후에 원저작권자가 나타나 권리주장을 하는 경우, 어떤 범위에서 원저작권자에 대한 경제적 보상을 하여야 하는가 하는 문제가 있다.[78]

④ A가 저작권 미확인 저작물을 이용하려고 하는 경우에는 반드시 사전에 일정한 기관에 「이용기록통고」(Notice of Use Archive), 즉 A가 저작권 미확인 저작물의 이용 전에 원저작권자를 찾기 위하여 조사, 검색작업과 같은 노력을 수행한 사실을 기록하여 통고하는

---

75 저작권법 제50조 제1항에서는 '대통령령이 정하는 기준에 해당하는 상당한 노력'이라고 규정하고 있다. 그리고 미국의 경우를 살펴보면 이른바 「저작권 미확인 저작물법」(Orphan Works Act)의 제정에 관한 논의를 전개하는 과정에서 나온, 2006년 2월 미국저작권사무소(The U.S. Copyright Office)의 저작권 미확인 저작물에 대한 레포트를 바탕으로 텍사스주 공화당 하원의원인 라마 스미스(Lamar Smith)가 2006년 3월 입안한 「2006년 저작권 미확인 저작물에 대한 법률」(the Orphan Works Act of 2006, HR 5439)에서는 '합리적으로 성실한 조사'(reasonably diligent search)를 요구하고 있다.

76 저작권법 제50조 제1항, 제2항에 의하면 대통령령이 정하는 바에 따라 문화체육관광부장관의 승인을 얻은 후에 저작권자가 불명인 저작물을 이용할 수 있고, 그 저작물을 이용하는 자는 그 뜻과 승인 연월일을 표시하여야 한다.

77 저작권법 제50조 제4항에 의하여 저작권자 불명인 저작물의 이용에 관한 법정허락의 내용을 정보통신망에 게시하여야 한다.

78 미국저작권법에서는 법원이 그 가치를 산정하여 경제적 보상의 범위를 정한다고 되어 있으나, 저작권법 제50조 제1항은 문화체육관광부장관이 정하는 기준에 의한 보상금을 공탁하고 이용할 수 있다고 규정하고 있으므로, 공탁금이 보상금이 된다.

절차를 밟도록 하여야 하는가 하는 문제가 있다.

⑤ 종국적으로는 저작권의 소유자와 저작물의 이용자의 각 보호 사이에 균형이 이루어져야 한다.

9장

이메일

01
이메일의 의미

이메일(e-mail, electronic mail)은 정보통신망(주로 인터넷)을 통하여 편지를 주고받을 수 있는 시스템과 편지를 일컫는다. 이메일은 달리 「전자우편」이라 부르기도 한다. 이메일주소는 '아이디@메일서버이름'의 형식으로 구성되고, 아이디로 한글 등 영문외 문자를 지원하는 경우도 있으나,[1] 영문, 숫자, 일부의 기호만을 사용할 수 있게 하고 있다. 또한 영문의 경우에는 대소문자를 구별하지 않는다. 현재 무료로 제공되는 이메일서비스로는 전 세계적으로 야후! 메일, MSN 핫메일, 구글 G메일[2] 등이 많이 쓰이고 있고, 국내에서는 네이버, 다음, 네이트 등에서 무료전자메일서비스를 운영한다.

---

1 예컨대 공인전자주소, 즉 샵메일(#mail)은 이메일의 구분기호 @ 대신 #를 사용하는 대한민국의 전자우편서비스로서 아이디로 한글을 사용할 수 있다.

2 2015년을 기준으로 구글의 이메일서비스인 지메일을 이용하는 이용자는 전세계적으로 9억명에 달한다고 한다.

02
이메일 이용계약

Ⅰ. 서언

인터넷이용자는 이메일서비스제공자와의 이메일이용계약을 통하여 이메일서비스를 이용한다. 통상 이메일이용계약은 인터넷서비스약관에 의하여 체결되므로, 이메일이용계약의 주요한 내용은 약관을 통하여 규율된다.

Ⅱ. 이메일서비스제공자의 의무

1. 지속적이고 안정적인 서비스제공에 적합하도록 유지, 점검 또는 복구 등의 조치를 성실히 이행할 의무

일반적으로 이메일은 이메일이용자가 각기 접속하여 이용하는 온라인서비스제공자의 메일서버를 매개로 하여 전자문서를 송신·수신함으로써 이루어지는 비동시적인 정보전달수단으로써, 수신자가 자신이 이용하는 메일서버에 실제로 접속하여 수신된 전자우편을 확인하기까지의 기간 동안 수신된 전자문서 및 송신자의 전자우편주소 등 관련자료를 보관하는 기능이 필연적으로 요청된다. 그러므로 전자우편서비스의 이용에 관한 계약이 체결된 경우에 전자우편서비스제공자로서는 그 약정에 따른 주된 의무로서 전자우편의 송신·수신기능뿐 아니라 수신된 전자우편과 관련되는 정보에 대한 1차적 저장기능이 안정적이고 지속적으로 수행되도록 노력할 의무가 있다.

예를 들어 A가 이메일서비스를 제공하는 다음(DAUM)과 사이에서 회원가입계약을 체결하고 그 무렵부터 다음으로부터 전자우편서비스를 제공받아 온 경우에 어느 날 다음의 컴퓨터시스템에 원인불명의 장애가 발생하여 12시간 가량 전자우편서비스의 제공이 중단된 사정이 있다면 다음은 A에 대하여 손해배상책임을 지는가 하는 문제가 있다. A와 다음 사이에서 체결된 전자우편서비스이용약정의 효력이 유지되고 있다면 다음으로서는 특별한 사정이 없는 한 A에게 지속적이고 안정적인 전자우편서비스를 제공할 의무가 있다. A는 사고로 인하여 약 12시간에 걸쳐 전자우편서비스를 이용하지 못한 사정이 확실하다고 하면 그로써 다음이 이메일이용약정상의 의무를 이행하지 못한 사실이 분명하다. 그러나 다음이 원활한 전자우편서비스의 제공을 위하여 종전부터 사용하여 오던 서버를 최신기종으로 교체하고, 이메일사고가 그로부터 11개월 가량이 경과한 시점에서 발생한 사정이 인정되며, 현재의 기술수준으로는 이메일시스템의 장애가 발생한 원인을 밝히기 어려운 실정이 인정되는 한편 다음 소정의 약관에서 "다음은 이용자가 서비스를 이용함에 있어 다음의 고의 또는 중대한 과실로 인하여 입은 손해를 배상할 책임을 부담한다"고 규정하여 경과실에 관한 면책약관을 두고 있는 사실을 인정할 수 있다고 하면 이메일사고는 불가항력에 의한 경우이거나 적어도 경과실에 의한 경우에 불과하다고 할 수 있으므로, 다음에게는 그로 인한 손해를 배상할 책임이 존재한다고 보기 어렵다.[3]

만약 일단 약관부로 이메일이용계약이 유효하게 체결된 이후 다음이 약관을 변경한 경우에 그 변경되는 약관의 효력이 인정되는가 하는 문제가 있다. 약관법 제3조의 취지에 비추어 보면, 일단 약관부로 계약이 유효하게 체결된 이후 다음이 약관을 변경할 경우에 명시·설명의무의 이행을 통하여 A에게 그 인식가능성을 보장한 경우라고 하면 그로써 변경된 약관의 효력을 인정할 수 있다.[4] 그러므로 A가 최초로 전자우편서비스이용약정을 체결할 당시 적용에 동의한 약관에 "……변경된 약관은 서비스화면에 게재하거나 기타 다른 방법으로 이용자에게 공지함으로써 효력을 발생한다"고 규정되어 있는 경우에는, 후에 다음이 웹사이트를 통하여 변경된 새로운 약관을 게재함으로써 A가 일반적으로 예상하는 방법으로 약관을 명시할 의무를 다한 경우라고 볼 수 있다.

전자우편서비스를 일정 기간 제공받지 못하게 됨으로써 A가 입게 되는 통상의 재산적 손해액은 얼마가 되는가 하는 문제도 있다. 전자우편서비스의 이용이 중단된 기간 동안의 서비스이용료 상당액이라 할 수 있다. 그러므로 다음이 전자우편서비스를 무료로 제공한 경우라고 하면 사고로 인하여 A가 입게 될 재산적 손해를 인정하기 어렵다. 특히 단기간의 전자우편서비스의 제공중단으로 인하여 사이버공간상의 제2의 자아형성에 위해가 된다거나 A의 직업적 활동에 중대한 장애가 발생하여

3 서울지방법원 2002.7.24. 선고 2002나6868 판결.

4 서울지방법원 2002.7.24. 선고 2002나6868 판결.

그로 인한 정신적 손해가 발생한다고 인정하기도 어려울 뿐 아니라, 전자우편서비스의 이용자가 수백만명에 이르고 그 이용행태가 이용자에 따라서 천차만별인 현실에 비추어 다음이 A의 특별한 사정을 미리 예견할 수도 없다 할 수 있으므로, 전자우편서비스의 제공중단을 원인으로 한 A의 손해배상청구는 어느 모로 보나 인정될 수 없다.[5]

2. 영리목적의 광고성 전자우편, SMS문자메시지 등을 발송하지 아니할 의무

이메일서비스제공자는 본인이 수신동의를 하지 않은 한, 영리목적을 위하여 광고성 메일을 발송하지 않을 의무를 부담한다. 메일서버운영자는 메일서버에 스팸릴레이차단기능을 설정하여야 하고(http://www.krcert.or.kr), 스팸차단솔루션을 구입하여 사용하거나 자체적으로 스팸차단기능을 설정하여야 한다. 별도의 스팸차단솔루션을 사용하지 않고 메일서버보안제품만 사용할 경우에는 스팸방지기능이 있어야 한다. 그리고 메일서버이용자가 원하지 않는 스팸을 필터링할 수 있도록 조치하여야 하며, 이메일이용자가 메일서버를 이용하여 스팸을 발송하는지, 웹컨텐츠 중 광고성 정보를 타인에게 전달할 수 있는 기능이 있는지 등을 상시적으로 모니터링하여야 한다. 또한 이메일이용자가 스팸을 발송하거나 스팸을 수신하지 않도록 필요한 정보를 주기적으로 제공하고 있어야 할 뿐만 아니라, 악성프로그램설치를 통한 이용자PC의 스팸발송을 예방하기 위하여 정기점검을 실시하여야 한다. 역시 이메일서비스제

5 서울지방법원 2002.7.24. 선고 2002나6868 판결.

공자는 메일서버이용자의 이메일주소DB가 유출되어 스팸메일에 이용되지 않도록 기술적·관리적 보안조치를 취하여야 한다.

3. 개인정보를 제3자에게 누설, 배포하지 않을 의무

이메일서비스제공자는 본인의 승낙 없이 이메일이용계약을 통하여 수집한 개인정보를 제3자에게 누설, 배포하여서는 안 된다.

4. 이메일이용자의 자료가 유실되지 않도록 조치할 의무

이메일서비스제공자는 저장된 자료의 유실이 예상되는 경우에 그 위험을 이메일이용자에게 사전에 고지할 의무 내지 평소 불의의 장애발생에 대비하여 2차적인 저장장치를 마련하는 등의 방법으로 조치를 취할 의무를 부담한다. 다만 전자우편서비스제공자가 부담하는 저장자료 유실의 가능성에 대한 사전고지의무 내지 자료유실방지조치이행의무는 그 성격상 전자우편의 본질적 기능에서 요청되는 전자우편서비스제공자의 주된 의무에 수반되어 인정되는 부수적 의무에 불과하다. 그러므로 저장자료유실가능성의 사전고지의무 내지 자료유실방지조치이행의무의 존부 및 범위는 당해 전자우편서비스이용약정의 내용 내지 약관의 취지, 관련법령의 규정, 전자우편서비스제공자의 기술적·재정적 한계, 전자우편서비스이용자가 제공하는 대가관계 등을 고려하는 전제 아래 신의성실의 원칙에 입각하여 합리적으로 기대가능한 수준에서만 인정된다.

예를 들어 다음과의 전자우편서비스이용계약에 의하여 전자우편서비스를 제공받는 A의 회원정보, A가 그 동안 전자우편을 교환하던 다른 인터넷이용자의 주소록정보 및 A가 그 동안 전자우편서비스를 통하여 수신한 후 A가 이용하는 계정의 편지함에 보관중이던 전자우편이 모두 복구불가능하게 삭제되는 사고가 발생한 경우에 약관에 "다음은 약관에 따라서 지속적이고 안정적으로 서비스를 제공하기 위하여 노력한다"라고 규정하고, 필요한 경우 사전통지를 거쳐 전자우편서비스제공을 일시 중단할 수 있으나, 다음측이 통제할 수 없는 서비스중단의 경우에는 사전통지를 하지 아니한다는 취지의 규정을 두고 있을 뿐, A가 주장하는 자료유실방지조치의무 등에 관하여는 아무런 규정이 없고, 정보통신망법 제45조 제1항이 "정보통신서비스제공자는 정보통신서비스의 제공에 사용되는 정보통신망의 안정성 및 정보의 신뢰성을 확보하기 위한 보호조치를 하여야 한다"라고 규정하면서도 그 이행의무의 정도를 일률적으로 강제하고 있지는 아니하며, 인터넷을 기반으로 한 전자우편서비스가 비교적 새로이 등장한 정보전달수단으로써 이미 국가 내지 공공단체에 의하여 설치·운영되고 있는 기간통신망의 보완적 지위에 있음에 불과하여 그에 대한 기술적 · 재정적 지원이 제도적으로 이루어지고 있지 아니한 반면, 다음은 무료로 전자우편서비스를 제공하고 있는 사실, 전자우편서비스의 이용자 역시 전자우편서비스를 제공하는 사업자가 갖는 기술적 · 재정적 한계를 감안하여 상호경쟁하는 서비스업체 중 하나 또는 다수를 선택하여 이용계약을 체결하고 있는 실정이며, 적어도 메일서버에 접속하여 자신이 수신한 전자우편을 확인한 이후에는 그 전자우편을 인쇄하거나 자신의 컴퓨터에 저장하는 등의 방법으로 그 보존조치를 취할 수 있다는 사실 등을 종합하여 보면, 결국 사고 당시 다음이 부담하는 부수적 의무는 저장된 자료의 유실이 예상되는 경우 그 유실을 사전에 이용자에게 적절한 방법으로 고지하는 의무에 한정된다 할 수 있고, 그 밖에 다음이 불의의 시스템장애발생에 대비하기 위하여 평소 자료보존 조치를 이행하지 아니한 경우라고 하더라도 그 사정을 들어 위법하다고 단정할 수는 없다.

물론 A 등 이메일이용자가 서비스이용의 대가로 당해 웹사이트의 회원으로 가입함으로써 개인신상정보 내지 서비스이용행태정보를 제공하게 되고 다음은 그 개인신상정보 내지 서비스이용형태정보를 기반으로 한 광고 등을 수입원으로 삼고 있다는 사실을 근거로, 비록 A가 전자우편서비스를 무료로 이용하고 있다 하더라도 전자우편서비스이용계약을 무상계약이라고 할 수는 없으므로, 다음에게 인정되는 의무 역시 유상계약에 상응하는 수준의 의무이어야 한다는 취지로 생각할 수 있다. 그러나 다음이 개인신상정보를 타인에게 누설 · 제공함으로써 이익을 얻는 경우가 아닌 이상 개인신상정보의 제공 자체가 서비스이용의 대가라고는 볼 수 없고, 또한 이용행태정보는 개개인의 서비스이용내역에 관한 자료를 다음측이 수집·가공하고 분석하여 얻어낸 2차적 정보로서 그 서비스이용형태정보를 A가 제공한 정보라고 단정할 수 없으므로, 다음에게 유상계약에 따른 일정한 의무가 부담된다고 볼 수 없다.

결국 적어도 사고 당시 다음에게 A가 주장하는 하드백업시스템 내지 팝포워딩서비스 등 자료유실방지조치를 취할 법률상 의무가 존재한다고 볼 수는 없으므로, 그 자료유실방지조치의무의 위반을 이유로 한 A의 손해배상청구는 더 나아가 살펴볼 필요도 없다. 다만 사고 당시를 기준으로 하더라도 다음으로서는 자신이 관리하는 컴퓨터시스템에 저장되어 있는 A의 자료가 유실되리라고 예상되는 경우에는 그 사실을 충분한 기간 이전에 상당한 방법으로 A에게 고지할 의무가 있다. 그러나 사고가 당시의 기술적 수준으로서는 미리 예상하기 어려운 경우이어서 다음이 그 사실을 A에게 사전에 고지하지 아니한 사정에 어떠한 귀책사유가 존재한다고 볼 수 없다고 하면 역시 다음의 손해배상책임을 인정하기는 곤란하다.[6]

5. 이메일서비스의 중단 및 자료유실에 대한 책임

(1) 서언

이메일서비스업체가 이메일서버를 교체하는 과정에서 장애가 발생하여 전자우편함에 보관중이던 이용자의 이메일이 멸실되는 사고가 발생하면 이메일서비스업체에 대하여 책임을 물을 수 있는가 하는 문제가 있다. 실제로 A가 국내에서 가장 큰 이메일서비스업체인 다음커뮤니케이션과 사이에서 회원가입계약을 체결하고 그 무렵부터 전자우편서비스를 제공받아 오던 중 2000년 5월 11일경 다음커뮤니케이션의 컴퓨터시스템에 원인불명의 장애가 발생하여 12시간 가량 전자우편서비스의 제공이 중단됨과 동시에 A의 회원정보, A가 그 동안 이메일을 교환하던 다른 인터넷이용자의 주소록정보 및 A가 그 동안 이메일서비스를 통하여 수신한 후 A의 계정의 편지함에 보관중이던 이메일이 모두 복구불가능하게 삭제되는 사고가 발생하여 그 손해배상책임이 문제된 경우가 있다.[7]

우선 이메일서비스를 제공하는 다음커뮤니케이션으로서는 전자우편

6 서울지방법원 2002.7.24. 선고 2002나6868 판결.

7 이메일사고와 관련한 자세한 내용에 대하여는 서울지방법원 2002.7.24. 선고 2002나6868 판결 참조.

의 본질, 약관이나 법률의 규정 등에 비추어 그 회원에게 지속적이고 안정적인 전자우편서비스를 제공할 의무 등이 있다.[8] 그러므로 만약 평소 이메일시스템의 장애가 빈발하고 있는데도 불구하고 필요한 의무를 이행하지 아니하여 이메일사고 당시 서버교체 내지 컴퓨터시스템의 초기 설정의 과정에서 아무런 사전고지 없이 서비스제공을 중단하게 되고, A가 보관시킨 주소록정보 및 수신된 전자우편이 모두 삭제되는 사고를 발생하게 한 경우에는 손해배상책임이 문제될 수 있다. 물론 다음커뮤니케이션이 이용자의 편의를 위하여 기존의 서버를 최신기종으로 교체하는 등 최선의 노력을 경주하고, 자료유실을 방지하기 위하여 최신의 백업시스템을 채용하여 운영하여 온 사실이 인정되고, 이메일중단사고가 서버교체와 관계없이 기술적으로 불가피하게 발생한 경우라는 사정이 인정된다면 다음커뮤니케이션에게는 그로 인한 하자발생에 귀책사유가 존재하지 아니한다고 볼 수 있다.

(2) 이메일서비스의 중단에 따른 책임

구체적으로 살펴보면 우선 이메일서비스제공의 중단이 다음커뮤니케이션의 채무불이행으로 볼 수 있는가가 문제된다. A와 다음커뮤니케이션과의 사이에서 체결된 이메일서비스이용약정의 효력이 유지되고 있다면 다음커뮤니케이션으로서는 특별한 사정이 없는 한 A에게 지속적으로 이메일서비스를 제공할 의무가 있다고 보아야 하므로, A가 이메일중단사고로 인하여 약 12시간에 걸쳐 전자우편서비스를 이용하지 못한

---

8 보통 이메일서비스이용계약은 이용자가 무료로 다음커뮤니케이션의 서버와 하드디스크의 일부를 사용할 수 있도록 하는 무상계약이므로, 민법상 사용대차의 법리를 유추하여 그 주의의무가 경감되는가가 문제될 여지가 있다.

경우라고 하면 다음커뮤니케이션이 이메일서비스이용약정상의 의무를 이행하지 못한 사실이 분명하다. 그러나 다음커뮤니케이션은 1999.6.경 원활한 전자우편서비스의 제공을 위하여 종전부터 사용하여 오던 서버를 최신기종으로 교체한 사실이 있고, 이메일중단사고는 그로부터 11개월 가량이 경과한 시점에서 발생하여 그 당시의 기술수준으로는 시스템장애가 발생한 원인을 밝히기 어려운 실정인 사정, 다음커뮤니케이션 소정의 약관에 "이용자가 서비스를 이용함에 있어 다음의 고의 또는 중대한 과실로 인하여 입은 손해를 배상할 책임을 부담한다"라고 규정하여 경과실에 관한 면책약관을 두고 있는 사실[9]을 인정할 수 있는 한편, 이메일중단사고는 불가항력에 의한 경우이거나 적어도 경과실에 의한 경우에 불과하다고 할 수 있으므로, 다음커뮤니케이션에게는 그로 인한 손해배상책임이 존재한다고 보기 어렵다.

이메일중단사고로 인하여 A가 손해를 입은 경우인가도 문제될 수 있다. 이메일서비스를 일정한 기간 제공받지 못하게 됨으로써 그 이용자가 입게 되는 통상의 재산적 손해는 이용이 중단된 기간 동안의 서비스 이용료 상당액이라 할 수 있다. 그러나 다음커뮤니케이션은 전자우편서비스를 무료로 제공하고 있으므로,[10] 이메일중단사고로 인하여 A가 입

---

9 설령 다음커뮤니케이션이 처음 이메일서비스이용계약을 체결한 때의 약관을 후에 신약관으로 변경한 경우라고 할지라도 인터넷사이트상에서 이루어지는 전자우편서비스이용약정의 성격상 변경된 약관내용을 이용자에게 개별적으로 설명하거나 그 동의를 얻기를 기대하기 어렵다는 사정 등을 고려하면 약관규제법 소정의 명시·설명의무의 이행을 통하여 이용자에게 그 인식가능성을 보장한 경우라고 하면 그로써 변경된 약관의 효력을 인정할 수 있다.

10 이용자가 이메일서비스이용의 대가로 다음사이트의 회원으로 가입함으로써 개인신상정보 내지 서비스이용행태정보를 제공하게 되고 다음커뮤니케이션은 그 정보를 기반으로 한 광고 등을 수입원으로 삼고 있으므로, 이메일서비스를 무료로 이용하고 있다 하더라도 이메일서비스이용계약을 무상계

게 된 재산적 손해를 인정하기 어렵다. 또한 단기간의 전자우편서비스 제공중단으로 인하여 사이버공간상의 자아형성에 위해가 된다거나 A의 직업적 활동에 중대한 장애가 발생하여 그로 인한 정신적 손해가 발생한다고 인정하기도 어려울 뿐 아니라, 이메일서비스의 이용자가 몇 천만명에 이르고 그 이용행태가 이용자에 따라서 천차만별인 현실에 비추어 다음커뮤니케이션이 만약 이메일중단사고가 생기면 정신적 고통을 입는다는 A의 특별한 사정을 미리 예견하기도 곤란하다고 보아야 한다. 그러므로 이메일서비스제공의 중단을 원인으로 한 A의 손해배상청구는 어느 모로 보나 인정되기가 어렵다.[11]

(3) 이메일자료의 유실에 따른 책임

메일박스에 저장된 자료의 유실로 인한 손해배상청구가 인정되는가 하는 문제가 있다. 일반적으로 이메일은 송신자와 수신자가 각기 접속하여 이용하는 온라인서비스제공자의 메일서버를 매개로 하여 전자문서를 송신·수신함으로써 이루어지는 비동시적인 정보전달수단으로써, 수신자가 자신이 이용하는 메일서버에 실제로 접속하여 수신된 전자우편을 확인하기까지의 기간 동안 수신된 전자문서 및 송신자의 전자우편주소 등 관련자료를 보관하는 기능이 필연적으로 요청된다. 그러므

약이라고 할 수는 없다고 하는 이유로 다음커뮤니케이션에게 인정되는 의무 역시 그에 상응하는 수준의 의무이어야 한다고 생각할 수도 있으나, 다음커뮤니케이션이 개인신상정보를 타인에게 누설·제공함으로써 이익을 얻는 경우가 아닌 이상 개인신상정보의 제공 자체가 서비스이용의 대가라고는 볼 수 없고, 또한 이용행태정보는 개개인의 서비스이용내역에 관한 자료를 다음커뮤니케이션측이 수집·가공하고 분석하여 얻어낸 2차적 정보로서 그 정보를 이용자가 제공한 정보라고 단정할 수 없다.

11 서울지방법원 2002.7.24. 선고 2002나6868 판결.

로 전자우편서비스의 이용에 관한 약정이 체결된 경우 이메일서비스제공자로서는 그 약정에 따른 주된 의무로서 전자우편의 송신·수신기능뿐 아니라 수신된 이메일과 관련되는 정보에 대한 1차적 저장기능이 안정적이고 지속적으로 수행되도록 노력할 의무가 있다. 그러나 더 나아가 메일서버에 저장된 자료의 유실이 예상되는 경우 그 사정을 이용자에게 사전에 고지할 의무 내지 평소 불의의 장애발생에 대비하여 2차적인 저장장치를 마련하는 등의 방법으로 이용자의 자료가 유실되지 않도록 조치할 의무는, 그 성격상 이메일의 본질적 기능에서 요청되는 이메일서비스제공자의 주된 의무에 수반되어 인정되는 부수적 의무에 불과하다고 보아야 한다. 결국 이메일서비스제공자로서 다음커뮤니케이션이 부담하는 의무의 존부 및 범위는 이메일서비스이용약정의 내용 내지 약관의 취지, 관련법령의 규정, 이메일서비스제공자의 기술적·재정적 한계,[12] 이메일서비스이용자가 제공하는 대가관계 등을 고려하는 전제 아래 신의성실의 원칙에 입각하여 합리적으로 기대가능한 수준에서만 인정된다.

예컨대 다음커뮤니케이션은 이메일서비스의 제공과 관련하여 어느 정도로 의무를 부담하는가 문제된다. 우선 A와 이메일서비스이용약정을 할 때에 사용한 약관에 '지속적이고 안정적으로 서비스를 제공하기

---

12 만약 이메일사고 당시를 기준으로 다음커뮤니케이션으로서는 자신이 관리하는 컴퓨터시스템에 저장되어 있는 각 이용자의 자료가 유실되리라고 예상되는 경우에는 그 사실을 충분한 기간 이전에 상당한 방법으로 이용자에게 고지할 의무가 있다고 할 수 있으나, 이메일사고가 당시의 기술적 수준으로서는 미리 예상하기 어려운 경우라면 다음커뮤니케이션이 그 사실을 이용자에게 사전에 고지하지 아니한 사정이 어떠한 귀책사유가 존재한다고 볼 수 없다.

위하여 노력한다',[13] '필요한 경우 사전통지를 거쳐 서비스제공을 일시중단할 수 있으나 다음커뮤니케이션측이 통제할 수 없는 서비스중단의 경우에는 사전통지를 하지 아니한다'는 취지의 규정을 두고 있을 뿐, 자료유실방지조치의무 등에 관하여는 아무런 규정이 없다. 특히 인터넷을 기반으로 한 전자우편서비스는 비교적 새로이 등장한 정보전달수단으로써 이미 국가 내지 공공단체에 의하여 설치 · 운영되고 있는 기간통신망의 보완적 지위에 있음에 불과하며 그에 대한 기술적 · 재정적 지원이 제도적으로 이루어지고 있지 아니한 반면, 다음커뮤니케이션은 무료로 이메일서비스를 제공하고 있다. 또한 이메일서비스의 이용자도 역시 이메일서비스제공자가 갖는 기술적·재정적 한계를 감안하여 서로 경쟁하는 이메일서비스업체 중 하나 또는 다수를 선택하여 이메일서비스이용계약을 체결하고 있고, 적어도 메일서버에 접속하여 자신이 수신한 이메일을 확인한 이후에는 자기에게 온 이메일을 인쇄하거나 자신의 컴퓨터에 저장하는 등의 방법으로 그 보존조치를 취할 수 있다는 사정 등을 종합하여 보면, 이메일분실사고 당시 다음커뮤니케이션이 부담하는 부수적 의무는 저장된 자료의 유실이 예상되는 경우 그 자료유실을 사전에 이용자에게 적절한 방법으로 고지하는 의무에 한정된다고 보아야 하며, 그 밖에 다음커뮤니케이션이 불의의 시스템장애발생에 대비하기 위하여 평소 자료보존조치를 이행하지 아니한 경우라고 하더라도 그 사실을 들어 위법하다고 단정할 수는 없다. 결국 이메일사고 당시 다음커뮤

---

13 정보통신망법 제45조 제1항도 "정보통신서비스제공자는 정보통신서비스의 제공에 사용되는 정보통신망의 안정성 및 정보의 신뢰성을 확보하기 위한 보호조치를 하여야 한다"고 포괄적으로 규정하면서도 그 이행의무의 정도를 일률적으로 강제하고 있지는 않다.

니케이션에게 A가 주장하는 하드백업시스템 내지 팝포워딩서비스 등 자료유실방지조치를 취할 법률상 의무가 존재한다고 볼 수는 없으므로, 그 의무의 위반을 이유로 한 A의 손해배상청구는 인정될 수 없다.[14]

Ⅲ. 이메일이용자의 의무

국내에서 이메일의 이용은 대부분 무료이므로, 이메일이용자가 이용료 등 대가를 지급할 의무는 없다. 그리고 이메일이용자는 정크메일(junk mail), 스팸메일(spam mail), 행운의 편지(chain letters), 피라미드 조직에의 가입을 권유하는 메일, 외설 또는 폭력적인 메시지 · 화상 · 음성 등이 담긴 메일을 보내서는 안 된다.

---

14 서울지방법원 2002.7.24. 선고 2002나6868 판결.

03
스팸메일

Ⅰ. 스팸메일의 의의

스팸메일(Spam Mail)이란 일반적으로 필요하지 않는 메일, 즉 '원치 않는 상업성 이메일'(Unsolicited Commercial E-mail, 흔히 약자로 UCE)을 통틀어 일컫는 용어이다. 스팸메일은 달리 쓰레기와 같다고 하여 정크메일(Junk Mail), 대량으로 발송된다고 하여 벌크메일(Bulk Mail)이라고도 불린다. 본래「스팸」(Spam)이라고 하는 단어는 미국의 Hormel Foods(http://www.hormel.com/)라고 하는 식품회사가 만든 돼지고기통조림의 상품명인 Spiced Ham의 약칭에서 유래한다.[15] 레스토랑에서 요리를 주문하는 고객에 대하여 종업원이「스팸, 스팸 ―」이라고 집요하게 외치는 소리에 의하여 손님이 스팸을 주문한다고 하는 Monty Python의 코미디에 기하여 스팸이라는 이름이 인터넷공간에

15 New Oxford Dictionary of English에서는「Spam」을 Spiced Ham의 약칭이라고 하는 본래의 정의에 더하여「다수인에게 송신된 원치 않는 인터넷메시지」라고 설명하고 있다.

서는 원치 않는 이메일을 나타내는 용어로 쓰이고 있다. 스팸메일의 송신행위를 특히「스패밍」(Spamming), 스팸메일의 송신자를「스패머」(Spammer)라고 부르기도 한다.

[세계 최초의 스팸광고]

인터넷상에서 스팸의 시초를 연 사람은 변호사인 Laurence Canter와 Martha Siegel 부부라고 한다. 미국 플로리다에서 이민권과 관련되는 업무를 한 Laurence Canter와 Martha Siegel 부부는 1994년 4월에 약 8,000개의 인터넷 뉴스그룹에 자신의 영주권취득지원사업을 선전하는 광고를 게재하여 당시 뉴스그룹에서 엄청난 논란을 일으키고, 그때로부터 스팸이라고 하는 용어가 일반적으로 원치 않는 광고성 정보메일을 지칭하는 의미로 사용되고 있다.

스팸메일과의 전쟁이라고 하는 극한적인 표현에서 알 수 있다시피, 스팸메일은「인터넷시대의 독버섯」혹은「인터넷환경오염의 주범」이라고 하지 않을 수 없다. 이메일을 이용하는 네티즌이라면 누구나 시도 때도 없이 메일박스에 쏟아져 들어오는 스팸메일로 인하여 심한 고통을 겪고 있다. 스팸메일의 양이 날로 급증하고 있고, 그만큼 피해의 사례도 늘어나고 있다.

2013년을 기준으로 세계적으로 매일 약 1,200억개의 스팸메일이 발송되고 있다고 한다. 세계에서 스팸메일이 가장 많이 발송되는 국가는 중국이며, 전세계에 유통되는 스팸메일의 22.97%를 차지하고, 2위는 미국으로 17.63%, 3위는 대한민국으로 12.67%라고 한다.

2014년 상반기 한국인터넷진흥원(KISA)의 스팸탐지시스템(가상의 이메일주소로 스팸을 탐지하는 시스템)에 탐지된 인터넷제공사업자의 이메일스팸은 총 4,826만건(국내발신 2,180만건, 국외발신 2,646만건)에 달한다. 그리고 전국 만 12세~59세의 남녀 1,500명을 표본선정하여, 7일간 실제 스팸수신량을 조사한 결과에 의하면 휴대전화문자스팸의 1일 평균 수신량은 0.21건, 이메일스팸의 1일 평균 수신량은 0.56건이라고 한다.

보통 스패머는 메일주소를 게시판이나 뉴스그룹을 보고 획득하나, 특히 최근에는 타인의 이메일주소를 대부분 이메일추출기(email grabber)를 사용하여 인터넷상에서 수집하고 있고,[16] 기타 전문적인 판매업자로부터 구매(건당 약 10원)하거나 도용과 같은 부정한 방법으로 이메일을 취득하기도 한다. 스팸메일의 발송자는 수집한 이메일주소를 데이터베

16 이메일추출기, 즉 이메일 그래버는 인터넷게시판에 게시되어 있는 이메일주소를 수집하는 프로그램(예컨대 AD2000, MAIL-EXTRACTOR)으로 5~30만원에 거래된다고 하며, 이메일 그래버만 있으면 5분에 5만개 정도의 이메일주소를 모을 수 있다. 그러나 네티즌의 이메일주소를 대량 수집하여 무작위로 광고성 웹메일을 뿌리거나 각종 블로그에 자동으로 홍보용 댓글을 올리는 프로그램은 정보통신망의 운용을 방해하는 '악성프로그램'에 해당하여 처벌될 수 있다.

이스(DB)화하여 자동발신프로그램을 이용하여 무작위로 원치 않는 이메일을 대량으로 전송하고 있다. 자동발신프로그램을 이용하면 하루에 5만개까지 스팸메일을 발송할 수 있고, 스팸메일의 발송을 대신하여 주는 업체까지 등장하여 성업중이라고 한다.

스팸메일의 내용이 회사의 뉴스레터나 「책소식」을 보내는 수준을 훨씬 넘어 저질·음란·불법의 이메일이 대부분을 차지하고 있다. 예를 들어 성인사이트("(광고)성인전용무료!!"), 불법소프트웨어의 판매("(광고)최신CD를 저렴한 가격에"), 금융피라미드광고("6,000원으로 8억을... 인생에서 세 번 온다던 기회중 하나가") 혹은 돈버는 광고("횡재정보, 가입 즉시 40달러 추천인 한명당 37달러")와 같은 이메일이 판을 치고 있는 실정이다. 무심결에 제목만 보고 이메일을 실행시키면 갑자기 포르노화면이 떠올라 메일이용자를 놀라게 하는 경우도 흔하다. 특히 음란성 스팸메일이 청소년은 물론, 어린이에게까지 무작위로 살포되어 사회문제가 되고 있다. 14세 미만의 어린이 2만명을 대상으로 한 조사에 의하면 스팸메일을 통하여 음란물에 접속한 비율이 성인사이트를 접속한 경험이 있는 어린이의 70%에 달한다고 한다.[17]

스팸메일의 홍수로 인하여 수신자 개인이나 인터넷이용자 전체에게 야기되는 피해도 날로 커지고 있다. 스팸메일이 주는 피해로서는 예를 들어 (i) 흥미없는 메일 혹은 불유쾌한 메일의 수신으로 인한 심리적 부담, (ii) 필요한 메일과 스팸메일을 선별하기 위한 시간적 · 심리적 피해, (iii) 불필요한 메일로 인하여 야기되는 서버나 PC의 장애, (iv) 불필요한 메일을 다운로드하기 위하여 필요한 시간적 · 금전적 피해, (v) 컴퓨터바

17 조선일보 2002.1.8, 성인사이트 접속 어린이 70% - 스팸메일로 음란물 접속.

이러스의 감염에 의한 시스템 · 데이터 · 응용프로그램의 사용불능에 따른 손해(최근에는 컴퓨터바이러스가 첨부된 스팸메일도 많이 출현하고 있다)를 들 수 있다. 무차별적으로 살포되는 스팸메일로 인하여 메일이용자가 부담하여야 하는 접속비용만을 계산하더라도 전 세계적으로 연간 엄청난 금액에 달한다고 한다.[18] 매일마다 일과처럼 메일박스에 쓰레기처럼 쌓인 스팸메일을 지우는 일로 인하여 메일이용자가 받는 시간적 손해나 정신적 고통 혹은 인터넷망의 체증에 따른 손해를 합하면 스팸메일에 따른 전체적인 피해(혹은 손해)는 가히 천문학적인 금액이 될 전망이고, 개인적으로도 심각한 손해가 야기된다고 할 수 있다. 특히 스팸메일의 폭발적인 증가로 인하여 메일이용자가 받을 피해는 장차 기하급수적으로 늘어날 전망이다.

아직은 스팸메일을 100% 막을 기술적인 방법이 없는 상황이다. 그러나 스팸메일로 인한 심각한 피해를 고려하면 어떤 방법으로든 스팸메일을 규제할 필요가 있다고 하지 않을 수 없다. 스팸메일의 규제방법으로는 크게 (i) 자율적 · 사회적 규제, (ii) 기술적 규제, (iii) 법적 규제를 생각할 수 있다. 예를 들어 안티스팸운동과 같이 스팸메일을 네티켓정신에 입각하여 자율적으로 규제하려고 하는 노력이 자율규제이다. 또한 기술적 방법을 통하여 스팸메일을 방지하려는 시도도 가능하다. 외국을 보면 많은 국가가 스팸메일을 규범적으로 규제하려는 동향을 보이고 있다. 국내에서는 이미 스팸메일을 규제하는 몇 규범적 조항이 존재하나, 법망을 피해 가는 지능적인 스팸메일로 인하여 피해가 줄어들지 않고

18 중앙일보 2002.1.23, e-메일 주소 뽑아 수백만통 자동 발송; 동아일보 2001. 2.5, 스팸메일로 인한 피해, 93억달러 넘어.

있는 실정이다. 스팸메일에 따른 피해가 날로 증가하고 있는 현실을 생각할 때, 스팸메일로 생기는 피해를 종합적으로 검토할 필요가 있고, 피해를 막기 위한 여러 가지 규제방안에 대한 지속적인 논의가 요구되고 있다.

II. 스팸메일의 유형

1. 광고를 목적으로 하는 메일

가장 흔한 스팸메일의 유형으로는 자사의 제품이나 서비스를 홍보할 목적으로 불특정 다수에게 같은 메일을 보내는 경우를 들 수 있다. 메일박스에 쌓이는 가장 대표적인 스팸메일은 예를 들어 새로운 상품의 출시를 알리거나 물건을 싸게 판다고 하는 경우 혹은 불법복제한 CD를 판매하거나 학원을 안내하는 경우와 같은 상업성 광고메일이다. 사업자가 스팸메일을 통하여 광고를 하는 가장 큰 이유는 스팸메일의 발송은 비용이 별로 들지 아니한다고 하는 사정에 있다. 상품이나 서비스를 신문 · 방송과 같은 매체에 광고할 때에는 수백만원 내지 수천만원이 필요하나, 스팸메일을 보내는 경우에는 이메일서버와 주소만 있으면 거의 돈을 들이지 않고도 얼마든지 원하는 상업광고메일을 보낼 수 있다. 특히 비정상적인 유통경로를 거친 상품이나 성인용품 · 음란성 제품과 같이 신문이나 방송에서는 광고를 할 수 없는 물품도 있으나, 이메일을 통하여는 어떤 제재도 받지 아니하고 광고를 할 수 있다고 하는 사정도 광고성 스팸메일이 넘치는 이유의 하나이다. 또한 스팸메일에 의한 광고는 소비자에게 전달되는 시간이 우편에 비하여 엄청나게 빠르다. 예컨대 우편을 통하여 광고를 하는 때에는 고객에게 광고물을 보내기 위하여 인력·비용·시간이 필요하고, 배달시 분실의 위험도 있다. 그러나 이메일에 의한 광고에서는 발신과 거의 동시에 전달이 되고, 심지어 고객의 메일수신 여부까지를 확인할 수 있다.

광고스팸메일은 반드시 상업성 메일에 한정되지는 아니한다. 최근에는 종교나 정치적 권유를 목적으로 하는 스팸메일도 기승을 부리고 있다. 국내에서도「인사」라고 하는 명목으로 정치인이 대량메일을 발송하는 사례가 늘고 있다.

2. 설문조사메일

최근에 나타난 스팸메일의 새로운 유형으로, 보내는 당사자가 아직 자기의 메일이 스팸인지 모르고 보내는 경우가 많다. 자신의 연구나 마케팅조사를 위하여 불특정한 다수인에게 메일을 보내고 응답을 기다리는 사례도 역시 명백한 스팸메일에 해당한다.

3. 메일폭탄

특정인의 이메일이나 메일시스템에 수천·수만통의 전자우편을 보내거나 대용량의 전자우편을 지속적으로 보내는 경우를 메일폭탄(Mail Bomb)이라고 한다. 메일폭탄은 엄밀하게는 스팸메일과는 다르나, 특정인 또는 불특정한 개인 및 다수인에게 메일시스템이 정상작동이 안되도록 하거나 업무에 방해를 줄 목적으로 보내는 메일이라고 하는 측면에서 스팸메일의 일종이라고 할 수 있다. 예컨대 덩치 큰 메일을 보내거나 메일을 받으면 특정한 프로그램이 작동하도록 하는 경우가 메일폭탄의 예이고, 메일폭탄을 통하여 컴퓨터바이러스를 전염시키는 경우도 있다. 국내에서도 PC통신업체가 운영하는 인터넷 전자우편시스템에 10만여 통의 메일폭탄이 배달되어 인터넷전자우편을 관리하는 메일송수신프로토콜(SMPT)이 가동을 멈추고, 그 결과 이용자가 보낸 이메일이 지연되는 피해가 생긴 경우가 있다.[19] 또한 인터넷의 보안등급제정과 관련하여 정부기관의 홈페이지를 마비시킨 서비스거부공격방식도 수천, 수만명의 가짜사용자가 일시에 접속을 시도한다고 하는 측면에서 일종의 메일폭탄방식과 유사하다고 할 수 있다.

4. Chain letters

체인레터의 가장 대표적인 경우로서는 「행운의 편지」를 들 수 있다. 아마도 누구에게나 경험이 있을 행운의 편지가 인터넷에서 이메일을 통하여 성행되고 있다. 행운의 편지는 보통 이메일을 받으면 필히 같은 내용의 메일을 몇 명 이상에게 보내야만 행운이 따르고, 만일 정한 기간내에 답장메일을 보내지 않으면 불행이 따른다고 하는 내용으로 되어 있다.[20] 행운의 편지는 전혀 사실무근인 하나의 사기행각에 불과하나, 메

---

19 예컨대 동일한 내용의 이메일을 초당 수십통씩 보낼 수 있는 프로그램을 만든 뒤 하이텔의 인터넷메일서비스를 이용, 이틀간 「rage 280」 이라는 ID를 사용하는 통신인에게 「michin@jiral.com」 이라는 허위 ID로 하루 3~4시간씩 모두 10만여통의 메일을 보내 하이텔 인터넷메일시스템의 작동을 6일간 마비시킨 사건이 있고, 또한 3일 동안 나우누리 인터넷메일서비스를 이용하여 친구 60명에게 9기가바이트(A4용지 2백70만페이지 분량)에 달하는 전자메일을 보내 나우누리 인터넷메일시스템에 장애를 일으킨 사건도 있다(조선일보 1997.8.22, 'E-mail 폭탄'으로 PC통신 마비).

20 행운의 편지는 흔히 다음과 같은 내용으로 되어 있다: "지금은 당신에게로 옮겨진 이 편지는 4일안에

일을 수신한 사람으로 하여금 다른 사람에게 같은 메일을 발송하도록 유도하여 생기는 피해는 행운의 편지의 놀라운 확장력을 생각할 때 매우 크다고 하지 않을 수 없다.[21]

「행운의 편지」의 변형에 속하는 스팸메일도 있다. 예를 들어「오늘 IBM에서 바이러스에 관한 정보를 보냈기에 이렇게 메일을 보냅니다. 'JOIN THE CREW'라는 제목의 이메일을 받으시면 절대 열지 마십시오. 하드디스크에 있는 모든 내용을 지워버릴 것입니다. 지금 이 편지를 될수록 많은 사람에게 보내주십시오!」혹은「'PENPAL GREETINGS!' 라는 제목의 편지와 'Returned or Unable to Deliver'라고 되어 있는 메일을 열어보면 컴퓨터의 주변기기를 망칩니다. 절대 열지 마십시오. 그리고 이 내용은 주위에 있는 아는 사람에게 널리 알려 주십시오.」라는 내용이 이메일로 전달되는 경우가 있다. 그러나 메일에 언급된 바이러스는 실제로 존재하지 않는 가짜바이러스이며, 실재하지도 않는 바이러스

당신곁을 떠나야 합니다./이 편지를 포함해서 28통을 행운이 필요한 사람에게 보내주셔야 합니다./복사를 해도 좋습니다. 혹 미신이라 생각하실지 모르겠지만 사실입니다./영국에서 HGXWCH이라는 사람이 1930년 이 편지를 받았습니다./그는 비서에게 복사해서 보내라고 했습니다./며칠뒤에 복권이 당첨되어 20억을 받았습니다./어떤 이는 이 편지를 받았으나 96시간 이내 자신의 손을 떠나야 한다는 것을 잊었습니다./그는 곧 사직 되었습니다./나중에야 이 사실을 알고 28통의 편지를 보냈는데.... 다시 좋은 직장을 얻었습니다./미국 케네디 대통령은 이 편지를 받았지만 그냥 버렸습니다./결국 그 일 후 그는 암살당했습니다. 기억해 주세요./이 편지를 보내면 7년의 행운이 있을 것이고, 그렇지 않으면 3년의 불행이 있을 것입니다./그리고 이 편지를 버리거나 낙서를 해서는 안됩니다. 28통입니다./이 편지를 받은 사람에게 행운이 깃들 것입니다./힘들겠지만 좋은 게 좋다 생각하세요./내가 아는 바로 당신이 꼭 행운을 받았으면 합니다."

21 예컨대 처음 메일을 보낸 사람이 7통의 메일을 누구에겐가 보낸 경우를 가정하면 메일을 받은 7명의 사람이 다시 각각 다른 7명의 사람에게 편지를 하고, 7통의 메일이 다음 단계에서 49통의 메일로 늘어나며, 받은 49명이 각각 7통의 편지를 쓰게 된다면 다음 단계에서는 49×7=343통이 되고, 계속하여 343×7=2,410통, 2,401×7=16,807통이라고 하는 엄청난 수로 메일이 증가한다.

를 들먹이며, 경고 아닌 경고를 하면서 받은 편지를 가능한 한 많은 사람에게 보내라는 이메일은 행운의 편지식의 장난편지(Hoax)에 불과하다. 또한「1천달러 벌이」라는 제목으로 전달되는 이메일, 예컨대 다른 사람에게 이메일을 전달하면 빌 게이츠가 1천달러를 준다고 하는 내용을 가진 이메일도 행운의 편지식의 장난편지이고 스팸메일의 일종이다.[22] 흔히 행운의 편지는 발신자가 누구인지를 알 수 없으나, 행운의 편지의 변형에 속하는 장난메일에서는 보통 주변의 잘 아는 사람이 해를 입지 않을까 걱정하여 친절하게 메일을 보내주는 차이가 있다. 또한 행운의 편지는 타인에게의 편지전파를 위하여 이기심이나 공포심에 호소하나, 장난메일은 가까운 사람을 바이러스의 피해로부터 구하거나 돈을 버는 행운을 가까운 사람에게 주려고 하는 심정에 호소한다. 그러나 장난메일도 역시 체인레터의 일종으로 장난메일로 인하여 야기되는 피해는 행운의 편지에서와 마찬가지로 매우 크다.

5. 사기피라미드메일

「6,000원만 투자해봐.....인생이 확 달라져」,「가입 3일만에 적립금이 23만원」,「통장공개 - 인터넷 최고의 아르바이트」혹은「돈이 보여요 돈이...」와 같이 사이버금융피라미드를 부추기는 메일도 스팸메일의 일종이다.[23] 역시 어떤 웹사이트에의 가입을 권유하면서 발송인 자신을

---

22 흔히 이메일이 전달편지([Fwd:]라고 찍혀 오는 경우)의 형태로 전달된다.

23 예컨대「6천원으로 8억원을 번다」고 하는 대표적인 사기피라미드메일을 살펴보면 다음과 같다: 전달된 메일링 리스트 6인의 명단을 보고 거기에 적힌 계좌로 1,000원씩 각각 6명에게 돈을 입금하고, 다

추천인으로 등록하라는 메일을 발송하는 경우도 스팸메일에 해당된다.

Ⅲ. 스팸메일로 인한 부작용 · 피해

1. 불건전한 내용

물론 스팸메일은 어떤 내용을 담고 있는가와 관계없이 문제가 되지만, 특히 그 내용으로 인하여 문제가 되는 경우도 많다. 스팸메일은 대부분 상업성 메시지를 담고 있고, 특히 피라미드금융이나 다단계마케팅과 같은 미혹적인 행위를 부추기는 경우도 있다. 또한 스팸메일을 통하여 성인용 제품이나 포르노사이트를 유포시키는 경우도 많다. 불건전한 내용을 담은 스팸메일 혹은 미혹(迷惑)메일은 특히 청소년이나 어린이에게 발신된 때에 그 부작용이나 피해가 크다(스팸메일은 수신자의 기호·성별·연령을 고려하지 아니하고 무차별적으로 보내므로, 원치 않는 메일의 송신자는 메시지를 받는 수신자의 연령을 알지 못한다).

른 사람에게 대략 1,500통 정도의 이메일을 보내면(이메일을 보낼 때에는 메일링리스트상의 6인 중 맨 첫번째 사람은 지우고 번호를 하나씩 당겨서 맨끝에 자신의 주소와 이름을 적고 보낸다) 6천원을 투자하여 곧장 8억원을 벌 수 있다. 만일 보낸 편지에서 1%의 회답이 온다고 가정하면,

1) 1,500통을 보내면, 15명이 1,000원을 보낸다 → 15,000원
2) 그 15명이 각각 1,500통의 편지를 보내면, 225명이 1,000원씩 → 225,000원
3) 그 225명이 1,500통의 편지를 보내면, 3,375명이 1,000원씩 →3,375,000원
4) 그 3,375명이 1,500통의 편지를 보내면, 50,625명이 1,000원씩 →50,625,000원
5) 그 50,625명이 1,500통의 편지를 보내면, 759,375명이 1,000원씩 → 759,375,000원이 되고,
6) 이 단계에서 명단이 사라진다.결국 6천원을 투자하고 1,500통의 이메일만을 보내면 그대로 약 8억원을 벌게 된다고 한다. 또한 이메일을 많이 보내면 돈을 많이 받을 수 있는 결과, 1,500통이 아닌 3,000통을 보낸다고 가정하면 약 24억원을 받는다.

2. 비용의 전가

스팸메일이 야기하는 최대의 피해는 수신자에 대하여 일방적으로 시간과 비용을 부담시킨다고 하는 사실이다. 예를 들어 오프라인에서 사업자가 광고전단(DM)을 우송하는 경우에는 우편료나 인쇄대금과 같은 비용은 수취인이 아니라 사업자가 전액 부담하여야 한다. DM을 대량으로 우송하기 위하여는 그 만큼 비용도 고액이 되므로, 사업자가 DM을 무한정 발송하기는 현실적으로 곤란하다. 그러나 스팸메일에서는 송신자, 즉 스팸메일러는 거의 비용을 부담하지 아니하고도 대량으로 스팸메일을 송신할 수 있다. 스팸메일에서는 오히려 수신자가 다운로드와 삭제를 위하여 막대한 시간과 비용을 부담하여야 한다(스팸메일을 비유하자면 고층옥상에서 누군가 수백만장의 광고전단을 뿌리고 정작 치우는 노력과 비용은 타인이 부담하는 경우가 된다). 우편에 의한 DM인 경우에는 수취인이 원치 않으면 쓰레기통에 버리면 그만이나, 스팸메일인 경우에는 확인 · 삭제를 위하여 수신자가 비용이나 시간을 일방적으로 부담하여야 한다고 하는 의미에서 양자 사이에 구조적인 현저한 차이가 있다.[24] 특히 메일박스용량이 한정되어 있는 메일계정을 이용하는 이용자에게는 스팸메일로 인하여 정작 필요한 메일은 받을 수 없는 경우가 생길 수도 있다.

---

24 통계(Southfield)에 의하면 예를 들어 500명을 고용하고 있는 회사에서 각자가 매일 5통의 정크메일을 받고, 스팸메일의 삭제를 위하여 10초가 필요하다고 할 때 회사 전체적으로 40,000달러가 낭비되고, 일자로 계산하면 105일이 요구된다고 한다.

3. 인터넷자원의 낭비

스팸메일은 이메일트래픽의 중요한 원인이 되고, 특히 그림파일이나 멀티미디어데이터를 전송하는 스팸메일인 경우에는 개인업무의 손실이나 이메일시스템의 작동불능과 같은 사태를 유발하기도 한다. 인터넷사용자나 이메일시스템관리자는 스팸메일을 다운로드·삭제·필터링·블로킹하기 위하여 많은 시간을 낭비하여야 하고, 그 결과 인터넷사용자는 인터넷에의 접속을 위하여 더 많은 비용을 지급하게 된다. 또한 스팸메일은 메일이용자가 가입한 인터넷서비스프로바이더(Internet Service Provider), 즉 이메일서비스제공자에 대하여도 해악을 야기한다. 예를 들어 대량의 스팸메일에 의하여 ISP의 메일서버에 대하여 과중한 처리상의 부담이 생기고, 메일처리가 불가능하게 되는 경우까지 발생할 수 있다.

4. 인터넷의 안전 · 신뢰에 대한 위협

스팸메일은 낭비적인 행위일 뿐만 아니라, 때로는 인터넷을 통한 커뮤니케이션의 안전과 신뢰를 위협하는 존재가 된다. 예를 들어 스패머가 흔히 사용하는 방법으로 메일중계(mail relay)라고 하는 수단이 있다. 현재 스팸메일의 대부분은 부정한「제3자메일중계」(third-party mail relay)라고 부르는 방법으로 송신된다고 하여도 과언이 아니다. 제3자메일중계란 실제의 스패머가 전혀 관계가 없는 제3자의 메일서버를 부정하게 이용하여 메일을 송신하는 경우를 가리킨다. 제3자메일중계를 통하여 송신자는 익명으로 혹은 신원을 위장하여 메일을 송신할 수 있다.

그러나 메일중계에 사용되는 메일서버는 본래의 사용자의 메일전달이 지연되고, 스팸발신자로 오해되는 피해를 입게 된다.

스패머가 즐겨 사용하는 수법의 하나로 메시지헤더를 위장하는 경우도 있다.[25] 보통 스팸메일을 보낸 스패머는 그 수신자로부터 많은 비난메일을 받게 되므로, 흔히 자신의 신분이나 메일주소를 숨기는 경향이 있다. 스패머는 메시지헤더에 허위의 리턴메일주소를 사용하거나 심지어 발신자의 이메일주소를 수신자의 이메일주소와 같게 하여 수신자로부터의 비난 · 항의를 막고, 또한 메시지의 본문에도 허위의 주소를 기재하여 원천적으로 수신거부의 의사를 전달할 수 없도록 하는 경우도 있다.

5. 개인의 사적 영역에 대한 침해

스팸메일을 통하여 프라이버시의 침해를 당하는 경우도 흔하다. 스팸메일에 의하여 수신자가 원치 않는 정보를 계속 수신하게 된다는 측면에서 수신자는 프라이버시를 침해당하게 된다. 헌법상 보장되는 사생활과 비밀의 자유의 침해를 받지 않을 권리에 의하여 각 개인은 누구나 영리목적의 광고성 정보를 받을지 아닌지를 스스로 결정할 수 있다. 그러나 스팸메일을 통하여 수신자의 의사와 무관하게 발송되는 영리목적의 광고성 정보가 지속적으로 전달된다고 하면 수신자의 개인의 사생활 침해로부터의 보호라고 하는 헌법상의 권리가 침해된다고 하지 않을 수 없다.

---

25 흔히 이메일의 헤더를 위장하는 경우를 「이메일스푸핑」(e-mail spoofing)이라고 한다.

6. 수신자가 겪는 정신적 피해

스팸메일을 받으면 보통 누구나 스트레스를 받는다.[26] 스팸메일은 수신자로 하여금 개인정보의 유출에 대한 불안감과 지속적이고 빈번한 원치 않는 정보의 수신으로 인한 정신적 고통을 유발한다. 스패머가 자신의 사적 영역에 속하는 이메일주소를 안 경위에 대한 의문, 혹시 자신이 가입한 웹사이트가 회원정보를 스패머에게 불법으로 제공하고 있지는 않은지에 대한 불안감 등은 스팸메일로 야기되는 물질적인 피해에 못지 않게 심각한 정신적인 피해라고 할 수 있다.

7. 악성코드의 감염

스팸메일에 첨부된 파일로 인하여 악성코드에 감염될 수 있다. 악성코드에 감염된 스팸메일의 경우에 첨부된 파일을 클릭하여 열어 보기만 하여도 악성코드에 감염될 수 있다. 스팸메일 내의 악성URL링크를 클릭할 경우에 해당 웹사이트로부터 다수의 공격코드가 다운로드되며, 악성코드에 감염되게 되고, 감염되면 감염된 PC 내에 저장되어 있는 메일주소를 대상으로 악성스팸메일이 발송될 수 있다. 악성코드를 숨기고 있는 첨부파일은 확장자가 .jpg, .gif, .avi 등으로 일반적인 그림파일이나 동영상의 형식으로 보이지만 실제로는 악성의 .scr, .exe파일과 이미지파일을 압축시켜 놓은 파일로 파일을 실행하면 악성코드와 이미지파일이 동시에 실행된다.

---

26 통계상 스팸메일을 받을 때에 정신적 스트레스를 받고 있다고 한다.

Ⅳ. 스팸메일에 대한 규제방법

1. 서언

기술적 조치나 법적 규제를 통하여 스팸메일을 완전히 제거할 수는 없다. 또한 자율규제, 그 밖의 비공식적인 노력도 역시 스팸메일의 완전한 방지에는 역부족이라고 할 수 있다. 특히 스팸메일에 대한 기술적 대응은 부가적인 비용을 요구하고, 그 비용이 궁극적으로 인터넷을 통하여 주로 합법적인 커뮤니케이션을 하는 인터넷사용자에게 전가된다고 하는 문제가 있다. 만일 스패머와 안티스패머 사이의 기술적인 무기경쟁(technical arms race)이 가속되면 결국은 순진한 인터넷사용자만이 피해를 입게 된다. 또한 법적인 규제를 통하여 스패밍을 일부 줄일 수는 있으나, 스패머의 행위를 근본적으로 변화시키기는 어렵고, 또한 사후구제를 목적으로 하는 법적 규범만으로는 직접 스팸메일을 감소시키는 효과를 가져 올 수 없다. 그러므로 스팸메일을 막는 가장 효율적인 방법으로는 비공식적 · 사회적 규율과 기술적 대응, 법적 규제가 서로 조화를 이루며 스팸메일에 대응하여야 하고, 어느 한 방법만으로는 스팸메일을 완벽하게 방지하기 어렵다고 보아야 한다. 다만 궁극적으로는 Opt-in시스템을 도입한 종합적인 안티스팸입법(anti-spam legislation)이 필요하고, 잘 정비된 안티스팸법을 통하여 어느 정도 스팸메일을 방지할 수 있다고 본다.

스패머는 흔히 웹페이지, 유스넷 뉴스그룹, 대화방(chat room), 게시판 등으로부터 대량으로 이메일주소를 수집하여 메일링리스트를 작성한다. 뉴스그룹에 등록하거나 웹페이지에 이메일주소를 남기면 그 만큼 스팸메일을 받을 가능성이 크다. 예컨대 인터넷 쇼핑몰에 가입할 때에 이메일주소를 기입하면 스팸메일이 폭증할 수 있다. 인터넷을 커뮤니케이션의 중요한 수단으로 삼는 네티즌에게 이메일주소의 비노출은 상상할 수 없으나, 스패머에게 이메일주소를 노출시키지 아니하면 분명히 스팸메일이 감소한다고 하는 사실을 생각할 때 인터넷사용자도 개인적으로 인터넷 쇼핑몰이나 저수준의 웹사이트를 이용할 때에는 스팸메일을 전담하는 이메일주소를 만들어 활용하는 방법 등으로 스패머에게 노출되지 않도록 주의를 할 필요가 있다.

2. 자율규제 – 네티켓과 사용정책

스팸메일에 대응하는 1차적인 방법은 사회적 압력 혹은 자율규제(self-regulation)라고 할 수 있다.[27] 기술적인 규제의 필요성이나 법적인 규율에 대한 논의에 앞서 인터넷의 상업적 사용을 규율하는 규범으로서는 주로 네티켓(Netiquette)이나 자발적으로 적용되는 사용정책(use policy)과 같은 비공식적인 규칙이라고 보아야 한다.

스팸메일에 대한 사회적 압력이나 자율규제는 일반적으로 스팸메

27 국제적으로 원치 않는 상업성 전자메일에 반대하는 연합인 CAUSE(Coalition Against Unsolicited Commercial Email, http://www.cauce.org/) , SpamCon Foundation Law Center(http://law.spamcon.org/)와 같은 단체가 스팸메일의 방지를 위하여 활동하고 있다. 국내에서도 스팸메일에 대한 자율규제로서 한국인터넷기업협회(http://www.kinternet.org/), 인터넷마케팅협의회과 같은 관련사업자로 「e-메일환경개선협의체」를 구성하여 인터넷마케팅활동에 대한 기업윤리강령을 제정하여 업계의 자정을 이끌고 스팸메일신고센터의 운영을 통하여 이용자로부터 스팸메일신고를 접수하고 있다. 또한 한국인터넷성인문화협회도 성인인터넷방송사가 성인에게만 광고메일을 보내도록 지도하고 전자우편에 음란한 사진과 동영상 없이 문자로만 광고하거나 사진이나 동영상을 보낼 때는 성인인증절차를 거쳐야만 해당정보를 볼 수 있도록 규제하고 있다(조선일보 2002.1.23, e-메일 환경개선협의체 결성).

일을 규제하는 효력이 약하다. 네티켓상의 규칙은 강제적인 집행메카니즘을 가지고 있지 않고, 또한 스패머를 향한 ISP(Internet Service Provider)의 사용정책도 예컨대 '김미영팀장'이나 '금융감독원 은행전산보안팀 이동수과장'과 같은 악성스패머에게는 별로 영향을 주지 아니한다.

3. 기술적인 방법

(1) 수신자의 필터링

가장 용이한 스팸메일의 처리는 수신자가 개인적으로 원치 않는 이메일메시지를 무시하는 방법이라고 할 수 있다. 보통 수신자는 송신자의 주소나 제목란을 통하여 바로 원치 않는 이메일메시지인가를 확인할 수 있고, 스팸메일을 읽는 시간을 허비하지 아니하고 그 메시지를 삭제할 수 있다. 또한 수신자는 같은 메시지를 스패머로부터 두번 다시 받지 않기 위한 방법으로서 사용하고 있는 이메일프로그램에서 필터링(filtering)을 할 수 있다. 이메일고객소프트웨어는 스팸메일을 확인하고 삭제할 수 있는 자동필터링기능을 가지고 있다.[28] 헤더정보나 그 본문에 기하여 이메일메시지가 필터링되고, 스패머의 블랙리스트나 스팸자료(spam archive)가 스팸메일의 확인에 이용된다.

---

28 사용자로서 스팸메일을 필터링하는 방법에 대하여는 http://www.3rsoft.com/homepage/kor/3rsoft/antispam_4.html. 예를 들어 메일프로그램의 메시지규칙에서 '차단할 보낸 사람의 목록'을 설정하는 방식을 보면, (i) 아웃룩 익스프레스에서 '도구 → 메시지 규칙 → 차단할 보낸 사람의 목록'을 선택하고, (ii) 메일이나 뉴스그룹에서 적용할 메시지규칙을 만들기 위하여 '차단할 보낸 사람' 탭에서 '추가' 버튼을 누르고, (iii) 스팸메일을 보낸 사람의 E-mail 주소를 입력하고 '확인'버튼을 누른다.

이메일프로그램의 필터링(차단)기능을 이용하면 스팸메일을 어느 정도 막을 수 있다. 이메일프로그램에 특정한 주소 · 제목의 차단기능을 설치하면 약 30% 정도의 스팸메일을 줄일 수 있으나, 필터링을 통하여 스팸메일을 근본적으로 막을 수는 없다. 예를 들어 「메일수신필터」 기능을 작동시켜 예컨대 "제목에 (광고)가 들어간 메일은 자동으로 휴지통에 넣음"을 설정하면 제목에 (광고)라는 표시가 있는 스팸메일을 모두 휴지통으로 보낼 수 있다. 그러나 제목에 (광고)라고 하는 표시만 하면 된다고 하는 현행법상의 규정을 악용하는 스팸메일을 막기 위하여는 매일 다시 필터링을 위한 작업을 하여야 하는 불편을 감수하여야 한다. 예를 들어 필터링을 피하기 위하여 '광'과 '고' 사이에 공백을 끼워 넣은 지능적인 스펨메일(예: (광 고) 놓칠 수 없는 염가 판매!!)에 대하여는 다시 메일필터를 실행시켜 휴지통에 보낼 이메일의 제목에 (광 고)가 들어 있는 경우를 포함시켜야 한다.[29] 그러므로 수신자의 필터링에 의한 스팸메일의 방지에는 한계가 있고, 매우 번잡한 작업이며, 지능적인 스패머에게는 별로 효과가 없는 방법이라고 하지 않을 수 없다.

(2) ISP 기타 제3자에 의한 필터링

ISP 기타 메일서버의 관리자가 하는 필터링은 수신자에 의한 필터링

---

29 최근에는 필터링을 통과하기 위하여 "(광~고) 이 사이트에 접속하면 인생이 달라집니다", "(광★고) 그리운 고향 친구를 찾는 사이트 오픈!!", "[광+고] 때 돈 버는 증권 사이트 오픈!!"과 같이 '광' 과 '고' 사이에 특수기호를 넣은 지능적인 이메일도 기승을 부리고 있고, "(光~"go★) 단 한달이면 토익 200점이 쑥~욱~", "(光高) 세계 최대의 공동구매 시작됩니다!"와 같이 「광고」 라고 하는 표시를 하거나, "(PR) 새로운 사랑이 시작됩니다. 결혼정보", "(Adv) 5분만 이 메일을 보시면 성공하는 삶 보장!!"과 같이 광고와 관계가 있을 듯한 영어단어(예컨대 PR, CF, Adv, Advertisement)를 사용하여 필터링을 피하는 경우도 많다.

보다 스팸메일의 방지에 더 효과적이고, 수신자로서는 노력이나 전문기술 없이도 스팸메일을 방지할 수 있는 장점이 있다. 예를 들어 ISP는 알려진 스패머로부터 송신되는 모든 원치 않는 이메일메시지의 전달을 차단할 수 있고, 스패머에 대한 정보를 다른 프로바이더와 교환할 수 있다. ISP 기타 제3자에 의한 필터링은 스팸메일이 수신자의 메일박스에 도달하기 전에 스팸메일을 걸러낼 수 있다고 하는 측면에서 장점이 있다. 그러나 ISP 기타 제3자에 의한 필터링도 ISP 기타 제3자가 이메일의 메시지를 조사하여야 한다고 하는 측면에서 개인의 이메일에 대한 통제나 검열과 같은 문제가 있고, 고객의 이메일에 접근할 수 있는 ISP나 제3자의 프록시서비스에 대하여 깊은 신뢰가 요구된다고 할 수 있다.

(3) 블로킹

스팸메일을 막는 기술적 조치로서 ISP나 메일서버관리자가 스패머로부터의 스팸메일의 전달을 블로킹하는 방법도 있다. 예를 들어 ISP나 메일서버관리자는 스패머의 이메일주소나 스패머가 사용하는 인터넷 호스트를 등록한 블랙리스트 혹은 블랙홀리스트(blackhole list)를 스팸DB로 만들고,[30] 그 데이터베이스를 통하여 스팸메일을 확인하고, 스팸메일로 확인된 이메일메시지를 블로킹할 수 있다. 블로킹방법에 의하여 특정사이트나 특정단어가 들어 있는 메일을 거부할 수 있을 뿐만 아니라, 방화벽이나 기타 보안시스템을 이용하여 메일을 보낼 때 같은 크기(같은 메일을 여러 수신자에게 보내면 사이즈가 같은 메일이 다수 송신된

30 블랙리스트(Blacklist) 혹은 블랙홀리스트는 상업적인 스팸메일을 보내는 인터넷정보제공자의 주소목록을 말한다.

다)의 메일을 몇 개 이상 보내면 스팸으로 간주하는 방법으로 스팸메일의 송신·수신을 차단할 수 있다. 그러나 불행하게도 블로킹기술에 의하여도 스팸메일이 완벽하게 차단된다고 할 수는 없다. 예를 들어 모든 스팸메일에 대하여 블로킹기술의 적용을 확장하기 위하여는 비용이 많이 들고, 적법한 이메일메시지가 차단될 위험이나 스팸메일이 통과될 가능성을 완전히 배제할 수 없다고 하는 문제가 있다.

4. 법적인 규제

(1) 금지모델

원치 않는 이메일의 발신을 모두 금지하여야 하는가에 관하여는 다양한 논의가 있을 수 있다. 그러나 야비한(indecent) 내용을 가지거나, 혹은 명백히 불쾌한(patently offensive) 스팸메일에 대하여는 금지모델을 적용할 필요가 있다. 예를 들어 타인을 괴롭힐(harass) 목적을 가지거나, 음난한(lewd), 선정적인(lascivious) 혹은 외설적인(obscence) 내용을 보내기 위한 이메일의 사용은 형벌로 금지할 필요가 있다.

미국은 연방차원에서 2003년 캔스팸법(CAN-SPAM Act[31])을 제정하여 스팸메일을 규율하고 있고, 스패머에 대하여는 최대 5년의 징역형으로 처벌할 수 있다. 그리고 캐나다에서는 스팸메일이나 스팸문자, SNS에 요청하지 않은 메시지를 전달하는 경우를 강력하게 규제하는 안티스팸법(ANTI-SPAM Law)이 2014년 7월부터 시행되어 그 위반시 개인은 건당 최고 100만 캐나다달러, 기업의 경우에는 최고 1,000만 캐나다달러

31 공식적인 명칭은 「Controlling the Assault of Non-Solicited Pornography And Marketing Act of 2003」이다.

가 벌금으로 부과된다. 특히 캐나다안티스팸법은 이전까지 옵트아웃규제의 대상이던 이메일이나 페이스북, 트위터, 링크드인(Linked-in) 등의 SNS메시지도 사전동의가 없는 경우 발송을 금지하도록 개정되어 엄격한 옵트인방식을 적용하고 있다. 유럽연합의 경우에도 원치 않는 상업성 이메일의 발송을 옵트인방식으로 규율하는 법률이 발효되어 있다.

(2) 라벨링: 전자우편의 제목란에 문구기재의 의무화

수신자 혹은 메일서버의 관리자에 의한 스팸메일의 필터링을 위하여 상업성 광고이메일에 대한 라벨링의 요구는 아주 중요한 의미를 가진다. 미국에서는 주(州)에 따라서 단지 스팸메일은 원치 않는 상업성 메시지라고 하는 사실을 '쉽게 인식할 수 있어야'(readily identifiable) 한다고 규정하고 있기도 하고, 캘리포니아주, 테네시주와 콜로라도주의 법률에 의하면 메일메시지의 제목란의 머리에 [ADV]라고 표시를 하여야 하고,[32] 몇 주에서는 특히 노골적인 성적 내용을 담고 있는 원치 않는 메일메시지에 대하여는 특별한 라벨을 붙여야 한다고 규정하고 있다.[33] 국내에서도 정보통신망법 시행령 [별표6]에 의하여 원치 않는 상업성 이메일에는 제목이 시작되는 부분에 (광고)를 표시하여야 하고, (광고)를 표시하는 경우에는 수신자의 수신의 거부 또는 수신동의의 철회를 회피하기 위한 목적으로 빈칸 · 부호 · 문자 등을 삽입하거나 표시방법을 조

32 CAL. BUS. & PROF. CODE §17538.4(g); TENN. CODE ANN. §47-18- 2501(c); Colorado Junk Email Law, ch. 388, §1, 2000 Colo. Sess. Laws 2031, 2032-33.

33 예컨대 CAL. BUS. & PROF. CODE §17538.4(g)는 오직 성인에게만 해당하는 상품을 광고하는 메시지에는 「ADV:ADLT」 라는 표시를 하여야 하고, TENN. CODE ANN. §47-18-2501(e)는 노골적인 성적 내용이 포함된 광고메시지에는 제목란의 머리에 「ADV-ADULT」 라고 하는 표시를 하여야 한다.

작하는 조치를 하여서는 안 된다. 다만 스팸메일을 효과적으로 규제하기 위하여는 스팸메일에 대하여 성질별로 (광고), (정보), (성인광고)와 같은 표시를 제목에 표기하도록 의무화하고, 위반시에는 형벌을 부과할 필요가 있다. 또한 수신자로부터 이미 광고성 이메일의 수신동의를 받은 경우에도 (광고)의 표시를 하여야 하는가 하는 문제가 있으나, 성질상 상업성 메일메시지인 때에는 여전히 (광고)의 표시를 하여야 하고, 혹은 수신동의를 받은 이메일메시지라는 의미에서 (동의)라는 표시를 하는 방법도 생각할 수 있다. 역시 비광고성 정보이메일이라고 하더라도 배너광고나 스폰서십(sponsorship)이 포함되어 있는 경우에는 광고성 메일로 보아 (광고)의 표시를 하여야 한다.

(3) Opt-out, Opt-in

동의 없는 메일이라고 하여 모두 금지할 필요는 없고, 벌크메일이나 상업성 내지 광고성 이메일메시지의 수신 여부는 개인에게 맡겨야 한다고 하는 견해에는 이견이 없다. 수신자가 스팸메일을 수신할지 아닌지를 결정하는 방법에는 Opt-out(지정거부)원칙, Opt-in(지정수신)원칙 두 가지가 있다. Opt-in원칙에 의하면 사업자는 단지 명시적으로 스팸메일을 수신한다고 표시한 수신자에게만 메일을 송신할 수 있다. 반면에 Opt-out방식에서는 명시적으로 수신거부를 하지 아니한 모든 수신자와 이메일을 통한 커뮤니케이션을 할 수 있다.

미국에서는 2004년 1월부터 시행된 이른바 캔스팸법(CAN-SPAM ACT)으로 연방차원에서 스팸메일을 규제하고 있고, 기본적으로 옵트아웃방식을 채택하고 있다. 미국 각 주에서도 Opt-out방식을 취하고 있는 법률이 많다. 예를 들어 스팸메일에는 스패머에 대하여 Opt-out요청을 할 수 있다고 하는 설명을 기재하여야 하고, 수신자부담전화번호(toll-free phone number)를 알려야 하는 경우도 있고, Opt-out요청을 무시한 스팸메일의 발신자에 대하여는 형벌을 부과한다.[34] 혹은 ISP에게 자신의 이메일서버를 이용하는 사용자의 Opt-out리스트를 작성·유지하도록 하거나 주나 연방의 기관에 대하여 스팸메일의 수신을 지정거부한 이메일주소 혹은 도메인의 Opt-out리스트의 작성·유지를 요구하고 있는 경우도 있다.[35]

원치 않는 상업성 내지 광고성 이메일메시지에 Opt-out에 대한 설명과 수신자의 Opt-out요청을 위하여 요구되는 이메일주소와 URL(Uniform Resource Locator)을 기재하도록 하고, 수신자가 스팸메일의 수신을 지정하여 거부하는 경우에 그 수신자에게의 스팸메일발신을 더 이상 못하게 하는 Opt-out원칙은 단지 스패머가 수신자의 Opt-out요청을 존중하는 경우에 한하여 스팸메일의 방지에 효과적이라고 할 수 있다. 만일 스패머가 Opt-out요청에도 불구하고 그 수신자를 메일링리스트에서 삭제하지 아니하고 다른 이메일주소를 사용하여 악의로 계속 스팸메일을 보내거나, 혹은 비록 본인은 Opt-out요청에 응하여 스팸메일의 발신을 중지하지만, 다른 스패머에게 Opt-out를 요청한 수신자의 이메일주소를 제공하는 경우에는 Opt-out요청이 거의 무익하거나 다른 벌크메일을 받게 될 우려가 있다. 또한 스패머가 스팸메일에 기재한 이

34 참고 : Unsolicited Electronic Mail Act of 2000, H.R 3113, 106th Cong. §5(a); Controlling the Assault of Non-Solicited Pornography and Marketing Act of 2000, S.2542, 106th Cong. §4(a); Inbox Privacy Act of 1999, S.759, 106th Cong. §2(d); Netizens Protection Act of 1999, H.R.3024, 106th Cong. §2(a) (1999).

35 예컨대 Unsolicited Electronic Mail Act of 1999, H.R 3113, 106th Cong. §4(a); Inbox Privacy Act 0f 1999, S.759, 106th Cong. §2(c).

메일주소나 URL이 허위이거나 스패머의 프로바이더가 그 서비스를 이미 중단한 경우에도 Opt-out요청은 무익하다.

우편에 의한 DM(direct mail)이나 텔레마케팅에서는 수신자의 Opt-out요청이 있으면 발신자는 무익한 비용을 줄이기 위하여 보통 더 이상 그 수신자에게는 광고를 보내지 아니한다. 그러므로 디엠이나 텔레마케팅에서는 수신자의 Opt-out요청이 원치 않는 광고를 방지하는 효과적인 방법이 될 수 있다. 그러나 벌크메일에서는 Opt-out요청을 한 수신자에게 계속 이메일메시지를 보낸다고 하더라도 추가비용이 전혀 들지 아니하여 이메일의 발신자가 Opt-out요청에 응하여야 할 유인이 별로 없다. 스패머가 Opt-out요청을 한 이메일주소를 수집하거나 거래하는 경우와 같은 피해가 발생하여 발신자에 대한 Opt-out요청은 스팸메일을 방지하는 효과적인 방법이 되지 아니한다고 보는 견해가 강하다.

특히 명시적으로 거부의사를 밝힌 수신자에게는 더 이상 영리목적의 광고성 내지 상업성 이메일을 전송하지 아니한다고 하는 Opt-out방식은 항상 최초 한번의 광고이메일은 허용한다고 하는 의미가 된다. 그러나 최초 한번의 광고이메일이 스팸메일의 상당수를 차지하는 상황을 고려할 때, Opt-out방식은 스팸메일에 대한 적절한 규제수단이 되지 아니하고, 스팸메일의 실재를 스스로 인정하는 경우가 된다. 명시적인 수신거부의사를 스패머에 대하여 밝힌 수신자만이 스패머에 대하여 권리를 행사할 수 있다는 Opt-out방식을 취하는 경우에는 원치 않은 상업성 이메일의 수신에 따른 정신적·시간적인 피해에도 불구하고, 다시 이메일이 오지 않도록 하기 위하여 어쩔 수 없이 수신거부의사를 밝히는 답장이메일을 보내거나 웹페이지에 접속하여야 하는 시간적 손실을 수신자에게 부담지우게 된다. 그러므로 날로 기승을 부리는 스팸메일을 방지하기 위하여는 명시적으로 광고성 이메일의 수신을 동의한 수신자에게만 스팸메일의 발송을 허용하는 Opt-in방식을 도입할 필요가 있다(동의한 상업성 광고메일에 대하여는 메일송신시 (동의)라고 표시하여야 한다).[36] 또한 비록 Opt-in방식을 취한다고 하더라도 항상 스팸메일의 본문에는 발송자의 명칭(법인인 경우에는 법인명과 메일전송의 책임자명)과 연락처(전화번호와 이메일주소), 언제든지 수신의사를 철회하고 수신거부의사를 표현할 수 있는 방법이 여전히 포함되어야 한다. 역시 스팸메일의 본문에 수신자가 수신거부의사를 밝힐 경우에는 더 이상 원치 않는 상업성 이메일메시지를 전송하지 아니하고, 메일링리스트에서 이메일주소를 삭제한다고 하는 표시가 포함되어야 한다.

(4) 허위의 헤더정보의 금지

스패머가 원치 않는 벌크메일 혹은 상업성 이메일메시지를 보낼 때에 허위나 불완전한 헤더정보(전송경로정보)를 사용하는 경우가 있다. 헤더정보에는 메일을 발송하는 서버와 받는 서버의 IP주소가 기록되어 헤더정보를 분석하면 스팸메일을 보낸 송신자를 추적할 수 있다. 그러므로 헤더정보는 수신자가 스팸메일을 필터링하거나 블로킹한 때에 중요한 자료가 되고, 스패머의 서비스 프로바이더에 대하여 항의를 하기 위한 목적으로 헤더정보를 이용할 수도 있다. 그러나 스패머가 헤더정보를 조작하여 수신자의 역추적을 피하는 경우가 많다. 특히 스패머의 추적에 중요한 단서를 제공하는 헤더정보를 자동으로 바꾸는 프로그램까지 개발되어 널리 배포되고 있다고 하면 문제는 심각하다. 헤더정보를

---

36 이미 유럽에서 오스트리아, 덴마크, 핀란드, 이탈리아와 같이 Opt-in방식을 채택하고 있는 국가가 많다.

바꾸는 프로그램을 이용하면 스팸메일이 송신되는 과정에서 거치는 여러 서버의 IP 대신 엉뚱한 IP가 헤더정보에 입력되어 스패머는 쉽게 자신을 숨길 수 있다. 원치 않는 상업성 스팸메일을 송신할 때에 허위의 헤더정보나 오해를 야기하는 헤더정보의 사용은 금지되어야 한다. 특히 이메일의 헤더정보를 조작하기 위하여 설계된 프로그램을 배포하거나 거래하는 행위도 허용되지 아니한다.

(5) 허위나 오해를 야기하는 제목란기재의 금지

역시 스팸메일의 제목란에 허위기재를 하거나 오해를 야기할 수 있는 기재를 하여도 안 된다. 예를 들어 스팸메일의 제목에 답장을 가장하여 (Re:답장)이라고 기재하여 보내는 행위는 금지된다(Re는 답장을 뜻하는 'reply'의 약어로 자신이 보낸 이메일에 상대방이 답장을 보낼 때 자동적으로 붙는 용어이다). 또한 전달(forward)메일을 가장하여 (fw:이메일) 혹은 (Fwd: 이메일)과 같은 제목을 붙여 마치 중요한 내용이 담긴 이메일을 급히 전달하는 경우와 같은 착각을 야기하는 행위도 허용되지 아니한다.

(6) 불법적인 이메일수집의 금지와 이메일주소수집방법의 명시

홈페이지와 게시판 등에서 무단으로 이메일과 같은 개인정보를 자동으로 수집해 주는 프로그램이 기승을 부리고 있다. 이메일수집기는 웹페이지로부터 이메일을 자동으로 수집하는 기능을 가지고 있을 뿐만 아니라(6만개의 이메일의 수집에 약 20~30분밖에 걸리지 않고 하루에 50만개 이상의 이메일주소를 수집할 수 있다), 이메일을 발송하는 기능까지 구비하고 있다.

프로그램에 의한 이메일자동수집은 우선 대량의 메일주소수집을 통하여 원치 않는 상업성 이메일의 유통을 촉진시킨다. 그러나 이메일주소를 비롯한 개인정보를 수집할 때에는 개인정보의 수집목적과 이용목적을 고지하여야 하므로, 프로그램을 통한 이메일주소의 수집은 정보주체의 동의 없는 정보수집행위로서 동의에 의한 정보수집의 원칙에 반하여 개인의 프라이버시를 침해한다. 비록 자신의 이메일주소를 누구나 자유롭게 접근할 수 있는 자유게시판에 공개한 경우라고 할지라도 영리목적의 광고성 스팸메일의 발송을 목적으로 공개된 이메일주소를 대량수집하는 행위는 개인의 의사에 반한다고 할 수 있다. 특히 로그인절차나 본인을 확인하는 인증절차 없이 누구나 이용할 수 있는 자유게시판과 달리, 로그인과정을 거친 후 사용하는 커뮤니티사이트나 포털사이트의 자유게시판인 경우에는 자발적이라고 하기보다는 자신의 의사와 무관한 이메일주소의 공개라고 할 수 있으므로(게시판에 글을 입력하는 순간 자동적으로 자기의 이메일주소가 기재된다), 문제가 더욱 심각하다.

스팸메일을 보내기 위하여 게시판에 남긴 이메일주소를 수집하는 행위는 여하튼 인터넷사용자의 의사에 반한다. 비록 게시판에 자기의 이메일주소를 공개한 경우라고 하더라도 그 공개가 스패머에게 원치 않는 상업성 벌크메일의 발신을 허용하는 의미까지 지닌다고 할 수는 없다. 그러므로 수신자의 동의없이 무단으로 게시판에 남긴 이메일주소를 무차별적으로 수집하는 행위는 법적으로 금지할 필요가 있고, 특히 스팸메일의 발신에 사용하기 위하여 이메일주소를 수집하는 이메일수집기의 유통·거래도 엄격히 금지할 필요가 있다.

원치 않는 상업성 이메일을 보낼 때에는 송신자는 이메일메시지의 본문에서 수신자의 이메일주소를 수집한 방법과 장소를 밝혀야 한다. 막연히 수신자의 이메일주소를 인터넷게시판이나 웹서핑을 하다가 발견하여 광고성 이메일을 보낸다고 하는 설명만으로는 충분하지 않고, 구체적으로 어느 인터넷 게시판 혹은 웹페이지에서, 어떤 방법으로 수집한 이메일주소인지를 명시하여야 한다.

V. 정보통신망법상 광고성 정보에 대한 규제

1. 서언

원치 않는 영리성 광고메일, 즉 스팸메일로부터 소비자를 보호하기 위한 대표적인 법률로서 정보통신망법이 있다.[37] 정보통신망법 제50조부터 제50조의8까지가 스팸에 관한 규정을 두고 있고, 특히 정보통신망법 제50조 제1항부터 제8항까지는 광고성 정보의 전송을 위한 일반적인 요건 등을 규정하고 있다.

정보통신망법에 따르면 모든 전자적 전송매체에 대하여 원칙적으로 사전수신동의를 한 경우에만 영리목적의 광고성 정보를 전송할 수 있다. 그리고 수신동의, 수신거부 또는 수신동의의 철회에 대한 의사표시의 결과를 명확하게 확인할 수 있고, 만약 스팸필터링의 우회 등 수신거부를 회피하기 위하여 조치를 취하는 경우에는 형사처벌을 받게 된다.

---

37 정보통신망법은 정보통신망의 이용의 촉진, 정보통신서비스를 이용하는 자의 개인정보의 보호, 정보통신망을 건전하고 안정하게 이용할 수 있는 환경의 조성을 목적으로 제정된 법률이다.

2. 영리목적의 광고성 정보의 전송제한

(1) Opt-in v. Opt-out

영리목적의 광고성 정보, 특히 스팸정보의 전송을 제한하는 방법에는 두 가지가 있다. 옵트인방식(Opt-in)과 옵트아웃(Opt-out)방식이 있다.[38] 본래 정보통신망법은 휴대전화, 유선전화와 팩스에 의한 스팸정보에 대하여는 옵트인방식을 적용하고, 메신저와 이메일, 게시판에 의한 광고성 정보에 대하여는 옵트아웃방식을 적용하다가 지난 2014년 5월 정보통신망법 제50조를 대폭적으로 개정하여 현재는 모든 전자적 전송매체, 즉 유선전화, 휴대전화, 팩스, PC(메신저, 이메일, 게시판), 태블릿 PC 등 정보통신망을 통하여 전자적 형태로 정보의 전송이 가능한 모든 매체에 대하여 옵트인방식을 적용함으로써 사전에 수신자의 수신동의를 받아야 스팸메일 등 광고성 정보를 발송할 수 있다.[39] 누구든지[40] 전자적 전송매체를 이용하여 영리목적의 광고성 정보를 전송하려면 그 수신자의 명시적인 사전동의를 받아야 한다(정보통신망법 제50조 제1항 본문).

---

38 옵트인방식은 광고성 정보를 전송하기 전에 수신동의를 먼저 받아야 전송할 수 있는 방식을 말하고, 반대로 옵트아웃방식은 우선 광고성 정보를 전송할 수 있지만 거부의사가 있는 경우에는 광고성 정보를 전송하지 못하는 방식을 말한다.

39 인터넷상 카페나 채팅사이트 등에서 쪽지를 통하여 마케팅을 하거나 모바일 메신저 등에서 광고를 전송하는 경우에도 마찬가지로 사전동의를 받아야 한다.

40 정보통신망법 제50조 제1항에서 '누구든지'로 규정하고 있으므로, 모든 국민(법인)이 적용대상이며, 누구든지 정보통신망을 통하여 영리목적의 광고성 정보를 전송하려면 먼저 수신동의를 받아야 한다.

(2) 영리목적의 광고성 정보

영리목적의 광고성 정보란 전송자가 경제적 이득을 취할 목적으로 전송하는 (i) 전송자에 관한 정보, (ii) 전송자가 제공할 재화나 서비스에 관한 정보를 의미한다. 영리를 목적(부수적으로 영리목적이 있더라도 전체적으로 영리목적으로 된다)으로 사업을 하는 자(법인)가 고객 등에게 보내는 정보는 원칙적으로 모두 광고성 정보에 해당한다. 또한 주된 정보가 광고성 정보가 아니더라도 부수적으로 광고성 정보가 포함되어 있으면 전체가 광고성 정보로 된다.[41]

① 포인트나 마일리지의 관련되는 정보 　예컨대 고객에게 적립된 포인트나 마일리지와 관련되는 정보를 제공하는 경우에 포인트나 마일리지가 언제 소멸될 예정이니 사용하라고 하는 정보는 광고성 정보의 예외에 해당하지만 포인트나 마일리지를 어디에 쓰라고 직접적으로 상품이나 영업점을 알려주는 내용이 포함되어 있으면 전체가 광고성 정보에 해당한다.

② 비영리법인이 전송하는 정보 　영리목적의 광고성 정보에서 「영리」란 재산상의 이익을 얻기 위한 행위를 의미하고, 영리법인과 비영리법인의 구별기준으로서의 영리(즉 이익을 그 구성원에게 배분하는지 여부)가 아니므로, 비영리법인에서 전송하는 정보라고 할지라도 정보의 성격을 판단하여 법인에게 수익을 가져다주는 경우에는 영리목적의 광고성 정보에 해당한다.

---

41 예컨대 콘도예약확인정보에 콘도의 이용과 관련된 부대시설정보를 같이 첨부하여 보내면 그 콘도예약확인메일은 수신자와 체결한 거래를 용이하게 하거나, 완성 또는 확인할 목적의 정보이므로 광고성 정보의 예외에 해당하지만, 콘도와 관련된 부대시설정보(광고성 정보)를 추가하는 경우에는 전체가 광고성 정보에 해당한다.

③ 새해인사, 생일축하, 기념일 축하 영업사원(자동차딜러나 보험설계사 등)이 고객에게 보내는 새해인사, 생일축하, 기념일축하를 위한 이메일이나 문자 등 안부문자도 문구에 담긴 의미가 홍보의 의미를 담고 있으면 광고성 정보에 해당한다.

④ 뉴스레터 홈페이지가입자 등에게 보내는 뉴스레터(최근동향 및 소식의 전달)도 그 뉴스레터 자체가 홍보목적으로 발행하므로, 그 컨텐츠와 상관없이 광고성 정보에 해당한다. 역시 언론사에서 보내는 뉴스레터가 기사로 한정되어 있더라도 광고성 정보에 해당될 수 있으나, 수신자가 금전을 지급하고 뉴스레터를 받는 경우, 즉 유료구독의 경우에는 계약관계에 따른 서비스제공이므로, 광고성 정보에 해당하지 아니한다.

⑤ 쿠폰의 발급안내 쿠폰은 홍보목적을 포함하고 있으므로, 쿠폰 발급안내도 광고성 정보에 해당한다.

⑥ 장바구니에 있는 상품의 안내 쇼핑몰 등 장바구니에 담아놓은 상품에 대한 안내메일은 재화 및 서비스에 대한 구입을 유도하는 행위로서 광고성 정보에 해당한다.

⑦ 계약사항의 이행을 위한 정보 계약사항을 이행하기 위한 정보, 예컨대 예금만기안내정보, 대출만기안내정보, 주문처리내역정보, 배송정보, 계약상 지급의무가 있는 쿠폰발급정보, 회원가입처리결과정보, 회원등급변경안내정보 등은 광고성 정보의 예외에 해당한다.

⑧ 선거운동 정치인이 발송하는 선거운동과 관련되는 문자는 개인의 이미지 홍보이며, 영리성이 없으므로 영리목적의 광고성 정보에 해당하지 아니한다.

⑨ 설문조사　설문조사를 하기 위하여 보내는 정보는 그 성격에 따라서 다르다. 단순히 선호도를 조사하거나, 서비스만족도를 파악하기 위한 설문조사라면 광고성 정보에 해당하지 않지만, 특정제품의 선호도조사, 소개 또는 홍보를 목적으로 하는 설문조사는 영리목적을 가진다고 보아 광고성 정보에 해당할 수 있다.

⑩ 상담고객의 요청에 의한 정보　고객이 상담한 후에 행사나 제품이 있으면 알려달라고 요청을 한 경우 고객의 요청에 의하여 발송하는 1회성 정보는 광고성 정보의 예외에 해당하지만, 해당 행사나 제품에 대하여 지속적으로 광고성 메일을 발송하는 경우에는 광고성 정보에 해당한다.

⑪ 친구찬스의 이용을 위한 정보　다음카카오서비스 중 카카오 픽이라는 쇼핑서비스에서 물건을 친구와 공유하여 같이 사면 혜택을 받는 친구찬스를 이용하는 경우에 친구와 공유하기 위하여 어떤 상품의 구입을 친구에게 요청하면 그 요청도 광고성 정보에 해당한다.[42]

(3) 수신동의

광고성 정보에 대한 수신동의는 문서(전자문서를 포함) 또는 구술의 방법으로 명시적으로 받아야 한다(정보통신망법 제50조). 광고성 정보에 대한 명시적 수신동의가 되려면 수신자 본인이 광고성 정보를 수신

42 이상에 대한 자세한 설명은「한국인터넷진흥원 불법스탬대응센터 스팸 관련 개정 정보통신망법 Q&A 자료 게시」참조

한다는 사실을 인식한 상태에서 수신동의가 이루어져야 한다.[43] 그러므로 광고성 정보에 대한 수신동의를 이용약관에 넣어 일괄적으로 받는 경우에는 수신자에게 약관의 내용 중 광고성 정보에 관한 수신동의규정을 별도로 고지한 후 수신동의를 받아야 그 수신동의의 효력이 있다. 특히 온라인으로 서면동의를 받는 경우에는 별도로 이용약관에 광고성 정보 수신동의가 포함되어 있다는 사실을 표기하여 안내하거나, 혹은 광고성 정보에 대한 수신동의의 창을 별도로 두어야 한다.[44] 그리고 여러 서비스를 제공하는 각각의 서비스사이트(홈페이지)가 통합회원으로 운영되는 경우, 예컨대 같은 그룹의 백화점, 마트, 영화관 등이 통합회원으로 운영되는 경우에는 어느 하나의 서비스사이트(홈페이지)에 대하여 광고성 정보에 대한 수신동의를 하더라도 다른 서비스사이트에 대한 광고성 정보의 수신동의로 볼 수 없고(백화점에 대하여 광고성 정보의 수신동의가 있더라도 마트나 영화관의 광고를 보낼 수 없다), 각각 동의를 받거나 모든 서비스를 명시하고 포괄적으로[45] 수신동의를 받아서 광고를 전송하여야 한다.

광고성 정보에 대한 수신동의를 받을 때 이메일, SMS 등 수단별로 동

43 예컨대 회원가입시 '문자서비스수신동의'나 '정보메일서비스수신동의'에 동의의 체크를 받는 경우라고 하더라도 그 수신동의는 전송자가 고객에게 보낼 일반적인 정보에 대한 수신매체선택에 대한 동의이므로, 광고성 정보에 대한 수신동의로 볼 수 없다.

44 명시적으로 수신동의를 받도록 정보통신망법이 개정되기 전(2014년 11월 29일 이전)에 약관을 통하여 수신동의를 받은 경우 그 동의의 효력이 그대로 유지되므로 명시적으로 다시 동의를 받을 필요는 없다.

45 통합회원가입시 명시적으로 모든 서비스와 브랜드 등을 모두 고지한 다음 포괄적으로 동의를 받은 경우라면 모든 광고전송이 가능하다.

의를 받아야 할 필요는 없다. 그리고 수신동의의 요청을 하는 경우도 광고성 정보에 해당하지만 기존거래관계에 있는 자에게 광고성 정보를 전송할 수 있으므로, 거래 후 6개월 이내에 동종의 재화 및 서비스에 대하여 광고수신동의를 요청하는 정보를 전송할 수 있다.

앱푸쉬알림의 설정과 광고성 정보에 대한 수신동의는 다르므로, 예컨대 앱푸쉬알림의 허용/허용안함(온/오프)에 대한 기능이 광고성 정보에 대한 수신동의의 기능을 대체할 수 없다.[46] 그리고 스마트폰앱을 개발하여 그 앱을 통하여 푸시메세지나 뉴스레터를 보내려고 하는 때에는 단순히 앱을 다운받아 설치만 한 상태에서는 광고성 정보를 전송하여서는 안 되고, 앱을 최초로 실행하는 경우에 수신동의 여부를 확인하는 창을 띄워 수신동의를 받은 다음 광고성 정보를 전송하여야 한다. 앱설치시 푸쉬에 대한 수신동의 여부가 디폴트로 되어 있다면 광고성 정보에 대한 수신동의를 앱의 설치 전에 회원가입 등으로 이미 받아 둔 경우라면 문제가 없지만, 별도로 광고성 정보에 대한 수신동의를 받아놓지 않은 경우라면 정보통신망법의 위반에 해당한다. 또한 회원이 앱로그인 전에 광고를 전송하기 위하여는 앱최초실행시에 수신동의를 별도로 받아야 한다. 앱최초실행시 광고성 정보에 대한 수신동의를 하면 비로그인상태에서도 광고성 정보의 전송이 가능하고, 로그인을 하여 설정에서 광고성 정보에 대한 수신동의를 하면 광고성 정보의 전송이 가능하나, 로그인상태에서 광고성 정보에 대한 수신동의를 해제한 후에 로그아웃을 한 경우에서 비로그인상태에 있을 때 해당매체로 광고성 정보를 전송하여

46 앱푸쉬알림의 승인 여부는 해당 기기에서 수신을 하여 화면에 띄워준다는 의미일 뿐 광고성 정보에 대한 수신동의에 해당하지 않는다.

도 된다.[47]

(4) 야간수신동의

야간시간, 즉 밤 9시부터 아침 8시까지에 광고를 전송하려면 별도의 동의를 한번 더 받아야 한다(정보통신망법 제50조 제3항). 야간시간에는 수신동의가 2번 필요하다. 야간수신동의를 규정하고 있는 정보통신망법 제50조 제3항의 입법취지가 수신자의 수면권과 평온권을 보호하기 위함이므로, 야간시간을 결정하는 시각은 발송한 시간을 의미하지 않고, 수신자에게 도달한 시간을 의미한다. 만약 시스템 등의 문제(딜레이)로 전송자의 의도와 상관없이 야간에 광고성 정보가 도달된 경우에는 전송자에게 충분히 소명하여야 할 의무가 있다. 그리고 이메일에 의한 광고성 정보의 전송은 야간수신동의의 예외가 적용되므로, 이메일은 수신자의 야간수신동의가 없더라도 광고성 정보의 전송이 가능하다. 다만 이메일은 야간광고전송에 대한 예외(2번째 동의의 예외)만 인정될 뿐이고 주간이든 야간이든 광고성 정보를 전송하려면 이메일도 수신동의를 받아야 한다.

(5) 수신동의의 예외

고객과 기존거래관계에 있거나 방문판매법에 따른 육성전화권유판매를 하는 경우에는 수신동의가 없더라도 광고성 정보를 전송할 수 있다(정보통신망법 제50조 제1항 제1호, 제2호).[48] 기존거래관계는 전송하려

---

47 「한국인터넷진흥원 불법스팸대응센터 스팸 관련 개정 정보통신망법 Q&A 자료 게시」 참조

48 수신동의를 받지 않고 소비자에게 전화권유를 할 수 있지만 소비자가 재화를 구매하거나 용역을 제

는 광고성 정보와 동종의 재화를 구매하거나 동종의 서비스를 이용하고 대가를 지급한 경우를 말하며,[49] 고객에게 재화나 서비스의 제공 등을 통하여 고객의 연락처를 수집한 자[50]는 재화 및 서비스의 제공이 끝난 후 6개월 이내에 수신동의를 받지 않고 광고성 정보를 전송할 수 있다. 「전화권유판매」란 육성으로 전화를 이용하여 소비자에게 청약을 하여 계약의 체결이 이루어져 재화 등을 판매하는 경우를 말하며,「육성」이란 광고문구를 녹음한 ARS나 기계음이 아니라 직접 대화가 가능한 상담원이 전화를 하는 경우를 말한다.

(6) 사전수신동의의 철회

수신자가 광고성 정보의 수신에 대하여 사전에 수신동의를 한 경우라고 하더라도 사전수신동의를 사후에 철회하면 더 이상 광고성 정보의 전송이 금지된다(정보통신망법 제50조 제2항).

(7) 수신거부

사전수신동의, 기존거래관계에 따라서 광고성 정보를 전송할 수 있음

공받을 의사가 없다고 밝힌 경우인데도 불구하고 전화 등을 통하여 재화를 구매하거나 용역을 제공받도록 강요한다면 방문판매법에 따라서 처벌될 수 있다.

49 단순한 문의나 회원가입 등은 거래의 성립으로 볼 수 없으므로, 대리운전회사에 문의만 한 경우 또는 꽃집에 생화의 가격을 문의한 경우만으로는 거래관계로 볼 수 없다.

50 기존거래관계의 적용을 받기 위하여는 거래관계를 통하여 수신자로부터 직접 연락처를 수집한 자이어야 하고(거래당사자가 회사(법인)인 경우 담당직원이 고객의 연락처를 수집한 경우라도 연락처를 수집한 자는 해당 회사(법인)이다), 영업점을 인수하여 기존고객정보를 획득한 경우 고객정보에 대하여 제3자제공에 대한 동의가 없는 때에는 고객정보를 넘겨받으면 안 되므로, 고객정보를 넘겨받은 인수인은 기존거래관계로 광고성 정보의 전송은 불가하다.

에도 불구하고 수신거부를 하면 영리목적의 광고성 정보를 전송하여서는 안 된다(정보통신망법 제50조 제2항). 수신거부의사표시의 효력발생시기는 따로 정하지 아니한 한 수신거부의사표시가 도달한 시점부터 발생한다고 보아야 하고, 수신거부의사표시가 도달한 이후부터는 광고메일을 전송하면 안 된다. 그리고 홈페이지회원으로부터의 탈퇴는 수신거부의사표시라고 보아야 하므로, 회원탈퇴를 하면 수신인에게 기존거래관계가 있다고 하는 이유로도 광고성 정보를 전송하여서는 안 된다.

수신자가 광고성 SMS에 적힌 무료수신거부번호를 통하여 수신거부의 의사표시를 한 때에 수신자가 수신거부의 범위에 대한 특별한 지정을 하지 않은 경우라면 전송자(회사)에 대한 수신거부로 보아, SMS을 보내지 말라고 특정을 하지 않으면 광고성 SMS 외에 e-mail 등 전체에 대하여 거부를 한 경우로 보아야 한다. 그리고 이메일수신거부시 해당 이메일주소에 여러 고객이 붙어 있는 경우(누가 거부한 경우인지 알 수 없을 때) 추가정보를 입력하게 하여서는 안 되며, 해당 이메일주소에 대하여 모두 수신거부처리를 하여야 한다.

3. 명시의무

전자적 전송매체를 이용하여 영리목적의 광고성 정보를 전송하는 자는 명시의무를 부담한다. 스마트폰 등의 앱(어플)푸쉬알림도 명시의무를 지켜야 된다.

① 전송자의 명칭 및 연락처의 명시　　우선 전송자의 명칭 및 연락처를 명시하여야 한다(정보통신법망법 제50조 제4항 제1호). 전송자의 명칭은 수신자가 해당 전송자를 식별할 수 있는 정도의 표현을

사용하면 되며, 업체명(예컨대 OO마트, XX건강원 등)뿐만 아니라 서비스명(OO대리운전, XX퀵서비스 등)을 사용하여도 된다. 연락처는 이메일주소, 전화번호, 주소 등 광고성 정보를 전송하는 자와 직접적으로 연락이 될 수 있는 수단이어야 한다. 전자우편의 경우에는 이메일주소, 전화번호, 주소가 연락처로 이용될 수 있고, 모사전송 및 그 밖의 전자적 전송매체는 전화번화 또는 주소가 연락처에 해당한다. 전자우편의 경우를 제외하고 다른 매체에서는 연락처로 이메일주소를 사용할 수 없다.

② 수신거부 및 수신동의철회의 조치 및 방법에 대한 명시 　수신거부 또는 수신동의철회의 의사표시를 쉽게 할 수 있는 조치 및 방법에 관한 사항을 광고성 정보의 본문에 구체적으로 밝혀야 한다(정보통신망법 제50조 제4항). 예를 들어 스팸메일을 수신거부하기 위하여 로그인을 하도록 하는 등 별도의 추가적인 조치를 거쳐야 한다면 수신거부나 수신동의의 철회를 어렵게 하므로 허용되지 아니한다.

정보통신망법 시행령 [별표6]을 보면 구체적으로 영리목적의 광고성 정보의 명시사항 및 명시방법을 아래와 같이 정하고 있다

① 공통

1. (광고)를 표시하는 경우에는 수신자의 수신의 거부 또는 수신동의의 철회를 회피하기 위한 목적으로 빈칸 · 부호 · 문자 등을 삽입하거나 표시방법을 조작하는 조치를 해서는 안 된다.
2. 수신자가 수신의 거부 또는 수신동의의 철회를 하는 때에 전송에 이용된 수신자의 연락처 외의 정보를 전송자에게 제공하도록 요구하여 수신거부 또는 수신동의의 철회를 어렵게 해서는 안 된다.

② 전자우편

1. 제목이 시작되는 부분에 (광고)를 표시해야 한다.

2. 본문에는 다음 사항을 표시해야 한다.

가. 전송자의 명칭 · 전자우편주소 · 전화번호 및 주소

나.수신자가 수신의 거부 또는 수신동의의 철회 의사를 쉽게 표시할 수 있도록 하기 위한 안내문을 명시하고 수신의 거부 또는 수신동의의 철회 여부를 간편하게 선택할 수 있도록 기술적 조치를 해야 한다. 이 경우 그 안내문과 기술적 조치는 한글과 영문으로 명시해야 한다.

③ 모사전송

1. 광고성 정보가 시작되는 부분에 (광고), 전송자의 명칭, 전화번호 및 주소를 표시해야 한다.

2. 수신의 거부 또는 수신동의의 철회용 자동응답전화번호 등의 전화번호 또는 전화를 갈음하여 쉽게 수신의 거부 또는 수신동의의 철회를 할 수 있는 방식을 해당 광고에 표시된 최대 글자의 3분의 1 이상의 크기로 명시하고, 그 전화번호나 방식을 이용하여 수신의 거부 또는 수신동의의 철회를 하는 때에 수신자가 비용을 부담하지 않는다는 사실을 함께 명시해야 한다.

④ 그 밖의 전자적 전자매체

1. 음성형태로 전송되는 광고의 경우

가. 광고성 정보가 시작되는 부분에 광고를 의미하는 음성, 전송자의 명칭, 전화번호 또는 주소, 수신의 거부 또는 수신동의의 철회를 할 수 있는 방식을 안내해야 한다.

나. 수신의 거부 또는 수신동의의 철회용 자동응답전화번호 등

의 전화번호 또는 전화를 갈음하여 쉽게 수신의 거부 또는 수신동의의 철회를 할 수 있는 방식을 이용하여 수신의 거부 또는 수신동의의 철회를 하는 때에 수신자가 비용을 부담하지 않는다는 사실을 함께 안내해야 한다.

2. 음성 외의 형태로 전송되는 광고의 경우

가. 광고성 정보가 시작되는 부분에 (광고), 전송자의 명칭과 전화번호 또는 주소를 표시해야 한다.

나. 수신의 거부 또는 수신동의의 철회용 자동응답전화번호 등의 전화번호 또는 전화를 갈음하여 쉽게 수신의 거부 또는 수신 동의의 철회를 할 수 있는 방식을 정보가 끝나는 부분에 명시하고, 그 전화번호나 방식을 이용하여 수신의 거부 또는 수신 동의의 철회를 하는 때에 수신자가 비용을 부담하지 않는다는 사실을 함께 명시해야 한다.

4. 광고전송자의 금지사항

(1) 수신거부 또는 수신동의의 철회를 회피·방해하는 조치의 금지

광고성 정보를 받는 수신자의 수신거부 또는 수신동의의 철회를 회피·방해하는 조치를 하여서는 안 된다(정보통신망법 제50조 제5항 제1호). 예컨대 수신거부나 수신동의의 철회를 하는 방법이나 연락처를 부적절하게 기재하거나 변칙표기[51]를 하여서는 안 된다. 그리고 광고전송

51 예컨대 필터링을 피하기 위하여 무료수신거부전화번호 080-1234-5678 중 '080'을 'O8O'이나 '공팔공' 등으로 표기하거나, (광고)를 '(광 고)', '(광/고)', '(광*고)' 등으로 표시하는 경우가 변칙표기에 해당한다.

자의 이메일주소를 타인이 수신하도록 허위로 기재하거나 이메일에서 수신거부를 클릭할 때에 페이지오류가 뜨게 하는 등의 꼼수를 부려서도 안 된다. 역시 스마트폰 SMS로 전송하는 광고성 정보를 jpg · gif · png 파일형식 등 이미지형태로 보내어 필터링을 회피하여서도 안 된다.

(2) 수신자의 연락처를 자동으로 만들어 내는 조치의 금지

수신자를 대량으로 확보하기 위하여 프로그램을 이용하여 숫자·부호 또는 문자를 조합하여 전화번호 · 전자우편주소 등 수신자의 연락처를 자동으로 만들어 내는 조치를 하여서는 안 된다(정보통신망법 제50조 제5항 제2호).

(3) 전화번호 또는 전자우편주소를 자동으로 등록하는 조치의 금지

영리목적의 광고성 정보를 전송할 목적으로 인터넷상 또는 정보저장장치 등에 있는 전화번호 또는 전자우편주소를 프로그램을 이용하여 정보주체의 의사와 상관없이 자동으로 수집하여 등록하는 조치를 하여서는 안 된다(정보통신망법 제50조 제5항 제3호).

(4) 광고전송자의 신원이나 광고전송출처를 감추기 위한 각종 조치의 금지

이메일을 전송하는 경우 발신자의 주소를 삭제하거나 다른 이메일주소로 변경 · 조작하여서는 안 된다. 또한 음성광고(ARS 등)의 발신번호는 실제로 사용된 전화번호가 표시되어야 하고, 다른 번호를 입력하는 등 발신자식별번호(CID)를 조작하여서는 안 된다. 그리고 휴대폰문자메시지를 보내는 경우에는 발신자의 번호를 삭제하거나 타인의 번호로 변경 · 조작하여서는 안 된다.

(5) 수신자를 기망하여 회신을 유도하는 각종 조치의 금지

수신자의 회신을 받기 위하여 벨이 1~2번 울린 후 수신자가 받기 전에 끊거나 받은 후 바로 끊는 방법으로 수신자의 호기심을 유발하여 접속을 유도하는 행위를 「원링스팸」(one-ring spam)이라 한다.[52] 원링스팸인지 여부를 확인할 수 있는 검색사이트와 애플리케이션까지 있을 정도로 1~2번 울리고 끊어지는 전화로 많은 사람이 피해와 고통을 당하고 있다. 원링스팸을 받고 전화를 걸면 불법적으로 비싼 통화료를 물게 하기도 한다.

5. 광고성 팝업광고나 프로그램의 설치

정보통신서비스제공자가 영리목적의 광고성 정보가 보이도록 하는 팝업형태의 광고를 띄우거나 시작페이지를 특정의 홈페이지로 고정하는 악성스크립트 및 에드웨어(Adware) 등 개인정보를 수집하는 프로그램을 이용자의 컴퓨터나 정보처리장치(예컨대 태블릿 PC, 휴대전화 등)에 설치하려면 이용자의 동의를 받아야 한다(정보통신방법 제50조의5).

6. 게시판광고의 제한

누구든지 영리목적의 광고성 정보를 인터넷홈페이지(홈페이지, 포털사이트 카페, 블로그, 페이스북 등)에 게시하려면 인터넷홈페이지의 운영자 또는 관리자의 사전동의를 받아야 한다(정보통신만법 제50조의7

52 예컨대 060, 070, 080, 15xx 등 원링스팸임을 의심케 하는 전화번호를 받을 때에는 주의를 하여야 한다.

본문). 다만 별도의 권한 없이 누구든지 쉽게 접근하여 글을 게시할 수 있는 게시판의 경우에는 사전동의를 받지 않아도 된다(정보통신만법 제50조의7 단서). 예컨대 로그인을 하지 않거나 별도의 인증과정 없이 바로 누구나 게시글을 올릴 수 있는 경우에는 누구든지 쉽게 접근하여 글을 게시할 수 있는 게시판으로 본다. 그리고 본인의 카카오스토리나 페이스북, 밴드 등에 광고성 정보를 올려 친구에게 광고성 정보가 보이게 하더라도 정보통신망법상 문제가 없다.

7. 불법스팸의 전송금지

도박 · 불법대출 · 불법의약품 등 법률에서 금지하는 재화 · 서비스에 대한 광고성 정보를 불법스팸이라 한다. 불법스팸의 전송은 특별히 금지된다(정보통신망법 제50조의8). 도박 · 불법대출 · 불법의약품 등 법률에서 금지하는 재화 또는 서비스에 대한 불법스팸은 성인광고 · 대리운전 등 일반스팸에 비하여 사회에 미치는 악영향이 크다. 또한 불법스팸에 대한 전송행위가 악의적 · 조직적으로 이루어지고 있고, 스팸건수 중 불법스팸이 대다수를 차지한다.[53] 그러므로 불법스팸에 대한 수신동

53 휴대전화를 통한 스팸신고건수 중 도박·불법대출·불법의약품과 관련되는 스팸의 비율은 37.4%(2013년 4월 현재)로, 최근 3년간 지속적으로 감소하고 있기는 하나 여전히 30% 이상의 비율을

(단위: 건)

구분		2010년	2011년	2012년	2013년 4월
휴대전화스팸 전체 신고건수		70,337,379	53,086,687	32,593,519	7,584,729
도박, 불법대출, 불법의약품	신고건수	42,533,646	28,990,690	14,233,707	2,834,602
	비율	60.5%	54.6%	43.7%	37.4%
성인, 대리운전 등 일반스팸	신고건수	27,803,733	24,095,997	18,359,812	4,750,127
	비율	39.5%	45.4%	56.3%	62.6%

의 여부와 상관없이 정보통신서비스제공자는 악성스팸 내지 불법스팸에 대하여는 서비스계약의 해지 또는 필터링 및 차단을 할 수 있다.

차지하고 있다. 2010년부터 2013년 4월까지 도박, 불법대출, 불법의약품 등 3대 악성스팸의 비율은 아래와 같다.

10장 링크

01
서설

인터넷서비스, 특히 월드 와이드 웹[1]의 가장 큰 특징의 하나는 쉽게 다른 인터넷서비스프로바이더의 웹사이트에 대한 연결을 할 수 있다고 하는 사실이다. 예를 들어 어떤 웹페이지에서든 일정한 문자나 그림에 대한 간단한 마우스 클릭만으로 다른 웹사이트로 연결할 수 있고, 그 웹사이트가 제공하는 정보를 검색할 수 있다. 인터넷이 가지는 글로벌한 특성(국제성 · 광역성)과 타인의 정보에 대한 접속중개행위에 의한 시공초월적 연결성은 좋은 측면도 있으나, 문제도 있다. 시공초월한 연결의 용이에 의하여 다른 서버에 대한 가해행위가 일어날 수 있고, 책임법적 측면에서 보면 가해자에게 특히 책임주체가 누구인가를 판단하기 곤란하다고 하는 문제가 생긴다.

---

1 월드 와이드 웹(World Wide Web, WWW, W3)은 인터넷에 연결된 컴퓨터를 통하여 사람이 정보를 공유할 수 있는 전 세계적인 정보공간을 말하며, 간단히 웹(Web)이라 부르는 경우가 많다(웹이라는 용어는 인터넷과 동의어로 쓰이는 경우가 많으나 엄격히 말하면 서로 다른 개념이며, 웹은 전자메일과 같이 인터넷상에서 동작하는 하나의 서비스일 뿐이다).

02
링크의 의미

홈페이지에서 마우스를 클릭하면 다른 웹페이지(혹은 웹사이트)로 바로 이동될 수 있도록 다른 웹페이지나 웹사이트의 URL을 기재한 화면표시를 「링크」 혹은 하이퍼링크(Hyperlink)라고 한다. 링크는 자기의 WWW서버에 한하지 않고, 어느 타인의 WWW서버 위의 페이지나 파일에 대하여도 링크를 할 수 있다. 링크(link)라는 인터넷상의 연결체계를 통하여 특정한 개인(A)이 자신의 블로그상에, 또는 특정한 사이트운영자(B)가 자신의 웹페이지상에 다른 사이트운영자(C)가 운영 · 관리하는 웹사이트의 주소를 하이퍼텍스트의 형식으로 표시하고, A의 블로그 또는 B의 웹사이트에 접속한 제3자가 그 하이퍼텍스트만을 클릭함으로써 곧바로 C의 웹사이트에 연결되거나, C의 서버에 저장된 음악파일 등을 전송받을 수 있다.

03
링크의 유형

Ⅰ. 단순링크

단순링크(simple link)는 타겟이 되는 사이트의 홈페이지 또는 메인 페이지로 직접 연결되도록 링크를 거는 경우를 말한다. 예컨대 어느 법률관계정보를 제공하는 홈페이지가 법무부사이트를 링크하면서 〈A HREF="http://www.moj.go.kr/"〉라고 하는 태그를 붙이면 단순링크가 된다. 다른 웹사이트의 초기화면에 링크하는 단순링크의 경우에는 그 링크부분을 마우스로 클릭하면 링크된 웹사이트의 초기화면으로 이동하면서 이동된 웹사이트의 서버로 연결되고 새로운 도메인이름이 화면에 표시된다. 단순링크의 경우에는 피링크페이지에 손해가 발생한다고 볼 수 없으므로, 일반적으로 허용된다.

Ⅱ. 딥링크

딥링크(deep link)는 웹사이트상의 홈페이지가 아닌 해당하는 하위의 웹페이지로 가는 하이퍼텍스트 링크를 말한다.[2] 인터넷에서 접속하고자 하는 웹페이지로의 이동을 쉽게 해주는 기술을 의미하는 인터넷링크(Internet link) 중 웹사이트의 서버에 저장된 저작물의 인터넷주소(URL)와 하이퍼텍스트 태그(tag)의 정보를 복사하여 이용자가 그 URL와 하이퍼텍스트 태그(tag)를 자신의 웹사이트나 블로그 등에 붙여두고 그 링크부분을 클릭함으로써 웹사이트서버에 저장된 저작물을 직접 보거나 들을 수 있게 하는 기술을 이른바 딥링크, 즉 심층링크(deep link) 또는 직접링크(direct link)라고 한다.[3] 다른 웹사이트에 속하는 개개의 문서나 파일에 링크하는 방식이 딥링크이고, 딥링크를 통하여 인터넷에서 링크하고자 하는 저작물의 웹위치정보 내지 경로로 직접적으로 연결하므로, 다른 웹사이트에 속하는 개개의 문서나 파일에 링크하는 딥링크의 경우에는 링크부분의 마우스 클릭시에 해당 웹사이트의 주소나 도메인이름이 변하지 않은 채 링크된 다른 웹사이트의 문서나 파일에 직접 접속할 수 있다.

Ⅲ. 프레이밍링크

프레이밍 내지 프레임이란 홈페이지의 제작기법으로서 윈도우의 화면을 여러 개로 나누어 서로 다른 내용을 보여주는 경우에 각각의 부

2 딥(deep)이라는 말은 한 사이트에 있는 웹페이지의 계층구조 내에 있는 페이지의 깊이를 가리키며, 계층구조 내의 최상위 페이지, 즉 홈페이지 아래에 있는 페이지라면 어떠한 경우라도 'deep'이라고 간주할 수 있다.

3 예컨대 법무부의 홈페이지에 있는 변호사시험이나 사법시험의 기출문제를 직접적으로 링크하는 경우가 딥링크에 해당한다.

분을 가리킨다. 예를 들어 보통 링크의 경우에는 클릭하면 전면적으로 링크페이지로부터 피링크페이지로 인터넷이 서핑되나, 프레이밍링크(framing link), 즉 프레임처리라고 하는 기능을 사용하면 프레임의 일정 영역을 계속하여 자기의 화면에 남아 있도록 할 수 있으므로, 피링크사이트를 자기의 홈페이지의 일부로 화면을 구성하여 표시할 수 있다.

Ⅳ. 임베디드링크

임베디드링크(embedded link)란 홈페이지의 내부에 음악이나 동영상 등의 파일을 링크를 걸어 실행시키는 방식을 가리킨다. 피링크사이트에 있는 음악을 임베디드링크한 경우에 링크한 홈페이지에서 그 음악이 자동적으로 흘러나오게 된다.

04

링크의 저작권법상의 문제

Ⅰ. 딥링크의 경우

예컨대 개인이 자기의 블로그에, 혹은 회사가 운영하는 홈페이지에 〈A HREF="http://www.xxxx.co.kr/target=_blank"〉라고 하는 태그를 기재하여 페이지를 작성한 경우와 같이 다른 웹사이트의 초기화면으로 링크하지 아니하고 여러 단계 속에 존재하는 특정페이지에 직접적으로 링크한 경우에는 그 홈페이지운영자의 링크행위가 타인의 저작물의 복제행위에 해당하는가, 배포행위 혹은 전송행위에 해당하는가 하는 문제가 생긴다. 저작권법상 「복제」란 인쇄 · 사진촬영 · 복사 · 녹음 · 녹화 그 밖의 방법으로 일시적 또는 영구적으로 유형물에 고정하거나 다시 제작하는 경우를 말하며, 건축물의 경우에는 그 건축을 위한 모형 또는 설계도서에 따라 시공하는 경우를 포함한다(저작권법 제2조 제22호). 또한 「배포」란 저작물의 원작품 또는 그 복제물을 일반공중에게 대가를 받거나 받지 아니하고 양도 또는 대여하는 경우를 일컫고(저작권법

제2조 제23호), 「전송」(傳送)은 공중송신 중 공중의 구성원이 개별적으로 선택한 시간과 장소에서 접근할 수 있도록 저작물을 이용에 제공한 경우를 말하며, 그에 따라 이루어지는 송신을 포함한다(저작권법 제2조 제10호). 그러나 보통 딥링크를 하는 행위는 타인의 저작물의 복제행위라거나 배포행위, 전송행위라고는 볼 수 없고, 또한 「인용」으로 평가되지도 아니한다.[4] 그러므로 링크(딥링크를 말한다)는 저작권법 제2조 제12호에 규정된 '일시적 또는 영구적으로 유형물에 고정하거나 다시 제작'하는 「복제」에 해당하지 아니할 뿐만 아니라, 저작권법 제2조 제10호에 규정된 '공중의 구성원이 개별적으로 선택한 시간과 장소에서 접근할 수 있도록 저작물을 이용에 제공하거나, 그에 따라 이루어지는 송신'으로서 「전송」이라고 볼 수도 없으므로,[5] 딥링크를 저작물에 대한 복제권 내지 전송권을 침해한 경우라고 보기 어렵다. 홈페이지의 제작자가 HTML문서에 링크를 위한 태그를 기재하는 행위는 「저작물의 배포나 전송의 의뢰를 하기 위한 지시 혹은 의뢰의 준비」 혹은 학문적 저술에서의 「각주」에 불과하다고 할 수 있을 뿐이다. 딥링크를 통하여는 원칙적으로 저작권침해의 문제가 생기지 않고, 딥링크는 기본적으로는 허용되는 행위라고 본다.

---

4 저작권법상의 의미에서 「인용」이란 타인의 저술의 내용이 자기의 저술에 나타나야 하지만, 딥링크를 통하여는 직접 자기의 WWW에 타인의 WWW의 내용이 나타나지 아니한다.

5 대법원 2009.11.26. 선고 2008다77405 판결; 대법원 2010.3.11. 선고 2009다5643 판결; 대법원 2010.3.11. 선고 2009다80637 판결; 대법원 2010.3.11. 선고 2009다4343 판결 등 참조.

II. 프레이밍링크의 경우

링크페이지와 피링크페이지의 구별을 곤란하게 하는 프레이밍링크의 경우에는 저작권침해의 소지가 크다. 화면의 좌측만에 타인의 콘텐츠를 표시하게 하는 방법을 통하여 전체로서 보면 링크페이지의 저작물의 일부와 같이 표시하여 오인이 생길 수 있는 경우에는 저작권침해로 평가될 수 있다. 물론 프레임에 의한 링크가 저작권법 제28조가 정한 공표된 저작물의 인용에 관한 요건을 충족시키는 경우, 즉 보도 · 비평 · 교육 · 연구 등을 위하여 정당한 범위 안에서 공정한 관행에 합치되게 공표된 저작물을 인용하는 경우에는 허용될 수도 있으나, 일반적으로 프레이밍링크는 인용의 요건을 충족시키기 어렵다고 판단된다.[6] 판례도 인터넷상에서 다른 홈페이지 또는 그 일부를 무단으로 끌어다 쓰는 프레이밍링크는 저작권의 침해에 해당한다고 보고 있다.[7]

---

6 미국에서 현실적으로 문제가 된 경우로 정보제공서비스회사 토탈뉴스회사(TotalNews Co.)에 관한 사건이 있다. 토탈뉴스회사의 홈페이지로부터는 세계 각국의 매스미디어의 홈페이지에 링크가 되어 있고, 그 홈페이지 위의 저명한 미디어의 명칭 혹은 정치, 스포츠와 같은 사항을 클릭하면 세계 각국의 미디어의 정보를 검색할 수 있도록 되어 있는데, 물론 정보검색을 위한 홈페이지는 이미 수 없이 존재하고 있으나, 토탈뉴스회사의 홈페이지의 특색은 링크되면, 예를 들어 워싱턴 포스트의 홈페이지가 화면에 열린 후에도 토탈뉴스회사의 홈페이지의 프레임이 그대로 남아, 그 화면에 토탈뉴스회사의 상품과 광고가 표시되어, 토탈뉴스회사의 행위에 대하여 워싱턴 포스트와 같은 여러 회사가 토탈뉴스회사의 행위는 유명한 언론회사의 뉴스 등에 편승하여 광고수입을 얻으려는 행위로서 저작권침해가 된다고 주장하고 소송을 제기하고, 소송은 토탈뉴스회사가 자동적인 프레밍을 중지하기로 하여 종결된 경우가 있다(George B. Delta/Jeffey Matsuura, Law of the INTERNET, p. 5-330).

7 전자지도의 개발업체인 지오스테크널러지는 자사와 전자지도공급계약을 맺고 지도검색서비스를 운영하던 넥스텔이 허락 없이 협력업체인 신세기통신의 홈페이지 지도찾기코너에 넥스텔의 홈페이지를 무단링크시키자 넥스텔과 신세기통신을 상대로 저작권침해를 이유로 소송을 제기한 사건에서 법원(서울지방법원)은 프레임링크가 정보검색상의 편의와 효율성증대를 위해 보편적으로 일어나는 행위라고 주장하지만 실질적으로 저작권을 침해하는 위법행위로 볼 수 있다고 판단하고, 링크행위는 콘텐츠를 자신의 컴퓨터서버에 복제하는 경우와 같은 효과를 생기게 하며, 원고가 많은 비용을 들여

Ⅲ. 임베디드링크의 경우

임베디드링크는 단순히 웹사이트의 위치에 대한 정보의 제공에 그치지 아니하고, 직접 링크를 한 홈페이지에서 피링크사이트의 동영상과 소리를 재생한다는 측면에서 저작권침해의 소지가 크다.

개발한 전자지도서비스를 새로 판매할 수 있는 기회를 잃게 하는 손해를 야기한다고 보고 있다(한국일보 2001.12.07, '홈페이지 무단링크도 저작권 침해' - 불법링크 관행에 제동 걸릴 듯; 동아일보 2001.12.07, "SW 불법링크땐 저작권 침해" 참조).

05

링크에 따른 책임

Ⅰ. 서언

링크는 WWW에서 어쩔 수 없이 요청될 뿐만 아니라, 문헌적으로 말하면 다른 웹사이트에 대한 인용으로서의 성질을 가진다고 할 수 있다. 최근 인터넷서비스프로바이더가 스스로 링크를 통제하는 경향도 있으나, 다른 웹사이트를 링크하지 않는 웹페이지는 거의 없을 정도로 수많은 웹사이트가 링크를 활용하고 있다. 본래 책임이 성립하기 위하여는 침해에 대한 참가가 요구되나, 순수한 링크를 통하여는 타인에 대한 침해가 원칙적으로 야기되지 아니한다. 그러므로 인터넷서비스프로바이더에 대하여 링크에 대한 책임을 일반적으로 묻기는 곤란하다고 본다. 또한 데이터의 재배포는 사회적 정당성을 가진다고 하는 측면에서 볼 때에도 원칙적으로 링크가 허용될 필요가 있다. 또한 민법상 책임법의 일반원칙에 의하면 인터넷서비스프로바이더는 자기의 홈페이지에 링크를 하고 있는 정보에 대한 조사의무(Prüfungspflicht)는 없다고 본다.

Ⅱ. 링크에 따른 형사책임

1. 음란사이트에 대한 링크행위

불법정보의 유통이나 공연전시는 금지된다. 정보통신망법 제44조의7 제1항 제1호는 누구든지 정보통신망을 통하여 음란한 부호·문언·음향·화상 또는 영상을 공공연하게 전시하는 내용의 정보를 유통하여서는 안 된다고 규정하고 있다.

만약 음란한 부호·문언·음향·화상 또는 영상이 전시되거나 게시된 웹페이지를 링크(link)하면 전체로 보아 음란한 부호·문언·음향·화상 또는 영상을 '공연연하게 전시'한 경우로 되는가 하는 문제가 있다. 예컨대 A가 1998년 5월 8일경부터 1998년 6월 23일경까지 인터넷서비스업체가 제공하는 인터넷서비스서버상에 개설된 인터넷신문「팬티신문」이라는 웹사이트를 직접 운영하면서 자신의 웹사이트에 접속하는 사람의 수가 많아야 팬티회사로부터 많은 광고료를 받을 수 있다는 계산 아래, X가 개설한 홈페이지와 Y가 미국 인터넷서비스업체인 지오시티즈상에 개설하여 수십개의 야설[8]을 게재한 홈페이지에 바로 연결될 수 있는 링크사이트를 만들어 음란한 부호 등을 미끼로 내세워 인터넷이용자의 접속을 유도하기 위하여 그 초기화면의 좌측 하단에다가 "관련사이트" 항목을 별도로 만든 다음, 거기에다가 'free photo', 'nippon', 'sixnine주식회사', '섹스룰렛', '야한 박물관', '야설' 등의 링크표지를 집중적으로 나열하여 놓은 후 인터넷이용자가 'free photo'라는 표지를 클릭하면 곧바로 외국의 웹사이트 초기화면이 나오고, 그 초기화면에는 서

---

8 음란소설을 속칭 야설이라고 한다.

양여성의 음부가 드러난 음란영상과 함께 일부의 음란영상을 무료로 더 볼 수 있다는 취지가 기재되어 있고, 'nippon'이라는 표지를 클릭하면 X가 운영하는 웹사이트 중 일본여성 등이 나오는 음란영상을 모아놓은 웹페이지에 바로 연결되며, 'sixnine주식회사'나 '야설'이라는 표지를 클릭(click)하면 Y 등이 운영하는 웹사이트 중 음란소설을 모아놓은 웹페이지에 연결되도록 한 경우에 음란한 영상 및 문언을 공공연하게 전시한 경우로 형사처벌이 가능한가가 문제된 사건이 있다.

음란한 부호 · 문언 · 음향 · 화상 또는 영상의 공연전시를 금지하는 정보통신망법 제44조의7는 초고속정보통신망의 구축에 따른 음란물의 폐해를 막기 위한 취지에서 제정된 규정이고, 정보통신망법 제44조의7에서 말하는 '공공연하게 전시'한다고 함은 불특정 다수인이 실제로 음란한 부호 · 문언 · 음향 또는 영상을 인식할 수 있는 상태에 두는 행위를 의미한다. 그러므로 음란한 부호 · 문언 · 음향 또는 영상이 담겨져 있는 웹사이트를 인터넷에 직접 개설하는 행위는 당연히 공연전시에 해당하고, 다만 음란한 부호 · 문언 · 음향 또는 영상이 담겨져 있는 다른 웹사이트나 웹페이지 또는 음란한 부호 · 문언 · 음향 또는 영상으로의 링크(link)를 포함한 일련의 연결수단부여행위가 음란한 부호 · 문언 · 음향 또는 영상의 공연전시와 같게 볼 수 있는지 여부가 문제된다.

형식적으로 보면, 인터넷상의 링크는 링크된 웹사이트나 파일의 인터넷주소 또는 경로를 나타내는 경우에 불과하여 그 링크에 의하여 연결된 웹사이트나 파일의 음란한 부호 · 문언 · 음향 또는 영상을 전시하는 행위 자체에 해당하지 않는다고 볼 여지가 없지 아니하다. 그러나 인터넷상의 링크란 하나의 웹페이지 내의 여러 문서와 파일을 상호 연결하거나 인터넷상에 존재하는 수많은 웹페이지를 상호 연결하여 주면서,

인터넷이용자가 마우스 클릭(mouse click)이라는 간단한 방법만으로 다른 문서나 웹페이지에 손쉽게 접근 검색할 수 있게 해주는 기법(다른 웹페이지의 정보를 검색하기 위하여 특별한 명령어를 키보드로 입력하는 행위와 같은 조치를 별도로 취할 필요가 없게 해준다)으로서, 초고속정보통신망의 발달에 따라서 그 마우스 클릭행위에 의하여 다른 웹사이트로부터 정보가 전송되어 오는 데 걸리는 시간이 매우 짧으므로, 인터넷이용자로서는 자신이 클릭함에 의하여 접하게 되는 정보가 링크를 설정하여 놓은 웹페이지가 아니라 링크된 다른 웹사이트로부터 전송된다는 사실을 인식하기조차 어렵고, 점점 더 초고속화하고 있는 인터넷의 사용환경에서 링크는 다른 문서나 웹페이지를 단순히 연결하여 주는 기능을 넘어서 실질적으로 링크된 웹페이지의 내용을 인터넷이용자에게 직접 전달하는 경우와 마찬가지의 기능을 수행하고 있다고 하지 않을 수 없다. 그러므로 음란한 부호 · 문언 · 음향 또는 영상을 링크로 연결시켜 놓는 홈페이지운영자의 의사의 내용, 그 홈페이지운영자가 운영하는 웹사이트의 성격 및 사용된 링크기술의 구체적인 방식, 음란한 부호 · 문언 · 음향 또는 영상이 담겨져 있는 다른 웹사이트의 성격 및 다른 웹사이트가 음란한 부호 · 문언 · 음향 또는 영상을 실제로 전시한 방법 등 모든 사정을 종합하여 볼 때, 링크를 포함한 일련의 행위 및 범의가 다른 웹사이트를 단순히 소개 · 연결할 뿐이거나 또는 다른 웹사이트운영자의 실행행위를 방조하는 정도를 넘어, 이미 음란한 부호 · 문언 · 음향 또는 영상이 불특정 다수인에 의하여 인식될 수 있는 상태에 놓여 있는 다른 웹사이트를 링크의 수법으로 사실상 지배 · 이용함으로써 그 실질에 있어서 음란한 부호 · 문언 · 음향 또는 영상을 직접 전시하는 경우와 다를 바 없다고 평가되고, 불특정 다수인이 그 링크를 이용하여 별다른 제한 없이 음란한 부호 · 문언 · 음향 또는 영상에 바로 접할 수 있는 상태가 실제로 조성되어 있다면, 그 링크행위는 전체로 보아 음란한 부호 · 문언 · 음향 또는 영상을 공공연하게 전시한다는 구성요건을 충족한다고 보아야 한다.[9]

사례에서 A는 불특정 다수인이 자신의 웹사이트를 이용하여 아무런 제한 없이 자족적으로 음란한 부호 · 문언 · 음향 또는 영상을 접할 수 있는 조직적 장치를 링크의 수법에 의하여 마련한 경우라고 할 수 있고, 링크를 포함한 A의 일련의 행위 및 범의는 다른 웹사이트를 소개 · 연결할 뿐이거나 또는 다른 웹사이트운영자의 실행행위를 방조하는 정도를 넘어, 음란한 부호 · 문언 · 음향 또는 영상이 공공연하게 전시되어 있는 다른 웹사이트를 링크의 수법으로 사실상 지배 · 이용함으로써 그 실질에 있어서 음란한 부호 · 문언 · 음향 또는 영상을 직접 전시하는 경우와 같다고 보아야 한다. 결국 A는 음란한 부호 · 문언 · 음향 · 화상 또는 영상을 공공연하게 전시한 자로서 정보통신망법 제74조 제1항 제2호에 의하여 처벌을 받는다.

2. 부당한 링크

부당한 링크를 한 경우, 예를 들어 폭력단이 홈페이지를 제작하면서 「협력업체」의 소개로서 폭력단과는 전혀 무관한 선량한 회사의 홈페이지를 무단으로 링크한 경우가 생길 수 있다. 부당한 링크를 한 때에는 부당한 링크를 통하여 신용이나 명예가 훼손된 경우에 형법상의 신용훼

9 대법원 2003.7.8. 선고 2001도1335 판결 참조.

손 · 업무방해죄나 명예훼손죄가 문제될 수 있다.

3. 링크에 의한 저작권법위반의 방조행위

인터넷이용자가 웹사이트에 방문하여 클릭을 하면 링크하고자 하는 사이트로 이동하도록 각종의 저작권보호대상의 디지털콘텐츠를 링크를 걸어 올린 경우에 그 웹사이트운영자가 저작권법위반의 방조죄로 처벌될 수 있는지 여부가 문제된다. 예를 들어 A가 츄잉사이트(만화정보교환커뮤니티)를 운영하는 사람인데, 츄잉사이트의 일부회원이 저작권자로부터 이용허락을 받지 아니한 일본만화를 게시하여 인터넷이용자가 일본만화를 열람 또는 다운로드(download)할 수 있도록 되어 있는 외국블로그(blog)에 연결되는 링크를 츄잉사이트의 게시판에 걸어놓은 사실을 알고도 A가 그 링크를 삭제하지 아니하여 외국블로그의 재산권침해행위를 방조한 경우인가가 다투어진 사건이 있다.

이른바 인터넷 링크(Internet link)는 인터넷에서 링크하고자 하는 웹페이지나 웹사이트의 서버에 저장된 개개의 저작물의 웹위치정보나 경로를 나타낸 경우에 불과하여, 비록 인터넷이용자가 링크부분을 클릭함으로써 링크된 웹페이지나 개개의 저작물에 직접 연결된다 하더라도 그 링크행위는 저작권법이 규정하는 복제 및 전송에 해당하지 아니한다.[10] 그리고 형법상 방조행위는 정범의 실행을 용이하게 하는 직접, 간접의 모든 행위를 가리키나,[11] 링크행위 자체는 인터넷에서 링크하고자 하는

---

10 대법원 2009.11.26. 선고 2008다77405 판결; 대법원 2010.3.11. 선고 2009다80637 판결 등 참조.

11 대법원 2006.4.28. 선고 2003도4128 판결 등 참조.

웹페이지의 위치정보나 경로를 나타낼 뿐이므로, 인터넷이용자가 링크부분을 클릭함으로써 저작권자로부터 이용허락을 받지 아니한 저작물을 게시하거나 인터넷이용자에게 그 저작물을 송신하는 방법으로 저작권자의 복제권이나 공중송신권을 침해하는 웹페이지에 직접 연결된다고 하더라도 그 침해행위의 실행 자체를 용이하게 한다고 할 수는 없으므로, 그 링크행위만으로는 저작재산권침해행위의 방조행위에 해당한다고 볼 수 없다.[12] 그리고 링크행위 자체만으로는 저작권법위반죄 또는 그 방조죄로 처벌할 수 없으므로, 링크행위의 공간을 제공한다거나 링크를 삭제하지 않고 방치하고 있다고 하더라도 저작권법위반의 방조죄가 성립하지 아니한다.[13] 사례에서 A가 운영하는 츄잉사이트의 일부회원이 게시판에 일본만화를 링크한 행위는 저작권법이 규정하는 복제 또는 전송에 해당하지 아니하므로, 그로써 저작권자의 복제권이나 공중송신권을 침해한 경우라 할 수 없고, 또한 비록 외국블로그에서 일본만화에 관한 복제권이나 공중송신권과 같은 저작재산권을 침해하고 있고, 인터넷이용자가 링크부분을 클릭함으로써 그 외국블로그에 직접 연결된다고 하더라도 그 링크행위만으로 저작권침해의 방조행위에 해당하지는 아니한다.

12 대법원 2010.3.11. 선고 2009다5643 판결 등 참조.

13 대법원 2015.3.12. 선고 2012도13748 판결.

Ⅲ. 링크에 따른 민사책임

링크의 종류와 방법 혹은 내용에 따라서는 민사책임이 문제될 수 있는 경우도 있다. 예컨대 A가 운영하는 홈페이지나 블로그가 링크를 통하여 다른 사이트의 정보에 대한 무단복제를 부추기거나 추천한 경우에는 - 자기의 서버에서 아무런 통제 없이 타인의 정보에 대한 침해를 허용한 경우와 마찬가지로 - 타인의 권리를 침해하고 있다고 평가할 수 있다. A는 링크를 통하여 타인의 권리침해에 대하여 교사(Anstiftung) 혹은 적어도 방조(Beihilfe)의 형태로 공동불법행위를 범하고 있다고 볼 수 있다(민법 제760조 제3항). 다만 교사가 되기 위하여는 - 특히 형법적 관점에서 - 개별적으로 특정된 인적 범위에 대한 권유 · 선동이 요구되나, 인터넷에서는 불특정 다수인에게 링크를 제공하여 바로 특정성의 요건이 충족되지 아니한다고 하는 지적이 있을 수 있다. 그러나 특히 상업적 사이트는 서비스이용계약을 통하여 그 고객을 알 수 있으므로, 개별적인 인적 범위에 대한 교사라고 하는 요건이 충족된다고 본다. 물론 누구나 접근할 수 있는 홈페이지나 카페라면 달리 판단될 수 있다.

링크를 통한 다른 웹사이트의 법익침해적 행위에 대한 방조는 링크를 한 사이트가 법익침해적 내용을 담고 있는 타인의 사이트를 인식하고도 그 사이트를 링크한 경우에 인정할 수 있다. 다만 링크가 장기간 설정되어 있는 경우, 특히 링크가 된 후에 사이트의 내용이 변경된 경우에는 링크를 한 사이트가 법익침해적 내용을 담고 있는 타인의 웹사이트를 인식한 사실을 증명하기가 쉽지 않을 수 있다.

부당한 링크를 한 경우에도 불법행위책임이 문제될 수 있다. 예를 들어 폭력단이 홈페이지를 제작하는 기회에 「협력업체」를 소개하는 기회에 폭력단과는 전혀 무관한 선량한 회사의 홈페이지를 무단으로 링크한 경우와 같은 부당한 링크를 통하여 신용이나 명예가 훼손된 경우에는 - 형법상의 신용훼손 · 업무방해죄나 명예훼손죄는 물론 - 민법상의 불법행위가 문제될 수 있다.또한 링크를 당한 웹페이지로서는 부당한 링크를 한 웹사이트에 대하여 그 금지청구를 할 수도 있다.

11장

컴퓨터 바이러스

01
서설

국내에 처음 컴퓨터바이러스가 유입된 시기는 1988년으로서 브레인바이러스(Brain virus)가 효시라고 한다. 1990년대 초까지 국내에서 가장 큰 피해를 준 바이러스 중 하나가 LBC 바이러스(NjhtoLbc.Korea virus)이고, 또한 초기에 국내에 유입되어 피해를 야기한 바이러스로서는 예를 들어 예루살렘, 일요일, 돌, 탁구, 폭포와 같은 이름을 가진 바이러스가 있다. 국내에서 제작된 최초의 국산 컴퓨터바이러스는 1989년에 발견된 벌꿀바이러스(Honey virus)이다.

매년 발견되는 컴퓨터바이러스의 수는 폭발적으로 증가하고 있다. 컴퓨터사용자에게 막대한 피해를 일으킨 컴퓨터바이러스의 수만도 헤아릴 수 없을 정도로 많으나, 대표적인 예로서는 1999년 초에 출현한 해피바이러스(I-Worm/Happy99)[1]를 비롯하여, 브레인, LRC, 미켈란젤로,[2]

1 이메일에 첨부된 happy.exe라고 하는 파일을 누르면 축포가 터지는 화상과 함께 감염이 되나, 컴퓨터에는 전혀 피해를 주지 않고 이후 발송하는 모든 이메일에 자동으로 해피바이러스가 첨부된다.

2 미켈란젤로의 생일인 3월 6일에 감염증상이 나타나는 부트바이러스이다.

예루살렘,[3] 멜리사,[4] CIH,[5] 러브레터,[6] 님다, 코드레드, 오파서브, 클레즈, 펀러브, 서캠과 같은 바이러스를 들 수 있다. 또한 첨부파일을 열지 않고, 단지 이메일을 확인하기만 하여도 감염되는 '슈퍼바이러스'까지 출현하고 있다. 예컨대 Nimda, CodeRed, Opaserv와 같은 변종바이러스로서의 인터넷웜에 의한 피해도 크다.

컴퓨터사용자라면 누구나 한번쯤 컴퓨터바이러스의 감염으로 인하여 고통을 받은 경험을 가지고 있다. 어느 날 갑자기 컴퓨터바이러스로 인하여 부팅이 안 되거나 시스템의 속도가 저하되는 경우, 소중한 문서파일이 사라지는 경우도 있고, 심하면 컴퓨터바이러스를 퇴치하기 위하여 몇 시간 혹은 며칠을 고생하다가 결국은 컴퓨터를 완전히 포맷하고 새로 프로그램을 인스톨하여야 하는 경우도 있다. 컴퓨터바이러스가 감염되면 컴퓨터사용자로서는 어느 경우이든 크고 작은 손해를 입게 된다. 컴퓨터이코노믹스가 추정한 통계에 의하면 2002년을 기준으로 한해 컴

3 1988년 이스라엘 예루살렘대학에서 발견된 파일바이러스로 COM, EXE의 파일에 감염되어 13일의 금요일이 되면 모든 파일을 삭제하여 '13일의 금요일' 바이러스로도 불리며 후에 많은 변형바이러스출현의 계기가 된 바이러스로 악명이 자자하다.

4 미국에서만도 300개 이상의 회사, 10만대 이상의 컴퓨터에 감염되고, 마이크로소프트나 인텔과 같은 기업의 메일서버(mail server)를 마비시킨 바이러스이다.

5 CIH는 화면에 영문자 CIH와 비슷한 모양이 뜨며, 체르노빌원전사고가 발생한 매년 4월 26일에 발병한다(매월 26일이나 8월 26일에 발병하는 변종도 있다)고 하여 체르노빌바이러스라는 별칭으로 불리기도 한다.

6 I LOVE YOU라는 제목의 이메일을 통하여 전파되며 "첨부된 러브레터를 잘 확인바란다"(kindly check the attached LOVELETTER coming from me)라는 문구를 보고 누군가 나에게 사랑을 고백한다고 생각하고 LOVE-LETTER- FOR-YOU.TXT.vbs라는 첨부파일을 누르면 바로 감염된다.

퓨터바이러스로 인한 전 세계의 손실액은 132억달러에 달한다고 한다.[7] 초기에는 보통 컴퓨터 1대에만 영향을 미치던 컴퓨터바이러스가 근래에는 스스로 복제하여 그 컴퓨터에 저장된 모든 이메일주소로 자동적으로 발송되므로, 피해도 그만큼 커지고 있다. 예를 들어 코드레드바이러스는 1주일만에 30만대의 컴퓨터를 감염시켜 그 피해액이 전 세계적으로 26억달러에 달한다고 한다. 또한 CIH바이러스의 피해규모는 국내에서만 PC 30만대(백신업체는 60만~70만대로 추정)에 감염되고, 피해액은 약 2,000억원에 이른다.[8]

특히 컴퓨터바이러스에 따른 피해가 오직 감염된 컴퓨터에 한정되지 않고, DNS서버의 감염을 통하여 거의 모든 인터넷이용자에게 손해가 확대되는 경우도 생기고 있다. 예로서 1 · 25인터넷대란을 들 수 있다. 1 · 25인터넷대란이란 2003년 1월 25일에 출현한 슬래머 웜에 의하여 패치가 안된 Microsoft SQL 서버 2,000가 감염되어 야기된 인터넷마비사태를 일으킨 정보통신망침해사고를 가리킨다. 1 · 25인터넷대란에서와 같이 인터넷마비사태가 발생하면 DNS서버를 운영하는 인터넷서비스사업자에게 뿐만 아니라, 인터넷사용자에게도 인터넷을 제대로 이용하지 못한 결과로 여러 가지 손해가 야기될 수 있다. 예를 들어 컴퓨터바이러스의 침투로 인터넷마비사태가 생긴 때로부터 복구시까지 개인적인 초고속인터넷이용자가 인터넷접속의 불가능에 의하여 손해를 입고, 또한 포털 · 인터넷쇼핑 · 온라인게임 · 홈뱅킹 · 인터넷예약 · 전자민원과

---

7 "작년 전 세계 컴퓨터 바이러스 피해액 132억달러", 동아일보 2002.11.1. 참조.

8 통계에 의하면 1998년에 출현한 CIH바이러스는 국내에서 매년 4월 26일 하루동안 감염신고의 건수가 1999년 2천171건, 2000년 3천676건, 2001년 1천184건에 달한다고 한다.

같은 인터넷서비스에 대한 접속장애로 인하여 해당하는 인터넷서비스 업체에도 막대한 손해가 발생하게 된다.

02
컴퓨터바이러스의 의미 · 기능과 종류

Ⅰ. 컴퓨터바이러스란?

컴퓨터바이러스[9]의 의미는 크게 협의와 광의로 구분하여 생각할 수 있다. 협의의 컴퓨터바이러스란 컴퓨터시스템의 부트영역, 메모리영역, 파일영역 중 어느 한 곳 이상에 감염되어 자기증식 및 자기복제를 하며 특정한 환경에서 데이터파괴성을 가지고 있는 악성프로그램을 가리킨다. 그러므로 협의의 컴퓨터바이러스라고 할 때에는 원칙적으로 웜(Worm), 트로이목마(Trojan horse), 백도어(Backdoor)프로그램[10]과 구분된다. 그

---

9 컴퓨터바이러스는 처음에는 '쓰레기(garbage)프로그램' 또는 '악의적인 코드를 가지고 있는 프로그램'과 같이 다양하게 불리다가 1983년에 캐나다의 한 학회에서 프레드 코헨(Fred Cohen)박사가 처음 사용한 용어이다.

10 본래 백도어는 시스템의 보안이 제거된 비밀통로를 가리키며, 백도어를 통하여 컴퓨터에서 수행되는 모든 작업뿐만 아니라 저장된 데이터까지 임의대로 컨트롤할 수 있다. 백도어프로그램은 트로이목마프로그램처럼 자기복제의 기능이 없으나, 정보를 유출하는 기능을 가지고 있다. 다만 백도어프로그램은 스스로 정보를 전송하지 아니하며 외부에서 정보를 가져갈 수 있도록 경로를 제공한다. 대표적인 백도어프로그램으로는 BackOriffice, DeepBo, SchoolBus, NetBus, SubSeven이 있다.

리고 광의의 컴퓨터바이러스란 정상적인 프로그램이나 데이터를 파괴하도록 특수하게 개발된 악성프로그램을 가리킨다. 광의의 컴퓨터바이러스라고 하는 경우에는 협의의 컴퓨터바이러스프로그램을 포함하여 시스템침입, 데이터파괴 등 시스템에 유해한 동작의 유발을 목적으로 제작된 악성프로그램을 모두 총칭한다.

Ⅱ. 컴퓨터바이러스의 기능적 특징

1. 자기복제 · 자기증식의 기능

컴퓨터바이러스는 불특정 다수의 시스템을 감염시키기 위하여 부단히 자기 자신을 복제하여 다른 파일 또는 컴퓨터시스템으로 감염을 확산시키는 특징이 있다. 초기에는 컴퓨터바이러스의 복제를 위한 매체로 플로피디스켓, USB나 파일이 주로 이용되다가 최근에는 네트워크(인터넷)환경을 이용한 이메일, 컴퓨터시스템이 이용된다.

2. 은폐기능

컴퓨터바이러스가 많은 시스템을 감염시키기 위하여는 감염사실을 들키지 않아야 한다. 그러므로 컴퓨터바이러스는 흔히 파일의 크기나 내용을 감염 전의 상태로 보여지게 하여 백신프로그램이 감지하지 못하도록 하는 은폐기능이 있다. 다만 컴퓨터바이러스가 스스로 전자우편 등을 이용한 배포기능을 가지고 있는 경우에는 빠른 확산속도에 의하여 은폐기능이 별도로 필요 없는 경우도 있다.

3. 파괴기능

컴퓨터바이러스는 파괴기능이 있다. 컴퓨터바이러스에 감염되면 어느 특정한 날이 도래하거나 특정한 작업을 수행하는 경우에 미리 작성된 프로그램에 의하여 데이터파괴, 시스템의 동작이상과 같은 현상을 발생하게 한다. 예를 들어 컴퓨터바이러스에 감염되면 (i) 디스크의 부트레코드·FAT·디렉토리의 내용을 변경하거나 파괴하고, (ii) 디스크의 볼륨라벨을 바꾸고, (iii) 디스크의 불량섹터를 만들고, (iv) 디스크의 특정트랙 혹은 전체를 임의로 포맷하고, (v) 디스크 드라이브의 공회전을 통하여 수명을 단축시키고, (vi) 디스크에 있는 파일의 전부·일부를 파괴하고, (vii) 디스크에 있는 파일의 복사본을 쓸데없이 이곳 저곳에 많이 만들어 사용가능한 디스크의 용량을 감소시키고, (viii) 파일의 크기와 날짜를 변경하고, (ix) 데이터파일의 데이터를 임의로 변경하고, (x) 도스상의 디스크지정을 바꾸어 엉뚱한 디스크를 읽게 하거나 엉뚱한 디스크에 저장되게 하고, (xi) 램 상주프로그램의 실행을 중지시키고, (xii) 시스템을 다운시켜 완전히 재부팅하여야만 다시 시스템을 가동시킬 수 있게 하고(미처 저장하지 못한 데이터를 잃게 된다), (xiii) CMOS의 셋업내용을 모두 바꾸어 시스템의 메모리용량, 실행속도, 하드디스크의 종류지정을 임의로 조절하여 하드웨어적으로 오동작이 일어난다.

Ⅲ. 컴퓨터바이러스의 종류

1. 세대별 분류

(1) 제1세대 바이러스

제1세대 바이러스는 원시형 바이러스(primitive virus)로 가장 단순한 형태이다. 이미 공개되어 있는 소스프로그램이나 서적 등에 공개된 내용만으로 제1세대 바이러스는 쉽게 제작할 수 있고, 진단 · 치료도 용이하다. 예를 들어 초창기의 예루살렘, 돌, 핑퐁과 같은 바이러스가 제1세대 바이러스에 해당된다.

(2) 제2세대 바이러스

제2세대 바이러스는 암호형 바이러스(encryption virus)로서 감염되는 프로그램 내에 암호화형태로 기생한다. 흔히 제2세대 바이러스는 백신프로그램제작자에 의한 바이러스분석을 어렵게 하기 위하여 제작되고, 암호화방법도 단순한 연산에서 복잡한 암호화루틴까지 다양하다. 암호화된 제2세대 바이러스는 감염상태 그대로 분석하기는 곤란하고, 컴퓨터시스템의 메모리영역에 로드되면 분석이 가능한 제1세대 바이러스와 같은 형태로 나타난다. 예를 들어 폭포(Cascade), 방랑자, 강도, 느림보(Slow)와 같은 바이러스가 제2세대 바이러스에 해당한다.

(3) 제3세대 바이러스

제3세대 바이러스는 은폐형 바이러스(stealth virus)로서 감염사실을 숨겨 보다 많은 시스템에 감염을 확산시키기 위하여 제작된 바이러스이다. 제3세대 바이러스는 흔히 메모리상주형 바이러스가 사용하는 기법으로서 감염된 파일에 대한 본래의 정보를 별도로 저장하여 사용자가 정보를 보려고 할 때에 감염된 내용이 아닌 본래의 정보를 보여준다. 그러므로 은폐형의 제3세대 바이러스는 감염 여부를 진단하기 어렵고, 그 진단을 위하여는 바이러스에 감염되지 않은 깨끗한 부팅디스켓을 이용하여 부팅한 후에 진단할 수 있다. 제3세대 바이러스의 대표적인 예로서는 맥가이버(McGyver), 브레인(Brain), 조쉬(Joshi), 512, 4096과 같은 바이러스가 있다.

(4) 제4세대 바이러스

제4세대 바이러스는 갑옷형 바이러스(armour virus)로서 진단과 치료가 매우 까다로운 바이러스이다. 제4세대 바이러스는 달리 다형성 바이러스(polymorphic virus) 혹은 자체 변형 바이러스(self-encrypting virus)라고도 불린다. 제4세대 바이러스는 감염활동을 할 때마다 문자열을 변경하게 되는 결과, 백신프로그램이 분석하기 어렵고, 특히 은폐형 기법과 같이 사용하게 될 경우에 분석에 많은 시간이 소요된다. 예를 들어 나타스(Natas), 고래(Whale), 절반(One_Half)과 같은 바이러스가 제4세대 바이러스에 해당한다.

(5) 제5세대 바이러스

일반적으로 컴퓨터바이러스는 .EXE, .COM과 같은 확장자를 가진 실행파일에 감염되나, 제5세대 바이러스는 실행파일이 아닌 매크로기능을 가지고 있는 일반문서파일에 감염되는 바이러스이다. 제5세대 바이러스는 주로 MS-Office의 WORD, EXCEL과 같은 파일에 감염되며, 시스템의 환경(OS 등 플랫폼)에 영향을 받지 않는 특징이 있다.

2. 기능별 분류

(1) 부트바이러스

부트(Boot)바이러스는 컴퓨터가 처음 부팅되어 메모리영역을 할당받는 부분이 부트섹트라는 사실을 이용한 바이러스로서 부트영역을 감염의 대상으로 한다. 초기에 등장한 바이러스가 부트바이러스의 형태이며, 부팅디스켓의 경우에는 도스부트섹터, 하드디스크의 경우에는 주부트섹터가 감염된다. 부트바이러스보다 발전된 형태로 부트바이러스의 감염 여부나 메모리의 수정 여부를 확인하기 위하여 부트섹터를 읽거나 메모리크기를 읽으려 하면 바이러스에 의심이 가지 않도록 정상부트섹터나 원래의 메모리크기를 보여주기도 하는 형태를 스텔스형 부트바이러스라고 한다.

부트바이러스의 대표적인 예로서는 아샤(Ahar), 벌꿀(Honey), LBC, LBC-2, 핑퐁-B(Pingpong-B), 디스크킬러(Disk Killer), 산(Mountain), 양파(Damanaegi), 항공경찰(Aircop), 돌(Stoned), 돌-B(Stoned-B), 돌-C(Stoned-C), 브레인(Brain), 숨바꼭질(Hide & Seek)과 같은 컴퓨터 바이러스를 들 수 있다. 예컨대 브레인바이러스나 항공경찰바이러스는 플로피디스크감염형 바이러스이다. 그리고 디스크킬러나 LBC바이러스, 주부트섹터바이러스(master boot sector virus), 도스부트섹터바이러스(DOS boot sector virus)는 플로피/하드디스크감염형 바이러스에 속한다.

(2) 파일바이러스

파일(File)바이러스는 실행가능한 파일(예컨대 .EXE, .COM)이 메모리를 할당받아 실행된다고 하는 측면을 이용하여 제작된 바이러스이다. 파일바이러스는 직접실행파일과 간접실행파일 등 모든 실행가능한 파일을 감염대상으로 하고, 실행할 수 없는 데이터파일에는 감염되지 않는다. 파일바이러스의 예로서는 예루살렘(Jerusalem), 예루살렘-B (Jerusalem-B), SYS, 예루살렘-C(Jerusalem-C), 1554, 1704, 1704-B, dBASE, 한국변형 일요일(Sunday-Korea). 1571/1591, 4096, 대만(Taiwan), 어둠의 복수자(Dark-avenger), 일요일-B(Sunday-B), 1701, 1701-B, 느림보(Slow), 11월 30일(November 30th), 11월 30일-B (November 30th-B), 11월 30일-2(November 30th-2), 봉급날(Payday), 일요일(Sunday), 1451, 비엔나(Vienna), 비엔나-B(Vienna-B)와 같은 바이러스를 들 수 있다.

파일바이러스는 감염파일에 따라서 (i) 특정파일감염바이러스, (ii) .COM파일감염바이러스, (iii) .EXE파일감염바이러스, (iv) .COM/.EXE 파일감염바이러스, (v) .COM/.EXE/.SYS파일감염바이러스의 5가지로 구분할 수 있다. 대표적으로 러하이(Lehigh)는 특정파일감염바이러스이고, 대만 혹은 비엔나는 .COM파일감염바이러스, 맥가이버(McGyver) 및 로즈버드(Rosebud)는 .EXE파일감염바이러스, 예루살렘 및 어둠의 복수자는 .COM/.EXE파일감염바이러스, 새해인사(Happy-new-year)바이러스는 .COM/.EXE/.SYS파일감염바이러스에 각각 해당한다.

파일바이러스는 컴퓨터바이러스가 프로그램 내의 어느 곳에 위치하느냐에 따라서 (i) 기생형 바이러스(parasitic virus), (ii) 겹쳐쓰기형 바이러스(overwriting virus), (iii) 산란형 바이러스(spawning virus), (iv) 연결형 바이러스(linking virus)로 구분될 수 있다. 기생형 바이러스는 원래의 프로그램을 파괴하지 않고, 프로그램의 앞이나 뒤에 바이러스프로그램이 붙는 경우를 가리킨다. 예컨대 예루살렘, 어둠의 복수자와 같은 대부분의 파일바이러스가 기생형 바이러스에 속한다. 겹쳐쓰기형 바이러스는 원래의 프로그램이 있는 곳에 바이러스프로그램이 겹쳐서 존재하는 경우를 가리킨다. 산란형 바이러스는 .EXE파일을 직접적으로 감염시키지 않고, .EXE파일과 동일한 이름의 .COM파일을 만들어서 바이러스프로그램을 넣어두는 형태를 가리킨다. 산란형 바이러스의 대표적인 예로는 AIDS II라고 하는 바이러스를 들 수 있고, 동일한 이름의 .COM파일과 .EXE파일이 한 디렉토리 안에 존재할 때에 파일의 이름을 입력하면 .COM파일이 먼저 실행되는 결과 파일바이러스가 직접 감염된 경우와 같은 효과를 나타낸다. 그리고 연결형 바이러스는 겹쳐쓰기형 바이러스와 같이 프로그램을 직접 감염시키지 않고, 디렉토리영역에 저장된 프로그램의 시작위치를 바이러스프로그램의 시작위치로 전환하여 컴퓨터바이러스로서 동작을 수행하는 유형을 가리킨다. 연결형 바이러스의 대표적인 예는 Dir II라고 하는 바이러스를 들 수 있다.

파일바이러스는 동작의 원리에 따라서 (i) 비상주형 바이러스(non-resident virus), (ii) 상주형 바이러스(resident virus)로 나눌 수 있다. 일반적인 프로그램처럼 한번 실행된 후에 기억장소에서 사라지는 바이러스를 비상주형 바이러스라고 한다. 비상주형 바이러스의 경우에는 감염된 프로그램이 실행될 때에만 바이러스프로그램이 동작하여 다른 프로그램을 감염시킨다.[11] 반면에 기억장소에 계속 상주하는 바이러스(RAM resident virus)처럼 상주형 바이러스도 있다.[12] 상주형 바이러스의 경우에는 감염된 프로그램이 한번 실행된 후에는 실행되는 프로그램을 계속 감염시킬 수 있다.

---

11 비상주형 바이러스의 예로는 대만(Taiwan), 비엔나(Vienna)를 들 수 있다.

12 상주형 바이러스의 예로는 예루살렘, 어둠의 복수자와 같은 바이러스를 들 수 있다.

(3) 부트/파일바이러스

부트영역과 실행파일을 모두 감염시키는 바이러스를 부트/파일바이러스라고 한다. 부트/파일바이러스는 하나의 영역만을 감염시키는 바이러스에 비하여 그 크기가 매우 크다고 하는 특징이 있고, 파괴기능이 강한 바이러스가 많다. 부트/파일바이러스는 두 가지 영역을 모두 공격하는 결과, 전염성이 매우 빠르고(메모리에 할당된 바이러스는 이후 사용하는 모든 파일과 디스켓을 감염시킨다), 대부분 다형성기법(감염될 때마다 자신의 코드를 변화시키는 바이러스제작기법)을 사용하고 있다. 부트/파일바이러스는 두 가지 영역 중 하나의 영역만을 치료하게 되면 다시 재감염되므로 감염된 모든 부분을 일시에 치료하여야만 한다. 부트/파일바이러스의 예로서는 침입자(Invader), 유령(Ghost), 바이러스(Virus), 101과 같은 경우가 있다.

(4) 매크로바이러스

일반적으로 컴퓨터바이러스가 실행가능한 파일이나 부트영역에 감염되는 경우와는 달리, 매크로바이러스는 매크로기능을 지원하는 문서파일에 감염되는 특징이 있다. 마이크로소프트의 MS-Office제품에서 지원되는 매크로기능은 실행파일과 유사한 형식을 가지고 있으므로 매크로기능을 가로채어 바이러스가 동작하게 된다. 그러므로 매크로바이러스는 도스환경보다 윈도우환경에서 주로 활동하게 되며, 문서파일이 주된 대상이 되는 결과 피해의 규모가 상대적으로 크다.

MS-Office뿐만 아니라 Lotus, AMI, AutoCAD와 같은 매크로기능을 지원하는 프로그램은 모두 매크로바이러스의 대상이 될 수 있다. 최근 발견되는 매크로바이러스는 컴퓨터사용자를 많이 확보하고 있는 MS-

Office제품을 기반으로 하는 경우가 많고, MS-WORD, MS- EXCEL과 같은 특정제품에서만 동작할 수도 있고, MS-Office제품 전체에 영향을 미칠 수도 있다. 매크로바이러스는 문서파일을 통하여 감염된다고 하는 특징으로 인하여 컴퓨터사용자에게 광범한 피해를 주고 있고, 최근 유행한 멜리사바이러스가 매크로바이러스의 대표적인 경우이다.

3. 부작용을 일으키는 조건에 따른 분류

컴퓨터바이러스는 즉시 부작용을 나타내는 경우도 있고, 일정기간 후에 부작용을 나타내는 경우도 있다. 특히 일정기간 후에 부작용을 나타내는 경우로서는 시한폭탄(Time Bomb), 논리폭탄(Logic Bomb)이 있다. 시한폭탄은 일정한 날짜가 되면 활동을 시작하고, 논리폭탄은 프로그램 내에서 계산을 하다가 어떤 일정한 값에 도달하거나, 혹은 프로그램을 일정한 횟수만큼 사용한 때에 파괴를 시작한다. 예를 들어 13일의 금요일(Friday 13th)에 활동하는 예루살렘, 일요일에 활동하는 일요일, 미켈란젤로의 생일인 3월 6일에 활동하는 미켈란젤로, 체르노빌사고가 발생한 4월 26일에 활동하는 CIH는 시한폭탄에 해당하고, 러하이(Lehigh) 혹은 항공경찰(Aircop)은 논리폭탄에 해당한다.

4. 피해의 정도에 따른 분류

컴퓨터바이러스는 피해의 정도에 따라서 양성바이러스와 악성바이러스로 구분할 수 있다. 양성바이러스는 데이터나 시스템을 파괴하지 않는 바이러스로 보통 자신을 복제한 후에 자신의 존재를 알리는 간단한 메세지를 나타낼 뿐이다.[13] 반면에 데이터나 시스템을 파괴하는 바이러스를 악성바이러스라고 한다.

Ⅳ. 컴퓨터바이러스와 유사한 악성프로그램[14]

1. 웜

웜(Worm)이란 컴퓨터시스템에 직접적으로 피해를 주지는 않고, 단지 프로그램 자체의 전염성을 과시하기 위한 악성프로그램을 가리킨다. 웜은 컴퓨터바이러스와 달리 컴퓨터를 공격하기 위한 목적으로 배포되지 아니하고, 오직 컴퓨터에 기생하며 웜파일을 다른 컴퓨터로 전염시킬 목적을 가질 뿐이다. 그러나 몇몇의 웜은 다른 컴퓨터사용자에게 간접적으로 피해를 줄 수도 있다. 예를 들어 웜은 다른 컴퓨터사용자에게 스팸메일과 같은 쓰레기메일을 보내거나, 통신에 필요한 파일을 바꾸어 통신을 사용할 수 없게 만들기도 하며, 이메일을 보낼 때마다 웜파일을 첨부시키기도 한다.

웜의 예로서는 해피99가 유명하다. 해피99는 Happy99.exe라는 첨부파일을 포함한 메일형태로 다른 컴퓨터에 전송되고, 상대방이 첨부파

13 예를 들어 크리퍼(Creeper)바이러스는 양성바이러스이다.

14 컴퓨터바이러스와 악성프로그램을 도표로 자세하게 비교하면 아래와 같다.

	목적	피해가능성	복제	감염	예방/백신
바이러스	자료손실/삭제	○	○	○	치료(복원)
웜	피해확산	○	○	X	치료(삭제)
트로이목마	자료손실/유출	○	X	X	방화벽/삭제
혹스	심리적 불안	△	X	X	
조크	심리적 위협	△	X	X	삭제

일을 실행시키면 감염된다. 해피99에 감염된 이후에도 시스템에 이상을 끼치는 증상은 전혀 없으나, 다만 추후 컴퓨터사용자가 전송하는 메일에 모두 Happy99.exe가 첨부된다. 예컨대 이메일을 통하여 전파된 W32.Sahay.A@mm이라고 하는 웜(Fw: Sit back and be surprised...라는 제목의 이메일을 통하여 전파되고 첨부파일은 MathMagic.scr이다)에 감염되면 마이크로소프트 아웃룩의 주소록에 저장된 모든 주소에 바이러스감염메일을 전송하며, Windows폴더나 C:Programm Files/Mirc/Download폴더에 저장된 모든 .EXE실행파일에 추가된다. 그리고 .EXE실행파일에 추가된 웜은 특별한 피해를 일으키지 않으나 웜 자체의 버그로 인하여 시스템을 파괴하거나 변경할 수 있다.

물론 신종 · 변종의 웜을 통하여는 피해가 생길 수 있다. 예를 들어 버그베어(W32.Bugbear@mm)라고 하는 웜의 변종인 버그베어.B(W32.Bugbear.B@mm)[15]는 백신프로그램과 방화벽기능을 무력화하고, 백도어프로그램을 통하여 컴퓨터에 해커가 침입하여 원격조정하거나 키로그프로그램에 의하여 키보드에서 입력하는 패스워드와 같은 정보를 빼낼 수 있는 기능을 가지고 있다.

2. 트로이목마

컴퓨터바이러스와 엄밀한 의미에서 구별되는 비(非)바이러스성 멀웨

15 버그베어변종웜은 메일과 공유네트워크를 통하여 감염된다. 메일을 통한 감염경로는 감염된 컴퓨터에 저장된 이메일주소로 Hello!, Please Help, Update와 같은 다양한 제목으로 .pif, .exe, .scr와 같은 확장자를 가진 첨부물(예: 보고서.doc.exe)이 포함된 웜메일을 메일발송프로그램을 이용하여 전송한다. 그리고 네트워크를 통한 감염경로는 네트워크 내의 공유폴더를 검색하여 다른 컴퓨터에 웜을 감염시킨다.

어(non-viral malware)로 트로이목마(Trojan Horse)프로그램이 있다.[16] 트로이목마프로그램은 배포자가 고의성을 가지고 유포한다고 하는 측면에서 프로그래머의 실수인 버그(Bug)와는 다르며, 또한 자기 자신을 다른 파일에 복사하지 아니한다고 하는 측면에서는 컴퓨터바이러스와 구분된다. 트로이목마프로그램은 마치 유용한 프로그램처럼 컴퓨터사용자를 현혹시켜 자신의 시스템에 설치하도록 유도하고, 실제로는 제작자가 원하는 정보를 전송하도록 하는 기능을 숨기고 있다.

트로이목마프로그램은 컴퓨터바이러스와 달리 자기복제의 능력이 없고,[17] 시스템의 속도를 떨어뜨리는 현상도 일으키지 아니한다. 다만 트로이목마가 컴퓨터에 설치되면 특정한 환경이나 조건 혹은 배포자의 의도에 따라서는 정보유출(Backdoor)이나 자료파괴와 같은 피해가 생길 수 있다. 트로이목마가 단순히 정보유출에 그치지 않고, 여러 가지 악의적인 기능을 수행하거나 다른 컴퓨터시스템을 공격할 수 있는 도구로도 이용될 수 있다.

[트라이목마]

트로이목마는 대부분 원격조정의 기능이 있다. 예를 들어 침입자는

16 트로이목마는 고대 그리스신화에 나오는, 그리스군이 트로이성을 함락하기 위하여 사용한 목마에서 유래한 용어이다.

17 전형적인 트로이목마는 자기복제의 기능이 없지만 웜(worm)과 결합하여 자동적으로 번지는 기능을 가질 수도 있다.

원격조정을 통하여 트로이목마가 설치된 컴퓨터시스템을 통하여 파일의 실행 · 삭제, 업로드나 다운로드, 시스템장치의 제어와 같이 시스템에 관한 모든 사항을 완벽하게 조정할 수 있다. 또한 트로이목마가 설치된 시스템에 존재하는 OS 로그인 및 캐시에 저장된 네트워크암호를 찾아낼 수 있고, 또는 인스턴트 메신저(Instant Messenger), 온라인 캐시와 연관된 웹사이트의 로그인계정을 훔쳐낼 수도 있다. 트로이목마는 키로거(Keylogger)를 설치하여 사용자가 입력하는 모든 키보드입력을 임의의 로그파일에 복사한 후 침입자가 설정한 특정한 이메일주소, 웹사이트, 메신저로 전송하고, 침입자는 그 로그파일에서 비밀번호, 사용자계정과 같은 민감한 개인정보를 찾아낼 수 있다.[18] 특히 가장 주목되고 있는 트로이목마의 침해형태로는 서비스거부(Denial of Service)공격이 있고, 또한 트로이목마에게 임의의 주소로 패킷공격을 하도록 하는 분산서비스거부공격, 디도스(DDoS)공격을 할 때에 좀비피씨(Zombie PC)[19]로 활용당하기도 한다.[20]

트로이목마프로그램은 인터넷사용자의 호기심을 자극하는 내용이거나 기존의 유명프로그램의 새로운 버전에 대한 소식, 또는 샘플프로그램

---

18 예컨대 Badtrans트로이목마는 온라인쇼핑시 입력한 카드번호와 비밀번호를 유출시킬 수 있다.

19 좀비PC란 악성코드에 감염되어 컴퓨터이용자의 의지와는 상관없이 해커의 명령대로 움직이는 PC를 말한다. 해커가 액티브X나 이메일 첨부파일 등을 이용하여 수많은 좀비PC에 악성코드를 심어놓은 경우에 여러 좀비PC는 특정한 일자·시간이 되면 한꺼번에 특정사이트를 동시 접속하여 공격하므로 그 특정사이트가 공격을 견디지 못하고 결국 다운된다.

20 예를 들어 컴퓨터에 Netspree트로이목마가 설치되어 있으면 이용자도 모르는 사이에 감염된 컴퓨터가 네트워크공격에 악용될 수 있다.

으로 위장하고 있다는 공통적인 특징이 있다.[21] 트로이목마프로그램의 유명한 예로서 RCKVIDEO.EXE프로그램을 들 수 있다. 록큰록에 관한 무슨 프로그램인가 싶어 RCKVIDEO.EXE을 실행시키면 세계적으로 유명한 가수인 마돈나가 노래부르는 모습을 애니메이션으로 보여주나, 컴퓨터사용자가 열심히 화면을 보고 있는 동안에 디스크의 모든 파일을 지우고 "You are stupid to download a video about rock stars"(록스타의 비디오파일을 다운로드하다니 너 정말 멍청하구나)라는 메시지를 달랑 남기게 된다. 또한 다른 예로서 SEX- SHOW.EXE프로그램이 있고, 제목처럼 음란한 그림을 보여주면서 디스크를 파괴한다.

예컨대 백오리피스(Back Orifice)나 에코키스(Ecokys)도 트로이목마에 해당한다. 백오리피스는 그 프로그램이 내장되어 있는 시스템간의 원격제어를 가능하게 하여 타인의 컴퓨터에 저장된 파일을 삭제하거나 컴퓨터사용자가 모르게 프로그램을 실행할 수 있을 뿐만 아니라, 실행중인 프로그램의 제거 및 정지, 키보드입력자료의 모니터링, 비밀번호의 유출, 레지스트리의 편집과 같은 기능을 가지고 있다. 또한 에코키스는 윈도우에서 입력되는 모든 키보드내용을 파일로 저장하는 한편, 그 파일 자체를 특정한 FTP(예컨대 트로이목마제작자의 사이트)로 전송하는 기능을 가지고 있는 결과 비밀번호가 외부로 유출될 수 있다. 그리고 최근에는 스마트폰에서도 트라이목마가 발견되고 있다.

---

21 특히 P2P사이트에서 쉐어웨어(체허만 프로그램), 프리웨어(무료프로그램)을 내려받을 때에 주의를 하여야 하고, 검증되지 않은 첨부문서의 확장자가 exe, vbs, com, bat, zip 등의 실행파일이라면 그 첨부파일을 열지 않아야 한다.

3. 혹스(가짜바이러스)

혹스(Hoax)란 본래 남을 속이거나 장난을 친다는 뜻을 지닌 단어로서 말 그대로 가짜바이러스이다. 혹스는 자기복제의 능력이나 감염의 위험이 없으나, 흔히 공신력 있는 기관을 사칭하거나 복잡한 기술용어를 나열하여 사용자의 컴퓨터시스템에 큰 위험이 발생한다고 하는 사실을 경고하는 방법으로 컴퓨터사용자에게 심리적 불안을 야기한다.

예컨대 Join the Crew, A Card fo You, 혹은 Returned or Unable to Deliver, Penpal Greeting!과 같은 이메일을 통하여 바이러스라고 경고하는 장난우편이 대표적인 혹스에 해당한다.[22] 그리고 오래 전에 유행한 sulfnbk.exe경보, jdbgmgr.exe경보도 역시 가짜바이러스이다. 예를 들어 sulfnbk.exe경보라고 하는 이메일의 내용을 보면 sulfnbk.exe는 6월 1일 활성화되므로 5월 31일까지는 바이러스검색프로그램으로 인식되지 않는다고 경고하는 한편, 윈도우의 찾기메뉴에서 이 바이러스를 찾아 삭제하여야 할 뿐만 아니라 삭제한 때에는 휴지통까지 비워야 하며, 이 잠복바이러스는 이메일을 통하여 감염되므로 수시로 찾아 삭제하여야 하고, 친구나 동료에게 이 사실을 알려주고 조치토록 하라고 권고한다.[23] 그리고 jdbgmgr.exe경보도 메일본문에 jdbgmgr.exe라고 하는 바이러스가 2주일 후에 활동을 시작하니 찾아서 삭제하라는 내용이 담겨

---

22 허위바이러스경고메일은 예를 들어 Join the Crew, A Card for You, 혹은 Returned or Unable to Deliver, Penpal Greeting!와 같은 제목을 가진 이메일을 받으면 열어서는 안 되며, 만일 이메일을 열면 하드디스크에 있는 모든 자료가 지워진다고 경고하고, 또한 같은 내용의 편지를 가능한 한 많은 사람에게 보내라고 권고하는 내용으로 되어 있다.

23 SULFNBK.EXE는 긴 파일이름을 복원하기 위하여 필요한 정상파일이다.

있다. 그러나 jdbgmgr.exe파일은 자바 디버거 매니저(Java Debugger Manager)로 MS 자바 런타임엔진에 포함되는 정상파일로 삭제할 경우에 자바 가상머신(JVM) 및 인터넷 익스플로어가 비정상적으로 작동할 수 있다.

4. 조크

조크(Joke)프로그램은 컴퓨터에 직접적인 해를 입히지는 않지만, 바이러스나 트로이목마와 유사한 증상을 모니터화면에 보여주어 컴퓨터 사용자로 하여금 바이러스감염으로 오인하게 하는 악성프로그램이다. 예를 들어 Ghost라고 하는 조크프로그램을 실행하면 램에 상주하여 약 2분 단위로 여자귀신의 사진이 2~3초 정도 화면에 나타난다. 또한 윈도우화면이 뒤집어 지는 Flip_Screen, CD-ROM드라이브를 열어 컵받침대로 사용하라는 메시지를 출력하는 Cokegift, 컴퓨터를 포맷하는 모습을 보여주는 Format_Game도 역시 조크프로그램에 해당한다. 조크프로그램으로 진단된 파일은 실제로 컴퓨터바이러스는 아니다. 조크프로그램은 컴퓨터에는 아무런 해를 입히지 않으며, 컴퓨터사용자에게 심리적 불안을 야기할 뿐이다.

5. 스파이웨어

스파이웨어(Spyware)는 첩자라는 뜻의 'spy'와 소프트웨어의 'ware'가 합쳐져 생긴 단어로 사용자의 컴퓨터에 몰래 숨어 들어와 개인정보를 빼가는 컴퓨터프로그램을 말한다. 스파이웨어는 주로 개인정보를 필요로 하는 광고업체 등에 판매하기 위한 목적으로 설치된다. 스파이웨어는 컴퓨터바이러스 또는 셰어웨어나 프리웨어에 광고가 들어가 있는 애드웨어에 붙어 딸려오는 경우가 많다.

03 대표적인 손해를 야기한 컴퓨터바이러스사건

Ⅰ. 코드레드사건

지난 2001년 7월에 처음 발견된 코드레드(CodeRed)는 마이크로소프트의 웹서버를 경유지로 이용하여 컴퓨터시스템에 피해를 입히는 인터넷바이러스이다. 코드레드는 특히 매월 3단계 주기로 피해증상이 나타난다. 매월 1일부터 19일까지 코드레드가 유포되어 네트워크의 과부하로 인하여 접속이 지연되거나 시스템이 다운되고, 20일부터 일주일은 분산서비스거부공격(DDoS)이 실시되며, 이후는 잠복기에 들어간다. 2001년 7월 19일부터 윈도2000과 윈도NT의 서버를 경유지로 이용하여 백악관을 공격한 코드레드는 이틀간 전 세계 30만대의 컴퓨터시스템에 피해를 입히고, 국내에서 피해를 입은 시스템도 최소한 3만대 이상이 된다고 한다. 코드레드에 의한 피해액만도 전 세계적으로 26만달러에 달한다.

II. 님다사건

님다(Nimda)[24]는 바이러스에 감염된 메일을 클릭하여 열어보는 순간, 첨부된 바이러스파일이 자동으로 실행되어 바로 감염을 일으키는 바이러스이다. 님다바이러스메일에 첨부된 Readme.exe(파일크기 57,344바이트)파일은 웨이브파일로 위장하고 있다. 님다는 일반적인 웜처럼 이메일을 통하여 확산이 되고, CodeBlue Worm의 기능을 흉내내어 보안패치가 설치되지 않은 IIS웹서버를 통하여 확산되기도 하며, Win32.FunLove.4099와 마찬가지로 네트워크를 통하여 감염이 발생하기도 한다.

일단 님다에 의한 감염이 일어나면 감염된 컴퓨터의 받은 편지함에서 새로운 이메일주소를 찾은 후, 웜 자체에 내장된 SMTP를 통하여 바이러스메일을 타인의 이메일주소로 계속적으로 발송한다. 님다에 감염된 경우에 메일발송 이외에 특별한 파괴기능은 없으나, 확장자가 .htm, .html, .asp로 되어 있는 파일이 변경되고, IIS기능을 구동하는 웹서버를 무작위로 공격하여 엄청난 네트워크 트래픽을 일으켜 시스템이 다운될 위험도 있다. 또한 님다의 감염에 따른 증상 · 피해로서 각 폴더마다 .eml 혹은 .nws과 같은 파일을 생성하고, 사용자의 컴퓨터의 모든 드라이브를 공유시킨다.

III. 클레즈사건

클레즈(Klez)는 이메일에서 첨부파일을 열지 않고 읽기만 하여도 감

24 님다바이러스를 가리키는 W32.Nimda를 거꾸로 읽으면 Nimda는 administration(정부)의 약자인 Admin이 되고, W32는 제3차 세계대전을 뜻하는 'To 3W'로 해석된다.

염되는 바이러스이다. 특히 일본에서 많은 피해사례가 나타난 클레즈는 보안패치가 안된 아웃룩 익스프레스에서는 읽기만 하여도 감염되며, 주소록에 있는 모든 인터넷사용자에게 클레즈에 감염된 이메일을 다시 발송한다. 클레즈에 감염된 이메일의 제목은 the Garden of Eden, introduction on ADSL, meeting notice, questionnaire, congratulations, sos!, japanese girl VS playboy와 같은 20여 가지 영문에서 무작위로 선택되어 사용된다. 또한 클레즈는 발송되는 메일제목과 첨부파일명이 불규칙하게 바뀌는 특징이 있고, 메일제목이 해외의 유명한 백신업체나 게임과 관련된 단어가 삽입되도록 제작되어 컴퓨터사용자가 바이러스라고 하는 사실을 간파하기가 쉽지 않다.

Ⅳ. CIH바이러스사건

CIH[25]바이러스는 평소에는 잠복하고 있다가 4월 26일에만 작동하여 하드디스크의 모든 자료를 못 쓰게 만드는 악성바이러스이다. CIH바이러스가 하드디스크를 파괴하는 활동이 체르노빌원전사고가 일어난 4월 26일에 매년 일어나고, 재앙에 가까운 바이러스의 피해가 발생한다고 하는 사실에 착안하여 CIH바이러스를「체르노빌바이러스」라고 부르기도 한다. 1999년 4월 26일에 CIH바이러스에 의하여 세계적으로 최악의 컴퓨터바이러스대란이 일어났고, 국내에서도 1998년 6월경에 CIH바이러스가 유입되어 1999년 4월 26일 수십만대의 기업과 기관, 개인의

25 CIH라는 이름은 CIH바이러스를 개발한 대만 타이베이대 학생인 Chen - Ing - Hou의 머리글자를 따서 붙여진 명칭이다.

PC를 마비시켜 크게 사회적 문제가 된 경우가 있다.

04 컴퓨터바이러스에 따른 손해배상책임

Ⅰ. 서설

컴퓨터바이러스는 항상 PC나 인터넷의 보안상의 허점을 노린다. 그러므로 컴퓨터바이러스에 따른 피해를 막기 위하여는 보안상의 취약성이 발견되면 바로 패치파일을 설치하고, 또한 감염된 컴퓨터바이러스를 백신프로그램을 통하여 신속히 퇴치하여야 한다. 그러나 패치파일이나 백신프로그램만으로 컴퓨터바이러스에 의한 손해의 발생을 100% 방지한다고 장담할 수는 없다. 패치파일이나 백신프로그램이 있다고 하더라도 컴퓨터바이러스에 따른 손해가 생길 수밖에 없다. 예를 들어 4월 26일에 출현하는 CIH바이러스로 인하여 매년 막대한 손해가 발생하고 있고, 또한 새롭게 등장하는 신형・변종의 컴퓨터바이러스를 통하여 미리 예측하지 못한 손해가 야기되기도 한다.

컴퓨터바이러스로 인하여 컴퓨터사용자에게 손해가 생기면 손해배상책임이 문제된다. 컴퓨터바이러스에 따른 손해에 대한 법적 책임으로서는 계약책임과 불법행위책임이 고려된다. 또한 손해배상책임의 주체로서는 바이러스유포자, 소프트웨어제작자, 인터넷서비스제공자(ISP), 국가, 컴퓨터사용자를 들 수 있다. 예를 들어 바이러스유포자에 대하여는 원칙적으로 불법행위책임만이 성립한다. 컴퓨터바이러스에 감염된 소프트웨어를 만든 소프트웨어제작자에 대하여는 계약상의 책임과 불법행위책임이 모두 성립할 수 있다. 컴퓨터바이러스에 따른 손해에 대한 소프트웨어제작자의 계약책임으로서는 적극적 계약침해나 불완전이행에 기한 계약책임 및 하자담보책임이 문제되고, 불법행위책임으로서는 민법상 일반불법행위책임과 제조물책임법에 의한 제조물책임이 문제된다. 역시 인터넷서비스제공자에게도 컴퓨터바이러스에 따른 손해에 대한 계약책임과 불법행위책임이 성립할 수 있고, 국가나 컴퓨터사용자에게는 컴퓨터바이러스의 감염에 따른 손해에 대하여 원칙적으로 불법행위책임이 성립할 수 있다.

Ⅱ. 바이러스유포자의 책임

1. 서언

컴퓨터바이러스의 감염을 통하여 손해가 야기된 경우에 1차적으로 바이러스유포자의 책임이 문제된다. 바이러스유포자가 바이러스프로그램을 제작 · 유포하여 컴퓨터사용자나 인터넷서비스제공자에게 손해를 일으킨 경우 혹은 컴퓨터바이러스의 유포를 통하여 서비스거부공격 기타 의도적인 공격을 감행한 경우에 바이러스유포자의 책임이 생길 수 있다. 컴퓨터바이러스의 유포에 따른 법적 책임의 근거로서는 일반적 손해배상규범인 민법 제750조를 들 수 있다.

2. 불법행위책임

고의 또는 과실로 인한 위법행위로 타인에게 손해를 가한 자는 그 손해를 배상할 책임이 있다(민법 제750조). 그러므로 바이러스유포자가 고의 혹은 적어도 과실로 바이러스프로그램을 제작하여 유포시킨 결과 컴퓨터사용자나 인터넷서비스제공자에게 데이터의 손상이나 시스템의 파괴와 같은 손해가 야기된 경우에는 민법 제750조에 기한 손해배상책임이 생긴다. 다만 컴퓨터바이러스의 감염으로 인하여 생긴 손해에 대한 책임이 인정되기 위하여는 일반불법행위책임의 성립요건을 충족하여야 한다. 일반적으로 불법행위책임이 인정되기 위하여는 (i) 가해자의 고의 또는 과실과 책임능력, (ii) 가해행위의 위법성, (v) 가해행위에 의한 손해의 발생, (iv) 가해행위와 손해 사이의 상당인과관계라고 하는 요건이 충족되어야 한다고 본다. 역시 컴퓨터바이러스의 감염에 따른 손해에 대한 바이러스유포자의 책임이 인정되기 위하여도 일반불법행위책임의 성립요건을 충족하여야 한다.

① 고의 · 과실과 책임능력　　우선 바이러스유포자의 고의 · 과실은 컴퓨터바이러스를 제작하고, 타인의 시스템에 유포시킨 사실을 통하여 쉽게 긍정될 수 있다. 특히 예외적인 경우에는 과실에 의한 컴퓨터바이러스의 유포도 생각할 수 있으나, 컴퓨터바이러스를 유포시키는 경우에는 대부분 고의로 인정된다.[26]

26 과실이든 고의든 민사적 책임과 관련하여 근본적으로 차이가 없다.

바이러스유포자가 가해자로서 책임능력이 없는 때에는 스스로 손해배상책임을 부담하지 아니하고(민법 제753조 · 제754조), 다만 그 감독자가 책임을 부담할 수 있다(민법 제755조). 예를 들어 바이러스유포자가 바이러스유포에 따른 책임을 변식할 지능이 없는 미성년자인 경우, 심신상실의 상태에서 컴퓨터바이러스를 유포한 경우(고의 또는 과실로 심신상실을 초래한 경우는 제외된다)에는 책임무능력자로서 손해배상책임이 없으므로, 그 감독자(부모)가 책임을 진다.

② 위법성　　불법행위의 성립을 위한 객관적 요건으로서 위법성이 요구되며, 역시 컴퓨터바이러스의 유포에 따른 불법행위에서도 위법성이 필요하다. 특히 정보통신기반보호법 제12조는 명문으로 (i) 접근권한을 가지지 아니하는 자가 정보통신시설에 접근하거나 접근권한을 가진 자가 그 권한을 초과하여 저장된 데이터를 조작파괴 · 은닉 또는 유출하는 행위, (ii) 정보통신시설에 대하여 데이터를 파괴하거나 정보통신시설의 운영을 방해할 목적으로 컴퓨터바이러스 · 논리폭탄과 같은 프로그램을 투입하는 행위, (iii) 정보통신시설의 운영을 방해할 목적으로 일시에 대량의 신호를 보내거나 부정한 명령을 처리하도록 하는 방법으로 정보처리에 오류를 발생하게 하는 행위를 금지하고 있다.[27] 그러므로 컴퓨터바이러스의 고의적이거나 과실에 의한 유포에서는 특별한 사정이 없는 한 위법

27 만일 정보통신기반보호법 제12조의 규정을 위반하여 정보통신시설을 교란마비 또는 파괴하면 10년 이하의 징역 또는 1억원 이하의 벌금으로 처벌을 받고, 미수범도 처벌된다(정보통신기반보호법 제28조).

성이 인정된다고 본다. 또한 컴퓨터바이러스의 유포에 대하여는 위법성저각사유로서의 정당방위(민법 제761조 제1항), 긴급피난(민법 제761조 제2항)과 같은 사정이 예외적으로 인정되는 경우도 거의 생각할 수 없다.

③ 손해 　컴퓨터바이러스의 유포로 인하여 불법행위가 성립하려면 유포행위에 의하여 손해가 발생하여야 한다. 컴퓨터바이러스에 기하여 야기될 수 있는 손해는 매우 다양하고, 그 규모도 크다. 예컨대 컴퓨터바이러스는 디스크에 불량섹터를 만들거나, 디스크의 특정트랙 혹은 전체 디스크를 임의로 포맷하거나, 디스크 드라이브를 많이 공회전시켜 디스크의 수명을 단축시키거나, 데이터파일의 데이터를 임의로 변경하거나, 디스크에 있는 파일의 일부 혹은 전부를 파괴한다. 또한 컴퓨터바이러스가 시스템을 정지시키는 경우에는 완전히 재부팅하여야만 다시 시스템을 가동시킬 수 있으므로, 작성하여 미처 저장하지 못한 데이터를 모두 잃게 된다. 부팅이 되던 하드디스크가 컴퓨터바이러스로 인하여 부트되지 않는 경우에는 시스템을 전체적으로 포맷하고 다시 인스톨하여야 하므로 기존의 데이터를 모두 상실하는 손해가 생길 수 있다.

특히 컴퓨터바이러스의 감염에 의하여는 컴퓨터시스템 혹은 데이터나 파일에 대한 직접적인 손해 이외에 각종의 부가적인 손해 혹은 이른바 확대손해가 야기될 위험이 많다. 예를 들어 컴퓨터바이러스의 감염으로 인하여 주식을 제때에 매도·매수하지 못하거나, 메일서버가 감염되면 중요한 이메일이 제대로 전달되지 못하는 손해가 생길 수 있다. 또한 1 · 25인터넷대란[28]에서와 같이 컴퓨터바이러스로 인하여 대대적으로 정보통신망의 침해(예컨대 DNS서버 CPU의 과부하)가 발생하고, 그 결과 PC방을 비롯하여 포털 · 쇼핑몰 · 게임을 운영하는 웹사이트의 정상적인 운영이 불가능하게 된 결과로 일실이익이 손해로서 야기되기도 한다.

컴퓨터바이러스에 의하여 야기되는 손해로서는 재산적 손해뿐만 아니라, 이른바 비재산적 손해가 문제될 수도 있다. 만일 컴퓨터바이러스로 인한 데이터의 손상에 따른 정신적 충격이나 고통이 특별히 크다고 하면 데이터손상에 의한 정신적 손해의 배상으로서의 위자료가 인정될 수도 있다.

컴퓨터바이러스의 유포자(혹은 제작자)에 대한 책임을 물을 때에 가장 곤란한 문제는 대부분 바이러스유포자가 누구인지를 알지 못하는 경우가 많다고 하는 사실이다. 또한 비록 바이러스유포자를 안다고 하더라도 추적하기가 어렵다. 흔히 바이러스유포자는 추적을 피하려고 위장된 IP를 사용하는 관계로 누가 바이러스유포자인지를 파악하기가 쉽지 않다. 최근에는 바이러스의 제작기법이나 유포기

28 1·25인터넷대란이란 지난 2003년 1월 25일 오후 2시 10분경에 미국·호주를 통하여 국내로 유입된 슬래머 웜(SQL Slammer Worm)에 의하여 야기된 인터넷침해사고를 가리키며, 슬래머 웜(슬래머 웜은 UDP(User Datagram Protocol) 1434포트를 통하여 전파되는 404바이트 크기의 메모리상주형 웜으로서 2002년 7월 24일 공표된 Microsoft SQL 서버 2000 및 MSDE(Microsoft SQL Server 2000 Desktop Engine) 2000 시스템의 버퍼오버플로우의 취약점을 이용하여 전파되며, MS-SQL 서버 2000 및 MSDE 2000 시스템 중 보안패치를 적용하지 아니하여 외부로부터 UDP 1434포트에 대한 접근이 가능한 경우에 감염되고, 방화벽에서 UDP 1434포트를 차단한 경우에는 감염되지 아니한다)에 의하여 보안패치가 안된 전세계의 Microsoft SQL 서버 2000의 약 90%가 10분 이내에 감염되고, 특히 국내에서는 전세계의 감염된 시스템(약 7만5천개)의 11.8%인 8천8백여개가 감염되어 일본의 약 7배, 중국의 약 2배에 달하는 피해를 야기한 인터넷침해사고이다.

법이 복잡 · 다양하고, 글로벌한 통신망을 복잡하게 경유하여 감염되는 경우가 많으므로, 바이러스유포자를 파악하기가 더욱 어려워지고 있다.[29] 예컨대 1 · 25인터넷대란을 일으킨 슬래머 웜의 유포자가 누구인지를 아직까지도 파악하지 못하고 있는 실정이다.

④ 상당인과관계　　컴퓨터바이러스를 유포시킨 경우라고 하더라도 그 유포행위를 통하여 생긴 모든 손해에 대하여 책임을 지지는 아니한다. 바이러스유포자는 컴퓨터바이러스의 감염과 인과관계가 있는 손해에 대하여만 책임을 부담한다. 다만 배상하여야 할 손해의 범위를 확정하기 위하여 어느 정도의 인과관계가 요구되는가 하는 문제가 있으나, 판례[30]나 학설은 일반적으로 상당인관관계가 요구된다고 본다. 그러므로 유포된 컴퓨터바이러스에 의하여 우연한 사정 혹은 특별한 사정으로부터 생긴 손해는 손해배상의 범위에서 제외되고, 컴퓨터바이러스에 감염되면 일반적으로 혹은 통상 생긴다고 인정되는 손해에 대하여만 손해배상책임이 있다.

---

29 지난 2000년 5월에 전 세계적으로 100억 달러라는 엄청난 피해를 일으킨 러브바이러스, 1999년에 대량메일의 유포로 수천개의 이메일시스템을 감염시킨 멜리사바이러스(멜리사는 마이크로소프트사 빌 게이츠회장의 부인), 1998년 4월 26일에 유포되어 엄청난 파괴력을 발휘한 CIH바이러스와 같이 비교적 쉽게 바이러스제작자를 추적하여 밝혀낸 경우도 있다. 러브바이러스의 경우에는 바이러스 안에 제작자의 대학과 컴퓨터코드가 포함되어 수사기관의 추적이 가능했고(러브바이러스를 제작·유포한 혐의로 체포된 필리핀의 컴퓨터학도 오넬 드 구즈맨은 관련법규의 미비와 증거불충분으로 풀려났다), CIH바이러스의 제작자인 대만의 첸잉하오도 실형을 받지는 않았으나 멜리사바이러스의 제작자인 데이비드 스미스는 미국 연방법원으로부터 20개월의 징역형을 받았다.

30 대표적으로 대법원 2002.12.10. 선고 2001다56904 판결.

Ⅲ. 소프트웨어제작자의 책임

1. 계약상의 책임

(1) 적극적 계약침해에 따른 손해배상책임

적극적 계약침해란 불완전한 이행으로 인하여 계약침해가 된 경우를 일컫는다. 주로 급부된 목적물 자체 혹은 급부행위의 내용에 하자가 있는 경우, 급부시 필요한 계약상의 부수의무(vertragliche Nebenpflicht)를 해태한 경우에 적극적 계약침해가 문제된다.

만일 소프트웨어제작자가 컴퓨터바이러스에 감염된 소프트웨어를 컴퓨터사용자나 ISP에게 공급한 경우, 특히 매매계약의 체결시에는 컴퓨터바이러스에 감염되지 아니하고, 후에 구매자에게 전달되는 과정에서 컴퓨터바이러스에 감염된 경우에 적극적 계약침해에 기한 책임이 인정될 수 있다. 또한 비록 소프트웨어를 제작하여 공급할 때에는 컴퓨터바이러스의 감염이 없고, 일단 완전한 소프트웨어가 공급된 후에 다른 경로를 통하여 컴퓨터바이러스에 감염된 경우라고 하더라도 소프트웨어제작자가 컴퓨터바이러스의 방지에 필요한 조치(예컨대 패치파일의 제공)를 해태한 사실이 인정되거나, 혹은 컴퓨터사용자나 ISP에 대하여 컴퓨터바이러스의 감염에 따른 위험이나 백신프로그램에 의한 지속적인 검사·치료의 필요성에 대한 설명의무(혹은 지시의무·경고의무)를 다하지 아니한 때에도 소프트웨어제작자의 손해배상책임이 긍정될 수 있다.

(2) 불완전이행에 기한 책임

불완전이행이란 계약상의 채무자가 일단 채무의 이행행위를 한 경우에 그 이행이 채무의 내용에 좇은 완전한 이행이 아니라 흠결이나 하자가 있는 불완전한 경우를 가리킨다. 예를 들어 구입한 소프트웨어에 컴퓨터바이러스가 감염되어 있는 경우에는 불완전이행이라고 할 수 있다.

불완전이행이 있는 경우에 아직 완전이행이 가능하면 채권자는 완전이행청구권을 가진다. 그러므로 컴퓨터사용자나 ISP는 컴퓨터바이러스에 감염되지 아니한 완전한 소프트웨어의 공급이나 추완(追完), 즉 예컨대 소프트웨어에 감염된 컴퓨터바이러스의 퇴치 및 파손된 서버나 컴퓨터에 저장된 작업파일의 복구를 소프트웨어제작자에게 청구할 수 있다. 다만 매수인이 수선을 요구하는 때에는 지정된 정비회사를 통한 수선을 청구하여야 하며, 제3자로부터 직접 수선을 받은 후 그 비용을 소프트웨어제작자에게 일방적으로 청구할 수는 없다. 만일 소프트웨어제작자가 매수인의 상당한 기간을 정한 추완의 청구에도 불구하고 추완을 하지 않으면 매수인은 소프트웨어에 대한 매매계약을 해제할 수 있다. 그리고 소프트웨어제작자가 추완한 경우라고 하더라도 매수인은 이행지연으로 생긴 손해에 대한 배상을 청구할 수 있다.

컴퓨터바이러스에 감염되지 아니한 소프트웨어에 의한 완전이행을 더 이상 할 수 없는 경우 혹은 새로운 이행이 매수인에게 아무런 이익을 주지 않는 경우에 매수인은 추완을 최고할 필요 없이 바로 매매계약을 해제할 수 있다. 또한 매수인은 소프트웨어에 대한 매매계약을 해제한 경우라고 하더라도 불완전이행이라고 하는 채무불이행으로 인하여 생긴 손해에 대하여는 손해배상청구를 할 수 있다.

(3) 매매계약상의 하자담보책임

1) 서언

소프트웨어제작자에 대하여 하자담보책임을 묻기 위하여는 소프트웨어에 하자가 존재하여야 한다. 하자란 (i) 소프트웨어가 기대되는 객관적 품질이나 성능을 구비하지 않고 있거나 사회적 신뢰에 대응할 만한 안정성을 가지고 있지 않는 경우, (ii) 소프트웨어가 계약상 예정된 사용목적에 대한 적성 · 품질을 결한 경우, (iii) 소프트웨어가 미리 견본이나 광고로 어떤 품질이나 성능을 보증하고도 그 품질 · 성능이 없는 경우를 가리킨다. 그러므로 소프트웨어에 컴퓨터바이러스가 이미 감염되어 있는 경우에는 하자로 인정될 수 있다. 다만 소프트웨어가 컴퓨터바이러스에 감염될 수 있다고 하는 성질 자체가 소프트웨어의 하자에 해당한다고 볼 수는 없다.

특히 컴퓨터바이러스에 대한 하자담보책임은 무과실책임이다. 그러므로 소프트웨어에 존재하는 하자에 대한 소프트웨어제작자의 고의 · 과실과 같은 귀책사유와 관계없이 하자담보책임은 성립한다.

2) 하자담보책임의 내용

매매의 목적물에 하자가 있는 경우에 매수인은 일정한 요건 아래 매매계약을 해제하거나 손해배상청구를 할 수 있고, 또한 경우에 따라서는 하자 없는 완전물의 급부를 청구할 수 있다(민법 제580조). 컴퓨터바이러스에 감염된 소프트웨어인 경우에 컴퓨터바이러스는 소프트웨어라고 하는 매매목적물에 존재하는 하자라고 할 수 있다. 그러므로 컴퓨터바이러스에 감염된 소프트웨어를 구입한 매수인은 소프트웨어제작자에 대하여 하자담보책임으로서 계약해제권, 손해배상청구권 또는 완전물급부청구권을 행사할 수 있다.

소프트웨어에 하자(예컨대 컴퓨터바이러스)가 있는 경우에 소프트웨어제작자가 부담하는 하자담보책임의 내용은 우선 소프트웨어가 특정물인지 종류물인지에 따라서 다르다. 또한 소프트웨어의 하자에도 불구하고 본래의 계약목적을 달성할 수 있는가, 혹은 하자로 인하여 계약목적을 달성할 수 없는가에 의하여 하자담보책임의 내용에 차이가 생긴다.

만일 컴퓨터사용자나 ISP가 특정한 목적을 위하여 특별히 주문 · 제작한 소프트웨어에 컴퓨터바이러스가 있는 때에 그로 인하여 더 이상 계약목적을 달성할 수 없다고 하면 해제권과 손해배상청구권이 인정되고, 컴퓨터바이러스에도 불구하고 계약목적의 달성이 가능하다고 하면 손해배상청구권만을 행사할 수 있다(민법 제580조). 그리고 소프트웨어가 종류물인 때에는 컴퓨터바이러스로 인하여 계약목적을 달성할 수 없으면 해제권과 손해배상청구권 혹은 컴퓨터바이러스가 없는 새로운 소프트웨어의 급부를 청구하는 완전물급부청구권을 행사할 수 있고, 컴퓨터바이러스에도 불구하고 계약의 목적을 달성할 수 있으면 손해배상청구권 혹은 완전물급부청구권을 행사할 수 있다(민법 제581조). 다만 컴퓨터바이러스에 기한 하자담보책임은 매수인인 컴퓨터사용자 혹은 ISP가 선의 · 무과실인 경우, 즉 소프트웨어에 컴퓨터바이러스가 감염된 사실을 알지 못하고, 또한 주의를 하여도 알 수 없는 경우에 한하여 성립한다(민법 제580조 제1항 단서).

3) 약관에 의한 하자담보책임의 배제

소프트웨어에 대한 매매계약이나 제작물공급계약을 체결할 때에는 소프트웨어제작자가 일방적으로 작성한 약관이 사용되는 경우가 많다. 그리고 약관에는 흔히 소프트웨어의 하자 · 결함에 기한 위험을 소프트웨어제작자가 아니라 매수인으로서의 컴퓨터사용자나 ISP가 부담하도록 명시하고, 소프트웨어제작자는 책임을 면하도록 규정되어 있을 수 있다.

매도인으로서의 소프트웨어제작자의 하자담보책임을 규정하고 있는 민법 제580조는 이른바 임의규정으로서 당사자의 합의나 약관에 의하여 얼마든지 배제 · 제한할 수 있다. 다만 약관을 통하여 하자담보책임을 배제 · 제한하는 경우에는 약관법의 규율을 받지 않으면 안 된다. 약관법 제7조에 의하여 (i) 사업자, 이행보조자 또는 피용자의 고의 또는 중대한 과실로 인한 법률상의 책임을 배제하는 조항, (ii) 상당한 이유 없이 사업자의 손해배상범위를 제한하거나 사업자가 부담하여야 할 위험을 고객에게 이전시키는 조항, (iii) 상당한 이유 없이 사업자의 담보책임을 배제 또는 제한하거나 그 담보책임에 따르는 고객의 권리행사의 요건을 가중하는 조항 또는 계약목적물에 관하여 견본이 제시되거나 품질 · 성능 등에 관한 표시가 있는 경우 그 보장된 내용에 대한 책임을 배제 또는 제한하는 조항은 이른바 불공정조항으로서 그 효력이 인정되지 아니한다. 그러므로 컴퓨터바이러스에 따른 책임을 전적으로 배제하는 조항을 약관에 정한 경우라고 하더라도 소프트웨어제작자가 그 면책조항을 통하여 손해배상책임으로부터 면책될 수는 없다. 그리고 컴퓨터사용자나 ISP에 대하여 부당하게 소제기를 금지하거나, 불리하게 재판관할을 합의하거나, 상당한 이유 없이 컴퓨터사용자 · ISP에게 증명책임을 부담시키는 조항을 약관에 둔 경우에도 효력이 인정되지 아니한다(약관법 제14조).

(4) 소프트웨어산업법상 소프트웨어사업자의 하자담보책임

소프트웨어사업자는 국가, 지방자치단체나 국가 또는 지방자치단체가 투자하거나 출연한 법인, 그 밖의 공공단체와 소프트웨어사업계약을 체결한 경우 사업을 종료한 날(사업에 대한 시험 및 검사를 수행하여 최종산출물을 인도한 날을 말한다)부터 1년 이내의 범위에서 발생한 하자에 대하여 담보책임이 있다(소프트웨어산업법 제20조의5 제1항). 그러나 소프트웨어사업자는 (i) 발주자가 제공한 물품의 품질이나 규격 등이 기준에 미치지 못하는 경우, (ii) 발주자의 지시에 따라 정보시스템을 구축한 경우에 그 사유로 발생한 하자에 대하여는 담보책임이 없고, 다만 발주자가 제공한 물품 또는 발주자의 지시가 적절하지 아니하다는 사실을 알고도 그 사실을 발주자에게 고지하지 아니한 경우에 한하여 하자담보책임이 있다(소프트웨어산업법 제20조의5 제2항).

2. 민법상의 불법행위책임

소프트웨어제작자와 컴퓨터사용자 혹은 ISP 사이에 소프트웨어에 관한 매매계약이나 제작물공급계약이 체결되지 아니한 때에는 계약상의 책임(예컨대 불완전이행 · 하자담보책임)은 문제되지 아니한다. 예컨대 A라고 하는 소프트웨어제작자가 만든 소프트웨어를 B라고 하는 판매상을 통하여 소비자 C(예컨대 컴퓨터사용자 혹은 ISP)에게 판매한 경우에 그 소프트웨어의 결함(컴퓨터바이러스)으로 말미암아 C가 받은 손해에 대하여 A는 계약상의 책임을 부담하지는 아니하고(A · C 사이에는 계약관계가 없다), 불법행위에 기한 책임만이 성립할 수 있다.[31] 소프트웨어제작자에게 불법행위책임이 인정되기 위하여는 (i) 가해자의 고의 또

31 특히 제조물에 통상적으로 기대되는 안전성을 결여한 결함으로 인하여 생명·신체나 제조물 그 자체 외의 다른 재산에 손해가 발생한 경우에 제조자에게 지우는 손해배상책임을 불법행위법상의 제조물책임이라고 한다.

는 과실, (ii) 가해행위의 위법성, (iii) 가해행위에 의한 손해의 발생, (iv) 가해행위와 손해 사이의 상당인과관계와 같은 일반불법행위(민법 제750조)의 성립요건을 충족하여야 한다.

① 고의 · 과실 소프트웨어에 존재하는 컴퓨터바이러스에 대하여 소프트웨어제작자에게 고의나 과실이 있는 경우에 한하여 불법행위가 성립한다. 물론 소프트웨어제작자가 의도적으로 컴퓨터바이러스에 감염된 소프트웨어를 제작 · 공급하는 경우는 별로 많지 않으나, 최근 무료로 제공되는 컴퓨터프로그램(쉐어웨어나 프리웨어, 스마트폰을 위한 무료앱[32] 등)에는 악성코드를 의도적으로 숨겨놓기도 한다. 그러나 소프트웨어의 제작시 부주의로 바이러스를 감염시킨 경우에는 과실이 인정되고, 또한 직접 소프트웨어를 제작할 때에 컴퓨터바이러스에 감염되지 아니한 경우라고 하더라도 컴퓨터바이러스의 감염방지를 위하여 합리적인 조치를 취하지 않거나 필요한 설명을 해태한 때에도 과실이 인정될 수 있다.

② 위법성 소프트웨어제작자가 컴퓨터바이러스에 감염된 소프트웨어를 제작하면 의심할 여지없이 위법성이 인정된다. 특히 소프트웨어산업법 제23조는 소프트웨어에 대하여 일정한 '품질보증기준'을 요구하고 있다. 만일 소프트웨어가 컴퓨터바이러스에 이미 감염되거나 혹은 감염예방에 대한 충분한 조치를 강구하지 않은 때에는 소프트웨어산업법 제23조를 위반하는 위법행위가 된다.

③ 손해 결함이 있는 소프트웨어에 의하여 불법행위법적으로 보호

32 예컨대 손전등앱에 위치정보, 유심칩의 고유번호, 개인일정 등 각종 정보를 빼가는 악성코드를 숨겨 문제가 된 경우가 있다.

되는 법익이 침해되고 손해가 생긴다고 하는 사실은 분명하다. 컴퓨터바이러스에 감염된 소프트웨어가 컴퓨터에 인스톨되면 - 물론 어떤 유형의 컴퓨터바이러스인가에 따라서 야기되는 피해도 다양하지만 - 각종의 피해가 야기된다. 예를 들어 컴퓨터바이러스가 컴퓨터의 부트섹터에 감염되어 정상적인 부팅을 방해하는 경우, 컴퓨터시스템을 파괴 · 손상하거나 하드디스크의 내용을 몽땅 지워버리는 경우, 엉뚱한 작업을 스스로 수행하여 컴퓨터의 처리속도를 현저하게 떨어뜨리는 경우, 쓸데없는 내용의 파일을 하드디스크에 계속 복사하여 사용가능한 공간을 침범하는 경우, 화면에 이상한 글자나 그림을 보여주는 경우와 같은 피해가 발생한다.

컴퓨터바이러스로 인한 손해에는 우선 재산적 손해가 고려된다. 재산손해에는 컴퓨터시스템의 파괴 · 손상과 같은 적극적 손해도 있고, 컴퓨터바이러스의 감염으로 인하여 시스템이 제대로 작동하지 아니하여 얻을 수 있는 이익을 얻지 못하는 소극적 손해, 즉 일실이익도 포함된다. 또한 컴퓨터바이러스로 인하여 귀중한 자료를 잃은 경우에는 컴퓨터사용자에게 잃은 자료 자체에 대한 손해의 배상만으로는 회복될 수 없는 정신적 고통이 야기될 수도 있다. 그러므로 컴퓨터사용자가 재산적 손해의 배상만으로 회복될 수 없는 정신적 고통을 입은 때에는 컴퓨터바이러스의 감염으로 당한 고통에 대한 정신적 손해배상, 즉 위자료를 청구할 수 있다.

④ 상당인과관계 컴퓨터바이러스에 의하여 손해가 발생한 경우라고 하더라도 그 손해가 모두 배상되어야 하지는 아니한다. 손해가 배상되기 위하여는 컴퓨터바이러스의 감염과 그 손해 사이에 인과관계가 있어야 한다. 다만 손해배상의 범위에 포함되기 위하여 어

는 정도의 인과관계가 요구되는가 하는 문제가 있으나, 일반적으로 상당한 인과관계가 요구된다고 본다.[33] 예를 들어 컴퓨터시스템의 파괴, 하드디스크에 저장된 자료의 손상, 일실이익과 같은 손해는 보통 컴퓨터바이러스의 감염과 상당한 인과관계에 있다고 볼 수 있다.

3. 제조물책임법상의 제조물책임

(1) 서언 - '제조물' 로서의 소프트웨어?

우선 제조물책임법에 따른 제조물책임이 인정되기 위하여는 '제조물'에 해당하여야 한다. 제조물책임법에 의하면 제조물이란 "다른 동산이나 부동산의 일부를 구성하는 경우를 포함한 제조 또는 가공된 동산"을 가리킨다(제조물책임법 제2조 제1항). 제조물책임법상으로는 '동산'(bewegliche Sache)만이 제조물이 될 수 있고, 민법상 물건으로서의 동산이란 유체물뿐만 아니라 전기 기타 자연력도 포함하여 의미한다(민법 제90조).

물론 물건을 유체물에 한하는 입법례에서는 전자정보재나 소프트웨어는 제조물에 해당할 수 없다.[34] 그러나 민법상으로는 전기 기타 관리가능한 자연력도 물건의 개념에 포함되는 결과, 유체성 여부만을 판단하여 전자정보는 유체성이 없다고 하는 이유로 제조물책임법이 적용되

---

33 판례로서 대법원 1960.3.17. 선고 59다92 판결 참조.

34 예컨대 독일제조물책임법에서도 순수한 지적 급부나 정보재는 유체성을 결하여 제조물개념에 포함되지 아니한다고 본다.

지 아니한다고 단정할 수는 없다. 민법 제90조가 규정하고 있는 전기 기타 관리할 수 있는 자연력을 유추적용하는 방법으로 전자정보재나 소프트웨어에 대하여도 제조물개념을 긍정할 필요가 있다고 본다.[35] 특히 소프트웨어가 CD-ROM과 같은 저장장치에 저장되어 있는 때에는 저장장치와 소프트웨어를 일체로서의 '유체물'이라고 보아야 하며, 제조물책임법상의 제조물에 해당한다고 본다.

(2) 책임의 주체

1) 소프트웨어제작자

스스로 소프트웨어를 제작하는 프로바이더가 직접 제조물책임을 부담한다고 하는 사실은 의문의 여지가 없다(제조물책임법 제2조 제3호 가목). 소프트웨어의 제작프로바이더에게는 제조물책임에서 제조자에게 인정되는 의무, 예컨대 설계의무, 제조의무, 조직의무, 지시의무, 제조물관찰의무가 그대로 부과된다.

2) 표시소프트웨어제조자

제조물책임법에 의하면 성명 · 상호 · 상표 기타 인식가능한 표시를 사용하여 자신을 제조자로 표시한 자 혹은 제조자로 오인시킬 수 있는 표시를 한 자도 제조물책임을 부담한다(제조물책임법 제2조 제3호 나목). 예를 들어 인터넷서비스프로바이더가 타인이 제조한 소프트웨어를

35 학설상으로는 동산이 아니고 일종의 서비스에 해당할 뿐인 정보의 결함에 대하여는 종래의 과실책임으로도 얼마든지 해결이 가능하여 굳이 단순한 정보에까지 무과실적 제조물책임을 적용할 필요는 없다고 하는 견해가 강하다.

자기의 웹사이트에서 배포하는 경우[36]에도 제조물책임이 문제될 수 있다. 다만 표시소프트웨어제조자의 제조물책임이 인정되기 위하여는 컴퓨터바이러스에 감염된 타인의 소프트웨어에 자기의 상표를 붙여서 판매하는 경우와 같이 자기를 제조자로 표시하거나 오인시켜야 한다. 프로바이더의 웹페이지로부터 다운로드가 된다고 하더라도 타인의 소프트웨어라고 하는 사실을 분명히 고지한 경우, 다운로드를 위하여 타인의 소프트웨어를 단순히 저장만 하고 있을 뿐인 경우에는 - 물론 계약상으로나 불법행위법적으로 주의의무를 부담할 수는 있으나 - 제조물책임이 성립하지 아니한다.

3) 소프트웨어수입업자

인터넷의 글로벌한 특징으로 인하여 소프트웨어는 여러 국가에 위치한 서버로부터 전 세계적으로 배포될 수 있다. 특히 외국제조자가 만든 소프트웨어를 국내에 위치한 서버를 통하여 판매하는 때에는 수입업자로서의 제조물책임이 문제될 수 있다(제조물책임법 제2조 제3호 가목). 수입업자는 예컨대 외국의 소프트웨어제조자를 필요한 주의를 다하여 선택할 의무, 수입한 소프트웨어에 컴퓨터바이러스가 감염되어 있는가를 통제 · 검사할 의무, 유통시킨 소프트웨어의 보안상의 취약성에 관한 지속적인 관찰의무를 부담한다.

36 타인의 소프트웨어를 웹사이트를 통하여 판매하는 경우에는 제조물책임법적 의미에서 이른바 유사제조자(Quasi-Hersteller) 혹은 표시제조자라고 한다.

4) 소프트웨어공급자

제조물을 영리목적으로 판매·대여와 같은 방법에 의하여 공급하는 자는 제조자 혹은 자신에게 공급한 자를 알거나 알 수 있음에도 불구하고 그 제조자 또는 공급한 자를 피해자(혹은 그 법정대리인)에게 고지하지 아니하는 때에는 제조물책임을 부담한다(제조물책임법 제3조 제3항). 그러므로 소프트웨어의 판매나 대여를 영업으로 하는 공급자가 컴퓨터바이러스에 감염된 소프트웨어를 공급한 때에는 그 제조자나 자신에게 공급한 자를 알지 못하는 한, 스스로 제조물책임을 부담한다. 다만 타인의 소프트웨어를 단순히 자기의 웹사이트에 소개하거나 다운로드를 할 수 있는 하이퍼링크만을 제공한 프로바이더는 제조물책임을 부담하지 아니한다.

(3) 결함

1) 설계상의 결함

설계상의 결함은 제조자가 생산을 하기 위하여 기획하고 결정한 제조물의 품질설계에 이미 내재한 결함을 의미한다. 제조물책임법은 설계상의 결함(Konstruktionsfehler)을 제조업자가 합리적인 대체설계를 채용한 경우라고 하면 피해나 위험을 줄이거나 피할 수 있음에도 불구하고 대체설계를 채용하지 아니하여 제조물이 안전하지 못하게 된 경우라고 정의하고 있다(제조물책임법 제2조 제2호 나목).

소프트웨어제작자(예컨대 Microsoft)는 일반적으로 안전한 소프트웨어를 계획하고 설계할 주의의무, 컴퓨터바이러스와 같은 외부로부터의 침해에 관하여 안정성을 확보하여야 할 의무가 있다. 예를 들어 컴퓨터바이러스에 감염되기 쉬운 보안상의 취약성을 가진 소프트웨어를 제조한 경우에도 설계상의 결함으로 볼 수 있다. 만일 소프트웨어제조자가 컴퓨터바이러스로부터의 안전에 대한 충분한 주의를 하지 아니한 때에는 설계상의 결함에 기한 제조물책임이 성립할 수 있다. 소프트웨어제작자는 컴퓨터바이러스의 위험으로부터 소프트웨어를 보호하거나 컴퓨터바이러스에 감염된 경우에 즉시 경고를 할 수 있는 프로그램의 개발을 위하여 노력하여야 한다. 또한 이미 컴퓨터바이러스를 필터링할 수 있는 프로그램이 있는 때에는 그 프로그램을 통하여 컴퓨터바이러스의 감염을 방지하기 위한 안전조치를 미리 소프트웨어에 취하여야 하고, 가능한 안전조치를 취하지 아니하여 컴퓨터바이러스에 감염된 때에는 소프트웨어제작자에게 설계상의 결함에 의한 제조물책임이 인정된다.[37]

2) 제조상의 결함

제조상의 결함은 제조물의 설계에는 문제가 없지만, 그 제조과정에서 발생한 결함을 의미한다. 제조물책임법에 의하면 제조상의 결함(Fablikationsfehler)이란 제조업자의 제조물에 대한 제조 · 가공상의 주의의무의 이행 여부에 불구하고 제조물이 원래 의도한 설계와 다르게 제조 · 가공되어 안전하지 못하게 된 경우를 가리킨다(제조물책임법 제2조 제2호 가목). 그러므로 예를 들어 소프트웨어를 제작하는 과정에서 컴퓨터바이러스에 감염되고, 결국 컴퓨터바이러스에 감염된 사실을 알

37 예를 들어 1·25인터넷대란을 일으킨 SQL서버프로그램에 본래 보안상의 취약성이 있고, 그 취약성으로 인하여 SQL슬래머웜의 감염·전파로 인한 전국적인 인터넷마비가 일어난 경우라고 하면 마이크로소프트가 제작한 SQL서버프로그램에 보안상의 취약성을 제거하지 못한 설계상의 결함이 있다고 볼 수 있다.

지 못한 채 그 소프트웨어가 유통된 경우에 제조상의 결함에 따른 제조물책임이 문제될 수 있다.

3) 표시상의 결함

표시상의 결함이란 제조물에 설계상의 결함이나 제조상의 결함이 존재하지 않지만, 그 제조물에 필요한 적절한 경고나 설명 · 지시 · 표시를 하지 아니한 결함을 가리킨다. 제조물책임법은 표시상의 결함(Instruktionsfehler)을 제조업자가 합리적인 설명 · 지시 · 경고 기타의 표시를 한 경우라고 하면 제조물에 의하여 발생될 수 있는 피해나 위험을 줄이거나 피할 수 있음에도 불구하고 그 설명 · 지시 · 경고 기타 표시를 하지 아니한 경우를 말한다고 본다(제조물책임법 제2조 제2호 다목).

소프트웨어제작자도 소프트웨어를 제작 · 판매할 때에는 소프트웨어가 컴퓨터바이러스에 감염될 위험이 있다고 하는 사실을 경고하고, 컴퓨터바이러스의 감염을 방지하기 위하여 어떤 조치가 요구되는가를 설명하여야 한다. 사후적으로 소프트웨어의 보안상의 취약성이 나타난 경우에는 필요한 패치파일의 설치를 신속히 안내하여야 한다. 소프트웨어가 본래 컴퓨터바이러스에 감염되지 아니하고, 비로소 사후적으로 제3자의 침습행위를 통하여 감염된 때에는 제조물책임이 적용되지 아니하나, 만일 컴퓨터바이러스에 대한 경고의무 · 설명의무의 위반이 인정되면 표시상의 결함에 의한 제조물책임을 부담할 수 있다. 특히 소프트웨어제작자의 경고의무 · 설명의무는 단순한 사용설명서의 교부나 온라인상 홈페이지를 통한 주의사항의 게시만으로는 충분하지 않고, 구두에 의한 충분한 설명이 요구된다. 또한 홈페이지, 이메일, 전화, 방문을 통하여 새로 등장한 컴퓨터바이러스의 위험에 대하여 지속적으로 경고하

고 필요한 방지조치에 대하여 설명하여야 한다.[38]

(4) 면책

1) 소프트웨어를 공급하지 아니한 사실의 항변

제조물책임은 제조자의 자유로운 의사결정에 의하여 제조물을 유통시킨 경우에 한하여 발생한다. 그러므로 소프트웨어제작자가 컴퓨터바이러스에 감염된 소프트웨어를 유통시키지 아니한 사실을 증명하면 제조물책임을 지지 아니한다(제조물책임법 제4조 제1항 제1호).

2) 개발위험의 항변

제조물책임법에 의하면 제조자는 제조물을 유통시킨 시점의 과학·기술수준으로는 결함의 존재를 발견할 수 없는 때에는 면책된다(제조물책임법 제4조 제1항 제2호). 제조물을 유통시킬 당시의 과학·기술의 수준으로는 결함이 전혀 존재하지 아니한 제조물이 세월이 경과하면서 위험성이 현실화되어 결함제조물이 되는 위험을 「개발위험」이라고 하며, 제조물책임법 제4조 제2항 제2호는 개발위험의 항변을 면책사유로 규정하고 있다. 그러므로 소프트웨어제작자가 소프트웨어가 제조되거나 유통된 당시의 「기술수준」(state of the art)에 의하여 예견가능한 컴퓨터바이러스의 감염이나 그 위험에 대하여 필요한 조치를 다한 경우에

38 예를 들어 제작·배포한 소프트웨어의 보안상의 취약성이 발견된 경우에 소프트웨어제작자는 소프트웨어사용자에 대하여 위험성을 고지하고, 보안패치파일의 설치필요성을 지속적·적극적으로 안내하여야 한다. 소프트웨어의 보안상 취약성을 등록된 고객의 이메일로 단지 1회 알리거나 홈페이지에 게재한 사실만으로는 충분하지 않고, 전화·방문과 같은 적극적인 방법으로 소프트웨어의 보안상 취약성을 설명하여야 한다. 또한 소프트웨어제작자는 경우에 따라서, 즉 시중에 적절한 보안패치파일이 없다고 하면 필요한 보안패치파일을 개발하여 배포하여야 한다.

는 비록 소프트웨어가 컴퓨터바이러스에 감염되더라도 제조물책임이 성립하지 아니한다.

3) 법률상의 강제기준준수의 항변

제조물의 결함이 제조물을 공급할 당시의 법령이 정하는 기준을 준수하여 생긴 때에는 제조자는 면책된다(제조물책임법 제4조 제1항 제3호). 예를 들어 소프트웨어가 기술의 원리에 따라서 혹은 행정상의 인가 · 허가를 얻어서 정부가 정한 법적 기준에 적합하게 제조된 경우라고 하더라도 원칙적으로 제조물의 결함에 의하여 손해가 야기되면 제조물책임이 인정되나, 따르지 않으면 위법이 되는 법적 강제기준의 준수를 통하여 컴퓨터바이러스가 발생한 경우에는 면책된다.

4) 부품제조자의 설계 · 지시의 항변

부품제조자는 자기가 제조한 제조물의 결함에 의한 손해에 대하여 제조물책임을 진다. 다만 다른 제조물의 부품 또는 원재료로 사용되는 제조물의 결함에 의하여 손해가 발생한 경우에 그 결함이 전적으로 부품 · 원재료를 사용하는 완성품의 설계나 완성품제조자의 지시에 의하여 발생한 때에는 부품제조자는 면책된다(제조물책임법 제4조 제1항 제4호). 그러므로 소프트웨어의 컴퓨터바이러스감염이 부품이나 원재료의 결함에 기하여 발생한 경우라고 하더라도 그 결함이 소프트웨어의 설계나 제조자의 지시에 기하여 생긴 때에는 부품소프트웨어제작자는 제조물책임을 부담하지 아니한다.

(5) 제조물책임의 내용

본래 민법상의 손해배상책임의 요건으로는 '가해자의 고의 · 과실'이 요구되나(민법 제750조), 제조물책임법은 고의 · 과실 대신에 '제조물의 결함'을 손해배상책임의 발생요건으로 규정하고 있다(제조물책임법 제3조 제1항). 그러므로 제조물책임은 손해의 발생에 관하여 제조자에게 고의 · 과실이 있는가 여부와 관계없이, 제조물의 결함에 기하여 손해가 발생하기만 하면 책임이 인정되는 무과실책임에 해당한다.

컴퓨터바이러스에 감염된 소프트웨어를 공급한 경우에는 특별한 사정이 없는 한 제조물의 결함이 인정된다. 그러므로 만일 소프트웨어에 감염된 컴퓨터바이러스로 인하여 손해가 생기면 원칙적으로 소프트웨어제조자에 대하여 제조물책임을 물을 수 있다. 다만 소프트웨어 자체만에 관하여 발생한 손해에 대하여는 제조물책임이 성립하지 아니한다(제조물책임법 제3조 제1항).

Ⅳ. 인터넷서비스사업자의 책임

1. 서언

정보통신서비스제공자는 악성프로그램에 대한 방지의무를 부담한다. 정보통신서비스제공자는 백신소프트웨어를 월 1회 이상 주기적으로 갱신 · 점검하고, 악성프로그램과 관련된 경보가 발령된 경우 및 백신소프트웨어 또는 운영체제제작업체에서 업데이트공지가 있는 경우에는 응용프로그램과 정합성을 고려하여 최신 소프트웨어로 갱신 · 점검하여야 한다(개인정보의 기술적 · 관리적 보호조치 기준 제7조).

만약 인터넷서비스사업자(Internet Service Provider)가 백신프로그램의 갱신과 점검에 따른 의무 등 악성프로그램의 방지를 위한 의무를 위반하면 책임이 생긴다. 악성프로그램의 방지의무를 위반한 경우에 인터넷서비스사업자가 부담하는 책임으로는 계약책임과 불법행위책임이 고려된다. 물론 계약책임은 원칙적으로 컴퓨터사용자와 인터넷서비스사용자 사이에 계약관계가 성립되어 있는 경우에 한하여 문제가 된다. 구체적으로 컴퓨터바이러스로 인한 손해에 관하여 어떤 계약책임이 부담되는가는 인터넷서비스사업자와 컴퓨터사용자 사이에 어떠한 유형 또는 내용의 계약이 체결되어 있는가에 따라서 다르다. 그리고 비록 컴퓨터사용자와 인터넷서비스사업자 사이에 계약관계가 없다고 하더라도 인터넷서비스사업자는 컴퓨터바이러스의 감염에 의하여 컴퓨터사용자가 입은 손해에 대하여 불법행위에 기한 손해배상책임을 부담할 수 있다.

2. 계약책임

개인이나 기업이 인터넷을 이용하기 위하여는 인터넷서비스프로바이더와의 계약, 즉 인터넷접속계약(internet access contract) 혹은 인터넷서비스이용계약이 필요하다. 인터넷접속계약을 명문으로 규율하는 규정은 없으나, 우선 인터넷접속계약은 경우에 따라서 임대차계약, 도급계약 혹은 독립한 인터넷서비스이용계약으로서의 성질을 가질 수 있다. 그리고 컴퓨터바이러스로 손해를 입은 컴퓨터사용자에게 인터넷서비스프로바이더가 부담하는 책임의 내용은 인터넷접속계약이 어떤 계약인가에 따라서 차이가 있을 수 있다. 예를 들어 인터넷서비스이용계약이 임대차계약으로서의 성질을 가진다고 하면 임대인으로서의 인터넷서비스제공자는 주된 의무로서 컴퓨터사용자에게 임차물(예컨대 서버컴퓨터 및 네트워크)의 사용을 보장하여야 할 의무를 부담할 뿐만 아니라, 임차인으로서의 컴퓨터사용자의 원만한 사용을 위한 부수적 보호의무를 부담한다. 또한 인터넷서비스이용계약이 도급계약으로 해석되는 경우에는 인터넷에 대한 접속시도를 항상 100% 보장할 의무를 부담한다.

인터넷서비스프로바이더(예컨대 KT, SKT, LGU+ 등)로서는 컴퓨터사용자와의 사이에 체결된 인터넷서비스이용계약에 기하여 주된 급부의무로서, 혹은 적어도 부수적인 의무로서 컴퓨터바이러스의 위험으로부터 안전하게 인터넷을 사용할 수 있도록 컴퓨터사용자를 보호할 주의의무를 부담한다.[39] 그러므로 예를 들어 1 · 25인터넷대란에서와 같이[40] 컴퓨터사용자가 컴퓨터바이러스로 인한 인터넷서비스의 중단으로 인하여 손해를 입은 때에는 인터넷서비스사업자는 컴퓨터사용자(예컨대 개인, PC방, 인터넷쇼핑몰)에 대하여 계약상 의무의 위반을 이유로 손해배상책임을 부담한다(민법 제390조). 물론 인터넷서비스사업자의 책임유무 및 범위는 원칙적으로 인터넷서비스이용계약에 따르며, 약관상 면책조항이 있는 때에는 인터넷서비스사업자가 면책될 수 있다. 다만 인터넷서비스사업자를 면책시키는 면책조항이 불공정한 경우에는 그 면책조항에도 불구하고 인터넷서비스제공자의 책임이 인정될 수 있다(약

---

39 ISP는 계약상의 보호의무로서 각종의 트래픽과부화공격이나 해킹에 대응하기 위하여 DNS(도메인네임시스템)장비의 보호를 위하여 DNS서버팜 앞에 고성능방화벽을 두거나 네트워크 게이트웨이단에 필터링장비를 둘 의무를 부담하고, 만일 방화벽이나 필터링장비를 설치하지 아니하면 보호의무의 위반이 될 수 있다.

40 1·25인터넷대란으로 인하여 국내의 인터넷이용자 2천600만명이 9시간 가량 인터넷을 사용하지 못하고, 예컨대 PC방, 인터넷쇼핑몰과 같은 컴퓨터사용자도 영업에 큰 차질을 빚어 손해의 규모는 수백억원에 달한다고 추정되고 있다.

관법 제6조 제1항).

3. 불법행위책임

인터넷서비스사업자가 고의 · 과실에 기한 위법행위로 컴퓨터사용자에게 손해를 가한 경우에는 그 손해를 배상하여야 하는 불법행위책임이 성립한다(민법 제750조). 예컨대 컴퓨터바이러스의 감염으로 인하여 인터넷서비스가 일시적으로 중단되는 사고가 생긴 경우에 인터넷서비스사업자는 원칙적으로 서비스의 중단 혹은 복구지연을 통하여 컴퓨터사용자에게 생긴 손해에 대하여 손해배상책임을 부담한다. 특히 전기통신사업법은 명문으로 전기통신사업자는 전기통신역무를 제공할 때에 이용자에게 손해를 입힌 경우에는 손해배상을 하여야 하고, 다만 손해가 불가항력으로 인하여 발생한 경우 혹은 손해의 발생이 이용자의 고의 · 과실로 인한 경우에 손해배상책임이 경감되거나 면제된다고 규정하고 있다(전기통신사업법 제33조 단서).

예를 들어 1 · 25인터넷대란과 같이 DNS서버에 컴퓨터바이러스가 감염되어 서비스가 중단되거나 원인을 적시에 진단하지 못하여 복구가 지연된 경우라고 하면 특별한 사정이 없는 한 KT 등 인터넷서비스사업자의 과실이 인정될 여지가 크다. 물론 1 · 25인터넷대란에서 슬래머 웜의 침입이 인터넷서비스사업자의 통제권을 벗어난 불가항력적 사고라고 하면 면책될 수도 있다. 그러나 방화벽 기타 필터링장비의 도입이나 보안패치의 설치를 통하여 슬래머 웜의 공격을 쉽게 막을 수 있다고 하면 그 미설치가 과실로 인정될 수 있다. 또한 DNS서버관리(예컨대 서비스용 DNS와 내부용 DNS를 별도의 네트워크로 분리 · 운영)의 미비 혹은 시스로그서버에 의한 DNS히스토리관리의 결함,[41] 적절한 예비용량의 미확보가 있는 때에도 과실이 있다고 판단될 수 있다. 그리고 컴퓨터바이러스에 의한 인터넷마비를 인지한 인터넷서비스사업자가 관계기관에 대한 통지를 적기에 하지 아니하여 손해가 확대된 사실이 인정되거나,[42] 혹은 컴퓨터바이러스가 감염된 사실을 안 후 즉시 제대로 대처를 하지 아니하여 인터넷마비사태의 발생 · 확산을 방지하지 못한 경우[43]에도 특별한 사정이 없는 한 인터넷서비스사업자에게 귀책사유나 위법성이 인정된다.

인터넷서비스사업자는 정보통신망의 안정성을 확보하여야 할 의무가 있다(정보통신망법 제45조 제1항). 특히 타인의 정보통신서비스제공을 위하여 집적된 정보통신시설을 운영관리하는 인터넷서비스사업자는 정보통신시설의 안정적 운영을 위하여 법령이 정하는 보호조치를 취하여야 한다(정보통신망법 제46조 제1항). 그러므로 인터넷서비스사업자가 관리하는 DNS서버에 컴퓨터바이러스가 감염된 결과로 인터넷마비가 야기된 경우에는 특별한 사정이 없는 한 위법성이 인정된다고 본다.

---

41 특히 증명책임을 전환시키는 사유가 된다.

42 인터넷서비스사업자는 컴퓨터바이러스의 감염과 같은 침해사고가 발생하여 정보통신시설이 교란마비 또는 파괴된 사실을 인지한 때에는 관계기관에 그 사실을 통지하여 관계기관으로 하여금 침해사고의 피해확산방지와 신속한 대응을 위하여 필요한 조치를 취하도록 하여야 한다(정보통신기반보호법 제13조 제1항).

43 주요통신기반시설을 운영하는 인터넷서비스사업자는 정보통신시설에 대한 침해사고가 발생한 때에는 그 복구 및 보호에 필요한 조치를 신속히 취하여야 한다(정보통신기반보호법 제14조 제1항).

V. 국가의 책임

1. 서언

정부는 여러 법률의 규정에 기하여 정보통신망이나 정보통신기반시설의 안정적 관리 · 운영과 인터넷이용자의 권익보호를 위한 조치를 취하여야 할 의무를 부담한다. 특히 정부는 해킹, 컴퓨터바이러스, 논리폭탄 · 메일폭탄, 서비스거부공격과 같은 인터넷침해사고에 대비하여 정보통신망을 보호하기 위한 대책을 수립시행하여 정보통신망이 안정적으로 운용되도록 하여야 한다.

구체적으로 살펴보면 정부는 우선 정보통신망의 안정적 관리운영을 통하여 정보사회의 기반을 조성하기 위한 시책을 마련하여야 한다(정보통신망법 제4조 제1항). 예를 들어 정부에게는 정보통신망에 관련된 기술의 개발보급, 인터넷이용의 활성화, 정보통신망의 안전성 · 신뢰성의 제고에 관한 시책을 마련할 의무가 있다(정보통신망법 제4조 제2항 제1호 · 제5호 · 제8호). 또한 정부는 인터넷서비스이용자의 권익보호와 인터넷서비스의 품질향상 및 안정적 제공을 보장하기 위한 시책을 마련하여야 한다(정보통신망법 제15조 제1항). 그리고 정부는 정보통신시설에 대하여 보호지침을 제정하여야 하고, 그 보호지침을 주기적으로 수정보완하여야 한다(정보통신기반보호법 제10조). 만일 정보통신시설로부터 제출받은 정보통신시설보호대책을 분석하여 필요하다고 인정하는 때에는 정부는 정보통신시설의 보호에 필요한 조치를 명령 또는 권고할 수 있다(정보통신기반보호법 제11조).

2. 불법행위책임

물론 정부가 모든 컴퓨터바이러스의 감염에 따른 피해에 대하여 손해배상책임을 질 수는 없다. 다만 컴퓨터바이러스에 따른 피해와 관련하여 국가에게 주의의무가 요구되고, 그 주의의무의 위반이 인정되는 때에는 컴퓨터바이러스의 감염에 의한 손해에 대한 국가책임이 고려될 수 있다. 예를 들어 컴퓨터바이러스로 인하여 국가 전체의 인터넷이 마비된 사태가 일어난 경우를 생각하면 정보통신망의 안정성을 확보하기 위한 시책 · 운용계획을 제대로 마련하지 않은 과실, 인터넷통신망사업자에 대한 관리 · 감독을 제대로 하지 않은 과실, 혹은 인터넷마비사태를 인지한 후 컴퓨터바이러스에 따른 피해의 확산방지와 신속한 대응을 위하여 필요한 조치를 적기에 취하지 아니한 과실을 국가의 주의의무의 위반으로서 들 수 있다. 그리고 인터넷마비사태에 따른 손해의 발생 · 확대가 국가의 주의의무의 위반에 기하여 일어난 사실이 인정된다고 하면 국가는 인터넷사용자에 대하여 불법행위책임을 부담하게 될 수 있다.

Ⅵ. 컴퓨터사용자의 책임

예를 들어 A가 컴퓨터바이러스에 감염된 USB를 B에게 교부하거나, 혹은 이메일로 컴퓨터바이러스에 감염된 첨부파일을 송부하는 경우가 생길 수 있다. B가 컴퓨터바이러스에 감염된 USB나 첨부파일을 받은 경우에 미리 백신프로그램으로 컴퓨터바이러스를 퇴치하지 않는 한, B도 컴퓨터바이러스에 감염될 위험이 크다. 만일 컴퓨터바이러스가 A로부터 B에게 전파되면 B의 컴퓨터시스템이 파괴되거나 보관하고 있는 자료가 손실되는 손해가 생길 수 있다. 그리고 A로부터 받은 USB나 첨부파일로 인하여 B가 컴퓨터바이러스의 감염에 따른 손해를 입은 경우에 B가 A에 대하여 손해배상청구를 할 수 있는가 하는 문제가 제기된다.

컴퓨터바이러스의 감염에 따른 컴퓨터사용자의 다른 컴퓨터사용자에 대한 책임은 특별한 사정이 없는 한 불법행위책임으로 문제된다. 다만 불법행위책임이 성립하기 위하여는 컴퓨터바이러스의 전파행위가 민법 제750조가 정한 요건을 충족하는 불법행위가 되어야 한다. 물론 컴퓨터사용자가 컴퓨터바이러스에 감염된 사실을 알고도 상대방에게 컴퓨터바이러스를 전파시킬 의도로 USB나 첨부파일을 보낸 경우라고 하면 원칙적으로 불법행위가 성립한다고 본다. 그러나 컴퓨터바이러스에 감염된 사실을 알지 못하고 USB나 첨부파일을 송부한 경우에는 불법행위책임이 성립하는가 아닌가를 단정하기 곤란하다. 불법행위에 기한 손해배상책임이 성립하기 위하여는 우선 USB나 첨부파일을 보낸 컴퓨터사용자에게 과실이 있어야 한다. 컴퓨터사용자의 과실 여부는 USB나 첨부파일을 보내기 전에 백신프로그램을 통하여 컴퓨터바이러스의 감염 여부를 사전에 검사하여야 할 의무나 USB나 첨부파일의 수령자에게 컴퓨터바이러스감염의 위험을 경고하여야 할 의무가 컴퓨터사용자에게 있는가에 달려있다.

원칙적으로 제3자에게 보내는 USB나 첨부파일의 컴퓨터바이러스감염 여부에 대한 조사의무를 컴퓨터사용자에게 요구하기는 무리가 있다. 아직 문제가 된 컴퓨터바이러스에 대한 백신프로그램이 나오지 않은 상태에서는 바이러스전달자에게 과실을 물을 수 없다고 본다. 또한 실제로 컴퓨터바이러스의 조사를 위하여 유료의 백신프로그램이 필요하고, 지속적인 업데이트가 필요하다고 하는 사실을 고려하면 USB나 첨부파일을 보내는 컴퓨터사용자에게 일반적으로 컴퓨터바이러스에 대한 조사의무를 부과하기는 곤란하다. 오히려 USB나 어떤 파일을 사용하는 상대방이 그 USB · 파일로부터 야기되는 위험을 부담하고, 컴퓨터바이러스의 감염 여부에 대한 검사의무를 부담한다. 특히 상대방이 USB나 첨부파일의 송부를 요청한 때에는 오히려 컴퓨터사용자로부터 USB나 첨부파일을 받은 상대방이 스스로 USB나 첨부파일의 컴퓨터바이러스 감염 여부를 조사할 의무를 부담하여야 한다. 그러므로 컴퓨터사용자가 무의식적으로 컴퓨터바이러스에 감염된 USB나 첨부파일을 상대방에게 보낸 경우에는 비록 상대방이 컴퓨터바이러스로 인하여 손해를 입더라도 불법행위책임을 부담하지는 아니한다.

12장 해킹

01 서설

최근 정보통신의 급속한 발전에 따라서 해킹과 같은 인터넷침해사고가 빈번하게 발생하고 있다.[1] 보통 해킹(hacking)이란 초기에는 '개인의 호기심이나 지적 욕구의 바탕 위에 컴퓨터와 컴퓨터간의 네트워크를 탐험하는 행위'라고 정의되다가 이후 악의적인 행동이 늘어나면서 '다른 컴퓨터시스템을 침입할 때 파괴적인 계획을 갖고 침입하는 행위'라는 부정적 의미를 갖게 되어 현재는 '컴퓨터통신망을 통하여 타인의 컴퓨터에 무단침입하여 저장된 정보나 프로그

1 가장 대표적인 해킹사건으로는 미국에서 일어난 뻐꾸기알(Cuckoo's Egg)사건을 들 수 있다. 뻐꾸기알 사건은 1988년 독일 하노버에 사는 대학생 5명이 브레멘대학의 인터넷계정을 이용하여 미국의 군사용 컴퓨터에 침입하여 군사비밀에 해당하는 각종 정보를 입수한 후에 1년반 이상 은밀하게 그 정보를 소련 KGB에게 넘겨주고 그 대가로 코카인 등 마약을 받아오다가 클리프 스톨(Cliff Stoll)이라는 천문학자의 집요한 추적으로 인하여 적발되어 체포된 사건이다. 국내에서도 어느 대입재수생이 평소 언론보도를 통하여 금융기관에 7~800억원에 이르는 휴면계좌가 있다는 사실을 알고는 금융기관의 전산망자료를 빼내 모든 휴면계좌를 한 계좌로 모으는 프로그램을 개발하여 돈을 불법인출하려고 시도하면서 청와대아이디를 알아내 청와대를 사칭한 해킹사고가 유명하다.

[해킹]

램을 불법으로 이용하거나 바꾸고 없애는 행위'라고 정의되고 있다. 정보통신망법 제2조 제1항 제7호는 해킹을 비롯하여 컴퓨터바이러스, 논리폭탄, 메일폭탄, 서비스거부 또는 고출력 전자기파 등의 방법으로 정보통신망 또는 정보통신망과 관련된 정보시스템을 공격하는 행위를 하여 발생한 사태를 인터넷「침해사고」로 보고 있다. 그러므로 해킹은 정보통신망이 발하는 인터넷「침해사고」의 하나이다.

02
해킹의 종류

Ⅰ. 화면해킹

해킹프로그램에 감염된 컴퓨터의 화면을 원격에서 훔쳐보고 계정, 비밀번호 등의 개인정보를 유출하여 악용할 수 있는 공격을 화면해킹이라 한다. 화면해킹이 일어난 때에는 컴퓨터에서 작업하는 모든 정보가 해커컴퓨터로 실시간 전송되어 문서, 개인정보 등의 탈취가 가능하다. 예컨대 해커집단이 이메일의 첨부파일에 악성코드를 숨겨 은행직원에게 보내고, 은행직원이 첨부파일을 열면 은행직원이 여신이나 수신의 업무를 보는 컴퓨터에 악성코드가 깔린다. 그리고 악성코드는 은행직원 몰래 해커가 컴퓨터에 드나들 수 있는 뒷문을 열게 되고, 해커는 뒷문을 통하여 데이터를 훔치거나 은행직원이 하는 업무의 내용을 들여다볼 수 있다. 원격으로 은행직원 앞에 놓인 컴퓨터를 조작할 수도 있다.

Ⅱ. 파밍

파밍이란 해커가 특정사이트의 도메인 자체를 중간에서 탈취하여 개인정보를 훔치는 해킹을 말한다. 파밍(Pharming)은 피싱(Phishig)과 농사(Farming)의 합성어로 PC에 가짜은행사이트로 유도하는 악성코드를 설치하고 금융정보를 빼낸 후 예금을 인출하는 사기범죄이다. 정상의 사이트주소를 입력하여도 호스트파일변조악성코드를 통하여 피싱(가짜)사이트로 연결되도록 한 후, 사용자는 진짜사이트로 착각하여 평상시대로 개인정보를 입력하면 계좌번호, 아이디와 암호, 보안카드번호 등 각종 중요한 정보가 해커에게 그대로 노출된다.

Ⅲ. 큐싱

큐싱(Qshing)이란 QR코드와 개인정보, 금융정보를 낚는다(Fishig)는 의미의 합성어로 QR코드를 통하여 악성링크로의 접속을 유도하여 악성앱을 설치함으로써 개인정보 등을 해킹하는 사기범죄를 말한다. QR코드는 흑백 격자무늬패턴으로 정보를 나타내는 매트릭스형식의 바코드로, QR코드를 인식하여 모바일쿠폰이나 기업사이트정보 등에 접근하는 경우에 QR코드를 통하여 악성링크로의 접속을 유도하거나 직접 악성코드를 심어 해킹을 하는 수법이 큐싱이다.

[QR코드]

Ⅳ. 티비싱

티비(TV)와 피싱(Fishig)의 합성어인 티비싱(Tvishing)은 해커가 인터넷이 연결된 스마트TV에 악성코드를 심어 사용자 몰래 스마트TV의 기능을 악용하는 행위라고 정의할 수 있다. 티비싱은 스마트TV의 보급과 함께 향후 주목되는 해킹수법으로, 예를 들면 해커가 스마트TV에 악성소프트웨어를 설치하는 방법으로 미리 준비한 홈쇼핑의 화면 등 해적방송을 띄우거나 홈쇼핑채널에 해커의 계좌번호나 전화번호를 표시하여 사용자의 입금을 유도하는 방법으로 결제대금을 가로챈다. 또한 악성코드가 심어진 경우에 스마트TV에 내장된 카메라와 마이크를 이용하여 안방의 상태를 훤히 들여다 볼 수 있다. 스마트폰은 평소 주머니에 넣어 다니고, 노트북의 웹캠은 화면이 닫혀 있으면 작동하지 않으므로, 도촬이 크게 문제되지 아니하나, 스마트TV의 카메라는 언제나 같은 자리에 켜져 있으므로 감시용 CCTV가 될 수 있다. 가정이라면 해커가 스마트TV를 통하여 24시간 내내 방안의 상태나 활동을 감시할 수도 있다.

V. 지능형 지속공격

지능형 지속공격(APT, Advanced Persistent Threat)이란 정부기관, 사회기반산업시설, 금융기관, 정보통신기업과 같은 조직이나 기업을 표적으로 정한 뒤 장기간에 걸쳐 다양한 수단을 총동원하는 지능적 해킹방식을 말한다. 지능형 지속공격은 일반적으로 표적으로 정한 조직이나 기업의 관심을 끌만한 내용의 이메일과 워드, 엑셀, 한글과 같은 문서파일 등 첨부파일을 끊임없이 보내어 호기심에 열어보거나 내려받는 순간 PC에 악성코드를 감염시킨다. 해커는 감염된 PC와 연결된 다른 PC를 차례로 감염시켜 전체 전산망을 해킹한다. 대표적인 해킹바이러스로 3 · 4 DDoS 등을 들 수 있고, 농협전산망마비가 대표적인 사례에 해당한다.

Ⅵ. 스피어 피싱

스피어 피싱은 열대지방의 어민이 작살로 물고기를 잡는 '작살낚시'(spear fishing)에 빗댄 표현으로, 불특정 다수의 개인정보를 빼내는 일반적인 피싱(phising)수법과 달리 미리 확보한 정보 등을 이용하여 특정인 또는 특정그룹을 목표로 개인정보를 탈취하거나 사기를 치는 변형된 피싱의 일종이다. 스피어 피싱은 특정의 개인이나 조직을 표적으로 잘 아는 지인이 보내는 메일처럼 위장한 메일을 통하여 PC를 악성코드에 감염시킨다. 해커는 먼저 웹사이트나 SNS를 통하여 정보를 수집한 후 피싱메일을 전송한다. 그리고 일반적인 피싱메일의 제목에 사용되던 대중적 광고나 사회적 이슈에 관한 문구 대신 조직 내 업무에 관련된 문구를 주로 사용하여 메일을 열람할 가능성을 높여 공격성공률을 높인다. 스피어 피싱은 수출기업의 무역대금을 가로채기 위하여 종종 사용되며, 해커가 주로 국내의 수출업자나 수입업자가 이용하는 이메일을 해킹하여 계정정보를 먼저 확보한 후 이메일에서 수출업자 · 수입업자 간 거래내역 등을 파악한 뒤 해외에 개설한 사기계좌로 송금하도록 하여 무역대금을 가로챈다.

Ⅶ. 키보드 해킹

키보드 해킹(Keyboard Hacking)이란 키로거(key logger)프로그램 등을 이용하여 컴퓨터이용자가 키보드(자판기)를 통하여 입력하는 로그인, 금융정보 등 개인정보를 수집 · 유출하는 해킹기법을 말한다. 키보드 해킹은 가장 쉽고 간단한 해킹방법이나, 몰래 컴퓨터에 설치된 키로거프로그램 등을 통하여 대화내용과 각종 아이디, 계좌번호와 카드번호, 비밀번호 등을 빼갈 수 있다.

Ⅷ. 스턱스넷

스턱스넷(Stuxnet)은 발전소 등 전력설비에 쓰이는 독일 지멘스의 산업자동화제어시스템(PCS7)만을 감염시켜 오작동을 일으키거나 시스템을 마비시키는 신종의 웜바이러스이다. 스턱스넷은 USB 및 네트워크의 공유폴더를 통하여 발전소, 정유시설 등 국가의 주요산업기반시설의 파괴 등을 목적으로 악성코드를 감염시킨다.

Ⅸ. 듀큐

듀큐(Duqu)는 산업기반시설의 내부시스템에 침투하여 설계문서와 같은 핵심정보의 수집 등을 목적으로 제작된 악성해킹코드로서 이란원전시설을 공격한 스턱스넷과 유사한 듀큐는 'DQ'라는 이름의 파일을 생성하며 산업용 제어시스템제조업체와 같은 조직에 침투하여 설계문서 등 핵심정보자산을 수집하는 기능이 있다. 듀쿠는 내부의 소스 코드가 스턱스넷과 매우 유사하여 '제2의 스턱스넷'으로 불리기도 한다.

03

해킹에 대한 규제

Ⅰ. 정보통신망에 대한 해킹의 금지

누구든지 정당한 접근권한 없이 또는 허용된 접근권한을 넘어 정보통신망에 침입하여서는 안 되므로(정보통신망법 제48조 제1항), 당연히 대표적인 정보통신망침해행위인 해킹은 금지된다. 또한 해킹프로그램을 유포하여 정당한 사유 없이 정보통신시스템, 데이터 또는 프로그램 등을 훼손 · 멸실 · 변경 · 위조하거나 그 운용을 방해하여서도 안 된다(정보통신망법 제48조 제2항). 그리고 정보통신망의 안정적 운영을 방해할 목적으로 대량의 신호 또는 데이터를 보내거나 부정한 명령을 처리하도록 하는 등의 방법으로 정보통신망에 장애가 발생하게 하여서도 안 된다(정보통신망법 제48조 제3항).

Ⅱ. 해킹에 대한 국가의 대응과 의무

국가는 해킹사고에 적절히 대응하기 위하여 해킹사고에 관한 정보의 수집 · 전파, 해킹사고의 예보 · 경보, 해킹사고에 대한 긴급조치, 주요정보통신서비스제공자 등에 대한 접속경로(해킹사고의 확산에 이용되고 있거나 이용될 가능성이 있는 접속경로만 해당한다)의 차단의 요청, 소프트웨어사업자 중 해킹사고와 관련이 있는 소프트웨어를 제작 또는 배포한 자에 대한 해당 소프트웨어의 보안상 취약점을 수정 · 보완한 프로그램의 제작 · 배포의 요청 및 정보통신서비스제공자에 대한 보안취약점보완프로그램의 정보통신망에의 게재의 요청, 언론기관 및 정보통신서비스제공자에 대한 해킹사고의 예보 · 경보의 전파, 국가정보통신망의 안전에 필요한 경우 관계기관의 장에 대한 침해사고관련 정보의 제공과 같은 업무를 수행하거나 조치를 취하여야 한다(정보통신망법 제48조의2 제1항, 정보통신망법 시행령 제56조). 그리고 정보통신서비스제공자의 정보통신망에 중대한 해킹사고가 발생하면 피해확산의 방지, 사고대응, 복구 및 재발방지를 위하여 정보보호에 전문성을 갖춘 민 · 관합동조사단을 구성하여 그 해킹사고의 원인분석을 할 수 있다(정보통신망법 제48조의4 제2항). 해킹사고의 원인을 분석하기 위하여 필요하다고 인정하면 정보통신서비스제공자와 집적정보통신시설사업자에게 정보통신망의 접속기록 등 관련자료의 보전을 명할 수 있고(정보통신망법 제48조의4 제3항), 침해사고와 관련되는 자료의 제출을 요구할 수 있다(정보통신망법 제48조의4 제4항).

Ⅲ. 정보통신서비스제공자 · 집적정보통신시설사업자 등의 의무

1. 해킹사고관계 정보의 제공의무

주요정보통신서비스제공자, 집적정보통신시설사업자 등은 해킹사고의 유형별 통계, 해당 정보통신망의 소통량에 대한 통계 및 접속경로별 이용에 대한 통계 등 해킹사고관련 정보를 제공하여야 한다(정보통신망법 제48조의2 제2항).

2. 신고의무

정보통신서비스제공자, 집적정보통신시설사업자는 해킹사고가 발생하면 즉시 그 사실을 신고하여야 한다(정보통신망법 제48조의3 제1항).

3. 원인분석의무 및 피해확산방지의무

정보통신서비스제공자 등 정보통신망을 운영하는 자는 해킹사고가 발생하면 해킹사고의 원인을 분석하고 피해의 확산을 방지하여야 한다(정보통신망법 제48조의4 제1항).

04
해킹에 따른 책임

Ⅰ. 해커의 민사책임

해킹이란 타인의 컴퓨터시스템에 침투하거나 정보를 빼내는 행위를 일컫는다. 해킹으로 인하여 인터넷사용자에게 야기되는 손해나 피해는 다양하다. 해킹으로 인하여 인터넷서비스프로바이더의 서버가 중단되어 업무의 수행을 방해하는 경우도 있고, 해킹으로 수집한 개인정보를 무단으로 판매하여 개인정보를 침해하는 경우도 있다. 만약 어떤 회사의 서버나 웹사이트에 대한 해커의 침입과 시스템의 파괴가 있으면 피해를 입은 인터넷서비스운영자는 당연히 해커에 대하여 불법행위책임을 물을 수 있다.

Ⅱ. 해킹에 의한 회원정보의 유출에 대한 정보통신서비스제공자의 책임

정보통신서비스제공자가 시스템에 대하여 해커의 침입을 방지하기 위하여 충분한 안전조치를 취하지 아니한 때에는 정보통신서비스제공자가 인터넷이용자에게 발생한 손해에 대하여 민법 제750조에 의한 책임을 부담하는가가 문제된다. 예컨대 A 등이 옥션이 제공하는 상품중개서비스를 이용하기 위하여 옥션과 서비스이용계약을 체결하고 옥션의 오픈마켓사이트에 온라인회원으로 가입하면서 옥션의 이용약관에 따라서 옥션에 이름, 주민등록번호, 휴대전화번호, 이메일주소 등을 제공한 후에, 2008년 1월초 옥션의 서버에 해킹사고가 발생하고, 경찰수사결과에 의하면 해킹사고는 중국인 해커로 추정되는 B 등이 2008년 1월 3일경 옥션의 웹서버 중 하나인 이노믹스서버에 설치된 웹어플리케이션서버인 톰캣서버에 초기설정상태인 아이디와 비밀번호로 접속하여 톰캣서버의 관리자페이지에 'job.war'라는 백도어프로그램을 올려 각종 해킹기법을 통하여 이노믹스서버에 침입하여 데이터베이스서버의 관리자아이디와 암호화된 비밀번호를 알아낸 다음, 2008년 1월 4일경부터 2008년 1월 8일경까지 네 차례에 걸쳐 데이터베이스서버에 저장되어 있던 회원의 이름, 주민등록번호 등 옥션의 회원 1,080만명의 정보가 누출되는 해킹사고가 발생하여 개인정보를 유출당한 A 등 3만3,000여명이 "1인당 200만원씩 지급하라"며 옥션을 운영하는 이베이코리아와 보안관리업체 인포섹을 상대로 소송을 낸 사례가 있다.

정보통신서비스제공자는 개인정보를 취급할 때에는 개인정보의 분실 · 도난 · 누출 · 변조 또는 훼손을 방지하기 위하여 (i) 개인정보를 안전하게 취급하기 위한 내부관리계획의 수립 · 시행, (ii) 개인정보에 대한 불법적인 접근을 차단하기 위한 침입차단시스템 등 접근통제장치의 설치 · 운영, (iii) 접속기록의 위조 · 변조 방지를 위한 조치, (iv) 개인정보를 안전하게 저장 · 전송할 수 있는 암호화기술 등을 이용한 보안조치, (v) 백신소프트웨어의 설치 · 운영 등 컴퓨터바이러스에 의한 침해방지조치, (vi) 그 밖에 개인정보의 안전성 확보를 위하여 필요한 보호조치와 같은 기술적 · 관리적 조치를 하여야 한다(정보통신망법 제28조 제1항). 그러므로 정보통신서비스제공자로서 옥션은 개인정보의 안전성의 확보에 필요한 기술적 · 관리적 조치를 취하여야 할 법률상 의무를 부담한다. 또한 옥션이 정보통신서비스를 이용하려는 A 등과 정보통신서비스이용계약을 체결하면서, A 등으로 하여금 이용약관 등을 통해 개인정보 등 회원정보를 필수적으로 제공하도록 요청하여 그 회원정보를 수집한 경우라고 하면 옥션은 정보통신서비스제공자로서 수집한 A 등의 개인정보 등이 분실 · 도난 · 누출 · 변조 또는 훼손되지 않도록 개인정보 등의 안전성확보에 필요한 보호조치를 취하여야 할 정보통신서비스이용계약상의 의무를 부담한다. 다만 정보통신서비스가 「개방성」을 특징으로 하는 인터넷을 통하여 이루어지는 경우에 정보통신서비스제공자가 구축한 네트워크나 시스템 및 그 운영체제 등은 불가피하게 내재적인 취약점을 내포하고 있어서 이른바 해커 등의 불법적인 침입행위에 노출될 수밖에 없을 뿐만 아니라, 완벽한 보안을 갖추기도 기술의 발전속도나 사회전체적인 거래비용 등을 고려할 때 기대하기 쉽지 아니한 사정도 있고, 해커 등은 여러 공격기법을 통하여 정보통신서비스제공자가 취하고 있는 보안조치를 우회하거나 무력화하는 방법으로 정보통신서비스제공자의 정보통신망 및 정보시스템에 침입하고, 해커의 침입행위를 방지하기 위한 보안기술은 해커의 새로운 공격방법에 대하여 사후적으로 대응하여 보완하는 방식으로 이루어지는 경우가 일반적인 사정 등과 같은 특수한 사정이 있다. 정보통신서비스제공자가 정보통신망법 제28조 제1항이나 정보통신서비스이용계약에 따른 개인정보의 안전성 확보에 필요한 보호조치를 취하여야 할 법률상 또는 계약상 의무를 위반한 경우인지 여부를 판단함에 있어서는 해킹 등 침해사고 당시 보편적으로 알려져 있는 정보보안의 기술수준, 정보통신서비스제공자의 업종·영업규모와 정보통신서비스제공자가 취하고 있던 전체적인 보안조치의 내용, 정보보안에 필요한 경제적 비용 및 그 효용의 정도, 해킹기술의 수준과 정보보안기술의 발전 정도에 따른 피해발생의 회피가능성, 정보통신서비스제공자가 수집한 개인정보의 내용과 개인정보의 누출로 인하여 이용자가 입게 되는 피해의 정도 등의 사정을 종합적으로 고려하여 정보통신서비스제공자가 해킹 등 침해사고 당시 사회통념상 합리적으로 기대가능한 정도의 보호조치를 다한 경우인지 여부를 기준으로 판단하여야 한다.[2]

만약 옥션이 개인정보보호조직의 구성·운영에 관한 사항, 접근통제 등에 관한 세부사항, 그 밖에 개인정보보호를 위하여 필요한 사항 등을 구체적으로 규정한 「정보보호정책 및 관리지침」을 제정하여 직원으로 하여금 준수하게 하는 등 개인정보관리계획을 수립·시행하고 있고, 네트워크에 대한 침입탐지시스템과 침입방지시스템을 설치하여 운영하며, 관리계획을 통하여 패스워드작성규칙을 수립·이행하고, 복수의 백신소프트웨어를 설치·운영하는 등 개인정보에 대한 불법적인 접근을 통제하기 위하여 정보통신망법 제28조 제1항 등에서 요구하고 있는 개인정보보호를 위한 기술적·관리적 조치를 취하고 있을 뿐만 아니라, 한편 해킹사고 당시 업무특성상 인터넷을 통하여 외부접속이 필요한 이노믹스서버에 대하여 아이디와 비밀번호의 입력과 같은 인증 및 인가절차를 시행하고 각종 접근제어방법을 마련하는 등 다수의 보안조치를 취

2 대법원 2015.2.12. 선고 2013다43994, 44003(병합) 판결.

한 경우라고 하면 이노믹스서버 등에 사회통념상 합리적으로 기대가능한 정도의 보호조치를 이행하지 않은 경우라고 볼 수는 없다. 또한 A 등이 이노믹스서버 등에 설치가 필요하다고 주장하는 웹방화벽은 시스템의 특성 등을 고려하여 도입 여부가 결정되는 선택적인 보안조치의 하나에 불과하고 법령상으로도 웹방화벽의 설치가 의무화되어 있지 않다고 하면 그 웹방화벽의 미설치가 보호조치의무를 이행하지 않은 경우라고 보기는 어렵다. 그리고 수백대의 웹서버와 수십대의 데이터베이스서버를 운영하고 있는 옥션의 시스템구조의 특성상, 옥션이 이노믹스서버의 웹서비스를 지원하기 위하여 설치된 톰캣서버의 아이디와 비밀번호의 설정 등 개개의 항목의 취약점을 전부 파악하여 보완하기가 쉽지 않으므로 스캐너와 같은 자동화된 도구를 통하여 취약점을 점검하는 경우가 보편적인 보안업무의 처리방식이라고 할 수 있으나, 톰캣서버의 아이디와 비밀번호의 취약점은 해킹사고 이후에야 옥션이 사용하던 스캐너의 취약점의 점검목록 등에 포함되고, 옥션이 운영하고 있던 네트워크에 대한 침입탐지시스템이나 데이터베이스서버의 인증 및 접근제어장치 등 옥션이 취하고 있던 전체적인 보안조치의 내용을 고려하면, 개개의 항목의 취약점만을 이유로 옥션이 개인정보의 안전성확보에 필요한 보호조치를 다하지 않은 경우라고 볼 수는 없다.

특히 옥션이 데이터베이스서버 등에 각종 인증 및 접근제어의 시스템을 운용하고 있고, 데이터베이스서버에 관한 보안솔루션 등 여러 보안조치를 통하여 데이터베이스서버에 대한 비정상적인 접근이나 정보조회의 요청인 쿼리(Query)의 정상범위를 벗어난 실행 등을 모니터링하고 있는 사정이 인정되고, 또한 옥션의 업무나 시스템의 특성, 해킹사고 당시의 보안기술의 수준 등을 고려할 때, 해킹사고 당시 옥션이 이상징후로 설정한 조건이 잘못된 경우라고 보기도 어렵다고 하면 해커가 개인정보를 누출하는 과정에서 발생한 쿼리나 데이터의 전송량이 옥션의 업무특성 등을 고려할 때 평균적인 수준을 넘지 않는 경우이어서, 옥션이 해킹사고 당시 해커의 쿼리실행 등을 탐지하지 못한 사정이 인정될 수 있으므로, 옥션이 해커의 쿼리실행 등을 탐지하지 못한 이유만으로 사회통념상 합리적으로 기대가능한 정도의 보호조치를 취하지 않은 경우로 볼 수는 없다. 그리고 옥션은 2008년 1월 3일경 오픈마켓사이트의 이상징후를 발견한 이후 자체적으로 수립하고 있던 침해사고대응절차에 따라 합리적인 대응조치를 취한 경우로 보이고, 해커가 사용한 악성프로그램인 웹쉘[3]이 쉽게 발견하기 어려운 종류와 형태이며 옥션이 사용한 백신프로그램 등이 당시 보편적으로 사용되고 있던 백신프로그램인 사정 등을 고려하면, 옥션이 해킹사고 당시 실시간으로 웹셸을 탐지하지 못한 경우라고 하여 잘못이라고 보기도 어렵다. 만약 해커가 탐지가 어려운 변종웹쉘의 업로드 및 실행, 방화벽의 우회를 위한 포트포워딩, 'ARP Spoofing'공격, 패스워드크래킹프로그램의 사용 등 여러 고급의 해킹기법을 사용하여 옥션의 이노믹스서버에 침입하여 데이터베이스서버의 아이디와 암호화된 비밀번호를 알아낸 후 데이터베이스서버에 저장된 개인정보를 누출한 경우로 추정된다면 해킹의 수법이나 당시의 보안기술수준, 옥션이 취하고 있던 전체적인 보안조치의 내용과 수

3 웹쉘(Web Shell)이란 '웹'(Web)과 서버에게 명령을 내려 실행하기 위한 인터페이스역할을 하는 '셸'(Shell)의 합성어로 웹페이지에서 서버에게 명령어를 실행하기 위하여 만들어진 프로그램을 가리킨다. 웹셸을 통하여 웹서버의 다양한 취약점(서버의 취액점, 웹어플리케이션의 취약점) 등을 타깃으로 공격하여 웹서버에 웹셸을 업로드한 후 일반적인 웹브라우저를 통하여 업로드한 웹셸을 실행하여 침투한 서버상의 정보유출 및 변조, 악성코드의 유포 등을 행한다.

준 등을 고려할 때에 옥션이 해킹사고를 근본적으로 방지하기는 어렵다고 보아야 한다.[4]

Ⅲ. 해커의 형사책임

1. 전자비밀침해죄

컴퓨터해킹으로 공무상의 비밀이나 개인의 비밀을 알아내면 전자비밀침해죄가 된다. 공무원이 그 직무에 관하여 봉함 기타 비밀장치한 전자기록 등 특수매체기록을 기술적 수단을 이용하여 그 내용을 알아내면 공무상 전자비밀침해죄(형법 제140조 제3항), 봉함 기타 비밀장치한 사람의 전자기록 등 특수매체기록을 기술적 수단을 이용하여 그 내용을 알아내면(형법 제316조 제2항) 전자비밀침해죄로 처벌된다.[5]

2. 컴퓨터손괴죄

공무소에서 사용하는 전자기록 등 특수매체기록을 손상 또는 은닉하거나 기타 방법으로 그 효용을 해하면 컴퓨터손괴죄가 된다(형법 제141

---

4 대법원 2015.2.12. 선고 2013다43994, 44003(병합) 판결.

5 "회사의 직원이 회사의 이익을 빼돌린다"는 소문을 확인할 목적으로, 비밀번호를 설정함으로써 비밀장치를 한 전자기록인 개인용 컴퓨터의 하드디스크를 떼어내어 다른 컴퓨터에 연결한 다음 의심이 드는 단어로 파일을 검색하여 메신저대화의 내용, 이메일 등을 출력한 경우에 범죄혐의를 구체적이고 합리적으로 의심할 수 있는 상황에서 긴급히 확인하고 대처할 필요가 있고, 그 열람의 범위를 범죄혐의와 관련된 범위로 제한한 경우에는 사회통념상 허용될 수 있는 상당성이 있는 행위로서 형법 제20조의 「정당행위」 라고 본다(대법원 2009.12.24. 선고 2007도6243 판결).

조 제1항). 역시 개인의 전자기록 등 특수매체기록을 손괴 또는 은닉 기타 방법으로 그 효용을 해하여도 컴퓨터손괴죄가 된다(형법 제366조 제1항). 예컨대 해킹을 통하여 타인의 컴퓨터에 부정하게 접근하거나 또는 인터넷회선 등을 거쳐 외부로부터 부정하게 컴퓨터에 접근하여 컴퓨터시스템이나 프로그램 또는 데이터를 변경 · 파괴하면 컴퓨터손괴죄로 처벌된다.

3. 컴퓨터업무방해죄

컴퓨터 등 정보처리장치 또는 전자기록 등 특수매체기록을 손괴하거나 정보처리장치에 허위의 정보 또는 부정한 명령을 입력하거나 기타 방법으로 정보처리에 장애를 발생하게 하여 사람의 업무를 방해하면 컴퓨터업무방해죄가 된다(형법 제314조 제2항). 예컨대 갑회사 대표이사인 A가 악성프로그램이 설치된 피해컴퓨터사용자가 실제로 인터넷 포털사이트 네이버 검색창에 해당 검색어로 검색하거나 검색결과에서 해당 스폰서링크를 클릭하지 않아도 악성프로그램을 이용하여 검색을 하고 클릭한 경우처럼 네이버의 시스템서버에 허위의 신호를 발송하는 방법으로 정보처리에 장애를 발생하게 하면 A의 행위는 객관적으로 진실에 반하는 내용의 정보인 '허위의 정보'를 입력한 경우에 해당하고, 그 결과 네이버의 시스템서버에서 실제적으로 검색어가 입력되거나 특정 스폰서링크가 클릭된 경우로 인식하여 그에 따른 정보처리가 이루어지므로 그는 네이버의 시스템 등 정보처리장치가 그 사용목적에 부합하는 기능을 하지 못하거나 사용목적과 다른 기능을 함으로써 정보처리의 장애가 현실적으로 발생하고, 그로 인하여 네이버의 검색어제공서비스 등

의 업무나 네이버의 스폰서링크광고주의 광고업무가 방해된다고 보아야 하여 컴퓨터업무방해죄가 인정된다.[6]

4. 컴퓨터사용사기죄

컴퓨터 등 정보처리장치에 허위의 정보 또는 부정한 명령을 입력하거나 권한 없이 정보를 입력·변경하여 정보처리를 하게 함으로써 재산상의 이익을 취득하거나 제3자로 하여금 취득하게 하면 컴퓨터사용사기죄로 처벌된다(형법 제347조의2). 형법 제347조의2에서 말하는 '부정한 명령의 입력'은 사무처리시스템에 예정되어 있는 사무처리의 목적에 비추어 지시하여서는 안 될 명령을 입력하는 경우를 의미하므로, 설령 '허위의 정보'를 입력한 경우가 아니라고 하더라도, 사무처리시스템의 프로그램을 구성하는 개개의 명령을 부정하게 변개·삭제하는 행위는 물론 프로그램 자체에서 발생하는 오류를 적극적으로 이용하여 그 사무처리의 목적에 비추어 정당하지 아니한 사무처리를 하게 하는 행위도 특별한 사정이 없는 한 '부정한 명령의 입력'에 해당한다.[7]

5. 정보통신망법상 형사책임

(1) 정보통신망침입죄

누구든지 정당한 접근권한 없이 또는 허용된 접근권한을 넘어 정보통

6 대법원 2013.3.28. 선고 2010도14607 판결.

7 대법원 2013.11.14. 선고 2011도4440 판결.

신망에 침입하여서는 안 된다(정보통신망법 제48조 제1항). 예컨대 갑 회사 대표이사인 A가 운영하는 웹사이트에서 무료프로그램을 다운로드 받을 경우 악성프로그램이 숨겨진 특정프로그램을 필수적으로 컴퓨터 내에 설치하도록 유도하는 방법으로 컴퓨터사용자의 정보통신망에 침입하면 그 악성프로그램이 설치됨으로써 피해컴퓨터사용자의 정보통신망에 침입한 경우로 되므로 정보통신망침입죄로 처벌된다.[8]

(2) 정보통신망장애죄

누구든지 정보통신망의 안정적 운영을 방해할 목적으로 대량의 신호 또는 데이터를 보내거나 부정한 명령을 처리하도록 하는 등의 방법으로 정보통신망에 장애가 발생하게 하여서는 안 된다(정보통신망법 제48조 제3항). 정보통신망장애행위로 처벌하기 위하여는 정보통신망의 안정적 운영을 방해하는 장애가 발생되어야 한다. 정보통신망은 전기통신기본법 제2조 제2호의 규정에 따른 전기통신설비를 이용하거나 전기통신설비와 컴퓨터 및 컴퓨터의 이용기술을 활용하여 정보를 수집 · 가공 · 저장 · 검색 · 송신 또는 수신하는 정보통신체제를 말하므로, 정보통신망의 안정적 운영을 방해하는 장애는 정보통신망에서 정보를 수집 · 가공 · 저장 · 검색 · 송신 또는 수신하는 기능을 물리적으로 수행하지 못하게 하거나 그 기능수행을 저해하는 경우를 의미한다. 그러므로 정보통신망법 제48조 제3항에서 정하고 있는 '부정한 명령'은 '대량의 신호 또는 정보자료'를 보내는 경우와 마찬가지로 정보통신망의 안정적 운영을 방해하는 장애가 발생될 수 있는 방법의 하나로서 그에 해당하는 명

8 대법원 2013.3.28. 선고 2010도14607 판결.

령이라고 해석하여야 하므로, 정보통신망의 운영을 방해할 수 있도록 정보통신망을 구성하는 컴퓨터시스템에 그 시스템의 목적상 예정하고 있지 않은 프로그램을 실행하게 하거나 그 시스템의 프로그램을 구성하는 개개의 명령을 부정하게 변경, 삭제, 추가하거나 프로그램 전체를 변경하게 하는 경우가 해당한다.[9] 다만 허위의 정보자료를 처리하게 하더라도 그 허위의 정보자료가 정보통신망에서 처리가 예정된 종류의 정보자료인 이상 정보통신망법 제48조 제3항에서 정한 '부정한 명령'을 처리하게 한 경우라 할 수 없고, 그 허위의 자료를 처리하게 함으로써 정보통신망의 관리자나 이용자의 주관적 입장에서 보아 진실에 반하는 정보처리결과를 만들어 내더라도 정보통신망에서 정보를 수집 · 가공 · 저장 · 검색 · 송신 또는 수신하는 기능을 물리적으로 수행하지 못하게 하거나 그 기능수행을 저해하지는 아니하는 이상 형법에서 정한 '정보처리장애'에 해당하여 컴퓨터 등 장애업무방해죄가 성립될 수 있음은 별론으로 하고 정보통신망법 제48조 제3항에서 정한 '정보통신망의 장애'에 해당한다고 할 수 없으므로, 정보통신망의 장애에 의한 정보통신망법의 위반으로 처벌할 수는 없다.[10] 그러므로 갑회사 대표이사인 A가 컴퓨터 사용자의 컴퓨터에 설치된 악성프로그램이 자동으로 갑회사의 서버컴퓨터로부터 내려받은 작업리스트에 따라서 인터넷포털사이트 네이버의 검색창에 지시된 검색어를 입력하고 그 검색결과에서 지시된 업체의 웹사이트를 클릭하도록 하여 해당 업체와 관련된 검색어에 대하여 '연관검색어', '자동완성어'를 생성하거나 해당 웹사이트의 순위를 향상시킴으로

9 대법원 2013.3.28. 선고 2010도14607 판결.

10 대법원 2013.3.28. 선고 2010도14607 판결.

써 네이버의 정보통신망에 장애를 발생하도록 A가 네이버의 서버에 마치 컴퓨터사용자가 실제로 네이버의 검색창에 검색어를 입력하거나 해당 업체의 웹사이트를 클릭한 경우처럼 사실과 다른 정보자료를 보내더라도 그 정보자료가 네이버의 시스템에서 통상적인 처리가 예정된 종류의 정보자료여서 정보통신망의 안정적 운영을 방해하는 장애가 발생될 수 있는 방법이 사용된 경우로 보기 어려울 때에는 정보통신망법 제48조 제3항에서 정한 '부정한 명령'을 처리하게 한 경우가 아니고, 나아가 A의 행위로 네이버의 시스템에서 정보를 수집 · 가공 · 저장 · 검색 · 송신 또는 수신하는 기능을 물리적으로 수행하지 못하게 되거나 그 기능 수행이 저해된다고 할 수 없어 '정보통신망의 장애'가 발생된다고 할 수 없으므로 정보통신망의 장애에 의한 정보통신망법의 위반이 성립된다고 할 수 없다.

13장 쿠키

01 서설

인터넷의 가장 큰 특징의 하나로서 「익명성」(Anonymität)을 든다. 흔히 인터넷을 익명성이 보장되는 무한한 자유공간이라고 한다. 인터넷의 사용자는 누구나 글로벌한 네트워크에 연결된 컴퓨터 앞에서는 누구의 감시도 받지 않고, 자기의 정체를 밝히지 않은 채 마음대로 자기가 하고 싶은 말이나 글을 쏟아놓거나 원하는 웹사이트를 아무도 몰래 찾아다닐 수 있다고 생각한다.

물론 익명성은 인터넷의 고유한 특성에 속한다. 또한 익명성이 현재와 같은 인터넷의 성공스토리의 연출에 다대한 기여를 한 사실도 부인할 수 없다. 그러나 익명성이 인터넷의 발전에 반드시 긍정적인 영향만을 미치고 있다고 볼 수는 없고, 역시 인터넷에서 익명성이 완벽하게 보장되고 있다고 단언할 수도 없다. 아무도 모르게 웹사이트를 서핑하고 있다고 믿는 순간에도 누군가가 인터넷사용자의 사이버공간에서의 일거수 일투족을 감시하고 온라인추적을 통하여 누가 어떤 웹페이지를 자주 방문하는지, 홈쇼핑사이트에서 어떤 상품에 관심을 가지는지, 어느 채팅방을 이용하는지를 파악하고 있다는 사실을 미처 모르는 경우가 많다.

인터넷에서 개인정보를 침해하거나 온라인추적을 하는 방법으로는 여러 가지가 있다. 예를 들어 해킹(hacking)은 컴퓨터시스템에 침투하거나 정보를 빼내는 대표적인 예이다. 특히 스니퍼링(Sniffering)[1], 스푸핑(Spoofing)[2]과 같은 해킹기술을 통하여 인터넷에서 개인정보가 큰 위협을 받고 있다. 또한 IP주소[3]를 알면 인터넷이용자가 어느 지역에 있는 누구인지를 파악할 수 있고, 웹브라우저를 통하여 사용하고 있는 브라우저의 종류, 언어, 방문하고 있는 페이지로 전달한 웹사이트, 경우에 따라서는 이메일주소까지를 알 수 있다. 예컨대 회원가입을 할 때에 흔히 자세한 개인정보(주로 성명, 성별, 생년월일, 최종학력, 직업, 결혼여부, 전화번호, 휴대폰번호, 이메일주소, 주소)를 기재하기를 강제하는 경우가 많고, 그 결과 인터넷이용자가 로그인을 하면 웹사이트는 이용자의 개별적인 활동을 비교적 정확하게 파악할 수 있다. 역시 Java, JavaScript, ActiveX 혹은 Visual Basic Script와 같은 인터넷프로그래밍언어도 인터넷이용자를 감시하고, 그 개인정보의 수집에 오용될 수 있다. 본래 하이퍼링크(Hyperlinks)는 이동하고자 하는 사이트의 주소(URL)를 직접 입력하지 않고도 웹문서에서 링크로 연결되어 있는 특정부분을 클릭하기

---

1 스니퍼링이란 호스트 A와 B가 주고받는 데이터를 몰래 엿보거나 가로채는 해킹을 가리킨다.

2 스푸핑이란 A와 B가 네트워크상에서 정보를 교환할 때에 타인이 B로 위장하여 A가 B에게 보내는 문서를 빼내는 해킹을 말한다.

3 인터넷에 연결된 컴퓨터 고유의 숫자로 표현된 주소를 IP주소라고 한다. 인터넷에 연결된 1대의 컴퓨터는 1개의 IP주소를 가져야 한다. IP주소는 2진수 32비트로 되어 있고, 십진수로 표현시 8비트(1바이트)마다 점(dot)을 찍어 구분한다(예컨대 210.117.137.215).

만 하면, 같은 웹문서 내의 다른 부분이나 다른 정보가 있는 다른 웹문서로 이동시켜 주는 기능을 가지나, 하이퍼링크를 클릭하여 다른 웹문서를 부를 때에 그 서버에 자기도 모르는 사이에 흔적이 남기도 한다. 혹은 예컨대 인텔이나 마이크로소프트와 같이 하드웨어나 소프트웨어를 통하여 웹서퍼의 동일성을 확인하는 조치를 취하여 개인정보를 파악하는 경우도 있다.

특히 인터넷이용자는 웹사이트를 서핑할 때마다 웹서버에 대하여 자기에 대한 대화나 행동의 프로필을 알릴 수 있는 개별적인 개인정보의 흔적을 남긴다. 인터넷이용자가 각 웹사이트에 방문한 경우에 웹브라우저가 활동하면서 남기는 흔적(혹은 자취)을「쿠키」(Cookie)라고 한다.[4] 쿠키에는 인터넷사용자에 대한 기본적인 정보(예컨대 사용자의 성명, ID와 비밀번호, IP주소, 방문한 사이트)가 담길 수 있다. 본래 쿠키는 인터넷사용자의 홈페이지에의 접속 · 접근의 허용절차를 용이하게 하기 위하여 만들어진 도구이다. 예를 들어 특정한 웹사이트를 처음 방문하면 ID와 비밀번호를 기록한 쿠키가 작성되고, 다음에 접속을 하면 쿠키에 의하여 별도의 절차 없이 사이트에 빠르게 연결될 수 있다. 그러나 쿠키는 컴퓨터사용자에 대한 정보를 담고 있으므로, 그의 소비패턴이나 관심분야 등을 조합하여 행태정보를 추측할 수도 있고, 개인정보나 사생활을 침해할 소지도 크다.

---

4 쿠키는 사전적 의미로 과자의 한 종류를 의미하나, 인터넷에서 쿠키라고 할 때에는 부라우저가 사용자에 대한 정보를 사용자의 컴퓨터에 저장한 짤막한 정보파일을 가리킨다. 쿠키를 먹다보면 그 과자의 특성상 부스러기를 떨어뜨리게 된다. 브라우저가 활동하면서 남기는 사용자의 발자국이 마치 먹다 떨어뜨린 과자부스러기와 같다고 하여 웹서핑을 할 때에 사용자의 컴퓨터에 남는 소량의 텍스트파일을 쿠키라고 부른다.

[쿠키]

쿠키는 사용자의 웹사이트이용습관을 보여주는 정보로서 인터넷사용자가 어떤 제품을 구입하는지, 어떤 분야에 관심이 있는지와 같은 모든 정보를 기록할 수 있다. 그러므로 인터넷쇼핑몰이나 온라인광고업체는 쿠키를 이용하여 인터넷사용자의 기호를 수집 · 분석하고, 타겟마케팅이나 광고전략에 쿠키를 활용할 수 있다. 또한 쿠키를 통하여 얻은 정보를 DM이나 스팸메일(Spammail)의 발송에 사용하는 경우도 있다.

특히 쿠키는 인터넷보안문제를 유발하기도 한다. 쿠키를 통하여 인터넷사용자가 즐겨 사용하는 암호를 짐작해 낼 수도 있고, 심한 경우에는 PC의 다른 파일을 훔쳐낼 수도 있다. 또한 쿠키가 고의로 인터넷사용자의 정보를 빼내는 통로역할을 하는 경우도 가끔 있다. 그러므로 쿠키와 관련하여 웹서핑을 추적하는 도구, 즉 인터넷사용자의 사생활 혹은 개인정보침해의 첨병으로서의 문제가 자주 논란이 되고 있다.

쿠키와 관련하여 언론에 보도된 내용을 보면, "인터넷 쿠키가 당신을 감시한다" 혹은 "IT혁명과 프라이버시 침해"에서부터 "프라이버시 보호, '쿠키'단속이 급선무", "쿠키, 법정에 세운다", "내 정보 유출, '쿠키'를 사수하라 - 개인정보 해킹주의 포털회원 특히 위험", "유럽의회, 쿠키제한 법안지지", "미, '온라인추적' 사생활침해 논란"과 같이 쿠키를 통한 온라인추적이 인터넷사용자의 프라이버시를 침해하고 있다는 사실을 지적하고 있다. 특히 미국에서는 지난 2000년에 백악관 마약정책실이 웹사이트의 반마약광고를 본 방문객의 정보를 추적하다 적발되어, 정부기관에 대하여 웹서핑행동을 추적하는 쿠키의 사용을 엄격하게 금지하고 있으나, 그 후 미국 중앙정보국(CIA)이 대외용 웹사이트에서 방문객의 정보수집을 위한 쿠키프로그램을 운영하다 적발되어 물의를 일으킨 경우

도 있다.[5]

쿠키를 규제하는 방법으로서는 여러 가지가 고려될 수 있으나, 크게 구분하면 (i) 자율규제, (ii) 기술적인 규제, (iii) 법적인 규제로 구분할 수 있다. 자율규제는 쿠키에 대한 원시적이고 1차적인 규제방법으로서 요구되기는 하지만, 법적 구속력이나 위반에 대한 제재수단이 없거나 강하지 않다고 하는 문제가 있다. 역시 기술적인 규제를 통하여도 쿠키의 오용을 막을 수 있으나, 쿠키의 불법적인 운영을 꾀하는 인터넷서비스제공자는 반쿠키소프트웨어를 무력화시키는 프로그램의 개발을 통하여 쿠키관리프로그램의 영향을 별로 받지 아니하고 쿠키로 개인정보를 수집할 수 있다. 궁극적으로는 쿠키의 운영에 관한 사항을 법률로 규율할 필요가 있다. 그러나 현재 쿠키의 사용을 규정하는 명문의 규정은 없는 실정이다. 다만 인터넷에서의 프라이버시 혹은 개인정보의 보호를 규율하는 여러 일반적인 법률을 통하여 쿠키의 사용으로부터 인터넷사용자가 보호될 수 있다. 장차는 쿠키에 따른 법적 문제를 규율하는 구체적인 규정을 마련하여 쿠키에 따른 개인정보침해로부터 인터넷사용자를 법적으로 보호할 필요가 있다고 본다. 법률상 쿠키와 관련하여 규율할 내용으로서는 (i) 쿠키에 관한 운영사항의 공개, (ii) 옵트인방식 혹은 옵트아웃방식에 의한 동의, (iii) 수집된 정보에 대한 액세스의 보장, (iv) 쿠키운영정책에 관한 변경의 고지, (v) 쿠키의 거절 · 삭제 · 무력화 · 필터링에 필요한 수단의 제공을 들 수 있다.

---

5 특히 CIA 웹사이트(http://www.cia.gov/)에는 「방문에 대한 정보를 수집·보관하는 쿠키를 사용하지 않고 있다」(The Central Intelligence Agency Web site does NOT use the "cookies" that some Web sites use to gather and store information about your visits to their sites)고 하는 안내문까지 게시되어 있다(한겨레신문 2002.3.21, CIA 웹사이트 '쿠키'운영 적발 참조).

쿠키에 의하여 개인정보나 프라이버시를 침해당한 인터넷사용자는 인터넷서비스제공자에게 손해배상책임을 물을 수 있다. 예를 들어 인터넷서비스제공자가 쿠키에 관한 사항을 인터넷사용자에게 고지하지 아니하고, 은밀히 쿠키로 개인정보를 수집한 경우 혹은 수집한 개인정보를 가공하거나 제3자에게 제공하는 경우, 수집된 개인정보에 대한 인터넷사용자의 액세스권을 침해하는 경우에는 계약상의 의무위반 혹은 불법행위가 된다. 그리고 쿠키로 인한 개인정보침해를 사전에 예방하기 위한 조치로서 인터넷사용자는 인터넷서비스제공자에 대하여 금지청구권을 가진다.

02
쿠키의 개념

Ⅰ. 쿠키 = 웹서버와 브라우저가 주고받는「이용자정보」

인터넷사용자가 어떤 웹사이트를 서핑한 경우에 웹서버가 브라우저(예컨대 Internet Explorer)에 보내서 사용자의 컴퓨터에 저장하는 작은 정보파일을 쿠키(cookie)라고 한다. 보통 쿠키는「인터넷 웹사이트에 의하여 형성되어 이용자의 컴퓨터에 저장되는 작은 정보」혹은「웹이용자를 식별하기 위하여 웹서버에 의하여 이용되는 데이터조각」이라고 정의될 수 있다. 예를 들어 어떤 웹사이트에 접속하면, 그 웹사이트의 서버컴퓨터(웹서버)와 자기의 컴퓨터는 끊임없이 대화를 나누고, 그 내용을 기록으로 남긴다. 인터넷사용자가 누구이고(예컨대 IP주소), 웹사이트에 와서 어떤 정보를 읽고, 웹사이트의 어떤 분야에 관심이 있는지를 기록한 정보가 바로 쿠키이다.

쿠키는 임시파일로 크기는 4KB 이하로 작다.[6] 또한 사용할 수 있는

6 파일의 용량이 과자부스러기처럼 작다고 하여 붙여진 명칭이 바로 '쿠키'이다.

쿠키의 개수는 총 300개로 브라우저가 하나의 도메인에 대하여 저장할 수 있는 쿠키의 개수는 20개 이하로 제한되어 있다. 그리고 쿠키를 보관하는 장소는 브라우저에 따라 다르다.

II. 쿠키의 종류

1. 브라우저쿠키

부라우저쿠키(Browser Cookie)는 인터넷사용자가 방문한 웹사이트에서 추후에 어떤 용도로든 사용하기 위하여 그의 하드디스크에 남기는 정보를 의미한다. 예를 들어 인터넷사용자가 특정한 팝업창에 대하여 "더 이상 열지 않음", "오늘은 더 이상 열지 않음" 등과 같은 체크박스를 선택할 경우에 브라우저쿠키의 정보가 인터넷사용자의 PC에 저장되어 그 이후부터 해당 웹사이트에 방문할 때 더 이상 그 팝업창이 나타나지 않게 된다. 브라우저쿠키의 저장방식은 웹브라우저의 종류와 버전에 따라서 상이하다. 예를 들어 국내에서 가장 많은 유저가 사용하는 인터넷 익스플로어의 경우는 도메인마다 파일 하나로서 저장되며, 저장되는 위치는 윈도우의 버전에 따라서 다를 수 있다.[7]

2. 슈퍼쿠키

슈퍼쿠키(Super Cookie)는 인터넷사용자의 웹사이트에 대한 방문기

7 예컨대 C:\Users\"UserName"\AppData\Roaming\Microsoft\Windows\Cookies와 같이 저장된다.

록 등을 알 수 있는 새로운 형태의 쿠키파일이다. 슈퍼쿠키는 삭제하여도 컴퓨터이용자가 어떤 웹사이트를 방문하는지를 파악할 수 있고, 일반적인 쿠키와는 다른 경로로 저장되어 컴퓨터이용자가 알아차리기 쉽지 않다. 먼저 컴퓨터 안에 슈퍼쿠키를 만들어 두면 그 인터넷이용자가 사생활보호모드로 인터넷에 접속하더라도 그를 추적할 수 있고, 또한 슈퍼쿠키는 일반의 쿠키와 달리 쿠키를 만들지 않은 웹사이트에서도 읽을 수 있다.

3. 플래시쿠키

플래시쿠키(Flash Cookie)는 브라우저쿠키에 비하여 25배나 많은 용량(100KB)을 가지고 있고, 그 저장경로도 브라우저쿠키의 저장경로와는 다르다. 인터넷사용자는 브라우저상의 쿠키삭제기능으로 플래시쿠키의 삭제가 불가능하여 임의적으로 플래시쿠키가 저장되는 경로를 찾아 접근하여 삭제하지 않는 이상 영구적으로 남아있게 된다. 또한 플래시쿠키가 만들어진 사실을 인터넷사용자가 인지하고 있지 못하고 있으므로, 개인성향이나 패턴정보 등이 노출될 가능성이 크다.

Ⅲ. 쿠키에 포함되는 정보

흔히 쿠키는 웹사이트를 방문한 인터넷사용자에 대한 개인적 사항을 기억하기 위하여 사용한다. 쿠키에 포함되는 정보에는 쿠키를 제공하는 웹사이트의 이름, 쿠키의 이름과 존속기간, 쿠키값이 있다. 보통 쿠키값이 문제가 되며, 쿠키값에는 인터넷사용자의 성명, 웹사이트에 사용한 이메일주소나 전화번호, 주민등록번호, 크레디트카드번호, IP주소, 방문의 횟수 · 시간 · 기간, 장바구니, 방문한 다른 사이트의 리스트와 같은 내용이 들어간다. 물론 쿠키에 반드시 방문한 사이트의 정보가 들어가야 하지는 않고, 경우에 따라서는 배너광고와 같이 그 웹페이지 내의 여러 프레임 중 하나에 대한 정보가 쿠키에 저장될 수도 있다.

쿠키에는 여러 가지 유형이 있다. 예를 들면 인터넷사용자가 그 사이트에 몇 번째 방문하는가를 기억하기 위한 경우, 인터넷사용자가 웹페이지를 읽을 때 어떤 설정을 하고 있는가에 대한 정보를 기억하기 위한 경우(예를 들면 웹검색엔진을 이용할 때 한 페이지에 검색결과를 몇 개씩 표시하게 하는가에 대한 설정), 쇼핑사이트에서 부여한 식별기호를 기억하기 위한 경우가 있다.

쿠키에 담겨져 있는 정보는 쿠키프로그램의 제작자만이 알 수 있고, 컴퓨터의 사용자는 쿠키에 포함된 정보가 어떤 내용인지를 알 수 없다. 다만 아무리 쿠키값이 쿠키프로그램개발자만이 읽을 수 있도록 암호화되어 있다 하더라도 쿠키프로그램의 불완전성으로 인하여 해킹을 당하거나 쿠키를 통하여 컴퓨터에 있는 다른 정보를 도용당할 가능성을 완전히 배제할 수는 없다.

Ⅳ. 쿠키의 기능 · 활용

1. 이전에 방문한 웹사이트의 기억

인터넷에서 쿠키의 사용은 편리하고 유용한 측면이 있다. 기술적으로 설명하면 웹프로토콜인 HTTP는 스스로 이전에 한 일을 기억할 수 없다. 인터넷사용자가 전에 한번 방문한 적이 있는 웹서버를 다시 찾아와도 그 웹서버는 사용자가 전에 자기를 방문한 적이 있다고 하는 사실을 알지 못하고, 처음의 방문자로 취급된다.[8] 그러므로 인터넷사용자가 웹사이트를 방문할 때마다 매번 브라우저로부터 해당하는 웹서버에 대하여 원하는 사이트를 브라우저에 보여 달라고 하는 요청을 한다. 그리고 브라우저에의 전송이 완료되면 웹서버와의 접속이 끝난다. 다시 웹사이트의 다른 페이지를 불러올 때에는 그 웹서버와 새로운 접촉을 하여야 하고, 그 결과로 다음 페이지가 브라우저에 불려져 나온다.

웹서버가 한번 방문한 사용자에 대한 정보를 보유하고 있으면 편리할 때도 많다. 예를 들어 웹서버가 브라우저에 이용자식별(Benutzerkennung)이 가능한 쿠키를 보내면 이용자가 웹서버의 페이지를 열 때마다 매번 새로운 접촉을 웹서버와 시도할 필요가 없다. 또한 브라우저를 일단 종료할 때에는 쿠키에 필요한 정보를 저장하여 후에 다시 방문할 때에는 바로 웹서버가 쿠키를 불러서 브라우저를 식별할 수 있다.[9]

쿠키는 이용자가 누구인지를 식별할 수 있을 뿐만 아니라, 이용자가 어떤 정보를 주로 찾는지 혹은 개인적으로 어떤 분야에 관심이 많은지를 파악할 수도 있다. 예를 들어 온라인서점을 방문한 이용자가 어떤 책에 관심을 보이며 웹서핑을 하고 있는가, 즉 컴퓨터서적에 관심을 가지

---

8 본래 웹서버는 전에 사용자가 한번 방문한 적이 있다고 하는 사실을 모를 뿐만 아니라, 웹사이트를 방문하여 한 일이 무엇인지도 전혀 기억하지 못한다. 이전의 상태를 기억하지 못하는 프로토콜을 전문용어로는 스테이트리스 프로토콜(stateless protocol)이라고 부른다.

9 예를 들어 전에 방문한 사이트를 다시 들어가면 「몇 번째 방문을 환영합니다」라고 하여 이용자를 식별하는 경우가 있다.

고 있는가 혹은 법률서적에 관심을 가지고 있는가를 쿠키를 통하여 알 수도 있다. 그리고 만일 어느 이용자가 다음에 웹사이트를 방문할 때에는 그 이용자가 관심을 가지는 분야에서 새로 출간된 신간서적을 먼저 안내 · 광고할 수 있다.

2. 사용자의 불편해소

만일 쿠키가 없으면 인터넷사용자가 회원제로 운영되는 웹사이트에서 다른 페이지를 방문할 때마다 아이디와 비밀번호를 입력하여야 한다. 그러나 쿠키에 의하여 웹사이트의 이용자가 한번만 아이디와 비밀번호를 입력하면 다른 페이지를 방문할 때에는 별도로 회원정보를 입력하지 않고도 웹서핑을 할 수 있다. 또한 쿠키가 있으면 자주 방문하는 웹사이트에 매번 아이디와 비밀번호를 써넣지 않아도 간단히 접속할 수 있다. 예를 들어 뉴욕타임스(http://www.nytimes.com/)에 들어가 로그인을 할 때에 컴퓨터에 회원ID와 패스워드를 기억시킬지를 묻는 내용(□Remember my Member ID and password on this computer)이 있다. 만일 상자를 체크하면 뉴욕타임스의 서버가 사용자의 브라우저에 비밀번호와 아이디를 쿠키파일로 보내고, 다음에 접속할 때에 서버가 그 쿠키정보를 읽고 접속한 사용자의 신분을 확인한다.

3. 모의투표

인터넷에 의한 모의투표에서도 쿠키가 활용된다. 예컨대 인터넷을 통하여 대통령선거에서 어느 당의 후보를 지지하는지, A회사와 B회사의 화장품 중 어느 제품을 선호하는지에 관하여 모의투표를 하거나, 혹은 음주운전사전예고제에 대한 설문조사를 하는 경우가 있다. 그러나 만일 참가자가 어느 당의 당원이거나 어느 회사의 직원이라면, 혹은 자기가 선호하는 방안을 관철시키기 위하여 어느 대답에 몇 번이고 투표를 할 수 있다고 하면 공정한 결과가 나올 수 없다. 그러므로 각 참가자가 한 번만 투표를 하도록 하고, 여러 번 투표하는 부정행위를 막아야 한다. 인터넷이용자가 투표사이트에 접속하여 이미 한번 투표를 한 경우에는 쿠키파일에 이미 투표를 한 컴퓨터사용자라고 하는 내용을 실어 컴퓨터에 보내고, 그 컴퓨터사용자가 다시 투표를 할 때에는 웹사이트가 그 컴퓨터에 저장된 쿠키를 읽어서 「투표는 한번만 할 수 있습니다」 혹은 「이미 투표를 한 컴퓨터이용자입니다」 와 같은 메시지를 보내어, 투표자격을 부여하지 아니하는 방법으로 부정행위를 막을 수 있다.

4. 장바구니(쇼핑카트)

인터넷쇼핑몰에서는 장바구니 혹은 쇼핑카트를 이용하여 물건을 담거나, 담은 물건을 빼거나, 상품을 비교하거나 할 수 있다. 바로 쿠키를 통하여 온라인쇼핑몰을 이용할 때에 쇼핑한 물건을 담아 둔 후 쉽게 계산할 수 있는 장바구니나 쇼핑카트의 기능이 구현된다. 예를 들어 온라인쇼핑몰의 방문자가 주문하고 싶은 상품을 클릭하면, 클릭할 때마다 웹서버는 브라우저에 쿠키를 보내고, 브라우저는 어떤 상품이 주문되어야 하는가를 인식한다. 최종적으로(역시 며칠 후라도 상관없다) 방문자가 쇼핑몰의 구매페이지에 오면 브라우저는 다시 웹서버에 쿠키를 보내고, 주문할 상품의 내역이 표시된다. 쿠키로 인하여 방문자로서는 스스로 주문할 모든 상품을 다시 기입할 필요없이 주문에 대한 확인(클릭)만으로 웹서핑을 통하여 찾은 상품을 주문할 수 있다.[10]

5. 쿠키의 역기능

(1) 웹서버를 통한 개인적인 이용프로필의 폭로

쿠키에는 다양한 내용에 대한 정보가 포함될 수 있다. 예를 들어 인터넷이용자가 특정한 웹사이트를 언제, 얼마나 자주 방문하는지(방문의 시간과 수), 패스워드나 비밀번호가 무엇인지, 어떤 기호를 가지고 있는지와 같은 사항이 쿠키에 들어갈 수 있다.[11] 브라우저를 처음 설치할 때에 쿠키에 대한 경고가 나타나지 않는 결과, 인터넷이용자는 대부분 웹서버가 쿠키를 보낸다고 하는 사실을 모르고 있다. 일반적으로 브라우저는 웹서버가 쿠키를 보내려고 할 때에 비로소 이용자에게 경고하고, 이용자가 쿠키를 거절할 수 있는 구조를 가지고 있다.

쿠키는 두 가지의 방법으로 인터넷이용자의 프라이버시를 침해할 수 있다. 우선 쿠키는 사용자의 하드드라이브에 저장되고, 후에 다시 쿠키에 담긴 정보를 꺼내갈 수 있다. 웹페이지에 접속을 하면, 쿠키가 일정

---

10 장바구니의 기능은 쿠키를 활용하지 아니하고도 가능하나, 기술적으로 많은 비용을 필요로 한다.

11 예를 들어 어느 홈페이지를 방문한 때에 「OOO씨의 1번째 방문을 환영합니다」 혹은 「어서 오십시오. 귀하가 전에 접속한 날은 2015년 0월 0일입니다」 혹은 「귀하의 IP주소는 210.117.137.000입니다」와 같은 메시지가 나타나는 경우가 있다. 바로 그 메시지가 방문자의 인적 사항을 기억하는 쿠키에 의하여 나타난다.

한 기간 내에 그 컴퓨터가 방문한 각 웹사이트의 자세한 리스트를 보여준다. 또한 쿠키파일의 텍스트는 사용자의 패스워드, 이메일주소, 기타 웹사이트를 방문한 동안에 제공한 정보와 같은 사용자에 대한 개인적인 정보를 폭로할 수도 있다. 또한 이용자가 다시 전에 방문한 사이트를 찾는 경우에 쿠키를 보낸 웹사이트의 서버는 특정한 쿠키에 저장되어 있는 정보를 받는다. 그러므로 쿠키를 이용하면, 사용자가 자기의 사이트로 오기 전에 머문 사이트 혹은 자기의 사이트에 있는 동안 클릭하여 링크한 사이트가 어느 사이트인지를 추적할 수 있고, 구입한 상품이나 제공한 개인적인 정보를 파악할 수 있다. 역시 쿠키는 사용자의 인터넷프로토콜(IP)주소를 식별할 수 있고, 웹사이트에 접속하기 위하여 사용한 컴퓨터의 정확한 위치를 알아낼 수도 있다.

일단 웹서버가 개인적인 정보를 쿠키를 통하여 수집하면, 그 정보가 정보주체의 사적 이익을 침해하는 방법으로 사용될 수 있다. 예를 들어 A라고 하는 처녀가 임신 여부가 궁금하여 온라인쇼핑몰로부터 임신테스트기구를 구입하는 방법이 개인적인 프라이버시를 지키는 가장 확실한 방법이라고 생각하고, 온라인쇼핑몰에서 임신테스트기구를 구입한 경우에 만일 웹사이트가 낙태반대단체(pro-life organization)에 쇼핑몰로부터 임신테스트기구를 구입한 명단을 제공하는 기회에 아직 미혼인 A가 임신테스트기구를 구입한 사실과 그 이메일주소에 관한 정보를 노출하면, A는 낙태를 비난하는 단체로부터 수없이 많은 비난성 이메일을 받게 될 우려가 있다.

(2) 직접마켓팅회사에 의한 오용

배너광고(banner ads)의 배치를 통하여 직접마켓팅회사(direct

marketing company)가 인터넷에서 개인적인 정보를 수집하는 경우가 있다는 사실은 널리 알려져 있다. 예를 들어 미국에서 더블클릭(Double Click)이라고 하는 직접마켓팅회사가 배너광고를 통하여 개인정보를 수집하여 세인의 관심을 끌고, 결국 프라이버시침해를 이유로 제소를 당한 사건이 있다. 더블클릭회사와 같은 인터넷직접마켓팅회사는 흔히 다른 회사의 웹사이트에 배너광고를 게재하며, 배너광고회사는 배너광고를 통하여 고객의 제품을 광고할 뿐만 아니라, 동시에 쿠키의 활용을 통하여 배너광고가 뜨는 웹사이트를 방문한 인터넷이용자에 대한 정보를 수집한다.

웹사이트는 보통 인터넷이용자가 전에 방문한 때에 보낸 쿠키를 그 사용자의 하드드라이브로부터 다시 읽어 오는 능력이 단지 제한되어 있으나, 배너광고는 인터넷에서 사용자의 행동을 광범하게 모니터할 수 있는 능력을 가지고 있다. 배너광고는 흔히 수없이 많은 웹사이트에 게재되고, 웹사이트 자체로부터 전송되는 쿠키에 더하여 그 자신의 쿠키를 방문자에게 보낸다. 흔히 배너광고의 쿠키는 웹사이트의 쿠키에 포함되어 있는 인터넷사용자에 대한 정보를 모두 포함하고 있을 뿐만 아니라, 다른 웹사이트에 게재되어 있는 다른 배너광고에 의하여 보내진 쿠키를 읽을 수 있는 능력도 가지고 있다. 그러므로 배너광고의 쿠키를 이용하면, 자신의 개인정보가 노출된다고 하는 사실을 모르는 순진한 인터넷사용자로부터 다량의 개인적인 정보를 수집할 수 있고, 수집된 개인정보가 직접마케팅에 오용 · 남용될 우려가 크다. 결국 배너광고로 수집한 쿠키에 대한 분석을 통하여 인터넷사용자가 자신이 원하지 않는 마켓팅의 대상이 되는 피해가 생길 수 있다.

03
쿠키에 대한 통제 · 규제의 방법

Ⅰ. 산업적 자율규제

인터넷과 같은 정보산업에서는 개인의 프라이버시에 대한 보호가 가장 중요한 임무의 하나라고 볼 때, 쿠키를 규제하는 가장 1차적인 방법은 산업적인 자율규제(industry self-regulation)라고 할 수 있다. 물론 궁극적으로는 쿠키에 대한 기술적인 통제나 법적 규율도 필요하나, 쿠키의 오용을 자발적으로 막기 위한 개인정보보호정책과 같은 비공식적인 규칙이 쿠키를 규제하는 1차적인 방법이라고 할 수 있다. 쿠키에 대한 자율규제를 통한 사적 프라이버시의 보호는 자기의 고객과의 신뢰를 유지하기 위하여 필요할 뿐만 아니라, 인터넷서비스제공자 자신의 정보의 안전을 위하여도 요구된다.

쿠키에 대한 자율규제는 각 인터넷서비스제공자의 개인정보보호방침이나 고객과의 계약, 비공식적인 규칙, 기업관행과 같은 형태로 나타난다. 또한 관련단체와 같은 외부그룹으로부터의 영향이나 압력, 특히 가이드라인에 의하여도 쿠키의 사용에 관한 적절한 기준이 형성될 수 있다. 다만 쿠키에 대한 자율규제는 일반적으로 쿠키를 규제하는 강제적 효력이 없다. 특히 쿠키에 대한 산업적인 자율규제는 근본적으로 법적 구속력이 없고, 그 자체로서는 위반에 대한 집행메카니즘(enforcement mechanism)을 가지고 있지 않다고 하는 문제가 있다. 그러므로 비록 어떤 인터넷서비스프로바이더가 내부적으로는 개인정보보호정책을 가지고 있다고 하더라도 일반에 대하여 그 개인정보보호정책을 공개하여야 할 법적 의무가 없고, 또한 그 공개가 마케팅이나 회사의 명성과 관련하여 어떤 이익을 가져오지 않는 한, 보통 공개를 기피하는 경향이 있다.

Ⅱ. 소비자의 자력통제

1. 인터넷브라우저를 통한 블로킹

최근에는 인터넷사용자가 방문한 웹사이트로부터 하드드라이브에 저장되는 쿠키파일을 스스로 통제하는 방법이 다양하게 활용된다. 우선 쿠키가 인터넷사용자의 하드드라이브에 저장되면 그 사실을 인터넷사용자에게 알리는 기능이 있고, 또한 전체적으로 혹은 부분적으로 쿠키의 저장을 블로킹할 수도 있다.

인터넷사용자는 새로운 브라우징기술에 의하여 쿠키가 자기의 컴퓨터에 저장되어 있는가를 쉽게 알 수 있고, 브라우저에서 쿠키의 허용·거부 혹은 쿠키를 설치하기 전에 물어보기와 같은 기능을 선택할 수 있다. 예를 들어 가장 많이 이용되는 웹브라우저인 인터넷 익스플로어(Internet Explorer)에는 웹서버가 인터넷사용자의 시스템에 쿠키를 설치하려고 할 때에 인터넷사용자에게 알리고 주의를 촉구하게 할 수 있고, 인터넷사용자가 쿠키를 받아들일지 아니면 거절할지를 선택할 수 있는 기능이 있다. 또한 웹브라우저를 통하여 모든 쿠키를 받아들이지 않도록 세팅할 수도 있다.

2. 수동적 삭제

인터넷사용자는 웹사이트에 의하여 이미 자기의 컴퓨터에 설치된 쿠키의 소재를 파악하여 그 쿠키를 삭제할 수 있다. 예를 들어 인터넷 익스플로어에서 생성된 쿠키를 지우려면 [도구] - [인터넷 옵션] - [일반] - [검색기록] - [삭제]를 클릭한 후에, [검색기록삭제]에서 쿠키를 선택하여 삭제를 하면 로그인정보 등 방문한 웹사이트에서 컴퓨터로 저장된 파일이 삭제된다.

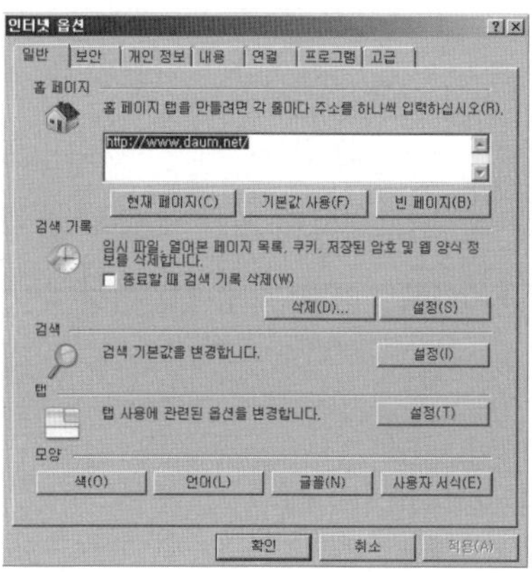

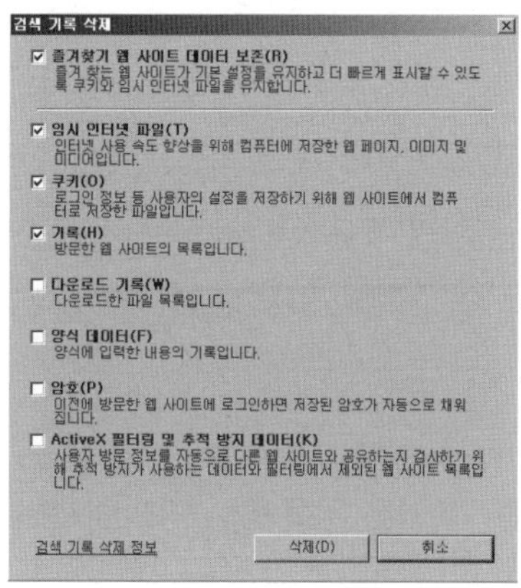

3. 기술적 통제

쿠키를 삭제하거나 편집하기 위하여 Temporary Internet Files폴더 등을 뒤지거나 cookies.txt파일을 직접 수동적으로 삭제하는 작업은 인터넷사용자에게 매우 불편하다. 또한 만일 필요한 쿠키만 받아들이기 위하여 인터넷사용자에게 쿠키를 설치할 때마다 물어보도록 설정하면 지나치게 많은 쿠키의 요청으로 인하여 인터넷의 서핑에 많은 시간이 낭비될 수 있다.

쿠키의 사용 여부를 자동적으로 처리하는 쿠키관리프로그램이 개발되어 그 쿠키관리소프트웨어에 의하여 쿠키를 통제하기도 한다. 쿠키를 관리할 수 있는 반쿠키소프트웨어(anti-cookie sofrware)에는 여러 가지가 있다. 대표적인 쿠키관리프로그램으로는 예를 들어 Cookie Pal, ZDNet's CookieMaster, Cookie Jar 2.0, Cookie Crusher v2.6, Buzof, Cookie Cutter PC, Cookie Cruncher, IEClean, NSClean, HistoryKill 등과 같은 소프트웨어가 있다.[12] 쿠키관리프로그램에 의하면 모든 웹사이트로부터의 쿠키나 매번 웹브라우저의 '쿠키경보'(Cookies Alert)에 의하지 않고도 특정한 웹사이트로부터의 쿠키를 승인하거나 거절할 수 있다. 또한 쿠키관리소프트웨어는 인터넷사용자의 컴퓨터에 저장되어 있는 쿠키 혹은 인터넷사용자가 승인한 쿠키에 대하여 완벽한 통제를 할 수 있고, 불필요한 쿠키는 바로 삭제할 수 있는 기능도 가지고 있다.

Ⅳ. 쿠키를 운용하는 인터넷서비스프로바이더의 의무

1. 공개의무

쿠키를 운용하는 웹서버는 반드시 쿠키의 존재, 쿠키로 수집하는 정보의 형태 · 내용, 수집의 방법과 수집한 개인정보의 사용목적을 '분명하고

12 자세한 내용은 http://www.cookiecentral.com/.

정확하게'(clear and precise), '가능한 한 인터넷사용자가 이해하기 쉽게' 공개하여야 한다.[13] 예를 들어 웹서버는 개인정보보호정책의 일환으로서 쿠키를 운용하는지 여부와 쿠키가 개인정보와 관련하여 어떤 의미를 가지는가를 정확하게 인터넷사용자에게 알릴 필요가 있고, 쿠키가 어떤 용도로 사용되는지, 쿠키를 통하여 수집한 정보를 제휴한 다른 웹서버나 광고주와 함께 사용하는지, 개인정보를 제3자에게 제공하는지를 미리 홈페이지를 통하여 밝혀야 한다.

쿠키를 운용하는 웹사이트에는 쿠키를 원하지 아니하는 경우에는 쿠키를 거절할 수 있다고 하는 사실을 명시하여 인터넷사용자의 거절권(right to refuse)을 보장하여야 한다. 또한 웹사이트운영자는 인터넷사용자가 쿠키를 거절하는 경우에 어떤 불편이나 불이익이 생기는지를 구체적으로 안내하여야 한다.

2. 컴퓨터사용자의 동의: Opt-in 혹은 Opt-out

방문한 웹서버로부터 자신의 개인정보를 파악할 수 있는 쿠키파일을 수신하는지 아닌지 여부에 대한 선택을 인터넷사용자에게 보장하여야 한다. 인터넷사용자가 쿠키를 수신하는지 여부를 결정하는 방법에는 옵트아웃(Opt-out)과 옵트인(Opt-in) 두 가지가 있다. 옵트아웃을 흔히 지정거부원칙이라고 하고, 옵트인을 지정수신원칙이라고 한다. 옵트인원칙에 의하면 쿠키를 운용하는 웹서버는 단지 명시적으로 쿠키를 수신한

13 쿠키운영정책의 공개는 '분명하고 알아보기 쉽게'(clear and conspicuous) 하여야 한다.

다고 표시한 인터넷사용자에게만 쿠키를 보낼 수 있다. 반면에 옵트아웃방식에서는 명시적으로 수신거부를 하지 아니한 모든 인터넷사용자에게 일단 쿠키를 심을 수 있다. 다만 옵트아웃방식에 의하는 경우에도 인터넷사용자가 언제든지 쿠키의 수신을 거절할 수 있다고 하는 설명을 웹사이트에 기재하여야 하고, 쿠키수신거절의 표시가 있는 때에는 더 이상 쿠키를 보내지 않아야 한다.

쿠키를 모두 금지할 필요는 없다. 다만 원칙적으로 쿠키에 의한 개인정보의 수집 및 수집한 정보의 공개나 사용에 대하여 동의를 할 수 있는 기회를 인터넷사용자에게 제공하여야 한다. 특히 쿠키를 통하여 수집하는 정보가 개인을 식별할 수 있는 민감한 정보(sensitive personally identifiable information)인 경우에는 옵트인제도를 적용할 필요가 있다. 예컨대 쿠키를 통하여 크레디트카드번호, 패스워드, 인터넷사용자의 성명과 같은 민감한 정보를 수집하거나 수집한 개인정보를 사용 · 공개하는 때에는 수집되거나 사용 · 공개되기 전에 인터넷사용자로부터 미리 필요한 동의를 얻어야 한다. 그러나 개인을 식별할 수 있지만, 별로 민감하지 아니한 개인정보에 관하여는 그 수집에 관한 자세한 안내 혹은 설명을 하여야 하고, 옵트아웃원칙에 의한 동의를 보장하면 충분하다고 본다.

인터넷사용자는 인터넷서비스프로바이더(Internet Service Provider)에 대하여 - 특별한 사정이 없는 한 언제든지 - 쿠키에 의한 개인정보의 수집 및 이용에 대한 동의를 철회할 수 있어야 한다(물론 쿠키를 운용하는 웹서버는 미리 인터넷사용자에 대하여 동의를 철회할 수 있다고 하는 사실을 고지하여야 한다). 만일 인터넷사용자가 쿠키에 대한 동의를 철회한 경우에 웹서버는 더 이상 인터넷사용자의 컴퓨터에 쿠키를 보내지 않아야 하고, 이미 심은 쿠키를 삭제하는 조치를 취하여야 한다.

3. 수집된 정보에 대한 접근의 보장: 엑세스권

쿠키를 통하여 수집한 개인정보에 대한 엑세스권이 인터넷사용자에게 보장되어야 한다. 쿠키로 수집된 정보에 대한 접근권에 기하여 인터넷사용자는 수집된 개인정보에 대한 합리적인 접근(reasonable access)을 할 수 있는 기회를 보장하여야 할 뿐만 아니라, 자기에 대한 정보의 정정이나 삭제, 완성 및 교정을 요구할 수 있는 권리도 보장되어야 한다. 특히 쿠키에 의하여 수집된 개인정보에 대한 엑세스권의 내용으로서 (i) 인터넷사용자가 개인정보를 관리하는 웹서버관리자에 대하여 자기에 대한 개인정보를 가지고 있는지 유무를 확인할 권리, (ii) 인터넷사용자가 상당한 기간 내에 적절한 방법에 의하여 웹서버가 관리하고 있는 자기에 관한 개인정보를 알 권리, (iii) 인터넷사용자의 정보접근에 대한 요청이 웹서버관리자로부터 거부된 경우에 그 이유를 들을 권리 및 거부에 대하여 이의신청을 할 권리가 보장될 필요가 있다.

4. 쿠키운용정책에 대한 변경의 고지의무

웹서버관리자는 프라이버시정책(privacy policy), 특히 쿠키운용정책을 변경한 경우에는 그 내용을 지체 없이 인터넷사용자에게 고지하여야 한다. 쿠키를 운용하는 웹서버는 사용자에게 새로운 프라이버시정책에 기한 정보의 수집과 그 사용에 관하여 동의(민감한 정보에 대하여는 옵트인, 민감하지 아니한 정보에 대하여는 옵트아웃)할 기회를 주지 아니한 상태에서는 정보수집과 그 사용관행을 변경할 수 없다.

5. 쿠키의 거절 · 삭제 · 무력화 · 필터링

인터넷사용자는 언제든지 자기의 컴퓨터에 저장된 쿠키를 쉽게 통제할 수 있어야 한다. 그러므로 쿠키를 운용하는 인터넷서비스제공자는 인터넷사용자가 필요한 경우에는 쿠키를 거절 · 삭제 · 무력화하거나, 혹은 필터링할 수 있도록 간단한 기술적인 수단을 인터넷사용자에게 제공하여야 한다.

04

쿠키침해에 대한 법적 구제

Ⅰ. 고지의무 혹은 동의원칙의 위반

인터넷서비스프로바이더가 웹사이트에 쿠키를 운용할 때에는 개별적인 개인정보보호정책에 기하여 '쿠키의 운영에 관한 사항'을 인터넷사용자에게 고지하여야 한다. 웹서버운영자가 고지하여야 할 쿠키의 운영에 관한 사항으로는 우선 - 인터넷사용자가 대부분 쿠키에 대하여 잘 알지 못한다고 하는 사정을 고려하여 - 웹브라우저에서 인터넷사용자가 개인적으로 쿠키의 설치를 승인하는지 거절하는지를 결정할 수 있다고 하는 설명을 하여야 하고, 만일 모든 쿠키를 거절한다고 하는 선택을 한 때에는 웹사이트가 제공하는 서비스를 전혀 혹은 부분적으로 이용할 수 없다고 하는 사실을 고지하여야 한다. 또한 쿠키를 운영하는 이유를 공개하여야 하고, 쿠키에 의하여 얻은 정보를 제3자에게 제공하는지 여부에 대하여도 밝혀야 한다.[14] 만일 인터넷서비스제공자가 쿠키에 관하여 필

14 예를 들면 네이버 개인정보취급방침(ver.7.3)은 쿠키를 인터넷이용자가 방문한 네이버의 각 서비스와

요한 사항을 인터넷사용자에게 고지하지 아니하고, 개인정보를 수집한 경우에는 인터넷사용자가 개인정보나 프라이버시와 관련한 '필요한 정보를 들을 권리'의 침해로서 위법행위가 된다.

특히 개인을 식별할 수 있는 민감한 정보를 쿠키를 통하여 수집하거나 쿠키로 수집한 정보를 제3자에게 제공하는 때에는 미리 인터넷사용자의 동의를 얻어야 한다. 인터넷서비스제공자가 이른바 옵트인원칙에 기하여 쿠키를 설치하기 전에 미리 인터넷사용자의 동의를 얻어야 하는 경우, 예를 들어 민감한 정보의 수집이나 수집한 정보의 제3자에의 제공에 관하여 만일 사전에 사용자의 동의를 얻지 아니하고 수집이나 제3자에의 제공을 하면 역시 프라이버시나 개인정보에 관하여 스스로 결정한 권리, 즉 개인정보자기결정권의 침해로서 위법하다고 하지 않을 수 없다.

II. 계약상의 채무불이행

인터넷사용자는 웹서핑을 하거나 쇼핑몰을 이용하는 경우에 인터넷서비스제공자와 사이에 회원가입계약 혹은 쇼핑몰이용계약을 체결하는 경우가 있다. 회원가입계약이나 쇼핑몰이용계약을 체결할 때에는 인터넷서비스제공자와 인터넷사용자는 개인정보의 수집 · 사용에 관한 사항을 약정으로 정하여야 한다(물론 약관에 포함될 수 있다). 예를 들어 인터넷사이버몰이용표준약관에 의하면 쇼핑몰은 이용자의 개인식별이 가

웹사이트에 대한 방문 및 이용형태, 인기검색어, 보안접속 여부, 뉴스편집, 이용자규모 등을 파악하여 이용자에게 광고를 포함한 최적화된 맞춤형 정보를 제공하기 위하여 사용한다고 밝히고 있다(http://www.naver.com/rules/privacy.html).

능한 개인정보를 수집하는 때에는 반드시 이용자의 동의를 받아야 하고(인터넷사이버몰이용표준약관 제15조 제2항), 제공된 개인정보는 (i) 배송업무상 배송업체에게 배송에 필요한 최소한의 이용자의 정보(성명, 주소, 전화번호)를 알려주는 경우, (ii) 통계작성, 학술연구 또는 시장조사를 위하여 필요한 경우로서 특정개인을 식별할 수 없는 형태로 제공하는 경우를 제외하고는 원칙적으로 인터넷이용자의 동의 없이 목적 외의 이용이나 제3자에게 제공할 수 없다(인터넷사이버몰이용표준약관 제15조 제3항). 또한 쿠키의 설치 · 운영에 관한 명시적 합의를 하지 아니한 경우라고 하더라도 신의칙상 일반적으로 인정되는 계약상의 부수적인 의무로서 웹사이트이용계약의 이행과 관련하여 개인정보의 보호에 필요한 주의를 다하여야 할 의무가 인터넷서비스제공자에게 부담된다고 할 수 있다.

웹사이트이용계약이 있으면 인터넷서비스제공자는 계약의 목적에 적합하게, 즉 계약의 내용에 따라서 이용자인 고객의 개인정보를 수집 · 저장 · 가공 · 유통하여야 할 계약상의 의무를 부담한다. 만일 인터넷서비스제공자가 쿠키를 통하여 계약의 내용과 달리 개인정보를 도용하거나 과도한 개인정보를 수집하는 경우, 혹은 수집한 개인정보를 오용하거나 잘못 조작하는 경우에는 계약위반으로 인한 손해배상책임을 부담한다(민법 제390조). 또한 인터넷사용자가 웹사이트운영자에게 개인정보의 수집을 승낙한 경우라고 하더라도, 웹사이트운영자는 수집한 정보를 무단히 제3자에게 양도할 수 없다.[15] 만일 온라인서비스제공자가 인

15 개인정보는 그 정보주체와 밀접불가분한 관계에 있다고 볼 때, 인터넷사용자의 승낙은 개인정보에 대한 소유권의 양도·포기를 의미하지 아니하고, 단지 개인정보의 이용권을 허용한다고 하는 취지에 불

터넷사용자의 동의없이 쿠키로 수집한 개인정보를 제3자에게 제공하면 계약상의 의무위반으로서 채무불이행책임이 성립한다(민법 제390조).

Ⅲ. 불법행위로서의 프라이버시침해와 손해배상청구

프라이버시란 일반적으로 "자신의 사생활의 비밀에 관한 사항을 함부로 타인에게 공개당하지 아니할 법적 이익"을 가리킨다.[16] 프라이버시침해는 전통적으로 불법행위로 이해된다. 특히 인터넷서비스제공자와 사용자 사이에 계약관계가 없는 경우, 즉 웹사이트이용계약을 별도로 체결하지 아니한 경우에는 쿠키를 통한 개인정보나 프라이버시의 침해는 불법행위로 평가된다. 쿠키에 의한 프라이버시침해가 불법행위로 되기 위하여는 물론 민법상의 불법행위에 관한 요건이 충족되어야 한다(민법 제750조).

특히 정보통신망법 제32조는 명문으로 정보통신서비스제공자가 개인정보보호에 관한 규정을 위반한 행위로 인터넷사용자에게 손해를 가한 경우에 인터넷사용자는 정보통신서비스제공자에 대하여 손해배상을 청구할 수 있다고 규정하고 있다. 그러므로 인터넷서비스제공자가 불법적으로 운영하는 쿠키로 인하여 손해를 입은 인터넷사용자는 정보통신망법에 의하여 손해배상청구를 할 수 있다. 특히 정보통신망법은 인터넷사용자가 쿠키에 의한 개인정보침해를 이유로 손해배상을 청구하는 경

과하다.

16 대법원 1998.9.4. 선고 96다11327 판결; 대법원 1998.7.24. 선고 96다42789 판결.

우에는 정보통신서비스제공자가 고의 또는 과실이 없다고 하는 사실을 증명하지 아니하면 책임을 면할 수 없다(정보통신망법 제32조)고 하여 증명책임을 전환하고 있다.

Ⅳ. 금지청구권

개인정보침해를 사전적으로 억제하기 위한 방법에 해당하는 방해예방청구권, 방해정지청구권 및 방해배제청구권을 총칭하여 「금지청구권」(흔히 일본에서는 「유지청구권」 이라고 부른다)이라고 한다.[17] 민사상 구제수단으로의 손해배상청구권은 쿠키에 의한 프라이버시침해가 있은 후의 사후적 구제방법에 해당하나, 금지청구권은 사전적 구제수단으로서의 의미를 가진다.

개인정보나 프라이버시는 일단 침해되면 비록 사후적 구제방법을 통하여 손해의 전보를 행한다고 하더라도, 엄밀한 의미에서 그 피해로부터의 완전한 회복은 불가능하다. 그러므로 개인정보나 프라이버시와 같은 개인의 인격적 이익에 관하여는 예방적 · 사전적 구제조치로서 침해행위의 정지 · 방지를 요구하는 금지청구가 더욱 효과적이라고 하지 않을 수 없고, 결국 쿠키에 의한 프라이버시침해에서는 금지청구권이 인정될 필요성이 강하다고 할 수 있다. 만일 인터넷서비스프로바이더가

17 민법상 명문규정은 없으나, 판례를 통하여 이른바 「금지청구권」이 인정되고 있다(대법원 1996.4.12. 선고 93다40614 판결). 학설상 프라이버시나 개인정보보호와 같은 인격적 이익의 침해에 대하여 금지청구권을 인정하는 근거에 관하여는 불법행위 그 자체의 효과로서 인정된다고 보는 불법행위설과 인격권에 기하여 사법상의 금지청구권이 인정될 수 있다고 보는 인격권설이 대립하며, 판례는 인격권설에 입각하고 있다.

쿠키에 대한 고지나 안내, 인터넷사용자의 동의나 승낙 및 수집한 정보에 대한 액세스권 등을 침해하여 인터넷사용자로부터 개인정보를 수집·가공하거나 제3자에게 제공하는 행위를 하는 경우에는 물론 실질적으로 손해나 피해가 현실화된 때에는 사후적 구제수단으로서 손해배상청구를 할 수 있을 뿐만 아니라, 또한 쿠키를 통한 개인정보나 프라이버시의 침해에 대한 사전적인 억제조치로서 방해예방청구가 인정될 수 있고, 침해가 이미 발생하여 계속되고 있는 때에는 장래를 향하여 그 제거나 정지를 청구할 수 있다.

14장

소셜미디어

01
서설

소셜미디어(social media)란 인터넷을 기반으로 사람과 사람을 연결하여 정보공유, 인맥관리, 자기표현 등을 통하여 다른 사람과의 관계를 형성하고, 개인간의 관계를 통하여 형성된 연결을 공유하며, 그 연결을 바탕으로 일어나는 개인간의 상호작용을 지원하는 웹 기반의 개방화된 온라인 플랫폼을 의미한다. 참여(participation), 공개(openness), 대화(conversation), 커뮤니티(community), 연결(connectedness)의 가치로 요약되는 웹 2.0시대의 도래에 따라서 소셜 네트워크의 기반 위에서 누구나 개인의 생각이나 의견, 경험, 정보 등을 서로 공유하고 타인과의 관계를 생성 또는 확장시킬 수 있다. 소셜미디어의 경우에는 그 자체가 일종의 유기체처럼 성장할 수 있으므로, 소비와 생산의 일반적인 메커니즘이 적용되지 않고, 양방향성을 활용하여 이용자가 자발적으로 참여하고 정보를 공유하며 콘텐츠를 만들어 나가는 특성이 있다. 다시 말하면 TV, 신문, 잡지, 라디오 등과 같은 전통매체가 일대다(one-to-many)의 일방적 관계형에 기초한 커뮤니케이션의 속성을 가지고 있다고 하면 소셜미디어는 다양한 형태의 콘텐츠가 다양한 이용자에 의하여 생성되고 공유되는 다대다(many-to-many)의 쌍방향적 관계성을 토대로 운영된다. 디지털시대의 신인류인 호모나랜스(homo-narrans)는 소셜미디어를 통하여 관심이 같은 사람과 언제 어디서나 관계를 맺고, 이야기를 나눌 수 있다.

02
소셜미디어의 종류

Ⅰ. 카페 · 클럽

카페나 클럽은 인터넷에서 정치사상, 종교, 취미 등이 같은 사람끼리 커뮤니티를 만들어 대화를 나누고, 정보를 교환하는 서비스이다. DAUM 카페, NAVER 카페, CYWORLD 클럽 등이 있다. 예컨대 다음 카페는 1999년에 개시한 온라인 커뮤니티서비스로서 카페개설수가 1625만개에 달하고, 가입자수 3천4백만명, 게시글 54억개를 기록 중이다. 그리고 싸이월드 클럽은 회원으로 가입한 사용자가 모여서 만드는 커뮤니티로 다음과 네이버의 카페와 같은 기능을 하며, 클럽을 꾸미기 위하여는 도토리(싸이월드에서 사용하는 사이버 머니이다)가 필요하고, 아이템을 구매하는 형식으로 클럽을 꾸밀 수 있다.

Ⅱ. 블로그

블로그(blog 또는 web log)란 네티즌이 자신의 관심사에 따라서 자유롭게 게시물을 작성하여 올리는 웹 사이트를 말한다. 블로그는 '웹로그'(weblog), 즉 웹(web)과 로그(log, 기록)라는 두 단어가 합쳐 만들어진 단어로서, '웹항해기록'이라는 뜻을 가진다. 평소에 스스로가 가진 느낌이나 품어오던 생각, 알리고 싶은 견해나 주장같은 내용을 웹에다 일기처럼 차곡차곡 적어 올려서, 다른 사람도 보고 읽을 수 있게끔 열어놓은 글이나 자료의 모음이 바로 블로그이다. 블로그는 여러 사람이 쓸 수 있는 게시판(BBS)과는 달리 한 사람 혹은 몇몇 소수의 사람만이 글이나 자료를 올릴 수 있다. 블로그를 소유하면서 관리하는 사람을 블로거라고 한다. 특히 영향력이 큰 블로그를 운영하는 사람을 파워블로거(power blogger)라 한다.

Ⅲ. 미니홈피

미니홈피는 블로그의 변형된 형태로서 다른 일촌에게 자신의 사진과 일상을 공개하기 위하여 이용한다. 싸이월드가 제공하는 미니홈피는 작고 아기자기한 형태의 디자인과 인터페이스가 특징이며, 사이버 머니인 도토리로 아이템을 구입하여 미니미(각 사용자를 뜻하는 작은 아바타)와 미니룸(미니미가 거주하는 작은 방) 등을 다양하게 꾸밀 수 있다. 그리고 미니홈피에는 프로필, 사진첩, 게시판, 다이어리 등의 메뉴를 통하여 스스로의 생각과 일상을 다른 사람에게 전할 수 있다.

Ⅳ. 소셜네트워크서비스

1. 서언

소셜네트워크서비스(SNS)란 사회적 관계개념을 인터넷에 가져와 웹을 기반으로 사람과 사람간의 관계가 이루어지도록 지원하는 사교적인 연결망서비스를 가리킨다. 소셜네트워크서비스를 흔히 SNS라고 부르며, SNS는 Social Network Service의 약자이다.

싸이월드 미니홈피, 네이버 블로그, 다음 카페 등 종래의 전통적인 소셜미디어도 넓은 의미에서는 SNS에 속한다고 볼 수 있다. 그러나 최근에 등장한 SNS는 기존의 미니홈피, 카페, 블로그와는 우선 소통방식이 다르다. 기존의 미니홈피, 카페, 블로그의 경우에는 다른 사람이 홈페이지를 방문하여야만 올린 글이나 사진을 볼 수 있고, 보통 장문의 메시지를 블로그에 올리거나 방명록 · 게시판에 남기는 형태로 운영되나, 최근의 SNS에서는 글이나 사진을 공유함으로서 굳이 친구의 홈페이지를 방문하지 않고도 자기의 홈페이지를 통하여 친구의 글이나 사진을 볼 수 있다. 친구의 글이나 사진에 대하여 메시지를 남길 때에는 방명록이나 게시판 등을 이용하지 아니하고, 아주 짧은 단문으로 메시지를 남기며, 글뿐만 아니라 사진이나 영상 등을 통하여 서로 소통한다. 그리고 기존의 소셜미디어는 데스크탑 컴퓨터에서 운영되지만, 새로운 SNS는 주로 모바일환경, 즉 스마트폰이나 태블릿 PC 등을 통하여 행하여진다.

[소셜미디어의 분류]

분류	기능	서비스
프로필	누구나 제한없이 참여가 가능한 서비스	페이스북, 트위터, 마이스페이스

비즈니스	업무나 사업관계를 목적으로 하는 전문적인 비즈니스 중심의 서비스	링크나우, 링크드인, 비즈스페이스
블로그	개인미디어인 블로그를 중심으로 소셜네트워크기능이 결합된 서비스	윈도우라이브스페이스, 젠가
버티컬	사진, 동영상, 리뷰 등 특정분야의 버티컬 UCC 중심의 서비스	유튜브, 인스타스램, 플리커
협업	공동창작, 협업을 기반으로 운영되는 서비스	위키피디아
커뮤니케이션	채팅, 메일, 동영상, 컨퍼러싱 등 연결커뮤니케이션 중심의 서비스	이보, 이버디

2. Facebook[1]

페이스북(http://www.facebook.com/)은 세계 최대의 소셜네트워크 서비스이다. 2004년 2월 4일 당시 19살인 하버드대 학생 마크 저커버그

1 Facebook이라는 단어는 미국대학에서 학기가 시작될 때 친목을 다지기 위하여 학생의 얼굴과 프로필을 적어 공유하던 책자를 의미한다고 한다.

가 사이트를 개설하며 창업하여 원래는 하버드대 학생만 이용하던 사이트 'thefacebook'이 아이비리그에서 주변의 학교로 퍼져나가면서 대학네트워크사이트로 유명하여 진 후에 2006년에는 일반사용자까지 이메일주소만 있으면 가입할 수 있도록 확대되어 오늘에 이르고 있다. 페이스북은 2008년 말부터 인지도와 사용자의 측면에서 압도적으로 우세에 있던 마이스페이스를 따돌리고 SNS분야의 선두주자로 나서 현재는 2012년을 기준으로 월 이용자수가 10억명에 이를 정도이고, 평균적으로 1인당 130명의 친구가 있다고 한다. 그리고 전세계적으로 하루 동안 페이스북에서 60억분 이상을 보내고, 매일 1억5천만명이 로그인을 한다고 하므로, 한 이용자당 매일 40분을 페이스북에서 보내는 셈이다. 또한 매일 4천만개가 넘는 상태업데이트가 일어난다. 매월 20억개가 넘는 사진이 업로드되며, 매월 천4백만개가 넘는 동영상이 업로드되고 있고, 매주 20억개가 넘는 콘텐츠(웹링크, 뉴스, 블로그 포스트, 노트, 사진 등)가 페이스북을 통하여 공유되고 있다.

3. Twitter

트위터는 "새가 지저귀다"라는 뜻으로 단어 그대로 새가 지저귀듯이 하고 싶은 말을 그때그때 140자라는 짧은 「트윗」 (tweet[2])을 올려 팔로어(follower)에게 전달할 수 있는 공간이다. 트위터에서는 140자 이내의 단문만을 올릴 수 있으므로, 단문이 가지는 스피드한 글쓰기를 통하

2 tweet(트윗)이란 글 한 편에 해당하는 단위이며, 140자가 한도이고, 한글이든 영문이든, 공백과 기호를 포함하여 한번에 140글자만을 올릴 수 있다.

여 글쓰기의 부담감으로부터 해방될 수 있다. 한 두 문장의 부담 없는 짧은 메시지로 다른 사람과 소통을 할 수 있으므로, 트위터는 디지털시대에 적합한 빠른 스피드의 모빌리티에 적합하다. 특히 트위터는 이동을 하면서도 스마트폰이나 태블릿 PC 등으로 자신의 일상이나 모습(사진 등), 느낌이나 정보를 짧고 간단하게 마이크로블로그서비스공간에 트윗을 하면 팔로어가 실시간으로 트윗을 받아보고 서로 교류하는 형태로 운영된다. 그러므로 트위터는 기본적으로 현재를 전달하고 현재를 공유하는 서비스로서의 의미를 가지고, 팔로우(follow)라는 개념으로 아무런 허락 없이도 누구나 관심만 있으면 팔로어로 등록할 수 있으므로, 일대다(one-to-many)의 의사소통이 가능할 뿐만 아니라 실제 알지 못하는 생면부지의 사람과도, 지구상 어디에 있는 사람과도 교류를 할 수 있다. 또한 리트윗(Retweet, RT)을 통하여 관심 있는 트윗을 자기를 팔로링하는 다수의 팔로어에게 다시 전달할 수 있고, 그 리트윗을 받은 팔로어가 또 다시 다른 팔로어에게 리트윗을 함으로써 처음 세상에 알려진 정보의 전달과 교류가 기하급수적으로 늘어날 수 있다.

03

소셜미디어와 관련한 문제

Ⅰ. 서언

SNS를 비롯한 소셜미디어가 희망만을 선사하지는 아니한다. 소셜미디어가 기존의 오프라인에서 형성된 친인척관계, 친구관계, 동문 · 동향관계, 직장동료관계와 같은 인적 네트워크를 더욱 용이하게 하고, 서로의 결속을 다지는 역할을 할 뿐만 아니라, 전혀 생면부지의 사람과도, 지구상의 어디에 있는 사람과도 쉽고 빠르게 인맥을 만들 수 있다고 하는 장점을 가지고 있다는 사실을 부인할 수 없다. 그러나 그 만큼 소셜미디어에는 문제도 많다. 소셜미디어와 관련한 문제로는 원하지 않는 사생활의 누출 · 유출, 광고성 정보 및 스팸의 수신, 개인신상정보의 무분별한 유포 및 누출, 위치정보서비스의 이용에 따른 위치정보의 유출 · 누출, 이용미숙으로 인한 원하지 않는 개인정보의 과다유출 등과 같은 내용을 들 수 있다.

Ⅱ. 해킹

최근 트위터 등 소셜네트워크서비스, 즉 SNS의 사용이 증가하면서 세계적으로 SNS에 대한 해킹(hacking) 등 사이버침해사고가 빈번히 일어나고 있다. 미국 유명인사(가수 브리트니 시피어스 등)의 SNS사이트가 해킹당한 사건이 있고, 국내에서도 SNS를 해킹당한 연예인이 적지 않다. SNS를 해킹당하게 되면 스마트폰 등에 보관중인 친구와 함께 찍은 사진, 안방사진, 엽기사진, 나체사진 등이 유출되어 온라인에 공개될 수도 있고, 자기가 쓰지도 않은 게시문이 올라오거나 연인과의 데이트장면을 몰카한 사진이 갑자기 자기의 SNS에 올라올 수도 있다. 또한 SNS에 게시되는 동영상, 첨부파일 등을 통하여 XSS(Cross-Site-Scripting), 웜바이러스, 악성코드가 유포되기도 하고, 트위터를 통하여 피싱(Phishing)사이트로 연결되는 메시지가 유포되기도 한다. 예컨대 페이스북의 관리에 필요하다고 사칭하면서 이메일을 이용하여 트위터에서 보낸 메시지로 위장하여 비밀번호의 변경을 이유로 이메일의 첨부파일을 확인하도록 유도한 후에 계정을 탈취할 수 있다.

Ⅲ. 프라이버시침해

SNS에 대한 관심과 이용이 증가하면서 SNS를 통한 프라이버시침해의 위험도 증가하고 있다. SNS상에는 수없이 많은 개인프로파일이 저장되어 있으므로, 직장이나 소속되어 있는 단체, 연락처, 취미, 활동상황, 개인사진 등 개인프로파일이 제3자에 의하여 수집 · 저장되어 사적인 용도로 사용될 수 있다. 개인프로파일이 제3자에게 건너가면 개인프로파일정보가 위조 · 변조되어 오남용될 소지도 크다. 또한 SNS상에 공개된 개인프로파일에 올려진 정보 외에 IP주소, SNS접속기록(이용시기나 이용기간 등), 방문기록, 송신 · 수신한 메시지 등의 부가적인 2차데이터가 수집되어 오남용될 수도 있다.

Ⅳ. 사이버스토킹

사이버스토킹(Cyberstalking)이란 온라인에서 모르는 사람에게 계속 연락이 오거나 모르는 사람이 자신의 온라인행적을 추적하거나 오프라인에서의 만남을 요구하는 행위를 의미한다. 사이버스토킹은 모르는 사람이 자기의 블로그나 홈피, 소셜네트워크서비스(SNS)를 방문하여 개인정보나 일상을 엿보거나 감시하는 경우, 온라인에서 모르는 사람이 메일, 댓글, 카카오톡 메시지 등을 반복하여 보내거나 만나주기를 요구하는 경우, 모르는 사람이 온라인에서 주변사람에게 접근하여 자기에 대한 정보를 알아내려고 하는 경우, 모르는 사람이 보낸 메시지를 무시하는 때에 협박을 받는 경우 등 여러 형태로 이루어진다.[3] 사이버스토킹에 의한 피해는 주로 카카오스토리, 트위터, 페이스북, 인스타그램 등 SNS에서 가장 많이 발생하고, 카카오톡, 라인 등을 포함한 메신저와 포털 · 커뮤니티, 개인홈피 · 블로그 등에서도 적지 않게 사이버스토킹이 발생한다고 한다.

---

3 경향신문 2015.3.15., "10명 중 7명 온라인 스토킹 당해.. 온라인 인권침해 심각"; 연합뉴스TV 2015.3.13., "유학하며 만난 여성 3년간 스토킹..법원 유죄 선고".

04 소셜미디어로 인한 책임

Ⅰ. 소셜미디어운영자의 형사책임

블로그, 미니홈피, 카페 등의 이름으로 개설된 사적(私的) 인터넷게시공간의 운영자는 사적 인터넷게시공간에 게시된 타인의 글을 삭제할 권한이 있다. 만약 사적 인터넷게시공간운영자가 국가보안법에 저촉되는 타인의 글을 삭제할 권한이 있음에도 그 타인의 글을 삭제하지 아니하고 그대로 두면 그 사정만으로 사적 인터넷게시공간운영자가 그 타인의 글을 국가보안법 제7조 제5항에서 규정한 '소지'로 볼 수 있는가가 문제된다. 국가보안법 제7조 제5항은 이적표현물을 '소지'하면 처벌한다고 하는 규정을 두고 있고, 그 '소지'의 문언적 의미는 물건을 사실적으로 지배하고 있는 상태로서, 그 대상은 '물건'이고, 특히 사실적 · 물리적 지배가 가능한 '유체물'에 한한다. 그러므로 블로그, 미니홈피, 카페 등의 이름으로 개설된 사적 인터넷게시공간에 게시된 타인의 글을 삭제하지 아니하고 그대로 둔 사정만으로 사적 인터넷게시공간운영자가 타인의 글을 국가보안법 제7조 제5항에서 말하는 '소지'한 경우로 볼 수는 없다.[4] 특히 인터넷에 게시된 표현물의 경우 종이에 출력되거나 컴퓨터의 하드드라이브에 저장되어 그 종이나 컴퓨터의 하드드라이브와 같은 유체물에 화체되지 아니하는 한 '정보'에 불과할 뿐 소지의 대상이 되는 물건이라 할 수 없고, 정보의 소지도 처벌한다면 카페운영자로서는 그 정보를 삭제하거나 정보에 대한 접근을 차단하여야 할 의무를 부담한다고 보아야 하나, 일반적으로 인터넷포털사이트 내 카페에 게시된 표현물을 카페운영자만 삭제할 수 있지는 않고 작성자 또는 인터넷포털사이트운영자도 일정한 경우에 삭제할 수 있는 사정, 타인이 카페에 게시한 글이 카페운영자에 의하여 관리되어야 한다고 하더라도 그 관리의무는 카페운영자에게 카페의 목적에 맞지 않거나 타인의 명예를 훼손하는 등 불법적이라는 이유로 게시글을 삭제하거나 접속을 제한하는 등의 조리상의 관리의무(또는 인터넷포털사이트운영자와의 계약에 따른 관리의무)가 인정될 뿐이므로, 별도의 형벌규정 없이 정보를 삭제하거나 정보에 대한 접속을 제한하는 등의 조치를 취하지 아니한 경우까지 처벌한다면 죄형법정주의에 반하게 되는 사정 등을 고려하면, 카페에 게시된 타인의 글을 삭제하지 아니하고 그대로 둔 사정만을 가지고 국가보안법 제7조 제5항 소정의 소지죄를 적용하는 때에는 문언의 범위를 벗어난 확장해석이라고 할 수 있다.[5]

4 대법원 2012.1.27. 선고 2010도8336 판결.

5 인천지방법원 2010.6.10. 선고 2009노4354 판결.

Ⅱ. 인터넷상의 미니홈피운영자에 의한 초상권침해

인터넷상에서 미니홈피 등 소셜미디어를 운용하는 자는 타인의 성명이나 초상권 등을 침해하여서는 안 된다. 예를 들어 사진작가 A가 누드사진작가협회가 실시한 누드촬영대회에서 모델 B녀의 음부부위와 음모가 노출되고 얼굴까지 나타나는 2장의 사진을 촬영한 후 그 사진을 회원가입절차만 거치면 누구나 사진을 열람할 수 있는 자신의 미니홈피에 게시하여 회원이면 누구나 열람할 수 있도록 한 경우에 그 누드사진은 B녀의 동의 아래 촬영되어 A에게 저작권이 있다 하더라도, B의 음모뿐만 아니라 음부까지 노출된 사진을 불특정 다수가 자유로이 열람할 수 있는 인터넷상의 미니홈피에 게시하는 경우는 B녀가 사진촬영에 관한 동의 당시 허용한 범위를 벗어난다고 보아야 한다. 그러므로 만약 A가 자기의 미니홈피에의 누드사진의 공표에 관하여 B녀의 동의를 받기 위한 어떠한 노력도 하지 아니하고, 또한 B녀가 받은 모델료가 소액이며, B녀로부터 그 누드사진을 미니홈피에서 삭제해 달라는 명시적 요구를 받고도 거절한 사정 등이 인정된다고 하면 A가 B녀의 초상권을 침해하는 불법행위를 범한 경우라고 할 수 있다.[6]

Ⅲ. 인터넷상의 카페에 의한 명예훼손

인터넷상 카페지기가 자신이 관리하는 카페에 다른 사람이 글쓰기를 통하여 제3자의 명예를 훼손하는 내용을 담은 카페글을 남긴 경우에 그

---

6 대법원 2013.2.14. 선고 2010다103185 판결 참조.

카페글을 방치하면 명예훼손으로 인한 손해배상책임을 부담하는가가 문제된다. 타인의 카페글에 대하여 명예훼손책임을 부담하게 하기 위하여는 그 카페지기에게 그 게시물을 삭제할 의무가 있어야 한다. 만약 카페지기가 삭제의무에도 불구하고 정당한 사유 없이 그 삭제의무를 이행하지 아니한 경우에 비로소 명예훼손책임이 부담될 수 있다. 그리고 카페지기의 삭제의무가 있는지는 게시의 목적, 내용, 게시기간과 방법, 게시로 인한 피해의 정도, 게시자와 피해자의 관계, 반론 또는 삭제에 대한 요구의 유무 등 게시와 관련한 쌍방의 대응태도, 카페의 성격 및 규모 · 영리목적의 유무, 개방 정도, 카페지기가 게시물의 내용을 알거나 알 수 있는 시점, 삭제의 기술적 · 경제적 난이도 등을 종합하여 판단하여야 한다. 특별한 사정이 없다면 단지 카페지기가 운영하는 카페에 다른 사람에 의하여 제3자의 명예를 훼손하는 글이 게시되고 그 카페지기가 그 카페글을 알거나 알 수 있다는 사정만으로 항상 카페지기가 그 카페글을 즉시 삭제할 의무를 지게 된다고 할 수는 없다.[7]

Ⅳ. SNS에 의한 명예훼손

SNS를 통하여 허위사실을 퍼뜨리거나 지속적 · 악의적으로 명예를 훼손하는 글을 올려 자주 명예훼손이 문제되고 있다. 실제로 법정으로까지 비화된 SNS상의 명예훼손사건이 적지 않다. 비방할 목적으로 최소한의 주의도 기울이지 않고 단정적인 표현으로 허위내용의 글을 SNS

7 대법원 2003.6.27. 선고 2002다72194 판결 참고.

에 올리면 분명히 명예훼손이 될 수 있다.

예를 들어 트위터(Twitter)에서 리트윗(RT)한 경우에도 명예훼손에 대한 책임을 지는가 하는 문제가 있다. 트위터는 무선전기통신설비나 컴퓨터 등을 이용하여 온라인상에서 트위터계정을 가지고 있는 불특정 다수의 타인 사이에 단문(통상 140자 이내)을 송신하거나 수신하는 방법으로 서로의 생각을 공유하고 소통할 수 있는 SNS의 일종으로서 동일한 내용의 글을 반복적으로 게시하지 않더라도 트위터의 성격상 처음 게시한 글은 팔로어의 리트윗을 통하여 상당기간 동안 순차적으로 무한정 전파될 수 있고, 처음 게시한 글이 명예훼손적인 경우에는 리트윗을 한 팔로어도 명예훼손적 내용을 가지는 글을 전파한 경우로 되어 명예훼손책임을 지게 될 수 있다. 다만 리트윗의 경우, 즉 타인의 명예를 훼손하는 글을 다시 인터넷에 게시한 행위에 대하여 명예훼손의 책임을 인정하기 위하여는 헌법상 자기책임의 원리에 따라서 리트윗한 팔로어 자신의 행위에 대한 법적 평가가 있어야 한다. 인터넷에 제3자가 쓴 명예훼손표현을 게시한 행위가 전체적으로 보아 단순히 그 표현을 인용하거나 소개하는 경우에 불과한 때에는 명예훼손의 책임이 부정되고, 제3자의 명예훼손표현을 실질적으로 이용 · 지배함으로써 제3자의 표현과 동일한 내용을 직접 적시한 경우와 다름없다고 평가되는 경우에는 명예훼손의 책임이 인정될 수 있다.[8]

8 헌법재판소 2013.12.26. 선고 2009헌마747 전원재판부 참고.

15장

인터넷매체 언론피해

01
서설

인터넷을 통한 분쟁이나 갈등은 매우 다양한 분야에서 일어난다. 날로 인터넷의 새로운 기술적 진보와 함께 새로운 문제가 야기되기도 한다. 인터넷을 둘러싼 중요한 문제의 하나가 인터넷신문이나 언론사닷컴, 포털, 인터넷 멀티미디어 방송 등과 같은 인터넷매체로 인한 명예훼손 또는 권리나 그 밖의 법익에 대한 침해라고 할 수 있다. 인터넷매체로 인하여 명예훼손 또는 권리나 그 밖의 법익에 대한 침해와 같은 언론피해를 입은 경우에 물론 형사책임이나 민법상의 불법행위책임 등을 물을 수 있다. 그러나 형사책임이나 민법상의 불법행위책임 등을 통하여는 신속하고 충분한 피해구제를 꾀하기가 어렵다. 인터넷매체로 인한 언론피해는 그 특성상 직접적이고 즉각적인 구제를 필요로 하므로, 형사책임이나 불법행위책임만으로는 만족스런 해결을 도모하기가 곤란한 경우가 많다.

다행히 인터넷매체를 통하여 언론피해를 입은 경우에는 신속하고 직접적인 구제제도로서 언론조정중재제도가 마련되어 있다. 특히 2005년에 제정된 「언론중재 및 피해구제 등에 관한 법률」(이하 "언론중재법"이라 한다)에 의하여 인터넷매체로서 인터넷신문이 처음 언론조정중재의 대상에 포함된 이후 2009년 언론중재법이 전폭적으로 개정되면서 인터넷신문 이외에 포털 등 인터넷뉴스서비스와 인터넷 멀티미디어 방송(IPTV)이 다시 언론조정중재제도의 범위에 포함되어 전체적으로 인터넷매체로 인한 언론피해에 대하여 조정이나 중재 등과 같은 보다 전문적이며 신속하고 실효성 있는 구제제도를 통하여 분쟁의 해결을 꾀하고 있다.

02 인터넷매체로 인한 언론피해에 관한 언론조정중재의 현황

Ⅰ. 인터넷매체 조정 신청현황

인터넷신문에 대한 언론조정제도가 도입된 2005년 이후 인터넷신문에 관한 조정신청사건은 해마다 가파르게 증가하고 있다. 최근에는 인터넷신문에 관한 조정사건이 전체 조정신청건수의 절반에 육박하고 있는 실정이다.[1] 인터넷뉴스서비스나 인터넷 멀티미디어 방송(IPTV)에

1 인터넷매체 조정 신청현황(2005.1.1.-2013.12.31.)을 자세하게 살펴보면 아래와 같다(출처는 http://www.pac.or.kr).

연도	총청구건수	인터넷신문	인터넷뉴스서비스	IPTV
2005	883	48		
2006	1,087	77		
2007	1,043	113		
2008	954	157		
2009	1,573	233	181	
2010	2,205	567	841	
2011	2,124	705	510	
2012	2,401	945	454	
2013	2,433	1,130	369	
계	14,703	3,957(27%)	2,355(16%)	

관한 언론조정제도가 도입된 때는 2009년부터이며, 그 이후 아직 IPTV에 따른 언론피해사례는 많지 않은 관계로 IPTV를 둘러싼 언론조정사건은 없으나, 인터넷뉴스서비스에 관하여는 2009년 이후 매년 많은 조정사건이 신청되고 있다.

II. 인터넷매체 중재 신청현황

인터넷신문과 관련한 중재신청이 처음 이루어진 때는 2008년이다. 통계를 보면 2008년, 2009년, 2010년에는 중재사건이 신문이나 주간신문, 시사주간지, 방송, 케이블TV, 잡지, 뉴스통신 등에 다양하게 분포되어 있으나, 최근에는 인터넷신문과 인터넷뉴스서비스와 같은 인터넷매체를 둘러싼 중재사건이 절대 다수를 차지하고 있다.

2008년부터 2013년까지의 중재사건으로서는 총청구건수가 합계 560건이고,[2] 그 가운데 인터넷신문과 인터넷뉴스서비스 등 인터넷매체에 관한 중재사건이 합계 438건으로 그 비율이 78%에 이른다. 그리고 2014년에도 인터넷매체로 인한 언론피해를 둘러싼 조정중재신청건수는 가

2 인터넷매체 중재 신청현황(2005.1.1~2013.12.31)을 살펴보면 아래와 같다(출처는 http://www.pac.or.kr).

연도	총청구건수	인터넷신문	인터넷뉴스서비스	IPTV
2008	10	3		
2009	111	15	16	
2010	77	12	54	
2011	113	8	99	
2012	59	4	51	
2013	190	104	72	
계	560	146(26%)	292(52%)	

파르게 증가하고 있다. 2014년 6월까지의 통계를 보면 매월 60-70% 정도가 인터넷신문이나 인터넷뉴스서비스에 다른 조정중재사건이 차지하고 있다.[3]

3 2014년 6월까지 인터넷매체 조정 중재 신청현황은 아래와 같다(출처는 http://www.pac.or.kr).

월별	총청구건수	인터넷신문	인터넷뉴스서비스	IPTV
1월	155	75	12	
2월	117	59	19	
3월	209	94	45	
4월	387	167	79	
5월	241	139	38	
6월	200	117	9	
계	1,309	650(50%)	201(15%)	

03

인터넷매체의 유형에 따른 조정중재제도

Ⅰ. 인터넷신문에 관한 조정중재

인터넷신문은 이미 2005년 정기간행물법으로부터 분리되어 언론조정중재제도를 독립적으로 규율하는 「언론중재 및 피해구제 등에 관한 법률」이 제정될 당시 언론조정중재의 대상으로 되어 현재에 이르고 있다.[4] 다만 2005년에 제정된 언론중재법에 의하면 오프라인상에서는 기사제공의 서비스를 하지 않고 인터넷상에서만 뉴스기사 등을 제공하는 순수한 인터넷신문의 뉴스기사에 대하여만 언론조정중재가 가능하여 인터넷포털이나 언론사닷컴과 같은 인터넷뉴스서비스와 IPTV(Internet Protocol TV), 즉 인터넷 멀티미디어 방송에 따른 언론피해는 언론조정중재의 대상에 포함되지 아니하는 문제가 있었다.

언론중재법 제2조 제10호는 "인터넷신문이란 「신문 등의 진흥에 관한

---

4 2005년 제정 당시의 언론중재 및 피해구제 등에 관한 법률 제2조 제1호는 「"언론"이라 함은 방송·정기간행물·뉴스통신·인터넷신문을 말한다」 고 규정하고 있다.

법률」 제2조 제2호에 따른 인터넷신문을 말한다"고만 정의하고 있다.[5] 그리고 신문 등의 진흥에 관한 법률(이하 "신문법"이라 한다) 제2조 제2항은「인터넷신문」이란 컴퓨터 등 정보처리능력을 가진 장치와 통신망을 이용하여 정치 · 경제 · 사회 · 문화 등에 관한 보도 · 논평 및 여론 · 정보 등을 전파하기 위하여 간행하는 전자간행물을 가리키며,[6] 다만 신문법상의 인터넷신문으로 되려면 "독자적 기사 생산과 지속적인 발행 등 대통령령으로 정하는 기준"을 충족하여야 한다. 한편 신문법 제2조 제2호에서 "독자적 기사 생산과 지속적인 발행 등 대통령령으로 정하는 기준"이란 (i) 독자적인 기사 생산을 위한 요건으로서 ① 취재 인력 2명 이상을 포함하여 취재 및 편집 인력 3명 이상을 상시적으로 고용하고, ② 주간 게재 기사 건수의 100분의 30 이상을 자체적으로 생산한 기사로 게재하여야 하며, (ii) 지속적인 발행요건으로서 주간 단위로 새로운 기사를 게재하여야 한다고 하는 요건이 있다(신문법 시행령 제2조 참고).

2013년 언론조정사건에 관한 통계를 살펴보면 매체유형별로는 인터넷신문에 따른 언론조정사건이 합계 1,130건(46.4%)으로 가장 많다(신문 522건(21.5%), 포털 등 인터넷뉴스서비스 369건(15.2%), 방송 288건(11.8%)의 순서로 그 뒤를 따르고 있다).[7] 인터넷신문의 조정청구건수는

---

5 인터넷신문은 말 그대로 지면(紙面)이 아닌 인터넷을 통하여 발행·배포되는 신문을 말한다. 국내의 대표적인 인터넷신문으로는 오마이뉴스(http://www.ohmynews.com/), 이데일리(http://www.edaily.co.kr/), 프레시안(http://www.pressian.com/), 마이데일리(http://www.mydaily.co.kr/) 등을 들 수 있다.

6 신문법(당시의 명칭은「신문등의자유와기능보장에관한법률」상「인터넷신문」이 처음 규율된 때도 2005년부터이다.

7 출처는 http://www.pac.or.kr(보도자료).

2012년 945건 대비 185건 정도 증가한 경우로 나타나고 있고, 인터넷신문시장의 지속적인 외연확대, 인터넷신문을 통한 국민의 뉴스접촉비중이 커지고 있다는 사실을 보여준다고 할 수 있다.

II. 인터넷뉴스서비스 및 IPTV에 대한 조정중재

언론중재법 제2조 제1호에 의하면 「"언론"이란 방송, 신문, 잡지 등 정기간행물, 뉴스통신 및 인터넷신문을 말한다」. 그러므로 인터넷포털과 같은 인터넷뉴스서비스나 IPTV 등은 법률적으로 "언론"의 지위를 가지고 있다고 보기는 어렵다. 처음 언론중재법이 제정된 2005년에는 인터넷신문만을 언론조정중재의 대상으로 하고, 인터넷뉴스서비스나 IPTV에 대하여는 아직 규율하지 아니하여 인터넷포털이나 언론사닷컴[8] 등의 인터넷뉴스서비스의 제공으로 인하여 피해가 발생되고 있음에도 불구하고, 언론조정중재를 통한 신속하고 충분한 피해구제가 어려워 언론중재법에 따른 언론조정중재제도의 문제로 지적되었다. 결국 2009년 언론중재법의 개정을 통하여 인터넷뉴스서비스나 인터넷 멀티미디어 방송(IPTV)도 언론조정중재의 대상에 포함되어 현재는 인터넷뉴스서비스(포털)에 관하여 많은 조정중재가 이루어지고 있다.

---

8 언론사닷컴은 기존의 오프라인매체가 인터넷을 통하여 뉴스서비스를 전달하는 전자간행물(국내의 대표적인 언론사닷컴으로는 예컨대 1995년 중앙일보가 국내 최초로 발간한 조인스닷컴(http://joins.com), 조선일보의 조선닷컴(http://www.chosun.com), 한국일보의 한국아이닷컴(http://www.hankooki.com), 동아일보의 동아닷컴(http://donga.com) 등이 있다)로서 종래의 「신문 등의 자유와 기능 보장에 관한 법률」을 전면 개정한 「신문 등의 진흥에 관한 법률」 시행령 제2조 제2항에 의하여 현재는 언론사닷컴도 인터넷신문으로 본다(2010년 2월 1일부터 시행).

언론중재법 제2조 제18호는 우선 「"인터넷뉴스서비스"란 언론의 기사를 인터넷을 통하여 계속적으로 제공하거나 매개하는 전자간행물을 말한다」 고 규정하고, 다만 인터넷신문 및 인터넷 멀티미디어 방송, 그 밖에 대통령령으로 정하는 경우는 제외한다. 역시 신문법 제2조 제5호도 인터넷뉴스서비스의 개념을 언론중재법 제2조 제18호와 비슷하게 규율하고 있다. 신문법 제2조 제5호에 의하여도 「"인터넷뉴스서비스"란 신문, 인터넷신문, 「뉴스통신진흥에 관한 법률」 에 따른 뉴스통신, 「방송법」 에 따른 방송 및 「잡지 등 정기간행물의 진흥에 관한 법률」 에 따른 잡지 등의 기사를 인터넷을 통하여 계속적으로 제공하거나 매개하는 전자간행물」 을 말하고, 다만 인터넷신문 및 「인터넷 멀티미디어 방송사업법」 제2조 제1호에 따른 인터넷 멀티미디어 방송, 그 밖에 대통령령으로 정하는 경우를 제외한다. 언론중재법 시행령 제1조의2(인터넷뉴스서비스 제외 대상)에 의하면 언론중재법 제2조 제18호 단서에서 대통령령으로 정하여 인터넷뉴스서비스에서 제외되는 경우란 「전기통신사업법」 에 따른 부가통신사업자가 아닌 자가 인터넷을 통하여 언론의 기사를 계속적으로 제공하거나 매개(媒介)하는 전자간행물을 말한다(신문법 시행령 제3조(인터넷뉴스서비스 제외 대상)에서도 「전기통신사업법」 에 따른 부가통신사업자가 아닌 자가 인터넷을 통하여 언론의 기사를 계속적으로 제공하거나 매개(媒介)하는 전자간행물을 인터넷서비스의 대상에서 제외한다). 그러므로 예컨대 개인블로그, 1인 미디어, 인터넷카페 등은 언론중재법 제2조 제18호가 정의하는 인터넷뉴스서비스의 범위에서 제외된다.

언론중재법 제2조 제18호가 정하는 "인터넷뉴스서비스"의 대표적인 예는 포털이라고 할 수 있다. 본래 포털(portal)이란 사전적으로 "입구,

현관, 정문"이라는 의미를 가지는데, 인터넷에서는 인터넷이용자가 인터넷을 시작하면서 거치게 되는 첫 관문, 즉 입구가 되는 사이트라는 뜻으로, 수 많은 사이트를 특정한 분류에 따라 정리해 놓고 그 주소를 링크시켜서 이용자가 원하는 곳을 쉽게 찾아갈 수 있도록 만든 사이트를 이르는 말이다.[9] 포털의 가장 중요한 역할은 원래 검색기능이지만 현재는 포털의 영역이 점차적으로 확대되어 전자메일, 홈쇼핑, 블로그나 카페 등 다양한 인터넷서비스를 제공하고 있다. 또한 근래에는 포털이 뉴스서비스분야에까지 진출하여 검색엔진이나 포털사이트는 기존의 미디어 뉴스를 그대로 혹은 편집하여 독자에게 전달하는 방법으로 뉴스서비스를 제공하여 기존의 오프라인상의 뉴스매체뿐만 아니라, 온라인상에서 전문적으로 뉴스를 제공하는 인터넷신문이나 언론사닷컴 등의 뉴스서비스제공을 앞지르고 있다.

2009년 언론조정중재의 대상이 되는 매체가 포털 등 인터넷뉴스서비스로까지 확대된 이후 인터넷뉴스서비스를 대상으로 한 언론조정중재는 꾸준히 늘고 있다. 통계를 보면 2009년 181(16)건, 2010년 841(54)건, 2011년 510(99)건, 2012년 454(51)건, 2013년 369(72)건으로 큰 비중을 차지하고 있다(괄호 안은 중재신청사건이다).

2009년에 단행된 언론중재법의 개정에 의하여 인터넷 멀티미디어 방송도 언론조정중재의 대상에 포함된다. 언론중재법 제2조 제20호는 「"인터넷 멀티미디어 방송"이란 인터넷 멀티미디어 방송사업법 제2조 제1호에 따른 인터넷 멀티미디어 방송을 말한다」 고 규정하고 있다. 그리고 인터넷 멀티미디어 방송사업법 제2조 제1호에 의하면 "인터넷 멀

---

9 포털의 대표적인 예로 네이버, 다음, 네이트 등이 있다.

티미디어 방송"이란 광대역통합정보통신망 등(자가 소유 또는 임차 여부를 불문하고,「전파법」 제10조 제1항 제1호에 따라 기간통신사업을 영위하기 위하여 할당받은 주파수를 이용하는 서비스에 사용되는 전기통신회선설비는 제외한다)을 이용하여 양방향성을 가진 인터넷 프로토콜 방식으로 일정한 서비스품질이 보장되는 가운데 텔레비전 수상기 등을 통하여 이용자에게 실시간 방송프로그램을 포함하여 데이터 · 영상 · 음성 · 음향 및 전자상거래 등의 콘텐츠를 복합적으로 제공하는 방송을 말한다.

인터넷 멀티미디어 방송은 보통 IPTV(Internet Protocol TV)라고 부르며, 초고속인터넷망을 이용하여 영화나 방송프로그램 등 동영상 콘텐츠와 인터넷검색 등 여러 가지 멀티미디어콘텐츠를 TV수상기로 제공하는 양방향 방송 · 통신 음향 서비스이다. IPTV를 통하여는 원하는 편리한 시간에 언제든지 보고 싶은 프로그램을 선택하여 볼 수 있으므로, 기존의 공중파 방송이나 케이블방송과는 다르다. IPTV를 이용하기 위하여는 TV와 셋톱박스 또는 전용모뎀, 인터넷회선만 연결되어 있으면 되고, 리모컨만으로 IPTV를 통하여 TV프로그램의 시청은 물론, 인터넷검색이나 영화감상, 홈쇼핑, 홈뱅킹, 온라인게임 등 인터넷을 통하여 제공되는 아주 다양한 콘텐츠나 부가서비스를 이용할 수 있다.

국내에서도 2009년부터 인터넷을 이용하여 TV방송이나 그 밖의 다양한 콘텐츠와 서비스를 TV수상기를 통하여 이용하는 IPTV시대로 접어든 이후 현재 KT(올레TV), SK브로드밴드(BTV), LG유플러스(U+TV)가 IPTV서비스를 제공하고 있다. 통계로는 2013년 7월을 기준으로 국내의 IPTV 가입자 수가 770만명에 달한다고 한다. 그러나 2013년까지 IPTV로 인한 언론피해를 다룬 언론조정중재사건은 아직 전무하다.

04
인터넷매체로 인한 언론피해에 따른 구제

Ⅰ. 침해의 유형

인터넷매체로 인하여 생길 수 있는 언론피해는 다양하다. 언론중재법 제5조 제1항은 인터넷매체가 "타인의 생명, 자유, 신체, 건강, 명예, 사생활의 비밀과 자유, 초상(肖像), 성명, 음성, 대화, 저작물 및 사적(私的) 문서, 그 밖의 인격적 가치 등에 관한 권리(인격권이라 한다)를 침해당한 경우"에 언론피해구제를 청구할 수 있다고 규정하고 있다. 언론피해로는 대표적으로 명예훼손, 신용훼손, 초상권 · 성명권 · 음성권의 침해, 프라이버시의 침해, 재산상 손해 등으로 구분하여 살펴볼 수 있다.

① 명예훼손　　명예훼손이란 명예의 주체에 대한 사회적 평가를 저하시키는 일체의 행위를 의미한다. 인터넷매체가 특정인에 관한 기사를 게재한 경우 그 기사가 특정인의 명예를 훼손하는 내용인

지의 여부는 기사의 객관적인 내용과 아울러 일반독자가 기사를 접하는 통상의 방법을 전제로 기사의 전체적인 흐름, 사용된 어휘의 통상적인 의미, 문구의 연결방법 등을 종합적으로 고려하여 그 기사가 독자에게 주는 전체적인 인상도 그 판단기준으로 삼아야 한다.[10]

인터넷매체로 명예훼손이 있는 경우에는 여러 가지 구제가 가능하다. 당연히 허위보도나 편파보도, 과장보도 등에 의하여 타인의 명예를 훼손하면 언론조정중재신청이 가능하다.[11] 또한 형법상 명예훼손죄가 성립하거나(형법 제307조), 민법상 명예훼손책임이 인정될 수 있다. 민법상 명예훼손책임에서는 민법 제750조에 의하여 가해인터넷매체에게 고의나 과실과 같은 귀책사유가 있어야 하고, 그 명예훼손이 위법하여야 한다고 하는 요건이 요구된다. 그러나 언론조정중재에서는 가해인터넷매체의 고의 · 과실이나 위법성을 필요로 하지 아니하므로(언론중재법 제14조 제2항, 제16조 제2항 등 참조), 민법상의 명예훼손책임과는 차이가 있다. 그리고 민법상 명예훼손책임의 경우에는 법원이 피해자의 청구에 의하여 타인의 명예를 훼손한 자에 대하여 손해배상에 갈음하거나 손해배상과 함께 명예회복에 적당한 처분을 명할 수 있다고 하는 특칙이 적용된다(민법 제764조).[12] 예컨대 판례를 보면 인터넷종합정보제공사

10 대법원 1997.10.28. 선고 96다38032 판결 참조.

11 실무상 언론조정중재신청건수의 약 90% 이상이 명예훼손과 관련된 사건이다.

12 헌법재판소 1991.4.1. 선고 89헌마160 전원재판부는 민법 제746조를 근거로 "사죄광고"를 명하게 되면 헌법 제19조가 정한 양심의 자유에 위반되는 동시에 헌법상 보장되는 인격권의 침해에 이르게 되

업자(포털사이트)가 보도매체가 작성 · 보관하는 기사에 대한 인터넷이용자의 검색 · 접근에 관한 창구역할을 넘어서서, 보도매체로부터 기사를 전송받아 자신의 자료저장컴퓨터설비에 보관하면서 스스로 그 기사 가운데 일부를 선별하여 자신이 직접 관리하는 뉴스게시공간에 게재하고 그 게재된 기사가 타인의 명예를 훼손하는 내용을 담고 있다면, 그 기사는 단순히 보도매체의 기사에 대한 검색 · 접근의 기능을 제공하는 경우와는 달리 인터넷종합정보제공사업자가 보도매체의 특정한 명예훼손적 기사내용을 인식하고 그 기사를 적극적으로 선택하여 전파한 행위에 해당하므로, 달리 특별한 사정이 없는 이상 인터넷종합정보제공사업자는 명예훼손적 기사를 보도한 보도매체와 마찬가지로 그로 인하여 명예가 훼손된 피해자에 대하여 불법행위로 인한 손해배상책임을 진다고 본다.[13]

② 신용훼손　신용이란 개인의 지급능력과 지급의사에 관한 사회적 신뢰를 가리킨다. 신용훼손도 중요한 언론조정중재신청의 사유가

므로, 사죄광고의 강제는 허용되지 아니한다고 본다.

13 대법원 2009.4.16. 선고 2008다53812 판결(A와 교제하다가 자살한 여성 B의 어머니가 B의 미니홈피에 '지난 1년간의 일들'이라는 제목으로 딸의 억울한 죽음에 대한 글을 올리자 B의 미니홈피의 방문자 수가 급증하게 되고, 동아일보에서 자살한 여자 B와 남자친구 A의 교제 및 B의 자살경위를 기사화하여 네이버와 다음, 야후코리아와 같은 인터넷포털사이트는 동아일보로부터 그 기사를 전송받아 자기의 뉴스게시공간에 게재하였는데, 그 기사에 대한 댓글이 많이 게시되고, 또한 카페와 커뮤니티까지 생겨 A의 신상정보(성명, 전화번호, 출신학교, 직장 등), 사진 등은 물론, B를 추모하고 A를 비난하는 글이 수없이 많이 게시되어 A가 네이버와 다음, 야후코리아에 대하여 명예훼손에 따른 불법행위책임을 물은 사건이다).

된다.[14] 그리고 "허위의 사실을 유포하거나 기타 위계로써 사람의 신용을 훼손"하면 형법상 신용훼손죄로 처벌된다(형법 제313조). 또한 신용도 넓은 의미에서는 명예의 일종으로서 명예훼손에 해당할 수 있으므로, 민법상 명예훼손책임이 문제될 수도 있다.

③ 초상권의 침해　　초상권이란 사람이 자신의 초상에 대해 가지는 일체의 인격적 이익을 내용으로 하는 권리를 의미한다. 그러므로 초상권은 사람이 자기의 얼굴이나 그 밖의 사회통념상 특정인임을 식별할 수 있는 신체적 특징에 관하여 함부로 촬영되어 공표되지 아니하며 광고 등에 영리적으로 이용되지 아니하는 법적 보장이라고 할 수 있다.

초상권에 대하여는 현행법상 명문의 규정은 없으나, 헌법 제10조가 모든 국민은 인간으로서의 존엄과 가치를 가지며 행복을 추구할 권리를 가지고, 국가는 개인이 가지는 불가침의 기본적 인권을 확인하고 이를 보장할 의무를 진다고 규정하고 있으므로, 국가가 보장하여야 할 인간으로서의 존엄과 가치는 성명권, 명예권 등을 포괄하는 일반적 인격권을 의미하고, 일반적 인격권에는 개별적인 인격권으로서의 초상권이 포함된다고 본다. 또한 민법 제751조 제1항이 "타인의 신체, 자유 또는 명예를 해하거나 기타 정신상의 고통을 가한 자는 재산 이외의 손해에 대하여도 배상할 책임이 있다"고 규정하고 있다. 그러므로 민법 제751조가 초상권의 침해에 대하여 불법행위책임을 인정하고 있다고 해석할 수 있다.

14　실무상 2011년부터 신용훼손은 재산상 손해에 포함시켜 처리하고 있다.

초상권의 구체적인 내용은 얼굴이나 그 밖의 사회통념상 특정인임을 알 수 있는 신체적 특징을 함부로 촬영 또는 작성되지 아니할 권리를 비롯하여, 촬영된 사진 또는 작성된 초상이 함부로 공표·복제되지 아니할 권리(본인의 동의 없이 촬영을 하여 공중에게 공표하거나 공표에 동의한 경우에도 본인이 예상한 경우와 다른 방법과 용도로 공표된 경우에는 초상권의 침해가 된다), 초상이 함부로 영리목적에 이용되지 아니할 권리를 포함한다. 특히 승낙에 의하여 촬영된 사진이라도 그 사진을 함부로 공표하는 행위, 일단 공표된 사진이라도 다른 목적에 사용하는 행위는 모두 초상권의 침해에 해당한다.[15]

초상권의 침해가 있으면 당연히 언론조정중재에 의하여 피해의 구제를 받을 수 있다. 그리고 초상권의 침해는 민법상 불법행위에 해당하므로 피해자는 침해인터넷언론에 대하여 손해배상을 청구할 수 있다. 초상권의 침해에 따른 손해배상으로는 재산상 손해의 배상과 위자료가 있고, 초상권의 침해에 의한 손해는 통상은 정신적 손해이고, 그 액은 침해행위의 태양, 정신적 고통의 정도, 쌍방의 사회적 지위, 직업, 자산 등 제반사정을 고려하여 정한다. 그리고 초상권도 인격권의 하나로서 절대적, 배타적인 효력을 가지므로, 금지청구가 고려될 수 있다. 예를 들어 방해예방청구로서는 초상을 촬영한 필림이나 사진 등의 사용금지를 청구할 수 있고, 방해배

15 유명인의 초상이 무단이용되어 재산적 이익을 침해한 경우에는 초상권을 인격권의 일부가 아니라 독립된 재산권으로 파악할 수 있다. 유명인의 성명이나 초상 등이 갖는 재산적 가치를 독점적, 배타적으로 지배하는 독자적 재산권을 이른바 퍼블리시티권(Right of Publicity)이라고 부르며, 민법상 보호된다(판례는 퍼블리시티권을 인정하기도 하고, 부정하기도 한다).

제청구로서는 초상권을 침해하는 사진이나 이미지를 게재한 인터넷게시물 등의 삭제를 청구할 수 있다.

④ 성명권의 침해 　　성명권이란 사람이 자기의 성명에 대하여 갖는 이익을 내용으로 하는 권리라고 정의할 수 있다. 성명권에는 사회통념상 특정인임을 알 수 있는 방법으로 성명이 함부로 사용·공표되지 않을 권리, 성명이 함부로 영리에 이용되지 않을 권리가 포함한다. 근래에 이르러 인터넷매체 등의 급격한 발달로 개인의 성명이 무단으로 타인에 의하여 참칭·모용되거나, 혹은 조건에 반하여 인터넷광고 등에 이용되게 됨으로써 그에 따른 분쟁이 적지 않게 일어나고 있으므로, 성명권의 침해로부터 개인을 보호하여야 할 필요성이 커지고 있다.

인터넷매체에 의하여 성명권이 침해되면 언론조정중재를 통하여 피해구제를 받을 수 있다. 그리고 현행의 법률상 성명권의 보호에 관한 일반적 규정은 없으나,[16] 비록 명문규정이 없다고 하더라도 판례[17]나 학설은 이견 없이 성명권을 인격권의 하나로 인정하고 있

16 입법례로는 독일민법 제12조나 스위스민법 제29조와 같이「성명권」(Namenrecht)을 명문으로 규정하고 있는 경우도 있다.

17 판례를 보면 예를 들어 인터넷이용자에게 음란사이트로 인식될 수 있는 인터넷사이트의 운영자가 유명 연예인의 예명을 무단으로 도메인이름과 웹페이지의 광고문구로 이용하고 그 예명을 검색어로 인터넷검색이 되게 한 행위가 그 연예인의 성명권을 침해한 경우로 되고(서울중앙지방법원 2007.12.26. 선고 2005가합112203 판결), 유명 스포츠선수의 성명을 일정한 기간 무상사용하기로 계약한 자가 그 기간의 만료 후에도 계속 사용한 경우에 그 선수의 성명권에 대한 침해가 되며(서울중앙지방법원 2007.11.28. 선고 2007가합2393 판결), 역시 유명 프로야구선수의 허락을 받지 아니하고 그 성명을 사용한 게임물을 제작하여 상업적으로 이동통신회사에 제공한 경우에는 프로야구선수의 성명권을 침해한 경우로 된다 (서울중앙지방법원 2006.4.19. 선고 2005가합

다. 성명은 사람이 개인으로서 존중되는 기초이며, 그 개인의 인격의 상징이고 인격의 발로이므로, 헌법 제10조가 보장하는 인간으로서의 존엄과 가치 및 행복추구권, 개인이 가지는 불가침적 인권에 대한 국가의 보장의무로부터 당연히 인격권의 일종으로서 성명권이 보장된다고 보아야 한다. 만약 성명권을 침해하면 불법행위가 된다.

비록 개인이 자신의 성명의 표시 여부에 관하여 스스로 결정할 권리를 가진다고 하더라도, 성명의 표시행위가 공공의 이익이나 이해와 밀접불가분한 관계에 있는 경우에는 그 목적의 달성에 필요한 한도에 있고, 그 표현내용 · 방법이 부당하지 아니한 한 그 성명의 표시는 허용되어야 할 필요가 있다. 그러므로 예컨대 범죄사실에 관한 보도과정에서 그 실명의 공개에 대한 공공의 이익이 개인의 명예나 사생활의 비밀에 관한 이익보다 우월하다고 인정되어 실명에 의한 보도가 허용되는 경우라면 설사 개인의 의사에 반하여 그의 실명이 공개되더라도 그의 성명권을 침해한 경우라고 보기 어렵다.[18] 역시 언론중재법 제5조 제2항 제2호도 명문으로 성명권의 침해가 사회상규(社會常規)에 반하지 아니하는 한도에서 인터넷매체의 보도가 공공의 이익에 관한 경우로서 진실한 내용이거나 진실하다고 믿는 데에 정당한 사유가 있는 경우에는 책임을 지지 아니한다고 규정하고 있다.

80450 판결).

18 대법원 2009.9.10. 선고 2007다71 판결 참조.

⑤ 음성권의 침해　　음성도 인격적 가치의 하나로서 보호되어야 한다는 사실은 의문이 없다. 일반적으로 독백, 대화, 인터뷰, 강연 등 형태를 불문하고 자신의 음성이 자신의 의사에 반하여 녹음, 재생, 방송 및 배포되지 아니할 권리, 즉 자신의 말에 대한 권리(Recht am eigenen Wort)를 음성권이라고 한다. 현재 도청이나 비밀녹음 등에 대하여 통신비밀보호법 등을 통하여 부분적으로 음성권을 보호하기 위한 제도가 마련되어 있기는 하나, 법률상 음성권을 일반적으로 보호하는 명문규정은 없다. 그러나 음성의 녹음 여부에 대한 결정과 음성의 재생 · 배포 및 방송 여부에 대한 결정에 관한 권리나 대화내용의 인용 · 편집에 관한 권리를 포함한 음성권이 일반적 인격권의 하나로서 인정되어 보호된다는 사실은 의문의 여지가 없다. 또한 인터넷매체로 인한 음성권의 침해도 언론피해에 해당하므로, 언론조정중재신청의 대상이 된다.

⑥ 프라이버시의 침해　　사생활 내지 사적 사실(private facts)이나 프라이버시가 법적으로 보호되어야 한다는 사실도 자명하다. 예를 들어 개인이 스스로 공포하거나 토로하기 전에는 타인과 공유될 수 없고, 누구로부터의 침입도 허용되지 아니하는 개인의 최종적인 영역으로서의 내밀영역(양심영역이나 성적 영역), 제3자의 인지 및 침입으로부터 보호되어야 할 인간의 비밀스런 생활영역(비밀기록이나 비밀대화), 친밀한 범위 내의 생활영역(예를 들면 가족 및 가정이나 친지 · 친구 사이에서 이루어지는 일상의 생활영역이나 개인의 신원에 관한 사적인 정보영역) 등은 프라이버시로서 보호된다. 물론 공개의 내용이 진실이라고 하더라도 혹은 사회적 평가에

나쁜 영향을 미치지 않는 경우라고 하더라도 프라이버시의 침해로 될 수 있으나, 한편 모든 사생활의 공개가 전부 프라이버시의 침해로 되지는 아니한다. 프라이버시의 침해로 되기 위하여는 일반사람에게 아직 알려지지 아니한 사항이고, 일반인의 감수성을 기준으로 하여 그 사인의 입장에 선 경우에 공개를 바라지 아니한다고 인정되는 사항인 경우를 전제로 그 사생활에 대한 공개가 프라이버시의 침해로 된다.

프라이버시의 침해가 인터넷매체의 고의 · 과실에 의하여 야기되고 위법성이 있는 경우에 민법상 불법행위로 되고, 당연히 불법행위로 인한 손해배상책임이 성립한다.[19] 역시 인터넷매체로 인한 프라이버시의 침해는 언론조정중재의 대상이 되며, 다만 언론조정중재절차에 의한 피해구제에서는 원칙적으로 고의 · 과실이나 위법성을 필요로 하지 아니한다(언론중재법 제14조 제1항, 제16조 제2항 등 참조).

⑦ 재산상 손해 　인터넷매체로 인하여 명예훼손이나 초상권, 성명권, 음성권이 침해되거나 프라이버시가 침해되면 피해자에게 재산상 손해가 생길 수 있다. 재산상 손해가 있는 경우에는 정정보도청구나 반론보도청구, 추후보도청구 이외에 재산상 손해에 대한 배상도 청구할 수 있다.

---

19 예컨대 1980년에 「사랑과 야망」 이라는 영화에 여주인공으로 출연한 A여배우에 대하여 인터뷰한 사실이 없는데도 인터뷰한 경우처럼 꾸며 사생활을 보도한 여성조선에 대하여 프라이버시의 침해를 이유로 손해배상책임을 인정한 사건이 있다(서울중앙지방법원 2007.1.24. 선고 2006가합24129 판결).

II. 구제절차의 유형

인터넷매체로 인하여 예컨대 명예훼손, 신용훼손, 초상권 · 성명권 · 음성권 · 프라이버시의 침해, 재산상 손해 등과 같은 피해를 입은 경우에 피해자는 인터넷매체를 상대로 정정보도, 반론보도, 추후보도, 손해배상을 청구할 수 있다. 피해자는 정정보도나 반론보도, 추후보도, 손해배상에 관하여 인터넷매체와 직접 협의할 수도 있고, 언론중재법에 의하여 성립된 언론중재위원회에 조정신청이나 중재신청을 할 수도 있고, 또한 법원에 소송을 제기할 수 있다(피해자는 선택적으로 세 가지 절차 중 어느 절차든 먼저 밟아도 무방하므로, 인터넷매체와의 협의 없이 곧바로 언론중재위원회에 조정을 신청할 수 있고, 조정전치주의와도 상관이 없으므로 언론중재위원회의 조정을 거치지 않고 법원에 소를 제기할 수도 있다).

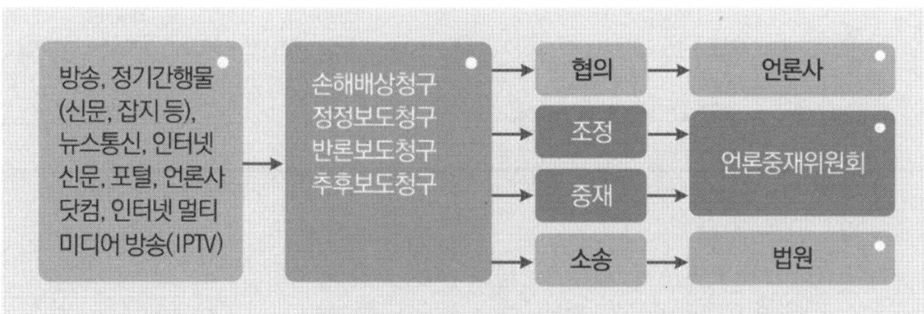

(출처: http://www.pac.or.kr)

① 조정　　본래 조정(mediation)[20]이란 중립적 위치에 있는 제3자가 분쟁당사자의 동의를 얻어 분쟁당사자가 쉽게 협상을 하여 분쟁

---

20 調停은 용어상 調整과 구별하여야 한다(예컨대 환경분쟁조정법 제2조 제3호는 斡旋, 調停, 裁定을 포괄하는 개념으로 調整이라는 용어를 사용하고 있다).

을 해결하도록 도와주는 분쟁해결방식을 가리킨다. 조정에서는 분쟁당사자가 협상에서 합의를 할지 아닌지 여부에 대한 결정권한을 가지고, 조정을 중개하는 제3자는 당사자의 협상을 도와줄 권한만을 가질 뿐 독자적인 결정권한을 가지지 아니한다.

언론조정에서는 별도로 구성된 관할 중재부가 독자적으로 분쟁해결을 위한 타협방안으로 조정안을 마련하여 당사자로 하여금 타협방안의 수락을 권고하고, 분쟁당사자가 그 타협방안을 수락하여야 비로소 분쟁이 해결된다. 그러므로 언론조정에서 중재부는 분쟁을 일의적으로 판단하여 최종적으로 결정하지 않고, 조정안에 의하여 분쟁해결을 알선하는 역할만을 수행한다. 만일 조정이 성립하여 조정결정서가 작성되면 재판상 화해와 같은 효력이 있다.[21] 그러나 분쟁당사자가 조정안을 거부하면 조정불성립이 되어 조정안은 전혀 효과를 발생할 수 없다.

언론조정에서의 처리결과는 아래와 같이 조정성립(합의), 조정에 갈음하는 결정(직권조정결정), 조정불성립, 기각, 각하, 취하로 구분할 수 있다. 통계를 보면 1981년부터 2013년까지 언론조정신청 건수는 합계 23,054건이고, 조정성립건수는 7,726건(33.5%), 직권조정결정은 동의 619건(2.7%), 이의 471건(2%), 조정불성립결정은 3,645건(15.8%), 기각은 807건(3.5%), 각하는 114건(0.5%), 취하는 9,672건(42.0%)에 해당한다.[22] 그리고 2013년 인터넷신문으로 인한

21 언론중재법 제23조는 조정의 결과 당사자간에 합의가 성립한 경우에는 "재판상 화해와 같은 효력이 있다"고 규정하고 있다.

22 http://www.pac.or.kr 통계자료 참조.

언론피해에 관한 조정신청건수는 총 1,130건이고, 조정성립이 420건, 직권조정결정이 49건, 조정불성립결정이 139건, 기각이 5건, 취하가 517건으로 나타나 있다. 또한 2013년 포털 등 인터넷뉴스서비스로 인한 언론피해를 둘러싼 조정신청건수는 총 369건이며, 조정성립 85건, 직권조정결정 3건, 조정불성립결정 15건, 기각 1건, 취하 265건이다.[23]

ⓐ 각하　본래 각하란 민사소송상 소가 소송요건을 구비하지 아니하거나 상소가 그 요건을 구비하지 아니한 때에 소 또는 상소를 부적법하다 하여 본안의 재판을 하지 아니하고 소송을 종결시키는 제도이다. 역시 언론조정에서도 관할 중재부는 조정신청이 부적법할 때에는 조정신청을 각하(却下)하여야 한다(언론중재법 제21조 제1항).

---

23 2013년도 매체유형별 처리결과를 살펴보면 아래와 같다

매체유형	청구건수	처 리 결 과					
		조정성립	직권 조정결정	조정 불성립결정	기각	각하	취하
신문	522 (21.5%)	236	39	80	4		163
방송	288 (11.8%)	136	13	41	10	1	87
잡지	10 (0.4%)	5	3	1			1
뉴스통신	112 (4.6%)	32	4	19		1	56
인터넷신문	1,130 (46.4%)	420	49	139	5		517
포털 등 인터넷뉴스서비스	369 (15.2%)	85	3	15	1		265
기타	2 (0.1%)	2					
계	2,433 (100%)	916 37.6%	111 4.6%	295 12.1%	20 0.8%	2 0.1%	1,089 44.8%

(출처는 http://www.pac.or.kr-보도자료).

ⓑ 기각　기각(棄却)이란 소송상 신청의 내용(예컨대 원고의 소에 의한 청구, 상소인의 상소에 의한 불복신청 등)을 종국적 재판에서 이유가 없다 하여 배척하는 제도이다. 기각은 일종의 본안판결이므로 각하와 구별된다. 언론조정에서 중재부는 신청인의 주장이 이유 없음이 명백할 때에는 조정신청을 기각할 수 있다(언론중재법 제21조 제2항).

ⓒ 취하　신청인은 조정신청 후에 임의로 조정신청을 취하할 수 있다. 그리고 조정신청을 접수한 때에 신청접수일부터 14일 이내에 조정을 하여야 하며, 중재부의 장은 지체 없이 조정기일을 정하여 당사자에게 출석을 요구하여야 하고(언론중재법 제19조 제2항), 만약 출석요구를 받은 신청인이 2회에 걸쳐 출석하지 아니한 경우에는 조정신청을 취하한 경우로 본다(언론중재법 제19조 제3항).

ⓓ 조정성립(합의)　분쟁당사자가 관할 중재부가 제시한 조정안을 받아들이면 조정이 성립되어 분쟁이 해결된다. 조정의 결과 분쟁당사자간에 합의가 성립한 경우에는 재판상 화해와 같은 효력이 있다(언론중재법 제23조 제1호).

ⓔ 조정에 갈음하는 결정(직권조정결정)　당사자 사이에 합의가 이루어지지 아니한 경우 또는 신청인의 주장이 이유 있다고 판단되는 경우에 중재부는 당사자의 이익이나 그 밖의 모든 사정을 고려하여 신청취지에 반하지 아니하는 한도에서 직권으로 조정에 갈음하는 결정("직권조정결정"이라 한다)을 할 수 있다(언론중재법 제22조 제1항). 조정에 갈음하는 결정에 관하여는 분쟁당사자가 이의신청을 하지 않는 경우에 재판상 화해와 같은

효력이 생기고(언론중재법 제23조 제3호), 직권조정결정에 불복하는 자는 결정정본을 송달받은 날부터 7일 이내에 불복사유를 명시하여 서면으로 중재부에 이의신청을 할 수 있다(언론중재법 제22조 제3항 전문). 만약 분쟁당사자 한쪽이 이의신청을 한 경우에는 그 직권조정결정은 효력을 상실한다(언론중재법 제22조 제3항 후문).

ⓕ 조정불성립 중재부는 당사자간 합의불능 등 조정에 적합하지 아니한 현저한 사유가 있다고 인정될 때에는 조정절차를 종결하고 조정불성립결정을 하여야 한다(언론중재법 제21조 제3항).

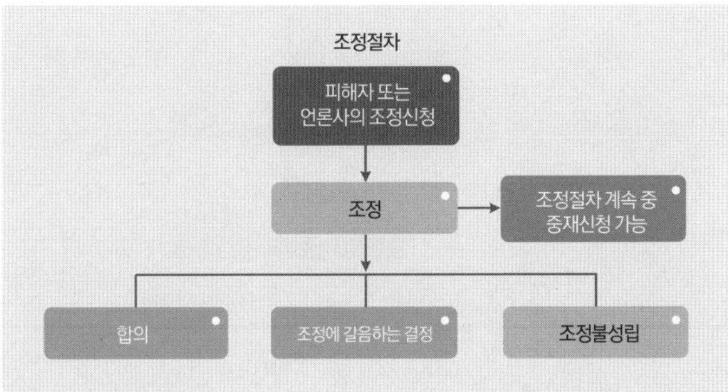

(출처: http://www.pac.or.kr)

② 중재 중재(Arbitration)는 개인 사이에 발생한 분쟁을 당사자의 합의에 의하여 정한 절차 및 사인인 제3자(중재인)의 중재판정에 의하여 해결하기로 하는 합의를 하고, 그 합의에 기하여 중재인이 행한 중재판정을 통하여 분쟁을 해결하는 심판절차를 말한다. 중재는 흔히 「사적 재판」으로 불린다. 그러므로 중재는 최종적인 결정이 분쟁당사자에게 유보되어 있는 조정이나 화해와 구별되며,

또한 중재에서는 분쟁당사자 사이에 반드시 중재계약이 요구된다. 그리고 중재는 일단 중재인에 의하여 중재판정이 내려지면 당사자가 무조건 그 중재판정에 복종하여야 하는 강제적 분쟁해결방식이라고 하는 측면에서 자주적 분쟁해결방식으로서의 조정과는 크게 다르다.

중재절차

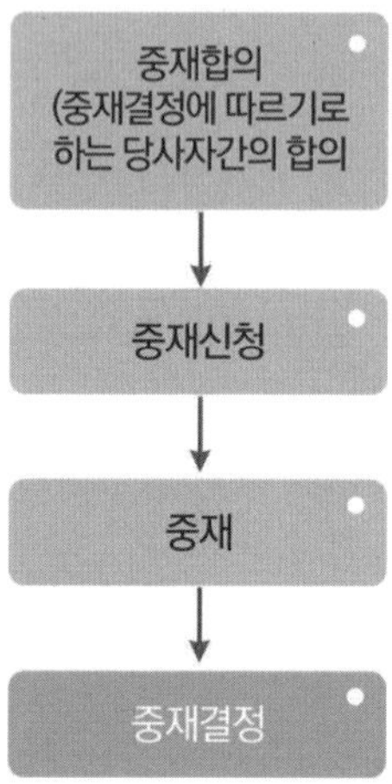

(출처: http://www.pac.or.kr)

인터넷매체로 인한 언론피해로 분쟁이 생긴 경우에 분쟁당사자 양쪽은 정정보도청구나 반론보도청구, 추후보도청구 또는 손해배상의 분쟁에 관하여 중재부의 종국적 결정에 따르기로 합의하고 중재를 신청할 수 있다(언론중재법 제24조 제1항). 언론중재사건의 수는 언론조정사건에 비하면 많지 않다. 통계를 보면 2006년부터 2013년까지 언론중재신청건수는 합계 581건이고, 처리결과로서는 중재결정이 526건, 중재화해결정이 48건, 기각이 1건, 취하가 6건이다.

언론중재신청은 조정절차의 계속 중에도 할 수 있고, 그 경우 조정절차에 제출된 서면 또는 주장 · 증명은 중재절차에서 제출한 경우로 본다(언론중재법 제24조 제2항). 그리고 언론중재에서는 중재결정, 중재화해결정, 기각 등의 심판이 내려질 수 있고, 언론중재판정은 확정판결과 동일한 효력이 있다(언론중재법 제25조 제1항). 언론중재결정에 대한 불복과 언론중재결정의 취소에 관하여는 중재판정취소의 소를 제기하는 방법으로만 할 수 있다(언론중재법 제25조 제2항, 중재법 제36조 참조).

③ 소송　　인터넷매체에 의한 언론피해를 당한 경우에 피해자로서는 정정보도나 반론보도, 추후보도를 언론조정중재절차를 통하여 청구할 수도 있고, 법원에 소송으로 청구할 수도 있다(언론중재법 제26조 제1항). 다만 정정보도청구나 반론보도청구, 추후보도청구의 소에 관하여는 제소기간이 있어서 정정보도청구나 반론보도청구의 소는 해당 언론보도 있음을 안 날로부터 3개월 이내(언론보도 등이 있을 후 6개월이 지나지 아니하여야 한다, 언론중재법 제14조 제1항, 제16조 제3항 참조), 추후보도청구의 소는 형사절차가 무죄판결 또는 무죄판결과 동등한 형태로 종결된 때에 그 사실을 안 날로부터 3개월 이내에(언론중재법 제17조 제1항 참조) 제기하여야 한다(언론중재법 제26조 제3항). 그리고 정정보도청구나 반론보도청구, 추후보도청구의 소에 대한 제1심 재판은 피고의 보통재판적(普通裁判籍)이 있는 곳의 지방법원 합의부가 관할한다(언론중재법 제26조 제5항).

ⓐ 정정보도청구의 소　　정정보도청구의 소에 대하여는 「민사소

송법」의 소송절차에 관한 규정에 따라 재판한다(언론중재법 제26조 제6항).[24] 정정보도청구재판에서 법원은 정정보도의 내용, 위치, 방식 등을 정할 수 있고, 피해자가 구하는 정정보도문에 내용상 제한이나 허용범위를 벗어나는 부분이 포함되어 있는 경우에는 법원이 적절히 수정하여 인용할 수 있다.[25]

ⓑ 반론보도청구 및 추후보도청구의 소 정정보도청구와 달리 반론보도청구는 보도내용의 진실 여부와 관계없이 사실적 보도에 의하여 인격권을 침해당한 자가 인터넷매체에 대하여 자신의 사실적 주장을 게재하여 주기를 청구하는 반박권이어서 인터넷매체의 입장에서는 종전 입장을 바꿀 필요 없이 지면만 할애하여 주면 족한 경우도 있을 수 있으므로 가처분절차에 의하여 신속하게 절차를 진행할 필요가 있다. 또한 추후보도청구의 경우에는 이미 형사절차가 무죄판결 등으로 종결되어 보도내용이 진실하지 않다는 사정이 사실상 추정되므로 가처분절차에 따르도록 하더라도 정정보도청구의 경우와 같이 인터넷매체의 방어권이 침해되거나 인터넷매체에게 부당하게 책임이 부과될 가능성은 상대적으로 적다. 그러므로 반론보도청구 및 추후보도청

24 본래 정정보도청구소송에 관하여도 민사집행법의 가처분절차에 관한 규정에 따라 재판을 하도록 되어 있었으나, 헌법재판소가 정정보도청구의 소를 민사집행법상의 가처분절차에 의하여 재판하도록 규정하고 있던 종전의 언론중재법 제26조 제6항의 본문 전단은 소송을 당한 언론사의 방어권을 제약하므로 공정한 재판을 받을 권리를 침해한다며 위헌이라고 결정(헌법재판소 2006.6.29. 선고 2005헌마165, 314, 555, 807, 2006헌가3(병합) 전원재판부)한 후 2009년 언론중재법의 개정을 통하여 현재는 정정보도청구소송에 관하여는 「민사소송법」 의 소송절차에 관한 규정에 따라 재판하도록 되어 있다.

25 대법원 2013.2.14. 선고 2010다108579 판결.

구의 소에 대하여는 「민사집행법」의 가처분절차에 관한 규정에 따라 재판한다(언론중재법 제26조 제6항).

ⓒ 손해배상의 소 　인터넷매체의 고의 또는 과실로 인한 위법행위로 인하여 재산상 손해를 입거나 인격권의 침해 또는 그 밖의 정신적 고통을 받은 경우에 피해자는 그 손해에 대한 배상을 인터넷매체에 청구할 수 있으므로(언론중재법 제30조 제1항), 인터넷매체로 인한 언론피해에 관하여는 손해배상의 소를 제기할 수 있다. 손해배상청구의 내용으로는 재산상 손해나 위자료의 청구는 물론, 침해정지청구와 침해예방청구가 가능하고(언론중재법 제30조 제3항), 그 경우 침해행위에 제공되거나 침해행위에 의하여 만들어진 물건의 폐기나 그 밖에 필요한 조치를 청구할 수 있다(언론중재법 제30조 제4항).

④ 시정권고 　시정권고란 언론의 보도내용을 심의하여 개인적, 사회적, 국가적 법익을 침해한 인터넷매체에 대하여 서면으로 그 시정을 권고하는 결정을 가리킨다(언론중재법 제32조 제1항). 다만 시정권고는 단지 권고적 효력만을 가지며 법적 강제력은 없다(언론중재법 제32조 제3항). 시정권고제도에 관한 언론중재법 제32조는 시정권고가 권고적 효력을 가지는 데 그치며, 시정권고라는 집행행위를 매개로 하므로 기본권침해의 가능성 내지 직접성이 없다.[26]

---

26 헌법재판소 2006.06.29. 선고 2005헌마165, 314, 555, 807, 2006헌가3(병합) 전원재판부.

Ⅲ. 구제수단

인터넷매체로 인한 언론피해에 대한 구제수단으로는 정정보도청구, 반론보도청구, 추후보도청구, 손해배상 네 가지가 있다. 예컨대 2013년 언론조정사건을 청구유형별로 보면 정정보도청구가 1,195건(49.1%)으로 가장 많고, 손해배상청구 784건(32.2%), 반론보도청구 274건(11.3%), 추후보도청구 180건(7.4%)의 순이다.[27]

① 정정보도 정정보도청구는 사실적 주장에 관한 언론보도 등이 진실하지 아니함으로 인하여 피해를 입은 경우에 허위보도를 한 인터넷매체에 대하여 스스로 해당 기사가 잘못된 사실을 밝히고, 정정기사를 게재 또는 방송하여 주기를 청구하는 제도이다. 정정보도청구는 사실적 주장에 관한 언론보도가 진실하지 아니한 경우에 한하여 허용된다. 우선 정정보도청구가 인정되기 위하여는 ⓐ 사실적 주장, ⓑ 비진실성이라고 하는 두 가지 요건이 요구된다.

ⓐ 사실적 주장 사실적 주장에 관한 언론보도만이 정정보도청구의 대상이 된다. 그러므로 정정보도청구의 당부를 판단하려면 먼저 피해자가 정정보도청구의 대상으로 삼은 원보도가 사실적 주장에 관한 경우인지 단순한 의견표명인지를 가려보아야 한다. 사실적 주장이란 가치판단이나 평가를 내용으로 하는 의견표명에 대치되는 개념으로서 증거에 의하여 그 존재 여부를 판단할 수 있는 사실관계에 관한 주장을 말한다. 언론보도는

27 출처는 http://www.pac.or.kr(보도자료).

대개 사실적 주장과 의견표명이 혼재하는 형식으로 이루어지므로 구별기준 자체가 일의적이라고 할 수 없고, 양자를 구별할 때에는 당해 원보도의 객관적인 내용과 아울러 일반독자가 보통의 주의로 원보도를 접하는 방법을 전제로, 사용된 어휘의 통상적인 의미, 전체적인 흐름, 문구의 연결방법뿐만 아니라 당해 원보도가 게재한 문맥의 보다 넓은 의미나 배경이 되는 사회적 흐름 및 일반독자에게 주는 전체적인 인상도 함께 고려하여야 한다.[28]

ⓑ 비진실성　　정정보도를 청구하기 위하여는 당해 언론보도가 사실적 주장에 관한 언론보도로서 진실하지 아니함을 요한다. 언론보도의 진실성이란 그 내용 전체의 취지를 살펴볼 때 중요한 부분이 객관적 사실과 합치되는 사실이라는 의미이므로, 세부에 있어서 진실과 약간 차이가 나거나 다소 과장된 표현이 있더라도 무방하다.[29] 또한 복잡한 사실관계를 알기 쉽게 단순하게 만드는 과정에서 일부 특정한 사실관계를 압축, 강조하거나 대중의 흥미를 끌기 위하여 실제 사실관계에 장식을 가하는 과정에서 다소의 수사적 과장이 있더라도 전체적인 맥락에서 보아 보도내용의 중요부분이 진실에 합치한다면 그 보도의 진실성은 인정된다고 보아야 한다.[30]

---

28 대법원 2012.11.15. 선고 2011다86782 판결.

29 대법원 2002.1.22. 선고 2000다37524, 37531 판결; 대법원 2006.3.23. 선고 2003다52142 판결; 대법원 2007.9.6. 선고 2007다2275 판결 등 참조.

30 대법원 2007.9.6. 선고 2007다2275 판결.

허위의 언론보도로 피해를 입은 때에 피해자는 기존의 민·형사상 구제제도로 보호를 받을 수도 있다. 그러나 기존의 민·형사상의 구제제도에서는 인터넷매체측에 고의·과실이 없거나 귀책사유를 증명하기 어려운 경우, 위법성조각사유가 인정되는 등의 이유로 민사상의 불법행위책임이나 형사책임을 추궁할 수 없는 경우가 있을 수 있고, 바로 피해구제가 실현되지 못하면 피해자는 언론보도의 전파력으로 말미암아 심각한 피해상황에서 벗어날 수 없게 된다. 그러므로 피해자가 즉시 피해구제를 받지 못하여 야기되는 심각한 피해상황으로부터 벗어날 수 있도록 하는 구제책이 필요하고, 그 적합한 구제책은 인터넷매체나 기자 개인에 대한 책임추궁이 아니라, 문제의 보도가 허위임을 동일한 인터넷매체를 통하여 동일한 비중으로 보도·전파하도록 하는 방법이라 할 수 있다. 바로 책임추궁이 아니라 보도가 허위임을 동일한 인터넷매체를 통하여 동일한 비중으로 보도·전파하도록 하는 데에 기존의 불법행위법에 기초한 손해배상이나 형사책임의 추궁과 별도로 언론중재법상의 정정보도청구권을 인정한 의미가 있다. 특히 정정보도청구에는 형사책임이나 민법상의 불법행위와는 달리 인터넷매체의 고의·과실이나 위법성을 필요로 하지 아니한다.

정정보도청구의 요건으로 고의·과실이나 위법성을 요하지 않도록 규정한 언론중재법 제14조 제2항이 언론의 자유를 침해하는지 여부가 문제될 수 있다. 그러나 정정보도청구에 대한 권리는 민법상 불법행위에 기한 청구권과는 전혀 다른 새로운 성격의 권리로서, 그 내용이나 행사방법에 있어서 필요 이상으로 인터넷매체의 자유를 제한하고 있다고 보기는 어렵다. 일정한 경우에 정정보도를 거부할 수 있는 사유도 인정하고 있고,[31] 민법상의 불법행위로 인한 손해배상청구권의 소멸시효(민법 제766조 참조)에 비하여 제소기간도 현저히 단기간[32]으로 제한하고 있을 뿐만 아니라, 정정보도의 방법도 동일지면에 동일 크기로 보도문을 내도록 하여 원래의 보도 이상의 부담을 지우고 있지도 않다.[33] 그러므로 언론중재법 제14조 제2항이 인터넷매체가 누리는 언론의 자유를 침해하고 있다고 볼 수 없고,[34] 헌법에 위반되지 않으므로,[35] 고의 · 과실이나 위법성이 없어도 정정보

---

31 언론중재법 제15조 제4항에 의하여 (i) 피해자가 정정보도청구권을 행사할 정당한 이익이 없는 경우, (ii) 청구된 정정보도의 내용이 명백히 사실과 다른 경우, (iii) 청구된 정정보도의 내용이 명백히 위법한 내용인 경우, (iv) 정정보도의 청구가 상업적인 광고만을 목적으로 하는 경우, (v) 청구된 정정보도의 내용이 국가·지방자치단체 또는 공공단체의 공개회의와 법원의 공개재판절차의 사실보도에 관한 내용인 경우(공개회의 또는 공개재판절차에서 취재한 사실이라고 할지라도 그 사실을 공개회의 또는 공개재판절차에 관한 사실보도의 형식으로 보도하지 아니하고 언론기관이 스스로 지득한 사실인 경우처럼 보도한 때에는 정정보도청구의 거부예에 해당할 수 없다)에는 정정보도청구를 거부할 수 있다.

32 언론중재법 제14조 제1항에 의하여 해당 언론보도 등이 있음을 안 날로부터 3개월 이내이고, 해당 언론보도 등이 있은 후 6개월이 지난 때에도 더 이상 정정보도청구를 할 수 없다.

33 물론 게재시간(예컨대 24시간, 48시간, 72시간 등), 게재위치, 게제글자의 크기나 자체 등과 관련하여 논의가 있을 수 있다.

34 비록 헌법상 언론의 자유가 인정된다고 하더라도 인격권을 보호하고 있는 헌법 제10조, 언론의 사회적 책임을 규정한 헌법 제21조 제4항, 기본권의 일반적 법률유보조항인 헌법 제37조 제2항에 근거하여 타인의 명예나 권리 등을 보호하기 위하여 언론의 자유를 제한하는 입법을 할 수 있다. 예컨대 형법 제307조 이하의 명예훼손에 관한 규정, 민법 제750조 이하의 불법행위규정, 언론중재법에 규정된 정정보도청구 등이 언론의 자유를 제한하는 제한입법에 해당한다.

35 헌법재판소 2006.06.29. 선고 2005헌마165, 314, 555, 807, 2006헌가3(병합) 전원재판부가 고의·과실이나 위법성이 없어도 정정보도를 청구할 수 있도록 한 언론중재법 제14조 제2항의 규정을 합헌이라고 보고 있다.

도청구를 할 수 있다. 다만 언론의 자유와 사인의 명예 또는 권리가 서로 충돌할 때에는 양자 사이에 적정한 비례관계가 유지되어야 하며, 정정보도청구에 대한 권리가 비록 허위의 보도로 인한 피해를 구제하기 위한 제도이긴 하지만 인터넷매체의 고의 · 과실이나 위법 여부를 불문하고 인정되므로 그 정정보도청구제도로 인한 언론의 위축효과는 최소화되지 않으면 안 된다.

정정보도를 청구할 수 있는 자는 언론보도가 진실하지 아니함으로 인하여 피해를 입은 자에 한한다(언론중재법 제14조 제1항). 인터넷매체에 공표된 사실적 주장에 의하여 피해를 받은 자연인, 법인 또는 소송상 당사자능력이 있는 비법인사단이나 재단 등이 정정보도를 청구할 수 있는 자에 해당한다. 그리고 인터넷매체에 공표된 사실적 주장에 의하여 피해를 받은 자라 함은 그 보도내용에서 지명되거나 그 보도내용과 개별적인 연관성이 있음이 명백히 인정되는 자를 말하므로, 언론보도의 내용과 개별적인 연관성이 없는 제3자의 경우 정정보도청구는 불가능하다.[36]

② 반론보도 반론보도청구는 언론의 사실보도로 피해를 입은 자가 해당 인터넷매체에 자신의 주장이나 반박을 게재(또는 방송)하여 주기를 요구하는 제도이다. 보통 조정대상기사의 사실관계가 명확하거나 증명하기 쉬운 경우에는 정정보도를 청구하고, 반대로 사실관계가 불명확하거나 증명하기 어려운 경우에는 반론보도청구

36 대법원 1986.1.28. 선고 85다카1973 판결 참조.

를 한다.

반론보도청구에 대한 권리는 (i) 언론기관이 특정인의 인격권을 침해한 경우 피해를 받은 개인에게도 신속 · 적절하고 대등한 방어수단이 주어져야 함이 마땅하고, 특히 공격내용과 동일한 효과를 갖게끔 보도된 매체 자체를 통하여 방어주장의 기회를 보장하는 태도가 적절하고 형평의 원칙에도 잘 부합할 수 있고, (ii) 독자로서는 언론기관이 시간적 제약 아래 일방적으로 수집 · 공급하는 정보에만 의존하기보다는 상대방의 반대주장까지 들어야 비로소 올바른 판단을 내릴 수 있으므로 상대방의 반대주장의 기회를 보장하는 태도가 진실발견과 올바른 여론형성을 위하여 중요한 의미를 가진다는 취지에서 인정된다고 본다.[37] 그리고 반론보도청구에 관한 권리는 인간의 존엄과 가치 및 행복추구권을 규정한 헌법 제10조, 사생활의 비밀과 자유를 규정한 헌법 제17조, 언론 · 출판의 자유를 규정한 헌법 제21조 제1항, 언론 · 출판의 자유의 한계와 책임을 규정한 제21조 제4항 등의 헌법적 요청에 뿌리를 두고 있다.[38] 결국 반론보도청구는 피해자의 권리를 구제한다는 주관적 의미와 함께 독자로 하여금 균형 잡힌 여론을 형성할 수 있도록 한다는 객관적 제도로서의 의미를 아울러 가진다고 할 수 있다.[39]

반론보도청구에 대한 권리는 헌법에 근거를 둔 권리임과 동시에

37 헌법재판소 1991.9.16. 선고 89헌마165 결정; 헌법재판소 1996.4.25. 선고 95헌바25 결정 등 참조.

38 헌법재판소 1991.9.16. 선고 89헌마165 결정 참조.

39 대법원 1996.12.23. 선고 95다37278 판결; 대법원 2000.3.24. 선고 99다63138 판결; 대법원 2006.2.10. 선고 2002다49040 판결 등 참조.

단순한 주관적 권리를 넘어서는 권리이므로, 가능한 한 그 실현이 충분히 보장되어야 한다. 특히 반론보도청구에 대한 권리는 원보도를 진실에 부합되게 시정보도해 주기를 요구하는 권리가 아니라, 원보도에 대하여 피해자가 주장하는 반박내용을 보도하여 주기를 요구하는 권리이므로, 원보도의 내용이 허위임을 요건으로 하지 않고,[40] 나아가 반론보도의 내용도 반드시 진실임을 증명할 필요가 없다.[41]. 그러므로 반론보도의 내용이 허위일 위험성은 불가피하게 뒤따르게 되지만, 그 위험은 반론보도청구를 인정하는 취지에 비추어 감수하여야 하는 위험이라고 보아야 한다.[42]

물론 인터넷매체도 헌법 제21조에 기하여 기본권으로서 언론의 자유를 가진다. 보도내용의 진실 여부를 가리지 아니하고 인터넷매체에 반론보도게재의무가 부과됨으로써 직접적으로 인터넷매체가 가지는 편집의 자유가 제한됨과 동시에 간접적으로 인터넷매체의 활동을 위축시켜 보도의 자유를 포함한 인터넷매체의 언론의 자유가 제한되는 결과가 초래될 수 있으므로, 반론보도청구에 대한 권리는 인터넷매체의 언론의 자유와 서로 충돌하는 측면이 있음을 피할 수 없다. 그러므로 서로 충돌하는 두 헌법적 이익 사이의 갈등은 상충하는 이익 모두가 최대한으로 그 기능과 효력을 나타낼 수 있도록 하는 조화로운 방법을 모색함으로써 두 이익이 최적으로

40 대법원 1986.1.28. 선고 85다카1973 판결; 대법원 1998.2.24. 선고 96다40998 판결; 대법원 2000.2.25. 선고 99다12840 판결 등 참조.

41 대법원 1991.1.15. 선고 90다카25468 판결 참조.

42 대법원 2006.11.23. 선고 2004다50747 판결 참조.

실현될 수 있는 경계획정을 통하여 해결하여야 한다.[43]

반론보도의 청구에는 인터넷매체의 고의·과실이나 위법성을 필요로 하지 아니하며, 보도내용의 진실 여부와 상관없이 반론보도를 청구할 수 있다(언론중재법 제16조 제2항). 다만 반론보도청구를 하는 자가 스스로 반론보도청구의 내용이 허위임을 알면서도 청구하는 경우에는 반론보도청구에 관한 권리를 남용하는 경우로서 헌법적 보호밖에 있다고 보아야 하며, 반론보도청구권을 행사할 정당한 이익이 있다고 할 수 없다. 반론보도청구제도가 본래 반론보도내용의 진실 여부를 요건으로 하지 않아서 허위반론의 위험을 감수하는 일은 불가피하다 하더라도 반론보도청구인에게 거짓말할 권리까지 부여하지는 아니한다. 반론보도청구인 스스로 허위임을 인식한 반론보도내용을 게재하는 태도는 반론보도청구권이 가지는 피해자의 권리구제라는 주관적 의미나 올바른 여론의 형성이라는 객관적 제도로서의 의미 어느 경우에도 기여하지 못하여 반론보도청구권을 인정한 헌법적 취지에도 부합되지 않는다. 그러므로 반론보도청구인이 반론보도청구의 내용이 허위임을 알면서도 하는 반론보도청구까지를 정당화할 아무런 이익이 존재하지 아니하는 반면, 그 허위임을 아는 반론으로부터 자유로울 인터넷매체의 이익은 그만큼 크다고 할 수 있으므로 상충하는 이익 사이의 조화로운 해결책을 찾는다면 허위임을 인식한 반론보도청구는 마땅히 배제되어야 한다.

언론중재법 제16조 제1항에 의하여 "사실적 주장에 관한 언론보도

43 대법원 2006.11.23. 선고 2004다50747 판결; 대법원 2009.01.15. 자 2008그202 결정 참조.

등으로 인하여 피해를 입은 자"가 반론보도청구권을 가진다. 반론보도청구의 요건인 "사실적 주장에 관한 언론보도 등으로 인하여 피해를 입은 자"라 함은 원보도에서 지명되거나 그 보도내용과 개별적 연관성이 있음이 명백히 인정되는 사람으로서 자기의 인격적 법익이 침해되어 있음을 이유로 그 보도내용에 대한 반론 내지 반박을 제기할 이익이 있는 사람을 가리킨다. 그리고 원보도에서 지명된 사람이 청구할 수 있는 반론보도의 내용은 원보도의 사실적 주장과 관념적으로 연관성을 가지는 사실적 진술과 그 사실적 진술을 명백히 전달하는 데 필요한 설명에 국한되지만, 원보도의 사실적 주장에는 원보도에서 직접적으로 기술한 사항은 물론 원보도가 직접적으로 기술하지 않은 사실이라도 전체적인 보도의 취지, 경위, 내용 등을 통하여 간접적으로 표현하거나 암시하는 내용으로 인정할 수 있는 사실도 포함되고, 원보도에 대한 반론내용은 원보도의 내용을 반박하는 내용, 원보도를 보충하는 내용, 원보도의 불명확성을 해소하는 내용, 반론으로 주장하는 사실의 정당성을 위하여 필요한 증거나 증빙으로서의 새로운 사실 등도 포함될 수 있다.[44] 다만 소송에서 법원이 반론보도를 명하는 때에는 반론보도신청인이 구하는 반론보도의 전체적인 취지에 반하지 않는 범위 안에서 신청인의 명예나 권리가 최대한 회복될 수 있도록 적절히 수정하여 인용할 수 있다.[45]

---

44 대법원 2006.11.23. 선고 2004다50747 판결.

45 대법원 2006.11.23. 선고 2004다50747 판결.

③ 추후보도 인터넷매체에 의하여 범죄혐의자 또는 범인으로 보도된 후에 그 형사절차에서 무죄판결이나 무죄판결과 동등한 형태로 종결된 때에는 그 사실을 안 날부터 3월 이내에 인터넷매체에 대하여 그 사실에 관한 추후보도의 게재를 청구할 수 있다(언론중재법 제17조 제1항). 추후보도에는 추후보도청구인의 명예나 권리회복에 필요한 설명 또는 해명이 포함되어야 하며(언론중재법 제17조 제2항), 추후보도청구권은 특별한 사정이 있는 경우를 제외하고는 정정보도청구권이나 반론보도청구권의 행사에 영향을 미치지 아니한다(언론중재법 제17조 제4항).

④ 손해배상 인터넷매체로 인한 언론피해로 손해가 생긴 경우에는 손해배상을 청구할 수 있다. 다만 손해배상을 청구하기 위하여는 인터넷매체의 고의 또는 과실로 인한 위법행위로 인하여 재산상 손해를 입거나, 인격권의 침해 또는 그 밖의 정신적 고통을 받아야 한다(언론중재법 제30조 제1항). 그러므로 인터넷매체의 언론피해를 이유로 하는 손해배상은 민법상 일반불법행위의 경우와 마찬가지로 고의·과실과 같은 귀책사유와 위법성이 요구되고, 인터넷매체로 인한 언론피해로 인하여 재산상 손해를 입거나, 인격권의 침해 또는 그 밖의 정신적 고통이 생겨야 한다.

ⓐ 재산상 손해의 배상 인터넷매체로 인한 언론피해로 재산상 손해 내지 재산적 불이익을 입으면 당연히 재산상 손해의 배상이 인정된다. 다만 인터넷매체로 인한 언론피해에서는 실제로 입은 재산상 손해액의 확정이 곤란한 경우가 많으므로, "손해가 발생한 사실은 인정되나 손해액의 구체적인 금액을 산정(算定)하기

곤란한 경우에는 변론의 취지 및 증거조사의 결과를 고려하여 그에 상당하다고 인정되는 손해액을 산정하여야 한다"(언론중재법 제30조 제4항).

ⓑ 위자료 　인터넷매체로 인한 언론피해로서는 생명, 자유, 신체, 건강, 명예, 사생활의 비밀과 자유, 초상(肖像), 성명, 음성, 대화, 저작물 및 사적(私的) 문서, 그 밖의 인격적 가치 등에 관한 권리, 즉 이른바 "인격권"이 침해되는 경우가 많다. 그리고 인격권의 침해는 불법행위를 구성하며 인격권의 침해를 당한 자가 정신적 고통을 입는다는 사실은 경험칙상 명백하다고 본다. 그러므로 인터넷매체로 인한 언론피해로 인격권의 침해 또는 그 밖의 정신적 고통을 받은 경우에는 당연히 위자료의 청구가 인정된다.

인터넷매체에서의 기사에서 특정되거나 그 기사와 개별적 연관성이 있는 피해자만이 위자료를 청구할 수 있다. 인터넷매체를 통한 기사의 내용에서 직간접적으로 특정되지 아니하거나 기사의 내용과 개별적인 연관성이 없는 일반독자는 비록 인터넷매체의 기사로 정신적 고통을 받은 경우라고 할지라도, 다른 특별한 사정이 없는 한 당해 기사로 인하여 민법 제750조, 제751조, 언론중재법 제30조 제1항에 의하여 보호되는 인격권 내지 인격적 이익 등 법익이 위법하게 침해된 경우라고 할 수 없다. 인터넷매체에 의한 기사는 그 속성상 불특정 다수의 독자를 대상으로 이루어지고, 그 기사로 인하여 일반독자에게 정신적 고통이 발생하는지 여부와 그 고통의 정도는 당해 독자의 가치관 내지 세계관 등에 따라 지극히 주관적 · 임의적일 수밖에 없으므로, 일반독자의 정신적 고통을 이유로 기사를 게시한 인터넷매체에게 불법행위책임을 인정한다면 인터넷매체의 자유를 훼손하고 자유로운 의견형성이나 여론형성에 필수적인 인터넷매체의 기능을 저해할 우려가 있으므로, 일반독자로서는 인터넷매체의 기사로 인하여 비록 정신적 고통을 입은 경우라고 하더라도 인격권 등 법익이 위법하게 침해된 이유로 위자료를 청구할 수 없다.[46]

ⓒ 침해정지나 침해예방의 청구 인격권이 침해된 경우에는 손해배상(민법 제751조) 또는 명예회복을 위한 처분(민법 제764조)을 구할 수 있는 이외에 인격권에 기초하여 가해자에 대하여 현재 이루어지고 있는 침해행위의 배제를 청구할 수 있다.[47] 또한 인격권은 그 성질상 일단 침해된 후의 구제수단(금전배상이나 명예회복의 처분 등)만으로는 그 피해의 완전한 회복이 어렵고 손해전보의 실효성을 기대하기 어려우므로, 장래에 생길 침해를 예방하기 위하여 사전적, 예방적 구제수단으로 침해행위의 정지 · 방지 등의 금지를 구할 수도 있다.

역시 언론중재법 제30조 제3항도 명문으로 인터넷매체로 인하여 언론피해를 입은 피해자는 인격권을 침해하는 인터넷매체에

---

46 일반시청자 A와 B가 "미국산 쇠고기, 광우병에서 안전한가?"라는 제목의 방송 때문에 정신적 고통을 입은 이유로 손해배상을 구한 사안에서, A와 B는 일반시청자로서 방송에서 지칭 내지 특정되거나 방송과 직접적 이해관계가 있거나 개별적 연관성이 있는 사람이 아니어서 방송으로 인격권이나 재산권이 위법하게 침해된 경우로 볼 수 없으므로, 설령 A와 B가 방송으로 불안감, 공포감, 불신감, 분노감을 느끼거나 다른 사람과 견해대립으로 불화와 갈등을 겪거나, 재산적 불이익을 입는 등 정신적 고통을 입은 경우라고 하더라도, 손해배상을 청구할 수 없다고 본 판례가 있다(대법원 2012.5.10. 선고 2010다15660 판결).

47 대법원 2013.3.28. 선고 2010다60950 판결.

침해의 정지를 청구할 수 있고, 그 권리를 명백히 침해할 우려가 있는 인터넷매체에 침해의 예방을 청구할 수 있다고 규정하고 있다. 그리고 피해자는 침해정지나 침해예방의 청구를 하는 경우 침해행위에 제공되거나 침해행위에 의하여 만들어진 물건의 폐기나 그 밖에 필요한 조치를 청구할 수 있다(언론중재법 제30조 제4항).

ⓓ 명예훼손의 경우의 특칙　　정정보도청구나 반론보도청구, 추후보도청구의 소는 민법 제764조에 따른 권리의 행사에 영향을 미치지 아니하므로(언론중재법 제26조 제4항), 별도로 인터넷매체로 인하여 명예를 훼손당한 피해자에 대하여는 법원은 피해자의 청구에 의하여 손해배상에 갈음하거나 손해배상과 함께 명예회복에 적당한 처분을 명할 수 있다. 특히 명예훼손에 관한 불법행위책임을 규정한 민법 제764조와 같은 취지에서 언론중재법 제31조도 명문으로 타인의 명예를 훼손한 인터넷매체에 대하여 법원은 피해자의 청구에 의하여 손해배상을 갈음하여 또는 손해배상과 함께, 정정보도의 공표 등 명예회복에 적당한 처분을 명할 수 있다고 규정하고 있다.

민법 제764조나 언론중재법 제31조에서 말하는「명예회복에 적당한 처분」의 방법으로 사죄광고를 포함하는가가 문제된다.「명예회복에 적당한 처분」의 방법으로서의 사죄광고는 헌법 제19조가 정하는 양심의 자유에 위반된다고 하여 위헌판결이 내려져 일반적으로 사죄광고의 강제는 허용되지 아니한다.[48] 그

48 민법 제764조가 사죄광고를 포함하는 취지라면 그에 의한 기본권제한에 있어서 그 선택된 수단이 목

러므로 인터넷매체에 대하여 사죄광고나 사과표시의 게재를 법적으로 강제할 수는 없고, 물론 인터넷매체가 자발적으로 사과표시를 게재할 경우에는 가능하다.

언론중재법 제31조의 해석과 관련하여 명예회복에 적당한 처분으로 예시된 "정정보도의 공표"에 고의 또는 과실로 인한 위법성을 요하는가 아닌가 하는 문제가 있다. 본래 언론중재법 제14조에 정한 정정보도청구에는 인터넷매체의 고의 · 과실이나 위법성이 요구되지 아니한다. 그러나 언론중재법 제31조의 위치나 그 내용으로 볼 때, 언론중재법 제31조에 규정된 정정보도청구는 민법 제764조에 근거한 정정보도와 마찬가지로 불법행위책임에 근거한 원상회복조치로서의 정정보도라 보아야 한다. 그러므로 언론중재법 제31조에 의한 불법행위에 기한 손해배상책임의 일환으로서의 정정보도청구에 있어서도 고의 · 과실과 같은 귀책사유나 위법성의 요건이 배제된다고 본다면, 고의 또는 과실 및 위법성을 불법행위책임의 근본요소로 삼고 있는 불법행위법의 근본체계와 조화되지 않을 뿐 아니라, 허위보도라 하더라도 적법한 보도활동을 한 언론에 대하여 면책의 가능성을 일체 인정하지 않은 채 불법행위책임을 지우게 됨으로써 언론의 자유로운 보도를 심히 위축시켜 신문의 자유를 침해하게 된다. 결국 언론중재법 제31조에 의한 불법행위책임의 일환으로

적에 적합하지 않을 뿐만 아니라 그 정도 또한 과잉하여 비례의 원칙이 정한 한계를 벗어나 헌법 제37조 제2항에 의하여 정당화될 수 없으므로 헌법 제19조에 위반되는 동시에 헌법상 보장되는 인격권의 침해에 이르게 된다(헌법재판소 1991.4.1. 선고 89헌마160 전원재판부).

서 인정되는 명예회복에 적당한 처분으로서의 "정정보도의 공표"의 요건으로는 고의 · 과실이나 위법성을 필요로 한다고 보아야 한다.

16장

미래 인터넷

01 서론

최근 미래인터넷(Future Internet) 혹은 차세대인터넷이라고 하는 단어를 흔히 들 수 있다. 다만 미래인터넷이라고 하는 키워드에는 사용하는 사람에 따라서 서로 약간 다른 내용이 포함되기도 하지만, 미래인터넷은 기존의 인터넷의 진보나 개선이 아니라, 지금까지와는 전혀 새로운 방식의 인터넷이 출현한다고 하는 사실에 대하여는 이견이 없다. 현재의 인터넷이 1960년대 처음 설계될 당시 상상하지 못할 정도로 대단한 성공을 거둔 사실은 부인할 수 없으나, 날로 증가하는 트래픽(매년 60%가 증가)이나 스팸(매일 유통되는 2천억개의 이메일 중 70%를 차지)이나 봇넷(전세계 PC의 20%를 감염시키고 있는 악성바이러스) 등으로 인하여 더 이상 현재의 인터넷으로는 제대로 사회적 기능을 수행할 수 없는 상황이 일어나고 있다. 그러므로 미래인터넷의 출현은 오로지 시간의 문제일 뿐이고, 기정사실이라고 하지 않을 수 없다.

우선 세계적 상황을 살펴보면 미국은 현재까지도 인터넷기술은 물론, 그 비즈니스에서 세계를 리드하여 미증유의 번영을 향유하고 있으나, 2020년부터 실현이 예상되는 미래인터넷에서도 세계를 리드한다는 전략 아래 NGI(Next Generation Internet), 즉 차세대인터넷계획이나 여러 유명한 미국대학이 연합하여 추진하고 있는「Internet2」를 비롯하여, 미래인터넷의 기술개발을 위한 테스트베드 GENI(Global Environment for Network Innovations), 15년 이후의 미래네트워크의 모습을 설계하는 FIND(Future INterney Design)프로젝트 등이 현재 가동중에 있다. 역시 EU도 미국에 주도권을 빼앗기지 않기 위하여 미래인터넷의 개발에 진력을 경주하고 있다. 특히 2008년 5월 블레드회담에서 공표된「블레드선언」(Bled Declaration)을 계기로「유럽미래인터넷총회」(European Future Internet Assembly, http://www.future-internet.eu/)가 결성되고, FIA를 중심으로 미래인터넷의 연구개발과 관련한 여러 프로젝트를 수행하고 있다. 또한 일본도 미래인터넷의 선두주자를 꿈꾸며 NwGN(New Generation Network)계획 등 차세대인터넷 내지 미래인터넷의 개발에 엄청난 예산을 투자하며 지원을 아끼지 않고 있다. 국내에서도 역시 미래인터넷에 대한 관심이 뜨겁다. 한국도 이미 새로운 정책과제로 미래인터넷을 설정하고, 미래인터넷을 21세기 국가적 신산업으로 집중적으로 육성한다는 정책비전 아래 미래인터넷의 추진을 위한 전략을 세우고 있다.[1]

1 지난 2010년 5월에는「미래인터넷추진위원회」를 구성하여 지금까지 세계최고의 수준에 있는 IT인프라를 기반으로 미래인터넷을 준비하여 향후 IT시장의 패러다임변화에 대비한 원천기술 및 선도주도로서의 지위확보를 꾀할 계획이다.

02
미래인터넷의 의의

미래인터넷을 아직 정확하게 정의하기는 이르다. 다만 미래인터넷이 기존의 인터넷이 가지는 문제에 대한 단순한 보완이나 수정이 아니고, 또한 기존의 인터넷의 단순한 진화도 아니라는 사실은 분명하다. 미래인터넷은 일종의 새판짜기라고 할 수 있고, 새로운 아키텍처와 인터페이스, 데이터의 관리방식, 디바이스, 센서, 서비스, 사물, 사람 등 모든 실체를 통합하는 새로운 방식의 인터넷으로 일종의 혁신적 개혁이라고 할 수 있다. 미래인터넷은 통신 · 방송 · 컴퓨팅 · 센서망이 모두 융합되어 언제 어디서나 개인의 특성 및 상황에 맞는 최적의 서비스를 끊임없이 제공받을 수 있는 환경으로 현재의 인터넷이 가지고 있는 구조적 한계를 해결하고 새로운 융합서비스와 다양한 단말을 수용할 수 있는 인터넷기술모델 및 인터넷서비스모델이다. 인터넷의 무서운 발전속도를 감안하면 2020년이 되면 미래인터넷이 완벽하게 실현되고, 특히 현재 구상하고 있는 미래인터넷이 실용화되면 사회는 지금과는 크게 달라질 게 분명하다. 현재로서는 오로지 상상만

할 수 있을 뿐이고, 미래인터넷의 실현을 통하여 정확히 어떤 변화가 초래될지를 전망하거나 예측하기는 쉽지 않다. 지금까지도 인터넷은 이메일, 전자상거래, e-뱅킹, 전자정부, 원격진료, e-러닝, 온라인게임, 인터넷TV 등 이루 헤아릴 수 없을 만큼 많은 새로운 서비스를 통하여 세상을 변화시키고 있으나, 미래인터넷이 더욱 사회를 다방면에서 크게 변화시키게 된다는 사실에 대하여는 아무도 이견이 없다.

미래인터넷의 특징에 관하여도 한마디로 단정짓기가 곤란하다. 전문적인 견해에 따르면 미래인터넷의 특징에 관하여는 여러 가지 다양한 전망이 있으나, 공통적으로 2020년이 되면 미래인터넷사회가 도래하고, 미래인터넷을 통하여 현재와는 전혀 다른 사회가 전개되리라고 전망하고 있다.

[현재의 인터넷과 미래인터넷의 비교]

	현재의 인터넷(2010)	미래인터넷(2020)
사용자	인간	인간, 기계, 사물(Thing)
접속기기	20억개	1,000억개 이상
접속속도	10메가비트/초	1~10기가비트/초
이동성	취약	필수기능
보안성	아주 취약	필수기능
속도	매년 트랙픽 60%씩 증가	끊임없는 안정적 속도의 보장
서비스	약 20만가지	500만가지
산업규모	연 3천억달러	연 1조6천억달러

03 미래인터넷의 특징

미래인터넷은 어떤 특징을 가지는가에 관하여는 여러 가지 논의가 있다. 우선 어떤 측면에서 보는가에 따라서 미래인터넷의 특징을 여러 가지로 생각할 수 있다. 특히 미래인터넷에서 유통, 활용될 콘텐츠의 보호, 육성과 관련하여 생각하면 아래와 같은 특징을 대표적으로 미래인터넷의 성격으로 들 수 있다.

① 모바일네트워크　미래인터넷의 가장 큰 특징은 모바일네트워크가 주류가 된다고 하는 사실이다. 미래인터넷에서는 예컨대 스마트폰, 태블릿 PC 등의 모바일기기의 보급확대 및 다양한 애플리케이션(앱)의 개발(예컨대 모바일인터넷전화(mVoIP)) 등을 통하여 언제, 어디에서나, 누구도 접속할 수 있는 모바일네트워크가 완벽하게 실현될 전망이다.

② 브로드밴드네트워크　현재도 인터넷TV, IPTV, 스마트TV(예컨

대 구글TV 등) 등 브로드밴드미디어가 급속히 성장하고 있다. 그러나 미래인터넷에서는 음성, 데이터, 영상 등을 포함한 멀티미디어서비스를 끊임없이, 각자의 필요에 따라서 제공하는 네트워크, 즉 브로드밴드네트워크가 중심이 된다.

③ 컨버전스네트워크 지금도 카메라 · MP3 · 모바일뱅킹 등의 기능이 결합된 휴대전화, 방송과 통신이 결합된 DMB 등의 디지털 컨버전스가 인터넷의 발전방향으로 자리잡아 가고 있다. 현재 디지털 컨버전스가 가장 활발하게 진행되는 분야는 미디어와 통신의 분야이다. 유무선초고속정보통신망의 발달, 디지털TV의 기술발전 등으로 IPTV, 스마트TV(디지털TV에 운영체제(OS) 및 인터넷접속기능을 탑재하여 실시간 방송뿐만 아니라, VOD · 게임 · 검색 등 다양한 콘텐츠를 편리한 이용자환경(UI/UX)에서 이용할 수 있는 TV를 통칭한다), DMB 등 점점 더 영역이 확대되고 있고, 또한 가전기기는 홈네트워크(home network)를 기반으로 디지털 컨버전스가 이뤄지고 있다. 예컨대 통신기능과 제어기능을 갖춘 가전기기로 집안에서는 물론 집 밖에서도 모바일기기를 통하여 가전기기를 제어할 수 있는 홈오토메이션, 사이버아파트를 중심으로 한 홈네트워크 등 그 영역은 갈수록 넓어지고 있다. 그리고 미래인터넷에서는 영상 · 음성 · 데이터 등 서로 다른 종류의 미디어를 단말기 · 서비스 · 네트워크에 제약없이 자유롭게 융합시키는 현상이 크게 증가하여 기존의 디지털산업, 디지털기술, 디지털서비스 등의 구분이 점점 더 모호하게 되는 한편, 그 사이에 새로운 형태의 융합상품과 융합서비스, 융합콘텐츠가 어쩌면 현재 전혀 예측할

수 없는 분야에서까지 등장할 전망이다.

[미래인터넷을 통하여 가능한 기술]

④ 유비쿼터스네트워크　　유비쿼터스(Ubiquitous)는 원래 라틴어로서 '도처에 있다'. 즉 '언제 어디서나 동시에 존재한다'는 뜻을 지니고 있다. 미래인터넷은 세상을 언제, 어디서나, 어떤 단말에서도 장소에 상관없이 자유롭게 네트워크에 접속할 수 있는 환경, 즉 유비쿼터스공간으로 만들 전망이다. 유비쿼터스환경에서는 물리적 공간과 사물공간 사이에도 인터넷공간 사이에서와 같이 정보가 흘러다니며 마치 사람이 그 속에 들어가 있는 경우처럼 지능화되어 정보나 콘텐츠를 수신하고 발신하며 사람이 원하는 활동을 수행한다. 결국 유비쿼터스를 통하여 물리공간과 전자공간의 한계를 극복하고 사람, 컴퓨터 내지 인터넷, 사물이 하나로 연결되어 인터넷을 통하여 이룰 수 있는 최적화된 환경이 조정된다.

특히 미래인터넷에서는 기본적으로 어떤 네트워크에도 접속이 가능한 아키텍처가 구축될 예정이므로, 이용자의 시각에서 볼 때 아래와 같은 다섯 가지 특징을 가진다.

· 다양한 유형의 네트워크를 사용할 수 있다.
· 주고받는 파일이나 데이터의 크기가 아무리 크다고 하더라도 속도의 제약에 전혀 신경을 쓸 필요가 없는 최적의 네트워크를 사용할 수 있다.
· 만일의 경우에도 안심하고 확실하게 인터넷을 사용할 수 있다.
· 선택의 번잡이나 스트레스를 받지 아니하고 쾌적하게 사용할 수 있다.
· 클라우드 컴퓨팅 서비스(예컨대 Saas, Iaas, Paas등)가 일반화된다.

04
미래인터넷의 이슈

Ⅰ. 서론

미래인터넷에서는 전혀 새로운 방식의 기술적 이슈가 중요한 의미를 가질 뿐만 아니라, 사회 · 문화적으로도 다양한 새로운 이슈가 필연적으로 제기된다. 특히 미래인터넷이 던지는 사회적, 법적 · 제도적 이슈에도 다시 여러 가지 과제가 있을 수 있다. 예컨대 미래인터넷에서의 공정거래환경에 관한 이슈, 소비자의 보호 및 권익증진에 관한 문제, 콘텐츠의 보호 · 육성에 관한 과제, 미래인터넷사회가 던질 윤리적 이슈, 정보보호에 관한 이슈, 인터넷에 관한 현행 법제의 한계와 새로운 미래인터넷 관련 법률의 필요성에 관한 문제 등 이루 헤아릴 수 없을 만큼 많은 새로운 이슈를 생각할 수 있다. 또한 향후 미래인터넷에 대한 밑그림이 드러나면 드러날수록 더욱 구체적인 법적 · 제도적 이슈가 새롭게 제기되리라고 본다.

II. 보안문제

우선 인터넷과 관련한 보안문제는 현행의 법률상 정보통신망법을 비롯하여, 국가정보, 전자금융, 위치정보, 전자서명과 관련한 법령에서 규율하고 있다. 그러나 이른바 「인터넷보안기본법」[2]과 같은 법률을 제정하여 통일적, 일반적으로 인터넷보안문제를 규율할 필요가 있는가 하는 문제가 있다. 다만 인터넷보안을 강화하기 위하여는 인터넷사용자의 행위에 대한 추적성과 정밀성이 필요하나, 다른 한편으로는 익명성과 개인의 프라이버시를 무시할 수 없으므로, 보안문제에서는 균형 있는 제도의 마련이 필요하다. 특히 미래인터넷에서 보안은 기술적 대응만으로는 한계가 있으므로, 법적인 대응방안으로는 디지털기술에 따른 정보처리의 안전한 사용을 유도하는 방법을 고려할 필요가 있다. 가령 인터넷상의 정보의 오용이나 남용을 차단할 수 있는 안전장치를 마련하여 놓고, 적절한 수준으로 그 사용을 허용하는 방법을 생각할 수 있다. 그러므로 보안문제에 관하여는 국가차원의 종합적이고 체계적인 대응과 개인적인 보안을 유도할 수 있는 법률체계의 형성과 그 내용의 적절한 수준설정이 요구된다고 할 수 있다.

III. 인터넷서비스

인터넷서비스문제를 생각하면 현재 인터넷서비스별로 개별적인 법률

---

2 이미 정보보안에 관한 일반법으로서 「정보시스템 등 기반보호에 관한 법률」의 제정이 논의된 예가 있고, 위치정보의 유출·오용 및 남용으로부터 사생활의 비밀 등을 보호하고 위치정보의 안전한 이용환경을 조성하여 위치정보의 이용을 활성화하기 위한 법률로 「위치정보의 보호 및 이용 등에 관한 법률」이 제정되어 시행되고 있다.

이 존재하므로, 규율의 중복 및 불균형이 존재할 가능성이 크다. 그러나 미래인터넷에서는 UCC(User-Created Contents), SNS(Social Network Service) 등 사용자참여형 서비스와 OPEN API, OPEN CAST 등 개인의 취향에 적합한 맞춤형 서비스 등 종래의 인터넷을 기반으로 하여 이루어지는 모든 서비스뿐만 아니라 미래인터넷을 기반으로 하여 새롭게 출현할 수 있는 모든 서비스를 포괄하여야 하므로, 서비스별 구분방법에 따른 규율방법에는 한계가 있다. 그러므로 미래인터넷을 위한 법제는 미래인터넷의 요구사항을 충분히 고려하여 제정되어야 하고, 미래인터넷서비스는 개별적인 인터넷서비스집단의 사회적 영향력, 기능 및 책임에 따라서 구분하고, 그 바탕 위에서 인터넷서비스법제에 대한 관심이 필요하다.[3]

Ⅳ. 소비자보호

소비자보호에 관한 과제는 현재의 인터넷에서 자주 제기되고 있으나, 특히 미래인터넷에서 관심이 더욱 집중될 중요한 이슈의 하나라고 보아야 한다. 우선 미래인터넷에서는 지금보다 훨씬 다양한 플랫폼이 이용되게 되므로, 이용자의 선택의 다양성이 보장되지만, 그 만큼 이용자에 대한 권익침해의 우려도 크다. 그러므로 인터넷서비스에 대하여는 진입규제를 사실상 없애는 대신에, 서비스내용에 대한 심의통제를 강화할 필요가 있다. 또한 인터넷서비스공급에 따른 가격의 적절성, 결합서비

3 특히 최근 일본이 네트워크와 관련된 서비스를 콘텐츠, 플랫폼, 전송의 3계층으로 분리하여 규율하는 태도는 미래인터넷 관련 법제의 정비와 관련하여 매우 시사적이다.

스(Bundling), 서비스편성 등과 같은 사업자의 행위전략에 대하여 이용자의 서비스선택을 극대화할 수 있는 제도적 장치를 마련할 필요가 있다. 그리고 미래인터넷에서는 이용자가 자신의 사적인 정보를 사업자에게 제공하고 그에 따른 맞춤형 서비스를 제공받으므로 이용자의 사생활보호가 특히 문제된다.

미래인터넷에서도 소비자의 보호와 권익증진은 여전히 중요한 문제라고 할 수 있다. 오히려 미래인터넷을 통하여 다양한 영역의 서비스가 구현되고, 인터넷이 소비자의 생활에서 차지하는 비중이 더욱 커져 더 이상 일상으로부터 분리될 수 없는 중요한 부분을 차지하게 된다는 측면을 생각하면 미래인터넷환경에서는 소비자의 보호와 권익증진이라고 하는 이슈가 더욱 중대한 의미를 가지게 된다고 할 수 있다. 다만 미래인터넷에서 소비자의 보호나 권익증진에 관하여 새로운 패러다임이 요구된다고 볼 수는 없고, 이제껏 요구되고 논의된 소비자보호의 내용에 새로운 고려사항이 추가된다고 보아야 한다.

V. 콘텐츠의 보호와 이용

1. 서설

미래인터넷에서는 콘텐츠를 둘러싼 환경도 많이 변할 전망이다. 혁신적인 콘텐츠나 콘텐츠를 제공하는 서비스가 현재로서는 전혀 예측하지 못한 정도로 양적인 확대가 실현될 뿐만 아니라, 내용적으로나 질적인 변화가 다양하게 시도되고 실현될 전망이다. 그리고 미래인터넷의 발달로 인하여 롱 테일(long-tail)에도 관심이 일어나는 이른바 「롱 테일현상」(long-tail phenomenon)에 의하여 꼬리에 있는 틈새콘텐츠나 UCC 등과 같은 이용자제작콘텐츠의 제작이나 유통이 더욱 활성화될 수 있다. 그러므로 콘텐츠의 양적, 질적인 변화에 맞는 정책이나 제도의 도입이 요구되고, 필요에 따라서는 현재 시행되고 있는 제도의 조정이나 조절이 반드시 요구된다.

미래인터넷의 경우에는 콘텐츠의 활발한 유통을 위하여는 규제를 최소화하고, 될 수 있는 한 자유에 맡겨두어야 한다고 하는 희망을 강조하는 논의가 많으나, 지속적으로 검토하여야 할 과제라고 본다. 다만 국가나 지역간 서로 다른 법률 및 규제가 콘텐츠의 자유로운 이동이나 유통을 방해하여 시장의 활성화를 저해하는 장벽으로 작용할 가능성이 크므로, 콘텐츠의 보호나 유통을 통일적으로 규율하는 국제적 규범을 마련하는 노력도 요청될 수 있다.

2. 콘텐츠를 둘러싼 사회적 환경의 변화

(1) 기술, 시장, 사회의 변화의 가속화

미래인터넷 혹은 차세대인터넷으로 대표되는 기술의 변화에 더하여, 미래인터넷을 활용하는 시장이나 사회도 변하게 된다. 또한 기술, 시장, 사회의 변화의 스피드도 가속화될 전망이다. 가속화되는 변화의 스피드에 정책이나 제도가 따라가지 못하는 경우도 문제가 되지만, 다른 한편 정책이나 제도가 그 변화에 선행하여 간격이 생기는 경우도 사회의 발전에 중대한 저해요인이 된다고 하는 사실을 주의하여야 한다. 그러므로 정책이나 제도라는 측면에서는 미래인터넷사회의 전개에 따른 기술,

시장, 사회의 변화에 대한 시의적절한 대응이 요청된다.

(2) 글로벌경쟁환경의 변화

미래인터넷사회에서는 기존의 경쟁우위의 메카니즘이 그대로 지속된다고 누구도 장담할 수 없다. 현재 경쟁우위를 지키는 이른바 선진국이라고 하더라도 새로운 사고나 아이디어를 지속적으로 창출하지 아니하면 경쟁우위를 유지하기가 어렵다. 그리고 인터넷기업도 마찬가지이다. 그러므로 경쟁우위를 유지하기 위하는 창조성, 이노베이션이 중요하다. 역시 미래인터넷에서는 창조적 프로세스의 성과를 문화적, 경제적 가치로 전환하는 콘텐츠가 요구된다.

(3) 문화의 경제화, 경제의 문화화의 진전

콘텐츠산업은 인간의 표현활동의 산물을 상품화하고, 상품화된 콘텐츠를 유통시켜서 성립하는 산업을 의미하므로, 문화를 경제화하는 경우라고 할 수 있다. 다시 생각하면 콘텐츠산업이란 현재까지의 문화활동에 대하여 그 경제적 가치를 높인 경우를 나타내는 전형적인 예라고 할 수 있고, 문화의 경제화가 실현된 경우라고 할 수 있다.

미래인터넷의 전개와 함께 유저가 다양화되고, 또한 인터넷에 대한 개인의 욕구가 다양화될 뿐만 아니라, 소비구조 · 행동도 크게 변화될 전망이다. 필요에 의하여 콘텐츠를 구입 · 사용한 시대로부터 콘텐츠가 가진 기능이나 품질로 관심이 이동하고, 미래인터넷에서는 콘텐츠의 사용에 따른 의미나 그 사용으로부터 얻을 수 있는 체험이 보다 중요하게 될 수 있다. 그러므로 모든 경제적 활동으로서의 콘텐츠에 문화적 요소가 개입되므로, 경제나 산업의 문화화가 진전된다.

(4) 융합사회의 전개

미래인터넷의 특징으로서 융합사회를 들 수 있다. 글로벌화와 같이 사람, 물건, 재화, 정보의 이동이나 유통이 아주 간단하게 쉽게 국경을 넘어 이루어질 수 있으므로, 우선 국가 사이의 융합이 일어난다. 그리고 통신과 방송의 융화도 지금보다 훨씬 다양하고 복잡한 형태로 전개된 예정이다(예컨대 스마트TV의 대중화가 예상된다). 또한 공공과 민간 사이, 정보의 송신자와 수신자 사이, 콘텐츠를 만드는 생산자와 소비자 사이, 프로와 아마추어 사이 등의 경계가 애매하게 되고, 서로 융합하는 현상이 증대될 전망이다.

융합사회의 진전에 의하여 이질적인 콘텐츠가 분리 · 고립된 채로 존재하지 아니하고, 상호간 서로 작용하고 융합하는 과정에서 다시 새로운 콘텐츠가 생겨날 수 있다. 예컨대 방송과 통신이 융합하여 지금까지 없던 새로운 콘텐츠서비스가 생길 수 있는 가능성이 있다.

3. 사회의 변화가 콘텐츠를 둘러싼 환경에 미치는 영향

미래인터넷사회로의 변화가 콘텐츠를 둘러싼 환경에 미치는 영향을 생각하면 주로 (i) 콘텐츠, 제작 · 유통수단, 제작자, 유저 등의 양적 확대 · 다양화, (ii) 저작물, 창작 · 유통의 형태, 수단 등에 있어서 질적 변화, (iii) 전문적인 콘텐츠시장의 등장 등으로 크게 구분할 수 있다.

① 콘텐츠, 제작 · 유통수단, 제작자, 유저 등의 양적 확대 · 다양화

콘텐츠의 양적 확대 · 다양화　문화나 창조성의 중요성이 높아지

고, 미래컴퓨터로 대표되는 새로운 창작수단의 증가와 용이성 · 편리성으로 인하여 보다 많은 콘텐츠가 창작 · 유통될 전망이다. 또한 새로운 콘텐츠의 창작 · 유통수단이 실현되고, 미디어 · 매체의 다양화가 진전되고, 그 상황에 맞는 콘텐츠(예컨대 블로그, 트위터, 페이스북 등을 통하여 생성되는 콘텐츠)가 창작되게 된다. 결국 콘텐츠의 유통량이 절대적으로 확대되고, 콘텐츠의 종류도 훨씬 다양화되고, 그 결정적 특징으로 아래와 같은 내용을 들 수 있다.

· 콘텐츠의 유통량이 이전과 비교할 수 없는 규모로 확대된다

미래인터넷에서는 새로운 미디어나 사회환경의 변화가 기하급수적으로 일어나 정보의 유통량이 증가하게 된다고 하는 사실이 자명하다. 그러므로 질의 문제는 차치하고 규모의 문제로서는 이전과는 비교할 수 없을 정도로 콘텐츠나 정보의 양이 확대된다. 결국 종래는 프로로서의 기능과 자격을 가진 저작자가 만든 저작물이나 콘텐츠만이 대상이 된 저작권법 등 콘텐츠의 보호, 육성과 관련되는 법률이 일반의 넓은 층이나 다양한 산업에도 영향을 미치는 법률로 변모될 전망이다.

· 장기간 경제적 가치를 유지할 수 있는 콘텐츠가 줄어든다

미래인터넷의 중요한 특징으로는 무선접속성과 이동성, 대용량성 등으로 인한 스피드를 꼽을 수 있다. 미래인터넷에 관한 기술 자체가 신속하게 발전 · 진화할 뿐만 아니라, 콘텐츠의 창조, 생산, 유통도 스피디하게 이루어질 전망이다. 그러므로 장기간에 걸쳐 경제적 가치를 가지는 콘텐츠가 감소하고, 콘텐츠에 대한 유저의 권리가 유한하게 된다. 다른

한편 다양한 유통수단의 출현에 의하여 콘텐츠가 보다 폭넓은 경제적 가치를 가질 수 있는 가능성이 높아질 수도 있다.

· 경쟁환경이 가속화된다

만약 콘텐츠의 수명이 단기에 끝나게 된다면 그 만큼 전체적으로 볼 때에 콘텐츠와 관련한 경쟁환경이 심화되고, 비즈니스 리스크도 오히려 커질 전망이다. 다만 발달된 네트워크화로 인하여 유통코스트나 마케팅 코스트가 하락할 수 있다는 측면도 있다.

제작 · 유통수단의 양적 확대 · 다양화 디지털화, 네트워크화로 대표되는 미래인터넷의 발달 등에 의하여 각종의 소프트웨어, 예컨대 작곡소프트웨어, 영상편집소프트웨어 등의 개발과 인터넷을 통한 간편한 배포와 같이, 콘텐츠의 창작이나 유통을 위한 새로운 수단이 실현될 전망이다. 그러므로 소비자유저의 변화도 초래될 전망이고 심지어 프로슈머와 같이 콘텐츠의 이용자가 다른 한편 콘텐츠의 생산자가 되는 상황이 일반화될 전망이다. 역시 새로운 테크닉을 활용한 새로운 미디어, 새로운 매체(디지털전문방송, IPTV, 스마트TV 등)의 증가가 실현되고, 콘텐츠의 유통수단의 다양화가 진전될 전망이다.

제작자, 유저 등의 양적 확대 · 다양화 미래인터넷에서는 창작 · 유통수단의 다양화에 따른 변화에 수반하여 콘텐츠를 제작하거나 이용하는 사람도 증가할 전망이다. 또한 종래에는 전문적 직업으로서만 영위하던 콘텐츠의 제작이나 유통을 거의 모든 사람이 이용할 수 있는 가능성이 높아지게 된다. 그러므로 지금까지는 소비자사이드에만 있던 일반유저가 직접 창작과 유통에 참가할 가능성도 생길 전망이고, 특히 아래와 같이 특징지을 수 있다.

· 유저, 플레이어가 대폭적으로 증가한다

우선 규모의 문제로서 유저 내지 플레이어가 증가한다는 사실에 주목하여야 한다. 그 만큼 콘텐츠에 대한 다양한 욕구가 생긴다.

· 프로의 콘텐츠제작자가 되는 수단을 이용할 수 있는 가능성이 커진다

미래인터넷을 통한 콘텐츠의 유통량의 확대, 제작코스트의 저감 등에 의하여 비록 아마추어라고 할지라도 프로의 콘텐츠제작자가 되기 위한 수단을 가진 층이 확대된다. 또는 창조성을 발휘하여 창의적 콘텐츠를 제작, 생산할 수 있는 가능성이 커진다.

· 프로슈머가 대세를 이룬다

	Active Prosumer (예컨대 싸이언프로슈머)	Professional Prosumer (예컨대 CCC, SCC제작)	commercial economy
Pure Consumer (예컨대 주부)	Passive Prosumer (예컨대 UCC제작)	Proteur(Professional+Amareur) Prosumer (예컨대 PCC, RCC, LCC제작)	underground economy
	Amateuer	Professional	

[프로슈머의 유형]

프로슈머(Prosumer)는 생산자(Producer)와 소비자(Consumer)의 합

성어이다.[4] 그러므로 프로슈머는 생산자인 동시에 소비자이고, 소비자이면서 생산을 하기도 하는 사람을 일컫다. 특히 디지털혁명은 수동적 소비자를 능동적 소비자로 변화시키고, 능동적 소비자를 다시 디지털 프로슈머(digital prosumer)로 변화시키고 있다(수동적 소비자 → 능동적 소비자 → 프로슈머). 그러므로 미래인터넷에서는 콘텐츠나 저작물의 생산자와 소비자라는 구분이 점차 사라지고, 생비자(生費者), 즉 생산자와 소비자가 합체되는 프로슈머의 역할이 크게 증대될 전망이다.

디지털 프로슈머는 인터넷상에서 개인이 직접 만든 음악이나 동영상, 뉴스, 정보 등과 같은 콘텐츠를 인터넷방송이나 개인사이트, 개인블로그 등의 퍼스널미디어를 적극 활용하여 알리고 유통시키는 역할을 한다. 미래인터넷에서는 1,000억대의 단말기에 연결되는 수백만개에 이르는 개인인터넷방송이나 셀수 없이 많은 개인웹사이트의 운영자가 디지털 프로슈머가 되어 자신이 스스로 디지털 캠코더로 촬영한 영상을 편집, 가공하여 인터넷방송이나 심지로 기성의 TV로 송출할 수 있다. 또한 누구나 마음만 먹으면 전세계의 모든 사람에게 자신이 직접 생산한 정보와 지식을 유통시키고, 전세계의 사람이 프로슈머가 제작, 생산한 정보와 지식을 적극적으로 소비할 수도 있게 될 전망이다. 특히 초고속 미래인터넷망과 멀티미디어 컴퓨터의 확산, 디지털 캠코더와 디지털 카메라의 보급, 무선인터넷은 물론, 스마트폰이나 태블릿 PC 등 모바일커뮤니케이션서비스의 확산은 향후 프로슈머의 활동을 크게 확대시키리라고 생각되고, 프로슈머가 제작, 생산한 콘텐츠의 보호, 육성도 미래인

---

4 원래 프로슈머란 용어는 미래학자 앨빈 토플러가 그의 저서 '제3의 물결'에서 사용한 단어로 소비는 물론 제품개발과 유통과정에도 직접 참여하는 생산적 소비자를 뜻한다.

터넷의 중요한 과제가 되리라고 본다.

② 콘텐츠, 제작·유통의 형태나 수단 등에 있어서 질적 변화

ⓐ 콘텐츠의 질적 변화 미래인터넷의 진전에 따라서 타인과의 접촉을 할 수 있는 기회가 확대된다는 사실, 인터넷을 통하여 용이하게 콘텐츠를 교환할 수 있다는 사실 등에 의하여 복수의 콘텐츠제작자가 네트워크를 통하여 1개의 콘텐츠를 여러 사람이 공동창작하는 경우가 증가할 전망이다. 또한 디지털화에 의하여 기존의 콘텐츠를 가공·편집하기가 용이하게 되고, 타인의 콘텐츠를 이용하여 새로운 콘텐츠를 창작하는 경우도 일반화하게 될 수 있다. 콘텐츠의 질적 변화에 따른 특징은 아래와 같이 정리할 수 있다.

· 가상공간에서의 지식의 상호작용의 규모확대에 수반하여 그 지식과는 질적으로 다른 집합지(集合知)가 형성된다

가상공간의 확대를 통하여 타인과의 접촉이 증대된다는 사실로부터 지식의 상호작용의 기회가 증가하고, 지금까지는 없는 집합적인 지식의 생산프로세스를 통하여 새로운 지식이 생산되어 공유, 이용될 전망이다. 다수의 기술인력의 자발적인 참가에 의하여 Windows에 필적할 수 있는 운영체계(OS)를 개발한 Linux와 같은 사례나 인터넷에 연결된 일반유저의 공헌에 의하여 실현된 온라인 백과사전 Wikipedia와 같은 사례가 장차 더 많이 나타날 수 있다.

· 정보의 유통량이나 유저의 증대가 지식의 창조에 공헌하는가 아닌

가를 검증할 필요가 있다

정보의 유통량의 확대나 콘텐츠를 수신하거나 발신하는 유저의 증대가 지식의 창조에 공헌하는가 아닌가, IT화 내지 글로벌화에 의하여 콘텐츠의 보호 · 육성이나 저작권보호에 영향을 미칠 수 있는 질적 변화가 생기는가 아닌가 하는 문제가 반드시 분명하지는 않다. 그러므로 콘텐츠의 유통량이나 유저의 양적 증대가 어떤 의미를 지니는가에 대한 엄밀한 검증이 필요하다.

· 콘텐츠의 성질에 의한 차이가 있으므로 구분이 필요하다

콘텐츠의 질적 변화가 생기는가 아닌가는 콘텐츠의 성질, 예컨대 복수의 권리자가 가지는 「대규모의 콘텐츠」, 1인의 권리자가 가지는 「소규모의 콘텐츠」, 네트를 통하여 개인이 유통시키는 「극소콘텐츠」 등에 의하여 다르다. 그러므로 콘텐츠의 성질에 따른 각각의 구분이 요구된다.

· 복수의 권리자가 존재하는 콘텐츠가 급속하게 증가된다

이른바 공동제작콘텐츠의 증가나 창작 · 유통형태의 변화에 수반하여 복수의 콘텐츠를 결합시킨 콘텐츠의 창작 · 유통이 용이하게 된다. 그러므로 1개의 콘텐츠에 복수의 저작권자나 저작인접권자가 병존하는 경우가 급증하게 될 전망이다.

ⓑ 제작 · 유통의 형태나 수단 등에 있어서 질적 변화 　　새롭게 실현될 콘텐츠의 창작 · 유통수단에는 지금까지와는 질적으로 전혀 다른 내용이 포함된다. 우선 지적 활동의 성과를 기록하고, 타인이 콘텐츠의 창작을 위하여 그 지적 활동을 참조, 재이용하는

경우가 보다 용이하게 실현될 전망이다. 또한 콘텐츠의 유통 · 관리가 디지털화되고, 물리적인 실체를 가지지 아니하는 형태로 콘텐츠가 유통되므로, 유통코스트가 떨어진다.

미래인터넷에서는 정보나 콘텐츠의 생산자와 소비자의 상호작용이 용이하게 되고, 유저의 욕구나 불만을 조기에 파악하여 활용할 수 있는 경우 등으로부터 새로운 비즈니스모델의 가능성이 확대된다. 그러므로 최종유저가 새로운 창작 · 유통수단의 활용을 통하여 사적 사용의 범위가 확대되고, 복잡화 · 고도화될 수 있다.

· 콘텐츠를 전달하는 속도, 콘텐츠를 표현할 수 있는 장면이 변용되고, 시간적 · 물리적 거리의 제약이 소멸한다

미래인터넷사회에서는 지식의 상호작용의 규모가 단기간에 확대되고, 지식을 전달하는 속도, 포현할 수 있는 장면이 변용될 전망이다. 또한 Wi-Fi, WIBRO, 3G-5G 등과 같이 시간, 장소, 상대방을 묻지 않고 접속을 제공하는 유비쿼터스한 지식의 상호작용이나 교류를 실현시키는 기술이 구현되어 시간적 · 물리적 거리의 제약이 소멸하게 된다. 특히 클라우드 컴퓨팅 서비스의 확대도 콘텐츠를 전달하는 공간적, 시간적 제약을 극복하게 한다.

· 제작/유통/이용이 명확하게 구분되지 아니한다

최종유저에 의한 이용은 콘텐츠의 제작이나 유통에 영향을 미치고, 결국은 콘텐츠의 창작 · 유통과 명확하게 구분되지 아니한다. 예컨대 블로그의 경우에 최종유저에 의한 사적 번역에도 창작으로서의 요소가 있고,

그 사적 번역을 공표하는 경우에는 유통으로서의 측면을 가지게 된다.

· 새로운 창작 · 유통의 가능성이 확대된다

예컨대 트위터(Twitter), 페이스북 등과 같은 SNS에서는 보통 어떤 콘텐츠가 상품화되지 아니하고, 대가가 지불되지 않는다. 그러나 SNS를 통하여 우수한 창작물이 나올 가능성이 크고, 장차 그 창작물이 상품화될 가능성도 부정할 수 없다.

③ 전문적인 콘텐츠서비스시장의 등장 　현재도 인터넷, 스마트폰이나 태플릿 PC 등을 위한 전문적인 애플리케이션서비스시장이나 콘텐츠서비스시장이 형성되고 있는 추세이다. 예컨대 애플의 App Store(28만개의 앱), iTunes(음원 70%), iBookstore, 구글이 가지고 있는 안드로이드마켓(10만개의 앱), 구글맵, 유투브, 마이크로소프트의 Windows Marketplace, bing, msnbc, 삼성의 Samsung Apps 등을 들 수 있다. 미래인터넷에서는 향후 현재의 구글, 시스코, 마이크로소프트 등과 같은 인터넷회사가 다수 탄생하리라고 예상되며, 그 만큼 전문적이고 글로벌한 콘텐츠서비스시장 및 대형콘텐츠제공회사가 등장하여 성장하리라고 전망된다.

4. 콘텐츠를 둘러싼 환경의 변화가 미치는 영향

(1) 거래코스트의 절대적 증가

콘텐츠를 이용하기 위하여 권리자를 탐색하고, 교섭하고, 대가를 결정하는 과정은 그 대상이 되는 콘텐츠, 창작 · 유통수단, 제작자 및 저작자, 유저 등의 양적인 확대 · 다양화에 의하여 복잡하게 되고, 코스트의 부담을 야기한다. 그러므로 콘텐츠의 이용을 위한 비용(예컨대 콘텐츠를 찾기 위하여 필요한 「검색비용」, 특정한 콘텐츠를 이용하기 위한 계약에 필요한 「계약비용」, 콘텐츠이용이 계약대로 행하여 지는가 아닌가를 체크하기 위한 「감시비용」) 등을 포함하는 거래코스트는 사회 전체적으로 볼 때에 현저하게 상승할 가능성이 있다.

(2) 거래코스트의 상대적 증가

주로 기술의 진전에 의하여 초래된 창작 · 유통의 형태, 수단 등에 있어서는 질적 변화에 의하여 콘텐츠의 유통코스트가 저하되는 부분이 있다. 그러므로 콘텐츠를 이용하기 위한 거래코스트가 종래와 같은 수준에 머물더라도 이용자에게는 거래코스트가 전체의 코스트에 대하여 상대적으로 높은 느낌을 받게 된다.

(3) 거래코스트가 높은 콘텐츠(제작자불명, 복수권리자 등)의 증대

콘텐츠, 제작자 내지 저작자, 유저 등의 양적 확대 및 다양화, 콘텐츠의 질적 변화에 의하여 제작자가 누군인지 알 수 없는 콘텐츠, 복수의 제작자가 공동으로 창작한 콘텐츠나 2차적, 3차적 콘텐츠 등 높은 거래코스트를 요구하는 콘텐츠가 증가될 전망이다. 제작자가 불명이거나 복수권리자가 있는 콘텐츠는 단순히 권리처리의 대상이 증대한다고 하는 측면에서 거래코스트가 높을 뿐만 아니라, 교섭에 시간이 많이 걸리는 문제, 모든 권리자가 동의를 하지 않는 한 콘텐츠를 이용할 수 없다는 측면에서 그 이용확률이 현저하게 저하된다고 하는 문제, 시장에서 일반적

으로 타당한 가격보다 더 높은 가격으로만 교섭에 응하는 권리자의 출현과 그로 인한 공유콘텐츠의 과소이용이라고 하는 문제 등이 생길 수 있다. 그러므로 복수의 권리자가 있는 콘텐츠의 이용과 관련한 합리적인 제도를 마련할 필요가 있다.

현재 저작권법 제48조는 공동저작물의 재산권에 관하여 저작권자 전원의 합의에 의하지 아니하고는 행사할 수 없다고 규정하여 엄격한「공동행사주의」를 정하고 있고, 다만 각 저작권자는 신의에 반하여 합의의 성립을 방해하거나 동의를 거부할 수 없다고 하는 단서조항을 두어서 각 저작권자의「신의성실의무」(信義誠實義務)를 부과하고 있다. 그러나 각 저작권자의 신의성실의무만으로는 원활한 저작물이나 콘텐츠의 이용을 꾀하기가 어렵다. 그러므로 미래인터넷에서 2인 이상이 공동으로 창작한 저작물이나 콘텐츠로서 각자의 이바지한 부분을 분리하여 이용할 수 없는 저작물이나 콘텐츠가 증가하고, 그 효율적인 이용, 활용의 필요성이 증가한다고 하면 저작권법 제48조와는 다른 측면에서 공동저작물의 저작권의 행사에 관한 방법을 정하여야 하는가 하는 문제를 검토하여 한다.

공동콘텐츠의 이용에 반대하는 공동저작권자가 있는 경우에는 어떤 처리를 할 수 있는가에 관하여는 아래와 같은 생각을 할 수 있다.

① 다수결의 원리로 대응하는 방법이 있다. 다만 어떤 기준을 가지고 다수를 결정하는가 하는 문제가 따른다.

② 경제적 리스크를 더 크게 부담하는 공동저작권자의 판단을 중시하는 방법을 고려할 수 있다.

③ 공정한 이용방법인가 아닌가를 고려하여 판단하는 방법을 생각할 수 있다.

④ 일부의 공동저작권자가 반대를 하더라도 저작권이나 콘텐츠의 이용을 가능하게 하는 제정제도(裁定制度)를 도입하는 방법을 생각할 수 있다.

⑤ 허락권을 보수청구권으로 변경시키는 방법을 생각할 수 있다. 일부의 공동저작권자가 반대하더라도 저작물이나 콘텐츠의 이용을 가능하게 하고, 그 공동저작권자에게는 대가의 보상을 행하는 방법이다. 만약 허락권을 보수청구권으로 하면 저작권처리의 비용이 저하되어 비록 예상되는 수익이 동일하다고 하더라도 사업의 가능성이 커질 수 있다.

5. 콘텐츠의 보호, 육성을 위한 문제의 소재

(1) 새로운 콘텐츠개념의 설정

종래 콘텐츠라 함은 부호 · 문자 · 도형 · 색채 · 음성 · 음향 · 이미지 및 영상 등(그 복합체를 포함한다)의 자료 또는 정보를 말한다(콘텐츠산업진흥법 제2조 제1항 제1호). 미래인터넷의 진전과 함께 새로운 콘텐츠의 개념이 정립될 필요가 있는가 하는 문제가 있다. 분명히 미래인터넷의 도래와 함께 콘텐츠에 관한 새로운 개념이 요구되리라고 본다.

(2) 콘텐츠제작자의 복수화

콘텐츠산업[5]에서는 시스템의 개발, 창작작업, 소프트웨어의 제작과 같

5 콘텐츠산업이란 경제적 부가가치를 창출하는 콘텐츠 또는 콘텐츠를 제공하는 서비스(그 복합체를 포함한다)의 제작 · 유통 · 이용 등과 관련한 산업을 말한다(콘텐츠산업진흥법 제2조 제1항 제2호).

은 일련의 프로세스가 요구되고, 각각의 프로세스에 복수의 제작자 내지 저작자가 관여하는 특성이 있다. 또한 디지털콘텐츠는 다른 콘텐츠 혹은 인접물과의 결합성이 강하고 용이하다. 그러므로 콘텐츠의 공동제작과 관련하여 법인저작으로 특별규정을 둘 필요가 있는가, 영화와 같이 권리자를 가상화하여 권리처리를 집중하여야 하는가 하는 문제가 제기된다. 물론 권리의 집중처리를 고려하는 경우에도 저작인격권과 같이 인격적 법익에 대하여는 집중처리화가 불가능하다고 하는 문제가 있다.

현행 저작권법은 공동저작물의 저작권의 행사와 관련하여 (i) 공동저작물의 저작권은 그 저작권자 전원의 합의에 의하지 아니하고는 행사할 수 없고(다른 저작권자의 동의가 없으면 그 지분을 양도하거나 질권의 목적으로 할 수 없다). (ii) 공동저작물의 이용에 따른 이익은 공동저작자간에 특약이 없는 때에는 그 저작물의 창작에 이바지한 정도에 따라서 각자에게 배분되고(각자의 이바지한 정도가 명확하지 아니한 때에는 균등하다고 추정한다), (iii) 공동저작물의 저작권자는 그 공동저작물에 대한 자신의 지분을 포기할 수 있으나, 포기하거나 상속인 없이 사망한 경우에 그 지분은 다른 저작권자에게 그 지분의 비율에 따라서 배분된다고 규정하고 있다(저작권법 제48조). 다만 복수의 저작권자 사이에 의견이 충돌하는 경우에 어떤 취급을 하여야 하는가에 관하여는 명시적 규정이 없으므로, 문제가 된다. 생각건대 복수의 저작권자 사이에 의견이 일치하지 아니하여 저작물을 이용할 수 없는 경우에 관하여는 일정한 원칙 아래 저작물의 이용에 대한 허락을 가능하게 하는 제도, 즉 재정제도(裁定制度)의 도입이 필요한가를 검토하여야 한다. 그리고 재정제도를 도입한다고 하면 어떤 기준에 따라서 판단하는가, 예컨대 다수결원리에 따르는가, 경제적 리스크를 부담하는 저작권자의 판단을 중시하는가, 공정한 이용방법인가 아닌가를 고려하는가, 대가의 보상은 어떤가 등과 같은 문제에 대한 검토가 요구된다.

(3) 인격권의 공동화

미래인터넷환경에서는 권리자가 콘텐츠의 이용방법을 통제할 수 없는 경우가 많고, 결국 소재에서든 콘텐츠제품에서든 인격권(동일성유지권)이라고 하는 개념이 무의미하게 될 우려가 크다. 그러므로 콘텐츠제작자나 저작자의 명예 혹은 명망을 해치는 개작을 막을 장치가 특별히 요구된다. 다만 소재의 제공자는 다른 콘텐츠에의 자기의 콘텐츠나 저작물의 사용을 허락한 경우에는 신의칙상 동일성유지권의 침해를 주장할 수 없게 된다.

(4) 사용조건의 불안정화

미래인터넷환경에서는 콘텐츠의 사용방식이 제작자(혹은 권리자)를 통하여 통제되기가 용이하지 않다. 그러므로 콘텐츠의 사적 사용에 관한 저작권제한조항에 대한 종래의 규정만으로는 불충분하므로, 사용조건을 안정화시키기 위한 여러 가지 조치에 대한 검토가 요구된다.

(5) 무방식주의의 한계

현행제도 아래에서는 콘텐츠나 저작물의 지정에 대하여 무방식주의(등록불필요)가 적용되고 있다. 그러므로 누구에게 권리(예컨대 저작권)가 있는가, 어디에 어떤 콘텐츠가 있고, 그 콘텐츠에 관하여 어떤 법적 보호가 인정되고 있는가를 미리 확인하기가 곤란하다. 그리고 콘텐츠에 관한 권리의 유효성이 본질적으로 불완전하고, 미래인터넷에서와 같이 콘텐츠에 대한 초대량생산, 초대량유통, 초대량소비가 일어나는 경우에는 그 불완전성이 더욱 더 증폭될 전망이다.

(6) 오리지날우선주의의 붕괴

현행제도에서는 오리지날에 가장 큰 가치를 두고 있다. 그러나 장차 미래인터넷에서는 오지지날과 카피의 구별이 뚜렷하지 않게 되고, 결국은 무의미하게 될 가능성이 크다. 또한 오리지날(혹은 카피)이 수개 존재하는 상황도 생길 수 있다. 결국 오리지날의 붕괴는 콘텐츠의 유통에 대한 통제에 관하여 극히 곤란한 상황을 야기할 전망이다. 또한 이용자에 의한 콘텐츠의 상호교환적 소비(예컨대 게임)는 오리지날우선주의에 입각한 콘텐츠(저작물)개념에 대하여 대폭적인 변경을 요구하게 된다.

(7) 콘텐츠의 생산 · 유통 및 권리침해의 글로벌화

디지털화된 콘텐츠는 종전과는 달리 인터넷을 통하여 시공을 초월하여 송신 · 배포가 가능하고, 그 결과 책 · 음반과 같은 유형매체의 매개 없이 저렴한 비용으로 콘텐츠의 이용을 가능하게 하는 장점이 있다. 특히 미래인터넷에서는 더욱 더 국가간의 경계가 허물어질 전망이다. 미래인터넷의 특징으로 글로벌성 내지 확장성을 들고 있다시피, 예컨대 플랫폼이 어디에 있는지가 중요하지 않고, 콘텐츠가 생산된 국가가 어디인지를 굳이 따질 필요가 없게 된다. 그러나 현재로서는 국가나 지역간의 서로 다른 법률 및 규제가 콘텐츠의 자유로운 이동과 유통을 방해하고 있으므로, 미래인터넷에서는 콘텐츠의 글로벌한 거래나 유통에 장애가 되는 요인을 제거하는 작업이 절실히 요청된다.

디지털콘텐츠의 생산 · 유통 · 이용에 대한 네트워크화 내지 글로벌화는 다른 한편 아날로그저작물과는 비교할 수 없이 신속 · 용이하고 광범위한 권리침해의 가능성이 생길 수 있다는 사실을 가리킨다. 그러므로 국경을 넘어 유통되는 글로벌콘텐츠의 제작자 내지 저작권자의 권리보호를 위한 새롭고 강력한 제도의 도입이 요청된다.

(8) 기술적 개발과 법률적 처리와의 괴리

저작권법과 같은 콘텐츠의 보호에 관한 법률은 다른 어떤 법률보다도 인터넷기술 자체의 발전에 민감하다. 컴퓨터 · 인터넷에 관하여 날로 새로운 기술이 개발되고 있으나, 기술의 개발에 즉각적으로 법률이나 제도가 대응할 수 없는 문제가 있다. 특히 미래인터넷사회에서는 기술적 발달의 범위와 그 속도가 지금과는 비교가 되지 않을 정도로 광범하고 빠를 전망이다. 그러므로 미래인터넷에서는 현재보다 기술과 제도 사이의 더 큰 격차가 생기리라고 예상된다.

역시 미래인터넷을 통하여 제공되는 콘텐츠의 내용(양과 질을 모두 포함한다), 그 범위와 발전속도도 크게 향상되리라고 생각된다. 그리고 날로 새롭고, 다양한 형태로 등장하는 콘텐츠와 그 콘텐츠에 대한 법률적 처리 사이에는 어쩔 수 없이 간격이 생기지 않을 수 없다. 그러므로 얼마나 인터넷기술과 제도 사이의 괴리를 축소하는가가 관건이 되리라고 전망된다.

6. 미래인터넷에서 콘텐츠의 보호, 육성을 위한 기본목표

(1) 사회의 변화에 의하여 생기는 콘텐츠의 보호, 육성과 관련한 문제와 그 대응방침

미래인터넷에서 상정하는 사회의 변화는 콘텐츠 등을 둘러싼 환경에 일정한 영향을 미치게 되고, 종래의 콘텐츠보호제도로는 대응곤란한 문제가 많이 생길 수 있다. 종래의 콘텐츠보호제도로 대응하기 어려운 문제를 극복하기 위한 효율적인 대응방침이 요구된다.

(2) 시장에 의한 해결과 법제도에 의한 해결

1) 서언

콘텐츠의 보호, 육성과 관련한 구체적 문제에 대한 대응으로는 시장에 의한 해결책과 법제도에 의한 해결책 두 가지가 고려될 수 있다. 콘텐츠와 관련 각종의 문제에 관하여 시장에서 해결할 수 있는가 아닌가, 시장에서 해결할 수 없는 케이스로는 어떤 경우가 있는가, 시장해결을 위하여 어떤 수단이 고려되는가 하는 문제가 있다. 시장해결의 근본원칙으로는 기본적으로 아래와 같이 생각할 수 있다.

① 시장에서 해결할 수 있는 문제에 대하여는 법제도가 개입하지 아니한다.

② 시장에 의한 해결이 만능은 아니고, 시장에서 해결할 수 없는 문제에 대하여는 법제도에 의한 대응을 검토할 필요가 있다.

2) 시장에 의한 해결과 시장해결을 지원하는 법제도의 정비

시장에 의한 해결과 시장해결을 지원하는 법제도의 정비로서는 법적인 제도를 가지지 않는 시장 자체에 의한 해결과 그 임의적 시스템을 지원하는 법제도의 정비를 염두에 둔 방법이 있다. 주로 시장해결방법은 임의의 등록제도와 임의의 집중관리에 대한 구상으로 나눌 수 있다.

① 등록제도　　등록제도 내지 등록방식을 검토하여야 할 이유로는

아래와 같은 사항을 들 수 있다.

- 거래코스트를 낮추고, 효율적으로 허락을 얻을 수 있다
- 콘텐츠제작자 등 권리자에 의한 의사표시가 가능하게 되고, 또한 필요하게 된다
- 이용자도 권리자도 납득할 수 있는 방법으로 콘텐츠를 이용할 수 있다
- 개별허락을 통하여 콘텐츠유통을 촉진할 수 있다
- 복수의 콘텐츠사업자에 의한 콘텐츠관리의 비효율성을 해소할 수 있다

등록의 구체적인 방법과 관련하여서는 아래와 같은 내용을 제시할 수 있다.

- 무방식주의를 도입하고, 유통촉진 등을 원하는 권리자만이 임의로 등록하는 방법을 취한다
- 권리자가 허락범위 등을 설정하고, 그 룰을 따르는 관리단체 등이 콘텐츠를 관리하고, 사용료를 징수하며, 권리자에의 지급을 행하는 구조를 택한다
- 과거에 정한 이용조건 등을 변경할 수 있는 방법을 검토한다
- 영업적 이용을 목적으로 등록된 콘텐츠에 허락권이 아니라, 보수청구권을 부여하고, 그 이외의 콘텐츠에 대하여는 현행대로 한다
- 콘텐츠의 상속도 중요한 문제로 부상하게 되며, 콘텐츠를 상속한 경우에 등록을 하는 방법을 강구한다
- 콘텐츠를 등록한 경우에 일정한 법적 보호를 부여하는 방법을 취한다

② 집중관리제도　우선 특정분야의 저작권을 어느 기관이나 단체로 하여금 일괄하여 관리함으로써 저작권자에게 관리의 편리성을 제공하고, 이용자에게는 이용의 편리를 주는 제도를 집중관리제도라

고 한다. 특히 저작권자가 집중관리를 요청하는가 아닌가를 임의로 선택할 수 있는 경우를「임의의 집중관리제도」라고 한다.

시장에 의한 해결과 시장해결을 지원하는 법제도의 정비에 기한 방책으로서 임의의 집중관리의 구조에 관하여 검토하여야 할 이유와 구체적 방책의 예, 과제는 아래와 같다.

(i) 집중관리의 방법을 검토하여야 할 이유로서는 대표적으로 아래와 같은 사항을 들 수 있다.

· 집중관리제도가 없다고 하면 이용자는 자기가 이용하고자 하는 저작권자를 찾아 매번 이용조건 등을 협의하여야 하므로, 상당한 거래비용과 불편이 따른다. 그러나 모든 저작물이나 콘텐츠를 집중관리하여 이용조건 등을 획일적으로 명시하는 방법을 통하여 저작권자를 보호할 뿐만 아니라, 이용자에게도 편리성을 제공할 수 있다.

· 날로 새롭게 발달하는 네트워크에 의하여 광범위하게 콘텐츠를 유통시키기 위하여는 집중관리가 필요하다. 예를 들어 네트워크의 활발한 이용을 통하여 저작물이나 콘텐츠가 유통되는 속도가 빠르게 되고, 유통범위가 광범하게 되고, 유통량이 증대하게 되므로, 반드시 광범위하고 조직적인 시스템으로서 콘텐츠의 집중관리제도가 필요하다.

· 집중관리는 시장메카니즘에 의한 사용료율을 결정할 수 있다는 측면에서 효율적이다.

· 집중관리에 의하여 허락권이 실질적으로 보수청구권과 같은 기능을 하여 일반의 정당한 이용자에게는 이용을 쉽게 한다. 다른 한편 무단이용자에 대하여는 허락권을 행사할 수 있다고 하는 이점이 있다.

(ii) 집중관리의 구체적인 방법으로는 아래와 같은 내용을 지적할 수

있다.

· 누가 집중관리를 담당하는가 하는 문제가 있으나, 민간단체에 의한 콘텐츠의 집중관리시스템을 구축하는 방법이 바람직하다. 그리고 집중관리에는 권리자 · 이용자 쌍방의 의사를 반영하고, 특히 이용자에게 알기 쉬운 시스템을 구축할 필요가 있다.
· 현행 저작권법 제105조 이하에서는 저작권위탁관리업을 저작권신탁관리업과 저작권대리중개업 두 가지로 나누어 규정하고 있다. 저작권신탁관리업은 정부의 허가를 필요로 하고, 저작권대리중개업은 신고만으로 가능하나(저작권법 제105조 제1항), 미래인터넷의 새로운 전개에 따른 콘텐츠의 효율적인 보호 · 관리를 위하여는 디지털 콘텐츠를 전문적으로 집중관리하는 새로운 조직이 요구된다고 보므로, 새로운 집중관리시스템에 대한 모색이 요구된다.

③ 강제허락제도　　저작권자는 다른 사람에게 자신의 저작물에 대한 이용을 허락할 수 있다(저작권법 제46조 제1항). 저작권자가 허락하지 않으면 저작물을 이용할 수 없다. 그러나 저작권자가 허락한 경우에 한하여만 저작물을 이용할 수 있다고 하면 저작권의 배타적 독점성으로 인하여 저작물의 사용이 실질적으로 불가능하게 되거나, 공정한 경쟁을 저해하는 경우가 야기될 수 있다. 그러므로 저작권자로부터 직접 허락을 받지 않아도 저작물을 이용할 수 있도록 하는 법정허락제도 내지 강제허락(compulsory license)제도를 둘 필요가 생긴다.

현행 저작권법 제50조 내지 제52조는 「강제허락제도」를 규율하고 있다. 강제허락제도가 적용되는 경우로 (i) 상당한 노력에도 불구하고 공표된 저작물의 저작권자나 그의 거소를 알 수 없어 그 저작물의 이용허락을 받을 수 없는 경우(저작권법 제50조), (ii) 공표된 저작물을 공익상 필요에 의하여 방송하고자 하는 방송사업자가 그 저작권자와의 협의에도 불구하고 협의가 성립되지 아니하는 경우(저작권법 제51조), (iii) 판매용 음반이 국내에서 처음으로 판매되어 3년이 경과한 경우 그 음반에 녹음된 저작물을 녹음하여 다른 판매용 음반을 제작하고자 하는 자가 그 저작재산권자와의 협의에도 불구하고 협의가 성립되지 아니하는 경우(저작권법 제52조) 세 가지가 있다.

강제허락제도는 계약자유의 원칙을 제한하기는 하나, 저작권이 있는 저작물의 이용의 확대라고 하는 측면에서 긍정적인 의미를 가질 수 있다. 그러나 현실적으로는 적용범위가 한정되어 있고 이용절차가 번잡하다는 등을 이유로 아직까지 별로 강제허락제도가 활용되지 않고 있다. 그러므로 향후, 특히 미래인터넷에서는 강제허락제도의 적용범위의 확대나 강제허락제도 자체에 대한 개선방안에 대한 검토가 요구되고 있다. 다만 강제허락제도의 확대실시와 관련하여서는 저작물의 정상적인 이용과 배치되지 않고 저작권자의 정당한 이익을 해치지 않는 범위에서만 예외적으로 강제허락제도를 허용하는 베른조약과 같은 국제규약에도 유념하여야 한다.

찾아보기

ㅅ

ㅇ

ㅈ

ㅊ

ㅋ

ㅌ

ㅍ

ㅎ

건지학술총서 ❸
인터넷법학

지은이 김민중
펴낸이 이남호
펴낸곳 전북대학교출판문화원

초판 1쇄 인쇄 2015. 10. 12
초판 1쇄 발행 2015. 10. 19

전북대학교출판문화원 전라북도 전주시 완산구 어진길 32 (풍남동2가)
기획 송덕호
디자인 이소형, 이진영
회계 · 행정 이진주
전화 (063) 219-5321~2
FAX (063) 219-5323
출판등록 2012년 8월 20일 제465-2012-000021호

값 40,000원

ISBN 978-89-98534-73-8 94360
ISBN 978-89-98534-66-0(세트) 94080

이 도서의 국립중앙도서관 출판예정도서목록(CIP)은 서지정보유통지원시스템 홈페이지(http://seoji.nl.go.kr)와 국가자료공동목록시스템(http://www.nl.go.kr/kolisnet)에서 이용하실 수 있습니다. (CIP제어번호 : CIP2015026485)